SABINE DEMEL

ZUR VERANTWORTUNG BERUFEN
NAGELPROBEN DES LAIENAPOSTOLATS

QUAESTIONES DISPUTATAE

Begründet von
KARL RAHNER UND HEINRICH SCHLIER

Herausgegeben von
PETER HÜNERMANN UND THOMAS SÖDING

230

SABINE DEMEL
ZUR VERANTWORTUNG BERUFEN

Internationaler Marken- und Titelschutz: Editiones Herder, Basel

SABINE DEMEL

ZUR VERANTWORTUNG BERUFEN

NAGELPROBEN DES LAIENAPOSTOLATS

FREIBURG · BASEL · WIEN

Texterfassung und Druckvorlage durch die Autorin

© Verlag Herder GmbH, Freiburg im Breisgau 2009
Alle Rechte vorbehalten
www.herder.de
Umschlaggestaltung: Finken & Bumiller, Stuttgart
Umschlagmotiv: Straßenschild in München, Foto: Gabriele Zinkl
Herstellung: fgb · freiburger graphische betriebe
www.fgb.de
Gedruckt auf umweltfreundlichem, chlorfrei gebleichtem Papier
Printed in Germany
ISBN 978-3-451-02230-2

*Unfrieden entsteht auch dadurch,
dass wir oft stillhalten, schweigen,
uns keine Meinung bilden,
keine Position beziehen,
uns nicht so gerne die Hände schmutzig machen.
Frieden braucht Menschen, die vorausträumen und -handeln.*

*„Es steht daher jedermann frei,
mir zu widersprechen.
Ich bitte die Leserinnen und Leser
nur um jenen Vorschuss an Sympathie,
ohne den es kein Verstehen gibt."*[1]

*„Wer im Schlamassel verwickelter Lebenssituationen den Finger rührt,
macht sich die Hände dreckig.
Er muss mit Missdeutungen rechnen.
Damit ist er noch lange nicht moralisch diskreditiert.
Wer in der Wegweisung klar ist,
wer aus seinen Prinzipien keinen Hehl macht,
kann Menschen nachgehen,
die vom Weg abgekommen sind. ...
Solchen Konflikten haben sich Seelsorger immer wieder ausgesetzt,
sei es in der Betreuung von Sklaven, sei es in der Militärseelsorge,
gleich ob in Vietnam, am Golf oder in Hitlers Wehrmacht.
Das hat sie stets angreifbar gemacht und ihnen massive Kritik eingebracht.
Ist der Papst dadurch moralisch desavouiert,
dass er nach Kuba reist
und sich auf das menschenverachtende System einlässt,
um zu retten, was zu retten ist?
Offenkundig nicht!"*[2]

---

[1] Ratzinger/Benedikt XVI., Jesus von Nazareth, 22.
[2] Kamphaus, Retten, was zu retten ist, 89.

Inhalt

Mit Leidenschaft für seine Überzeugung eintreten –
ein Prolog zu Größe und Dienst in der Kirche (Mk 9,33–37)   13

Einführung   19

Kapitel I
Von der Bevormundung
zur eigenen Verantwortung der Laien kraft Taufe –
eine theologische und rechtliche Grundlegung

1. *Das Communiomodell des Gottesvolkes auf dem
   II. Vatikanischen Konzil als Ausgangspunkt*   24
   a) Das gemeinsame Priestertum nicht ohne das
      amtliche Priestertum   27
   b) Der Glaubenssinn der Gläubigen nicht ohne die
      Leitung des Lehramtes (LG 12)   31
   c) Die Laien nicht ohne eigenes Apostolat   39

2. *Die partielle Rezeption in das kirchliche Gesetzbuch
   von 1983*   47
   a) Die Gleichheit der Gläubigen in den Grundaussagen
      des kirchlichen Verfassungsrechts   51
      1. Das Volk Gottes in seiner Grundstruktur
         (cc. 204–208)   52
      2. Der Katalog von Pflichten und Rechten für
         alle Gläubigen (cc. 208–223)   54
      3. Der spezielle Pflichten- und Rechtekatalog für
         die Laien (cc. 224–231)   55
   b) Das amtliche Priestertum im Dienst für das Volk
      Gottes   58
      1. Lehren, Heiligen und Leiten in der Person Christi,
         des Hauptes, um das Volk zu weiden (cc. 1008f) ..   58
      2. Ämter der umfassenden Seelsorge bzw.
         Hirtensorge ausüben (c.150)   67

    c) Der Vorrang der Kleriker vor den Laien in der
rechtlichen Ausgestaltung des kirchlichen Lebens . .   70
3. Eine laienorientierte Kirche im kirchlichen Recht
von morgen als Konsequenz   73
    a) Explizite Aufnahme des gemeinsamen Priestertums
und Glaubenssinnes aller Gläubigen   75
    b) Die rechtliche Normierung des Glaubenssinnes
aller Gläubigen   77
    c) Institutionelle Räume zur Entfaltung des gemein-
samen Priestertums, des Glaubenssinnes und des
eigenständigen Laienapostolats   79
        1. Ausübungsrechte der Laien   79
        2. Mitspracherechte der Laien   80
        3. Mitentscheidungsrechte der Laien   81
    d) Ein elliptisches Miteinander von Laien und Klerikern
als kirchliches Lebenselixier   84

Kapitel II
Das kirchliche Vereinswesen als ein Betätigungsfeld der eigenen Laienverantwortung in Gemeinschaft – ein rechtliches System gestufter Autonomie

1. Das Kirchliche der Vereine von Gläubigen   89
2. Das Verhältnis der Vereine in der Kirche zur Kirche
als Verfassungsgefüge   91
3. Die eindimensionale Vereinskonzeption des CIC/1917 . 100

4. Die katholische Vielfalt an kirchlichen Vereinsformen
im CIC/1983 105
    a) Der nicht-kanonische Verein gemäß c.215 111
    b) Der kanonische Verein gemäß cc. 298–329 112
        1. Der privat kanonische Verein (ohne Rechts-
fähigkeit) 113
        2. Der privat kanonische Verein mit Rechts-
fähigkeit 115
        3. Der öffentlich kanonische Verein 116

5. *Die Vereins-Seelsorge in ihren unterschiedlichen Bezeichnungen und Funktionen* 123
   a) Geistlicher Berater und kirchlicher Assistent/Kaplan im CIC/1983 125
   b) Geistliche(r) Begleiter/Begleiterin, geistliche(r) Assistent/Assistentin und geistlicher Leiter im Bereich der DBK seit 1997 126
   c) Geistliche(r) Verbandsleiter/-leiterin im Bereich der DBK seit 2007 131

Kapitel III
Das Zentralkomitee der deutschen Katholiken als Spitzengremium der Laien im Ringen um seine Eigenständigkeit – ein erstes Paradigma

1. *Die Entstehung als Zusammenschluss der katholischen Vereine in Deutschland 1848* 138
2. *Die Katholische Aktion als verfassungsrechtliche Ergänzung und Gegengewicht seit 1922* 141
3. *Die Bildung von Diözesankomitees und die Diskussion über ihre Integration seit 1945* 143
4. *Die Neugründung als bischöflich getragene Arbeitsgemeinschaft des Laienapostolats 1952/53* 146
5. *Die Emanzipation zu einem bischöflich anerkannten Zusammenschluss des Laienapostolats 1967* 153
6. *Die Entwicklung als freier Zusammenschluss des Laienapostolats bis heute* 156

Kapitel IV
Der Diözesanrat als Organ des Laienapostolats zwischen Autonomie und Abhängigkeit vom Diözesanbischof – ein zweites Paradigma

1. *Die Diözese als Gemeinschaft des Gottesvolkes mit einem Bischof als Vorsteher (c.369)* 162

a) Der Diözesanpastoralrat als verfassungsrechtliches
   Gremium für das Zusammenwirken des diözesanen
   Gottesvolkes (cc. 511–514) 164
b) Der Bischof als Vorsteher des diözesanen Gottesvolkes (cc. 375, 381, 391) 167
c) Das Presbyterium als synodales Leitungsorgan des
   diözesanen Gottesvolkes (c.369 i.V.m. cc. 495–502) . 174

2. *Der Diözesanrat als vereinsrechtliches Gremium des
   Laienapostolats* 178
   a) Das Selbstverständnis des Diözesanrats 178
   b) Die Rechtsgrundlagen des Diözesanrats 180
   c) Der Diözesanrat als kirchlicher, aber nicht kirchlich-
      kanonischer Verein 182
   d) Der Diözesanrat in Abhebung zum Diözesan-
      pastoralrat 184
   e) Das Zusammenwirken von Diözesanrat und
      Diözesanbischof 185

Exkurs: Die besondere Situation im Bistum Regensburg ... 187
1. Aufhebung des Diözesanrats und Einrichtung eines
   Diözesankomitees durch den Bischof von
   Regensburg 187
   a) Die Frage nach der Bindung des Bischofs an das
      geltende Recht 188
   b) Die Frage nach der Analogie des Diözesankomitees
      von Regensburg mit dem Diözesanrat 191
2. Das Verfahren der rechtlichen Beschwerde gegen die
   bischöfliche Aufhebung des Diözesanrats und Einrichtung des Diözesankomitees in der Diözese
   Regensburg 195
   a) Der hierarchische Rekurs als einziges Rechtsmittel
      zur Anfechtung bischöflicher Verwaltungsakte
      (cc. 1732–1739) 196
   b) Die Feststellung der Rechtmäßigkeit des bischöf-
      lichen Vorgehens durch die Kleruskongregation .. 199
   c) Die Feststellung der Nichtzuständigkeit für die
      rechtliche Bewertung des bischöflichen Vorgehens
      durch die Apostolische Signatur 205

1. Die Arbeitsweise der Apostolischen Signatur . . 205
2. Die Entscheidung des Kongresses auf Nichtzulassen der Beschwerde zum Hauptverfahren . 208
3. Die Bestätigung der Entscheidung des Kongresses durch das Richterkollegium 222

Kapitel V
Donum Vitae e.V. als ein von Laien getragenes Beratungsangebot für den Schwangerschaftskonflikt zwischen christlicher Verantwortung und kirchenamtlicher Nichtanerkennung – ein drittes Paradigma

1. *Der Schwangerschaftsabbruch im weltlichen Strafrecht der Bundesrepublik Deutschland (§§ 218f StGB)* 241
   a) Der Streit um das Indikations- und Fristenmodell . . . 242
   b) Die Funktion der Pflichtberatung als partieller
      Strafersatz 247
   c) Die Verbindung von befristetem Strafverzicht und
      Beratungspflicht in §§ 218f StGB 250
   d) Die qualitativen Unterschiede in der Straffreiheit nach
      § 218 StGB 253
   e) Die Pflichtberatung des § 219 StGB im Kreuzfeuer
      der Kritik 257
      1. Funktion und Inhalt 257
      2. Die Kritik an der strafbefreienden Wirkung 262
      3. Die Ablehnung der Zielorientierung 264
   f) Beratungspflicht mit befristetem Strafverzicht als
      Schutzregelung für Mutter und Kind 269

2. Die Abtreibung im Strafrecht der katholischen Kirche . . 272
   a) Die Strafandrohung (c.1398 CIC/1983) 273
   b) Die Strafbarkeit (c.1321 i.V.m. cc. 1323f) 274
   c) Der Täter- und Täterinnenkreis (cc. 11, 1329) 278
   d) Die Tatstrafe der Exkommunikation (cc. 1314, 1331) 280
   e) Der Strafnachlass (c.1347 §2 i.V.m. cc. 1355–1358) 282

3. Die Diskussion um eine kirchliche Beteiligung am staatlichen System der Schwangerschafts-Konfliktberatung in Deutschland 286
   a) Strafrechtlicher und ekklesiologischer Ausgangspunkt 287
   b) Die „Vorläufige[n] Bischöflichen Richtlinien für katholische Schwangerschafts-Konfliktberatungsstellen" (1995) 289
   c) Die Bitte von Papst Johannes Paul II. an die deutschen Bischöfe, keine Beratungsscheine mehr ausstellen zu lassen (1998) 294
   d) Die „Bischöfliche[n] Richtlinien für katholische Schwangerschaftsberatungsstellen" (2000) 296
   e) Die Gründung des Vereins Donum Vitae e.V. als Ersatz für den Rückzug der „bischöflichen" Beratungsstellen (1999) 300
      1. Die Frage des Ungehorsams und der Verletzung der Gemeinschaftspflicht 303
      2. Der Einwand vom Verstoß gegen das Verbot der Tötung unschuldiger Menschen und einer in sich schlechten Tat 313
   f) Die rechtliche Qualifizierung von Donum Vitae als Verein „außerhalb der Kirche" durch die deutschen Bischöfe (2006) und die Glaubenskongregation (2007) 316

Kapitel VI
Die eigenständige Verantwortung aller Glieder der Gemeinschaft und die Grenzen des Gehorsams –
eine Auswertung

1. *Anspruch und Wirklichkeit der Kirche als Communio und Volk Gottes* 327
2. *Die Umsetzung des Anspruchs in die Wirklichkeit der Kirche als Communio und Volk Gottes* 331
3. *Die Verantwortung aller für eine Rechtsordnung der christlichen Freiheit für alle* 339

Kapitel VII
Vom Hindernis zur Hilfe für ein Leben aus dem Glauben – ein abschließendes Plädoyer zum Umgang mit dem Recht in der Kirche

1. *Aufgabe und Funktion von Recht* 343
2. *Die Eigenart des kirchlichen Rechts* 345
3. *Moral und Zwang als notwendige Begleiter des (kirchlichen) Rechts* 348
4. *Die Dauerkrise des Kirchenrechts als Hindernis für den Glauben* 351
5. *Rahmenbedingungen für ein Kirchenrecht als Hilfe für den Glauben* 355
   a) Die Dispens (cc. 85–93) 359
   b) Die kanonische Billigkeit 359
   c) Die Epikie 360
6. *Recht in der Kirche als unerlässliche, aber nicht wichtigste Dimension der Kirche* 362

Auch die anderen ringen um das Evangelium – ein Epilog zu Meinungsverschiedenheiten in der Kirche (Gal 2,11–16; Apg 15) 365

Hinweise und Abkürzungen 370

Bibliographie 375

Quellenregister
Verzeichnis der Dokumente des II. Vatikanischen Konzils . . 391
Verzeichnis kirchlicher Gesetze 392

Für Recherchen und Korrekturlesen danke ich meinem Team am Lehrstuhl: den Herren Bastian Priemer und Daniel Teichert sowie den Damen Monika Anglhuber, Christina Hofmann, Stephanie Weiß (alle studentische Hilfskräfte) und Martina Brunner (Sekretärin). Ein besonderer Dank gilt meiner wissenschaftlichen Mitarbeiterin, Frau Dipl.-Theol. Gabriele Zinkl, die mich inhaltlich mit vielen konstruktiven Anregungen unterstützt und mit großer Sorgfalt das druckfertige Manuskript erstellt hat.

Mit Leidenschaft für seine Überzeugung eintreten – ein Prolog zu Größe und Dienst in der Kirche (Mk 9,33–37)

„Sie [sc. die Jünger] kamen nach Kafarnaum. Als er dann im Haus war, fragte er sie: Worüber habt ihr unterwegs gesprochen? Sie schwiegen, denn sie hatten unterwegs miteinander darüber gesprochen, wer (von ihnen) der Größte sei. Da setzte er sich, rief die Zwölf und sagte zu ihnen: Wer der Erste sein will, soll der Letzte von allen und der Diener aller sein. Und er stellte ein Kind in ihre Mitte, nahm es in seine Arme und sagte zu ihnen: Wer ein solches Kind um meinetwillen aufnimmt, der nimmt mich auf; wer aber mich aufnimmt, der nimmt nicht nur mich auf, sondern den, der mich gesandt hat" (Mk 9,33–37).

Warum haben wohl die Jünger geschwiegen, als Jesus sie fragte: Worüber habt ihr denn unterwegs gesprochen? Ich denke, weil sie sich geschämt haben. Und dazu hatten sie auch allen Grund. Warum? Vergegenwärtigen wir uns die Situation: Jesus hatte seinen Jüngern vor ihrem Weg nach Kafarnaum sein Leiden und Sterben angekündigt, er hat ihnen mitgeteilt und erklärt, dass er in die Hände der Menschen ausgeliefert werden müsste, um am Kreuz den schrecklichen Tod zu erdulden. Klar, dass *das* Thema der Jünger auf ihrem Weg nach Kafarnaum hätte sein müssen. So würden wir es vermuten. Aber eben, weit gefehlt! Die Jünger hatten einen völlig anderen Gesprächsstoff. Da kamen Jesus und seine Worte gar nicht vor. Sie beschäftigten sich mit einem ganz anderen Thema, nämlich mit der Frage: Wer ist der Größte? der Erste? der Mächtigtse? Aha, ist man geneigt zu sagen: Sie sind also auch nicht besser als wir, diese Jünger. Und man könnte auch noch fast resignierend anfügen: So sind die Menschen nun einmal! So sind sie auch in der Kirche Gottes! Das kann man auch heute noch nur zur Genüge sehen!
Und was macht Jesus? Ist er darüber enttäuscht? Das ist schwer zu sagen. Aber eines ist klar: Enttäuscht oder nicht enttäuscht, Jesus greift das Thema auf, das die Jünger beschäftigt, und nutzt diese Gelegenheit, um ihnen sein Verständnis von Größe, von Erste(r) sein und damit von Macht und Einfluss zu erläutern.
Größe, Erste(r) sein, Macht und Einfluss haben – mit diesen Begriffen verbinden wir bis heute meistens die Vorstellung: Prestige haben, anerkannt sein, glücklich sein, keine Sorgen haben, tun

und lassen können, was gefällt. Kurzum: Wer der/die Erste ist, hat die Macht! Und: Wer die Macht hat, hat das Sagen, und das ist nicht zuletzt deshalb so attraktiv, weil man sich umso weniger von den anderen zu sagen lassen braucht, je mehr man selbst zu sagen hat.
Dieser Vorstellung will Jesus aber offensichtlich eine Absage erteilen. Denn schließlich sagt er in aller Deutlichkeit: „Wer der Erste, der Größte, der Mächtigste sein will, der soll der Letzte von allen und der Diener aller sein!" Lehnt Jesus damit jede Form von Größe, Erste(r) sein, Macht und Einfluss ab? Setzt er an die Stelle der Macht die Ohnmacht als erstrebenswertes Ziel? Heißt für Jesus Macht, auf Macht zu verzichten? Fast könnte man das meinen. Denn dazu passt doch auch die erläuternde Geste mit dem Kind, oder? Steht das Kind nicht für Kleinheit, Ohnmacht und Unterwürfigkeit? Will Jesus uns damit nicht klar machen, dass er es grundsätzlich für etwas Unerlaubtes, Unanständiges hält, sich um Macht und Einfluss zu bemühen?
Jedenfalls scheint es bis heute in der Kirche so zu sein, als sei Macht und Einfluss etwas Unchristliches, als wäre es in der Kirche unanständig, Einfluss zu nehmen und Macht ausüben zu wollen, und als wäre es nur möglich, aus einer Position der Ohnmacht heraus eigene Interessen zu vertreten, weil nur eine Position der Ohnmacht dem Vorbild des Leidens Jesu entsprechen könnte. Denn wir alle kennen das Kernargument, das zudem auch noch aus dem Munde Jesu selbst stammt: „Der Menschensohn ist nicht gekommen, dass er sich dienen lasse ..." !
Worauf kommt es Jesus also an? Was muss Kirche, was müssen Christen und Christinnen tun, um seinem Vorbild von Größe, Erste(r)-Sein, Macht und Einfluss gerecht zu werden? Müssen wir wirklich allen Formen von Macht aus dem Weg gehen? Dürfen wir als Christen und Christinnen uns wirklich nicht um Einfluss bemühen und ist eine Lebenshaltung der Ohnmacht und Unterwürfigkeit das, was Jesus uns anrät?
Ich persönlich glaube nicht, dass Jesus das wollte. Ich glaube, das Gegenteil ist der Fall. Jesus will sehr wohl, dass auch und gerade wir Christen und Christinnen uns um Größe, Macht und Einfluss bemühen, und zwar immer dort, wo es um die Wahrheit geht. Denn er, Jesus, hat es doch auch getan, er hat es uns doch geradezu par excellence vorgelebt. Machen wir uns nichts vor: Das ganze Leben Jesu, seine ganze Geschichte, besonders seine Leidensgeschichte, ist doch nicht anders zu verstehen als das Leben und die Geschichte eines ständigen Bemühens um Macht

und Einfluss, ja: eines Machtkampfes, und zwar eines leidenschaftlichen Machtkampfes im wahrsten Sinn des Wortes. Jesu Leben ist die tragische Geschichte des unerbittlichen Machtkampfes um die Wahrheit zwischen den damaligen Amtsträgern der Religion und Jesus. Zwischen diesen beiden, den Amtsträgern und Jesus, klafft ein großer, ein lebensgefährlicher Interessengegensatz: Auf der einen Seite steht Jesus mit seinem Anspruch, der Sohn Gottes zu sein und demzufolge die volle Wahrheit zu bezeugen, weshalb er gelegentlich auch gegen die Satzungen und Bestimmungen der Religion handeln muss; und auf der anderen Seite stehen die Amtsträger der Religion mit ihrem Anspruch, die Satzungen, gegen die Jesus zuweilen verstößt, ebenfalls und mit bestem Wissen und Gewissen aus dem Willen Gottes hergeleitet zu haben. Beide sind davon überzeugt, dass jeweils sie, und nur sie, die Wahrheit vertreten, und deshalb wollen auch beide die Ersten sein, die Größten, deshalb wollen beide Macht und Einfluss haben, um der Wahrheit zum Durchbruch zu verhelfen. Hätte Jesus klein beigegeben, hätte Jesus nachgegeben, wäre sicherlich alles anders gekommen. Wahrscheinlich hätten sich dann nämlich die Mächtigen der Religion nicht mit den Mächtigen der Politik verbündet und Jesus ans Kreuz schlagen müssen! Wir hätten keinen Karfreitag zu begehen, aber auch kein Ostern zu feiern! Aber Jesus wollte offensichtlich nicht nachgeben! Kein Wunder: es ging ja um die Wahrheit! Jesus ist diesem Machtkampf um der Wahrheit willen nicht aus dem Weg gegangen, im Gegenteil: er hat ihn eigentlich erst provoziert – provoziert dadurch, dass er klar und deutlich nicht nur einmal, sondern immer wieder Position bezogen hat, sich unaufhörlich bemüht hat, Einfluss zu gewinnen und viele auf seine Seite zu ziehen. Kurzum: Jesus hat einen leidenschaftlichen Machtkampf ausgefochten. Jesus wollte der Größte sein, ja, das wollte er, auch wenn das für unsere Ohren fremd klingt und für den einen oder die andere gar anrüchig oder gotteslästerlich. Es ist dennoch so: Jesus wollte der Größte sein, er wollte Macht und Einfluss haben, aber: eben nicht, um dann so zu handeln wie alle es normalerweise tun, die groß, mächtig und einflussreich sind, sondern um uns eine Umwertung all unserer gängigen Vorstellungen vorzuleben: Macht und Einfluss sind nicht um meiner selbst willen, nicht für mich persönlich da, nicht für mein Prestige, nicht um mich auf Kosten anderer in den Vordergrund zu spielen und nicht zum Ausnutzen des anderen, nicht um die andere zu degradieren, zum Steigbügelhalter, zur Fußmatte für meine Größe und Macht zu

machen! Sondern: Macht und Einfluss, die Position des/der Größten ist dazu da, um sich einzusetzen für die Wahrheit – vor allem was die richtigen Beziehungen der Menschen untereinander betrifft. Und was sind die richtigen Beziehungen der Menschen untereinander? Das sind jene Beziehungen, in denen wir nach der Wahrheit des Glaubens so suchen, dass stets das Wohlergehen des/der anderen im Blick ist, der/die andere geachtet, beachtet und respektiert wird, Beziehungen also, in denen die Menschen einander gerecht werden und einander dienen, und dabei vor allem das Augenmerk auf die Kleinen und Geringen, auf die Zukurzgekommenen der Gesellschaft richten, damit wir uns nicht nur immer mehr der Wahrheit des Glaubensinhalts, sondern auch der Wahrheit des Miteinanders aus dem Glauben heraus nähern. Um das deutlich zu machen, stellt Jesus ein Kind in die Mitte, nimmt es in seine Arme und sagt: „Wer ein solches Kind aufnimmt, nimmt mich auf." Das Kind, das Jesus in den Arm nimmt, steht nicht als Zeichen der Ohnmacht, Unterwürfigkeit und Demut, sondern als Zeichen der Fürsorge, als Symbol also für den geringen, missachteten Menschen. Wer solche Menschen aufnimmt, nimmt Jesus und mit ihm Gott selbst auf. Gefordert ist also der Einsatz für die Wahrheit im Miteinander. Denn zur Wahrheit des Glaubens gehört auch die Wahrheit des Umgangs miteinander. Das ist es also, was Jesus von uns allen will, und vor allem von denen unter uns, die die Größten sind und die die Größten werden wollen. Denn so dienen wir Gott und öffnen den Menschen die Augen und die Herzen für Gott. Das ist also die andere Form von Macht, die neue Sicht von Macht, wie sie Jesus uns vorgelebt hat und wie er sie uns aufgetragen hat.
Das war damals eine Herausforderung, das war in den vergangenen 2000 Jahren (in) der Kirche (Jesu Christi) eine Herausforderung, und das ist gerade heute eine ganz besondere Herausforderung, wo wir fortwährend aufgefordert werden, uns in die erste Reihe zu setzen, wo wir gewohnt sind, uns selbst zur Geltung zu bringen, uns in den Vordergrund zu spielen und die anderen, die eine andere Meinung vertreten, an die Wand zu drücken; sie als falsch oder dumm hinzustellen, als unmenschlich und unchristlich, als konservativ oder progressiv abzustempeln oder gar als kirchenschädigend und kirchenspalterisch zu verleumden; ihn bzw. sie mit irgendeinem Etikett zu versehen und unschädlich zu machen. Um den Paradigmenwechsel, die Umwertung zu leben, die Jesus uns aufgetragen hat, müssen wir es endlich lernen, so nach der Wahrheit zu suchen und für das als wahr Erkannte

Macht und Einfluss zu erstreben, dass wir uns nicht auf Kosten anderer durchzusetzen suchen; dass wir nie jemanden degradieren um der Wahrheit willen und/oder zum Mittel der eigenen Erfüllung; dass wir Ehrfurcht haben vor dem Leben und vor der Freiheit der anderen; dass wir Toleranz üben – nicht in dem Sinn, dass wir das Falsche für richtig erklären, sondern indem wir Respekt haben, vor dem, der eine andere, vielleicht sogar eine falsche Meinung vertritt.

Wenn wir diese von Jesus geforderte Macht-Haltung verwirklichen, dann werden wir allerdings – wie Jesus selbst – auch oft auf Unverständnis stoßen, mehr noch: dann wird man auch unsere Fairness ausnützen, weil man glaubt, nun erst recht die Ellenbogen gebrauchen zu können. Aber als Christen und Christinnen sollten wir wissen, dass dennoch nur diese Haltung der gelebten Macht und Größe eine wirkliche Änderung der Menschenherzen herbeizuführen vermag, einen wahren Frieden unter den Menschen schaffen kann. Wir sollten wissen und darauf vertrauen – durch Jesu Beispiel – dass dies der einzige Weg ist zur Erlösung, zu einer Welt, die frei ist von Unrecht und Machtmissbrauch, zu einer Welt, nach der wir uns alle sehnen.

Sein ganzes Leben war Jesus darum bemüht, Macht und Einfluss zu bekommen, nicht durch Unterwürfigkeit, sondern durch richtigen Kampfgeist, aber fairen Kampfgeist. Jesus hat stets für seine Macht und seinen Einfluss gekämpft, fair gekämpft, gerecht gekämpft, aber auch mutig gekämpft – in Wort und Tat. Um Jesus nachzufolgen, sollten auch wir alles andere als eine Haltung der Ohnmacht und Unterwürfigkeit an den Tag legen. Wir sollten vielmehr um Gottes und der Menschen willen die notwendigen Machtkonflikte und Positionskämpfe austragen, fair austragen und ertragen. Darin sehe ich den einzig wahren Sinn von Größe, Macht und von der Aussage, der Diener – ich füge hinzu: und die Dienerin – aller zu sein.

Einführung

Was vor gut 50 Jahren noch nahezu undenkbar war, gehört inzwischen zur Alltagserfahrung: Laien gestalten die Kirche mit. Sie fühlen sich nicht mehr nur berufen, den gesellschaftlichen Lebensraum aus ihrem Glauben heraus mitzugestalten, sondern auch ihren kirchlichen Lebensraum. Sie sind nicht mehr nur in den Randbereichen der kirchlichen Institutionen als Hausmeister, Ärztin, Mathematiklehrerin oder Verwaltungschef tätig, sondern auch in den Kernbereichen der kirchlichen Sendung als Religionslehrer, Pastoralassistentin, Pfarrgemeinderatsmitglied und in der Sakramentenvorbereitung, der Predigt oder der Sterbebegleitung. Kurzum: Laien sind also in der Kirche von heute in den verschiedensten Kernbereichen mit unterschiedlicher Intensität und Eigenverantwortlichkeit tätig. Sie sind ehrenamtlich engagiert, ebenso wie haupt- und nebenamtlich. Waren die Laien früher ausschließlich die Objekte der kirchlichen Sendung, so sind sie heute auch zu Subjekten des kirchlichen Sendungsauftrages geworden.

Doch die Aufwertung der Laien zu vollberechtigten Mitgliedern des Volkes Gottes ist noch nicht einmal ein halbes Jahrhundert alt und gerade einmal anfanghaft in den kirchlichen Alltag umgesetzt, da sind schon wieder deutliche Anzeichen einer Rückwärtsbewegung erkennbar. Zwei Beispiele aus jüngster Zeit sind hier besonders alarmierend:

Da macht ein Gremium, das überwiegend aus Laien besteht, der sog. Diözesanrat, jahrelang, ja jahrzehntelang gute Arbeit, doch der Bischof löst ihn von heute auf morgen einfach auf, ohne dass er dies stichhaltig begründet und ohne darauf zu achten, ob sein Vorgehen überhaupt rechtens ist. Denn nach der Auffassung des Bischofs sind zwar die Mitglieder des Diözesanrats an die Bestimmungen der Satzung gebunden, nicht aber er, der er Bischof kraft göttlichen Rechts ist und einziger Gesetzgeber in der Diözese. So geschehen im Jahr 2005 in der Diözese Regensburg.

Da führen Laien das fort, was Bischöfe jahrelang selbst getan haben, aber auf die dringliche Bitte des Papstes um der Klarheit des Zeugnisses willen hin aufgegeben haben: die Trägerschaft einer katholisch geprägten Schwangerschafts-Konfliktberatung im staatlichen System. Doch nach einigen Jahren wird diesen Laien von den Bischöfen vorgeworfen, dass sie sich mit ihrem Einsatz für die Schwangerschafts-Konfliktberatung im staatlichen

System „außerhalb der Kirche" befinden. So geschehen im Jahr 2006, als der Ständige Rat der DBK erklärt hat: „Bei dem privaten Verein Donum Vitae handelt es sich um eineVereinigung außerhalb der katholischen Kirche." Diese beiden Beispiele werfen grundsätzliche Fragen auf: Was für eine Stellung haben denn nun tatsächlich die Laien in der Kirche? Haben sie wirklich auch eine eigene Verantwortung für die Sendung der Kirche oder dürfen sie nur tun und lassen, was die Bischöfe ihnen genehmigen? Und kann ein Bischof jederzeit die Tätigkeit von Laien unterbinden?

In der vorliegenden Studie werden die theologischen und rechtlichen Wurzeln dieser Fragen aufgesucht und Antworten entwickelt, die nicht nur, aber auch auf die beiden genannten Beispiele Bezug nehmen. Ausgelöst wurde diese Untersuchung dadurch, dass ich einerseits persönlich von diesen Themen betroffen bin und andererseits mich von meiner Profession her dazu herausgefordert, ja sogar verpflichtet sehe. Persönlich betroffen bin ich, insofern ich sowohl berufenes Mitglied im Zentralkomitee der Katholiken in Deutschland als auch Gründungsmitglied von „Donum Vitae e.V. in Bayern" bin. Und meine Profession ist es, theologische Wissenschaftlerin zu sein und dabei insbesondere als Kirchenrechtlerin für den legitimen Freiheitsraum in der Kirche einzutreten. Beide Perspektiven zusammengenommen lassen mich zu diesem Thema nicht schweigen.

Kapitel I

Von der Bevormundung zur eigenen Verantwortung der Laien kraft Taufe – eine theologische und rechtliche Grundlegung

Was wäre die Kirche ohne die Laien? Nahezu zwei Jahrtausende lang hätte wohl die Antwort darauf geheißen: Dann hätten ja die Kleriker niemanden mehr, der ihren Anordnungen gehorcht und der für ihre finanzielle Absicherung sorgt. Denn bereits am Ende des dritten Jahrhunderts besteht die „typisch laikale Aufgabe ... neben der Teilnahme am Gemeindeleben und einem christlichen Leben in der ‚Welt' fortan darin, für die finanzielle Grundlage der kirchlichen Arbeit, insbesondere für die Armenpflege und für den Unterhalt des Klerus zu sorgen, der alle mit der Leitung, der Lehre und dem Gottesdienst verbundenen Aufgaben an sich zieht. Damit ist im wesentlichen die Entwicklung einer kirchlichen Hierarchie abgeschlossen ... ."[3] Die Unterscheidung zwischen Klerikern und Laien wird in den folgenden Jahrhunderten in keiner Weise in Frage gestellt, sondern im Gegenteil zu einer Trennung hin gesteigert, mit der parallel eine Aufspaltung in den kirchlich-kultischen und den rein weltlichen Aufgabenbereich einhergeht. So schärft im 11. Jahrhundert Kardinal Humbert von Silva Candida ein:

> „Wie die Kleriker nicht Weltliches, so sollen die Laien nicht Kirchliches sich anmaßen. ... Die Laien sollen nur ihre Dinge, nämlich das Weltliche, die Kleriker aber nur die ihren, nämlich die kirchlich-geistlichen, betreiben."[4]

Ganz in dieser Tradition verhaftet bringt schließlich Papst Pius X. zu Beginn des 20. Jahrhunderts das herrschende Kirchenverständnis auf den Punkt, wenn er auch noch 1906 in einer Enzyklika problemlos erklären kann:

---

[3] Meyer, Liturgischer Leitungsdienst durch Laien, 127.
[4] Humbertus Cardinalis Libri tres adversus Simoniacos III, 9, hrsg. v. Robison, E. G., Philadelphia 1972, 290.

> „Nur die Versammlung der Hirten hat das Recht und die Autorität, zu lenken und zu regieren. Die Masse hat kein anderes Recht, als sich regieren zu lassen, als eine gehorsame Herde, die ihren Hirten folgt."[5]

Was wäre die Kirche ohne die Laien? Heute, im Zeitalter des Priestermangels, könnte man nun eine ganz andere Antwort auf diese Frage hören. Jetzt müsste nämlich allerorten erklärt werden: Ohne die Laien könnte es keinen flächendeckenden Religionsunterricht geben, ohne die Laien würde der Caritasdienst zusammenbrechen, ohne die Laien würde die Pfarrseelsorge dahinsiechen, kurzum: Ohne die Laien könnte die Kirche gar nicht mehr ihre vielen Aufgaben erfüllen. Deshalb wird jetzt auch nicht mehr die Gegenüberstellung von den Klerikern hier und den Laien dort forciert, von den Befehlenden auf der einen und den Gehorchenden auf der anderen Seite, sondern stattdessen wird die „wahre Gleichheit aller Gläubigen" herausgestellt und die „Teilhabe aller an der Sendung der Kirche" betont, werden die Laien explizit zum „Volk Gottes" gezählt, als „Glieder der kirchlichen Gemeinschaft" bezeichnet und werden mit der Anrede als „Schwestern und Brüder" umworben. So heißt es nun in der dogmatischen Konstitution über die Kirche „Lumen gentium" von 1964:

> „Die heiligen Hirten aber sollen die Würde und Verantwortlichkeit der Laien in der Kirche anerkennen und fördern; sie sollen gern ihren klugen Rat gebrauchen, mit Vertrauen ihnen zum Dienst an der Kirche Pflichten übertragen und ihnen Freiheit und Raum zum Handeln lassen, ja, ihnen Mut machen, auch von sich aus Werke in Angriff zu nehmen. ... Aus diesem vertrauten Umgang zwischen Laien und Hirten darf man sehr viele Güter für die Kirche erwarten: so wird nämlich in den Laien der Sinn für die eigene Verantwortlichkeit gestärkt, der Eifer gefördert und werden die Kräfte der Laien leichter dem Werk der Hirten zugesellt. Diese aber vermögen, durch die Erfahrung der Laien unterstützt, sowohl in geistlichen als auch in zeitlichen Angelegenheiten genauer und angemessener zu urteilen, so dass die ganze Kirche, von allen ihren Gliedern gestärkt, ihre Sendung für das Leben der Welt wirksamer erfüllt" (LG 37, 3f).

Ja selbst in der kirchlichen Rechtsordnung aus dem Jahr 1983 werden die Laien nicht mehr nur negativ-abgrenzend zu den Klerikern behandelt, sondern in ihrem eigenen Sendungsauftrag gesehen:

---

[5] Pius X., „Vehementer nos" vom 11.02.1906, in: ASS 29 (1906), 3–16, 8f.

„Da die Laien wie alle Gläubigen zum Apostolat von Gott durch die Taufe und die Firmung bestimmt sind, haben sie die allgemeine Pflicht und das Recht, sei es als einzelne oder in Vereinigungen, mitzuhelfen, dass die göttliche Heilsbotschaft von allen Menschen überall auf der Welt erkannt und angenommen wird, diese Verpflichtung ist um so dringlicher unter solchen Umständen, in denen die Menschen nur durch sie das Evangelium hören und Christus kennen lernen können" (c.225 §1 CIC/1983)

Dieser Wandel in der Redeweise über und in der Aufgabenzuweisung an die Laien kommt einer kopernikanischen Wende gleich. Wie kam es dazu?

Spiegelt sich für die einen in diesem Wandel keine prinzipiell neue Auffassung über die Laien wider, sondern lediglich der Versuch, aus der Not eine Tugend zu machen, nämlich den Priestermangel durch die Laien als Lückenbüßer und Notbehelf zu kompensieren, so sehen andere darin ein Wirken des Heiligen Geistes, der zu der Erkenntnis geführt hat, dass Laien nicht nur zur Kirche gehören, sondern (auch) selbst Kirche sind. Die neue aktive Rolle der Laien in der Kirche ist für sie daher kein notwendiges Übel, kein Ersatz für die Kleriker, sondern eine wichtige Ergänzung und Bereicherung, die im Wesen der Kirche selbst gründet.

Wer oder was sind also die Laien? Sind sie die Nichtfachleute in Sachen von Glaube und Kirche? Sind sie die Objekte der Seelsorge? Sollen sie in der Welt ihren Glauben bezeugen, in der Kirche aber den Klerikern dienen? Oder haben sie auch in der Kirche eine eigenständige Stellung und Aufgabe? Sind auch sie Subjekte der Seelsorge? Sind auch sie in Sachen von Glaube und Kirche kompetent?
Spätestens seit dem II. Vatikanischen Konzil (1962–1965) werden diese und viele weitere Fragen über die Laien im Raum der katholischen Kirche neu bedacht. Entscheidender Auslöser dafür ist der auf dem Konzil vollzogene Perspektivenwechsel im Selbstverständnis der katholischen Kirche, der auch zu einer veränderten Betrachtungsweise der Laien geführt hat. Was heißt das für die Laien in der Kirche? Wie haben sich ihre Rolle, ihr Tätigkeitsbereich und ihre Rechtsstellung in der Kirche im Vergleich zu früher verändert? Ist die Theorie hinreichend in die Praxis umgesetzt worden? Was wäre an Fortschritten wünschenswert? Was notwendig und was realistisch?

1. Das Communiomodell des Gottesvolkes auf dem II. Vatikanischen Konzil als Ausgangspunkt

Volk Gottes ist ursprünglich die christliche Gemeinde als Ganzes; jedes Gemeindemitglied gehört zum Volk Gottes. So heißt es im Neuen Testament:

„Ihr (alle) aber seid das auserwählte Geschlecht, das königliche Priestertum, das heilige Volk ..." (1 Petr 2,9).

Mit der Ausbreitung des Christentums ändert sich das allerdings allmählich. Die christlichen Gemeinden wurden immer größer und waren zunehmend darauf angewiesen, Ordnungs- und Strukturgesichtspunkte für das Gemeinschaftsleben zu entwickeln. Daher bildeten sich in dieser Phase besondere Dienste in der Lehre und Leitung des Gottesvolkes heraus und wurden nach und nach institutionalisiert. Amtsstrukturen entwickelten sich und wurden im Laufe der Zeit in ihrer Bedeutung so überbewertet, dass bereits in den ersten Jahrhunderten die klare Unterscheidung zwischen dem Klerus als eigenem Stand der amtlich bestellten Diener der Kirche und dem Stand der Laien, dem einfachen Volk ohne besondere Beauftragung der Kirche und in der Kirche, entstand. Damit war aus dem *einen* Volk Gottes die Zweiteilung in das eigentliche Volk Gottes der Kleriker und das uneigentliche Volk Gottes der Laien geworden. Die Tatsache, dass diese Unterscheidung zwischen Klerikern und Laien jeglicher biblischen Grundlage entbehrt, blieb dabei komplett unbeachtet. In spitzer Formulierung auf den Punkt gebracht kann man daher sagen: Die Laien sind „weder eine Schöpfung Gottes, noch eine Wahrheit Jesu Christi, sondern ein Produkt der Kirchengeschichte."[6]

Spätestens seit dem 12. Jahrhundert wurde dann Jahrhunderte lang gelehrt, dass es in der Kirche zwei Arten von Christen gibt, die Kleriker und die Laien.[7] Und es wurde beharrlich betont, dass es sich hierbei um zwei ungleiche Personenstände handelt, weil die Kleriker als das eigentliche Volk Gottes die Kirche bilden und deshalb die Befehlenden sind, während die Laien das minderberechtigte Volk sind und als Untertanen zu gehorchen haben.[8]

---

[6] Meyer, Die Eigenverantwortlichkeit der Laien, 139.
[7] Vgl. Decretum Gratiani C.12 q.1 c.7.
[8] Vgl. dazu z.B. Entwurf zur geplanten Kirchenkonstitution des I. Vaticanums, Kapitel X , in: Mansi 51, 539; vorbereiteter Entwurf zur dogmatischen Konstitution über die Kirche „Lumen gentium", in: ASCOV I/4, insbesondere 38–45; 60–63

Erst auf dem II. Vatikanischen Konzil (1962–1965) setzt eine grundlegend neue Sicht und Bewertung der Laien ein. Maßgeblich dafür war der Perspektivenwechsel im Selbstverständnis der katholischen Kirche, der auf diesem Konzil vollzogen worden ist. Dieser ist vor allem mit Hilfe des Bildbegriffes vom „Volk Gottes" gelungen, der in Rückbesinnung auf die biblische Tradition ausgelegt und entfaltet worden ist: *Volk* Gottes ist die Kirche insofern, als sie die Versammlung all derer ist, die an Christus glauben, *Gottes* Volk insofern, als diese Versammlung sich nicht einer menschlichen Initiative verdankt, sondern Gott. Denn weil Gott die Menschen nicht vereinzelt zum Heil führt, ruft er sie als Gemeinschaft zusammen und sendet sie zugleich als Werkzeug des göttlichen Heils in alle Welt (LG 9). Nicht nur einzelne Glieder des Volkes Gottes, sondern das ganze Volk Gottes ist zu dieser Sendung berufen. Deshalb wird seitdem immer wieder hervorgehoben, dass nicht nur die Kleriker bzw. die Hierarchie von Papst, Bischöfen, Priestern und Diakonen die Sendung der Kirche erfüllen, sondern auch die Laien. *Alle*, Laien und Kleriker, sind gemäß ihrer je eigenen Stellung in der Kirche zur Ausübung der Sendung berufen, die Gott der Kirche zur Erfüllung in der Welt anvertraut hat – so ist seit dem II. Vatikanischen Konzil wiederholt in kirchlichen Dokumenten zu lesen.

Der vom II. Vatikanischen Konzil vollzogene Perspektivenwechsel im Selbstverständnis der katholischen Kirche wird gerne schlagwortartig umschrieben als Wandel vom sog. Hierarchiemodell zum Communiomodell. Das Hierarchiemodell steht für das Kirchenbild, wie es auf dem I. Vatikanischen Konzil (1870) vertreten wurde, das Communiomodell dagegen als Versuch des II. Vatikanischen Konzils, die Einseitigkeiten des Hierarchiemodells durch die Rückbesinnung auf die biblische und urkirchliche Tradition von der Kirche als Gemeinschaft und als Volk Gottes aufzubrechen und zu korrigieren. Was sind die zentralen Gedanken dieser beiden Modelle?

Im sog. Hierarchiemodell des I. Vatikanischen Konzils ist der Papst der absolute Bezugspunkt für die kirchliche Gemeinschaft, und ausschließlich die geweihten Amtsträger sind die einzig Handelnden, gleichsam die alleinigen Protagonisten in der Kirche, während die übrigen Gläubigen reine Zuschauer, gleichsam Statisten sind, ganz und gar von den Aktionen und Entschei-

---

(Dieser Entwurf wurde auf dem II. Vatikanischen Konzil verworfen; vgl. dazu Hünermann, Theologischer Kommentar zur dogmatischen Konstitution über die Kirche, 291–316).

dungen der Protagonisten abhängig. Im Gegensatz dazu gibt es im neuen Kirchenbild, dem sog. Communiomodell des II. Vatikanischen Konzils, keine Statisten mehr, sondern alle, die geweihten Amtsträger wie die Gläubigen, sind Protagonisten, die in einer lebendigen und wechselseitigen Beziehung zu- und miteinander stehen, so dass die Entscheidungen des Papstes wie auch alle weiteren Entscheidungen der geweihten Amtsträger nicht im Alleingang, sondern in Rückbindung an die Gemeinschaft und ihre Tradition sowie im Bemühen um einen Konsens getroffen werden.

Die Wende weg vom einseitigen Hierarchiemodell hin zum Communiomodell mit integriertem Hierarchiemodell bedeutet, dass die katholische Kirche jetzt nicht mehr primär als die ständisch geordnete Gesellschaft von Klerikern und Laien verstanden wird, sondern als die Gemeinschaft aller Gläubigen, unter denen kraft der Taufe eine wahre Gleichheit besteht, die grundlegender ist als die Unterscheidung zwischen Klerikern und Laien. Ausgangspunkt sind somit nicht mehr die zwei Klassen der Kleriker und Laien, sondern die grundsätzliche Gleichheit aller Glieder des Volkes Gottes.

Was das genauerhin heißt bzw. wie Gleichheit und Unterschiedenheit sich zueinander verhalten, wird vor allem in der dogmatischen Konstitution über die Kirche „Lumen gentium" dargelegt, und hier in besonders eindrucksvoller Weise in den zwei zentralen Konzilslehren über das gemeinsame und amtliche Priestertum (LG 10) und über den Glaubenssinn aller Gläubigen (LG 12). Beide Lehren stehen innerhalb des grundlegenden Kapitels über das „Volk Gottes" (LG 9–17), das bewusst den Differenzierungen im Volk Gottes in die Hierarchie (LG 18–29) und die Laien (LG 30–38) vorangestellt worden ist, um zuerst die Gemeinsamkeiten darzulegen, die vor allen Unterscheidungen liegen und durch die Unterscheidungen nicht aufgehoben werden.

a) Das gemeinsame Priestertum nicht ohne das amtliche Priestertum

Mit den Aussagen über das gemeinsame und amtliche Priestertum „haben die Konzilsväter eine über Jahrhunderte hin bestehende Einseitigkeit kirchlicher Lehrentwicklung korrigiert."[9] Sie haben diese Korrektur in folgende Worte gekleidet:

> „... Die Getauften werden nämlich durch die Wiedergeburt und die Salbung mit dem Heiligen Geist zu einem geistigen Haus und einem heiligen Priestertum geweiht, ...
>
> Das gemeinsame Priestertum der Gläubigen aber und das amtliche bzw. hierarchische Priestertum sind, auch wenn sie sich dem Wesen und nicht bloß dem Grade nach unterscheiden, dennoch einander zugeordnet; das eine wie das andere nämlich nimmt auf seine besondere Weise am einen Priestertum Christi teil.
>
> Der Amtspriester nämlich bildet aufgrund der heiligen Vollmacht, derer er sich erfreut, das priesterliche Volk heran und leitet es; er vollzieht in der Person Christi das eucharistische Opfer und bringt es im Namen des ganzen Volkes Gott dar; ..." (LG 10)

In diesen Ausführungen hat das Konzil dargelegt, dass nicht nur einzelne Glieder des Volkes Gottes, zum Priestertum in der Kirche berufen sind, sondern *alle* Glieder. Denn kraft der Taufe werden alle Gläubigen – wie das Konzil sagt – zu „einem heiligen Priestertum geweiht" (LG 10,1) und sind dadurch befähigt wie auch beauftragt, die göttliche Heilsbotschaft allen Menschen kundzutun. Gemeinsames Priestertum heißt also, dass jedes einzelne Glied des Volkes Gottes in, mit und durch die Taufe berufen ist, an der Sendung der Kirche mitzuwirken. Das ist die erste zentrale Aussage des II. Vatikanischen Konzils. Auf ihrer Grundlage wird dann das zweite Element der Lehre vom „Amtspriestertum" des ganzen Volkes Gottes wie folgt entwickelt: Wie alle Gläubigen kraft Taufe zum gemeinsamen Priestertum gehören, so sind einige darüber hinaus kraft der Weihe zum „Priestertum des Dienstes" bestellt, das auch als das „amtliche", „hierarchische" oder „besondere"[10] Priestertum

---

[9] Hünermann, Theologischer Kommentar zur dogmatischen Konstitution über die Kirche, 375.
[10] Hilberath, Thesen zum Verhältnis, 182, wirbt für die konzilsgetreue Begrifflichkeit des „amtlichen" und „hierarchischen" Priestertums gegen den üblich gewordenen Ausdruck des „besonderen" Priestertums; mit dem gleichen Argument tritt er für die Sprechweise vom „gemeinsamen" statt vom „allgemeinen" Priestertum ein: „Wer den veröffentlichten Konzilstext (Endtext) zur Hand nimmt, fragt sich, wieso sich auf

bezeichnet sowie als „geweihtes Amt" umschrieben wird, dessen Inhaber wiederum als „heilige" oder „geistliche Hirten" betitelt werden.[11] Dieses amtliche Priestertum hat die Aufgabe, dem gemeinsamen Priestertum aller Gläubigen Christus, das priesterliche Haupt des Volkes Gottes und damit den eigentlichen Priester, zu repräsentieren und zu vergegenwärtigen. Dadurch soll allen Gläubigen immer wieder neu ins Bewusstsein und in die Erinnerung gehoben werden, dass die Kirche nicht ein Produkt der Menschen oder der Natur ist, sondern eine Gemeinschaft eigenen Wesens, aus eigenem Grund, zu eigenem Zweck. Und Wesen, Grund und Zweck der Kirche ist einzig und allein Jesus Christus mit seinem göttlichen Sendungsauftrag.[12] Das Spezifikum des amtlichen Priestertums – in Abhebung zum gemeinsamen Priestertum – ist also keinesfalls „die Ersetzung des göttlichen Heilshandelns, sondern dessen öffentliche und wirksame Präsentation, d.h. sakramental im Namen Christi und von der Kirche beauftragt zu handeln. Auch wenn alle Christen zur Verkündigung in Martyria, Diakonia und Leiturgia berufen und gesendet sind, so haben doch nicht alle das Evangelium der Gemeinde als ganzer gegenüber zu verkünden und im Sakrament zu reichen. Weil Kirche nicht aus sich selbst lebt, sondern aus dem Heilshandeln Gottes, deshalb gehört konstitutiv zu ihr diese Bipolarität des Im-Miteinander-Gegenüber. Das begründet keine hierarchisch aufgebaute Zwei- oder Mehrklassengesellschaft. ‚Hierarchisch' im Sinn der ‚göttlichen Ordnung' ist die Berufung und Ansage aller auf Grund von Taufe und Firmung und die Berufung und Sendung zur öffentlichen Präsentation des Evangeliums von unserer Rettung auf Grund der Ordination."[13]

Aus dieser zentralen Funktion des amtlichen Priestertums ergibt sich für das Wesen der Kirche folgende Erkenntnis: Ob sich das

---

allen wichtigen innerkirchlichen Kommunikationsebenen (Gottesvolk, Lehramt, Theologie) zunehmend die Rede vom allgemeinen und besonderen Priestertum breit macht. Offenbar kennen selbst Bischöfe, Priester und Theologen den Konzilstext nicht genau."

[11] Vgl. dazu in diesem Buch S.58–67.
[12] Vgl. Aymans, Lex canonica, 348.
[13] Hilberath, Thesen zum Verhältnis, 191; vgl. ähnlich Kehl, Die Kirche, 114f: „Das amtliche Priestertum ist das sakramental hervorgehobene Zeichen für das, was inhaltlich (also auf der Ebene der ‚res sacramenti', des vermittelten Heils) allen Gläubigen gemeinsam zukommt, nämlich die Vergegenwärtigung des Heilsdienstes Christi in unserer Welt. Dieser allgemeinen Sendung zu dienen, sie auch strukturell wirksam zu ermöglichen und lebendig zu halten, das ist die Sendung des besonderen Priestertums in der Kirche."

Volk Gottes bzw. ein Teil des Volkes Gottes in der Eucharistiefeier oder in der Pfarrei, auf der Ebene der Teilkirche (Diözese) oder der Gesamtkirche versammelt, immer bedarf es in seiner Mitte und aus seiner Mitte heraus eines amtlichen Priesters, der dieser Gemeinschaft vorsteht und für sie den unsichtbaren Herrn sichtbar vertritt, um die Vollgestalt von Kirche zu verwirklichen. Daraus folgt, dass für alle Verfassungsstrukturen der Kirche sowohl das Volk Gottes wie auch ein entsprechendes Vorsteheramt aus dem Volk Gottes und für das Volk Gottes konstitutiv sind. Deshalb ist das Volk Gottes nur dann und dort *voll* als Kirche Christi versammelt und verwirklicht, wenn und wo ihr unsichtbarer Ursprung und Herr und damit auch ihr unsichtbares Wesen und Haupt, nämlich Jesus Christus, sichtbar vergegenwärtigt wird, und zwar durch die Person eines amtlichen Priesters. Somit gehört nicht nur das Volk Gottes, sondern auch das Vorsteheramt des amtlichen Priesters zum Wesen der katholischen Kirche.
Gleichsam in umgekehrter Richtung formuliert machen Aufgabe und Funktion des amtlichen Priestertums aber auch deutlich: Das amtliche Priestertum ist für das gemeinsame Priestertum aller Gläubigen da und nicht umgekehrt; ja man kann sogar sagen: Gäbe es das gemeinsame Priestertum nicht, gäbe es auch das amtliche Priestertum nicht! Als Augustinus einst zum Bischof bestellt wurde, kleidete er diese Tatsache in die treffenden Worte: „*Mit euch bin ich Christ, für euch bin ich Bischof*".[14] Ähnlich hat es Joseph Ratzinger unmittelbar nach dem II. Vatikanischen Konzil formuliert: „Für sich gesehen und auf sich allein hin gesehen ist jeder Christ nur Christ und kann gar nichts Höheres sein. ... Bischof (und entsprechend Presbyter) ist man immer ‚für euch' oder man ist es nicht."[15] Und 1988 bekennt ein namhafter Konzilstheologe, dass nicht der Laie vom Klerus her und in Beziehung auf ihn hin zu definieren ist, wie er es selbst lange Zeit getan habe; „heutzutage wäre es eher für den Klerus nötig, dass er sich in seiner Beziehung zu den Laien definieren ließe, die ganz einfach Glieder des Gottesvolkes sind, das vom Geist beseelt ist."[16]

---

[14] Sermo 340,1, in: Drobner, H.R., „Für euch bin ich Bischof." Die Predigten Augustins über das Bischofsamt, Würzburg 1993, 59. Vgl. dazu auch LG 32,4.
[15] Ratzinger, Zur Frage nach dem Sinn des priesterlichen Dienstes, 371.
[16] Congar, Herbstgespräche, 101; vgl. dazu auch Bausenhart, Theologischer Kommentar zum Dekret über das Apostolat der Laien, 27, Anm.124.

Eine Aussage des Konzils in der Zuordnung und Abgrenzung von gemeinsamem und amtlichem Priestertum bereitet allerdings bis heute Auslegungsschwierigkeiten. Wie ist die Feststellung zu verstehen, dass sich das amtliche Priestertum „dem Wesen und nicht bloß dem Grade nach" vom gemeinsamen Priestertum unterscheidet (LG 10,2)? Sie wird zu Recht als „missverständlich" kritisiert; denn sie „suggeriert die zumindest hier unangebrachte Alternative von Wesen und Funktion. Das Wesen Christi war seine Funktion, sein Dasein für andere."[17] Deshalb ist hier zu betonen: „Der geweihte Priester ist also nicht dem Laien graduell übergeordnet, er ist nicht einige Grade heiliger, frömmer oder mehr von Gott geliebt. Vielmehr liegt sein Priestertum auf einer wesensmäßig ganz anderen Ebene – wobei ‚dem Wesen nach' nicht meint, dass der Amtsträger durch die Weihe seinsmäßig verändert würde [andernfalls könnte nicht für zwei verschiedene Wesen der gemeinsame Begriff sacerdotium verwendet werden]. Mit dieser Formulierung wird vielmehr zum Ausdruck gebracht, dass die Inhaber des Amtspriestertums eine wesentlich andere Berufung und Sendung haben."[18] Das Konzil umreißt diese andere Berufung und Sendung in dreifacher Hinsicht:

> „Der Amtspriester nämlich bildet aufgrund der heiligen Vollmacht, derer er sich erfreut, das priesterliche Volk heran und leitet es; er vollzieht in der Person Christi das eucharistische Opfer und bringt es im Namen des ganzen Volkes Gott dar" (LG 10,2).

Die Amtspriester sind also „berufen und gesandt zum Dienst am Volk Gottes und zur Christusrepräsentation in Verkündigung, Gemeindeleitung und Sakramentenspendung. Dieser Dienst ist etwas grundlegend anderes als die Ausübung des gemeinsamen Priestertums; beide haben unterschiedliche Aufgaben und eine unterschiedliche Sendung wahrzunehmen."[19] Und dafür sind sie auch unterschiedlich zugerüstet: Der amtspriesterliche Dienst

---

[17] Hilberath, Hat Priesterliches im Christentum Platz, 159–170.
[18] Pemsel-Maier, Gemeinsames Priestertum, in: Dies., Grundbegriffe, 99f; vgl. Grillmeier, Kommentar zum II. Kapitel der Dogmatischen Konstitution über die Kirche, 181f; Fallert, Mitarbeiter der Bischöfe, 74; Hilberath, Thesen zum Verhältnis, 189f und 193, der betont, dass sich weder das gemeinsame vom amtlichen, noch umgekehrt das amtliche vom gemeinsamen Priestertum ableiten lässt. „Gemeinsam sind ihnen ihre Abhängigkeit und Herkünftigkeit vom Hohenpriestertum Jesu Christi. Er ist der einzige (Hohe-)Priester des Neuen Bundes, vom ‚priesterlichen Volk Gottes' und von Amtsträgern als ‚Priester' kann also nur in einer abgeleiteten Weise gesprochen werden, eben von einer Existenz in der Nachfolge Jesu Christi" (ebd., 189).
[19] Pemsel-Maier, Gemeinsames Priestertum, in: Dies., Grundbegriffe, 99f.

gründet in der heiligen Vollmacht (sacra potestas), die mit der Weihe verliehen wird, der priesterliche Dienst der Gläubigen im „königlichen Priestertum" (regale sacerdotium), das mit der Taufe empfangen wird.

b) Der Glaubenssinn der Gläubigen nicht ohne die Leitung des Lehramtes (LG 12)

Die auf dem II. Vatikanischen Konzil wieder neu gewonnene kirchliche Überzeugung von der prinzipiell gleichen geistgewirkten Würde und Sendung aller Glieder des Volkes Gottes wird vor allem in der Lehre vom Glaubenssinn des ganzen Volkes Gottes, dem sog. sensus fidelium, zum Ausdruck gebracht. Denn das Konzil hat hier klar formuliert:

> „Die Gesamtheit der Gläubigen, welche die Salbung von dem Heiligen haben (vgl. 1 Joh 2,20 und 27), kann im Glauben nicht fehlgehen" (LG 12,1).

Jeder und jede einzelne Gläubige ist also geistbegabt; oder umgekehrt ausgedrückt: Niemand ist unbegabt![20] Allerdings bedarf das Gottesvolk dazu auch der „Leitung des heiligen Lehramtes", wie das Konzil im unmittelbaren Kontext herausstellt:

> „Durch jenen Glaubenssinn nämlich, der vom Geist der Wahrheit geweckt und erhalten wird, hängt das Volk Gottes unter der Leitung des heiligen Lehramtes, in dessen treuer Gefolgschaft es nicht mehr das Wort von Menschen, sondern wahrhaft das Wort Gottes empfängt (vgl. 1 Thess 2,13), dem einmal den Heiligen übergebenen Glauben (vgl. Jud 3) unwiderruflich an, dringt mit rechtem Urteil immer tiefer in ihn ein und wendet ihn im Leben voller an" (LG 12).

Mehrere Aspekte sind hier bedeutsam:

1. Der Glaubenssinn wird auf das Wirken des Heiligen Geistes zurückgeführt. „Er ist also kein vages Gefühl oder eine Art ‚sechster Sinn', sondern Ausdruck des Wirkens des Geistes Gottes im Menschen."[21] Und weil das Wirken des Geistes Gottes eine nur schwer zugängliche und nie gänzlich zu fassende Wirklichkeit ist, kann es auch keine eindeutige Definition vom Glaubenssinn geben, vor allem entzieht er sich

---

[20] Gott und den Menschen nahe, 24.
[21] Pemsel-Meier, Glaubenssinn, in: Dies., Grundbegriffe, 107; vgl. Beinert, Der Glaubenssinn der Gläubigen in Theologie, 118.

allen statistischen Erhebungen und soziologischen Kategorien. Damit ist auch klar, dass der Glaubenssinn auf jeden Fall mehr bzw. etwas anderes ist als nur die Meinung der Mehrheit.[22]

2. Adressat des Glaubenssinnes ist nicht nur, ja nicht einmal primär, der/die einzelne Gläubige, sondern das Gottesvolk in seiner Gesamtheit. Da aber die Gesamtheit keine abstrakte Größe ist, sondern die in Raum und Zeit lebende Gemeinschaft der Glaubenden, ist sekundär jeder/jede einzelne Glaubende Adressat des Glaubenssinnes. Anders gesagt: Der Glaubenssinn ist eine Befähigung, mit der jeder und jede einzelne in der Taufe beschenkt wird; allerdings ist diese Tauf-Befähigung wesentlich an die Gemeinschaft der Glaubenden gebunden, und zwar in einer doppelten Weise: Der Glaubenssinn kann sich erstens nur *in* der Gemeinschaft der Glaubenden wesensgerecht entfalten, und er ist zweitens wesentlich Sinn *der* Gläubigen,[23] so dass das *Miteinander das entscheidende Medium seiner Verwirklichung* ist.[24] Aus dieser Tatsache sind zwei Schlussfolgerungen zu ziehen, die schon Paulus seinerzeit treffend auf den Punkt gebracht hat (vgl. 1 Kor 12,4–31; Röm 12,3–8): Erstens ist offensichtlich jedes Glied des Gottesvolkes mit dem Geist begabt; und zweitens hat genauso offensichtlich kein einzelnes Glied den Geist in Fülle. Das wiederum bedeutet: In der Kirche als Volk Gottes kommt es entscheidend darauf an, dass alle ihre Glieder mit ihren (unterschiedlichen) Geistgaben zusammenwirken. Konsequent zu Ende gedacht ist daher der Glaubenssinn des ganzen Gottesvolkes auch als Synonym für die Wesens-Notwendigkeit von Kommunikation, Miteinander und Zusammenarbeit in der Kirche zu verstehen. Somit impliziert die Lehre vom Glaubenssinn aller Gläubigen die Existenz „vielfältiger und differenzierter Interaktionen, eines Netzwerkes lebendiger Beziehungen, nicht zuletzt … eines umfassenden Dialogs der Kirchenmitglieder (einschließlich der Amtsträger und der Theologen)."[25]

---

[22] Vgl. Pemsel-Meier, Glaubenssinn, in: Dies., Grundbegriffe, 108; Beinert, Der Glaubenssinn der Gläubigen in der systematischen Theologie, 56 und 60.
[23] Sensus fidelium heißt wörtlich eigentlich „Gläubigensinn".
[24] Vgl. Koch, G., Glaubenssinn – Wahrheitsfindung im Miteinander, 100.
[25] Ebd., 101f.
Pemsel-Meier, Glaubenssinn, in: Dies., Grundbegriffe, 108, gibt in diesem Zusammenhang zu bedenken: „Obwohl der Glaubenssinn allen Gliedern der Kirche zukommt, wird der Begriff in der Regel nur auf jene Glieder des Volkes Gottes

3. Der Glaubenssinn befähigt zur Teilhabe „am prophetischen Amt Christi", wie es in LG 12,1 heißt, also zum Hören und Bezeugen des Wortes Gottes. Damit ist der Glaubenssinn auf das ausgerichtet, was in der Kirche als Dienst am Wort Gottes bzw. als Verkündigungsdienst bezeichnet wird. Im Konzilstext wird aber das Bezeugen des Wortes Gottes nicht nur auf die sprachliche Ebene bezogen, sondern auch auf die praktische, nämlich auf die Umsetzung in eine entsprechende Lebensführung im Geist des Glaubens und der Liebe, die sowohl der / die einzelne wie auch die Gemeinschaft zu vollziehen hat. Daher ist der Glaubenssinn nicht auf den Verkündigungsdienst in Abhebung zum Heiligungs- und Leitungsdienst der Kirche zu beziehen,[26] sondern auf den Verkündigungsdienst als Quelle und Ausgangspunkt für die beiden anderen Dienste des Heiligens und Leitens. Damit wird deutlich zum Ausdruck gebracht, dass der Dienst der Verkündigung „nicht ablösbar von den beiden anderen Grundvollzügen der Kirche" ist.[27]

4. Der Glaubenssinn als Hören und Bezeugen von Gottes Wort umfasst zwei Aspekte, die eng zusammengehören: das unverlierbare Festhalten und das stete Vertiefen der Wahrheit des Glaubens. Denn das Bewahren geschieht sowohl durch die Praxis, also durch das Konkretisieren und Entfalten der

---

angewandt, die weder ein Leitungsamt bekleiden noch wissenschaftliche Theologie betreiben."

[26] Die von Burghardt, Institution Glaubenssinn, 124, in diesem Zusammenhang konstruierte Unterscheidung zwischen Charisma und Glaubenssinn kann nicht überzeugen: „Der Glaubenssinn ist nun nicht wie das Charisma in erster Linie zur ‚Ausübung' im Sinne eines aktiven Handelns aus einer vom Geist verliehenen Befähigung heraus gegeben, sondern er ist gemäß der hier verwendeten und auf Konzil und Theologie beruhenden Arbeitsdefinition eine ‚gnadenhaft innewohnende Erkenntnis- und Unterscheidungsfähigkeit in Bezug auf Glaubensinhalt und -leben'. Die ‚Ausübung' einer Erkenntnis- und Unterscheidungsfähigkeit besteht aber primär darin, dass auf sie gehört wird. Man könnte also formulieren: Wie das Charisma einen ‚Rechtsanspruch auf Ausübung' in sich trägt, so trägt der Glaubenssinn einen ‚Rechtsanspruch auf Beachtung' in sich." Burghardt widerspricht seiner eigenen Unterscheidung insofern, als er den Glaubenssinn „stärker im kirchlichen Verfassungsrecht verankert" sieht (ebd., 150f; vgl. auch den Untertitel seiner Arbeit: „Die Bedeutung des sensus fidei im kirchlichen Verfassungsrecht …"). Nach seiner Unterscheidung müsste er konsequenterweise besonders im Verkündigungsrecht zum Tragen kommen. Ferner hebt Burghardt an anderer Stelle doch wieder hervor, dass der Glaubenssinn einen „quasi-charismatischen Charakter" hat (ebd., 104). Dagegen ist die Differenzierung von Ohly, Sensus fidei fidelium, 320, treffend: „Der Glaubenssinn des einzelnen ist eben im Rahmen der communio fidelium nicht ein Charisma, das der Hl. Geist an denjenigen austeilt, den er dafür auserwählt hat, sondern eine Gabe des Hl. Geistes, den alle empfangen."

[27] Riedel-Spangenberger, Der Verkündigungsdienst, 197.

Wahrheit im täglichen Leben, als auch durch die Theorie, also durch das Nachdenken über die Wahrheit und deren vertiefte Erkenntnis. Auch in dieser Aussage kommt implizit eine zentrale Grundüberzeugung der katholischen Kirche zum Ausdruck, nämlich dass aus dem Bewahren das Neue des Glaubens wachsen kann, weshalb der Glaubenssinn eine bewahrende und zugleich neuschaffende Kraft ist. Mit dem „tieferen" Eindringen in die Wahrheit und der „volleren" Anwendung auf das Leben wird der Glaubenssinn geradezu „eine Gabe, die zu Experimenten und Vorentwürfen befähigt, zum Vorwärtsschreiten und zur Vorwegnahme der Zukunft."[28]

5. Beide, das Festhalten und das Vertiefen, sind auf die Grundfähigkeit angewiesen, die Wahrheit überhaupt erkennen zu können. Damit ist der Glaubenssinn eine durch und durch *aktive* Befähigung und keinesfalls nur als „ein rein passives Entgegennehmen der vom kirchlichen Lehramt vorgelegten Glaubenswahrheiten zu verstehen. Glaubenssinn meint die Fähigkeit, in einer auf die eigene Existenz und zugleich auf die Zeitgenossen bezogenen Weise Glaubenswahrheit wahrzunehmen, sich zu eigen zu machen, zu entfalten und zu leben."[29] Der Glaubenssinn hat also eine individuell-existentielle und zugleich eine gemeinschaftlich-ekklesiologische Dimension, die untrennbar zusammengehören und sowohl das intellektuell-begriffliche als auch das intuitiv-gefühls-mäßige Erfassen der Glaubenswahrheit umfassen.[30]

6. Es wird zwar betont, dass der Glaubenssinn des Gottesvolkes auf die Leitung des heiligen Lehramtes, also auf das geweihte Amt vor allem in der Gestalt des Bischofsamtes, angewiesen ist. Doch es wird nichts über die Zuordnung des Glaubens-

---

[28] Sartori, Was ist das Kriterium, 659.
[29] Koch, Glaubenssinn, 100; vgl. Burghardt, Institution Glaubenssinn, 31f, der darauf hinweist, dass in der ursprünglichen Textfassung von LG 12 der Glaubenssinn nicht auf den Glauben selbst, sondern auf die vom Lehramt vorgelegte Lehre bezogen war. Nachdem dieser Entwurf zusammen mit dem gesamten Schema der Kirchenkonstitution abgelehnt worden war, wird von der Mehrheit der Konzilsväter die aktive Rolle des gesamten Gottesvolkes betont, während eine Minderheit weiterhin den Glaubenssinn in größter Abhängigkeit vom Lehramt und letztlich durch dieses vermittelt versteht. „Als Konzession an die Konzilsminorität wird in der Endfassung [sc. von LG 12] deutlicher die Rolle des Lehramtes hervorgehoben, ohne jedoch die Eigenständigkeit des Glaubenssinnes dadurch zu schmälern" (ebd., 32; vgl. ausführlich zur Entstehung des Textes von LG 12 Ohly, Sensus fidei fidelium, 173–272).
[30] Vgl. Pemsel-Meier, Glaubenssinn, in: Dies., Grundbegriffe, 107.

sinnes des ganzen Gottesvolkes zu der spezifischen Funktion des heiligen Lehramtes im Hinblick auf den Glaubenssinn ausgesagt.[31] Als zwei Eckdaten können wohl gelten, dass das heilige Lehramt einerseits den Glaubenssinn nicht erst bewirkt, sondern vielmehr ermitteln muss, und andererseits als kritische Instanz die verschiedenen Glaubensäußerungen auf die Identität und Authentizität des Glaubens hin zu überprüfen hat (vgl. LG 12,2).[32] Somit ist der Glaubenssinn einerseits neben dem heiligen Lehramt (und neben der Theologie) eine *eigenständige* Erkenntnis- und Bezeugungsinstanz des Glaubens und ist zugleich auf die Überprüfung seiner Echtheit durch das heilige Lehramt und durch die Theologie angewiesen. Diese beiden Aspekte des Glaubenssinnes werden in dem ökumenisch bedeutsamen Dokument der bilateralen Arbeitsgruppe der deutschen Bischofskonferenz und der Vereinigten Evangelisch-Lutherischen Kirche Deutschlands mit folgenden Worten umschrieben:

> „Der Glaubenssinn der Gläubigen darf nicht reduziert werden auf die Zustimmung zu den anderen Erkenntnis- und Bezeugungsinstanzen. Als Charisma der inneren Übereinstimmung mit dem Inhalt des Glaubens ist er *selbst eine solche Instanz*, durch die die Kirche in ihrer Gesamtheit den Inhalt des Glaubens erkennt und im Lebensvollzug bekennt – in ständigem Zusammenspiel mit den anderen Erkenntnis- und Bezeugungsinstanzen. ... Die Manifestationen des sensus fidelium sind eine Bereicherung, Befruchtung und Vertiefung des Glaubens. Sie haben Rückwirkungen auf die Theologie und das Amt und können *zu deren Korrektiv* werden. Anderseits gehört es zur *Aufgabe der Theologie und des Amtes, gesunden Glaubenssinn* von zeitbedingten Trends, Fehlentwicklungen und Verkürzungen im christlichen Glauben und Leben *zu unterscheiden* (vgl. Apg. 20,29–31)."[33]

So richtig und wichtig diese Feststellung ist, dennoch bleibt auch hier wie schon im Text des II. Vatikanischen Konzils die Frage offen, „in welcher Weise der Glaubenssinn des ganzen Volkes Gottes bei kritischen und verbindlichen Glaubensaussagen des hierarchischen Lehramtes berücksichtigt und eingebracht werden kann."[34] Deshalb wird die vom II. Vatikanischen Konzil vorgenommene Bindung

---

[31] Vgl. Riedel-Spangenberger, Der Verkündigungsdienst, 199; vgl. Ohly, Sensus fidei fidelium, 320f.
[32] Vgl. Riedel-Spangenberger, Der Verkündigungsdienst, 199.
[33] Communio Sanctorum, Nr.59f. (Hervorhebungen von Verf.in.)
[34] Riedel-Spangenberger, Der Verkündigungsdienst, 200.

des Glaubenssinnes an die Leitung des heiligen Lehramtes gelegentlich auch als der Versuch der „Quadratur des Kreises"[35], als „nicht aufgelöste Spannung zwischen Eigenständigkeit und Bevormundung"[36] bezeichnet.
7. Der Glaubenssinn führt zum Glaubenskonsens, also der sensus fidelium zum consensus fidei. Der Glaubenskonsens „ist die aus dem Glaubenssinn erwachsende Übereinstimmung der Glaubenden hinsichtlich bestimmter Glaubensinhalte und die entsprechende Äußerung dieser Übereinstimmung."[37] Denn der Heilige Geist als Wirkprinzip des Glaubenssinnes wird bei den Gläubigen, die sich von ihm leiten lassen, jeweils die gleiche Erkenntnis bewirken und so die Übereinstimmung der Glaubenden im Glauben wachsen lassen. Dieser Wachstumsprozess wird in der Regel auch Spannungen, Meinungsverschiedenheiten und Streit beinhalten. Sie sind der Preis der theologischen Realität des Glaubenssinnes aller Gläubigen, der erfahrungsgemäß wohl mehr Gewicht auf das Fragen als auf das Antworten legt, Fragestellungen hervorbringt und zur Suche nach Lösungen anspornt,[38] weil er nicht nur die gesicherten Wege der Vergangenheit beschreitet, sondern mutig nach neuen Formen des gelebten Glaubens sucht.[39] Anders gesagt: Vorübergehende Meinungsverschiedenheiten und ein zeitweiser Dissens innerhalb der kirchlichen Gemeinschaft gehören zum Wesen des Glaubenssinnes dazu, weil sie zum Wesen des Dialogs gehören. „Das der Kirche verheißene Anwesen der Wahrheit in ihr wird aber dahin führen, dass am Ende der Konsens, die kirchlich getragene Entscheidung steht. In diesem Sinne muss man sagen, dass der Glaubenssinn der Gläubigen prinzipiell nicht nur zum Konsens der Glaubenden, sondern auch zur Konsonanz mit den Aussagen des Lehramtes führt. Noch einmal: Das muss nicht immer gleich und es muss auch nicht problemlos sein. Man spricht zu Recht von einem Wahrheits*geschehen*: Wahrheit ereignet sich – und das ist stets ein zeitgebundener und zeitaufwendiger Prozess."[40]

---

[35] Wohlmuth, Sensus fidei, 25.
[36] Panhofer, Hören, was der Geist, 115.
[37] Vorgrimler, Vom „senus fidei", 237.
[38] Vgl. Bertolino, Sensus fidei, 63.
[39] Panhofer, Hören, was der Geist, 117.
[40] Beinert, Der Glaubenssinn der Gläubigen in der systematischen Theologie, 58f. Vgl. ähnlich, nur mit anderem Akzent Vorgrimler, Vom „sensus fidei", 240: „Auch

8. Die dezidierte Aussage des Konzils, dass „die Gesamtheit der Gläubigen ... im Glauben nicht irren [kann]", macht in aller Klarheit deutlich, dass die Irrtumslosigkeit bzw. Unfehlbarkeit der Kirche eine Eigenschaft der Gesamtheit ist und nicht nur und nicht primär eine Eigenschaft des Papstes. Vielmehr muss umgekehrt formuliert werden: Die Unfehlbarkeit des Papstes ist Ausdruck der Unfehlbarkeit der Kirche als Ganzes. Und nur um aktionsfähig zu sein, bedarf die Unfehlbarkeit der gesamten Kirche der Unfehlbarkeit des Papstes. Anders gesagt: Die Unfehlbarkeit des Papstes verdankt sich ausschließlich der Notwendigkeit, in entscheidenden Situationen diese Unfehlbarkeit der Gesamtheit auch zum Ausdruck bringen zu können. Deshalb gilt: Die Kirche ist nicht unfehlbar, *weil* sie einen unfehlbaren Papst hat, sondern der Papst ist unfehlbar, *wenn* er und insoweit er den Glauben der Kirche verbindlich vorträgt. Das ist auch die eigentliche Sinnspitze des Unfehlbarkeitsdogmas, das auf dem I. Vatikanischen Konzil (1869/70) definiert worden ist. Mit der dogmatischen Festlegung, dass in bestimmten, streng geregelten Situationen einer vom Papst vorgelegten Lehre Unfehlbarkeit zukommt,[41] soll lediglich die „*Autonomie des Papstes* in der endgültigen Entscheidung [garantiert werden], nicht aber die *Autarkie im Prozess* der Entscheidungsfindung."[42] Demzufolge stehen das

---

ist zu beachten, dass ein Konsens nie ‚fertig' ist, da das Leben mit seinen differenzierten Fragen weitergeht. Konsens ist immer im Werden begriffen."
Salomonisch offen wird dagegen im Dokument Communio Sanctorum, Nr.60, ausgeführt: „Die allgemeine Übereinstimmung im Glaubenssinn kann nicht einfach statistisch – wie eine Mehrheitsentscheidung – festgestellt werden. Sie zeigt sich in einem Leben, das in der Gesamtheit seiner Formen und Äußerungen die innere Verbundenheit mit Christus bezeugt und ihn dadurch bekannt macht (vgl. Joh 17,24; 1 Joh 5,20)."
[41] Vgl. dazu die derzeit geltenden Bestimmungen in c.749 §1 und §3 CIC/1983.
[42] Müller, Das Gesetz in der Kirche, 15.
Vgl. dazu auch die Erläuterungen von Kasper, Dienst an der Einheit, 46f: Die Formel des I. Vaticanum, wonach Ex-cathedra-Entscheidungen des Papstes aus sich (ex sese) und nicht aufgrund der Zustimmung der Kirche letztverbindlich sind, „ist unglücklich und sollte durch eine bessere ersetzt werden. Denn sie soll von ihrer sachlichen Intention her nicht ausschließen, dass der Papst vor seiner Definition auf das Zeugnis der Kirche hören muss, noch dass seine Definition der nachträglichen interpretierenden Rezeption durch die Kirche bedarf. Gesagt ist nur, dass solche Entscheidungen ihrer formal-juridischen Verbindlichkeit nach nicht der Überprüfung durch eine höhere juristische Instanz fähig sind, dass man also nicht vom Papst an ein allgemeines Konzil appellieren kann."
Ähnlich führt Riedel-Spangenberger, Der Verkündigunsdienst, 200, aus: „Wenn demnach der Papst den Glauben der Kirche aus sich heraus unanfechtbar definiert, dann muss dies der Glaubenskonsens der ganzen Kirche sein, so dass eine Bestätigung des Definierten durch die Kirche wie auch jede Berufung auf ein anderes Urteil

Dogma über die päpstliche Unfehlbarkeit des I. Vatikanischen Konzils und die Lehre vom Glaubenssinn aller Gläubigen des II. Vatikanischen Konzils nicht in Widerspruch zueinander, sondern zielen vielmehr auf ein und dieselbe Grundaussage: Jede lehramtliche Entscheidung und Verkündigung ist auf einen Prozess der gemeinsamen Entscheidungsfindung und damit auf einen Dialog mit den Gläubigen verwiesen und angewiesen. Nicht nur aus taktischem, sondern aus zutiefst theologischem Grund muss die „lehrende Kirche ... also erst die hörende Kirche reden lassen, damit diese auch wirklich hören kann. Andernfalls gibt sie Antworten, wo keine Fragen bestehen, während die gestellten Fragen unbeantwortet bleiben."[43] Und noch zugespitzter formuliert: Jeder Vertreter des kirchlichen Lehramtes „kann Gott gegenüber ungehorsam werden, wenn er nicht auf das Gottesvolk horcht."[44] Deshalb kann solches verpflichtende Hinhorchen nicht dem Zufall überlassen werden, sondern muss rechtlich-strukturell abgesichert sein. Nur so kann garantiert und in der kirchlichen Wirklichkeit erfahrbar werden, dass der Glaubenssinn tatsächlich eine „selbstständige (wenn auch lehramtsbezogene) Bezeugungsinstanz [ist],"[45] dass also in der katholischen Kirche sowohl die Eigenständigkeit des Glaubenssinnes wie auch die Autorität des kirchlichen Lehramtes gelten.[46]

Die Lehre vom Glaubenssinn *aller* Gläubigen macht ganz im Sinne bzw. gleichsam als Fortsetzung der Lehre vom gemein-

---

ausgeschlossen sind, d.h. dass die Vergewisserung der Konformität des Glaubenssinnes des ganzen Volkes Gottes mit den Äußerungen des hierarchischen Lehramtes vorausgesetzt werden kann, denn materiell gibt es nur die eine Unfehlbarkeit der Kirche in Glaubens- und Sittenangelegenheiten. Für das Lehramt wie für den Glaubenssinn vorgegebenes Kriterium ist zudem die inhaltliche Bindung an die Offenbarung in der Heiligen Schrift und an die Glaubenstradition der Kirche."

Siehe dazu auch Bertolino, Sensus fidei, 67, der betont, „dass eine lehramtliche Entscheidung, wenn sie auch nicht ex consensu Ecclesiae stammt, dennoch niemals vorkommen kann ohne das ‚in' und das ‚cum' der Zustimmung des Volkes Gottes."

[43] Kasper, Dienst an der Einheit, 47f.

[44] Zulehner, Abschied von der Beteiligungskirche, 435, der ebd., 446, treffend zu Bedenken gibt: Die gängige Ausdrucksweise, dass es das gute Recht eines Diözesanbischofs sei, eigene Akzente in der Pastoral zu setzen, ist „ekklesiologisch höchst fragwürdig und zeigt das Problem, statt es zu lösen. Die Verantwortung eines Bischofs ist im Rahmen der Ekklesiologie von Lumen gentium anders zu fassen. Der Bischof hat die schwerwiegende, unabgebbare pastorale Verantwortung, jenen pastoralen Weg, den das Bistum gemeinsam mit ihm einschlägt, daraufhin zu prüfen, ob dieser in der Spur des Evangeliums liegt oder davon abweicht."

[45] Beinert, Der Glaubenssinn der Gläubigen in der systematischen Theologie, 60.

[46] Vgl. ebd., 58; Pemsel-Meier, Glaubenssinn, in: Dies., Grundbegriffe, 108f.

samen und amtlichen Priestertum⁴⁷ deutlich: Die Lehrautorität des geweihten Amtes ist an die Wahrnehmung und Beachtung des Glaubenssinnes im Gottesvolk gebunden. Ihm kommt es in besonderer Weise zu, *„den Geist nicht auszulöschen, sondern alles zu prüfen und das Gute zu behalten (vgl. 1 Thess 5,12 und 19–21)"* (LG 12,2). Wenn alle mit Gottes Geist begabt sind, gibt es in der Kirche nur noch Begabte und keine Unbegabten (mehr).[48] Das heißt dann aber auch in die umgekehrte Richtung gedacht: In einer Gemeinschaft, in der jede(r) mit dem Geist Gottes begabt ist, hat jede(r) nicht nur das Recht, sondern auch die Pflicht, seine Geistbegabung in die Gemeinschaft einzubringen – nicht zum eigenen Nutzen, sondern zur Förderung der Gemeinschaft.

c) Die Laien nicht ohne eigenes Apostolat

Was in den beiden Lehren über das gemeinsame und amtliche Priestertum sowie über den Glaubenssinn aller Gläubigen über die aktive Sendung aller Glieder der Kirche grundgelegt worden ist, spiegelt sich in dem Kapitel wider, das speziell die Laien in den Blick nimmt (LG 30–38). Das belegen Aussagen wie:

> „Die heiligen Hirten haben nämlich wohl erkannt, wie viel die Laien zum Wohl der ganzen Kirche beitragen. Die Hirten wissen nämlich, dass sie von Christus nicht eingesetzt sind, um die ganze heilmachende Sendung der Kirche gegenüber der Welt alleine auf sich zu nehmen, sondern dass es ihre vornehmliche Aufgabe ist, die Gläubigen so zu weiden und ihre Dienstleistungen und Gnadengaben so zu prüfen, dass alle auf ihre Weise zum gemeinsamen Werk einmütig zusammenwirken" (LG 30,1).

> „Die Hirten der Kirche sollen, dem Beispiel des Herrn folgend, sich gegenseitig und den anderen Gläubigen dienen, diese aber sollen eifrig den Hirten und Lehrern ihre gemeinsame Bemühung zur Ver-

---

[47] Grillmeier, Kommentar zum II. Kapitel der Dogmatischen Konstitution über die Kirche, 189, führt hierzu treffend aus: „Der Glaubenssinn des Gesamtvolkes und das unfehlbare Lehramt der Kirche verhalten sich zueinander ebenso wie das gemeinsame Priestertum aller Gläubigen und das Weihepriestertum, worin das Priestertum aller Getauften eingeht."

[48] Vgl. dazu die treffende Formulierung im Pastoralplan 2000 der Diözese Passau: „Der Reichtum der Kirche sind Menschen mit ihren je unterschiedlichen Fähigkeiten und Begabungen. Alle sind begabt, niemand ist unbegabt. Die Kirche von Passau tut gut daran, mit diesem Reichtum zu wuchern. Sie wird dazu von den Erfahrungen der frühen Kirche inspiriert (vgl. 1 Kor 12). Alle haben die gleiche Würde, jede und jeder aber die eigene Begabung zu Gunsten des kirchlichen Lebens" (Gott und den Menschen nahe, 24).

fügung stellen. So geben in Vielfalt alle Zeugnis von der wunderbaren Einheit im Leibe Christi: denn gerade die Verschiedenheit der Gnaden, Dienstleistungen und Tätigkeiten sammelt die Kinder Gottes, weil ‚dies alles der eine und gleiche Geist wirkt' (1 Kor 12,11)" (LG 32, 3).

„Die geweihten Hirten aber sollen die Würde und Verantwortlichkeit der Laien in der Kirche anerkennen und fördern; sie sollen gern ihren klugen Rat gebrauchen, mit Vertrauen ihnen zum Dienst an der Kirche Pflichten übertragen und ihnen Freiheit und Raum zum Handeln lassen, ja, ihnen Mut machen, auch von sich aus Werke in Angriff zu nehmen. ... Aus diesem vertrauten Umgang zwischen Laien und Hirten darf man sehr viel Güter für die Kirche erwarten: so wird nämlich in den Laien der Sinn für die eigene Verantwortlichkeit gestärkt, der Eifer gefördert und werden die Kräfte der Laien leichter dem Werk der Hirten zugesellt. Diese aber vermögen, durch die Erfahrung der Laien unterstützt, sowohl in geistlichen als auch in zeitlichen Angelegenheiten genauer und angemessener zu urteilen, so dass die ganze Kirche, von allen ihren Gliedern gestärkt, ihre Sendung für das Leben der Welt wirksamer erfüllt" (LG 37,3f).

Insgesamt gesehen durchziehen LG 30–38 zwei Gedankengänge: zum einen die Konkretisierung des gemeinsamen Priestertums als Teilhabe der Laien am dreifachen Dienst Jesu Christi der Verkündigung, Heiligung und Leitung, zum anderen und damit engstens zusammenhängend das Zusammenwirken und die wechselseitige Verwiesenheit von Laien und Hirten des Gottesvolkes.[49] Diese Darlegungen der Konzilsväter könnten in Anlehnung an die Ermahnung von LG 32,3, dass die Hirten dienen und die anderen Gläubigen mit ihren Hirten zusammenarbeiten sollen, mit dem Titel überschrieben werden: der Dienst der Hirten *für* die Laien und die Zusammenarbeit der Laien *mit* den Hirten. Freilich ist in diesem Zusammenhang der kritische Hinweis berechtigt: „Wenn das Konzil gehofft haben sollte, die im Folgenden aufgeführten Ziele allein durch die Ermahnung und das Idealbild eines familiären Umgangs zwischen Laien und Hirten zu erreichen, dann wirkt dies wie weltfremde Romantik. Die Ziele, die genannt werden: Weckung des Sinns für eigene Verantwortung bei den Laien, Bereitwilligkeit zur Zusammenarbeit mit den Hirten, Einbringung der Erfahrung der Laien in geistlichen wie weltlichen Dingen sind Ziele, die nur erreicht werden können, wenn zur

---

[49] Klostermann, Kommentar zum IV. Kapitel der Dogmatischen Konstitution über die Kirche, 280, hebt in Blick auf LG 37 hervor, dass „die Beziehung der Laien zu den Hirten in der Kirche [behandelt wird], die Beziehung und nicht nur die Abhängigkeit." Vgl. dazu in diesem Buch S.27–31 und S.58–67.

spirituellen Dynamik zugleich entsprechende institutionelle Regelungen gefunden werden. Betrachtet man die grundsätzlichen theologischen Erklärungen über die Aufgabe der Laien in der Kirche nicht nur als theologische Rhetorik, sondern als ernstgemeinte Glaubensaussagen, dann bedarf es entsprechender rechtlich umrissener Strukturen, Freiräume und Interventionsmöglichkeiten für die Laien, damit sie ihrer Sendung entsprechen können."[50] Auch wenn diese Kritik an der mangelnden Sensibilität der Konzilsväter für die notwendigen Strukturfragen, um die legitime Freiheit der Laien in der Kirche adäquat zu fördern und zu schützen, gerade aus heutiger Sicht und Erfahrung berechtigt ist, so darf dennoch nicht übersehen werden: Das Kapitel über die Laien in der dogmatischen Konstitution über die Kirche (LG 30–38) „lässt sich als ein programmatischer Text par excellence bezeichnen. Er zeichnet ein Idealbild. So etwas ist in der kirchlichen Verkündigung und Lehre notwendig, um den Blick zu eröffnen auf das, was möglich ist, und um eine Bewegung zu initiieren, die das Programm auch einzuholen sucht."[51]

Sind in der dogmatischen Konstitution über die Kirche „Lumen gentium" die grundlegenden Lehraussagen über die neue Ortsbestimmung der Laien in der Kirche getroffen worden, so erfolgt deren Konkretisierung in einem eigenen Dekret, das speziell die Laien und ihr Apostolat in den Blick nimmt.[52] Diese Zweiteilung, die Lehraussagen über die Laien in der Kirchenkonstitution zu platzieren, die rein disziplinären Regelungen dagegen in einem eigenen Laiendekret vorzunehmen, und beide Textgattungen aufeinander abzustimmen, war keineswegs zufällig entstanden, sondern ganz bewusst angelegt worden.[53] Daher setzt der Text des Laiendekrets den Text der Kirchenkonstitution voraus, knüpft daran an und entfaltet die Natur, die Ziele, die vielfältigen Tätigkeitsfelder und Formen, die menschliche und christliche Bildung und Spiritualität des Laienapostolats sowie sein Verhält-

---

[50] Hünermann, Theologischer Kommentar zur Konstitution über die Kirche, 481.
[51] Ebd., 482.
[52] Das II. Vatikanische Konzil unterteilt seine Beschlüsse in drei verschiedene Gattungen: Konstitutionen, Dekrete und Erklärungen. Eine Konstitution ist gleichsam ein Dokument mit Verfassungsrang; es enthält Aussagen der Glaubenslehre; Dekrete sind Ausführungsbestimmungen und behandeln vor allem Fragen der pastoralen Erneuerung und der kirchlichen Disziplin; Erklärungen sind Absichtsbekundungen hinsichtlich Themen, die allen Menschen gemeinsam sind (vgl. Krämer, Religionsfreiheit und christlicher Wahrheitsanspruch, 91f).
[53] Vgl. Bausenhart, Theologischer Kommentar zum Dekret über das Apostolat der Laien, 4.

nis zur kirchlichen Autorität. Insofern stellt das Dekret über die Laien gewissermaßen eine Ergänzung der Konstitution über die Kirche dar.[54]
In dem Dekret „Apostolicam actuositatem" wird gleich zu Beginn betont:

> „Das Apostolat der Laien nämlich, das aus ihrer christlichen Berufung selbst hervorgeht, kann in der Kirche niemals fehlen" (AA 1).

Hier wird eine wuchtige Grundaussage, gleichsam eine unaufgebbare Prämisse formuliert: Das Laienapostolat kann in der Kirche niemals fehlen! So begrüßenswert dieser Introitus ist, so überraschend ist das absolute Stillschweigen darüber, „dass der Kirche, als Klerikerkirche (miss)verstanden, durchaus über mehr als ein Jahrtausend das Apostolat der Laien faktisch gefehlt hat. Es konnte also doch fehlen. Der geschichtliche Sachverhalt wird mindestens verkürzt, wenn nicht auch an Zeiten erinnert wird, in denen die ‚Spiritualia' dem Klerus reserviert waren und sich die Laien als Zugeständnis auf die ‚Temporalia', gar ‚Carnalia' verwiesen sahen."[55]
Ein zweiter Aspekt ist hervorzuheben: Das Apostolat der Laien geht „aus ihrer christlichen Berufung selbst" hervor. Mit dieser Formulierung wird bereits angedeutet, was im Dekret noch mehrmals in aller Klarheit hervorgehoben wird: Das Laienapostolat ist nicht (mehr wie früher angenommen und gelehrt) von den Klerikern als den Inhabern des geweihten Amtes, sondern direkt von Christus bzw. von der Vereinigung der Laien „mit Christus, dem Haupt" abzuleiten und „Teilnahme an der Heilssendung der Kirche selbst" (AA 2; vgl. auch AA 3). Mit Recht ist hieraus die Schlussfolgerung zu ziehen: Darin „darf man die pointiertesten Aussagen des Dekrets zum Apostolat sehen. Offener und universaler kann dieses nicht mehr werden, keines der Glieder der Kirche kann nun mehr davon ausgeschlossen werden oder sich davon dispensiert fühlen."[56] Was für eine kopernikanische Wende! Aus den Laien als Sprachrohr der kirchlichen Autorität sind Laien mit einer eigenen Berufung und Stimme in der Kirche geworden. Waren die Laien zu Beginn des 20. Jahrhunderts noch von päpstlicher Seite ermahnt worden, dass sie sich führen zu lassen und als gehorsame Herde ihren Hirten zu

---

[54] Vgl. ebd., 36f.
[55] Ebd., 41; vgl. dazu auch in diesem Buch S.21.
[56] Bausenhart, Theologischer Kommentar zum Dekret über das Apostolat der Laien, 44; vgl. Hoebel, Laity and Participation, 82.

folgen haben,[57] so wird nun den Hirten gesagt, dass sie die Würde, Freiheit und Verantwortung der Laien in der Kirche anzuerkennen und zu fördern haben sowie gerne deren klugen Rat benutzen und ihnen vertrauensvoll Aufgaben in der Kirche übertragen sollen (LG 37).

Wie schwierig es bereits auf dem Konzil selbst war, diese kopernikanische Wende durchzuhalten, können gut drei Details der Entstehungsgeschichte des Dekrets illustrieren:
- Der Titel des Dekrets war keineswegs unumstritten. „Vorgeschlagen wird nämlich auch, *De participatione laicorum in Ecclesiae apostolatu* (*Über die Teilnahme der Laien am Apostolat der Kirche*) oder *De laicis in apostolatu Ecclesiae* (*Über die Laien im Apostolat der Kirche*) als Titel oder Untertitel zu wählen. Beide Formulierungen zielen darauf ab, die Laien im integralen Zusammenhang der Kirche aufgehen zu lassen. Der von Anfang an gewählte und sich auch durchsetzende Titel *De apostolatu laicorum* (*Über das Apostolat der Laien*) sagt unmissverständlich die Eigenständigkeit der Laien in der Kirche aus. Damit wird auch der durchgängige Tenor des Texts benannt."[58]
- Obwohl Laien wie in keinem anderen Konzilstext Hauptthema von „Apostolicam actuositatem" sind, wurden „repräsentative" Laien erst zu einem Zeitpunkt in die Erarbeitung des Laiendekrets einbezogen, „als die wesentlichen Entscheidungen längst gefallen waren."[59] Und dabei musste sogar noch ihre erste Konsultation (26./27.2.1963) streng geheim an den Konzilsvätern vorbei erfolgen, indem „zufällig" ein Internationaler Kongress für das Laienapostolat in Rom tagte und „zufällig" ein Gespräch zwischen führenden Vertretern dieses Kongresses und Experten der Konzils-Kommission für das Laienapostolat stattfand. Erst in einer zweiten Phase durften einige Laien in der Plenarsitzung der Kommission für das Laienapostolat (6.–10.3.1963) aktiv an den Beratungen teilnehmen. Eine dritte Phase stellte dann die offizielle Befra-

---

[57] Vgl. z.B. Pius X., Vehementer nos, in: ASS 29 (1906), 8f; siehe dazu auch in diesem Buch S.22.
[58] Wenzel, Kleine Geschichte des Zweiten Vatikanischen Konzils, 171; vgl. Klostermann, Kommentar zum Dekret über das Apostolat der Laien, 589; 602.
[59] Sauer, Die Kirche der Laien, 291.
Für Grootaers, Zwischen den Sitzungsperioden, 526f, ist dagegen die Tatsache, dass Laien überhaupt in die Abfassung der Konzilstexte einbezogen wurden, fast noch wichtiger als die Beschäftigung der Konzilsväter mit dem Thema der Laien.

gung von Laien als sog. „periti" bzw. „Experten" vor der für die Abfassung des Laiendekrets zuständigen „Gemischten Kommission" von Konzilsvätern und Konzilsberatern dar (24.–26.4.1963). Den Abschluss und Höhepunkt der Laien-Beteiligung bildete schließlich der Entschluss des neu gewählten Papstes Paul VI., Laien nicht nur bei der Beratung des Laiendekrets, sondern generell als Auditoren zum Konzil einzuladen (14.9.1963).[60] Die Tatsache der späten Einbeziehung der Laien in die Abfassung des Laiendekrets hatte seinerzeit der Bischof von Sault Sainte Marie (Kanada), Alexander Carter, noch während des II. Vatikanischen Konzils heftig kritisiert. Für ihn war das Laiendekret „in der Sünde des Klerikalismus konzipiert worden" und die Kleriker würden darin „mit sich selbst, nicht mit den Laien sprechen."[61]

- Bei der Erarbeitung des Laiendekrets waren immer wieder Einwände, Anträge und Bitten abzuwehren, jede Form der Ausübung des Apostolats der Laien unter die Leitung der kirchlichen Hierarchie zu stellen.[62] Die erfolgreiche Abwehr dieser Bemühungen darf aber auch umgekehrt nicht missverstanden werden, als befinde sich das Laienapostolat in einem „hierarchiefreien" Raum. Die recht verstandene Intention des Konzils „war vielmehr die, dass die kirchliche Autorität das Engagement der Laien nicht länger als ‚verlängerten eigenen Arm' betrachte und behandle, auch nicht an ‚zu kurzer Leine' führe, sondern ihm innerhalb gewiss notwendiger Ordnung angemessen Raum freier Entfaltung gewähre, dass kirchliche Autorität sich also wahrhaft als Autorität erweise."[63]

Mit der neuen Sicht des Laienapostolats hatten die Konzilsväter auch die Aufgabe, den Kurs der Kirche neu auszurichten und dabei die Mitte zu halten zwischen der Skylla zu weitgehender Autonomie der Laien in ihrem Apostolat und der Charybdis zu

---

[60] Vgl. ebd., 524–529.
[61] Sauer, Die Kirche der Laien, 297, mit Verweis auf AS III/4, 136.
[62] Vgl. dazu Bausenhart, Theologischer Kommentar zum Dekret über das Apostolat der Laien, 43; 51f; 70; 78; 96; Sauer, Die Kirche der Laien, 286; 290f; 295; 301; Klostermann, Kommentar zum Dekret über das Apostolat der Laien, 607; 610; 655; 657; 672.
[63] Bausenhart, Theologischer Kommentar zum Dekret über das Apostolat der Laien, 101; vgl. Ders., Das Amt in der Kirche, 302.

großer Abhängigkeit der Laien von der kirchlichen Autorität."[64] Das war kein leichtes Unterfangen; denn schließlich hatte damit die kirchliche Autorität die Aufgabe, „einseitig ein gegenseitiges Verhältnis zu definieren."[65] Sie musste der Eigenständigkeit des Laienapostolats auf der einen Seite und dessen Einordnung in das Gesamt der Kirche auf der anderen Seite Rechnung tragen. Diese doppelte Perspektive sahen die Konzilsväter dadurch gewährleistet, dass sie die geweihten Amtsträger in die Pflicht nehmen, das Laienapostolat zu fördern und zu unterstützen sowie angemessen zu ordnen und zu koordinieren (AA 23–25). Der Spannungsbogen von selbstständigem Engagement der Laien einerseits und Leitung dieses Engagements durch die kirchliche Autorität andererseits wird treffend wie folgt umschrieben:

> „Aufgabe der Hierarchie ist es, das Apostolat der Laien zu fördern, Grundsätze und geistliche Hilfen zu bieten, die Ausübung ebendieses Apostolates auf das gemeinsame Wohl der Kirche hinzuordnen und zu wachen, dass Lehre und Ordnung gewahrt werden.
>
> Das Apostolat der Laien lässt jedoch gemäß den vielfältigen Formen und Gegenständen ebendieses Apostolates vielfältige Weisen der Beziehungen zur Hierarchie zu.
>
> Es finden sich nämlich sehr viele apostolische Unternehmungen in der Kirche, die durch die freie Wahl von Laien zustande kommen und durch ihr kluges Urteil geleitet werden. Durch solche Unternehmungen kann unter bestimmten Umständen die Sendung der Kirche besser erfüllt werden, und daher werden sie nicht selten von der Hierarchie gelobt und empfohlen. ...
>
> Bestimmte Formen des Apostolates der Laien werden, wenn auch auf vielfältige Weisen, von der Hierarchie ausdrücklich anerkannt" (AA 24, 1–4).

Umso verwunderlicher ist es, dass das Konzil an einigen Stellen explizit hervorgehoben hat, dass den Laien „*der Weltcharakter ganz besonders zu eigen*" sei (LG 31,1; vgl. AA 2; 4; 7; 29). Wie ist diese Aussage zu verstehen?
Legen die einen sie eher als theologisch-normative Definition des Laie-Seins in der Kirche aus,[66] so sehen die anderen darin ledig-

---

[64] Vgl. Vilanova, Die Intersessio, 452f; Sauer, Die Kirche der Laien, 286; 290; 293; Bausenhart, Theologischer Kommentar zum Dekret über das Apostolat der Laien, 84.
[65] Bausenhart, Theologischer Kommentar zum Dekret über das Apostolat der Laien, 84.
[66] Braunbeck, Der Weltcharakter des Laien, 96f; 140f; Krämer, Kirchenrecht II, 24f. Die Vertreter dieser Auffassung haben das Gesetzbuch der katholischen Ostkirchen auf ihrer Seite, in dem der Begriff des Laien mit Hilfe des besonderen Weltcharakters

45

lich eine soziologisch-deskriptive Umschreibung dessen, was ist, aber nicht unbedingt sein muss.[67] Und eine dritte Gruppe problematisiert den Inhalt dieser Zuschreibung durch Nach- und Anfragen folgender Art: Wieso soll nur den Laien ein besonderer Weltcharakter eigen sein? Leben denn die Kleriker woanders als „inmitten der Welt" (AA 2)? Haben es nicht auch die Kleriker mit den weltlichen Dingen zu tun? Und haben nicht auch sie, wie die Kirche überhaupt, die Aufgabe, der Verwandlung der Welt in Gottes Herrschaft zu dienen?[68] Zumindest werden die Priester auch im Dekret über den Dienst und das Leben der Presbyter „mitten in der Welt" gesehen (PO 17,1), und in der Kirchenkonstitution wird treffend formuliert: „Mit einem Wort: ‚Was die Seele im Leibe ist, das sollen in der Welt die Christen [nicht „nur": die Laien!] sein' " (LG 38,1).

Letztendlich kann in dieser gelegentlichen Hervorhebung des besonderen Weltcharakters der Laien „die Ambivalenz so vieler konziliarer Formulierungen beobachtet werden: Einerseits wird die Möglichkeit offen gehalten, in die grundlegende Sendung der Kirche doch wieder eine ‚ständische' Differenz (zwischen Laien und Klerus) einzutragen; andererseits findet eine *formale* Würdigung der Eigenständigkeit der Laien im Volk Gottes statt."[69] Der „konziliaren Ambivalenz" in der Laienfrage kommt aber noch eine viel tiefer gehende Bedeutung zu. Sie trägt nämlich eine Dynamik in sich, die geradezu als prophetisch bezeichnet werden kann. Denn die besondere Zuschreibung des Weltcharakters an die Laien führt dazu, dass die „Konzilstexte sich gewissermaßen selbst überholen. Wenn [in AA 2] ... das Apostolat der Laien *inhaltlich* durch ‚ihr Bemühen um die Evangelisierung und Heiligung der Menschen und um die Durchdringung und Vervollkommnung der zeitlichen Ordnung mit dem Geist des Evangeli-

---

wie folgt definiert wird: „Unter der Bezeichnung Laien werden in diesem Codex die Christgläubigen verstanden, denen der Weltcharakter in besonderer Weise eigen ist und die, indem sie in der Welt leben, an der Sendung der Kirche teilhaben und weder dem Weihestand angehören noch in den Religiosenstand aufgenommen sind" (c.399 CCEO/1990).

[67] Vgl. Keller, Theologie des Laientums, 399; Klostermann, Kommentar zum IV. Kapitel der Dogmatischen Konstitution über die Kirche, 264; Neuner, Der Laie, 130 und 213; Bausenhart, Das Amt in der Kirche, 277f; Hünermann, Theologischer Kommentar zur Konstitution über die Kirche, 464f.

[68] Vgl. Werbick, Laie, 592f; Bausenhart, Theologischer Kommentar zum Dekret über das Apostolat der Laien, 50; Hoebel, Laity and Participation, 80 i.V.m. 99f, der ebd., 83, darauf hinweist, dass AA 9 über LG 31 hinausgeht, da hier explizit ausgesagt wird, dass die Laien ihr vielfältiges Apostolat „sowohl in der Kirche als auch in der Welt" betätigen.

[69] Wenzel, Kleine Geschichte des Zweiten Vatikanischen Konzils, 164.

ums' bestimmt wird, und wenn man bedenkt, dass genau darin die Sendung der Kirche insgesamt besteht, dann wird faktisch ausgesagt, dass die Laien in suffizienter Weise Träger der Sendung der Kirche in der Welt sind."[70] Oder noch pointierter ausgedrückt: „Streng genommen leben Christen ... nicht in der Kirche, sondern in der Welt, wohl als Kirche in der Welt. Die Kirche nach ihrer empirischen Dimension (vgl. LG 8) hin ist aber ‚Welt' – unterwegs, um ins Reich Gottes hinein vollendet zu werden ... Die Materie des sacramentum salutis ist ‚Welt'; worin die Kirche sich von der Welt unterscheidet, ist ihre göttliche Dimension des Glaubens, aus der ihr die Gabe geschenkt wird und die Aufgabe erwächst, sich selbst in ihren Gliedern und deren Lebenswelt zu ‚heiligen' – nach dem einen Heilsplan Gottes."[71] Deshalb darf hier mit Recht die provozierende Frage gestellt werden: „Ist es zu viel gesagt, dass die Kirche des II. Vatikanums mit *Apostolicam actuositatem* bekennt, dass sie die Gewinnung eines schöpferischen Welt-Verhältnisses – und damit die Gewinnung ihrer eigenen Sendung – den Laien verdankt?"[72]

2. Die partielle Rezeption in das kirchliche Gesetzbuch von 1983

Papst Johannes XXIII. hatte 1959 bei der Ankündigung des II. Vatikanischen Konzils mitgeteilt, dass auch eine den Erkenntnissen des Konzils entsprechende Reform des Kirchenrechts erfolgt, mit der die Arbeit des Konzils „gekrönt" wird! Ebenso hat mehr als 20 Jahre später Papst Johannes Paul II. bei der Veröffentlichung des im Geist des II. Vaticanums überarbeiteten Gesetzbuches 1983, des CIC/1983, erklärt, dass der neue Codex „als ein großes Bemühen aufgefasst werden kann, die konziliare Ekklesiologie in die kanonistische Sprache zu übersetzen."[73]
Für den Themenkomplex der Laien in der Kirche waren also die Lehren vom gemeinsamen und amtlichen Priestertum, vom Glaubenssinn des ganzen Gottesvolkes und vom Laienapostolat rechtlich zu übersetzen und zu verankern und damit in ihrer

---

[70] Ebd.,164.
[71] Bausenhart, Theologischer Kommentar zum Dekret über das Apostolat der Laien, 104; vgl. Ders., Das Amt in der Kirche, 278f.
[72] Wenzel, Kleine Geschichte des Zweiten Vatikanischen Konzils, 168.
[73] CIC/1983, lat.-dt., XIX.

Geltung abzusichern. Damit war vor allem folgende Übersetzungsaufgabe zu leisten: Ausgangspunkt und Zentrum sind nicht mehr die zwei Klassen der Kleriker und Laien, sondern die grundsätzliche Gleichheit aller Glieder des Volkes Gottes. Deshalb ist auch rechtlich deutlich zu machen, dass nicht nur die Kleriker bzw. die Hierarchie von Papst, Bischöfen, Priestern und Diakonen die Sendung der Kirche erfüllen, sondern auch die Laien. *Alle*, Laien und Kleriker, sind gemäß ihrer je eigenen Stellung in der Kirche zur Ausübung der Sendung berufen, die Gott der Kirche zur Erfüllung in der Welt anvertraut hat – das gilt es rechtlich zum Ausdruck zu bringen. Die Laien sind vom bevormundeten Volk Gottes im früheren Recht zum mündigen Volk Gottes im neuen Recht zu machen. Das beinhaltet zumindest drei Aspekte: Erstens darf es in der Kirche nicht (mehr) um Betreuung der einen durch die anderen gehen, sondern es muss auf die wechselseitige Hilfe im Christsein ankommen. Zweitens darf es nicht (mehr) eine Zweiteilung von aktiven Entscheidungsträgern hier und passiven Empfängern/Empfängerinnen dort geben, sondern alle Gläubigen müssen die kirchliche Gemeinschaft aktiv mitgestalten. Drittens darf Kirche der Gesellschaft und Welt nicht (mehr) nur gegenüber stehen, sondern muss vielmehr auch und gerade in ihrer Mitte tätig sein, nämlich als das wirkmächtige Instrument Gottes für das Heil der Welt, also als Sakrament des Heils für die Welt (LG 1; 9; 48; 59).

Macht man sich im Wissen um diese Aufgabenstellung im kirchlichen Gesetzbuch von 1983 auf die Suche nach den konziliaren Schlüsselworten vom gemeinsamen und amtlichen Priestertum, vom Glaubenssinn aller Gläubigen und vom Laienapostolat, so wird man zunächst enttäuscht. Denn von diesen drei Schlüsselbegriffen wird gerade einmal nur einer, nämlich der des Laienapostolats, explizit genannt. In c.225 §1 CIC/1983 wird dazu normiert:

> „Da die Laien wie alle Gläubigen zum Apostolat von Gott durch die Taufe und die Firmung bestimmt sind, haben sie die allgemeine Pflicht und das Recht, sei es als einzelne oder in Vereinigungen, mitzuhelfen, dass die göttliche Heilsbotschaft von allen Menschen überall auf der Welt erkannt und angenommen wird ..."

Und gleichsam zur Absicherung des Laienapostolats wird innerhalb der „Pflichten und Rechte der Kleriker" (cc. 273–289), also durchaus an exponierter Stelle, kurz und prägnant als Rechtspflicht formuliert:

„Die Kleriker haben die Sendung anzuerkennen und zu fördern, welche die Laien, jeder zu seinem Teil, in Kirche und Welt ausüben" (c.275 §2).

Was hier als grundsätzliche Pflicht für alle Kleriker normiert ist, wird nochmals eigens an entsprechender Stelle für den Bischof und für den Pfarrer gleichsam wiederholt und konkretisiert:

„§1 Der Bischof hat die verschiedenen Weisen des Apostolates in seiner Diözese zu fördern und dafür zu sorgen, dass in der ganzen Diözese, bzw. in ihren einzelnen Bezirken, alle Werke des Apostolates unter Beachtung ihres je eigenen Charakters unter seiner Leitung koordiniert werden.

§2 Er hat den Gläubigen ihre Pflicht einzuschärfen, je nach ihren Lebensumständen und Fähigkeiten das Apostolat auszuüben, und sie zu ermahnen, sich an den verschiedenen Werken des Apostolates je nach den örtlichen und zeitlichen Erfordernissen zu beteiligen und sie zu unterstützen" (c.394).[74]

„Der Pfarrer hat den eigenen Anteil der Laien an der Sendung der Kirche anzuerkennen und zu fördern und ihre Vereine, die für die Ziele der Religion eintreten, zu unterstützen. Er hat mit dem eigenen Bischof und mit dem Presbyterium der Diözese zusammenzuarbeiten und sich auch darum zu bemühen, dass die Gläubigen für die pfarrliche Gemeinschaft Sorge tragen, sich in gleicher Weise als Glieder sowohl der Diözese wie der Gesamtkirche fühlen und an Werken zur Förderung dieser Gemeinschaft teilhaben oder sie mittragen" (c.529 §2).

Zusammen mit der Tatsache, dass es im CIC zum ersten Mal einen eigenen Abschnitt über „Pflichten und Rechte der Laien" (cc. 224–231) gibt, zu dem die rechtliche Aussage über das Laienapostolat des c.225 gehört, vermag dieser Befund die erste Enttäuschung zu lindern, aber keineswegs zu beseitigen. Denn er weckt erst recht die Frage danach, warum die dem Laienapostolat zugrunde liegenden und es erst ermöglichenden Schlüssellehren des gemeinsamen und amtlichen Priestertums sowie des Glaubenssinns aller Gläubigen keine explizite Erwähnung im CIC gefunden haben. Im Gegenteil: Es ist nur einmal isoliert vom „gemeinsamen Priestertum" die Rede, ohne eine Beziehung zum „amtlichen Priestertum" herzustellen; innerhalb des Heiligungsrechts wird in einem Nebensatz festgestellt, dass im Gottesdienst das gemeinsame Priestertum der Gläubigen ausgeübt wird (c.836). Diese einmalige Nennung ist eine stark verkürzte Sicht

---

[74] Vgl. dazu auch in diesem Buch S.229–231.

des gemeinsamen Priestertums, das nach der Lehre des Konzils gerade nicht nur auf den gottesdienstlichen Bereich beschränkt, sondern vielmehr auf die gesamte Sendung Christi bezogen ist. Ein ähnlicher Befund ergibt sich für die Lehre vom Glaubenssinn aller Gläubigen. Auch diese Lehre kommt nur an einer Stelle im Verkündigungsrecht in einem verkürzten Verständnis zum Tragen; hier wird dargelegt, dass das universale und ordentliche Lehramt der Kirche offenkundig gemacht wird *„durch das gemeinsame Festhalten der Gläubigen unter der Führung des heiligen Lehramtes"* (c.750 §1). In dieser Formulierung hat der Glaubenssinn aller Gläubigen lediglich die Funktion, eine vom Lehramt als unfehlbar vorgelegte Offenbarungswahrheit zu bestätigen. Damit ist die Lehre über die Unfehlbarkeit der Kirche gleichsam auf den Kopf gestellt. Denn zumindest das II. Vatikanische Konzil hat eindeutig genau umgekehrt die Unfehlbarkeit des Lehramtes in die Unfehlbarkeit des ganzen Gottesvolkes eingebettet.[75] Jedenfalls wird in c.750 §1 der Eindruck vermittelt, dass die Gläubigen „von oben" über die Wahrheit des Glaubens belehrt werden. Es scheint ausgeschlossen, „dass es in der Kirche so etwas wie eine Wahrheitsfindung von unten gibt, die nicht identisch ist mit der Normativität der Faktizität. Christlicher Glaube ist nicht einfach das Ergebnis einer Meinungsbildung von unten; aber er ist auch nicht einfach Indoktrination von oben. Er ergibt sich aus einem gemeinsamen angestrengten Hinhören auf die Botschaft Christi. Das fordert vom [geweihten] Amt freilich, dass es das Zeugnis, die Fragen und Einwände sowie die Kritik von unten ernst nehmen muss. Erst in der Rezeption, die es ‚von unten' findet, wie in der Akzeptation [sic!], die die Gemeinde ‚oben' findet, entscheidet sich, was endgültig als christliche Lehre zu gelten hat."[76]

Diesem ernüchternd negativen Befund tritt bei intensiverer Beschäftigung mit dem kirchlichen Recht des CIC/1983 allerdings eine positive Erkenntnis zur Seite: Die zwei genannten Schlüssellehren werden im kirchlichen Gesetzbuch zwar nicht entfaltet, sind aber nicht gänzlich unberücksichtigt geblieben. Sie haben vielmehr Pate gestanden für die *grundlegenden* Aussagen im Verfassungsrecht der katholischen Kirche (cc. 204–223), die von der Gemeinschaft des „Volkes Gottes", der „Teilhabe aller Gläubigen an der Sendung der Kirche", der „wahren Gleichheit in

---

[75] Vgl. Müller, Zur Rechtsstellung der Laien, 475; siehe dazu auch in diesem Buch S.37f.
[76] Kasper, Glaube und Geschichte, 408f; vgl. Bertolino Sensus fidei, 72.

Würde und Tätigkeit" aller Gläubigen sowie von den allen Gläubigen gemeinsamen „Pflichten und Rechte[n]" geprägt sind. Desgleichen spiegeln sie sich in den rechtlichen Normen über die spezifische Aufgabe und Sendung des amtlichen Priesters wider (cc. 1008f i.V.m. c.150). In diesen Rechtsbestimmungen wird besonders eindrucksvoll die Kehrtwende des II. Vatikanischen Konzils vom einseitigen Hierarchie- zum Communiomodell mit integrierter Hierarchie vollzogen. Angesichts dieser erfreulichen Tatsache stellt sich umso nachdrücklicher die Frage: Warum hat dann der kirchliche Gesetzgeber die hochbedeutsamen Schlüsselbegriffe vom gemeinsamen und amtlichen Priestertum und vom Glaubenssinn nicht in die *grundlegenden* Eingangsnormen des kirchlichen Verfassungsrechtes aufgenommen? Für dieses Defizit gibt es keine Erklärung.[77]

a) Die Gleichheit der Gläubigen in den Grundaussagen des kirchlichen Verfassungsrechts

Das konziliare Kirchenbild vom gemeinsamen und amtlichen Priestertum, vom Glaubenssinn aller Gläubigen und vom Laienapostolat kommt im kirchlichen Gesetzbuch vor allem dadurch zum Ausdruck, dass die Rechtsbestimmungen über den grundlegenden Aufbau und die Struktur der Kirche gleichsam programmatisch mit dem Titel „Volk Gottes" überschrieben sind (vgl. Titel des Buches II und Überschrift vor c.204 CIC/1983). Die Tragweite dieser Titelüberschrift wird erst richtig deutlich, wenn man einen vergleichenden Blick in das frühere Gesetzbuch von 1917 wirft. Dort war nämlich der entsprechende Abschnitt ganz allgemein mit „De personis" überschrieben und handelte dem damaligen Kirchenbild entsprechend nicht nur zuerst, sondern fast ausschließlich speziell von den Klerikern (vgl. Überschrift vor c.87 und c.108 CIC/1917).
Was der Titel „Volk Gottes" auf dem Hintergrund des II. Vatikanischen Konzils assoziiert, wird auch tatsächlich im CIC/1983 eingeholt. Das zeigen die Bestimmungen über die Zugehörigkeit

---

[77] So auch Corecco, Aspekte der Rezeption des Vaticanum II im CIC, 127, der beklagt, dass die Gläubigen im CIC nicht „primär als Träger des ‚allgemeinen Priestertums' und des ‚sensus fidei' definiert" worden sind.
Das Fehlen der Aussagen über den „sensus fidelium" wird ebenso bedauert von Gerosa, Das Recht der Kirche, 208, und von Burghardt, Institution Glaubenssinn, 177f.

zum Volk Gottes sowie die beiden Kataloge der so genannten Gläubigen- und Laienrechte.

1. Das Volk Gottes in seiner Grundstruktur (cc. 204–208)

Zum Volk Gottes gehören nach der Einleitungsbestimmung zum Verfassungsrecht – das ist c.204 §1 – alle in der katholischen Kirche Getauften. Kennzeichen dieser Getauften ist es, dass sie durch eben diese Taufe „des priesterlichen, prophetischen und königlichen Amtes Christi teilhaft geworden sind" und deshalb „gemäß ihrer je eigenen Stellung zur Ausübung der Sendung berufen [sind], die Gott der Kirche zur Erfüllung in der Welt anvertraut hat" (c.204 §1). Hiernach wird also der/die Einzelne durch das sakramentale Geschehen der Taufe nicht nur Christus eingegliedert, sondern erhält zugleich auch durch die Taufe selbst – und nicht etwa erst durch einen kirchlichen Amtsträger vermittelt – die Teilhabe an diesem dreifachen Amt Christi, die jede und jeden in unterschiedlicher Weise, nämlich gemäß seiner und ihrer je eigenen Stellung in der Kirche, zur Ausübung des Sendungsauftrages der Kirche beruft.

Diese Aussagen des c.204 werden einige Canones später nochmals, nämlich in c.208 aufgegriffen und präzisiert. Unmissverständlich wird dort festgehalten:

> „Unter allen Gläubigen besteht, und zwar aufgrund ihrer Wiedergeburt in Christus, eine wahre Gleichheit in ihrer Würde und Tätigkeit, kraft der alle je nach ihrer eigenen Stellung und Aufgabe am Aufbau des Leibes Christi mitwirken."

Die fundamentale Gleichheit unter allen Gläubigen bezieht sich somit nicht nur auf die eine gemeinsame Tauf-Würde, sondern auch auf die eine gemeinsame Tauf-Tätigkeit, nämlich den Sendungsauftrag der Kirche zu erfüllen. Zu Recht wird daher festgestellt, dass der bzw. die Gläubige „den Kleriker als Hauptperson in der Verfassung der Kirche abgelöst und seinerseits den zentralen Platz eingenommen hat ... Hauptdarsteller auf der Bühne des kirchlichen Verfassungsrechts ist nicht mehr wie [früher im alten Kirchenbild und] im CIC/1917 der Kleriker, sondern der ‚christifidelis'‚"[78] also der und die Christgläubige.

Die doppelte Gemeinsamkeit in der Würde wie auch in der Tätigkeit kraft der Taufe ist einerseits grundlegend und andererseits zugleich offen dafür, dass sich auf dieser Grundlage sen-

---

[78] Müller, Zur Rechtsstellung der Laien, 473.

dungsspezifische Unterschiede entfalten können. Denn die fundamentale Gleichheit aller Gläubigen „schließt zwar eindeutig eine Überordnung einzelner Christen über andere aus, nicht aber einen *besonderen* Dienst *an* dieser gemeinsamen Sendung der Kirche."[79] Diese Tatsache wird in dem eben genannten c.208 durch die Formulierung zum Ausdruck gebracht, dass „alle je nach ihrer eigenen Stellung und Aufgabe" die gemeinsame Tätigkeit ausüben. Noch deutlicher hebt dies c.207 §1 hervor, wenn er festlegt:

> „Kraft göttlicher Weisung gibt es in der Kirche unter den Gläubigen geistliche Amtsträger, die im Recht auch Kleriker genannt werden; die übrigen dagegen heißen Laien."

Die geistlichen Amtsträger bzw. Kleriker sind also geweihte bzw. ordinierte Gläubige; sie stehen nicht über den anderen Gläubigen und diesen gegenüber, sondern gehen aus der Gemeinschaft aller Gläubigen hervor. Deshalb spricht c.207 §1 davon, dass es *„unter* den Gläubigen" geistliche Amtsträger gibt. Diese Formulierung hebt die fundamentale Gleichheit aller Glieder hervor, die trotz der Unterscheidung zwischen Klerikern und Laien nicht aufgehoben ist. In Widerspruch dazu steht aber der zweite Halbsatz, in dem die Laien gleichsam abwertend als die *„übrigen* (sc. Gläubigen)"* bezeichnet werden. Dadurch wird der Eindruck erweckt, als wäre die Existenz der Kleriker vorrangiger als die der Laien, obwohl doch theologisch gilt, dass kraft der Taufe eine fundamentale Gleichheit besteht.

Laien sind nach c.207 §1 nichtgeweihte Gläubige, also Nichtkleriker bzw. „Kirchenglieder ohne Weihe". Damit hat der Begriff „Laie" im CIC/1983 keinerlei positiven Inhalt, sondern dient lediglich der Abgrenzung. Deshalb wird die Verwendung des Laienbegriffes auch immer wieder in Frage gestellt, zumal er im CIC/1983 nicht nur in der Bedeutung von Nichtkleriker (c.207) vorkommt, sondern auch noch in dem weiteren Sinn von Nichtkleriker und Nichtordenschrist (z.B. c.463 §2). Doch trotz dieser Kritik am Laienbegriff und an dem zweiten Satzteil des c.207 CIC/1983 ist die Kehrtwende vom Hierarchie- zum Communiomodell mit der integrierten Hierarchie nicht zu übersehen.[80]

---

[79] Kehl, Die Kirche, 432.
[80] Zu einem Reformvorschlag des c.207 vgl. in diesem Buch S.75-77.

2. Der Katalog von Pflichten und Rechten für alle Gläubigen (cc. 208–223)

Begrüßenswert im Sinne der aktiven Rolle aller Gläubigen in der Kirche ist die Tatsache, dass es in der katholischen Kirche zum ersten Mal in ihrer Geschichte seit 1983 eine Zusammenstellung grundlegender Pflichten und Rechte gibt, die für alle Gläubigen gelten, unabhängig davon, ob sie Laien oder Kleriker sind. An Pflichten werden jeder und jedem Gläubigen auferlegt, die Gemeinschaft mit der Kirche zu wahren (cc. 209, 223 §1), sich um ein heiliges Leben zu bemühen und dadurch die Heiligkeit der Kirche zu fördern (c.210), Vorlagen der geistlichen Hirten „im Bewusstsein ihrer eigenen Verantwortung in christlichem Gehorsam zu befolgen" (c.212 §1), Beiträge für die Bedürfnisse der Kirche zu leisten sowie die soziale Gerechtigkeit zu fördern (c.222). Als den Pflichten korrespondierende Rechte werden jeder/jedem Gläubigen zugestanden: den geistlichen Hirten Anliegen und Wünsche zu eröffnen (c.212 §2), die Meinung über das Wohl der Kirche mitzuteilen (cc. 212 §3, 218), geistliche Hilfen in Wort und Sakrament zu empfangen (c.213), den eigenen Ritus und die eigene Form des geistlichen Lebens zu pflegen (c.214) wie auch das Recht auf freie Vereinigung und Versammlung (c.215), apostolische Tätigkeit (cc. 211, 216), christliche Erziehung (c.217), Forschungs- und Veröffentlichungsfreiheit (c.218), freie Wahl des Lebensstandes (c.219), Schutz des guten Rufes und der Intimsphäre (c.220) sowie Rechtsschutz (c.221).

Bei einer kritischen Würdigung dieses Kataloges ist als besonders gelungen zu bewerten, dass hier allen Gliedern der Kirche klar und deutlich ein Mitwirkungsrecht an der Sendung der Kirche garantiert, ja sogar eine Mitwirkungspflicht auferlegt wird. Negativ ist allerdings zu verzeichnen, dass in diesem Pflichten- und Rechtekatalog ein zentrales Recht fehlt, nämlich das Recht auf die Teilhabe am königlichen Amt Christi, also auf die Mitwirkung am Leitungsamt der Kirche, zu dem doch alle Glieder des Volkes Gottes durch die Taufe ausdrücklich berufen sind (c.204 §1).

*3. Der spezielle Pflichten- und Rechtekatalog für die Laien
(cc. 224–231)*

Um die Rechtsstellung der Laien in der Kirche zu stärken und sie den Aussagen über das eigenständige Laienapostolat auf dem II. Vatikanischen Konzil entsprechend zu entfalten, ist im kirchlichen Gesetzbuch von 1983 ein eigener Abschnitt über die Laien mit ihren Pflichten und Rechten eingebaut worden. Ist der Katalog über die Pflichten und Rechte aller Gläubigen schon eine kirchengeschichtliche Neuerung gewesen, so kommt die Formulierung eines eigenen Pflichten- und Rechtekatalogs speziell für die Laien einer historischen Sensation gleich, die noch durch die Tatsache gesteigert wird, dass dieser Katalog unmittelbar im Anschluss an den Katalog der Gläubigen folgt und damit vor dem speziellen Pflichten- und Rechtekatalog der Kleriker (cc. 273–289) steht.

In dem so genannten „Laienrechtskatalog" werden die Laien als Erstes dazu verpflichtet wie auch berechtigt, die göttliche Heilsbotschaft zu verbreiten (c.225 §1), dann in die besondere Pflicht genommen, die weltliche Ordnung im Geist des Evangeliums zu besorgen (cc. 225 §2, 227) sowie durch Ehe und Familie am Aufbau des Volkes Gottes mitzuwirken (c.226). Sie haben die Pflicht zur und das Recht auf eine christliche und theologische Bildung (c.229) wie auch die Möglichkeit (nicht das Recht und auch nicht die Pflicht!), für jene kirchlichen Ämter und Aufgaben „herangezogen" zu werden, die sie „gemäß den Rechtsvorschriften wahrzunehmen vermögen" (c.228). Nach den Aussagen dieses Katalogs können Laien außerdem als Sachver-ständige und Ratgeberinnen tätig sein (c.228 §2), in der theologi-schen Wissenschaft mit der Lehre beauftragt werden (c.229 §3), den Dienst einer Lektorin, eines Akolythen, einer Kantorin oder andere Aufgaben nach Maßgabe des Rechts wahrnehmen sowie liturgische Gebete leiten, die Taufe spenden und die Kommunion austeilen (c.230 §3). Über die im Katalog genannten Möglichkeiten hinaus können Laien unter bestimmten Bedingungen auch beauftragt werden zu predigen (c.766), einer Eheschließung zu assistieren (c.1112) und einzelne Sakramentalien (Segnungen) zu spenden (c.1168) sowie als Katechetin (c.776), Religionslehrer (cc. 803 §2, 805) und Theologieprofessorin (c.810) tätig zu sein. Des Weiteren können sie innerhalb eines kirchlichen Gerichtes mit dem Amt des erkennenden Richters in einem Richterkollegium (c.1421 §2), der Beisitzerin oder des Vernehmungsrichters (cc. 1424, 1428 §2), der Kirchenanwältin und des Ehebandverteidigers (c.1435) betraut werden. Schließlich können sie auch bei der kirchlichen Vermögensverwaltung mitwirken (cc. 492, 494, 537, 1279 §2 u.a.), in den kirchlichen Beratungsgremien aktiv sein (cc. 377 §3, 512 §2, 536 §1, 1064), an Konzilien und Synoden teilnehmen (cc. 339 §2, 443 §4, 463 §2) und in der Pfarrseelsorge mitarbeiten (cc. 517 §2, 519).

Negativ an diesem speziellen Pflichten- und Rechtekatalog für Laien ist die Tatsache, dass er an vielen Stellen eine Doppelung zu den Rechten und Pflichten aller Gläubigen darstellt und im Grunde genommen keine spezifischen Rechte für die Laien enthält. Denn nach Abzug der für alle Christen und Christinnen geltenden Rechte und Pflichten gibt es keinen spezifisch laikalen *Rechtsanspruch* mehr, sondern nur noch eine laikale *Möglichkeit*: Laien können je nach Bedarf und Fähigkeit für bestimmte Ämter und Aufgaben herangezogen werden (cc. 228; 230). „Trotz dieser berechtigten Kritik ist dennoch anzuerkennen, dass hier zumindest ein Ansatz gemacht wird, den Laien eigene Rechte und Pflichten zu formulieren, und dass hier von Laien erstmals im Rahmen der Kirchenverfassung und am ekklesiologisch richtigen Ort gehandelt wird. Dadurch wird deutlich gemacht, dass die Laien ihren Platz in der Verfassung der Kirche haben und nicht als sogenannte Weltlaien ausschließlich auf Aufgaben am äußersten Missionsrand der Kirche verwiesen sind."[81]

Fragt man nach diesem Überblick nach der Relevanz dieser grundsätzlichen Aussagen des kirchlichen Verfassungsrechtes im kirchlichen Alltag, so ist zuzugestehen, dass ihre Effizienz grundlegend daran leidet, dass entsprechende Einrichtungen nahezu völlig fehlen, um die hier zugesagte Rechtsstellung und die zum Teil explizit zugesicherten Rechte geltend machen zu können. Ist schon den Konzilsvätern mangelnde Sensibilität für die Rechtskultur in der Kirche vorgeworfen worden,[82] so ist diese Kritik in verschärfter Weise an den kirchlichen Gesetzgeber zu richten. Sollen die grundsätzlichen Aussagen über das Volk Gottes, über die Teilhabe und die Gleichheit aller Gläubigen wie über die Stellung der Laien und Kleriker im Volk Gottes nicht nur theologische Rhetorik sein, sondern ernstgemeinte Tatsachen, dann bedarf es entsprechender rechtlich garantierter Strukturen,

---

[81] Hierold, Inhaltliche Perspektiven des Verfassungsrechtes, 355.
[82] Vgl. dazu in diesem Buch S.40f.

Freiräume und Interventionsmöglichkeiten für alle Gläubigen, für die Laien genauso wie für die Kleriker, damit sie ihrer Sendung entsprechen können.[83] Dieses Defizit ist bis heute nicht behoben, obwohl bereits auf dem Konzil die Einrichtung von Schlichtungsstellen sowie einer Verwaltungsgerichtsbarkeit für Streitfragen zwischen Klerus und Laien vorgeschlagen[84] und im Blick auf den Bereich der Deutschen Bischofskonferenz auf der Gemeinsamen Synode der Bistümer in der Bundesrepublik Deutschland (1970–1975) konkrete Modelle ausgearbeitet worden sind.[85] Daher muss sich die kirchliche Autorität – der Papst und das Bischofskollegium auf gesamtkirchlicher wie auch die Bischöfe als einzelne und als Bischofskonferenz auf teilkirchlicher Ebene – nach wie vor die vorwurfsvolle Feststellung gefallen lassen: „Es ist eine contradictio in adiecto, generell einer individuellen oder moralischen Person Rechte zuzuerkennen, ohne institutionelle Regelungen zur Geltendmachung dieser Rechte einzurichten. Wohlwollen und Moralität sind wichtig, in dieser Hinsicht aber unzureichend."[86]

---

[83] Vgl. Hünermann, Theologischer Kommentar zur Konstitution über die Kirche, 481.
[84] Vgl. dazu ebd., 479.
[85] Vgl. dazu Einleitung und Beschluss: Ordnung der Schiedsstellen und Verwaltungsgerichte der Bistümer in der Bundesrepublik Deutschland, in: GSyn, 727–763; vgl. dazu in diesem Buch S.196–199.
Lediglich im Bereich des Kirchlichen Dienst- und Arbeitsrechtes sind im Bereich der Deutschen Bischofskonferenz inzwischen seit längerem Schlichtungsstellen sowie jüngst eine Verwaltungsgerichtsbarkeit (vgl. dazu Abl Regensburg Nr.9 (2005), 75–89) eingerichtet worden.
[86] Hünermann, Theologischer Kommentar zur Konstitution über die Kirche, 480. Vgl. ähnlich auch Hülskamp, Rechtsprechung, 278, der darauf aufmerksam macht: Wenn die Nrr.6 und 7, also allein zwei der insgesamt 10 Prinzipien, die bei der Neukodifizierung des Kirchenrechts im Zuge des II. Vatikanischen Konzils zu beachten waren, „ausdrücklich und ausführlich von dem Schutz der Personenrechte und von einer ordentlichen Vorgehensweise in der Anwendung dieser Schutzrechte sprechen, so fragt man sich, wo diese Forderungen materiell-rechtlich und prozedural im neuen Codex ihren Niederschlag finden und/oder wo sie in der Alltäglichkeit der Verwaltungspraxis wenigstens in der rechtsgeformten Mentalität der Rechtsanwender sich wieder finden." Siehe dazu auch ebd., 292f; Pulte, Die Schaffung einer kirchlichen Verwaltungsgerichtsbarkeit, 779; 782: „Das Fehlen eines gestuften verwaltungsgerichtlichen Rechtsweges führt ... faktisch zu einer Minderung des Schutzes der subjektiven Rechte der Gläubigen, welche nach herrschender Auffassung Verfassungsrang haben."

b) Das amtliche Priestertum im Dienst für das Volk Gottes

Ist die Tatsache bedauerlich, dass die Lehre vom gemeinsamen und amtlichen Priestertum nicht explizit in den CIC/1983 eingegangen ist, so ist es geradezu irritierend, dass der kirchliche Gesetzgeber auch auf eine systematische Zusammenstellung grundlegender Aussagen über das amtliche Priestertum verzichtet hat. Wer im Stichwortverzeichnis des CIC unter „Priester" nachschlägt, wird auf eine Fülle von Einzelbestimmungen verwiesen. Sie reichen vom Ausgangspunkt „Absolutionsbefugnis in Todesgefahr" (c.976) über das in der Aufzählung die Mitte bildende Stichwort „Krankenöl, Aufbewahrung" (c.1003 §3) bis hin zum abschließenden Verweis „Zulassung zur Zelebration" (c.903). Vergebens ist die Mühe, einen zusammenhängenden Abschnitt ausfindig zu machen, der Auskunft über das Eigentliche, das Profil des (amtlichen) Priesters geben könnte. Ihn gibt es nicht. Vielmehr ist ein mühsames Hin- und Herspringen zwischen verschiedenen Rechtsmaterien notwendig, um so etwas wie dem „Eigentlichen" des amtlichen Priestertums auf die Spur zu kommen. Denn wichtige Grundaussagen über das Priesteramt sind im Verfassungsrecht, im Weiherecht und innerhalb der Allgemeinen Normen enthalten. Diese fehlende Systematik trägt weder zur theologisch-rechtlichen Klarheit noch zur ekklesiologischen Bewusstseinsbildung bei.

1. Lehren, Heiligen und Leiten in der Person Christi, des Hauptes, um das Volk zu weiden (cc. 1008f)

Grundlage des Priesteramtes ist das Sakrament der Priesterweihe. Wichtige Aussagen dazu finden sich zu Beginn des Weiherechts in den beiden Canones 1008 und 1009. Dort heißt es:

> „Durch das Sakrament der Weihe werden kraft göttlicher Weisung aus dem Kreis der Gläubigen einige mittels eines untilgbaren Prägemals, mit dem sie gezeichnet werden, zu geistlichen Amtsträgern bestellt; sie werden ja dazu geweiht und bestimmt, entsprechend ihrer jeweiligen Weihestufe die Dienste des Lehrens, des Heiligens und des Leitens in der Person Christi des Hauptes zu leisten und dadurch das Volk Gottes zu weiden" (c.1008).
>
> „§1. Die Weihen sind Episkopat, Presbyterat und Diakonat.
>
> §2. Sie werden erteilt durch die Handauflegung und das Weihegebet, welches die liturgischen Bücher für die einzelnen Weihestufen vorschreiben" (c.1009).

Als erste zentrale Aussage wird betont, dass das Sakrament der Weihe insgesamt – nicht jede einzelne Ausformung – auf göttlicher Einsetzung beruht und den Geweihten dazu bestimmt, „die Dienste des Lehrens, Heiligens und Leitens in der Person Christi des Hauptes zu leisten und dadurch das Volk Gottes zu weiden" (c.1008). In einem zweiten Schritt wird erklärt, dass das Weihesakrament die drei Ordnungen des Episkopats, Presbyterats und Diakonats umfasst (c.1009). Für das „Eigentliche" des Priesteramtes sind im Kontext dieser beiden Rechtsnormen folgende Aspekte von Bedeutung:

1. Die besondere Wirkung der Weihe ist es, die Sendung der ganzen Kirche in spezifischer Art und Weise zu tun, nämlich in der Person Christi, des Hauptes. Interessanterweise ist hier nicht von „repraesentatio" Christi bzw. Ecclesiae die Rede, sondern vom Handeln „in persona Christi". Damit werden „statisch-objektivistische Vorstellungen einer ‚Quasi-Identität' des [geweihten] Amtsträgers mit Christus" überwunden und das Weihesakrament durch die Aufnahme des Sendungsgedankens auf einen „dynamischen und aktuellen Vollzug" hin geöffnet.[87] Die inhaltliche Kernaussage lautet: Durch die Weihe werden die Dienste des Lehrens, Heiligens und Leitens, zu denen alle Glieder der Kirche kraft der Taufe befähigt, berechtigt und verpflichtet sind, in der einzigartigen Form: in der Person Christi, des Hauptes, ausgeübt.[88] Damit werden durch die geweihten Amtsträger zwei theologische Grundüberzeugungen gleichsam leibhaftig zum Ausdruck gebracht: zum einen, dass die Kirche nicht ein Produkt ihrer selbst ist, sondern eine von Gott gegründete und durch seinen Geist am Leben erhaltene Gemeinschaft; zum anderen, dass derjenige, der als Kleriker im besonderen Dienst der Gemein-

---

[87] Bausenhart, Das Amt in der Kirche, 293, der diese Feststellung im Hinblick auf das II. Vatikanische Konzil getroffen hat.

[88] Pemsel-Maier, Weihe(sakrament), in: Dies., Grundbegriffe, 237, macht zu Recht darauf aufmerksam: „Wie bei den anderen Sakramenten auch wird hier eine konkret fassbare Wirklichkeit – in diesem Fall ein konkreter Mensch – durch das Wirken Gottes zum Zeichen Jesu Christi. Darin liegt zugleich das Anstößige des Weihesakramentes, denn der Geweihte repräsentiert Jesus Christus und ist zugleich Mensch mit Grenzen, Fehlern und Schwächen."
Ähnlich auch Neuner, Das Problem des Amtes, 163: „Der sakramentale Charakter will ursprünglich nicht eine Überlegenheit ausdrücken, sondern genau das Gegenteil: die Differenz zwischen Person und ihrem Amt, zwischen menschlicher Unwürdigkeit und der Heiligkeit der Verkündigung. Auch menschliche Unwürdigkeit macht, so die grundlegende Aussage, den Dienst nicht ungültig."

schaft steht, nicht nur von der Gemeinschaft beauftragt ist, sondern gleichzeitig auch und vor allem von Gott durch Jesus Christus im Heiligen Geist.[89] Die geweihte Person übt damit für die Gemeinde eine ständige Verweisfunktion im doppelten Sinn aus. Sie verweist die Gemeinde auf ihre „doppelteine" Grundausrichtung: nicht aus sich selbst und nicht für sich selbst zu leben.[90] Weil die Glieder des Volkes Gottes, die diesen Dienst des Weiheamtes übernehmen, die Repräsentanten und Garanten des vorgegebenen und unverfügbaren heiligen Ursprungs der Kirche sind, des „hiera arche", wird der Ausdruck der „Hierarchie" auch auf sie angewendet. In diesem Sinn ist die „Hierarchie" in der katholischen Kirche die Bezeichnung für die geweihten (ordinierten) Amtsträger, die kraft Weihe (Ordination) die Aufgabe und Funktion haben, als Glieder des Volkes Gottes eben diesem Volk Gottes Christus, den unsichtbaren Herrn, in und durch ihr Handeln sichtbar zu vertreten und es in ihm zu einen.

2. Sinn und Zweck des Handelns in der Person Christi, des Hauptes, ist es, „das Volk Gottes zu weiden", wie es in c.1008 heißt. In diesem – gerade für ein Gesetzbuch – bildhaften Ausdruck wird Jesus Christus, der gute Hirte, lebendig und damit zum unbedingten Maßstab für den Dienst der geweihten Amtsträger. Das ist ein Anspruch, der durch nichts zu überbieten ist. Denn Kennzeichen des guten Hirten Jesus Christus ist es, dass er ganz und gar für seine „Schafe" lebt, und zwar so weit, dass er sogar für sie sein Leben hingibt.[91] Diese Erlösungstat als Ursprung der Kirche wird in der Eucharistie gefeiert, indem diese Selbsthingabe Jesu Christi, die Hingabe seines eigenen Lebens für das Leben seiner „Schafe", durch den Priester gegenwärtig gesetzt wird.
Berufen und geweiht zu sein, in der Person Christi, des Hauptes, zu handeln, bedeutet deshalb auch, berufen und geweiht zu sein zu einem Leben als guter Hirte und das heißt wiederum: zu einem *Sein-für-die-anderen*. Deshalb gehört es zum Wesen eines geweihten Amtsträgers, nicht nur bestimmte Funktionen auszuüben, sondern alles Tun von seinem Leben

---

[89] Aymans, Begriff, Aufgabe und Träger des Lehramts, 668, spricht in diesem Zusammenhang davon, dass der geweihte Amtsträger weder eine „Autorität über die Kirche" ist noch eine „Autorität der Kirche", sondern eine „Autorität in der Kirche".
[90] Hilberath, PastoralreferentInnen, 163; siehe dazu auch in diesem Buch S.27–31.
[91] Vgl. Joh 10,11–21; Apg 20,28; 1 Petr 2,25; 5,2 u.a.

als guter Hirte her zu formen und zu prägen. Das beinhaltet u.a. die Fähigkeit, seinen ganz normalen Alltag, „vom Computereinsatz bis hin zum Krankenbesuch, als geistliches Hingabegeschehen zu verstehen."[92]

3. Erst von dieser *ganzheitlichen* Berufung her, die durch die Weihe entsteht, erschließt sich der tiefere Sinn des sog. untilgbaren Prägemals, das mit dem Weihesakrament empfangen wird: Weil diese ganzheitliche Berufung zum guten Hirten „vom einzelnen immer nur in endlicher und sündiger Gebrochenheit realisiert werden kann, weil keiner die innere Dynamik, die diesem Amt einwohnt, subjektiv ausfüllen kann, bleibt eine unaufhebbare Differenz zwischen der objektiven Sendung des Amtes und ihrer subjektiven Realisierung. Diese objektive Sendung, die von der subjektiven Realisierung unabhängig ist, meinen wir im Grunde mit dem unauslöschlichen Prägemal. Es ist kein metaphysisches klerikales Privileg, sondern Ausdruck einer bestimmten öffentlichen, den Menschen prägenden Sendung in der Kirche. Es bedeutet, dass jemand von Christus her gesehen für immer zu einem bestimmten Auftrag in der Kirche berufen ist. Auch die besondere Gnade des Priestertums wird nicht zur persönlichen Heiligung gegeben, sondern zum Dienst an der Heiligung der anderen. Seine eigene Heiligung wirkt der Presbyter, indem er sich der Heiligung der anderen widmet, sie geschieht im Vollzug seines Dienstes selbst."[93] Deshalb gilt trotz aller Unabhängigkeit der objektiven Wirksamkeit des Weihesakraments von den subjektiven Qualitäten des konkreten Weiheamtsträgers: Die Weihe befähigt den Empfänger, verpflichtet ihn aber auch wie keine andere Person in der Kirche zu einer Einheit, ja sogar Identifikation von Sein und Tun, von Amt und Existenz, von Theorie und Praxis. Aus der Sicht des Empfängers der Weihe betrachtet ist die Weihe Ausdruck der Bereitschaft, sich ganz und gar Jesus Christus zu übereignen, sich von ihm geradezu in Beschlag nehmen und sich von seinem Geist erfüllen zu lassen für seine besondere Sendung.[94]

---

[92] Wanke, Anforderungsprofil, 20.
[93] Kasper, Glaube und Geschichte, 382.
[94] Vgl. Pemsel-Maier, Weihe(sakrament), in: Dies., Grundbegriffe, 237. Greshake, Der theologische Ort, 24, bringt die bestehende Spannung zwischen objektiver Sendung und subjektiver Bereitschaft auf den Punkt: „Im Donatistenstreit des 4./5. Jhs. wurde vor allem durch Augustin herausgestellt, dass unabhängig von der persönlichen Heiligkeit des Amtsträgers dessen amtliche Funktionen gültig

Das „Eigentliche" des Priesters ist daher nicht nur in seiner Tätigkeit ausfindig zu machen, sondern auch in seinem Leben, in seiner Spiritualität. Denn ohne die Identifikation von Sein und Tun, Amt und Existenz, Theorie und Praxis „würde der Priester zu einem ‚pastoralen Manager', ‚kirchlichen Gemeindedirektor' oder zu einem ‚Zeremonienmeister'. Ein Priester ohne Glaubensleben, ohne innere Bezogenheit auf Christus verliert die Basis, die ihn trägt. Er wird zum Beamten statt zum geistlichen Führer."[95] Nur durch das stete Bemühen um größtmögliche Identifikation von Sein und Tun, von Amt und Existenz kann es dem Priester gelingen, auf Christus hin transparent zu sein, d.h. all das, was er „amtlich" an Christi statt tut, in seinem Leben und durch sein Leben zu übersetzen.[96]

Wirft man von dieser besonderen Identifikationsaufgabe her einen Blick auf den Katalog der „Pflichten und Rechte der Kleriker" (cc. 273–289), so erscheinen etliche der dort formulierten Pflichten als hilfreiche Eckdaten zur Verwirklichung dieser Aufgabe. Hier sind vor allem die priesterlichen Pflichten zu nennen, die in die ganz persönliche Lebensführung hineinreichen wie z.b. das besondere Streben nach Heiligkeit, die tägliche Eucharistiefeier und das tägliche Stundengebet (c.276), ein einfacher Lebensstil (c.282) und der Zölibat[97] (c.277).

---

ausgeübt werden. Die sakramentalen Vollzüge haben Wirkkraft, auch wenn der Träger der Weihe in seinem persönlichen Vollzug dem amtlichen Tun nicht entspricht.
Gelegentlich wurde dieses Ergebnis des Donatistenstreits die notwendigste und zugleich fatalste Entscheidung der Kirche genannt. Sie war notwendig: Damit wurde nämlich deutlich, dass die Gemeinde nicht von der Privatperson und von der Privatheiligkeit des Amtsträgers abhängig ist, sondern von dessen Weihe und das heißt letztlich und endlich: von Jesus Christus. Fatal aber war diese Entscheidung, weil damit wesentliche Züge der Offenbarungsbotschaft in Gefahr sind, verdunkelt zu werden. Wo Gott Menschen in den Dienst nimmt und im Menschen in Erscheinung treten will, da ist nicht nur das persönliche Ja des Berufenen verlangt, sondern auch eine Lebensform, in der dieses In-den-Dienst-genommen-Sein glaubhaft, zeichenhaft-wirklich in Erscheinung tritt."
[95] Hernoga, Zum Profil des priesterlichen Dienstamtes, 203.
[96] Vgl. Greshake, Als Priester geistlich leben, 237.
[97] Vgl. treffend dazu Greshake, Der theologische Ort, 25: „Zölibat heißt von hier gesehen: ungeteiltes In-Beschlag-nehmen-Lassen von der Aufgabe amtlicher Christus-Repräsentanz, glaubhafte Bezeugung dessen, dass das, wofür der Amtsträger einsteht, dass nämlich angesichts des kommenden Reiches die Gestalt dieser Welt vergeht, mit letztem personalen Gewicht verkündet wird (vgl. 1 Kor 7,32f)." Und zugleich betont Greshake ebd.: „Natürlich kann (und muss) glaubhafte Bezeugung des Evangeliums auch anders geschehen als durch den Zölibat. Gleich-

4. Aus den bisherigen Überlegungen wird deutlich, dass das „Eigentliche" des Weihesakraments und Weiheamtes nicht seine „kultisch-sakramentalen Funktionen" sind, sondern „vielmehr die schlichte Dienstfunktion innerhalb der Kirche bzw. Gemeinde."[98] Das Wesentliche des geweihten Amtes und seines Amtsträgers in der Kirche ist sein ganzheitlicher Dienst an der Einheit der Kirche. Und weil sich die Einheit der Kirche vor allem in der Einheit des Glaubensbekenntnisses, in der Einheit der Eucharistie und in der Einheit des gemeinsamen Dienstes vollzieht, entfaltet sich der eine Einheitsdienst in dreifacher Weise als Einheitsdienst für das Lehren, für das Heiligen und für das Leiten in der Kirche. Wie alle Christen und Christinnen zur Ausübung der drei kirchlichen Grundfunktionen des Lehrens, Heiligens und Leitens berufen sind, so sind die geweihten Amtsträger darüber hinaus zur Verantwortung dafür berufen, dass diese drei Grundfunktionen in der rechten Ordnung und in Einheit vollzogen werden.[99] Auch dieses Amt der Zusammenführung zur Einheit findet seinen sakramentalen und daher dichtesten Ausdruck in der Feier der Eucharistie.[100] Denn die Eucharistie bezeichnet und bewirkt die Einheit der Kirche als ganze und in jeder Hinsicht: „die Einheit mit all den Gemeinden, die sich im Gedächtnis des Herrn in der Mahlfeier versammeln, die Einheit aber auch mit den Heiligen, die zu allen Zeiten als Vorbilder des Glaubens lebten. Diese Einheit in Raum und Zeit wird durch den [geweihten] Amtsträger repräsentiert, der sich damit als der genuine Vorsteher der Feier des Herrenmahls erweist."[101] Als – unüberbietbares – wirkmächtiges Zeichen der Einheit (1 Kor 10,17) wird die Eucharistie von einer geweihten Person geleitet, die nicht nur mit ihrem ganzen Amt, sondern auch mit ihrem ganzen Leben der Einheit dient. „Der besondere Dienst des Priesters bei der Eucharistie

---

wohl stellt gerade das ehelose Leben einen ungeheuren existentiellen Anspruch und ist zumal für den, der sich auf den Weg macht, Priester zu werden, ein eindringlicher Maßstab, an dem er die Ernsthaftigkeit seines Engagements und die Intensität, in der er sein Leben für den Christus-Dienst einsetzen will, messen kann, und zwar ein ganzes Leben lang – trotz vieler Formen unglaubwürdigen zölibatären Lebens, gerade heute."
[98] Kasper, Glaube und Geschichte, 362; vgl. ebd., 381.
[99] Vgl. ebd., 383.
[100] Vgl. Riedel-Spangenberger, Gesandt und beauftragt, 110.
[101] Neuner, Die Lehre vom Amt, 205f.

muss von seinem Dienst an der Einheit der Kirche her verstanden werden. Nur dadurch entgeht die priesterliche Konsekration der Gefahr eines magischen Missverständnisses."[102] Um dieser Gefahr bereits auf der Textebene zu entgehen, verwendet das Konzil wie das kirchliche Gesetzbuch für die deutsche Bezeichnung „Priester" im Lateinischen bevorzugt den Ausdruck „presbyter" (Ältester, Vorsteher) und nicht „sacerdos" (kultischer Priester). „Dadurch soll ausgedrückt werden, dass der priesterliche Dienst nicht auf kultische Funktionen beschränkt werden darf, sondern sich vor allem im biblischen Amt des „Ältesten" bzw. des Vorstehers einer Gemeinde bzw. Pfarrei wiedererkennen soll."[103]

5. Es wird nichts über die Zuordnung und Abgrenzung der drei Weihestufen ausgesagt. Speziell für den Presbyterat sind damit etliche theologische Fragen und Probleme verbunden. Denn der Presbyterat gilt seit dem II. Vatikanischen Konzil nicht mehr als das Weihesakrament schlechthin, sondern steht fortan „in untergeordneter Stufe" zur Bischofsweihe (PO 2,2) und wird von dieser abgeleitet. Und zugleich wird aber vom Konzil an anderer Stelle betont: „Die Presbyter sind, obwohl sie die Würde des Bischofsamtes nicht haben und in der Ausübung ihrer Vollmacht von den Bischöfen abhängen, dennoch mit ihnen in der priesterlichen Ehre verbunden und werden kraft des Sakraments der Weihe nach dem Bilde Christi, des höchsten und ewigen Priesters (vgl. Hebr 5,1–10; 7,24; 9,11–28), geweiht, um das Evangelium zu predigen, die Gläubigen zu weiden und den Gottesdienst zu feiern, als wahre Priester des Neuen Bundes" (LG 28,1). Aus diesen beiden Konzilsaussagen lassen sich zwei Schlüsse ziehen:
Zum einen leitet sich der Presbyterat nicht vom Episkopat her, sondern von Jesus Christus selbst, stellt aber eine dem Episkopat nachgeordnete Teilhabe am Priestertum Christi dar.[104] Diese theologische Tatsache hat zur Folge, dass der Priester die *Befähigung*, in der Person Christi, des Hauptes der Kirche, zu lehren, zu leiten und zu heiligen, kraft des Weihesakramentes erhält, der *konkrete Vollzug* dieses Handelns aber stets in Abhängigkeit vom Bischof geschieht.

---

[102] Kasper, Glaube und Geschichte, 364.
[103] Kehl, Reizwort Gemeindezusammenlegung, 324; vgl. dazu auch Fallert, Mitarbeiter der Bischöfe, 138–140.
[104] Vgl. Hartelt, Verbunden in Weihe, 344; Müller, Zum Verhältnis, 333–338.

Abhängigkeit vom Bischof wiederum bedeutet nicht einfach Stellvertretung des Bischofs oder Handeln im Namen des Bischofs gleichsam als dessen verlängerter Arm, sondern vielmehr unter der Autorität des Bischofs als dessen Mitarbeiter. Repräsentanz des Bischofs durch den Priester ist daher in einem anderen Sinn zu verstehen als die Repräsentanz Christi durch den Priester. Während Christus durch das priesterliche Handeln in *sakramentaler* Weise als *Haupt* der Kirche repräsentiert wird, wird der Bischof „nur" in einer *hindeutenden* Weise als *Vorsteher* der Diözese[105] repräsentiert. Diese hinweisende Repräsentanz des Priesters auf den Bischof hat ihre Grundlage in der Einheit des Weihesakramentes, durch die der Presbyterat ohne den Episkopat nicht denkbar ist und daher immer auf den Episkopat bezogen ist. Deshalb verweisen „Gestalt und Handeln des Priesters vor Ort immer zugleich auch auf den Bischof als den (obersten) Hirten der Ortskirche …, dessen Mitarbeiter die durch Amtsübertragung, Delegation oder Beauftragung in Dienst genommenen Priester sind."[106]

Zum anderen sind die Bischofs- und die Priesterweihe theologisch nur schwer voneinander abzuheben. Die Bischofsweihe stellt zwar die Fülle des Weihesakraments dar, während die Priesterweihe „nur" daran Anteil gibt; aber zwischen Fülle und Anteil herrscht offensichtlich kein großer Unterschied oder weniger Unterschied als Gemeinsamkeit, gleichsam nur ein minimaler Unterschied. Doch wie dieser Unterschied zwischen Fülle und Anteil zu verstehen ist, sagt das Konzil nicht, deutet es nicht einmal an.[107] Daher ist in der ka-

---

[105] Vgl. dazu in diesem Buch S.167–174.
[106] Hartelt, Verbunden in Weihe, 345; vgl. Müller, Zum Verhältnis, 365–36; Fallert, Mitarbeiter der Bischöfe, 149–153; 159; 189–198; 350–352; 358–363. Siehe dazu auch in diesem Buch S.174–177.
[107] Müller, Zum Verhältnis, 281, weist darauf hin, dass die Lehre von der Sakramentalität der Bischofsweihe auf dem II. Vaticanum nicht in Beziehung zum Presbyterat entfaltet worden ist, sondern im Blick auf das Papstamt mit dem Anliegen, die Vielfalt und Fülle des Bischofsamtes gegenüber einer primatialen Engführung herauszuarbeiten. Müller zeigt auch auf, dass die auf dem Konzil kontrovers diskutierte Frage, „ob ein Presbyter, der zum Bischof geweiht wird, in der Bischofsweihe ein Sakrament empfängt oder nicht" (ebd., 284), bewusst offen gelassen werden sollte. Daher wurde eine Formulierung gewählt, die „von der Frage abstrahiert, ob es sich um einen neuen Charakter handelt oder um eine Erweiterung des Charakters des Presbyterats, worin nicht wenige Probleme bezüglich des Episkopat-Presbyterat-Verhältnisses eingeschlossen sind" (ebd., 285). Auch in der Lehre über die Presbyter ist das Konzil auf die Problematik des sakramentalen Unterschieds zwischen Episkopat und Presbyterat nicht eingegangen – und das, obwohl sogar

tholischen Theologie bis heute die Auffassung anzutreffen, dass das eine und ungeteilte Amt nicht erst auf der Bischofsweihe, sondern bereits auf der Priesterweihe beruht. Hiernach bleiben bei dem Amt kraft der Priesterweihe nur rein *rechtlich* einige Befugnisse behindert, die erst in der Bischofsweihe entfaltet werden. Nur deshalb ist es möglich, dass unter bestimmten Voraussetzungen ein Priester Befugnisse erhalten kann, die sonst dem Bischof vorbehalten sind,[108] wie z.B. die Befugnis der Dispenserteilung (c.89), der Firmspendung (c.884) oder die Vornahme von Weihen und Weihungen (c.1169).[109] Lediglich die zwei bischöflichen Kompetenzen, Gesetze zu erlassen (c.391 §2) und das Weihesakrament zu spenden, können nach geltendem Recht nicht einem Priester übertragen werden (c.1012); ein weiterer Unterschied besteht

---

explizit der Wunsch geäußert worden war, „die Synode möge klar definieren, wie die Presbyter am Weihesakrament Anteil hätten und wie sich ihr Priestertum von dem der Bischöfe unterscheide" (ebd., 347). Vgl. dazu auch Fallert, Mitarbeiter der Bischöfe, 104f; 183f.
Neuner, Das kirchliche Amt, 25, gibt in diesem Zusammenhang zu bedenken: Das Konzil überlässt „der Theologie, diese ‚Teilhabe' näherhin zu bestimmen. Die Dogmatik hat damit ihre Probleme, denn die Vorstellung, dass ein Sakrament abgestuft gespendet werden kann, ist nicht ganz einfach zu vollziehen."
[108] Vgl. Neuner, Das Problem des Amtes, 166.
[109] Zugespitzt formuliert lautet hier eine These: Der theologische Unterschied zwischen Episkopat und Presbyterat liegt nicht in der Weihevollmacht als solcher, sondern in der verschiedenen Weise, wie Bischöfen und Presbytern die Ausübung ihrer Weihevollmacht bei bestimmten kirchlichen Vollzügen zugestanden wird: die Bischöfe besitzen sie zugleich mit der Vollmacht kraft ihrer Weihe, während die Presbyter dafür einer zusätzlichen Befähigung bedürfen, die die in der Weihe verliehene Vollmacht zum gültigen Vollzug freigibt und die Grenzen dieses Vollzugs konkret umschreibt (vgl. Müller, Zum Verhältnis, 315; 323, im Blick auf die Spendung des Firmsakramentes und der höheren Weihen). Während des Konzils wurden auch die Auffassungen vertreten, „dass Christus das Weihesakrament generisch eingesetzt und der Kirche die Vollmacht gegeben hat, es in der Weise in zwei Grade aufzuteilen, dass sie die Vollmachten, die beim Episkopat in Fülle mitgeteilt werden, bei der niederen Stufe begrenzte. Es ist aber auch möglich, dass die gegenwärtige Trennung in zwei Grade durch Entzug der Jurisdiktion entstanden ist. Christus hat das Weihesakrament als in sich ein-fach und unteilbar gestiftet. Einige Vollmachten, die das Weihesakrament mitteilt, können aber nicht gültig ausgeübt werden, wenn nicht auch Jurisdiktion gegeben wird, wie es in der Bischofsweihe geschieht. Die Presbyter bedürfen dafür, soweit das im Ausnahmefall überhaupt in Frage kommt, einer speziellen Bevollmächtigung durch den Papst. Der Episkopat hat gegenüber dem Presbyterat eine Superiorität in der Jurisdiktion. Innerhalb des Weihesakraments selbst bildet er keinen höheren Grad. In diesem Sinne ist die Bischofsweihe keine neue sakramentale Handlung, wenn bereits die Presbyterordination vorausgegangen ist" (ebd., 348). Hiernach wird also der Unterschied des Episkopats zum Presbyterat das eine Mal auf der Linie des Sakramentalen und das andere Mal auf der Linie der Jurisdiktion gesehen (vgl. ebd., 349). Vgl. dazu auch Fallert, Mitarbeiter der Bischöfe, 184–187.

darin, dass die Priester auch nicht am authentischen Lehramt der Kirche teilhaben, das den Glauben der Kirche verbindlich festlegt (cc. 749–754).

Zum Abschluss dieser Überlegungen über die Fülle des Weihesakramentes bzw. über das Verhältnis von Bischofs- und Priesterweihe ist darauf hinzuweisen, dass das Wesentliche des Bischofsamtes nicht primär und nicht isoliert von der Weihe her zu bestimmen ist, sondern von der Ortskirche. Das Bischofsamt ist wesentlich Kirchenleitung, näherhin Leitung einer Ortskirche (Diözese, Bistum), zu der die Weihe befähigt.[110]

2. Ämter der umfassenden Seelsorge bzw. Hirtensorge ausüben (c.150)

Katholische Kirche versteht sich als Heilssakrament, als Instrument Gottes zur Verwirklichung des Heils in der Welt, wie es Jesus Christus verkündet und gelebt hat. Demzufolge ist die Person Jesu Christi Bezugspunkt jedes Dienstes und Amtes in der katholischen Kirche. Freilich fällt diese Bezugnahme auf Jesus Christus hinsichtlich ihrer Intensität unterschiedlich aus. Während sie z.B. beim Amt des Ökonomen eher implizit sein kann, muss sie beim Amt der Religionslehrerin explizit sein. Nicht nur ausdrückliche Bezugnahme, sondern ausdrückliche Bezugnahme in größtmöglicher Dichte, nämlich mit der ganzen Person, ist schließlich für die zentralen Ämter, die Schlüsselämter der katholischen Kirche erforderlich. Dazu zählen die Leitungsämter der Kirche wie sie Papst, Bischof und Pfarrer zukommen. Die Inhaber dieser Leitungsämter nehmen nicht nur explizit auf Jesus Christus Bezug, sondern repräsentieren die ganze Person Jesu Christi und setzen sie dadurch gegenwärtig, und zwar nicht kraft ihrer Funktion, sondern kraft ihrer Weihe zum Presbyterat und Episkopat.[111] Das „Eigentliche" des priesterlichen (und bischöflichen) Amtes liegt also darin, die ganze Person Jesu Christi gegenwärtig zu setzen. Aus der Handlungsperspektive betrachtet heißt das, dass Priester (und Bischöfe) nicht nur seelsorglich tätig sind,

---

[110] Vgl. dazu in diesem Buch S.162–177.
[111] Trotz der Lehre von der Einheit des Weihesakramentes ist bei diesen theologischen und rechtlichen Aussagen die Diakonatsweihe ausgeschlossen. Hier schlägt sich nieder, dass bis heute keine (lehramtliche) Theologie über das Spezifikum des Diakonats vorliegt (vgl. dazu Demel, Frauen und kirchliches Amt, 68f und 73–75).

sondern die Seelsorge im umfassenden Sinn ausüben. Deshalb ist in c.150 CIC normiert:

> „Ein Amt, das der umfassenden Seelsorge dient, zu deren Wahrnehmung die Priesterweihe erforderlich ist, kann jemandem, der die Priesterweihe noch nicht empfangen hat, nicht gültig übertragen werden" (c.150).

Ein Leitungsamt in der Kirche beinhaltet daher nicht nur den sozialen Aspekt von Leitung, sondern immer auch den religiösgeistlichen Aspekt, Jesus Christus, das Haupt der Kirche zu vergegenwärtigen. Anders gesagt: Ein kirchliches Leitungsamt ist stets umfassend von der ganzen Person Jesu Christi her geprägt. Deshalb kommt den Inhabern von Leitungsämtern die Einheit und Ganzheit des dreifachen Dienstes Jesu Christi (Verkündigung, Heiligung, Leitung) zu, während die anderen Glieder der Kirche in je eigener und gestufter Weise „nur" daran teilhaben. Somit ist also zu unterscheiden zwischen umfassender bzw. voller Seelsorge und Teilseelsorge, „welche nicht die Fülle der seelsorglichen Funktionen, sondern lediglich Teilbereiche der Seelsorge umfasst, wie etwa eine Tätigkeit im Bereich des Verkündigungsdienstes der Kirche."[112] Insgesamt lassen sich drei Stufen der Teilhabe voneinander abheben: (1.) die allgemeine Teilhabe kraft Taufe und Firmung, (2.) die autoritative Teilhabe kraft Taufe, Firmung und kirchenamtlicher Sendung und (3.) die Fülle der Teilhabe an der Autorität Christi kraft Taufe, Firmung und Weihe zusammen mit einer kirchenamtlichen Sendung.

Zum „Eigentlichen" des Priesters (und Bischofs) gehört also die einheitliche und ganzheitliche Leitung. Mit einheitlicher und ganzheitlicher Leitung ist einerseits gesagt, dass ein solches Leitungsamt nicht einfach in Einzelfunktionen aufgeteilt werden kann. Andererseits gilt aber auch, dass dieses einheitliche und umfassende Leitungsamt deswegen keineswegs All- und Alleinzuständigkeit des jeweiligen Amtsträgers erfordert. Denn das Leitungsamt ist „nicht das Amt, das alle möglichen ekklesialen Funktionen in sich vereint, sondern ein für die Kirche wesentliches Amt, das im Dienst der Kirche und in Zuordnung zu anderen Diensten und Aufgaben seine spezifische Funktion hat."[113] Mit anderen Worten: Die Priester und Bischöfe sollen und müssen die mit ihrem Leitungsamt verbundenen Dienste und Ämter nicht alle selbst ausüben, wohl aber sollen und müssen sie

---

[112] Hallermann, Seelsorger – Priester – Pfarrer, 151.
[113] Haunerland, Erben des Klerus, 382.

für die Gewährleistung, Ausführung, Ordnung und Aufsicht aller einzelnen Dienste und Ämter der Verkündigung, Heiligung und Leitung in ihrem Kompetenzbereich die (Letzt- bzw. Gesamt-) Verantwortung tragen und alle einzelnen Dienste und Ämter zu einer Einheit zusammenführen, wie sie in der Eucharistie als Vorbild, Quelle und Gipfelpunkt sakramental, also wirkmächtig zum Ausdruck kommt. Der Zusammenhang zwischen Leitung, umfassender Seelsorge und Priesterweihe kommt treffend im Bildbegriff der „*Hirtensorge*" zum Ausdruck, der als Synonym für die Seelsorge im umfassenden Sinn verwendet wird,[114] und zwar vor allem in den kirchenrechtlichen Bestimmungen zur Pfarrei. Auf diese Weise ist bereits begrifflich klargestellt, dass das Amt des Pfarrers ein Amt der umfassenden Seelsorge ist und daher nur von einem Priester ausgeübt werden kann.[115] Damit ist aber auch theologisch offensichtlich, dass kooperative Pastoral[116] und Priestermangel nicht wirklich zusammengehen können; „sonst besteht die Gefahr, das Priesteramt allmählich ganz aufzulösen in alle möglichen delegierbaren Einzelaufgaben, wobei schließlich nur noch der Eucharistievorsitz und die Absolutionsvollmacht für den Priester ‚reserviert' bleiben. Diese Entwicklung führt zu Lösungen, die sowohl dem Priesteramt wie vielen Berufungen in der Kirche schaden; darum wird die Frage nach einer Änderung der bestehenden Zulassungsbedingungen zum Priesteramt (Zölibat und Beschränkung auf Männer) immer drängender."[117] Jedenfalls läuft die katholische Kirche große Gefahr, mehr oder weniger schleichend ihre sakramentale Identität zu verlieren, wenn sie nicht dafür sorgt, dass langfristig zwei Voraussetzungen erfüllt sind: Zum einen braucht jede Gemeinde einen Priester, der nicht nur für die liturgischen Vollzüge zuständig ist, sondern – zumin-

---

[114] Vgl. auch Riedel-Spangenberger, Gesandt und beauftragt, 110.
[115] Vgl. dazu den Titel einer Instruktion der Kongregation für den Klerus von 2002: „Der Priester, Hirte und Leiter der Pfarrgemeinde", in: VAS 157.
[116] Kooperative Pastoral ist die Zusammenarbeit von Priestern und Laien, Haupt- und Ehrenamtlichen, Männern und Frauen auf allen Ebenen kirchlichen Wirkens im Sinne der Communio-Theologie.
[117] Kehl, Die Kirche, 442, Anm.59.
Im gleichen Sinn auch Fuchs, Glosse: Wie lange zögert Ihr noch, Ihr Bischöfe?, der hervorhebt, „dass die Zulassungsbedingungen zum presbyteralen Amt weniger konstitutiv für die Identität der katholischen Kirche sind als der erfahrbare Zusammenhang von Sakrament und Vollzug" (S.77). Auch wenn die Veränderung der Zulassungsbedingungen keineswegs alle Probleme löst, so löst sie „aber ein ganz entscheidendes Identitätsproblem der Kirche selbst: nämlich dass immer weniger Priester immer weniger beständig und für immer mehr zuständig sind" (S.78).

dest partiell – in die Gemeinde eingefügt und so dort menschlich-geistlich verwurzelt ist;[118] zum anderen besteht die Aufgabe des Priesters darin, die Hirtensorge nicht allein auszuüben, sondern vielmehr als Amtsträger der Hirtensorge möglichst viele Seelsorgstätigkeiten zu wecken, diese zu fördern, zu koordinieren sowie für deren evangeliumsgemäße Ausrichtung zu sorgen. „Nicht die alles bestimmen wollende ‚Omnipräsenz' kennzeichnet den ‚guten Priester', sondern seine Fähigkeit, so bei den Grundvollzügen der Gemeinde ‚dabeizusein', dass sich für möglichst viele Glaubende ein Freiraum zum Miteinandersein und -handeln öffnet."[119] Oder nochmals anders auf den Punkt gebracht: „Das spezifische Charisma des [geweihten] Amtes ist das Charisma der Leitung (1 Kor 12,28); es ist in besonderer Weise für die Einheit verantwortlich. Die Funktion des [geweihten] Amtes ist also nicht die Kumulation, sondern die Integration aller Charismen, es ist ein Dienst für die anderen Dienste."[120]

c) Der Vorrang der Kleriker vor den Laien in der rechtlichen Ausgestaltung des kirchlichen Lebens

Die theologisch-rechtlichen Bestimmungen über die prinzipielle Gleichheit im Volk Gottes und die Konzeption des amtlichen Priestertums als Dienst für das Volk Gottes sind ein augenscheinlicher Ausweis dafür, dass im CIC/1983 das Communio-

---

[118] Vgl. Kehl, Die Kirche, 444f; vgl. ebenso Neuner, Die Lehre vom Amt, 213: „Es muss das Verständnis der Sakramente der Kirche selbst grundlegend tangieren, wenn das sakramentale Amt in breitem Umfang vom konkreten Leitungsdienst abgetrennt wird, wenn jene, die sakramental ordiniert sind, nicht mehr die Gemeinden leiten, sondern nur noch von außen und an vielen Orten zudem nur selten rituelle Vollzüge erbringen, während die faktische Gemeindeleitung nicht mehr sakramental verankert und vollzogen wird."
Ähnlich Greshake, Der theologische Ort, 24: „Nicht mehr eingebunden in das Leben einer Gemeinde, kann der Priester auch das ‚christologische Gegenüber' nicht menschlich glaubhaft zur Geltung bringen."
In diesem Sinn auch schon 1977 Lehmann, Chancen und Grenzen, 125: „Alle pastoralen Planungen dürfen nicht vergessen lassen, dass eine wirkliche Gemeindebildung ohne stabile Präsenz eines Pfarrers als konkreter Bezugsperson faktisch auf Dauer problematisch wird. ... Nur wer dasselbe Leben teilt und am selben Ort wohnt, kann so ein wirklich von dem Menschen akzeptierter Seelsorger werden."
[119] Kehl, Die Kirche, 438.
[120] Kasper, Glaube und Geschichte, 359; vgl. ebd., 380; Fallert, Mitarbeiter der Bischöfe, 365f.
Ähnlich ruft Klostermann, Kommentar zum IV. Kapitel der Dogmatischen Konstitution über die Kirche, 263, in Erinnerung: Die vornehmliche Aufgabe der geweihten Amtsträger ist „das Führen (pascere) als Hirten, das vielmehr ein Weiden und Nähren ist als ein bloß äußeres Anführen ... ."

modell rezipiert worden ist, und zwar nicht nur vereinzelt oder in irgendeinem Bereich, sondern in den Grundaussagen über die Kirche. Von daher kann man normalerweise erwarten, dass damit der Maßstab für die (rechtliche) Ausgestaltung des kirchlichen Lebens gelegt worden ist. Denn schließlich drängt jede (rechtliche) Grundsatzentscheidung zu einer entsprechenden Umsetzung ins Konkrete. Doch die Grundaussagen vom Volk Gottes, von der wahren Gleichheit mit den sendungsspezifischen Unterschieden sowie vom amtlichen Priestertum als Dienst für das Volk Gottes sind in höchst unzureichender Weise in den (rechtlichen) Alltag der Kirche hinein konkretisiert worden.[121] Das kann an einigen markanten Beispielen belegt werden:

1. Die rechtliche Ausgestaltung der kirchlichen Dienste und Ämter spiegelt die genannten Lehren des Konzils und die entsprechenden Bestimmungen des CIC über das Volk Gottes nicht wider. Denn nach wie vor wird dem geweihten Priester in nahezu allen kirchlichen Angelegenheiten eine derart unersetzliche Rolle zugesprochen, dass der je eigene Anteil der anderen Gläubigen, also insbesondere der Laien, nicht zum Tragen kommt. Fast alle Dienste und Ämter sind auf die Priester ausgerichtet und stehen nur in Ausnahmefällen – vor allem in Zeiten des Priestermangels – den anderen Gläubigen offen, wie z.B. die Predigt, die Beerdigung, die Leitung von priesterlosen Sonntagsgottesdiensten, die Spendung der Krankenkommunion, die Vorbereitung auf den Sakramentenempfang oder das Amt des kirchlichen Richters, der Theologieprofessorin, das Amt eines Caritasdirektors und der Leiterin des katholischen Büros.[122]
2. Auch die sogenannten Gremien der Mitverantwortung des ganzen Gottesvolkes sind rechtlich unzureichend konzipiert. Die bekanntesten davon sind jene auf der Pfarr- und Bistumsebene wie der Pfarrpastoralrat (c.536), der pfarrliche Ver-

---

[121] Vgl. dazu auch in diesem Buch S.329–331.
[122] Ähnlich hatte auch schon Corecco, Die kulturellen und ekklesiologischen Voraussetzungen, 103, kritisch festgestellt, „dass die Laien noch allzu oft in den hinteren Rängen der Gläubigen platziert werden, wo sie in abwartender Haltung der ihnen eigenen kirchlichen Aufgaben zu harren haben. Dieser Eindruck, der in manchen Canones wiederkehrt, so in jenem über die Dienste des Lektors und des Akolythen (c.230), in jenem über den Spender der heiligen Kommunion (c.910 §2), nimmt einen globalen Umfang an in den Einführungscanones zu den Büchern ‚De munere sanctificandi' (cc. 835, 836) und insbesondere ‚De munere docendi' (c.759 und vor allem c.750), wo der ‚sensus fidelium' nur nebenbei erwähnt wird, ohne mutig das Problem seiner dialektischen Beziehung zum Lehramt anzugehen."

mögensverwaltungsrat (c.537), der Diözesanpastoralrat (cc. 511–514), der diözesane Vermögensverwaltungsrat (cc. 492–494) und die Diözesansynode (cc. 460–468). Sie sind im Anschluss an das II. Vatikanische Konzil als institutioneller Raum geschaffen worden, in dem sich die durch das gemeinsame Priestertum und den Glaubenssinn aller Gläubigen grundgelegte Teilhabe des ganzen Gottesvolkes an der Sendung der Kirche artikulieren soll und kann. Sinn und Zweck dieser Gremien ist es, den Beitrag der vielen zu bündeln und repräsentativ zu vertreten. Doch in der rechtlichen Ausgestaltung ist für alle diese repräsentativen Einrichtungen des Volkes Gottes ausschließlich eine Mitwirkung in der Form der Beratung vorgesehen; es ist also keinerlei Mitentscheidungskompetenz rechtlich verankert.

3. Ebenso kommen das konziliare und kirchenrechtliche Modell der Communio und des Volkes Gottes bei der Besetzung wichtiger Ämter in der Kirche so gut wie gar nicht zum Tragen. Es ist nicht nachvollziehbar, dass die Entscheidung über die Besetzung so bedeutender Ämter wie des Amtes eines Pfarrers, Bischofs und Papstes nahezu im Alleingang der geweihten Amtsträger geschieht und den Laien höchstens eine beratende Rolle zugewiesen ist. Gerade bei solchen Schlüsselpositionen müsste der wahren Gleichheit unter allen Gläubigen und dem Glaubenssinn des ganzen Gottesvolkes dadurch Rechnung getragen werden, dass möglichst viele repräsentativ bestellte Gläubige am Verfahren der Auswahl beteiligt werden.

Die Beispiele zeigen auf, dass das Miteinander von gemeinsamem und amtlichem Priestertum zu einseitig von der Zuordnung der Gläubigen zu dem jeweiligen geweihten Amtsträger als Leiter der Gemeinschaft (Pfarrer, Diözesanbischof und Papst) geprägt ist, während umgekehrt die Zuordnung des geweihten Amtsträgers zum Volk Gottes nur schwach zum Tragen kommt. Ein Kommunikationsprozess des Papstes, Bischofs oder Pfarrers mit dem Volk Gottes, wie es die Lehren des Konzils vom gemeinsamen und amtlichen Priestertum, vom Glaubenssinn des ganzen Volkes Gottes und vom eigenständigen Laienapostolat verlangen, ist dadurch jedenfalls rechtlich nicht garantiert. Denn die Dialogbereitschaft des jeweiligen Leiters einer Gemeinschaft und die Beteiligung der Gläubigen an Entscheidungen sind strukturell nicht so verankert, dass sie eingeklagt werden könnten; sie hängen vielmehr allein vom guten Willen des jeweiligen Weihe-Amtsträgers ab.[123] Das ist ein rechtliches Defizit, das nicht unterschätzt werden darf. Denn schließlich gehört „zur Wahrheit des Glaubens ... nicht nur die Wahrheit des Inhalts, sondern auch die Wahrheit des Weges, auf dem diese gefunden und angenommen wird."[124] Als Resümee kann daher festgehalten werden: In der nachkonziliaren Entwicklung „kam es nicht zu einem theologisch reflektierten Aufbau von Strukturen, in denen das Volk Gottes die jeweils empfangenen Charismen entfalten und wirksam werden lassen kann. Statt dessen entstand eine beträchtliche Polarisierung, in der Charisma und Amt, ‚Kirche von unten' und ‚Amtskirche' einander entgegengesetzt werden. Die Beteiligungsstrukturen und ‚Laienämter' wurden häufig nach pragmatischen Gesichtspunkten weiterentwickelt, ohne dass eine theologische Grundlegung stattgefunden hätte."[125] Soll nicht nur theoretisch abstrakt, sondern auch praktisch konkret aus der „Kirche *für* das Volk" eine „Kirche *des* Volkes", aus der Kleruskirche eine Beteiligungskirche[126] werden, dann ist es höchste Zeit, Leben und Alltag der Kirche den verfassungsrechtlichen Grundaussagen über das Volk Gottes entsprechend (rechtlich) auszugestalten.

3. Eine laienorientierte Kirche im kirchlichen Recht von morgen als Konsequenz

Recht in der Kirche steht nicht im theologieleeren Raum, sondern versteht sich durchweg als praktische Umsetzung theologischer Vorgaben. Daher hat kirchliches Recht stets Maß zu nehmen an den jeweiligen theologischen Vorgaben. Das ist im Hinblick auf

---

[123] Vgl. dazu auch in diesem Buch S.164.
[124] Pottmeyer, Die Mitsprache der Gläubigen, 147.
Schon 1964 wurde auf dem II. Vatikanischen Konzil in einem Redebeitrag zum Entwurf des Laiendekrets vom Weihbischof von San Antonio (Texas, USA), Stephen A. Leven, gefordert, die „Notwendigkeit des Dialogs zwischen Bischof, Pfarrer und Laien" viel pointierter als bisher zu formulieren. Dazu regte er an, „eine nachkonziliare Kommission einzurichten mit dem Auftrag, verschiedene Formen des Dialogs zu untersuchen und eine adäquate Struktur des Dialogs, gleichsam als wahrhaftigen Senat, ins Leben zu rufen. In diesem Dialog sah er ein Zeichen der Zeit, das in seiner Notwendigkeit anzuerkennen sei" (Sauer, Die Kirche der Laien, 290, mit Verweis auf AS II/4, 82).
[125] Hünermann, Theologischer Kommentar zur Konstitution über die Kirche, 386, Anm. 109.
[126] Vgl. Zulehner, Abschied von der Beteiligungskirche, 435.

die ekklesiologische Stellung der Laien bisher nicht in hinreichendem Maße geschehen. Denn die bisherige kirchliche Praxis zeigt: Die Knotenpunkte des kirchlichen Lebens sind nach wie vor zu einseitig stark kleriker- bzw. priesterzentriert ausgestaltet, angefangen bei der alleinigen Entscheidungskompetenz in kirchlichen Gremien über die Dominanz bei den kirchlichen Diensten und Ämtern bis hin zur ausschließlichen Zuständigkeit für die Besetzung zentraler Kirchenämter. Die Berufung aller anderen Gläubigen des Gottesvolkes, also der Laien, tritt in den Schlüsselsituationen und -positionen dagegen kaum oder nur sehr eingeschränkt in Erscheinung.[127] Anders gesagt: Die Laien sind bisher nur in der abstrakten Theorie zu aktiv Handelnden, zu mündigen Gliedern des Volkes Gottes gemacht worden, bei den konkreten kirchlichen Lebensvollzügen sind sie aber weiterhin in die Statistenrolle und in die Funktion der bevormundeten Glieder verwiesen. Um hier Theorie und Praxis zusammenzubringen, sind mehrere Rechtsreformen notwendig.

---

[127] Dieser rechtlichen Tatsache entspricht die treffende Feststellung von Zulehner, Priester im Modernisierungsstress, 159: „Generell gilt, dass die synodale Grundhaltung (rhetorisch) weit verbreitet ist. Ein gutes Verhältnis zumal zu den ehrenamtlichen Laienmitarbeitenden gehört zur gegenwärtigen Kirchenkultur. Das Konzil hat diesbezüglich einen klaren Wandel bewirkt. Allerdings konkurriert diese gemeindezentriert-synodale Grundhaltung mit einer (untergründigen) priesterzentriertklerikalen Haltung." Und ebd., 164, Nr.33, wird das realistische Fazit gezogen: „Das bedeutet, dass in den nächsten Jahrzehnten beim Ausbau der Synodalität in der Kirche mit wachsendem Widerstand unter den Priestern zu rechnen ist. Dieser Widerstand hängt vermutlich damit zusammen, dass durch die gegenwärtige Entwicklung Priester um eine gut ausgestattete Priesterrolle besorgt sind. Solche Angst wandelt sich kirchenpolitisch in Widerstand und erhält reklerikalisierende Wirkung. Insofern gefährdet die Verunsicherung der Priester längerfristig die konziliare Kirchenreform. Wer somit Synodalität will, muss gleichzeitig auch die Rolle der Priester stärken." Diese Aussagen basieren auf der Auswertung von 2.441 Fragebögen von Seelsorgspriestern und 302 Bögen von Priesteramtskandidaten aus Deutschland und Österreich (vgl. ebd., 20, Anm.7). Und ebd., 371, wird hinsichtlich der derzeitigen Rolle der Priester zu Bedenken gegeben: „Die Reduktion des Priesteramts auf Hintergrundleitung, nicht eingebundenen Eucharistievorsitz sowie ehelose Lebensform erscheint nicht wenigen Priestern als zu dürftig. Die Entleerung des Priesterbildes macht nicht nur den Priesterberuf für Kandidaten unattraktiv; vielmehr erzeugt sie eine latente Gegenstimmung gegen (hauptamtliche) Laien." In diesem Sinn vgl. ebd., 336: „Manche Priester formulieren es mit einer gewissen Verbitterung so, dass ihr Proprium immer mehr das Halten des Zölibats sei, denn im Übrigen würden nichtzölibatäre PastoralreferentInnen und theologisch wenig ausgebildete Ehrenamtliche alsbald das Gleiche tun wie sie." Daher ruft Zulehner, ebd., 371, völlig zu Recht das pastoraltheologische Axiom in Erinnerung: „Wahre Laienberufe sind nur möglich, wenn es genug Priester gibt. Daraus folgt umgekehrt: Die derzeitige Praxis, auf Grund des Priestermangels faktisch ungeweihte Laienpriester zu bestellen, schadet sowohl den Laienberufen wie dem Priesterberuf."

a) Explizite Aufnahme des gemeinsamen Priestertums und Glaubenssinnes aller Gläubigen

Da den beiden Lehren vom gemeinsamen Priestertum und vom Glaubenssinn aller Gläubigen eine „ontologisch-rechtliche"[128] Bedeutung zukommt, sind die entsprechenden Schlüsselbegriffe in die grundlegenden Bestimmungen des Verfassungsrechts aufzunehmen. Gleich die einleitende verfassungsrechtliche Bestimmung c.204 §1 sollte daher künftig so oder ähnlich lauten:[129]

> „Gläubige sind jene, die durch die Taufe Christus eingegliedert und zum Volk Gottes gemacht sind. *Durch die Wiedergeburt und die Salbung mit dem Heiligen Geist werden die Getauften zu einem heiligen Priestertum geweiht und mit dem Glaubenssinn begabt.* Dadurch sind sie auf ihre Weise des priesterlichen, prophetischen und königlichen Amtes Christi teilhaft geworden und gemäß ihrer je eigenen Stellung zur Ausübung der Sendung berufen, die Gott der Kirche zur Erfüllung in der Welt anvertraut hat."

Analog dazu sollte auch die Einleitungsnorm des Katalogs über die „Pflichten und Rechte aller Gläubigen" (cc. 208–223) um diese beiden theologischen Schlüsselbegriffe des gemeinsamen Priestertums und Glaubenssinnes erweitert und entsprechend umformuliert werden:

> „Durch die Wiedergeburt in Christus *zu einem heiligen Priestertum geweiht und mit dem Glaubenssinn beschenkt,*[130] besteht unter allen Gläubigen eine wahre Gleichheit in ihrer Würde und Tätigkeit, kraft der alle je nach ihrer eigenen Stellung und Aufgabe am Aufbau des Leibes Christi mitwirken."

Nicht nur einer Ergänzung um Schlüsselbegriffe, sondern einer völlig neuen Fassung bedarf c.207 §1. Hier sollte erstens die grundlegende Gemeinsamkeit aller Gläubigen deutlicher als bisher zum Ausdruck gebracht werden, was durch die Aufnahme der beiden ekklesiologischen Zentralbegriffe des „Volkes Gottes" und der „communio" geschehen könnte. Zweitens sollte die einseitig konstruierte Unterscheidung zwischen Klerikern und Laien korrigiert werden, indem nicht nur deren Gegenüberstellung, sondern auch und zuerst deren wechselseitige

---

[128] So Corecco, Taufe, 30, und Bertolini, Sensus fidei, 71f, die den Glaubenssinn und das gemeinsame Priestertum als ein „ontologisch-rechtliches Element" der Teilhabe aller Gläubigen an den drei Ämtern Christi bewerten.
[129] Im Folgenden sind die Ergänzungs- und Neuformulierungsvorschläge durch Kursivschrift kenntlich gemacht.
[130] Alternativ: und der Salbung mit dem Heiligen Geist.

Zuordnung und deren Zusammenwirken in der Auferbauung der communio thematisiert wird. Dazu sollte der Laienbegriff getilgt und an seine Stelle die Lehre vom gemeinsamen und amtlichen Priestertum aufgenommen werden. Damit wäre unmissverständlich klargestellt, dass sich die grundlegende Gemeinsamkeit auch in den sendungsspezifischen Unterschieden zwischen Klerikern und Laien durchhält und nicht etwa durch diese aufgehoben wird. C.207 §1 könnte demnach künftig lauten:

> *„Inmitten des priesterlichen Gottesvolkes werden einige Gläubige kraft göttlicher Weisung durch das Sakrament der Weihe zu geistlichen Amtsträgern für die anderen bestellt; diese werden im Recht auch Kleriker genannt. Das gemeinsame Priestertum aller Gläubigen und das Priestertum des Dienstes sind, obgleich unterschieden, in der Auferbauung der kirchlichen communio notwendig aufeinander hingeordnet."*[131]

Dementsprechend sollte der Begriff des Laien erst zu Beginn des Katalogs der „Pflichten und Rechte der Laien" (cc. 224–231) eingeführt werden, und zwar nicht mehr nur negativ-abgrenzend, sondern ebenfalls mit Hilfe der Lehre vom gemeinsamen Priestertum. C.224 könnte hier um eine Definition des Laien wie folgt ergänzt werden:

> *„Laien sind jene Gläubigen, die aufgrund ihres gemeinsamen Priestertums, nicht aber durch das mit der Ordination verliehene amtliche Priestertum auf ihre Weise an der Sendung der Kirche teilhaben.*[132] Sie haben außer den Pflichten und Rechten, die allen Gläubigen gemeinsam sind, und denen, die in anderen Canones festgesetzt sind, die Pflichten und Rechte, die in den Canones dieses Titels aufgezählt sind."

Diese begrifflichen Erweiterungen und Umformulierungen in den einleitenden Canones zum Verfassungsrecht würden zum einen die Funktion eines Signals ausüben, das die Verbindungslinien zu den entsprechenden Lehren des II. Vatikanischen Konzils anzeigt und dadurch zugleich bewusstseinsfördernd wirkt; zum zweiten würden sie gleichsam die tiefere theologische „Erdung" darstellen und so den grundlegenden Bestimmungen ein noch größeres

---

[131] Braunbeck, Der Weltcharakter des Laien, 357.
[132] Vgl. ebd., 356, die diese Umschreibung als eine Möglichkeit vorstellt, selbst aber eine Definition vorschlägt, in der die besondere Prägung mit dem Weltcharakter aufgenommen ist: „Als Laien werden in diesem Codex jene Gläubigen bezeichnet, deren Teilhabe an der ganzen Sendung der Kirche entscheidend geprägt wird vom Weltcharakter, der ihnen besonders eignet, da sie weder durch die Ordination zum heiligen Dienst bestellt sind noch durch eine Ordensprofess zu einem öffentlichen Zeugnis der endzeitlichen Hoffnung geweiht sind" (ebd., 358; 368f).

Gewicht als Beurteilungsmaßstab für alle folgenden Konkretisierungen verleihen. Sie hätten die symbolische Funktion, die theologische Grundlage und Grundhaltung der katholischen Kirche zum Ausdruck zu bringen, dass es auch und gerade innerhalb der Kirche um einen (institutionalisierten) Dialog geht und um die (institutionalisierte) Teilhabe aller Gläubigen am dreifachen Amt Christi. Beide Schlüsselbegriffe, das gemeinsame Priestertum und der Glaubenssinn der Gläubigen, wären eine doppelt verankerte Chiffre für die katholische Kirche als communio und Volk Gottes mit der zugleich der Appell und die Verpflichtung an alle Gläubigen für eine Kultur des Dialogs und Miteinanders verbunden ist.[133]

b) Die rechtliche Normierung des Glaubenssinnes aller Gläubigen

Speziell die Lehre vom Glaubenssinn sollte nicht nur begrifflich explizit ins kirchliche Gesetzbuch aufgenommen, sondern auch kurz umschrieben werden. Als das kirchliche Recht im Zuge des II. Vatikanischen Konzils überarbeitet wurde, gab es auch Textentwürfe, in denen die Lehre über den Glaubenssinn des ganzen Gottesvolkes explizit genannt und andeutungsweise dargelegt war. Die Formulierungen waren dabei weitgehend aus LG 12 übernommen.[134] Warum sie dann doch nicht in die Endfassung des CIC Eingang gefunden haben, geht aus den vorhandenen Dokumenten über die Reformarbeiten nicht hervor. Zumindest aus heutiger Sicht ist diese Streichung zu kritisieren. Sie sollte insofern rückgängig gemacht werden, als der damalige Textentwurf überarbeitet und an geeigneter Stelle in den CIC eingefügt werden sollte. Für beides gibt es bereits einen guten Vorschlag. Da der Glaubenssinn die Befähigung ist, Gottes Wort zu hören und zu bezeugen, liegt es nahe, zu Beginn des Verkündigungsrechtes eine Legaldefinition des Glaubenssinnes vorzunehmen. Daher wäre es sinnvoll, die derzeitige Einleitungsbestimmung zum Verkündigungsrecht (c.747) um einen Paragraphen zu erweitern, der den vorhandenen beiden Paragraphen dieses c.747 vorgeordnet werden sollte. Dessen Text könnte wie folgt lauten:

---

[133] Vgl. Panhofer, Hören, was der Geist, 119, allerdings nur in Bezug auf die Lehre des Glaubenssinns aller Gläubigen.
[134] Vgl. c.55 §2 LEF/1971; ausführlicher dazu Ohly, Der Glaubenssinn, 81f.

> *„Kraft Taufe und Firmung besitzt die Gesamtheit der Gläubigen Unfehlbarkeit im Glauben. Diese besondere Eigenschaft macht sie durch den übernatürlichen Glaubenssinn des ganzen Volkes dann kund, wenn sie ‚von den Bischöfen bis zu den letzten gläubigen Laien' ihre allgemeine Übereinstimmung in Sachen des Glaubens und der Sitten äußert. Durch jenen Glaubenssinn der Gläubigen hält das Gottesvolk unter der Leitung des heiligen Lehramtes, in dessen treuer Gefolgschaft es nicht mehr das Wort von Menschen, sondern wirklich das Wort Gottes empfängt, das einmal anvertraute Glaubensgut unverlierbar fest. Durch dieses dringt es mit rechtem Urteil immer tiefer in den Glauben ein und wendet ihn im Leben voller an.“*[135]

Das wäre ein gelungener Auftakt zum Verkündigungsrecht, dem im Sinne einer theologischen Präambel grundlegende Bedeutung für das gesamte Verkündigungsrecht zukäme. Um dies in aller Klarheit zum Ausdruck zu bringen, sollte deshalb auch in c.750 §1 nicht mehr davon die Rede sein, dass das universale und ordentliche Lehramt der Kirche „durch das *gemeinsame Festhalten* der Gläubigen unter der Führung des heiligen Lehramtes offenkundig" gemacht wird. Die rein reaktiv-passive Formulierung „durch das gemeinsame Festhalten aller Gläubigen" müsste vielmehr ersetzt werden durch die aktivische Aussage: *„durch den Glaubenssinn der Gläubigen."*[136]

Als weitere Folgewirkung des neuen c.747 §1 für das kirchliche Verkündigungsrecht wäre auch die Rechtsbestimmung über die allgemeine Gehorsamspflicht aller Gläubigen in c.212 §1 um den Hinweis auf den Glaubenssinn aller Gläubigen zu ergänzen, und zwar wie folgt:

> „Was die geistlichen Hirten in Stellvertretung Christi *unter Beachtung des Glaubenssinnes der Gläubigen* als Lehrer des Glaubens oder als Leiter der Kirche bestimmen, haben die Gläubigen im Bewusstsein ihrer eigenen Verantwortung in christlichem Gehorsam zu befolgen."[137]

---

[135] Ohly, Der Glaubenssinn, 82.
[136] Ebd., 81, Anm.77; vgl. Burghardt, Institution Glaubenssinn, 193. Zu c.750 §1 vgl. auch in diesem Buch S.50.
[137] Ohly, Der Glaubenssinn, 81, Anm.76, der allerdings nicht „Beachtung", sondern „Wertschätzung" des Glaubenssinnes der Gläubigen formuliert hat.

c) Institutionelle Räume zur Entfaltung des gemeinsamen Priestertums, des Glaubenssinnes und des eigenständigen Laienapostolats

Die begriffliche Aufnahme des gemeinsamen Priestertums und des Glaubenssinnes in grundlegende und damit zentrale Rechtsbestimmungen ist das eine. Das andere ist die Konkretisierung dieser neu akzentuierten Kernaussagen in die einzelnen Rechtsbereiche hinein. Sie muss unbedingt hinzukommen, damit das gemeinsame Priestertum, der Glaubenssinn und das eigenständige Laienapostolat wirklich eine das kirchliche Leben prägende Kraft werden können. Dazu sind viele kleriker- bzw. priesterzentrierte Rechtsbestimmungen auf eine Laienorientierung hin aufzubrechen. Das heißt konkret: Den Laien muss künftig durchgängig ein höheres Maß der Beteiligung an allen kirchlichen Vollzügen, Gestaltungs- und Entscheidungsprozessen zukommen, und zwar nicht nur im Sinne eines Zugeständnisses der kirchlichen Autorität, sondern *rechtlich* abgesichert, weil ihnen dieses Recht aufgrund der ihnen von Gott in der Taufe verliehenen Würde, Autorität und Teilhabe an seinem dreifachen Amt des Lehrens, Heiligens und Leitens der Kirche zusteht. Dazu sind drei entscheidende Rechtsänderungen notwendig, die mit den Schlagworten umschrieben werden können: deutlich mehr Ausübungsrechte, Mitspracherechte und Mitgestaltungsrechte für Laien.

1. Ausübungsrechte der Laien

Ein erster Schritt, die Klerus- bzw. Priesterzentriertheit im kirchlichen Alltag aufzubrechen, sollte dadurch gesetzt werden, dass den Laien wesentlich mehr kirchliche Dienste und Ämter offen stehen als bisher. Zu diesem Zweck sind viele rechtliche Bestimmungen so umzuformulieren, dass Laien bestimmte Dienste und Ämter in der Kirche nicht nur in der Notsituation des Klerikermangels oder mit Ausnahmegenehmigung wahrnehmen können, sondern prinzipiell und unabhängig vom klerikalen Personalbestand. Hier ist z.B. an die Beauftragung zur Predigt in der Eucharistiefeier zu denken, den Beerdigungsdienst, die Kommunionspendung oder auch an das Richteramt in einem kirchlichen Gericht, das Amt einer Caritasdirektorin und die

Leitung einer katholischen Akademie wie auch des katholischen Büros.[138]

2. *Mitspracherechte der Laien*

Ein zweiter Schritt, die passive und bevormundete Rolle der Laien zu überwinden, sollte darin bestehen, für Laien auf allen kirchlichen Ebenen und in allen zentralen Rechtsbereichen das Recht der Mitsprache einzuführen. Laien sollten künftig auf jeden Fall bei allen Personalentscheidungen mitreden, ebenso bei den zentralen Haushaltsfragen, der Veränderung kirchlicher Strukturen sowie der Gestaltung und Organisation des liturgischen Lebens, der pastoralen Schwerpunktsetzung und der ökumenischen Arbeit. Verwirklicht werden sollte dieses durchgängige Mitspracherecht mit Hilfe des Instituts der Beispruchrechte, das die Anhörung oder Zustimmung bestimmter Personen verpflichtend vorschreibt. Nach dem derzeit geltenden Gesetzbuch der katholischen Kirche besagt das Beispruchsrecht, dass bei wichtigen Entscheidungen der kirchlichen Autorität bestimmten Kreisen von Repräsentanten aus dem Volk Gottes ein Anhörungs- und/oder Zustimmungsrecht zukommt; werden diese Mitwirkungsrechte der Anhörung oder Zustimmung umgangen, erhält die Entscheidung der kirchlichen Autorität keine Rechtswirksamkeit (vgl. c.127). Auffallenderweise hat der kirchliche Gesetzgeber solche Beispruchsrechte bisher nur in Randgebieten und nur für Kleriker normiert. So muss z.B. der Diözesanbischof vor dem Abhalten einer Diözesansynode den Priesterrat hören (c.461) und kann erst nach Anhörung des Priesterrats in jeder Pfarrei einen Pastoralrat einrichten (c.536).[139]

---

[138] In diesem Sinn hatte schon 1964 auf dem II. Vatikanischen Konzil im Zusammenhang mit der Diskussion um das Laiendekret Eugene D'Souza, damals Erzbischof von Bhopal (Indien), den „Klerikalismus" in der Kirche „als Haupthinderungsgrund der kirchlichen Reform" gesehen und kritisiert, dass nicht einzusehen ist, „warum die Kirche bei den internationalen Organisationen nur durch Priester vertreten sein müsse. Warum könnten nicht auch in den römischen Kongregationen viele Kleriker durch Laien ersetzt werden? Warum könnten nicht Laien den diplomatischen Dienst des Heiligen Stuhles ausüben? Diesbezüglich bedürfe es einer tiefgreifenden Reorganisation der Kirche. Er ermahnte dazu, sich auch mutig den Gefahren dieser Umstrukturierung auszusetzen. Nach dem Gesetz des Lebens könne nichts ohne Krisen wachsen. ‚Hüten wir uns vor zuviel Klugheit! Klugheit, wenn sie zur Unbeweglichkeit führt, ist schlimmer als Unbesonnenheit.'"(Sauer, Die Kirche der Laien, 286, mit Verweis auf ASCOV III/4,60).

[139] Weitere Anhörungsrechte sind beispielsweise folgende: Der Diözesanbischof kann erst nach Anhörung des Konsultorenkollegiums und des Vermögensverwaltungsrates einen Ökonomen ernennen (c.494 §1) und darf ohne Anhörung des

Dieses Rechtsinstitut der Beispruchsrechte sollte künftig wesentlich stärker ausgebaut und besonders auch für das Miteinander von Laien und Klerikern genutzt werden, und zwar in folgender Weise: Gewählten Repräsentanten der Laien ist in allen wichtigen Bereichen der Kirche ein Anhörungs- und/oder Zustimmungsrecht zu garantieren, ohne das eine kirchliche Autorität nicht rechtswirksam handeln kann. Konkret könnte dies dadurch geschehen, dass die schon bestehenden Vertretungsorgane auf den verschiedenen kirchlichen Ebenen wie Pfarrpastoralrat (c.536), Vermögensverwaltungsrat (c.537) und Diözesanpastoralrat (cc. 511–514) so mit Anhörungs- und Zustimmungsrechten ausgestattet werden, dass die Teilhabe der Laien am dreifachen Dienstamt Christi ebenso deutlich zum Tragen kommt wie die Letztverantwortung der Kleriker.[140]

3. Mitentscheidungsrechte der Laien

Ein weiterer notwendiger und parallel zu vollziehender Schritt ist, dass den Laien nicht nur das im Sinne eines Vetos konzipierte Beispruchsrecht, sondern auch ein Recht der aktiven Mitentscheidung gegeben wird. Damit nicht nur einzelne, sondern möglichst

---

Priesterrates keine Pfarreien errichten, aufheben oder nennenswert verändern (c.515 §2).
Noch spärlicher sind die Zustimmungsrechte ausgebaut, die sich außerdem bis auf eine Ausnahme nur auf den Bereich der Vermögensverwaltung beziehen. So kann z.b. der Diözesanadministrator nur mit Zustimmung des Konsultorenkollegiums den Kanzler und andere Notare ihres Amtes entheben (c.485) und der Diözesanbischof nur mit Zustimmung des Vermögensverwaltungsrates und des Konsultorenkollegiums außerordentliche Akte der Verwaltung setzen (c.1277) oder Diözesanvermögen veräußern (c.1292 §1 u. §4).

[140] In diesem Sinne hat auch schon Stoffel, Pastoralrat, 514/1, Rdn.1, unter Bezugnahme auf c.127 §2 für den Diözesanpastoralrat vorgeschlagen, dass der Bischof „die Vorschläge und Anregungen des Rates, besonders wenn sie in Einmütigkeit erfolgen, nicht ohne wichtigen Grund übergehen" und auf diese Weise den Beschlüssen des Diözesanpastoralrates zumindest eine moralische oder sogar eine – freiwillig gegebene – rechtliche Bindungswirkung verleihen soll.
Künzel, Apostolatsrat, 131f, führt in diesem Zusammenhang aus: „Die [deutschen] Bischöfe machen von ihrem Gestaltungsrecht hinsichtlich der Konzedierung weitergehender Rechte des [Diözesan-]Pastoralrates (votum deliberativum) keinen Gebrauch. Lediglich in Münster hat sich der Bischof in besonderen Fällen an den Rat des Pastoralrates gebunden: Wichtige diözesane Leitungsämter mit Ausnahme des Generalvikars werden nicht besetzt, wenn der Pastoralrat sich mit 2/3-Mehrheit gegen einen Kandidaten ausspricht. Um welche Ämter es sich genau handelt, wird dabei nicht festgelegt. ... Weiter hat sich der Bischof von Münster verpflichtet, ein Mehrheitsvotum des Pastoralrates weiterzuleiten, auch wenn es seiner Ansicht widerspricht, wann immer eine amtliche überdiözesane kirchliche Stelle ein Votum verlangt, das in den Aufgabenbereich des Pastoralrates fällt."

viele Glieder des Gottesvolkes ihre Tauf-Würde und Tauf-Autorität in die Kirche einbringen können, sollte eine rechtliche Aus- bzw. Umgestaltung des synodalen Prozesses in eine dreifache Richtung vollzogen werden: Zum einen ist der Anteil der Repräsentanten der Laien bei den verschiedenen Versammlungen der Kirche zu erhöhen; zum anderen sind die bestellten Vertreter und Vertreterinnen der Laien nicht nur mit einem Rederecht auszustatten, sondern mit einem gleichberechtigten Stimmrecht; zum Dritten ist die Entscheidungskompetenz der versammelten Gemeinschaft insofern zu stärken, dass die Einspruchsrechte der zuständigen kirchlichen Autorität auf ein notwendiges Mindestmaß beschränkt werden. Demnach sollte die kirchliche Autorität die getroffenen Beschlüsse der Versammlung nicht mehr nach ihrem eigenen Ermessen abändern oder gar außer Kraft setzen können, wie es in etlichen Fällen bisher möglich ist.[141] Vielmehr sollte sie stets an die Durchführung der Beschlüsse gebunden sein, es sei denn, sie kann eine Verfälschung des Glaubensinhaltes oder einen gravierenden Rechtsverstoß geltend machen.

Eine konkrete Umsetzung dieses Gedankens stellten bereits die Regelungen über die Beschlussfassung und Gesetzgebung der Gemeinsamen Synode der Bistümer in der Bundesrepublik Deutschland (1971–1975) dar, die nach ihrem Tagungsort auch kurz als „Würzburger Synode" bezeichnet wird.[142] Denn erstens waren hier die Laien in einem zahlenmäßig adäquaten Verhältnis vertreten, da nicht nur eine Minderheit von Laien teilnehmen durfte, sondern die Vielfalt des ganzen Volkes Gottes repräsentativ vertreten war. Zweitens hatten alle Teilnehmer und Teilnehmerinnen gleiches beschließendes Stimmrecht bei der Beschlussfassung. Drittens war für die Beschlussfassung nicht die Einmütigkeit notwendig, sondern bereits eine Zweidrittelmehrheit ausreichend. Viertens mussten die Bischöfe den Beschlüssen der Synodalen und Synodalinnen in einem zusätzlichen Akt explizit zustimmen, damit diese verbindliche Normen wurden; allerdings durfte diese Zustimmung nur dann verweigert werden, wenn

---

[141] Beispiele hierfür sind die Diözesansynode (c.466), der Diözesanpastoralrat (c.514 §1), die Bischofssynode (c.343), das Ökumenische Konzil (c.341), und der Pfarrpastoralrat (c.536 §2); Gegenbeispiele sind das Partikularkonzil (c.446) und die Bischofskonferenz (c.455).

[142] Vgl. dazu Statut der Gemeinsamen Synode der Bistümer in der Bundesrepublik Deutschland und Bestätigung des Statuts durch den Heiligen Stuhl, in: GSyn, 856–862.

Glaubens- und Sittengründe oder tragende Rechtsverstöße geltend gemacht werden konnten. In der Konzeption der Würzburger Synode war durch die Anzahl der Laien wie auch durch deren Stimmrecht eine wirkliche Teilhabe des Volkes Gottes am Leitungsamt der Kirche ebenso gewährleistet wie die besondere Verantwortung der Kleriker gewahrt war, da sie ein besonderes Vetorecht hatten. Entsprechend positiv ist die Würzburger Synode in die Geschichte der katholischen Kirche im Bereich der Deutschen Bischofskonferenz eingegangen. Ein aussagekräftiges Indiz dafür sind die zahlreichen Synodenbeschlüsse, die bis heute sowohl für die lehramtliche Verkündigung als auch für die theologische Reflexion relevant sind. Auch die Tatsache, dass die Arbeitsweise, insbesondere die Beschlussfassung, der Würzburger Synode nach Ablauf der Synode weder von einem der Synodenmitglieder noch von wissenschaftlicher oder lehramtlicher Seite jemals ernsthaft in Frage gestellt worden ist, spricht eindrucksvoll für sich. Umso bedauerlicher ist es, dass diese gelungenen, ja wegweisenden Regelungen bisher nicht entsprechend Schule gemacht haben. Auch heute noch rufen die Zeichen der Zeit danach, die Regelungen der Würzburger Synode in analoger Weise auf alle synodalen Einrichtungen der katholischen Kirche anzuwenden: auf das Ökumenische Konzil (cc. 337–341) und die Bischofssynode (cc. 342–348) ebenso wie auf das Partikularkonzil (cc. 439–446), die Bischofskonferenz (cc. 447–459) und die Diözesansynode (cc. 460–468). Die unterschiedliche Zielsetzung der jeweiligen Versammlung dürfte sich dabei lediglich auf das zahlenmäßige Repräsentationsverhältnis von Laien, Bischöfen, Priestern und Diakonen auswirken, nicht jedoch auf das allen Teilnehmern und Teilnehmerinnen gleichermaßen zukommende Stimmrecht. In diesem Sinn sollten je nach Sinn und Zweck der Versammlung das eine Mal mehr Bischöfe als andere Glieder des Volkes Gottes vertreten sein (z.b. Ökumenisches Konzil) und das andere Mal mehr Laien als Priester und Bischöfe (z.B. Diözesansynode). Die Unterscheidung zwischen Mitgliedern, denen nur ein Beratungsrecht zukommt, und solchen, die auch Stimmrecht haben, sollte dagegen abgeschafft werden.

d) Ein elliptisches Miteinander von Laien und Klerikern als kirchliches Lebenselixier

Jedes Recht ist darauf angewiesen, in die Praxis umgesetzt zu werden. Das gelingt umso leichter und umfassender, je mehr die einzelnen Glieder der Rechtsgemeinschaft die Prämissen und Inhalte der Rechtsvorgaben mittragen können, weil sie deren Sinnhaftigkeit einsehen. Deshalb ist es wichtig, immer wieder argumentativ zu verdeutlichen und in Erinnerung zu rufen, welche Grundlagen die jeweiligen Rechtsbestimmungen prägen (sollten). Für die rechtliche Umsetzung des Communiomodells ist die urkirchliche und vom II. Vatikanischen Konzil wiederentdeckte Glaubensüberzeugung maßgebend: Alle sind begabt, niemand ist unbegabt! Diese Feststellung gilt sowohl für die Laien als auch für die Kleriker. Deshalb können auch die einen nicht einfach die anderen ersetzen oder überflüssig machen. Entscheidend ist vielmehr, dass sie miteinander die Sendung der Kirche wahrnehmen und nicht in ein Neben- oder Gegeneinander oder gar in eine Über- und Unterordnung geraten. Ihr Beziehungsverhältnis muss von einem gegenseitigen Sich-fordern und Sich-fördern geprägt sein. Kleriker und Laien müssen wie zwei Brennpunkte einer Ellipse sein, für die ein grundlegendes Miteinander genauso wesentlich ist wie ein spezifisches Gegenüber. Miteinander und Gegenüber von Laien und Klerikern heißt daher, dass beide ihre jeweiligen Fähigkeiten für den Aufbau der Gemeinschaft erspüren und einsetzen, wobei die Kleriker besondere Sorge dafür tragen, dass im Miteinander das Zeugnis Jesu lebendig erhalten bleibt. Auftrag und Berufung der Kleriker ist somit Dienst an den Diensten der Glaubensgemeinschaft zu üben, d.h., die eigenen geistgewirkten Fähigkeiten wie auch die geistgewirkten Fähigkeiten der Laien, der Männer und Frauen wachsen zu lassen und zugleich auf die befreiende und heilende Ordnung des Evangeliums Jesu Christi auszurichten. Aufgabe und Berufung der Laien ist es, nicht Objekte, sondern vielmehr Subjekte der kirchlichen Sendung zu sein, d.h., sich mit ihren je eigenen Begabungen und Persönlichkeitsprofilen für die Lebendigkeit der und in der kirchlichen Gemeinschaft zu engagieren.

Wo und wenn Kirche in diesem Sinn Gemeinschaft des Volkes Gottes ist und lebt, dort und dann kann die Gefahr eingedämmt werden, dass den Gliedern der Glaubensgemeinschaft nur einflusslose Mitwirkung zugestanden wird oder dass sie umgekehrt zu Lückenbüßern für fehlende Kleriker gemacht werden. Dort und dann droht auch weniger, den Einheits- und Leitungsdienst der Priester, Bischöfe und des Papstes für überflüssig zu erachten, Ämter gegen Dienste auszuspielen, Ehrenamtliche als Hilfsdiener der Hauptamtlichen zu betrachten oder das Engagement von Frauen auszubeuten. Dort und dann entsteht ein Raum für gegenseitiges Vertrauen und Zutrauen, für gegenseitiges Anerkennen und Beteiligen an Planung und Verantwortung, für ein koordiniertes und effektives Miteinander zum Wohle der Kirche.

Kapitel II

Das kirchliche Vereinswesen als Betätigungsfeld der eigenen Laienverantwortung in Gemeinschaft – ein rechtliches System gestufter Autonomie

In eigener Verantwortung tätig zu sein ist in Gemeinschaft meist einfacher und zugleich wirkungsvoller als einzeln. Das gilt für alle Gläubigen, für die Laien wie für die Kleriker wie auch für Laien und Kleriker zusammen. Diese Erfahrung bringt eine Lebensweisheit treffend auf den Punkt mit den Worten: *Jede(r) muss selber gehen, aber nicht alleine.* Ganz in diesem Sinne hat auch das II. Vatikanische Konzil erklärt:

> „Die Christgläubigen sind als Einzelne zur Ausübung des Apostolates in den vielfältigen Bedingungen ihres Lebens berufen; sie sollen sich jedoch bewusst sein, dass der Mensch seiner Natur nach gemeinschaftsbezogen ist und dass es Gott gefallen hat, die an Christus Glaubenden zu einem Volk Gottes (vgl. 1 Petr 2,5–10) und zu einem Leib zu vereinigen (vgl. 1 Kor 12,12). Das gemeinschaftliche Apostolat entspricht also sowohl dem menschlichen als auch dem christlichen Bedürfnis der Christgläubigen in glücklicher Weise und gibt zugleich ein Zeichen der Gemeinschaft und Einheit der Kirche in Christus zu erkennen, der gesagt hat: ‚Wo nämlich zwei oder drei in meinem Namen versammelt sind, da bin ich in ihrer Mitte' (Mt 18,20). Deswegen sollen die Christgläubigen ihr Apostolat ausüben, indem sie in eins zusammenwirken. …
>
> Das gemeinschaftliche Apostolat ist auch deswegen von großer Bedeutung, weil – sei es in Gemeinschaften der Kirche oder in den vielfältigen Umfeldern – das Apostolat oft erfordert, dass es in gemeinsamer Tätigkeit erfüllt wird. Gemeinschaften, die für gemeinsame Tätigkeiten des Apostolates errichtet sind, stützen nämlich ihre Glieder und bilden sie für das Apostolat aus; auch planen und leiten sie ihr apostolisches Wirken in rechter Weise, so dass man viel reichere Früchte daraus erhoffen darf, als wenn die Einzelnen getrennt handeln" (AA 18,1f).

Gemeinsam eine Sache zu verfolgen und sich dazu zusammenzuschließen wird hier durch das Konzil nicht nur naturrechtlich, sondern auch ekklesiologisch begründet.[143] Diesen grundlegenden Ausführungen entsprechend wird im Anschluss daran – speziell für die Laien – ein innerkirchliches Grundrecht der Vereinigungs- und Versammlungsfreiheit formuliert:

> „Unter Wahrung der gebührenden Beziehung zur kirchlichen Autorität haben die Laien das Recht, Vereinigungen zu gründen und zu leiten sowie gegründeten beizutreten" (AA 19, 4).

Hatte Papst Paul VI. beim Konzilstext vergebens – weil zu spät – interveniert, den Rechtsanspruch der Vereinigungs- und Versammlungsfreiheit in eine Möglichkeitsform (facultas) umzuwandeln,[144] so ist bei der Übersetzung des Konzilsanliegens in das kirchliche Gesetzbuch dem päpstlichen Anliegen offensichtlich entsprochen worden. Denn dort ist nicht mehr von einem „Recht" die Rede, sondern davon, dass es den Gläubigen – nicht nur den Laien, wie im Konzilstext formuliert – „unbenommen ist" (integrum est), Vereinigungen frei zu gründen und zu leiten und Versammlungen abzuhalten. So heißt es nun innerhalb des Katalogs über die grundlegenden „Pflichten und Rechte aller Gläubigen" (cc. 208–223) in c.215:

> „Den Gläubigen ist es unbenommen, Vereinigungen für Zwecke der Caritas oder der Frömmigkeit oder zur Förderung der christlichen Berufung in der Welt frei zu gründen und zu leiten und Versammlungen abzuhalten, um diese Zwecke gemeinsam zu verfolgen."

Diese Proklamation einer innerkirchlichen Vereinigungs- und Versammlungsfreiheit von Gläubigen[145] ist gänzlich neu. Sie war im Vereinsrecht des früheren kirchlichen Gesetzbuches von 1917 (cc. 684–725 CIC/1917) noch nicht enthalten.

---

[143] Hallermann, Die Vereinigungen, 22; 318; Ders., Vereinsrecht, 766.

[144] Vgl. dazu Bausenhart, Theologischer Kommentar zum Dekret über das Apostolat der Laien, 78, Anm. 254.

[145] Es handelt sich hier um zwei verschiedene und voneinander unabhängige Freiheiten bzw. Rechte. Denn Vereinigung ist eine freiwillige, auf Dauer eingegangene Verbindung, Versammlung dagegen eine aus gegebenem Anlass erfolgte und damit vorübergehende Zusammenkunft von Personen (vgl. Reinhardt, Vereinigungs- und Versammlungsfreiheit, 215/1, Rdn.1 und 215/3f, Rdn.8). Ferner ist in diesem Zusammenhang darauf hinzuweisen, dass das Recht der Beitrittsfreiheit nicht eigens erwähnt wird; es wird als „eine geschichtliche Verlängerung der Gründungsfreiheit" als selbstverständlich vorausgesetzt (Aymans, Das konsoziative Element, 1045).

1. Das Kirchliche der Vereine von Gläubigen

Vor allem im Bereich der Deutschen Bischofskonferenz ist die katholische Kirche bis heute stark geprägt vom Wirken der verschiedensten Vereine von Gläubigen. Sie sind auf allen Verfassungsebenen der katholischen Kirche tätig, von der Pfarrei (z.B. Kolping[146]) über die Diözesanebene (z.B. Laienverantwortung Regensburg[147]) bis zur Ebene der Bischofskonferenz (z.B. Zentralkomitee der deutschen Katholiken[148]) und üben damit einen großen Einfluss auf das kirchliche Leben aus. „Trotz der weitgehenden Erosion des volkskirchlichen Milieus stellen viele dieser Vereinigungen im Jugend-, Frauen- und Familienbereich wie auch im sozial-caritativen Bereich wesentliche Stützen des deutschen Katholizismus dar."[149] Dieses vielfältige und reichhaltige Vereinsleben in der katholischen Kirche lässt unwillkürlich die Frage aufkommen: Was ist eigentlich das Spezifikum eines Vereins in der Kirche? Welche Eigenart macht einen Verein zu einem Verein in der Kirche und damit zu einem kirchlichen Verein?

Nach dem Vereinsrecht, wie es im CIC/1983 vorliegt, ist die dafür maßgebliche Trennlinie in c.215 formuliert. Spezifisches Charakteristikum eines *kirchlichen* Vereins von Gläubigen in Abhebung von einem *nichtkirchlichen* Verein von Gläubigen ist demnach der kirchliche Zweck des Vereins, der nach c.215 im Bereich der Caritas, der Frömmigkeit und/oder der Förderung der christlichen Berufung in der Welt liegen muss (vgl. dazu auch c.298). Wird c.215 nicht isoliert, sondern im Kontext der „Pflichten und Rechte aller Gläubigen" (cc. 208–223) betrachtet, kommen als zwei weitere – eigentlich selbstverständliche – Charakteristika hinzu, dass der kirchliche Verein sein „gemeinschaftliches Handeln auf der Grundlage und unter Beachtung der gemeinsamen Rechte und Pflichten aller Gläubigen ausübt und dabei namentlich die Gemeinwohlbindung als auch die Verpflichtung zur Wahrung einer umfassend verstandenen Communio beachtet."[150] Die Kirchlichkeit eines Vereins ergibt sich somit nicht primär aus der Zugehörigkeit der Vereinsmitglieder zur katholi-

---

[146] Siehe dazu z.B.: http://www.herz-jesu-regensburg.de/index.php?id=10.
[147] Siehe dazu: http://www.laienverantwortung-regensburg.de/.
[148] Siehe dazu: http://www.zdk.de/aktuelles/.
[149] Schüller, Geistliche Leitung, 281.
[150] Hallermann, Die Vereinigungen, 372; vgl. Aymans, Das konsoziative Element, 1039.

schen Kirche, sondern aus der Zielsetzung des Vereins, die eine kirchliche – im Sinne der katholischen Kirche – Zielsetzung sein muss.[151] Diese kirchliche Zielsetzung von kirchlichen Vereinen stellt „stets einen Ausschnitt aus der kirchlichen Sendung, insbesondere aus den apostolischen Werken der Kirche dar."[152] Auch wenn die kirchliche Zielsetzung entscheidend das Kirchliche eines Vereins ausmacht, so spielt dennoch auch – sekundär – die konfessionelle Zusammensetzung der Mitglieder des Vereins für die Frage des Kirchlichen eine Rolle.[153] Anders gesagt: Nur die katholische Mitgliederstruktur eines Vereins macht ihn noch nicht zu einem kirchlichen Verein, sondern erst die kirchliche Zielsetzung dieses Vereins. Wenn aber die Mehrzahl der Vereinsmitglieder nicht katholisch ist, steht in Frage, ob die kirchliche Zielsetzung des Vereins noch verfolgt werden kann.

Aus rechtssprachlicher Sicht ist in diesem Zusammenhang darauf hinzuweisen, dass im Bereich der Deutschen Bischofskonferenz von „kirchlichen" bzw. „in der Kirche tätigen" „*Vereinen*", „*Verbänden*" und „*Vereinigungen*" oder „*Organisationen*" die Rede ist[154] wie auch seit einigen Jahrzehnten von „*geistlichen Gemeinschaften und Bewegungen*",[155] während es im kirchlichen

---

[151] Vgl. Aymans, Das konsoziative Element, 1035f; ders., Vereinigungsrecht, 468 und 473; Hallermann, Die Vereinigungen, 356f.
[152] Aymans, Das konsoziative Element, 1036.
[153] Das geht schon aus der Vorschrift zur Mitgliedschaft für einen öffentlich kanonischen Verein (c.316) hervor. Zur Frage der nichtkatholischen Mitgliedschaft in kirchlichen Vereinen der katholischen Kirche vgl. auch in diesem Buch S.117 zusammen mit Anm.234.
[154] Bei Vereinen, die vor dem CIC/1917 entstanden sind und gerne als „altrechtliche kirchliche Vereinigungen" (im Unterschied zu „altkodikarische kirchliche Vereinigungen", die auf dem Vereinsrecht des CIC/1917 fußen) betitelt werden, gibt es als weitere Bezeichnungen: „Gemeinschaft, Gilde, Korporation, Sodalitium oder Verbindung, oft mit dem Zusatz ‚katholisch'. Insofern diese seit 100 Jahren unbeanstandet bestehen, genießen sie den besonderen Schutz des hundertjährigen oder des unvordenklichen Gewohnheitsrechts (c.5 §1), so dass ihre Zuordnung zu den entsprechenden Kategorien des CIC/1983 nur von theoretischem Interesse ist" (Schulz, Volk Gottes: Vereinigungen, Einleitung vor 298/6, Rdn.14).
[155] Für Gerosa, Die kirchlichen Bewegungen, 587, werden die geistlichen Gemeinschaften und Bewegungen in den beiden vereinsrechtlichen Normen des c.298 §1 und c.327 indirekt erwähnt. Mit dem Terminus „Vorhaben zur Evangelisierung" (c.298 §1) sind die „verschiedenen, vom Heiligen Geist ins Leben gerufenen Vereinigungsformen mit ausgeprägt missionarischem Charakter" angesprochen (ebd., 587). In c.327 werden die Laien zur besonderen Wertschätzung solcher Vereine aufgerufen, „welche die Ordnung der weltlichen Verhältnisse mit christlichem Geist beleben wollen und auf diese Weise eine tiefe Verbindung von Glaube und Leben besonders befördern" (c.327).

Gesetzbuch von 1983 nur den „*Verein* von Gläubigen" gibt, der im Lateinischen mit dem Begriff „*consociatio* [sc. christifidelium]" (= Personengesamtheit[156] [sc. von Christgläubigen]) wiedergegeben wird.[157] „Der Begriff ‚consociatio' meint hier die auf Dauer eingegangene Verbindung von wenigstens drei (c.115 §2) Christgläubigen zu einer Vereinigung, um gemeinsam einen kirchlichen Zweck zu verfolgen."[158] Ein Verein von Gläubigen in der Kirche bzw. ein kirchlicher Verein ist also eine Personengesamtheit von Gläubigen, die sich in der Kirche zur gemeinsamen Verwirklichung eines kirchlichen Sendungszieles zusammengeschlossen hat.[159]

2. Das Verhältnis der Vereine in der Kirche zur Kirche als Verfassungsgefüge

Die klare kirchliche Zwecksetzung eines kirchlichen Vereins sowie seine eindeutige Verortung innerhalb der kirchlichen Gemeinschaft führen fast unweigerlich zu der Frage nach dem Verhältnis des kirchlichen Vereinswesens zur kirchlichen Verfassungsstruktur. Wie ist also die Zuordnung der kirchlichen Vereine „*in* der Kirche *zur* Kirche selbst"?[160] Wie unterscheidet sich die kirchliche Vereinsstruktur als Vergemeinschaftsform von Gläubigen von den Gemeinschaftsformen des Verfassungsrechts?

Siehe dazu insgesamt: Die geistlichen Gemeinschaften der katholischen Kirche. Kompendium, hrsg. v. Päpstlicher Rat für die Laien, Leipzig 2007.

[156] Aymans, Das konsoziative Element, 1034, macht darauf aufmerksam, das der Begriff „Personengesamtheit" noch nicht eine „Gemeinschaft" umschreibt, sondern „sehr weit gefasst ist. Die Personen müssen nicht in einer Weise einander verbunden sein, dass man von einer Gemeinschaft (‚communitas') zu sprechen hat. Eine ‚Gemeinschaft' ist schon eine höher entwickelte und durchgestaltete Form der Personengesamtheit."

[157] Im kirchlichen Kontext wird gerne „Verein" als enger gefasster Begriff verstanden, „Vereinigung" im weiten Sinn und deshalb zwischen „kirchlichen Vereinigungen" als freien Zusammenschlüssen gemäß c.215 CIC und „kanonischen Vereinen" gemäß cc. 298–329 differenziert (vgl. dazu Hallermann, Die Vereinigungen, 28). Sofern Verf.in nicht zitiert, benutzt sie im Folgenden einheitlich den Begriff „Verein" als Übersetzung des lateinischen Ausdrucks „consociatio", der sowohl in c.215 wie in cc. 298–329 verwendet wird und in der im Auftrag der Deutschen Bischofskonferenz erfolgten deutschen Übersetzung des CIC/1983 in den cc. 298–329 als „Verein" wiedergegeben ist.

[158] Reinhardt, Vereinigungs- und Versammlungsfreiheit, 215/1, Rdn.1.

[159] Gemäß c.298 fallen neben den klassischen Vereinsformen auch die Gesellschaften des apostolischen Lebens und die Institute des geweihten Lebens (cc. 573–746) unter das Vereinsrecht.

[160] Aymans, Das konsoziative Element, 1030.

Unter dem Verfassungsrecht der Kirche ist „jenes Normgefüge göttlichen und menschlichen Kirchenrechts [zu verstehen], durch das einem jeden Gläubigen der in der vollen Kirchengemeinschaft („plena communio') steht, von Rechts wegen sein Platz zugewiesen wird."[161] Dementsprechend ist als Erstes festzuhalten: Vereinsrechtliche und verfassungsrechtliche Kategorien sind klar voneinander zu unterscheiden, allerdings nicht zu trennen. Denn einerseits können sich Vereine nur innerhalb einer geordneten Struktur (= Verfassung) bilden, andererseits sind die Vereine aber nicht Teil dieser Verfassung, sondern von dieser unabhängig. Kirchliche Vereine entstehen aus der Mitte und dem Wesen der Kirche, die sich als Sendungsgemeinschaft des ganzen Volkes Gottes versteht.[162] Sie können daher gleichsam als „eine institutionelle Ausdrucksform ... [für] die gemeinsame Verwirklichung des allen Gläubigen anvertrauten Sendungsauftrages"[163] bzw. „der gemeinschaftlichen Ausübung des Apostolats"[164] ebenso bezeichnet werden wie „als institutionalisierte Form gemeinsamer Charismen"[165] oder „als Ausdruck gemeinschaftlicher Verwirklichung christlicher Freiheit"[166] oder schließlich als „eine adäquate institutionalisierte Ausdrucksform ... des gemeinsamen Priestertums aller Gläubigen."[167] Kirchliche Vereine sind also eine Struktur in der Verfassung, aber nicht der Verfassung der Kirche,[168] sie gehören „zur Verfasstheit oder zur grundlegenden Verfassung der Kirche, nicht aber zu den Körperschaften und Organen der Kirchenverfassung."[169]

Versucht man Gemeinsamkeiten und Unterschiede beider Realitäten vor allem in kirchenrechtlicher Hinsicht systematisch zusammenzufassen, ergibt sich folgendes Bild: Aufgabe und Sendung der Kirche ist es – wie das II. Vatikanische Konzil formuliert – „Zeichen und Werkzeug für die innigste Vereinigung mit Gott wie für die Einheit des ganzen Menschengeschlechts" zu sein (LG 1). Ursprung, Wesen und Ziel der Kirche ist also die göttli-

---

[161] Ebd., 1048.
[162] Vgl. Hallermann, Die Vereinigungen, 365.
[163] Ebd., 366.
[164] Ebd., 372.
[165] Ebd., 367; Müller, Das konsoziative Element, 251.
[166] Hallermann, Die Vereinigungen, 367; Müller, Das konsoziative Element, 246f und 252.
[167] Hallermann, Die Vereinigungen, 371.
[168] Vgl. Aymans, Vereinigungsrecht, 455.
[169] Hallermann, Die Vereinigungen, 368.

che Berufung der Menschen zum Heil. Aus dieser göttlichen Aufgabe und Sendung der Kirche ergeben sich zwangsläufig die Eckdaten ihres Gemeinschaftslebens, ihrer inneren Struktur und Ordnung, eben ihrer Verfassung. Damit hat die Verfassung der Kirche nicht nur die allgemein naturrechtliche Grundlage, dass jede Gemeinschaft zum Funktionieren eine Leitung, Ordnung und Struktur braucht, sondern die spezifisch kirchliche Grundlage „der historischen Teilhabe [der Kirche] an der Sendung Christi und seiner ein für alle Male erfüllten Aufgabe. Die Kirche steht im Dienst dieser Sendung: in der Geschichte vergegenwärtigt sie ‚amtlich' und bringt zur Geltung das Heilstun Christi. Sie hat keine andere als die Sendung Christi aufzunehmen und es gibt in der Kirche keine Aufgaben, die nicht durch diese Sendung begründet wären und ihrem Vollzug nicht dienen würden."[170] Insofern ergibt sich die Verfassung der Kirche in ihren grundlegenden Zügen aus der Offenbarung Gottes in Jesus Christus und der Sendung des Heiligen Geistes in die Geschichte der Menschheit, wie sie in der Bibel und der Tradition der Kirche erkennbar und in die jeweilige Zeit und Kultur zu übersetzen ist. Das heißt, „dass – im Unterschied zum Staat, der ein Verfassungsstaat ist, von der Verfassung aufgebaut wird und über seine Verfassung bestimmt – die Kirche an ihre göttlichen Vorgegebenheiten gebunden ist und ihre Verfassung nur auf der Basis der Verfassungsvorgegebenheiten weiter entwickeln kann."[171] Diese „geoffenbarten Grundverfügungen … sind für die Verfassungs- und Lebensordnung der Kirche konstitutiv und lebensnotwendig in dem Sinn, dass sie die Identität der Kirche in ihren entscheidenden Merkmalen prägen."[172] Sie wirken sich vor allem in drei verfassungsrechtlichen – in Abhebung zu vereinsrechtlichen – Spezifika aus:

- Wie bei jeder Gemeinschaft und ihrer Verfassung gilt auch für die Kirche: Wer Glied der Kirche ist, ist Glied der verfassten Kirche.[173] Es gibt keine Kirchengliedschaft unabhängig

---

[170] Sobanski, Verbandsgewalt, 223f.
[171] Sobanski, Kulturelle Faktoren, 472.
[172] Ebd., 473, unter Bezugnahme auf Hollerbach, A., Göttliches und Menschliches in der Ordnung der Kirche, in: Mensch und Recht. FS E. Wolf, hrsg. v. Hollerbach, A., Maihofer, W., Würtemberger, T., Frankfurt a.M. 1972, 212–235, 227.
[173] Im Blick ist hier und im Folgenden definitionsgemäß nur die sichtbare und rechtlich zugängliche Kirchengliedschaft. Dem Wesen der Kirche als einer einzigen komplexen Wirklichkeit aus menschlichem und göttlichem Element (LG 8) entsprechend weist die sichtbare, äußere und rechtliche Dimension stets über sich

von der kirchlichen Verfassung. Deshalb ist die Feststellung zu treffen: „Die Kirchenverfassung ist in ihrem Kern für die Kirche konstitutiv. Niemand kann Glied der Kirche sein ohne einen bestimmten Platz oder eine bestimmte Rolle in der Kirchenverfassung. In diese vorgegebene ‚communio' wird er durch ein sakramentales Tun der Kirche – und das heißt: durch Handeln Gottes – hineingestellt und folgerichtig aufgrund bestimmter Kriterien zugleich Teilgemeinschaften (Rituskirche, Plenarverband, Provinzialverband, Teilkirche, Pfarrei) zugeordnet. Zwar ist die konkrete Zuordnung veränderbar, nicht aber die Einordnung in diese Struktur."[174]

- Glied der Kirche bzw. ihrer Verfassung wird man nicht durch Beitritt und Aufnahme, sondern durch das sakramentale Geschehen der Taufe und die damit zugleich erfolgte Eingliederung in die Kirche, also durch das Handeln Gottes am Menschen, das sich im Anruf Gottes und der (stellvertetenden) Antwort des Menschen als Annahme dieses Rufes artikuliert. Weil die Kirchengliedschaft durch das Taufsakrament „nicht aus menschlichem Tun hervorgeht, sondern als Handeln Gottes am Menschen geglaubt wird, ist die Eingliederung in die Kirche unwiderruflich."[175] Diese Unwiderruflichkeit wird durch das unverlierbare Prägemal zum Ausdruck gebracht, das die Taufe verleiht (c.849). Wegen des unverlierbaren Charakters der Taufe ist also die einmal erfolgte Eingliederung in die (Verfassung der) Kirche unwiderruflich, kann also nicht mehr rückgängig gemacht werden – weder durch die Strafe der Exkommunikation noch durch den (staatlich erklärten) Kirchenaustritt. Verfassungsstrukturen sind also dem/der Einzelnen vorgegeben und können nicht frei gewählt oder abgelehnt werden. Sie sind dem Willen der einzelnen Glieder der Kirche enthoben und vorgelagert, denn sie sind konstitutiv für die Kirche, um ihre Sendung wahrnehmen zu können.

- Einziges und gemeinsames Ziel aller Verfassungsstrukturen ist es, der Sendung der Kirche zu dienen, die Gott ihr anver-

---

hinaus auf eine unsichtbare, innere und geistgewirkte Dimension der Kirchengliedschaft (vgl. LG 14–16). „Die institutionell-rechtliche und die geistgewirkte Seite der Kirchengliedschaft sind weder deckungsgleich, noch schließen sie einander aus" (Pree, Kirchengliedschaft, 13).
[174] Aymans, Vereinigungsrecht, 454.
[175] Aymans, Kirchliches Verfassungsrecht, 89.

traut hat: die Menschen zum Heil, nämlich zur Gemeinschaft mit Gott zu führen. Aufgabe der Verfassungsstrukturen ist es, dafür zu sorgen, dass die göttliche Sendung der Kirche sowohl dem Willen Gottes als auch den Zeichen der Zeit entsprechend wahrgenommen wird, also die Identität der Kirche als gott-menschliche Wirklichkeit, als Gemeinschaft von Gott und Menschen, gewahrt bleibt. Die für die Verfassung der Kirche maßgeblichen Körperschaften (Pfarrei, Diözese, Gesamtkirche) sind daher auf die kirchliche Sendung als Ganze und nicht etwa nur auf einen spezifischen Aspekt der kirchlichen Sendung ausgerichtet. Verfassungsrechtliche Strukturen setzen nicht nur einen Aspekt von Kirche und ihrer Sendung gegenwärtig, sondern das, was die Kirche als Ganze ausmacht, nämlich „Lebensgemeinschaft in Wort und Sakrament" mit der Feier der Eucharistie als Mitte zu sein.[176] Um das Ganze der Kirche zum Ausdruck zu bringen, bedarf es sowohl der menschlichen wie der göttlichen Realität, des Leibes und des Hauptes, sowohl des gemeinsamen wie des amtlichen Priestertums. Deshalb ist die innere Ordnung jeder verfassungsrechtlichen Körperschaft stets so strukturiert, dass die zwei Dimensionen zusammenkommen: ein Teil des Gottesvolkes, also eine Gemeinschaft von Gläubigen zusammen mit einer kirchlichen Autorität bzw. einem geweihten Amtsträger als Vorsteher bzw. letztverantwortlichem Leiter dieser Gemeinschaft des Gottesvolkes.[177] Kennzeichen der Verfassung der katholischen Kirche ist es daher, dass katholische Kirche im *vollen* Sinn immer nur dort und dann verwirklicht ist, wenn und wo diese beiden Dimensionen des gemeinsamen und amtlichen Priestertums verwirklicht sind. Aufgabe des geweihten Amtsträgers ist es dabei, kraft seiner Weihe dem Gottesvolk Christus, den unsichtbaren Herrn, sichtbar zu vertreten und es in ihm zu einen (vgl. LG 23,1). Deshalb ist das Volk Gottes nur dann und dort voll als Kirche Christi versammelt und verwirklicht, wenn und wo ihr unsichtbarer Ursprung, Herr und unsichtbares Haupt sichtbar vergegenwärtigt wird. Ob sich das Gottesvolk bzw. ein Teil des Gottesvolkes auf der Ebene der Gesamtkirche oder der Teilkirche, in der Pfarrei oder in der Eucharistiefeier versammelt, immer bedarf es eines geweihten Amtsträgers, der dieser Gemein-

---
[176] Ebd., 94.
[177] Vgl. ebd., 89–91.

schaft vorsteht und für sie den unsichtbaren Herrn sichtbar vertritt, um die Vollgestalt von Kirche zu verwirklichen.[178]

Aus den verfassungsrechtlichen Spezifika ergeben sich im Rückschluss ebenfalls einige vereinsrechtliche Kennzeichen:
- Die kirchliche Vereinsstruktur kennt keine konstitutiven Elemente. Denn alles, was zu den Vereinen in der katholischen Kirche gehört, entspringt nicht primär der Sendung der Kirche, sondern dem Willen der Menschen, die diese Sendung ausüben. Sinn und Zweck von Vereinen in der Kirche ist es, sich in freier Entscheidung nicht nur als Einzelne(r), sondern gemeinschaftlich – nicht der ganzen, sondern – einem besonderen Aspekt der kirchlichen Sendung zu widmen. Kirchliche Vereine sind daher nicht notwendig für die Existenz der Kirche, d.h. es muss sie nicht in der Kirche geben, auch wenn es sinnvoll ist, dass es sie in der Kirche gibt. Anders bzw. rechtlich präzise gesprochen: Zum Wesen der Kirche gehört es nicht, dass es Vereine in ihr gibt, wohl aber, dass in ihr das grundsätzliche Recht zur Vereinsgründung gegeben ist. Die Möglichkeit von Vereinen in der Kirche stellt „nicht einfachhin eine rein fakultative Möglichkeit in dem Sinne ... [dar], dass deren tatsächliches Vorhandensein und deren Realisierung dem Ermessen der Kirche bzw. der kirchlichen Autorität anheimgestellt wäre. Vielmehr handelt es sich um eine obligatorisch geforderte Möglichkeit, welche die Kirche den Gläubigen schuldet und zwar aufgrund der Freiheit und der Autonomie, welche die Gläubigen aufgrund göttlichen Willens hinsichtlich der Ausübung ihrer kirchlichen Sendung empfangen haben."[179] Aus einer anderen Perspektive formuliert: Auch wenn das kirchliche Vereinswesen nicht zur Verfassung der Kirche gehört, ist es dennoch für ihr Leben und ihre Heiligkeit bedeutsam.[180]
- Einem kirchlichen Verein kann man als Glied der Kirche beitreten, muss es aber nicht. Auch kann man jederzeit nach freiem Willen seine Vereins-Mitgliedschaft wieder rückgängig machen. Umgekehrt ist der jeweilige Verein nicht

---

[178] Vgl. dazu ausführlich in diesem Buch S.27–31.
[179] Hallermann, Die Vereinigungen, 366; vgl. ders., Eigenes Charisma, 451.
[180] Vgl. c.207 §2, der diese Aussage für den Stand der Gläubigen trifft, die sich zu den evangelischen Räten bekennen durch Gelübde oder andere heilige Bindungen, und Müller, Das konsoziative Element, 252f, für den es gerechtfertigt erscheint, die Feststellung des c.207 §2 analog auf die kirchlichen Vereine anzuwenden.

verpflichtet, jede(n) aufzunehmen, und berechtigt, ein Mitglied auch wieder unter bestimmten Voraussetzungen auszuschließen. Die Mitgliedschaft in einem kirchlichen Verein wird also „erworben aufgrund des Zusammenwirkens von Beitrittsfreiheit und Aufnahmefreiheit und schließt immer die Möglichkeit mit ein, aus der Vereinigung auszutreten oder aber durch Ausschluss die Mitgliedschaft zu verlieren."[181]
- Als freie Initiative von Gläubigen sind die Vereine nicht auf die spezifische, sondern „nur" auf eine allgemeine Funktion der kirchlichen Autorität angewiesen. Der kirchlichen Autorität kommt in den Vereinen nicht die spezifische (verfassungsrechtliche) Funktion der Christusrepräsentanz und der damit zusammenhängenden umfassenden Seelsorge des Verkündigens, Heiligens und Leitens zu, sondern „nur" die allgemeine (vereinsrechtliche) Funktion der Aufsicht bzw. Letztverantwortung, darüber zu wachen, dass (in den Vereinen und durch die Vereine) nichts geschieht, was die Einheit und Unversehrtheit des Glaubens innerhalb des ihm zur Leitung anvertrauten Gottesvolkes verletzt. Demzufolge sind die Vereine unabhängig von der kirchlichen Autorität, wohl aber auf eine Zusammenarbeit mit ihr angelegt.

Vereine der katholischen Kirche sind also unabhängig von den verfassungsrechtlichen Gegebenheiten, können sich frei bilden und wieder auflösen, dienen nicht der ganzen Sendung, sondern einem bestimmten, frei gewählten Aspekt der kirchlichen Sendung und sind bei der Wahrnehmung ihres Vereinszieles auf keine spezifische Funktion der kirchlichen Autorität angewiesen, um im vollen Sinn des Wortes und ihres Selbstverständnisses existieren zu können. „Die innere Struktur einer Vereinigung wird beeinflusst von der Zweckbestimmung; insofern tut sich hier eine Fülle von Gestaltungsmöglichkeiten auf, angefangen von ausgesprochen demokratischen und foederalen Formen bis hin zu straffen monokratischen und zentralistischen Führungsstrukturen."[182] Wenn auch das Charisma keineswegs nur den kirchlichen Vereinen vorbehalten ist, sondern in der ganzen Kirche wirkt, so kann dennoch das Charisma als die eigentliche und tiefste Wurzel des kirchlichen Vereinswesen gelten. „Ungeachtet der großen Vielgestaltigkeit kirchlicher Vereinigungen nach Form und Inhalt

---

[181] Hallermann, Die Vereinigungen, 369.
[182] Aymans, Kirchliches Verfassungsrecht, 92.

handelt es sich um eine besondere Gabe an die Kirche zur Verwirklichung bestimmter kirchlicher Zielsetzungen in gemeinschaftlicher Verbundenheit. Anders als die für die Kirche konstitutive Verfassungsstruktur ist das kirchliche Vereinigungswesen komplementär. Niemand muss – um Glied der Kirche zu sein – eine Vereinigung gründen oder einer Vereinigung beitreten, mögen die Ziele einzelner Verbände noch so hoch und für das praktische Leben der Kirche noch so bedeutend sein."[183]
Ingesamt gesehen liegen somit die kirchlichen Vereine „in gewisser Weise ... quer zur Struktur der Kirchenverfassung. Nach Zweck, Gestalt und Vorgehensweise sind sie nicht auf ein Grundmodell festgelegt. Untereinander weisen sie eine äußerste Vielgestaltigkeit auf, vor allem in der Art und der Tiefe, in der die Mitglieder in sie hineingebunden sind. Es lässt sich nicht leugnen, dass die erwähnte Querlage zu den Strukturen der Kirchenverfassung ein Spannungsverhältnis erzeugt. ... Das Spannungsverhältnis ist als solches nichts Schlechtes. Im Gegenteil! Die Spannung kann eine heilsame Wirkung gegen Verkrustung und Immobilismus erzeugen. Gerade hieraus hat die Kirche stets Antworten auf Fragen der Zeit gefunden und von daher können der Kirche bis auf den heutigen Tag immer wieder Kräfte der Erneuerung zuwachsen."[184]

Zusammenfassend ist festzuhalten: Die Verbindungslinie von kirchlicher Verfassungs- und Vereinsebene ist die Gemeinschaftsstruktur, die bei beiden Entfaltung des der Kirche aufgetragenen Apostolats und damit des Priestertums aller Gläubigen ist. Der verpflichtenden Gemeinschaftsstruktur auf der Verfassungsebene korrespondiert eine potentielle und freiwillige Gemeinschaftsstruktur auf der Vereinsebene so wie der Verwirklichung des amtlichen Priestertums in den Organen der Kirchenverfassung die Verwirklichung des gemeinsamen Priestertums in den Organen der kirchlichen Vereine entspricht.[185] Beide bilden unverzichtbare Strukturen der kirchlichen Gemeinschaft als Volk Gottes, weshalb auch die Vereine in der Kirche „zwar nicht als je konkret entwickelte Formen, wohl aber als eine grundsätzlich gegebene

---

[183] Aymans, Vereinigungsrecht, 455; vgl. Müller, Das konsoziative Element, 251–253.
[184] Aymans, Das konsoziative Element, 1030f.
[185] Diese Aussage ist natürlich nicht im absoluten Sinn zu verstehen, als ob sich das gemeinsame Priestertum nicht ohne Vereine oder zumindest nur hauptsächlich in Vereinen realisieren würde. Sie ist strikt auf den Kontext des Vergleichs von verfassungs- und vereinsrechtlicher Ebene in der Kirche zu beziehen.

Möglichkeit, in der Verfassung der Kirche verankert [sind]. Jede dieser Gemeinschaftsstrukturen trägt auf ihre je spezifische Art und im gemeinsamen Zusammenwirken dazu bei, die volle priesterliche Wirklichkeit des ganzen Gottesvolkes zu entfalten."[186]

Als zentrale Schlüsselworte der Unterscheidung von verfassungsrechtlichen und vereinsrechtlichen Gegebenheiten in der katholischen Kirche können benannt werden: Handeln Gottes als Grundlage auf der einen Seite, freie Initiative der Menschen auf der anderen – konstitutiv für die Kirche das eine, das andere komplementär – ontologische und von Rechts wegen gegebene Zugehörigkeit jedes Kirchengliedes zur Verfassung, freiwillige und freie Mitgliedschaft zu den Vereinen – Christusrepräsentanz als spezifische Funktion der kirchlichen Autorität hier, Aufsicht als eine nur allgemeine Funktion der kirchlichen Autorität dort – strikte Verwiesenheit auf die und Abhängigkeit von der kirchlichen Autorität im Verfassungsrecht, Freiheit und Unabhängigkeit von der kirchlichen Autorität im Vereinsrecht.

Aus den Gemeinsamkeiten und Unterschieden zwischen kirchlicher Verfassungs- und kirchlicher Vereinsstruktur ergibt sich für die kirchliche Autorität als Aufgabe, die Ausübung des gemeinsamen Priestertums aller Gläubigen auch in seinen Vereins-Formen „zu fördern und zu unterstützen und auf dieses Ziel hin die Echtheit und den geordneten Gebrauch der Geistesgaben zu beurteilen, allerdings immer mit der Maßgabe, den Geist nicht auszulöschen, sondern alles zu prüfen und das Gute zu behalten."[187] In diesem Sinn hat auch der kirchliche Gesetzgeber explizit als Amtspflicht des Diözesanbischofs normiert:

> „Der Bischof hat die verschiedenen Weisen des Apostolates in seiner Diözese zu fördern und dafür zu sorgen, dass in der ganzen Diözese bzw. in ihren einzelnen Bezirken alle Werke des Apostolates unter Beachtung ihres je eigenen Charakters unter seiner Leitung koordiniert werden" (c.394 §1).[188]

---

[186] Hallermann, Die Vereinigungen, 370f, unter Bezugnahme auf Hervada, J., Derecho constitucional y derecho de la asociaciones, in: Das konsoziative Element in der Kirche, 99–116, 112–115.
[187] Hallermann, Die Vereinigungen, 371.
[188] Vgl. dazu auch in diesem Buch S.229–231.

Und auch für die Pfarrebene wird ausdrücklich herausgestellt:

> „Der Pfarrer hat den eigenen Anteil der Laien an der Sendung der Kirche anzuerkennen und zu fördern und ihre Vereine, die für die Ziele der Religion eintreten, zu unterstützen. ..." (c.529 §2).

Das Spezifikum der kirchlichen Vereine kann somit wie folgt umschrieben werden: Kirchliche Vereine „besitzen Autonomie. Sie entstehen und wirken in einem Bereich, der im Rahmen und unter dem besonderen Schutz der kirchlichen Rechtsordnung den Gläubigen eine eigenverantwortliche Teilhabe an den vielfältigen, sich aus der Sendung der Kirche ergebenden Aufgaben und Erfordernissen ermöglicht und sichert. Die Autonomie von Vereinigungen zeigt sich a) in organisatorischer Hinsicht besonders durch die Gründungsinitiative und die Satzungsautonomie; b) im Hinblick auf das konkrete Leben der Vereinigungen namentlich in der autonomen Vereinsleitung."[189]

3. Die eindimensionale Vereinskonzeption des CIC/1917

Selten herrscht bei der Bewertung einer Regelung so große Einmütigkeit wie bei der Beurteilung des Vereinsrechtes von 1917. Von allen Seiten ist dessen Unzulänglichkeit festgestellt worden. Die mildeste Kritik bezieht sich auf die Begriffsebene und bemängelt: „Die Fachsprache des kirchlichen Vereinsrechts war im alten Recht stark vernachlässigt worden, und infolge dessen herrscht nach dem Urteil Josef Beils ‚wohl auf keinem Gebiete des Kirchenrechts solche Unklarheit wie auf dem Gebiete des kirchlichen Vereinsrechts, begreiflich, da wir selbst im CIC und in amtlichen Entscheidungen der Kirche Einheit in der Terminologie vermissen'."[190] Im Vergleich zu diesem Vorwurf ist die Kritik an der Konzeption des kirchlichen Vereinsrechts geradezu vernichtend. Auf den Punkt gebracht, lautet sie: „Das Vereinsrecht des Codex Iuris Canonici von 1917 war schon zur Zeit der Erlassung veraltet ... ."[191] Die Kommentatoren können nicht nachvollziehen, warum bei der Abfassung des kirchlichen Vereinsrechtes im CIC/1917 „Tatbestände und Erfordernisse, die bereits damals offenkundig waren", nicht berücksichtigt worden sind. Denn das „kirchliche Vereinswesen, sehen wir einmal von

---

[189] Aymans, Kirchliche Vereinigungen, 374.
[190] Mörsdorf, Die Rechtssprache, 139.
[191] Schnizer, Allgemeine Fragen, 570; vgl. Schulz, Das Vereinsrecht, 373; 381; 383.

den spätmittelalterlichen Bruderschaften ab, hat seine Wurzeln (je nach der historischen Situation in den einzelnen Ländern verschieden) im vorigen Jahrhundert. Es bleibt daher in der Tat unverständlich, weshalb das kirchliche Gesetzbuch von 1917 der großen Vielfalt der katholischen Organisationen und Vereine de facto nicht Rechnung getragen hat. Hier hat vielleicht die Überzeugung hintergründig eine Rolle gespielt, die Aufgabe der Kirche sei mit der Aufgabe der Hierarchie identisch, vermutlich gepaart mit der mehr oder minder berechtigten Vorsicht seitens der kirchlichen Autorität, sich mit politisch oder sozialkritisch eingestellten kirchlichen Vereinigungen nicht unbedingt offiziell identifizieren zu müssen. Für die Auslegung aber und die Anwendung der vereinsrechtlichen Normen des Codex war eine solche Auffassung denkbar ungünstig, ja hemmend."[192]

Fasst man das kirchliche Vereinsrecht des CIC/1917 (cc. 684–725) zusammen und arbeitet dabei vor allem die Unterschiede zum CIC/1983 heraus, so sind folgende Aspekte hervorzuheben: Erstens war dort weder ein Recht auf noch die Möglichkeit zur Vereinigungs- und Versammlungsfreiheit der Gläubigen insgesamt oder speziell der Laien normiert, sondern höchstens stillschweigend akzeptiert. Zweitens konnte als kirchlicher Verein – lateinisch als: associatio (in Ecclesia) umschrieben (cc. 684; 686; 700) – nur anerkannt sein (recognoscitur), wer von der zuständigen kirchlichen Autorität förmlich errichtet oder gebilligt war (erecta vel saltem approbata) (cc. 684–686).[193] Jeder andere Verein galt als „nicht kirchlicher" Verein (im Sinne von nicht kirchenamtlicher Verein)[194] bzw. „privater" Verein, wobei diese

---

[192] Schulz, Das Vereinsrecht, 383.
[193] Schulz macht darauf aufmerksam, dass bezeichnenderweise die grundlegende Bestimmung des c.686 §1 CIC/1917, wonach kein Verein in der Kirche anerkannt wird, der nicht von der kirchlichen Autorität errichtet oder gebilligt worden ist, „in keinem der offiziellen Schemata von 1912 bis 1916 enthalten war" (ebd., 381).
[194] „Nicht kirchlich" kann hier nur im Sinne von „nicht kirchenamtlich" gemeint sein, denn „nicht kirchlich" im strikten Sinn des Wortes von „außerhalb" der Kirche und die Verleihung des Attributs „katholisch", wie es in der rechtlichen Charakterisierung: „nicht kirchliche", aber „katholische" Vereine während der Geltungszeit des CIC/1917 vorkommt (siehe dazu die Ausführungen auf den folgenden Seiten) vorkommt, wäre ein Widerspruch in sich. In diesem Sinn hat auch Schulz, Das Vereinsrecht, 388, dafür plädiert, die in c.386 §1 CIC/1917 geforderte Anerkennung („Nulla in Ecclesia recognoscitur associatio...") weit auszulegen: „Wenn man eine extensive Auslegung der hier genannten ‚recognitio' vornimmt in einem weiten Sinn von ‚Anerkennung', womit in umfassender Weise sowohl die ‚erectio' als auch die ‚approbatio' gemeint sind, dann müsste man kirchlich anerkannte von kirchlich nicht anerkannten Vereinigungen unterscheiden. Die kirchlich anerkannten wären dann in

Nomenklatur, die sich als Umkehrschluss aus den rechtlichen Bedingungen für einen kirchlichen Verein ergab, im kirchlichen Vereinsrecht selbst nicht verwendet wurde, sondern nur in den Kommentaren zum kirchlichen Vereinsrecht.[195] Im kirchlichen Vereinsrecht des CIC/1917 selbst waren nur Aussagen über die „kirchlichen" Vereine und die Bedingungen dafür enthalten.[196] Allerdings spielte diese grundlegende vereinsrechtliche Bestimmung hinsichtlich des „kirchlichen" Vereins in der Praxis insofern keine große Rolle, da schon seit 1848, also bereits Jahrzehnte vor der Geltung des CIC/1917 zahlreiche „katholische Vereine" entstanden waren, die einerseits eindeutig kirchliche Ziele verfolgten und deshalb von einer kirchlichen Autorität (Apostolischer Stuhl, Diözesanbischof) in irgendeiner Weise eine Empfehlung erhalten hatten, andererseits aber gerade nicht von einer kirchlichen Autorität (Bischof bzw. Bischöfe, Papst) gegründet oder anerkannt waren, sondern ausschließliche Unternehmungen von Laien und/oder Priestern – ohne Beteiligung einer kirchlichen Autorität – waren. Wegen der fehlenden Beteiligung der kirchlichen Autorität konnten diese Vereine nicht in das Vereinsrecht des CIC/1917 eingeordnet werden. Demzufolge waren diese „katholischen Vereine" also als „nicht kirchliche" (= private), aber „kirchlich (= kirchenamtlich) empfohlene" Vereine von Gläubigen einzustufen. In Abhebung zu den „kirchlichen Vereinen" wurden sie auch als „außerkirchliche Vereine" oder sogar als „Laienvereine" betitelt. Waren die kirchlichen Vereine ganz von der kirchlichen Autorität abhängig und verdankten ihre rechtliche Existenz ausschließlich dem autoritativen Handeln der Kirche, so entsprangen die katholischen Vereine der eigenen und freien Initiative der Gläubigen, waren rechtlich von der kirchlichen Autorität unabhängig und gründeten ihre rechtliche Existenz auf das staatliche Vereinsrecht, das seit 1900 im deutschen Bürgerlichen Gesetzbuch (= BGB) normiert ist.[197] Zu diesen nicht kirchlichen, aber katholischen Vereinen gehör(t)en in der Regel

---

solche von der zuständigen Autorität errichtete bzw. nur approbierte zu subdistinguieren. Als Vorteil ergäbe sich, dass von der Kirche eigens empfohlene und belobigte Assoziationen nicht abwertend als schlechterdings nicht kirchlich bezeichnet werden müssten."

[195] Vgl. dazu Schulz, Das Vereinsrecht, 388f; Mörsdorf, Die Rechtssprache, 139f.

[196] Die kirchlichen Vereine waren nach dem Kriterium ihres Zweckes in drei Gruppen unterteilt (c.700 CIC/1917): Drittorden: Erstreben der christlichen Vollkommenheit – Bruderschaften: Förderung des amtlichen Gottesdienstes – fromme Vereine: Ausübung von Werken der Frömmigkeit und der Nächstenliebe. Vgl. dazu Mörsdorf, Lehrbuch des Kirchenrechts I, 571–577.

[197] Vgl. Hallermann, Die Vereinigungen, 181; im BGB dazu §§ 21–79.

„die katholischen Standesvereine für die männliche und weibliche Jugend, die Männer-, Gesellen- Arbeiter-, Frauen- und Müttervereine."[198] Obwohl die „katholischen Vereine" in der Kirche „nicht als eigenständige Rechtssubjekte"[199] bestanden, waren in ihnen viele Priester engagiert. Ihnen kam zwar zunächst – in Abhebung zu den kirchlichen Vereinen – keine hervorgehobene Stellung zu, sondern sie hatten die gleichen Rechte wie allen anderen Mitglieder. Doch allmählich legten die katholischen Vereine immer mehr Wert auf die Mitarbeit von Priestern und banden sie mit Vorliebe in die Vereinsleitung als Ehrenvorsitzende ein, um dadurch ihren „Makel" der Nichtkirchlichkeit auszugleichen. In dieser Absicht wurden die Priester in der Vereinsleitung allmählich als „*Präses*" (= [geistlicher] Vorsteher, Leiter) betitelt und erhielten über das Vereinsamt des Präses maßgeblichen Einfluss. Diese Entwicklung ist zumindest auf zwei Faktoren zurückzuführen. Erstens war der Begriff des Präses schon aus der vorkodikarischen Rechtssprache bekannt und ist weder dort noch im CIC/1917 rechtlich definiert gewesen, weshalb eine Reihe von Synonymen für die vereinsrechtliche Funktion des Präses entstanden sind wie *Rektor, Direktor, Kurator, geistlicher Beirat, geistlicher Leiter, kirchlicher Assistent* oder *Kaplan*. Mitbedingt durch diese Tatsache ist zweitens dem Präses zunehmend die Funktion zugeschrieben worden, die im CIC/1917 der „Kaplan" (cappellanus) für die besondere Vereins-Seelsorge innehatte (c.698), nämlich als Priester und damit als geistlicher Leiter dem (kirchlichen) Verein gegenüber die kirchliche Autorität zu repräsentieren und ihn im Namen dieser Autorität zu leiten und zu beaufsichtigen.[200] Hervorzuheben ist hierbei, dass die Funktion des Präses im vorkodikarischen Recht wie auch im CIC/1917 eigentlich nur für *kirchliche* Vereine vorgesehen war. Mit der freiwilligen Übernahme dieses Vereinsamtes seitens der katholischen Vereine konnten die kirchlichen Autoritäten über die Präsides unmittelbar auf Entscheidungen der katholischen Vereine Einfluss nehmen. Im Laufe der Zeit räumten viele katholische Vereine den kirchlichen Autoritäten sogar noch weitere Mitwirkungsmöglichkeiten bei ihren Vereinsentscheidungen ein, „um auf diese Weise und nach dem Verständnis der damaligen Zeit ihren katholischen bzw. kirchlichen Charakter auch organisations-

---

[198] Mörsdorf, Lehrbuch des Kirchenrechts I, 565.
[199] Hallermann, Katholischer Verein, 406.
[200] Vgl. Hallermann, Präses, 267; siehe dazu auch in diesem Buch S.124.

rechtlich zum Ausdruck zu bringen. In der Folgezeit wurde oft wenig beachtet, dass solche Mitwirkungsrechte der kirchlichen Autorität von Seiten der katholischen Vereine freiwillig eingeräumt waren und keine rechtlich zwingende Grundlage hatten."[201] Die rechtlich missliche Lage, die überwiegende Mehrzahl der in der Kirche existierenden Vereine als *nicht kirchlich* einstufen zu müssen, wurde wenige Jahre nach dem Inkrafttreten des CIC/1917 per römisches Dekret[202] insofern entschärft, als fortan die „katholischen Vereine" zwar weiterhin als „nicht kirchliche Vereine" einzustufen, aber als ein „Typ von Vereinigung" in der katholischen Kirche anerkannt waren. Damit waren die „katholischen Vereine" zu Vereinen geworden, die „neben" den gesetzlichen Bestimmungen zum kirchlichen Vereinsrecht existier(t)en, sog. „parakanonische" Vereine.[203] Diese Ersatzlösung macht deutlich, dass die enge Typisierung des Vereinsrechts im CIC/1917 der vielfältigen Realität des Vereinslebens in der Kirche nicht gerecht werden konnte und damit dringend einer „grundlegenden [und] schöpferischen Neugestaltung"[204] mit mehr Flexibilität bedurfte. Diese ist im CIC/1983 erfolgt, in dem das kirchliche Vereinswesen nach neuen Kriterien und mit neuer Begrifflichkeit rechtlich geordnet worden ist. Bildeten im CIC/1917 die einzelnen Arten bzw. Zwecksetzungen der kirchlichen Vereine das entscheidende Einteilungskriterium, so wird im CIC/1983 das kirchliche Vereinswesen nach dem Grad der Abhängigkeit von der kirchlichen Autorität systematisiert.[205] Man wird „dem kanonischen Gesetzgeber nicht bestreiten können, dass er sich bemüht hat, einerseits die Wahrung des Grundrechts der Vereinigungs- und Versammlungsfreiheit im Sinne von c.215 zu beachten, andererseits die Bindung der kirchlichen Vereinigungen an das verfassungsrechtlich vorgegebene, hierarchisch strukturierte Ordnungsgefüge der Kirche in entsprechender Stufung sicherzustellen. Dass er dabei kein Wort über die Zuordnung bereits bestehender kirchlicher Vereine zu den vereinsrechtlichen Kategorien des neuen Gesetzbuches verlautet, lässt der Kanonistik

---

[201] Hallermann, Katholischer Verein, 407; vgl. ders., Eigenes Charisma, 452.
[202] Vgl. die Entscheidung der Konzilskongregation vom 13.11.1920, in: AAS 13 (1921), 135–144. Ausführlicher dazu Schulz, Das Vereinsrecht, 384f.
[203] Vgl. Hallermann, Vereinsrecht, 766; Schulz, Das Vereinsrecht, 374.
[204] Schnizer, Allgemeine Fragen, 570, der darauf hinweist, dass das Vereinsrecht des CIC/1917 „schon zur Zeit der Erlassung veraltet [war]." Vgl. dazu auch Schulz, Das Vereinsrecht, 373; 381; 383.
[205] Vgl. Althaus, Die Rezeption des Codex, 391; Hallermann, Die Vereinigungen, 228.

zwar oft den gewünschten Spielraum, stellt aber zugleich die Praktiker und Anwender des Rechts in der Verwaltung und in der Pastoral der Kirche vor oft nur schwer lösbare Probleme."[206]

4. Die katholische Vielfalt an kirchlichen Vereinsformen im CIC/1983

Der CIC/1983 unterscheidet vier Formen bzw. Typen eines *kirchlichen* Vereins.[207] Dabei ist zu beachten, dass die Rechtsstellung, die ein kirchlicher Verein nach *weltlichem* Vereinsrecht hat, für die kirchenrechtliche Typisierung eines Vereins belanglos ist. Für die innerkirchliche Einteilung von Vereinen spielt es also keine Rolle, ob überhaupt und wenn ja, wie ein kirchlicher Verein zugleich auch nach weltlichem Recht einzustufen ist, ob er also zugleich nach weltlichem Recht die Rechtsform „eingetragener Verein" (e.V.) hat und damit rechtsfähig ist oder nicht, d.h. im Status eines nicht rechtsfähigen bzw. bürgerlich-rechtlichen (= privaten) Vereins verbleibt (vgl. § 21 BGB).[208] Maßgeblich für die innerkirchliche Einteilung der verschiedenen Vereinsformen ist der Grad der Autonomie, die ein kirchlicher Verein im Hinblick auf die jeweils zuständige kirchliche Autorität

---

[206] Schulz, Die vereinsrechtlichen Kategorien, 527; vgl. Ders., Volk Gottes: Vereinigungen, Einleitung vor 298/1, Rdn.1, in: MKCIC (10. Erg.-Lfg., Mai 1989). Schulz kritisiert allerdings zu Recht „die innere Gliederung des Rechtsstoffes (cc. 298–329)", weil „die vier Kapitelüberschriften keineswegs inhaltlich das enthalten, was sie verheißen. ... Es empfiehlt sich daher das Vereinigungsrecht nicht aus seiner Gesetzes‚systematik' heraus zu interpretieren, sondern jede Bestimmung unabhängig von ihrer Einordnung unter die Kapitelüberschriften auf ihre Anwendbarkeit im konkreten Fall zu prüfen" (Schulz, Volk Gottes: Vereinigungen, Einleitung vor 298/8f, Rdn.20).

[207] Für die Einteilung in vier kirchliche Vereinsformen vgl. in diesem Buch S.107f.

[208] Die Eintragung ins Vereinsregister am Sitz des Vereins oder die Verleihung der Rechtsfähigkeit durch die zuständige Landesverwaltungsbehörde ist das einzige Kriterium der Rechtsfähigkeit (§ 21 i.V.m. § 55 BGB). „Durch die Rechtsfähigkeit [sc. nach deutschem Recht] wird der Verein zur juristischen Person und erlangt die Parteifähigkeit, d.h. der Verein kann in eigenem Namen klagen und verklagt werden und eigenes Vermögen erwerben und verwalten. Für Verbindlichkeiten eines rechtsfähigen Vereins haftet nur das Vereinsvermögen, nicht das Privatvermögen" (Dinges-Krol, Vereinsrecht, 768). Ein „e.V." kann nur ein Verein werden, der einen ideellen Zweck verfolgt (= Idealverein). „Gemäß § 5 Körperschaftssteuergesetz können eingetragene Idealvereine durch das Finanzamt als gemeinnützig anerkannt werden. Die Anerkennung verschafft zahlreiche Vergünstigungen, insbesondere die Freistellung von der Körperschaftssteuer, das Recht auf Ausstellung von Spendenbescheinigungen und öffentliche Förderungswürdigkeit. Steuerbegünstigte Vereine müssen gemeinnützige, kirchliche oder mildtätige Zwecke verfolgen" (ebd., 770).

innehat. Das erste und grundlegende Einteilungskriterium dafür ist die Unterscheidung eines kirchlichen Vereins in *nichtkanonischer* Verein und *kanonischer* Verein. Kanonisch meint im Zusammenhang des kirchlichen Vereinsrechts: Die Satzung des kirchlichen Vereins entspricht (auch) den speziellen vereinsrechtlichen Satzungs-Vorgaben des CIC/1983 in den cc. 298–329, weshalb die Bezeichnung „*kanonisch*" synonym zu verstehen ist mit „*kirchlich gesatzt*"; dementsprechend heißt *nicht-kanonisch*, dass der kirchliche Verein seine Satzung *frei* gestaltet, unabhängig von den speziellen innerkirchlichen Vereinsvorschriften, so dass der Ausdruck *nicht-kanonisch* mit *nicht kirchlich gesatzt* und *ohne kanonisches Statut* gleichbedeutend ist.[209] Freie Gestaltung bzw. Autonomie der Satzung beinhaltet allerdings nicht absolute Freiheit von allen kirchlichen Vorgaben, sondern Freiheit im Rahmen des kirchlichen Selbstverständnisses und damit innerhalb des allgemeinen kirchlichen Rechts.[210] Jeder kirchliche Verein ist also entweder ein *kirchlich kanonischer Verein* = ein kirchlicher und kirchlich gesatzter Verein = kirchlicher Verein mit kanonischem Statut oder ein *kirchlicher, aber nicht-kanonischer Verein* = kirchlicher, aber kirchlich nicht gesatzer Verein = ein kirchlicher Verein ohne kanonisches Statut.

---

[209] Kirchenrechtlich sind „Satzung" und „Statut" eines Vereins zu unterscheiden. Eine „Satzung" ist eine vertragliche Vereinbarung der Vereinsmitglieder und ist nur mit den Mitteln durchsetzbar, die den Vereinsmitgliedern zur Verfügung stehen. In Abgrenzung dazu ist ein „Statut" eine „Satzung", die von der zuständigen kirchlichen Autorität überprüft, gebilligt oder genehmigt worden ist, dadurch rechtliche Verbindlichkeit erhält und deshalb mit den Mitteln der kirchlichen Autorität, also mit Hilfe der kirchlichen Rechtsordnung, durchsetzbar ist. Jeder (kirchlich) kanonische Verein muss ein Statut, ein (kirchlich) nicht-kanonischer Verein kann dagegen nur eine Satzung haben. Ein Statut gilt als eine Art Vereinsverfassung, während eine Satzung als eine Art Geschäftsordnung betrachtet werden kann.
In einem Statut müssen von Rechts wegen folgende Fragen der Vereinsverfassung geregelt sein: Zielsetzung, Sitz, Vereinstyp, zuständige kirchliche Autorität, Mitgliedschaftsbedingungen und Vorgehensweise (c.304 §1 i.V.m. c.94). Alles, was das vereinsinterne Leben betrifft, wie Vorstand und andere Gremien, Formen der Willensbildung, sowie Aktivitäten des Vereins sind in einer Satzung zu regeln, die sich der Verein in eigener Verantwortung, also autonom bzw. ohne Mitwirkung der kirchlichen Autorität, aber im Rahmen des übergeordneten Rechts gibt. Ein (kirchlich) kanonischer Verein hat sowohl ein Statut als auch eine Satzung, die nach Maßgabe des Statuts erstellt ist (vgl. Hallermann, Die Vereinigungen, 391–396; 96–99).
[210] Aymans, Vereinigungsrecht, 464, betont hier zu Recht: „Autonomie ist relative Eigenständigkeit. Sie schließt immer eine Zuordnung zur kirchlichen Autorität ein, bleibt aber im Vereinigungswesen der herrschende Gedanke." Und ebd., 496: „Autonomie bedeutet nicht schrankenlose Selbstmacht, sondern rechtliche Gestaltungsfreiheit im Rahmen des übergeordneten Rechts."

In der Einteilung in kanonische und nicht-kanonische kirchliche Vereine kommt zum Ausdruck, dass allen katholischen Christen und Christinnen das Recht zukommt, Vereine zu gründen, die kirchliche Ziele verfolgen, ohne deshalb zugleich verpflichtet zu sein, den Status eines kanonischen Vereins gemäß den cc. 298–329 anzunehmen. Denn ein kanonischer Verein unterliegt auch bestimmten Pflichten gegenüber der kirchlichen Autorität, ist also in der freien Ausübung seiner Rechte eingeschränkt; Rechtsbestimmungen aber, die die freie Ausübung von Rechten einschränken, sind gemäß c.18 eng auszulegen, d.h. sie dürfen nur ihrem genauen Wortlaut entsprechend angewendet werden. Und nach dem genauen Wortlaut der cc. 298–329 sind die Vereine gemäß c.215 nicht erfasst.[211] Das in c.215 gewährte Grundrecht

---

[211] Vgl. Krämer, Kirchenrecht I, 147. Das entspricht der Auffassung der überwiegenden Mehrheit der kirchenrechtlichen Autoren, wie auch aus Hallermann, Die Vereinigungen, 348 und 374, Schüller, Geistliche Leitung, 270 (beide jeweils mit weiteren Literaturbelegen), Loretan, Das Grundrecht der Vereinsfreiheit, 168f, hervorgeht.
Anders dagegen Reinhardt, Vereinigungs- und Versammlungsfreiheit, 215/2, Rdn.3, und Schulz, Volk Gottes: Vereinigungen, Einleitung vor 298/2, Rdn.3, die in dem in c.215 normierten freien Zusammenschluss keine eigene vereinsrechtliche Kategorie sehen, sondern nur eine Verweisbestimmung auf die cc. 298–329.
Eine Art Zwischenposition wird von Schnizer vertreten, wenn er einerseits betont: „Innerhalb dieser kirchlichen Zwecksetzung bleibt es aber den Gläubigen überlassen, ob sie das Angebot des Gesetzgebers von bestimmten Typen und Formen annehmen oder ihre Gruppeninitiative frei gestalten" (Schnizer, Allgemeine Fragen, 569), andererseits aber dafür plädiert, einen Verein gemäß c.215 als kirchlichen Verein im weiteren Sinn zu verstehen. „Im engeren Sinn gebührt der Name kirchlicher Verein nur solchen Körperschaften, die sich auf einen der drei im Gesetz statuierten Hoheitsakte berufen können: Recognitio, approbatio mit Verleihung der Rechtspersönlichkeit, erectio" (Schnizer, Die privaten und öffentlichen kirchlichen Vereine, 579).
Für eine andere Zwischen-Klassifikation steht Aymans, Vereinigungsrecht, 455 und 461 i.V.m. 463f und 471f, der für einen Verein gemäß c.215 verlangt, dass „eine institutionelle Verbindung mit der kirchlichen Autorität" besteht (S.463) bzw. dass er „kraft Satzung mit der kirchlichen Autorität verbunden [ist]" (S.464) bzw. „in rechtlicher Verbindung mit der kirchlichen Autorität [steht]" (S.472), um ihn als kirchlichen Verein qualifizieren zu können.
Ähnlich auch Schmitz, Kirchenunabhängige Unternehmung, 468f: „Gemeinsamen freien Unternehmungen oder freien Vereinigungen mit kirchlich-kanonischer Zielsetzung, die nur aufgrund von cc. 215–216 CIC organisiert sind, aber keine institutionelle Verbindung mit der kirchlichen Autorität besitzen, z.B. durch Überprüfung der Statuten oder durch Einräumung von Mitwirkungsrechten der kirchlichen Autorität in der weltlich-rechtlichen Satzung, kann die Bezeichnung ‚kirchlich' rechtlich nicht zukommen; denn derartige Initiativen können ihre Kirchlichkeit nur durch das Faktum der tatsächlichen Erfüllung ihrer kirchlich-kanonischen Zielsetzung erweisen. Daher kann man sie allenfalls als ‚kirchennahe' Unternehmung oder Vereinigung bezeichnen."
Die hier genannten Autoren erwecken mit ihrer von der gängigen Rechtsauffassung abweichenden Auslegung den Eindruck, dass sie noch in den vereinsrechtlichen

der Gläubigen auf Versammlungs- und Vereinigungsfreiheit verbietet es, einer Vereinigung die mit dem Status eines kanonischen Vereins verbundenen Rechte und Pflichten ohne oder gar gegen den Willen des jeweiligen Vereins aufzunötigen.
Diese Auffassung kommt auch in den „Kriterien für die kirchenamtliche Genehmigung und Satzungsänderungen von katholischen Vereinigungen" zum Ausdruck, die die Deutsche Bischofskonferenz 1993 beschlossen hat.[212] Darin wird nämlich ausgeführt:

Kategorien des CIC/1917 denken, nach denen für jeden kirchlichen Verein eine rechtliche Verbindung mit der kirchlichen Autorität vorgeschrieben war. Ihnen allen ist entgegen zu halten, dass sich ihre Interpretationen weder mit dem Wortlaut des c.215 decken noch in Einklang zu bringen sind mit dem Grundsatz der Autonomie im kirchlichen Vereinswesen und insofern in Widerspruch zu c.18 stehen. Gerade bei den vereinsrechtlichen Bestimmungen ist der Interpretation mit der größten Gestaltungsfreiheit der Vorzug zu geben. Denn dadurch kommt ja gerade der autonome Zug des Vereinsrechts in Abhebung zum Verfassungsrecht zum Tragen. In diesem Sinn ist der Feststellung zuzustimmen, die Schmitz 1999 (in Abhebung zu seiner oben in dieser Anm. zitierten Auffassung von 2003) getroffen hat: „Die Forderung nach innerkirchlicher Anerkennung hat ihre Grundlage in der [spätestens durch die Neuordnung des Rechts zu apostolischer Tätigkeit (c.216 CIC) und des Koalitionsrechts (c.215 CIC) überholten] Auffassung, dass Laien, ob als einzelne oder gemeinsam oder korporativ, nur mit kirchenamtlichem Auftrag ‚kirchlich' zu handeln in der Lage sind, zumal dann, wenn sie sich nur nach weltlichem Recht organisiert haben und damit außerhalb der gesatzten kirchlichen Rechtsordnung existieren" (Schmitz, Mitwirkung der Kirche, 99). Siehe dazu auch in diesem Buch S.311f, Anm.672.
[212] Vgl. AKathKR 162 (1993), 507–510.
Aymans, Vereinigungsrecht, 465, Anm.2, weist hier zu Recht darauf hin: „Im Lichte des CIC ist die Bezeichnung [sc. der DBK] ‚katholische Vereinigung' nicht glücklich; gemeint sind ‚kirchliche Vereinigungen'." Deutlicher in der Kritik ist Hallermann, Katholischer Verein, 407, für den die DBK offensichtlich noch immer vom Vereinstyp „Katholischer Verein" ausgeht, obwohl dieser durch das geltende Vereinsrecht des CIC/1983 abgeschafft ist. Siehe dazu auch in diesem Buch S.103f und S.124.
Zur Problematik der Zuständigkeit der Deutschen Bischofskonferenz in dieser Frage, vgl. Hallermann, Die Vereinigungen, 458, der betont, dass die Deutsche Bischofskonferenz nur für solche kanonischen Vereine Norm setzend zuständig ist, die in ihrem gesamten Konferenzgebiet tätig sind (c.312 §1 n.2). „Die Zuständigkeit der Bischofskonferenz als Leitungsautorität erstreckt sich also weder auf kirchliche Vereinigungen außerhalb des kanonischen Vereinsrechts noch auf solche kanonischen Vereine, die etwa lediglich in einigen der zum Gebiet der Bischofskonferenz gehörenden Bistümer oder als so genannte diözesane Vereine nur in einem einzigen Bistum tätig sind oder tätig werden wollen" (ebd., 458).
In inhaltlicher Sicht ist zu kritisieren: „In den ‚Kriterien' [der Deutschen Bischofskonferenz ist] durchgängig davon die Rede, dass die Satzungen katholischer Vereine der Überprüfung, Billigung oder Genehmigung bedürften, während der Codex diese [sic!] Erfordernis ausschließlich auf die Statuten kanonischer Vereine bezieht und damit dem autonomen Satzungsrecht der Vereine Rechtsschutz gewährt. ... Auch die entsprechenden Ausführungen über den ‚cappellanus', den ‚assistens ecclesiasticus' sowie den ‚consiliarius spiritualis' sind mit dem geltenden Recht nicht in Einklang zu

„2. *Bei Neugründungen katholischer Vereinigungen oder bei Satzungsänderungen* ist zu klären, welche kirchenrechtliche Form angesichts der eigenen Vorgehensweise und Ziele der Vereinigung am meisten angemessen ist. Die schließlich gewählte Rechtsform ist in der Satzung festzulegen. Für eine nicht kanonische Vereinigung ist die Mitwirkung der kirchlichen Autorität nur dann erforderlich, wenn die Vereinigung kraft ihrer Satzung eine besondere Verbindung mit der kirchlichen Autorität vorsieht. Für die in kanonischen Formen zu bildenden Vereinigungen (cc. 298–329) müssen die Satzungen der zuständigen kirchlichen Autorität zu der vom Recht jeweils geforderten Überprüfung (c.299 §3) oder Billigung (c.322 §2) oder Genehmigung (c.314) vorgelegt werden."[213]

In diesen Kriterien vertritt die Deutsche Bischofskonferenz unmissverständlich die Auffassung, dass die Wahl der Rechtsform eines Vereins in der freien Entscheidung des Vereins selbst liegt und dass bei den sog. altkodikarischen und altrechtlichen Vereinen[214] das kirchliche Vereinsrecht nur dann anzuwenden ist, wenn ein solcher Verein seine Statuten ändern möchte.

Unabhängig von der Wahl der Rechtsform steht es schließlich auch jedem kirchlichen Vereinstyp frei, sich mit einem oder mehreren anderen kirchlichen Vereinen zu einem sog. (Dach-)Verband (lateinisch: confoederatio) zusammenzuschließen.[215]

Hat ein kirchlicher Verein die Grundentscheidung getroffen, ein kanonischer Verein sein oder werden zu wollen, so ist in einem zweiten Schritt zu prüfen, ob er das Profil eines *privat kanonischen* oder eines *öffentlich kanonischen* Vereins hat bzw. erhalten

---

bringen. Hinsichtlich der Rechtsstellung dieser Träger von Vereinsämtern beziehen sich die ‚Kriterien' ausschließlich auf ‚Tradition, Selbstverständnis und Aufgabenstellung der Vereinigung', nicht aber auf das geltende Recht" (ebd., 465f, mit Bezugnahme auf H. Schmitz).

[213] AKathKR 162 (1993), 507f.

[214] Zur Begrifflichkeit „altkodikarisch" und „altkirchlich" vgl. in diesem Buch S.90, Anm.154.

[215] Die Möglichkeit, einen Dachverband zu bilden, ist im CIC explizit für die Rechtsform des kirchlichen, öffentlich kanonischen Vereins genannt (c.313), gilt aber nach herrschender Auffassung für alle kirchlichen Vereinsformen. So führt z.B. Aymans, Kirchliche Vereinigungen, 383, aus: „Dieses Recht [sc. der Gründung eines Dachverbandes] ist analog den privaten Vereinen und erst recht den freien Zusammenschlüssen zuzuerkennen, da diese über eine größere Organisationsfreiheit verfügen." Ferner weist Aymans auf folgende Rechtsaspekte hin: „a) Ein Dachverband kann gemäß c.115 §2 erst dann gebildet werden, wenn mindestens drei Vereine sich zusammenschließen. b) Die zu einem Dachverband sich zusammenschließenden Vereinigungen müssen in ihrem Rechtscharakter nicht übereinstimmen. c) Der Rechtscharakter des Dachverbandes folgt nicht aus dem Rechtscharakter der ihm angehörenden Vereinigungen, sondern ist entsprechend seinen eigenen Aufgaben zu bestimmen" (ebd.).

möchte, wobei bei einem privat kanonischen Verein nochmals differenziert werden muss zwischen *privat kanonischem Verein ohne Rechtsfähigkeit* und *privat kanonischem Verein mit Rechtsfähigkeit*.[216] Die ausschlaggebenden Einteilungskriterien für die verschiedenen Formen der kirchlichen Vereine sind also die drei Begriffspaare: nicht-kanonisch oder kanonisch – privat kanonisch oder öffentlich kanonisch – privat kanonisch (ohne Rechtsfähigkeit) oder privat kanonisch mit Rechtsfähigkeit. Explizit hinzuweisen ist auf die Rechtstatsache, dass die innerhalb des kirchlichen Vereinsrechts normierte Belobigung oder Empfehlung eines Vereins durch die kirchliche Autorität (cc. 298 §2 und 299 §2)[217] ebenso unerheblich für die kirchenrechtliche Einteilung der Vereine ist wie die Bezeichnung eines Vereins als „katholisch" (c.300).[218]

---

[216] Schnizer, Die privaten und öffentlichen kirchlichen Vereine, 578f, bemerkt zu Recht: „Eine Definition von ‚privat' hat der Gesetzgeber unterlassen, ‚öffentlich' ist dagegen durch hinreichende Merkmale präzisiert. In Lehre und Praxis besteht jedoch Einigkeit, dass die Attribute privat und öffentlich im Vereinsrecht nichts mit der Unterscheidung zwischen öffentlichem und privatem Recht zu tun haben. Die Qualifikation privat wurde bewusst eingeführt, um den Freiraum der Christgläubigen zu deklarieren. ... Das Wort ‚privat' darf nicht missverstanden werden, die Tätigkeit in kirchlichen Vereinen ist immer gemeinschaftsbezogen, sie ist religiöses Tun und unterliegt als solches der Verantwortung im Gewissen und der Wachsamkeit der Hierarchie."
[217] Aymans, Vereinigungsrecht, 527, erläutert hierzu: „Belobigung und Empfehlung stehen sich sachlich nahe. Man wird jedoch in der Empfehlung eine etwas nachdrücklichere Qualifizierung sehen dürfen, weil sie von sich aus nicht nur an den Verein selbst, sondern zugleich an die kirchliche Öffentlichkeit gerichtet ist." Nicht nachvollziehbar ist allerdings die Einschränkung der Belobigung und Empfehlung auf den kanonischen Vereinstyp, wie sie von Aymans, ebd., 477, vorgenommen wird.
[218] Schulz, Die vereinsrechtlichen Kategorien, 524, erläutert in diesem Kontext treffend: Bei Vereinen, die die Bezeichnung „katholisch" schon vor dem Inkrafttreten des CIC/1983 mit zumindest stillschweigender Gestattung der kirchlichen Autorität geführt haben „darf die Bestimmung von c.300 nach Maßgabe der allgemeinen Norm des c.9 nicht rückwirkend ausgelegt werden. ... [Hier darf vielmehr] die stillschweigende Gestattung der kirchlichen Autorität vermutet werden." Ähnlich auch Schnizer, Allgemeine Fragen, 577f, Aymans, Kirchliche Vereinigungen, 385.
Aymans, Vereinigungsrecht, 529 macht auf den Unterschied der beschreibenden in Abhebung zur rechtlichen Verwendung von „katholisch" aufmerksam: „In diesem Sinn besteht ein rechtlicher Unterschied beispielsweise zwischen den Bezeichnungen ‚Katholische Arbeitnehmervereinigung' und ‚Vereinigung katholischer Arbeitnehmer'; für erstgenannte bedarf es der kirchenamtlichen Zustimmung, für die letztgenannte nicht. Diese Unterscheidung ist auch darin gerechtfertigt, dass eine kirchliche Vereinigung von ihrer kanonisch anerkannten Zielsetzung her, nicht aber von der bloßen katholischen Konfession der Mitglieder her definiert wird. Es besteht kein Rechtsanspruch auf die Qualifizierung als ‚katholischer' Verein ... . Ein Verein, der die Bezeichnung ‚katholisch' führt, bringt damit öffentlich in besonderem Maße sowohl seinen kirchlichen Charakter wie auch den damit verbundenen Anspruch zum Ausdruck. Dadurch wird aber zugleich die Kirche als solche in der Öffentlichkeit mit

a) Der nicht-kanonische Verein gemäß c.215

Weil der kirchliche Gesetzgeber das Grundrecht der Vereins- und Versammlungsfreiheit auch als ein innerkirchliches Grundrecht anerkennt, hat er innerhalb des Kataloges über die grundlegenden „Pflichten und Rechte aller Gläubigen" (cc. 208–223) explizit normiert, dass Katholiken und Katholikinnen „Vereinigungen für Zwecke der Caritas oder der Frömmigkeit oder zur Förderung der christlichen Berufung in der Welt" gründen und leiten können (c.215 CIC). Da es für diese Art von kirchlichen Vereinen keine (weiteren) speziellen kirchenrechtlichen Vorgaben gibt, kommt ihnen im Rahmen des allgemeinen kirchlichen Rechts die größtmögliche Unabhängigkeit und Gestaltungsfreiheit ihrer Vereinsstruktur und -aktivität zu. Sie sind rechtlich an keine bestimmte Organisationsform gebunden. Ihnen „steht es also auch frei, vereinsrechtliche Organisationsformen des weltlichen Rechts in Anspruch zu nehmen und ihre innere Ordnung nach den Vorgaben der einschlägigen Rechtsbestimmungen zu gestalten. Hinsichtlich des Zustandekommens der Vereinssatzung oder ihrer Abänderung sowie der für die innere Ordnung zu beachtenden Mindesterfordernisse sind dann ausschließlich die Vorgaben der jeweils gewählten Rechtsgrundlage zu beachten. Dabei steht es diesen Vereinigungen auch frei, etwa die zivile Rechtsfähigkeit als ‚eingetragener Verein' zu erwerben, ohne dass dies etwas an ihrer kanonischen Rechtsstellung ... ändern würde."[219] Kirchliche Vereine dieser Art werden daher auch als „freie Zusammenschlüsse" bezeichnet. Genau gesprochen handelt es sich um *freie Zusammenschlüsse mit einer kirchlichen Zielsetzung* (Caritas, Frömmigkeit, christliche Berufung).

Aus der Perspektive der Unterscheidung zu den anderen kirchlichen Vereinstypen und deren Abhängigkeit von der jeweils zuständigen kirchlichen Autorität gilt für den kirchlichen, aber nicht-kanonischen Verein gemäß c.215: Die kirchliche Autorität hat hier keinerlei Einwirkungsrechte; sie kann lediglich – wie bei

---

dem ‚katholischen Verein' verstärkt in Verbindung gebracht. Der CIC nennt die Gründe nicht, die dem Zustimmungsvorbehalt zugrunde liegen... . Dieser Zustimmungsvorbehalt ist aber nicht nur formaler Art, sondern in der öffentlich zum Ausdruck gebrachten Verbindung mit der Kirche als solcher sachlich begründet. Deshalb besteht ein berechtigtes öffentliches Interesse daran, dass nur solche Vereine sich ‚katholisch' nennen dürfen, deren Kirchlichkeit sich in der Praxis bewährt hat oder durch entsprechende Satzungsvorkehrungen hinreichend gesichert ist."
[219] Hallermann, Die Vereinigungen, 379.

den anderen Vereinstypen auch – Vereinigungen empfehlen oder vor ihnen warnen und gegebenenfalls von der Strafbestimmung des c. 1374 Gebrauch machen, die besagt:

> „Wer einer Vereinigung beitritt, die gegen die Kirche Machenschaften betreibt, soll mit einer gerechten Strafe belegt werden; wer aber eine solche Vereinigung fördert oder leitet, soll mit dem Interdikt bestraft werden."

Somit hat die kirchliche Autorität gegenüber einem kirchlichen, aber nicht-kanonischen Verein „nur die rechtlichen Möglichkeiten, die sie auch gegenüber nichtkirchlichen Vereinigungen hat: Sie beurteilt ihn nach dem Maßstab des kirchlichen Gemeinwohls gleichsam von außen im Hinblick auf die Mitwirkung von Gläubigen."[220]

b) Der kanonische Verein gemäß cc. 298–329

Im Unterschied zum nicht-kanonischen Verein bzw. freien Zusammenschluss ist ein kanonischer Verein in der Ausübung seiner Rechte nicht mehr so frei, sondern unterliegt bestimmten Pflichten gegenüber der zuständigen kirchlichen Autorität. Das betrifft – je nach kanonischem Vereinstyp in abgestufter Form – vor allem die Vereinssatzung, die Vereinsführung und die Bestellung von speziellen Vereins-Seelsorgern und -Seelsorgerinnen. Schlüsselbegriffe sind hier „Billigung" in Abhebung von „Genehmigung" und „Gutheißung" der Satzung sowie die Bestellung eines „geistlichen Beraters" in Abgrenzung von einem „kirchlichen Assistenten"[221] bzw. „Kaplan" und beide in Abhebung von den – teilkirchlichen, im Bereich der Deutschen Bischofskonferenz entstandenen – Bezeichnungen „geistliche(r) Begleiter/Begleiterin", „geistliche(r) Assistent/Assistentin" und „geistliche(r) Verbandsleiter/-leiterin."[222] „Die Gegenleistung besteht darin, dass die innere Ordnung [des kanonischen Vereins] von der bloßen Konventionalordnung zum Statut erhoben wird und so für

---

[220] Aymans, Das konsoziative Element, 1049.
[221] Die im Auftrag der Deutschen Bischofskonferenz erstellte Übersetzung gibt die lateinische Wendung „assistens ecclesiasticus" ungenau wieder mit „geistlicher Assistent." Daher wird im Folgenden bei der Zitation aus der deutschen Übersetzung des CIC/1983 „geistlich" stets mit „kirchlich" ersetzt.
[222] Die letztgenannte Bezeichnung gibt es allerdings bisher (noch) nicht in der personalisierten Form, sondern nur als funktionaler Begriff „geistliche Verbandsleitung" (siehe dazu Geistliche Verbandsleitung in den katholischen Jugendverbänden vom 22.1.2007 (Die deutschen Bischöfe Nr.87), passim).

ihre Durchsetzung die Gewährleistung des allgemeinen Kirchenrechts gewinnt: Die innere Ordnung erhält Rechtscharakter im Sinne des kanonischen Rechts."[223]
Unabhängigkeit von der kirchlichen Autorität ist dagegen auf jeden Fall bei allen Regelungen gegeben, die das innere Leben eines Vereins betreffen (z.b. Vorstandschaft und Mitgliederversammlung, sonstige Amtsträgerinnen, Beauftragte, Vermögensverwalter und deren Art und Weise der Bestellung) und meist in einer Satzung festgeschrieben werden (c.309).[224]

1. Der privat kanonische Verein (ohne Rechtsfähigkeit)

Hauptkennzeichen der Nichtrechtsfähigkeit ist die Tatsache, dass der Verein selbst nicht Träger von Rechten und Pflichten sein kann, sondern die Mitglieder nur gemeinsame Verpflichtungen eingehen können (c.310). Auf die Rechtsfähigkeit kann insbesondere dann verzichtet werden, wenn es einem Verein vor allem darum geht, in der Öffentlichkeit einheitlich in Erscheinung zu treten, er aber „gemäß seinen satzungsmäßig umschriebenen Zielen weder auf Mitgliederversammlungen zur Ermittlung des Handlungswillens noch auf ein im strikten Sinne verstandenes Vereinsvermögen angewiesen ist."[225]
Die grundsätzlich garantierte Autonomie dieses Vereinstyps hinsichtlich des Vereinslebens und der Vereinsleitung (c.321) ist zwar gewahrt, jedoch durch die kirchliche Überprüfung der Vereinsstatuten (c.299 §3) und die kirchliche Aufsicht und Leitung der Vereinsführung (c.323 §1) im Hinblick auf „die Unversehrtheit von Glaube und Sitten ... und kirchliche Disziplin" (c.305 §1) eingeschränkt.[226] Die hierfür zuständige kirchliche Autorität ist gemäß c.305 §2 der Apostolische Stuhl bei Vereinen

---

[223] Aymans, Das konsoziative Element, 1041. Im Unterschied zum Statut (vgl. c.94 und in diesem Buch S.106, Anm.209) kann die sog. Konventionalordnung eines nicht-kanonischen Vereins (c.215) nicht mit Hilfe des Kirchenrechts durchgesetzt werden.
[224] Vgl. Hallermann, Vereinsrecht, 767.
[225] Aymans, Kirchliche Vereinigungen, 378; vgl. Ders., Vereinigungsrecht, 487.
[226] Hallermann, Eigenes Charisma, 453, charakterisiert die rechtliche Bedeutung der Überprüfung (recognitio) der Statuten und der sich daraus ergebenden Anerkennung (agnitio) des privat kanonischen Vereins treffend wie folgt: „Diese Überprüfung beinhaltet lediglich die Feststellung, dass die Statuten nichts enthalten, was dem übergeordneten Recht entgegenstehen würde. Die Anerkennung schafft nicht den privaten Verein, sondern sie bekräftigt lediglich das Rechtsgeschäft, das die Gläubigen in freier Initiative abgeschlossen haben und nimmt das Bestehen der Vereinigung in der Kirche zur Kenntnis."

jedweder Art, der Ortsordinarius bei diözesanen bzw. in der Diözese tätigen Vereinen.

Eine weitere Einschränkung der Freiheit ist gegeben, wenn ein privat kanonischer Verein das Amt eines „geistlichen Beraters" einrichtet. Nach c.324 §2 ist ein solches Amt vom kirchlichen Gesetzgeber zwar nicht verpflichtend vorgeschrieben, wohl aber in seinen Rahmendaten insofern festgelegt, als der „geistliche Berater" Priester sein und von der zuständigen kirchlichen Autorität bestätigt sein muss. Wörtlich legt c.324 §2 fest:

> „Ein privater Verein von Gläubigen kann sich nach Wunsch frei unter den Priestern, die rechtmäßig in der Diözese ihren Dienst ausüben, einen geistlichen Berater wählen; dieser bedarf jedoch der Bestätigung des Ortsordinarius."[227]

Fasst man Autonomie und Abhängigkeit zusammen, so ergibt sich für den privat kanonischen Verein folgendes Bild: Einerseits frei in der Gründung (c.299 §1), der Vereinsführung (c.321), der Bestellung des/der Vorsitzenden und der Amtsträger und Amtsträgerinnen (c.324) sowie in der Vermögensverwaltung (c.325) untersteht der privat kanonische Verein ohne Rechts-

---

[227] Vgl. dazu auch in diesem Buch S.124–135.
Zur kanonistischen Diskussion, wie bei sog. mehrdiözesanen Vereinen zu verfahren ist, vgl. Schulz, Volk Gottes: Vereinigungen, 324/3, Rdn.6; Aymans, Vereinigungsrecht, 533f; Schüller, Geistliche Leitung, 274–276. In der Praxis hat sich hierbei im Bereich der Deutschen Bischofskonferenz als Vorgehensweise eingebürgert, „bereits vor einer Wahl eines geistlichen Beraters das Einverständnis der zuständigen Inkardinationsordinarien der zur Wahl stehenden Kandidaten einzuholen, um dann nach der erfolgten Wahl die confirmatio auszusprechen" (ebd., 276).
Schulz, Volk Gottes: Vereinigungen, 324/2f, Rdn.5, betont: Der Sinn der Bestätigung des ausgewählten Priesters durch die kirchliche Autorität „ist nicht, die Autonomie … beim Aussuchen eines Kandidaten für das Amt des geistlichen Beraters einzuschränken; vielmehr steht dahinter offensichtlich die praktische Überlegung, dass aufgrund des besonderen Dienstverhältnisses eines Priesters zu seinem Ordinarius … der Ortsoberhirt grundsätzlich über den Aufgabenbereich und -umfang der ihm unterstellten Priester mitbefinden muss. Damit soll nicht zuletzt einer unguten Ämterhäufung vorgebeugt werden, die leicht zu Lasten der sonstigen Aufgaben eines Geistlichen gehen kann, die diesem von seinem Bischof oder Ordensoberen übertragen worden sind. Die Einschränkung von §2 ist also nicht vereinsrechtlich restriktiv zu deuten, sondern soll klerikerrechtlich Pflichtenkollisionen vermeiden. Dahinter steht unausgesprochen die Annahme des kanonischen Gesetzgebers, dass das Amt des geistlichen Beraters einer privaten Vereinigung in der Kirche sehr oft bzw. in aller Regel nicht hauptamtlich zu versehen ist." Ähnlich hebt Hallermann, Eigenes Charisma, 454, hervor: „Die im Zusammenhang mit einem eventuell aus dem Kreis der Priester zu bestellenden geistlichen Berater in c.324 §2 CIC angesprochene Bestätigung (confirmatio) seitens des Ortsordinarius konstatiert kein Zustimmungsrecht eines Bischofs oder einer Bischofskonferenz zu einer Wahl, sondern bezieht sich ausschließlich auf die Freistellung des betreffenden Priesters durch seinen Inkardinationsordinarius für die Übernahme eines Vereinsamtes."

fähigkeit andererseits der kirchlichen Autorität im Hinblick auf die Überprüfung seiner Vereinsstatuten (c.299 §3), die Bestätigung des geistlichen Beraters (c.324 §2), die Aufsicht über die zweckgetreue Verwaltung des eigenen wie auch des zugewendeten Vermögens (c.325) und die Möglichkeit der Auflösung des Vereins, „wenn seine Tätigkeit zu einem schweren Schaden für die kirchliche Lehre bzw. Disziplin wird oder den Gläubigen zum Ärgernis gereicht" (c.326).

2. Der privat kanonische Verein mit Rechtsfähigkeit

Lässt ein Verein seine Statuten durch die zuständige kirchliche Autorität nicht nur überprüfen, sondern auch billigen, kann er durch ein förmliches Dekret die Rechtsfähigkeit bzw. Rechtspersönlichkeit erwerben, d.h. eine juristische Person werden (cc. 322, 117). Meint die Überprüfung – wie sie beim privat kanonischen Verein ohne Rechtsfähigkeit vorgeschrieben ist – eine Nichtbeanstandung[228] bzw. kanonische Unbedenklichkeits-Entscheidung,[229] so geht es bei der Billigung über die rechtliche Nichtbeanstandung hinaus auch um „eine Stellungnahme der kirchlichen Autorität zu den Zwecken des Personenzusammenschlusses und um eine Gutheißung der in der Satzung festgelegten Methoden zur Erreichung dieser Ziele."[230] Oder anders gesagt: Bleibt die kirchliche Autorität bei der Überprüfung in ihrer Stellungnahme gleichsam „außerhalb" der Statuten und bestätigt nur die kanonische Unbedenklichkeit, so ist „das Engagement der kirchlichen Autorität [bei der Billigung der Statuten] erheblich einlässlicher."[231] Das heißt konkret, dass die Billigung der Statuten bzw. die Verleihung der Rechtsfähigkeit in das Ermessen der zuständigen kirchlichen Autorität gestellt ist. Für diese Ermessens-Entscheidung hat der kirchliche Gesetzgeber in c.114 einige Kriterien festgelegt. Von dem Erfordernis, dass der Verein auf ein Ziel hingeordnet sein muss, „das mit der Sendung der Kirche übereinstimmt und die Zielsetzung Einzelner übersteigt" (c.114 §1) abgesehen, ist hier insbesondere die Vorschrift zu beachten:

> „Die zuständige Autorität der Kirche darf die Rechtspersönlichkeit nur solchen Gesamtheiten von Personen oder Sachen verleihen, die

---

[228] Vgl. Schulz, Volk Gottes: Vereinigungen, 322/1, Rdn.1.
[229] Vgl. ebd., 299/3, Rdn.6; 322/2, Rdn.3.
[230] Ebd., 322/3, Rdn.5.
[231] Ebd., 322/2, Rdn.3.

ein tatsächlich nutzbringendes Ziel verfolgen und nach Erwägung aller Umstände über die Mittel verfügen, die voraussichtlich zur Erreichung des festgesetzten Zieles genügen können" (c.114 §3).
Zuständige kirchliche Autorität für die Billigung und damit für die Verleihung der Rechtsfähigkeit ist hierbei gemäß c.312 für gesamtkirchliche und internationale Vereine der Apostolische Stuhl, für nationale Vereine die zuständige Bischofskonferenz und für diözesane Vereine der entsprechende Diözesanbischof.
Juristische Personen sind Träger von Rechten und Pflichten in der Kirche (c.113 §2). Im Falle eines Vereins mit Rechtspersönlichkeit betrifft das vor allem das Vereinsvermögen; während nämlich bei einem Verein ohne Rechtsfähigkeit die einzelnen Mitglieder Eigentümer des Vereinsvermögens sind, ist der rechtsfähige Verein selbst Eigentümer des Vereinsvermögens (cc. 310; 1255; 1257 §2). Ist es einem Verein ohne Rechtsfähigkeit freigestellt, in seinen Statuten einen Vertreter bzw. Verwalter für das Vermögen der Vereinsmitglieder vorzusehen, ist der rechtsfähige Verein verpflichtet, in seinen Statuten die Vertretung wie auch die Verwendung des Vereinsvermögens bei Auflösung des Vereins festzulegen (cc. 118 und 120).
Im Hinblick auf die Frage der Autonomie des privat kanonischen Vereins mit Rechtsfähigkeit im Vergleich zu dem ohne Rechtsfähigkeit ist festzuhalten, dass lediglich die Vereinsstatuten von der kirchlichen Autorität nicht nur überprüft, sondern auch gebilligt werden müssen (c.322), ansonsten aber der kirchlichen Autorität nicht mehr Aufsichtsrechte gegeben sind als bei dem privat kanonischen Verein ohne Rechtsfähigkeit.

3. Der öffentlich kanonische Verein

Will ein kirchlicher Verein für seine geistlichen Ziele wie Vermittlung der christlichen Lehre, Förderung des amtlichen Gottesdienstes und/oder des Apostolates *„im Namen der Kirche"* tätig sein, so muss er durch die zuständige kirchliche Autorität errichtet sein, d.h. die kirchliche Autorität muss entweder den Verein selbst gründen oder einen bestehenden Verein zu einem öffentlich kanonischen Verein erheben (cc. 301; 312f; 116). Die zuständige kirchliche Autorität zur Errichtung eines öffentlich kanonischen Vereins bestimmt sich gemäß c.312 nach dem Ort, wo der Verein tätig ist; für gesamtkirchliche und internationale Vereine ist das der Apostolische Stuhl, für nationale die Bischofskonferenz und für diözesane der Diözesanbischof. Das Errichtungsdekret verleiht dabei zugleich auch die Rechtsfähigkeit, also den Status einer juristischen Person und gegebenenfalls einen kirchlichen Sendungsauftrag (c.313).[232] Öffentlich wird demnach ein kanonischer Verein dann genannt, wenn er *im Namen der Kirche* bzw. *im Auftrag der Kirche* handelt. „Das Begriffspaar ‚öffentlich-privat' betrifft also eigentlich die Unterscheidung von amtlichem und nicht-amtlichem Handeln kirchlicher Vereine."[233] Da ein öffentlich kanonischer Verein im Namen der Kirche handelt, setzt die Mitgliedschaft in einem solchen Verein die volle Gemeinschaft mit der katholischen Kirche voraus, so dass gemäß c.316 nicht Mitglied werden oder bleiben kann, „wer öffentlich den katholischen Glauben aufgegeben hat oder von der kirchlichen Gemeinschaft abgefallen ist oder mit der Verhängung bzw. der Feststellung der Exkommunikation bestraft ist." Aus dieser expliziten Bestimmung hinsichtlich der Mitgliedschaft in öffentlich kanonischen Vereinen folgt im Umkehrschluss, dass für alle anderen kirchlichen Vereine keine besonderen Bedingungen der Mitgliedschaft zu beachten sind. Damit ist nicht einmal die Mitgliedschaft in der katholischen Kirche unabdingbare Voraussetzung für die Aufnahme in einen kirchlichen Verein, der nicht öffentlich kanonisch ist, solange sichergestellt ist, dass es sich um einen Verein in der katholischen Kirche handelt und dementsprechend die kirchlich-katholische Zielsetzung des Vereins gewahrt bleibt. Das wiederum dürfte dann der Fall sein, wenn die deutliche Mehrheit der Vereinsmitglieder der katholischen Kirche angehört und die Aktivitäten des Vereins insgesamt eine Übereinstimmung mit der Sendung der katholischen Kirche spiegeln.[234] Die Deutsche Bischofskonferenz hat allerdings 1993

---

[232] Schulz, Die vereinsrechtlichen Kategorien, 526, bemerkt hier zu Recht: „Dabei ist es ein Novum, dass eine solche ‚missio' bzw. ein entsprechendes ‚mandatum' erstmalig im neuen Codex auch juristischen Personen in der Kirche erteilt werden kann."

[233] Krämer, Kirchenrecht I, 148.

[234] In diesem Sinn auch Schulz, Die vereinsrechtlichen Kategorien, 530, Anm.48: „Es sei angemerkt, dass eine Norm bezüglich der Mitgliedschaft von Nichtkatholiken in privaten Vereinigungen der Kirche, wie sie in c.46 §3 des Schema canonum libri II: De Populo Dei, Typis Polyglottis Vaticani 1977, vorgesehen war und wie sie nach ausführlicher Diskussion in der CIC-Reformkommission (vgl. Communicationes 12 [1980] 100–101) in veränderter Form noch als c.307 §4 in das Schema novissimum Codicis Iuris Canonici, Typis Polyglottis Vaticanis 1982, eingegangen war, im CIC/1983 doch keine Aufnahme gefunden hat. Aus dem Schweigen des Gesetzgebers ist m.E. nicht ohne weiteres zu schließen, dass eine solche Mitgliedschaft nun schlechterdings unmöglich sei; wohl aber könnte eine Vereinigung die Bezeichnung ‚katholisch' aberkannt bekommen, wenn die überwiegende Zahl der Mitglieder nicht der katholischen Kirche angehört und Ziele verfolgt werden, die nicht mehr katholisch sind. Eine Mitgliedschaft von Nichtkatholiken liegt folglich in der

in ihren „Kriterien für die kirchenamtliche Genehmigung von Satzungen und Satzungsänderungen von katholischen Vereinigungen" festgelegt, dass nicht nur für öffentlich kanonische Vereine, sondern auch für privat kanonische Vereine zu beachten ist, was das Apostolische Schreiben ‚Christifideles Laici' (Nr.30) aufzählt. Dort werden als „Kriterien der Kirchlichkeit" u.a. genannt, dass für den entsprechenden Verein als Ganzen Folgendes grundlegend sein muss: „die Verantwortung für das Bekenntnis des katholischen Glaubens, ... das Zeugnis einer tiefen und überzeugten communio, in kindlicher Abhängigkeit vom Papst, dem bleibenden und sichtbaren Prinzip der Einheit der Universalkirche, und vom Bischof, dem ‚sichtbaren Prinzip und Fundament der Einheit' in der Teilkirche sowie in der gegenseitigen

---

Satzungsautonomie der Vereinigung, wobei ggf. partikularrechtliche Bestimmungen zu beachten sind." Vgl. auch Ders., Volk Gottes: Vereinigungen, 316/2, Rdn.3; Loretan, Das Grundrecht der Vereinsfreiheit, 177; ausführlich dazu Heinemann, Die Mitgliedschaft nichtkatholischer Christen, 416–426, der hier treffend ausführt: „Aber hier ist zweifelsohne auch die Verantwortlichkeit der katholischen Vereine selbst und derer, die für Satzung und Aufnahme von Mitgliedern Zuständigkeit besitzen, angesprochen. Nach der sehr weiten und allgemeinen Formulierung des c.298 §1 über die Ziele von in der Kirche bestehenden Vereinen wird auch bei der Beurteilung der Zulassung nichtkatholischer Christen zu diesen Vereinen die Frage eine Rolle spielen, welche konkreten Ziele der jeweilige Verein verfolgt. Ein Verein, der es sich gemäß c.298 §1 zur Aufgabe macht, insbesondere den amtlichen Gottesdienst zu fördern, wird bei der Aufnahme nichtkatholischer Christen vor einer anderen Fragestellung stehen als ein Verein, der nach demselben Canon die ‚weltliche Ordnung mit christlichem Geist ... beleben will.' Hier gibt es zweifelsohne mehr an Gemeinsamkeit für Christen" (ebd., 425).
Anders dagegen Aymans, Vereinigungsrecht, 479–482, der in diesem Zusammenhang auch auf die Kriterien der DBK für die kirchenamtliche Genehmigung (vgl. dazu in diesem Buch S.108, Anm.212), Nr.4, verweist, die durch ihre Formulierung „wohl nicht absichtslos das Wichtigste [sc. ob eine Mitgliedschaft oder nur ein Gaststatus von Nichtkatholiken in kanonischen Vereinen möglich ist] im Dunkeln [lassen]" (Aymans, Vereinigungsrecht, 482, Anm.15).
Nochmals anders in die entgegengesetzte Richtung Tillmanns, Die Mitgliedschaft von Nichtkatholiken, 507–509, für den nicht einmal die Mitgliedschaft von nichtkatholischen Christen in einem öffentlich kanonischen Verein unmöglich ist. Denn c.316 ist an katholische Christen adressiert und als ein Recht beschränkendes Gesetz gemäß c.18 nicht unmittelbar auf nichtkatholische Christen oder Nichtchristen anwendbar. „Wenn die Aufgabe des katholischen Glaubens nach can.316 CIC zum Verlust der Vereinsmitgliedschaft führt, liegt nahe, das Festhalten am katholischen Glauben als notwendige Voraussetzung für die Mitgliedschaft anzusehen. Die Aufgabe des Glaubens hindert die Aufnahme in einen öffentlichen Verein nach dem Wortlaut des can.316 CIC aber nur, wenn sie öffentlich erfolgt. Entscheidend für die Versagung der Mitgliedschaft ist folglich nicht die Glaubensaufgabe an sich, sondern erst deren Publizität. Da auch die übrigen in can.316 §1 CIC aufgeführten Tatbestände öffentlichkeitsbezogen sind, ist davon auszugehen, dass die Bestimmung nicht die konfessionelle Homogenität des Mitgliederbestandes gewährleisten soll, sondern der Glaubhaftigkeit des katholischen Zeugnisses dient" (S.508).

‚Hochschätzung aller Formen des Apostolates in der Kirche' ... [sowie] die Übereinstimmung mit der apostolischen Zielsetzung der Kirche, an der sie teilhaben."[235]

Für die spezielle Seelsorge in einem öffentlich kanonischen Verein hat in der Regel die zuständige kirchliche Autorität Vorsorge zu treffen, indem sie einen „Kaplan" bzw. „kirchlichen Assistenten"[236] ernennt:[237]

„... einen Kaplan oder kirchlichen Assistenten jedoch ernennt dieselbe kirchliche Autorität, soweit das förderlich ist, nach Anhörung der Vorstandsmitglieder des Vereins" (c.317 §1, 2. Satzteil).

„In nichtklerikalen Vereinen ... [gilt:] der Kaplan, d.h. der kirchliche Assistent, darf zu diesem Amt nur berufen werden, wenn das die Statuten vorsehen" (c.317 §3).[238]

Die entscheidende Einschränkung in der Autonomie des öffentlich kanonischen Vereins liegt in zwei Tatsachen: Zum einen müssen die Vereinsstatuten wie auch alle späteren Änderungen derselben von der zuständigen kirchlichen Autorität genehmigt werden und treten erst durch diese kirchliche Genehmigung in Kraft (c.314); Genehmigung meint die kirchenamtliche bzw. autoritative Genehmigung[239] und beinhaltet, dass die kirchliche

---

[235] Nachsynodales Apostolisches Schreiben „Christifideles Laici" vom 30.12.1988, in: VAS 87, Nr.30. Die hier genannten Kriterien entsprechen dem, was für jedes Glied der katholischen Kirche gilt, wie ein Blick in die cc. 211, 212, 223 §1 CIC zeigt. Vgl. dazu auch Hallermann, Die Vereinigungen, 360–364.
[236] Vgl. zur Begrifflichkeit „kirchlicher" statt „geistlicher" Assistent in diesem Buch S.112, Anm.221.
[237] Zur kanonistischen Diskussion, ob die Statuten eines öffentlich kanonischen Vereins – unter Bezugnahme ihrer Satzungsautonomie (c.309) – auch regeln können, dass es ein solches Amt nicht gibt, vgl. Schulz, Volk Gottes: Vereinigungen, 317/2f, Rdn.3; Aymans, Vereinigungsrecht, 505; Schüller, Geistliche Leitung, 277f; Hallermann, Die Vereinigungen, 421.
Zur kirchenrechtlichen Debatte, ob die gesetzliche Aussage „einen Kaplan oder kirchlichen Assistenten" (cappellanum vero seu assistens ecclesiasticum ... nominat) so gedeutet werden kann, dass hier von zwei verschiedenen Ämtern die Rede ist, vgl. Schulz, Volk Gottes: Vereinigungen, 317/3,f, Rdn.6; Schüller, Geistliche Leitung, 280; Hallermann, Die Vereinigungen, 300 und 423.
[238] Nichtklerikale Vereine sind sog. Laienvereine (cc. 327–329). Als einziges Kriterium für einen Laienverein gilt die negative Abgrenzung, dass es kein klerikaler Verein ist. Als klerikaler Verein gilt wiederum gemäß c.302 ein Verein von Gläubigen, der unter der Leitung von einem Kleriker steht, die Ausübung der heiligen Weihe vorsieht und als solcher von der zuständigen Autorität anerkannt ist. Zum Amt des kirchlichen Assistenten bzw. Kaplan vgl. auch in diesem Buch S.124–126.
[239] Vgl. Schulz, Volk Gottes: Vereinigungen, 299/3, Rdn.6; 322/1, Rdn.1; 314/1, Rdn.2.

Autorität nicht nur nach rechtlichen, sondern auch nach sachlichen Kriterien Einfluss auf die Statuten nehmen kann, geht also bei weitem über die Überprüfungsfunktion bei privat kanonischen Vereinen ohne Rechtsfähigkeit und über die Billigungsfunktion bei privat kanonischen Vereinen mit Rechtsfähigkeit hinaus: mit der Genehmigung ist immer auch „eine *inhaltliche Zustimmung* der kirchlichen Autorität zur beabsichtigten Zwecksetzung"[240] des öffentlichen Vereins verbunden. Zum anderen kommt der kirchlichen Autorität die „Oberleitung" über den öffentlich kanonischen Verein hinsichtlich der Vereinsführung und Vermögensverwaltung zu (cc. 315, 319).[241] Das heißt konkret, dass die kirchliche Autorität nicht nur eine Aufsicht ausübt, sondern darüber hinaus auch weisungsbefugt ist, wenn gleich nicht weisungsverpflichtet. Die kirchliche „Oberleitung" kommt auch in der Mitwirkung an der Bestellung der Amtsträger des Vereins zum Ausdruck. So wird gemäß c.317 §1 der Vorsitzende von der kirchlichen Autorität ernannt, nach erfolgter Wahl bestätigt oder aufgrund eines Vorschlagsrechtes des Vereins eingesetzt; in welcher der genannten Formen die zuständige kirchliche Autorität mitwirkt, wird in den Statuten festgelegt. Ebenso wird der kirchliche Assistent bzw. Kaplan – bei Bedarf nach Anhörung der Vorstandsmitglieder – von der kirchlichen Autorität ernannt (c.317 §1; vgl. auch §3). Desgleichen liegen die Entlassung des Vorsitzenden und des Kaplans zu (c.318) sowie die Auflösung des Vereins c.320) in der Hand der kirchlichen Autorität.

„In die Gruppe der öffentlichen Vereine gehört die übergroße Mehrzahl, der seit alters her bestehenden Bruderschaften, Drittorden und sonstigen frommen Vereine. Deren Statuten gibt es schon seit Jahrhunderten, nicht selten schon seit dem hohen Mittelalter. Sie werden dem Errichtungsdekret zu Grunde gelegt, ein vorgängiger Approbationsakt ist bei dieser historischen Realität entbehrlich."[242]

---

[240] Hallermann, Eigenes Charisma, 457 (Hervorhebung von Verf.in).
[241] Hallermann, Vereinsrecht, 767, macht zu Recht darauf aufmerksam: „Das Vereinsvermögen eines öffentlichen Vereins ist gemäß c.1257 §1 i.V.m. c.319 Kirchenvermögen und muss entsprechend den einschlägigen Rechtsvorschriften verwaltet werden. ... [Private Vereine] verwalten ihr Vermögen, das nicht Kirchenvermögen ist, nach den Vorschriften der Statuten, wobei die zuständige kirchliche Autorität darüber zu wachen hat, dass das Vereinsvermögen sowie Schenkungen und Spenden satzungsgemäß verwendet werden (c.325)."
[242] Schnizer, Die privaten und öffentlichen Vereine, 584.

Überblickt man die kirchliche Vereinslandschaft im Bereich der Deutschen Bischofskonferenz, so sind zwei bemerkenswerte Beobachtungen zu machen:
1. Die weitaus größte Zahl ist als ein freier Zusammenschluss bzw. kirchlicher, nicht-kanonischer Verein konzipiert. Das hängt auch damit zusammen, dass sehr viele dieser Vereine auf eine lange Tradition zurückgehen und damit zeitlich zum Teil weit vor dem CIC/1983, ja sogar vor dem CIC/1917, entstanden sind. Dadurch haben sie sich bei ihrer Gründung – unter Außerachtlassen der weitgehend unbekannten und restriktiven kirchenrechtlichen Vorgaben des CIC/1917 – vor allem der vielfältigen Möglichkeiten bedient, die das staatliche Recht den verschiedenen Vereinsformen zur Verfügung gestellt hat. „Paradoxerweise haben viele dieser Zusammenschlüsse in freier Entscheidung (Satzungsautonomie) der jeweils zuständigen kirchlichen Autorität oft weitgehende Mitwirkungs- und Eingriffsrechte bei der Bestellung der Vereinsämter und bei Satzungsänderungen eingeräumt. ... Man wird vielen dieser Vereinigungen historisch gesehen kein Unrecht tun, wenn man ihren Gründungsmitgliedern bei der Abfassung der Satzungen eine gewisse ‚Amtsfixiertheit' attestiert, die sich unter anderem in der regelmäßig zu beobachtenden Installierung eines Priesters im Vorstand dieser Vereinigungen dokumentiert."[243]
2. Die kirchenrechtliche Einordnung als kirchlicher, nichtkanonischer Verein wird so gut wie von keinem Verein explizit vorgenommen. Denn oft wird entweder überhaupt kein Hinweis auf den innerkirchlichen Rechtsstatus gegeben wie bei der Arbeitsgemeinschaft für katholische Familienbildung,[244] dem Bund katholischer deutscher Akademikerinnen (BkdA),[245] dem Bund Neudeutschland,[246] dem Bundesverband der katholischen Religionslehrer/innen an Gymnasien,[247] der Deutschen Pfadfinderschaft St. Georg,[248] dem

---
[243] Schüller, Geistliche Leitung, 281f; vgl. dazu auch in diesem Buch S.103f.
[244] http://akf-bonn.de; Satzung der Arbeitsgemeinschaft für katholische Familienbildung AKF e.V., Bonn i.d.F. vom 3.11.1986.
[245] http://www.bkda-online.de/satzung-bkda.pdf; Satzung: Bund katholischer deutscher Akademikerinnen BkdA, Dortmund i.d.F. vom 24.1.2002.
[246] http://www.kath.de/nd/ordnung/nd-ordng.htm.
[247] http://www.bkrg.de/dat/satzung.html.
[248] http://www.dpsg.de/files/grundlagen/DPSG-Ordnung.pdf.

Familienbund der Katholiken,[249] dem Hildegardisverein,[250] der Katholischen Arbeitnehmer-Bewegung (KAB) Deutschlands e.V.,[251] dem Katholischen Deutschen Frauenbund,[252] der Katholischen Erziehergemeinschaft Deutschlands,[253] der Katholischen Jungen Gemeinde (KJG),[254] dem Verband der katholischen Religionslehrerinnen und Religionslehrer an Gesamtschulen[255] und vielen anderen kirchlichen Vereinen. Sie alle sind offensichtlich als kirchliche, nicht-kanonische Vereine einzustufen. Oder man begnügt sich mit unspezifischen Hinweisen; so heißt es beispielsweise bei der Ackermann-Gemeinde lediglich, dass der Verein, „soweit es sich um die Beachtung kirchlicher Grundsätze handelt, ... der Rechts- und Fachaufsicht des Erzbischofs von München und Freising [untersteht],"[256] oder bei der Katholischen Elternschaft Deutschlands, dass „der Verein und seine Organe der Aufsicht der Deutschen Bischofskonferenz [unterliegen]."[257] Damit verstehen sich auch diese beiden Vereine wohl als kirchliche, nicht-kanonische Vereine.

Nur selten wird in aller Klarheit der kirchenrechtliche Vereinstyp benannt. Als vorbildhaft können hier bei der Einordnung als kirchlicher, privat kanonischer Verein ohne Rechtsfähigkeit gelten: der Allgemeine Cäcilien-Verband für Deutschland,[258] die Christliche Arbeiterjugend,[259] die DJK,[260]

---

[249] www.familienbund.org; Bundesstatut vom 1.1.2002, hrsg. v. Familienbund der Katholiken, Bundesgeschäftsführung, Berlin 2002.
[250] http://www.hildegardis-verein.de; Vereinssatzung: Hildegardis Verein, Bonn, i.d.F. vom 25.8.2006.
[251] http://www.kab.de/mm/mm002/KAB_Satzung_2007.pdf.
[252] http://www.frauenbund.de/fileadmin/user_upload/Downloads/pdf/satzung_kdfb.pdf.
[253] http://keg-bayern.org/service_satzung.php.
[254] http://www.kjg.de/fileadmin/user_upload/09_download/satzung/satzung-2001-a4-web.pdf.
[255] http://www.v-r-g.de/satzung.htm.
[256] http://www.ackermann-gemeinde.de; Satzung des Sozialwerks der Ackermann-Gemeinde e.V. gemäß Beschlussfassung der Außerordentlichen Mitgliederversammlung vom 7.12.2001, Art.5.
[257] http://www.ked-bonn.de; Satzung der Katholischen Elternschaft Deutschlands e.V. (KED), Bonn i.d.F. vom 3.5.2003, §12.
[258] http://www.acv-deutschland.de/tool.php?tool=sites_1_0&fid=1&kurz=satzung: „Gemäß Can. 298 §1 CIC ist er ein privater kirchlicher Verein" (§1 (1)).
[259] http://www.caj.de; Satzung des CAJ Deutschland e.V., Köln i.d.F. vom 12.6.2004, §1 (2): „Der CAJ Deutschland e.V. ist ein privater kanonischer Verein."
[260] http://www.djk.de/1_wir_ueber_uns/5_satzung/fr_mi_satzung.htm: „Der DJK-Sportverband Deutsche Jugendkraft e.V. ist ein nicht rechtsfähiger privater Verein im Sinne des kanonischen Rechtes" (§1 (7)).

das Forum Hochschule und Kirche e.v.,²⁶¹ der Katholische Akademikerverband Deutschlands (KAVD),²⁶² der Katholische Berufsverband für Pflegeberufe e.v.²⁶³ und der Sozialdienst katholischer Frauen.²⁶⁴ Mustergültige Beispiele für die Einordnung als kirchliche, privat kanonische Vereine mit Rechtsfähigkeit sind der Bund Katholischer Unternehmer²⁶⁵ und die Katholische Frauengemeinschaft Deutschlands.²⁶⁶ Eindeutig als kirchlicher, öffentlich kanonischer Verein benannt ist die Gemeinschaft Christlichen Lebens in Deutschland.²⁶⁷

5. Die Vereins-Seelsorge in ihren unterschiedlichen Bezeichnungen und Funktionen

Wie schon das II. Vatikanische Konzil treffend ausgeführt hat, sind die Vereine in der Kirche „sich nicht selbst Zweck, [sondern] müssen dazu dienen, die Sendung der Kirche bezüglich der Welt zu erfüllen; ihre apostolische Kraft hängt von der Gleichförmigkeit mit den Zielen der Kirche ab sowie vom christlichen Zeugnis

---

[261] http://www.fhok.de/system/cms/data/dl_data/5ab9b686b3abfaa63350c2fb164b115 9/Satzung_zum_Download.pdf: „Der Verein ist von der Deutschen Bischofskonferenz als privater, nichtrechtsfähiger Verein kirchlichen Rechts nach Codex Iuris Canonici (CIC) anerkannt" (§1 (4)).
[262] http://www.kavd.de/fileadmin/template/main/Wir_ueber_uns/satzung.pdf: „Der Verband hat die kirchenrechtliche Form eines privaten Vereins (consociatio privata) von Gläubigen gemäß c.299 CIC" (§2 (5)).
[263] www.kathpflegeverband.de; Satzung: Katholischer Berufsverband für Pflegeberufe e.V., Mainz i.d.F. vom 23.4.2005, §1 (3): „Der Verein ist ein privater nicht rechtsfähiger Verein nach cc. 298, 321 ff CIC."
[264] http://www.skf-zentrale/html/satzung.htmlde: „Der Verein ist ein privater Verein ohne Rechtspersönlichkeit im Sinne des Codex des kanonischen Rechts can. 321ff" (§1 (4)).
[265] http://www.bku.de/index.php; Satzung des BKU, Essen i.d.F. 12.10.2007, §1 (4): „Der Verein ist eine private juristische Person nach Maßgabe von can.116 §1 des Gesetzbuches der römisch-katholischen Kirche von 1983 (CIC/1983)."
[266] http://www.kfd-bundesverband.de/download/Satzung_kfd_BV_06.pdf: „Die kfd ist ein privater rechtsfähiger Verein von Gläubigen im Sinne der Canones 321 ff. des Codex Juris Canonici (CIC)" (§2 (1).
[267] http://www.gcl.de/Dokumente/Allgemeine_Grundsatze.pdf: „ ...unter Berücksichtigung der geltenden Normen des kanonischen Rechts für Vereinigungen von Gläubigen innerhalb der Kirche, bestätigt der Päpstliche Rat für die Laien die Gemeinschaft christlichen Lebens als eine internationale öffentliche Vereinigung von Gläubigen päpstlichen Rechts – in Übereinstimmung mit canon 312 ff. des derzeitigen kirchlichen Gesetzbuches" (Anerkennungsdekret).

und evangelischen Geist der einzelnen Mitglieder und der ganzen Vereinigung" (AA 19,2). Somit ist Kennzeichen kirchlicher Vereine, dass ihre Mitglieder aus dem christlichen Selbstverständnis und der Gemeinschaft der katholischen Kirche heraus tätig sind. Das kann allerdings nur gelingen, wenn der Geist des Evangeliums und die kirchliche Tradition das Vereinsleben prägen und mitbestimmen. Um das zu gewährleisten, ist es sinnvoll, in jedem kirchlichen Verein eine(n) besondere(n) Seelsorger/Seelsorgerin damit zu beauftragen, die christlich-spirituelle Dimension der Vereinsarbeit zu wecken, zu fördern und zu leiten. „Dies bedeutet konkret, Glaubenserfahrungen zu ermöglichen, Glaubenswissen an die Verbandsmitglieder zu vermitteln, Glaubenszeugnis in der Welt von heute zu geben (Martyria). Es bedeutet ebenso, Sorge zu tragen für die Gestaltung der Liturgie, d.h. für die Möglichkeit der Eucharistiefeier und für ... [angemessene] Formen von Gebet und Gottesdienst (Leiturgia). Damit wird auch ein Beitrag zur Bildung und Stärkung der Gemeinschaft geleistet, die sich im Dienst der Nächstenliebe besonders gegenüber Bedrückten und Gefährdeten, Hilfsbedürftigen und Kranken bewähren muss (Diakonia)."[268]

War die Vereins-Seelsorge früher das Tätigkeitsfeld des *Präses*, der auch als *Rektor, Direktor, Kurator, geistlicher Beirat, geistlicher Leiter* oder *Kaplan* bezeichnet wurde,[269] so sieht dafür das geltende Vereinsrecht des CIC/1983 explizit die beiden Ämter des *geistlichen Beraters* und *kirchlichen Assistenten*[270] bzw. *Kaplans* vor. Außerdem sind teilkirchenrechtlich im Bereich der Deutschen Bischofskonferenz Ende der 1980er Jahre noch der/die *Geistliche(r) Begleiter/Begleiterin* bzw. *geistliche(r) Assistent/Assistentin* in Abhebung zu dem *geistlichen Leiter* sowie neuerdings der/die *geistliche(r) Verbandsleiter/-leiterin* als weitere Ämter in der Vereins-Seelsorge hinzugekommen. Zu dieser gesamt- und teilkirchlichen Entwicklung ist zusätzlich die Tatsache zu beachten, dass viele Vereine, die weit vor dem Inkrafttreten des CIC/1983 entstanden sind, das in ihrer Gründungszeit übliche Amt des Präses beibehalten bzw. auf die neuen Ämter übertragen haben.

---

[268] Geistliche Leitung in den katholischen Jugendverbänden (26.11.1997), in: Die deutschen Bischöfe Nr.59, S.8; vgl. Geistliche Verbandsleitung in den katholischen Jugendverbänden (22.1.2007), in: Die deutschen Bischöfe Nr.87, S.10–14.
[269] Vgl. dazu in diesem Buch S.103f.
[270] Vgl. zur Begrifflichkeit „kirchlicher" statt „geistlicher" Assistent in diesem Buch S.112, Anm.221.

a) Geistlicher Berater und kirchlicher Assistent/Kaplan im CIC/1983

Hinsichtlich der gesamtkirchlichen Rechtsvorgaben für das Amt der besonderen Seelsorge in einem kirchlichen Verein sind folgende Aspekte hervorzuheben: Zunächst ist zu betonen, dass das kirchliche Gesetzbuch dieses Amt nur für Priester vorsieht. Zweitens ist zu beachten, dass allerdings die Bestellung eines Priesters als besonderer Seelsorger für keinen kirchlichen Vereinstyp verpflichtend vorgeschrieben ist, „wenngleich für einen kanonischen Verein sicher wünschenswert."[271] Diese Aussage macht der Codex explizit für die privat kanonischen Vereine (c.324 §2) und die nichtklerikalen,[272] öffentlich kanonischen Vereine (c.317 §3). Ferner ist in diesem Zusammenhang die unterschiedliche Bezeichnung dieses (priesterlichen) Seelsorgers bei privat und öffentlich kanonischen Vereinen zu beachten, der bei ersterem als „geistlicher Berater" (c.324 §2) bezeichnet wird, bei letzterem als „Kaplan" bzw. „kirchlicher Assistent" (c.317). „Die Amtsaufgaben eines Kaplans sind von Gesetzes wegen festgelegt (cc. 564–572). In Bezug auf den geistlichen Berater fehlt gemeinrechtlich eine solche Vorgabe. Folglich ist es Sache der Satzungen, dessen Befugnisse und Zuständigkeiten näher zu regeln. Dabei ist bereits aus der unterschiedlichen Amtsbezeichnung im Codex erkennbar, dass der Kaplan oder assistens ecclesiasticus enger der Hierarchie zugeordnet ist, als das beim geistlichen Berater einer privaten Vereinigung der Fall ist."[273] Und schließlich ist viertens darauf aufmerksam zu machen, dass die beiden Ämter des geistlichen Beraters und kirchlichen Assistenten bzw. Kaplans nicht mehr wie das Amt des Präses im CIC/1917 als Leitungs- und Aufsichtsamt, sondern als ausschließlich seelsorgliche Ämter konzipiert sind mit der Aufgabe, den Verein und seine Mitglieder mit seelsorglichen Mitteln bei der Verwirklichung des Vereinszwecks zu unterstützen. Daher ist es problematisch, wenn diese neuen Ämter des CIC/1983 mit der alten Bezeichnung des Präses versehen werden. Denn damit wird letztendlich „auch das durch

---

[271] Schulz, Volk Gottes: Vereinigungen, 324/2, Rdn.4; Vgl. Schüller, Geistliche Leitung, 272.
[272] Zur Unterscheidung von klerikalen und nichtklerikalen Vereinen vgl. in diesem Buch S.119, Anm.238.
[273] Schulz, Volk Gottes: Vereinigungen, 324/2, Rdn.4; vgl. Schüller, Geistliche Leitung, 273 und 279.

das Vaticanum II und den erneuerten CIC überwundene vereinsrechtliche Konzept des CIC/1917 übernommen und auf diese Weise die vom Gesetzgeber ausdrücklich gewollte Leitungsautonomie der Vereinigungen weitgehend ausgehöhlt."[274]

b) Geistliche(r) Begleiter/Begleiterin, geistliche(r) Assistent/Assistentin und geistlicher Leiter im Bereich der DBK seit 1997

In vielen kirchlichen Vereinen ist seit Ende der 1980er Jahre teils neben, teils anstelle der Ämter des Präses, geistlichen Beraters und/oder kirchlichen Assistenten ein neues Amt der „geistlichen Begleitung" entstanden. Das Spezifikum dieses Amtes liegt vor allem darin, dass es von Laien (haupt- oder ehrenamtlich) wahrgenommen wird. Für diese Entwicklung dürften zumindest zwei Gründe ausschlaggebend gewesen sein: zum einen das Anliegen, vermehrt auch Laien stärker als bisher in die besondere Seelsorge der kirchlichen Vereine einzubinden, und zum anderen die Tatsache, dass durch den zunehmenden Priestermangel immer weniger Priester für die besondere Vereins-Seelsorge zur Verfügung stehen.

Vereinsrechtlich ist die/der geistliche Begleiter/Begleiterin als ein kirchliches Amt zu charakterisieren, das zwar das kirchliche Vereinsrecht des CIC/1983 nicht kennt, aber auch nicht ausschließt. Ausschlaggebend dafür ist c.324 §1, der festlegt:

> „Ein privater Verein von Gläubigen bestellt sich frei ... die Amtsträger nach Maßgabe der Statuten."

Mit Hilfe der Klausel „*nach Maßgabe der Statuten*" (c.324 §1) ist das Amt der geistlichen Begleitung also als ein außergesetzliches (nicht: widergesetzliches) Amt der jeweiligen Vereinsstatuten zu bestimmen, und zwar sowohl für nicht-kanonische wie für kanonische Vereine. Anders gesagt: Jeder kirchliche Verein ist aufgrund seiner eigenen Satzungsautonomie frei, für die besonde-

---

[274] Hallermann, Präses, 267, der es auch für problematisch hält, den Aufgabenbereich dieser beiden Ämter als „geistliche Leitung" zu beschreiben, wie es im Dokument der DBK „Geistliche Leitung in den katholischen Jugendverbänden" (vgl. dazu in diesem Buch S.127–135) der Fall ist. Denn „geistliche Leitung" assoziiert ein Amt der umfassenden Seelsorge (vgl. dazu in diesem Buch S.67–70).

re Vereins-Seelsorge ein eigenes – nicht im kirchlichen Gesetzbuch genanntes – Vereinsamt einzurichten.[275]

Wahrscheinlich war es diese Entwicklung, die die Deutsche Bischofskonferenz veranlasst hat, Ende der 1990er Jahre eine weitere Funktionsbezeichnung einzuführen, nämlich die der „geistlichen Leitung", die in Beziehung zu und in Abgrenzung von der „geistlichen Begleitung" gesetzt wird. Demnach kann die „geistliche Leitung" nur von einem Priester wahrgenommen werden, die „geistliche Begleitung" dagegen auch von einem Laien und Diakon. Gemeinsamkeiten und Unterschiede von „geistlicher Leitung" und „geistlicher Begleitung" hat die Deutsche Bischofskonferenz in einem eigenen Schreiben speziell für den Bereich der katholischen Jugendverbände dargelegt. In ihrem Schreiben von 1997 „Geistliche Leitung in den katholischen Jugendverbänden",[276] das wohl auch für die anderen kirchlichen Vereine anzuwenden ist,[277] wird betont, dass Laien den Priester in seiner seelsorglichen Aufgabe unterstützen, entlasten und ergänzen, ihn aber nicht einfach ersetzen können.[278] Dementsprechend können Laien kraft ihrer Taufe und Firmung sowie einer ausdrücklichen kirchlichen Beauftragung zwar *einzelne Aufgaben* der geistlichen Leitung übernehmen, niemals aber die umfassende geistliche Leitung des Priesters wahrnehmen.[279] Geistliche Begleitung umfasst also einen Teilbereich der geistlichen Leitung, eben bestimmte *„Aufgaben* der geistlichen Leitung" – wie

---

[275] So auch Hallermann, Die Vereinigungen, 442, und Schüller, Geistliche Leitung, 276, die diese Feststellung allerdings im Rahmen der Betrachtung der privat kanonischen Vereine treffen.

[276] Veröffentlicht in: Die deutschen Bischöfe Nr.59. Zu formalen Mängeln dieses Beschlusses vgl. Hallermann, Die Vereinigungen, 472f. Zur Ausdrucksweise „ … in den katholischen Jugendverbänden" (Hervorhebung von Verf.in) vgl. in diesem Buch S.108, Anm.212.

[277] So z.B. geschehen im Bistum Limburg, in dem bereits ein Jahr später auf der Grundlage dieses Schreibens – wie in diesem Schreiben selbst gewünscht (vgl. S.12, Nr.5) – diözesanrechtliche Normen zur geistlichen Leitung „der anerkannten kirchlichen Jugendverbände und Erwachsenenverbände im Bistum Limburg" erlassen worden sind (KABl Limburg vom 15.10.1998, 140 (1998), 199f).

[278] Vgl. ebd., 9f. Bei dieser Zuordnung der laikalen zur priesteramtlichen Tätigkeit liegt die Unterscheidung zwischen Seelsorge und Hirtensorge zugrunde (vgl. dazu in diesem Buch S.67–70.

[279] Die deutschen Bischöfe plädieren dabei dafür, dass diese Funktion in der Regel hauptberuflich ausgeübt werden soll: Die geistlichen BegleiterInnen sollen „bereits im kirchlichen Dienst stehen, sich dort bewährt haben und für ein zeitlich begrenztes Wahlamt [man beachte hier die Begrifflichkeit „-amt"!] freigestellt werden können" (Geistliche Leitung in den katholischen Jugendverbänden, S.11, Nr. 4.2.2; vgl. ähnlich Geistliche Verbandsleitung, S.18, Nr. 4.1).

es die deutschen Bischöfe formuliert haben[280] – , aber nicht *die* geistliche Leitung schlechthin bzw. in Fülle – oder mit den Worten der deutschen Bischöfe ausgedrückt: „den umfassenden Dienst der geistlichen Leitung"[281] bzw. „das Amt des Geistlichen Leiters."[282] Als Personenbezeichnung (nicht: Amtsbezeichnung) für die Tätigkeit der geistlichen Begleitung haben die deutschen Bischöfe „geistlicher Assistent" bzw. „geistliche Assistentin" festgelegt. Dabei betonen sie, dass die „*geistlichen* Assistenten und Assistentinnen" vom „*kirchlichen* Assistenten" zu unterscheiden sind, der stets Priester sein muss.[283] Der/die geistliche Assistent/Assistentin ist dem vom Verband bzw. Verein gewählten Priester direkt zugeordnet, um ihn zu ergänzen und zu entlasten. „Priester und Laien, die vom Verband gewählt und von der zuständigen kirchlichen Autorität beauftragt werden, Aufgaben der geistlichen Leitung wahrzunehmen, verantworten sich gegenüber den verbandlichen Gremien und der sie beauftragenden kirchlichen Autorität. ... Mit der Beauftragung wird ausdrücklich verbunden, dass die Laien und Diakone zur Zusammenarbeit mit den Priestern bereit sind, die für die Jugendpastoral zuständig sind, damit insbesondere die Eucharistie und andere sakramentale Glaubensvollzüge im verbandlichen Leben ihren Platz erhalten. ... In den Diözesen tragen die Bischöfe Sorge für geeignete Kommunikationsstrukturen zwischen einem von ihnen benannten Priester und den mit der Wahrnehmung von Aufgaben der geistlichen Leitung beauftragten Personen."[284] Zuständige und beauftragende kirchliche Autorität auf Bundesebene ist die Deutsche Bischofskonferenz, auf Diözesanebene der Diözesanbischof. Als Titel für den/die „geistliche(n) Assistenten/Assistentin" wird „geistliche(r) Begleiter/Begleiterin" empfohlen[285] und abschließend nochmals hervorgehoben:

> „Unabhängig von der gewählten Bezeichnung muss gewährleistet bleiben, dass der Unterschied zum sakramental begründeten, umfassenden Leitungsdienst des Priesters im Rahmen der Beauftragung deutlich bleibt. Bei der Neuformulierung von Vereins-

---

[280] Vgl. dazu Geistliche Leitung in den katholischen Jugendverbänden, S.3, Nr.4.; S.5; S.6, Nr.1.; S.7, Nr. 1.4; S.8, Nr.2.; S.11, Nr. 4.2.3.
[281] Ebd., 5.
[282] Ebd., S.3, Nr.4; S.10, Nr.4.
[283] Ebd., 10.
[284] Ebd., 11.
[285] Ebd., 12.

satzungen muss diese Unterscheidung in die Beschreibung der geistlichen Leitung eingearbeitet werden."[286]

Besonders bemerkenswert ist in diesem Zusammenhang die Tatsache, dass die Tätigkeit der geistlichen Begleitung an keiner Stelle als ein „Amt" betitelt wird. Somit scheint es nach den Vorstellungen der deutschen Bischöfe innerhalb des kirchlichen Vereinswesens nur das (ausschließlich Priestern vorbehaltene) Amt des geistlichen Leiters zu geben, aber kein (Laien offen stehendes) Amt des/der geistlichen Begleiters/Begleiterin.[287] Diese Auffassung ist aber kirchenrechtlich bedenklich. Denn nach den ämterrechtlichen Kategorien des CIC/1983 ist auch der/die geistliche Begleiter/Begleiterin als ein kirchliches Amt zu qualifizieren, wie bereits der Wortlaut des c.145 zeigt:

„Kirchenamt ist jedweder Dienst, der durch göttliche oder kirchliche Anordnung auf Dauer eingerichtet ist und der Wahrnehmung eines geistlichen Zweckes dient" (c.145 §1).

„Ein Kirchenamt kann ohne kanonische Amtsübertragung nicht gültig erlangt werden" (c.146).

Aus dieser Umschreibung des kirchlichen Amtes geht klar hervor, dass als kirchliches Amt nicht nur der geistliche Dienst der Kleriker zu verstehen ist, sondern jeder dauerhaft eingerichtete Dienst, der einen geistlichen Zweck verfolgt, unabhängig davon, ob er von einem Kleriker oder einem Laien, Mann oder Frau wahrgenommen wird. Deshalb wird auch innerhalb des Katalogs der „Pflichten und Rechte der Laien" (cc. 224–231) explizit hervorgehoben:

„Laien, die als geeignet befunden werden, sind befähigt, von den geistlichen Hirten für jene *kirchlichen Ämter* und Aufgaben herangezogen zu werden, die sie gemäß den Rechtsvorschriften wahrzunehmen vermögen" (c.228 §1).

Die von der zuständigen kirchlichen Autorität vorzunehmende bzw. vorgenommene „Beauftragung von Laien mit der Wahrnehmung von Aufgaben der geistlichen Leitung"[288] in einem kirchlichen Verein ist im Sinne des c.146 als kanonische Sendung

---

[286] Ebd., 12.
[287] Hallermann, Die Vereinigungen, 468f, kritisiert an dem Schreiben der deutschen Bischöfe sowohl den Ausdruck „geistliche Begleitung" als „unzutreffenden Begriff" (ebd., 468) wie auch die Qualifizierung der „geistlichen Leitung" als „ein Kirchenamt" (ebd., 467). Beide Kritikpunkte sind nicht nachvollziehbar, zumal sie nicht näher begründet werden.
[288] Geistliche Leitung in den katholischen Jugendverbänden, 10.

bzw. Amtsübertragung eines durch kirchliche Anordnung auf Dauer eingerichteten Dienstes mit geistlicher Zielsetzung gemäß c.145 zu verstehen. Aus kirchenrechtlicher Sicht ist daher festzuhalten: Mit der Einschränkung der Amtsbezeichnung auf den „geistlichen Leiter" eines kirchlichen Vereins im Schreiben über die „Geistliche Leitung" von 1997 wird der Anschein erweckt, als sei das kirchliche Amt auf das Weiheamt beschränkt und könne deshalb nur Klerikern übertragen werden. Dieser Anschein wird erhärtet, wenn an anderer Stelle von den „Weisungen des *kirchlichen Amtes*" die Rede ist statt von „den Weisungen des *geweihten* Amtes".[289] Dieser Sprachgebrauch wie auch die eingeschränkte Verwendung des Amtsbegriffs sind durch das für die ganze römisch-katholische Kirche geltende Gesetzbuch nicht gedeckt.

Zieht man an dieser Stelle ein Zwischenresümee, so ist festzuhalten: Mit der „geistlichen Begleitung" in kirchlichen Vereinen ist im Bereich der Deutschen Bischofskonferenz ein neues und zeitgemäßes Amt geschaffen worden, das im kirchlichen Gesetzbuch bisher nicht vorgesehen, aber auch nicht ausgeschlossen ist. Die rechtliche Ausgestaltung dieses neuen Amtes durch die Vorgaben der Deutschen Bischofskonferenz ist aber zumindest in zweifacher Hinsicht zu kritisieren. Vor allem ist nicht nachzuvollziehen, dass das Amt der Verbands- bzw. Vereins-Seelsorge nicht als das konzipiert worden ist, was es ist, nämlich als ein Amt der spezifischen Seelsorge. Stattdessen ist es als ein Amt der umfassenden Seelsorge bzw. Hirtensorge und damit als kirchliches Leitungsamt angelegt.[290] Als Amt der spezifischen Seelsorge hätte es Laien und Klerikern gleichermaßen übertragen werden können, als Amt der umfassenden Hirtensorge kann es im vollen Sinn nur von einem Priester wahrgenommen werden, weshalb alle nichtpriesterlichen Seelsorger und Seelsorgerinnen direkt einem Priester im Verband bzw. Verein zugeordnet werden müssen. Diese Konzeption erinnert stark an die Rechtsfigur der sog. „priesterlosen Gemeindeleitung" des c.517 §2. Mit anderen Worten: Die Deutsche Bischofskonferenz hat hier offensichtlich

---

[289] Ebd., S.10, Nr. 4.2.1. So auch wieder in dem Schreiben von 2007: „Geistliche Verbandsleitung in den katholischen Jugendverbänden", in: Die deutschen Bischöfe Nr.87, S.18.
[290] Zu der Unterscheidung der kirchlichen Ämter in Ämter der Seelsorge, die Laien und Klerikern offen stehen, und Ämter der umfassenden Seelsorge (= Hirtensorge), die die Priesterweihe voraussetzen, vgl. auch in diesem Buch S.67–70.

verfassungsrechtliche Strukturen auf das Vereinsrecht übertragen[291] und dadurch zumindest in diesem Punkt die gesamtkirchlich geschützte Vereinsautonomie partikularrechtlich unzulässig außer Kraft gesetzt. Hinzu kommt, dass die Zusammenarbeit zwischen Priester und geistlichem Begleiter bzw. geistlicher Begleiterin zwar mehrfach postuliert, aber in keiner Weise rechtlich konkretisiert ist. [292]

c) Geistliche(r) Verbandsleiter/-leiterin im Bereich der DBK seit 2007

Das Schreiben der deutschen Bischöfe „Geistliche Leitung in den katholischen Jugendverbänden" von 1997, das sie in ihrem Geleitwort als „Leitlinien" eingestuft haben,[293] war zur Erprobung für fünf Jahre in Kraft gesetzt worden,[294] wurde nach Ablauf dieser Zeit für zwei weitere Jahre durch Beschluss des Ständigen Rats der Deutschen Bischofskonferenz verlängert[295] und schließlich 2007 durch ein neues Schreiben mit dem Titel „Geistliche Verbandsleitung in den katholischen Jugendverbänden"[296] fortgeschrieben. Denn die deutschen Bischöfe heben im Vorwort hervor, dass sich der Modus, „eine zunehmende Zahl von theologisch gebildeten Laien mit der Wahrnehmung von *Aufgaben* der geistlichen (Verbands-)Leitung in Jugendverbänden ... bewährt und positiv auf die kirchliche Identität wie die spirituelle Kultur der katholischen Jugendverbände ausgewirkt hat. Daher soll auch in Zukunft an dieser Praxis festgehalten werden."[297] Anliegen des neuen Schreibens bzw. der neuen „Grund- und Leitlinien" ist „eine Präzisierung in Terminologie und Aufgaben-

---

[291] Zur Unterscheidung von vereinsrechtlicher und verfassungsrechtlicher Ebene vgl. in diesem Buch S.91–100.
[292] Vgl. Schüller, Geistliche Leitung, 285–288, der in scharfer Kritik resümiert: „Die Bischöfe favorisieren kirchenrechtliche Figuren des Verfassungsrechtes, die im Bereich der kirchlichen Vereinigungen sachfremd und unzulässig sind" (ebd., 288). Ähnlich auch Hallermann, Die Vereinigungen, 468–472, für den in der Erklärung der deutschen Bischöfe zur geistlichen Leitung in den Jugendverbänden „das geltende kirchliche Vereinsrecht nicht einmal in Ansätzen rezipiert und zur Grundlage der weiteren Ausführungen gemacht [ist]" (ebd., 471).
[293] Geistliche Leitung in den katholischen Jugendverbänden, 5.
[294] Vgl. ebd., 12.
[295] Telefonische Auskunft aus dem Sekretariat der Deutschen Bischofskonferenz.
[296] Abgedruckt in: Die deutschen Bischöfe Nr.87. Zur Ausdrucksweise „ ... in den katholischen Jugendverbänden" (Hervorhebung von Verf.in) vgl. in diesem Buch S.108, Anm.212.
[297] Geistliche Leitung in den katholischen Jugendverbänden, 5.

beschreibung".[298] Gerade das aber leistet dieses Schreiben von 2007 nicht, wie mehrere Hinweise belegen:
- Erstens gehen die deutschen Bischöfe auch hierin wieder von einem verengten, nicht mit dem kirchlichen Gesetzbuch vereinbaren Amtsbegriff aus, wenn es etwa heißt, dass „das kirchliche Amt in der geistlichen Leitung im Jugendverband zur Geltung [kommt]" und Aufgabe der geistlichen Leitung ist, „das kirchliche Amt präsent zu machen."[299] Oder wenn an anderer Stelle ausgeführt wird, dass das priesterliche Amt „auf repräsentative und verbindliche (eben ‚amtliche') Weise die allen Gläubigen gemeinsame Sendung ... [konkretisiert]."[300]
- Zweitens wird im Hinblick auf die Laien nur im Vorwort dargelegt, dass sie „*Aufgaben* der geistlichen (Verbands-)Leitung [wahrnehmen],"[301] während im Folgenden nur noch von der „geistlichen (Verbands-)Leitung" insgesamt die Rede ist, ohne diese – der Konzeption der Deutschen Bischofskonferenz entsprechend – ausschließlich auf Priester zu beziehen.[302] Rechtssprachlich undifferenziert wird dargelegt, dass die Deutsche Bischofskonferenz „in den vergangenen Jahren theologisch wie geistlich befähigte Frauen und Männer mit der *Ausübung* der geistlichen Verbandsleitung beauftragt [hat];"[303] desgleichen ist von „Kandidaten und Kandidatinnen für die geistliche Verbandsleitung"[304] die Rede.
- Drittens tauchen die beiden Ausdrücke „geistliche Begleitung" (bzw. „geistliche(r) Begleiter/Begleiterin") und/oder „geistliche(r) Assistent/Assistentin" an keiner Stelle mehr auf, ohne dass dies erklärt wird. Sowohl der undifferenzierte Gebrauch von „geistlicher Verbandsleitung" wie auch die kommentarlose Nicht-Verwendung von „geistlicher Begleitung" und „geistliche(r) Assistent/Assistentin" erwecken – zumindest auf den ersten Blick – den Eindruck einer rechtlichen Fortentwicklung bzw. Öffnung der „geistlichen Leitung" für Laien. Tatsache ist aber, dass das, was 1997 als „geistliche Begleitung" bezeichnet wurde, nun zehn Jahre später als „geistliche Verbandsleitung" etikettiert ist. Das

---
[298] Ebd., 5.
[299] Ebd., 5.
[300] Ebd., 15.
[301] Ebd., 5.
[302] Vgl. ebd., S.9–14, teilweise mehrmals auf einer Seite; S.19.
[303] Ebd., 16.
[304] Ebd., 18.

kommt allerdings erst gegen Ende des Schreibens klar zum Ausdruck, wenn die deutschen Bischöfe ausführen:

> „Für diese grundlegende Beziehung zu Jesus Christus als dem Herrn der Kirche und für die Verbindung zur Gemeinschaft der Kirche als Ganzer bürgt *das priesterliche Amt,* das in der sakramentalen Weihe verliehen wird und für das Leben und Wirken der Kirche konstitutiv ist. Es konkretisiert auf repräsentative und verbindliche (eben ‚*amtliche*') Weise die allen Gläubigen gemeinsame Sendung, die zuvorkommende Liebe Gottes zu bezeugen...
>
> *An diesem amtlichen Dienst können Laien aufgrund des gemeinsamen Priestertums und durch kirchliche Beauftragung mitwirken.* Die Deutsche Bischofskonferenz hat deshalb in den vergangenen Jahren theologisch wie geistlich befähigte Frauen und Männer mit der Ausübung der geistlichen Verbandsleitung beauftragt. Die guten Erfahrungen damit ermutigen uns, diese Praxis auch in Zukunft beizubehalten.
>
> Die verschiedenen Personen – Priester, Diakone und Laien – erfüllen die Aufgabe der geistlichen Verbandsleitung *in Zuordnung zueinander entsprechend ihrer Stellung in der Kirche* und den Erfordernissen der Situation. Bei aller Gemeinsamkeit in der Ausübung der geistlichen Verbandsleitung bleiben *Unterschiede, die sich aufgrund des sakramentalen Amtes ergeben.*"[305]

Insgesamt gesehen werden durch die Regelung der „geistlichen Verbandsleitung" von 2007 weder die Terminologie noch die Aufgabenumschreibung der geistlichen Leitung und Begleitung in einem kirchlichen Verein präzisiert, sondern im Gegenteil theologisch-rechtliche Gegebenheiten verschleiert. Daher wäre die Deutsche Bischofskonferenz besser beraten gewesen, die Geltungskraft ihres Schreibens zur geistlichen Leitung in den katholischen Jugendverbänden von 1997 bis auf Widerruf zu verlängern, statt ein neues Schreiben zu verfassen, das außer Unklarheiten und Unschärfen in der Begrifflichkeit und der kirchlichen Amtskonzeption nichts Neues gebracht hat, das aber

---

[305] Ebd., 15f (Hervorhebungen von Verf.in). Eventuell kann man diese Umetikettierung auch schon vage aus einer Formulierung im Vorwort schließen, wenn es dort heißt:
„Diese doppelte Aufgabe, an der Verbandsleitung mitzuwirken und das kirchliche Amt präsent zu machen, wird hier mit der Bezeichnung ‚Geistliche Verbandsleitung in den katholischen Jugendverbänden' ausgedrückt" (ebd., S.5). Mit der theologisch und rechtlich unklaren Ausdrucksweise „das kirchliche Amt präsent" machen, könnte angedeutet sein, dass nach Auffassung der Bischöfe die geistliche Verbandsleitung nicht selbst ein kirchliches Amt darstellt, sondern nur auf dieses kirchliche Amt im Sinne des geweihten Amtes verweist.

nun bis auf Widerruf in Kraft gesetzt ist.[306] Nicht nur zeitgemäßer, sondern von der Sache her sinnvoller, ja sogar notwendig, wäre es allerdings gewesen, das Amt der Vereins-Seelsorge seinem Wesen entsprechend rechtlich neu zu konzipieren. Als Amt der Seelsorge, aber nicht der umfassenden Seelsorge (= Hirtensorge) hätte es aus der bisherigen verfassungsrechtlichen Vereinnahmung befreit und dadurch auch Laien (und Diakonen) in vollem Umfang geöffnet werden müssen. Nur auf diese Weise wird dem Spezifikum des kirchlichen Vereinsverständnisses adäquat Rechnung getragen.

Werden die Betrachtungen über die Ausgestaltung der Vereins-Seelsorge in Theorie und Praxis, im kirchlichen Gesetzbuch und im Bereich der Deutschen Bischofskonferenz in den größeren Bogen der spezifischen Eigenart des kirchlichen Vereinswesens und seiner vielfältigen rechtlichen Erscheinungsformen gestellt, so ist es sicherlich nicht übertrieben, mit der Mahnung zu schließen: „Damit [es wieder] zu einer wirksamen, kompetenten und vielgestaltigen Präsenz der Kirche in einer sich wesentlich verändernden Gesellschaft kommen kann, wird es zum einen wohl erforderlich sein, dass die kirchlichen Vereine selbst das in der Lehre des Konzils grundgelegte erneuerte Selbstverständnis ihrer Kirchlichkeit und ihres apostolischen Handelns rezipieren und sich immer selbstbewusster als Teil der Kirche verstehen, freilich nicht im Gegenüber zur kirchlichen Autorität, sondern im selbstverständlichen und partnerschaftlichen Zusammenarbeiten an der einen und gemeinsamen Sendung der Kirche. Zum anderen ist auch die kirchliche Autorität herausgefordert, ihre vom Konzil definierte neue Aufgabe und Rolle gegenüber den kirchlichen Vereinen zu erkennen und in die Praxis umzusetzen. Demnach sind von Seiten der kirchlichen Autorität und der ihr zugeordneten Organe im Hinblick auf die kirchlichen Vereine vor allem Unterstützung, Ermutigung, Begleitung und Förderung gefragt sowie der Verzicht darauf, das freie Vereinigungsrecht der Gläubigen in der Kirche reglementieren und einschränken zu wollen.

Wiewelt in dieser Frage sowohl von den Vereinen als auch von der kirchlichen Autorität die Lehre des Konzils rezipiert wird, wird sich nicht so sehr in Erklärungen und Beschlüssen als vielmehr in einer am Gemeinwohl der Kirche orientierten

---

[306] Vgl. Geistliche Verbandsleitung, 20.

alltäglichen Praxis kirchlichen Vereinslebens erweisen, die auf die Anwendung eindeutiger kirchenrechtlicher Bestimmungen zielt."[307]

---

[307] Hallermann, Die Vereinigungen, 482.
Siehe dazu auch schon Kronenberg, Die katholischen Verbände im Wandel, 52–67. Diese mahnenden Worte des damaligen Generalsekretärs des Zentralkomitees der deutschen Katholiken aus den 1970er Jahren sind heute genau so aktuell wie damals: „Ich habe den Verdacht, dass manchen Verbänden bischöfliche Protektionen im Einzelfall lieber sind als eine umfassende Zusammenarbeit gemeinsam mit den übrigen Verbänden" (S.58). Die Verbände müssen sich mehr gegenseitig austauschen und zusammenarbeiten, auch um den Preis, ein Stück verbandlicher Autonomie aufzugeben. Doch „solange die Verbände nicht von einer außerhalb stehenden Instanz zur Zusammenarbeit und Koordination bestimmt werden, solange sie das aus eigenem Antrieb und in eigener Zuständigkeit, nämlich in eigenen Arbeitsgemeinschaften tun, solange handelt es sich auch nicht um einen wirklichen Autonomieverlust, sondern eher um eine Übertragung bestimmter Funktionen auf eine gemeinsame höhere Ebene" (S.60). Die Verbände in der katholischen Kirche „haben in ihrer mehr als einhundertjährigen Geschichte den Wert der Pluralität von Strukturen kennengelernt. Sie wissen aus ihrer Auseinandersetzung mit dem kirchlichen Integralismus, welchen Wert eine gewisse Autonomie in der eigenen Arbeit hat. Daher wächst heute in besonderer Weise den Verbänden die Aufgabe zu, mit dafür zu sorgen, dass nicht in falsch verstandenen Vorstellungen von Einheit eine strukturelle Uniformierung der Kirche betrieben wird, sondern dass auch hier eine gesunde Pluralität erhalten bleibt. Freilich ist den Verbänden damit auch die Aufgabe gestellt, in überzeugender Weise darzutun, wie durch Zusammenarbeit und Koordination lebendige Einheit verwirklicht werden kann" (S.66).

Kapitel III

Das Zentralkomitee der deutschen Katholiken als Spitzengremium der Laien im Ringen um seine Eigenständigkeit – ein erstes Paradigma

„Partner in Kirche und Gesellschaft" – so versteht sich das Zentralkomitee der deutschen Katholiken (=ZdK) heute selbst.[308] Seine Beziehung zur kirchlichen Autorität kann auf die Formel gebracht werden: „selbstständig, aber nie gegen den Willen der Bischöfe."[309] Sowohl das Selbstverständnis wie auch die Verhältnisbestimmung zur kirchlichen Autorität der Bischöfe sind das Ergebnis einer langen und teilweise schwierigen Geschichte. Sie kann als ein eindrucksvoller Beleg dafür gewertet werden, wie sich der Wandel im Selbstverständnis der Laien auf die vereinsrechtliche Organisationsstruktur niedergeschlagen hat. Die geschichtsträchtige Entwicklungslinie, die hier das ZdK durchlaufen hat, kann charakterisiert werden als Weg von einem Zusammenschluss katholischer Vereine über eine bischöflich getragene Arbeitsgemeinschaft hin zu einem freien Zusammenschluss des Laienapostolats. Mit Recht kann das Zentralkomitee über sich selbst sagen: „Vielgestaltig, selbstständig und gut organisiert sind bis auf den heutigen Tag drei Attribute, die sich mit der Laienarbeit in der katholischen Kirche Deutschlands verbinden. Man wird wohl in der Weltkirche vergeblich nach vergleichbaren Strukturen suchen. In einer mehr als 150-jährigen Geschichte sind die Laien in Deutschland einen ganz eigenen Weg gegangen. Er war und ist geprägt von dem Willen, sich an der Gestaltung von Staat und Gesellschaft zu beteiligen und am Leben der Kirche mitzuwirken. Im Zentrum der Entwicklung – und damit gleichsam auch ein Stück Spiegelbild – stand und steht das Zentralkomitee der deutschen Katholiken (ZdK)."[310]

---

[308] Dokumentation: Partner in Kirche und Gesellschaft.
[309] Großmann, Zwischen Kirche und Gesellschaft, 94.
[310] Partner in Kirche und Gesellschaft, 3.

1. Die Entstehung als Zusammenschluss der katholischen Vereine in Deutschland 1848

Kaum war das Vereinigungsrecht 1848 in Deutschland als freies Bürgerrecht proklamiert, nutzten auch Katholiken und Katholikinnen (Laien und Priester) dieses „weltliche" Recht, um sich zu gemeinsamen Aufgaben im Dienst an der Sendung der Kirche zusammenzuschließen. Noch im gleichen Jahr 1848 wurde in Mainz der „Piusverein für religiöse Freiheit" ins Leben gerufen, der binnen Wochen eine Art Kettengründung solcher Piusvereine quer durch ganz Deutschland nach sich zog. Hauptanliegen dieser Piusvereine war es, die katholische Kirche vor willkürlichen Eingriffen des Staates zu schützen und sich zugleich für die geistliche und sittliche Bildung des Volkes zu engagieren sowie gegen soziale Missstände anzugehen. Um dies zu erreichen, setzten sie sich gleich in ihrer Gründungsphase mit Nachdruck für die Schaffung eines Grundrechtes der Religionsfreiheit ein. „Auf Initiative des Mainzer Piusvereins wurden an die deutsche Nationalversammlung in der Frankfurter Paulskirche, in der die katholischen Abgeordneten eine Minderheit waren, Petitionen erarbeitet, die die Religionsfreiheit sichern sollten. Bei der ersten Lesung der Grundrechte lagen der Nationalversammlung von den verschiedenen Piusvereinen in Deutschland insgesamt 1.142 Petitionen mit über 270.000 Unterschriften vor. Nicht zuletzt durch diese Initiative wurde es erreicht, dass durch die Frankfurter Reichsverfassung über die preußische Verfassung von 1850 und die Weimarer Verfassung die Bestimmungen über die Religionsfreiheit bis in das Grundgesetz der Bundesrepublik Deutschland Eingang gefunden haben. Ohne Übertreibung kann man also feststellen, dass die zahlreichen katholischen Vereine erfolgreich Einfluss auf die Gestaltung des öffentlichen Lebens, insbesondere auf das Verhältnis von Kirche und Staat gewonnen haben."[311]

Dem katholischen Einheitsprinzip entsprechend trafen sich – ebenfalls noch im gleichen Jahr 1848 – alle örtlichen und regionalen Piusvereine sowie alle weiteren von Katholiken und Katholikinnen gegründeten Vereine in Mainz zu einer nationalen (General-)Versammlung der (katholischen) Vereine Deutschlands – aus heutiger Sicht ist sie als „1. Katholikentag" zu bewerten – und

---

[311] Maier, Das Zentralkomitee, 832. Hans Maier war von 1976 bis 1988 Präsident des Zentralkomitees der deutschen Katholiken. Zur Qualifizierung „katholischer Verein" vgl. in diesem Buch S.101–103.

vereinigten sich zu einem einzigen großen Zusammenschluss, namens „Katholischer Verein Deutschlands", der als Träger der künftigen Generalversammlungen fungieren sollte.[312] Die Vereinsbezeichnung „katholisch" war als Gegenpol zu „politisch" gewählt worden. Denn Anliegen des Vereins war es nicht, sich mit dem tages- und parteipolitischen Geschäft auseinanderzusetzen, sondern die politischen Grundsatzentscheidungen hinsichtlich des Verhältnisses von Staat und (katholischer) Kirche kritisch zu begleiten und im Sinne des katholischen Glaubens zu beeinflussen. Gleichzeitig wurde der kirchlichen Autorität gegenüber explizit (schriftlich) versichert, dass man die Vereinstätigkeit keinesfalls auf Bereiche erstrecken wolle, die der kirchlichen Hierarchie vorbehalten sind.[313] Deshalb konnte auch eine deutsche Bischofskonferenz,[314] die ebenfalls in diesem ereignisreichen Jahr 1848 erstmals stattgefunden hatte, dieser Vereins-Initiative von Katholiken und Katholikinnen problemlos zustimmen. „Im Auftrag der Bischofskonferenz hat der Erzbischof von Köln die vorgelegte Vereinssatzung gebilligt und den Verein ermuntert, in dem selben Geiste, der bei der Mainzer Generalversammlung geherrscht hat, in seinem Wirken fortzufahren."[315] So fanden fortan bis 1950 jährlich diese Generalversammlungen bzw. Katholikentage statt, es sei denn Kriegs- und Krisenzeiten verhinderten dies. Heute werden die Katholikentage im Zweijahresrhythmus veranstaltet.

Um während des Kulturkampfes vereinsrechtlichen Einschränkungen zu entgehen, fanden im Laufe der Zeit mehrere Umbenennungen statt: so wurde 1858 aus der „Generalversammlung des Katholischen Vereins Deutschlands" der „Dachverband der Katholischen Vereine Deutschlands" und 1871 die „General-

---

[312] Vgl. Großmann, Katholikentage, 1340.
Raabe, Zwischen Kirche und Welt, 231, weist auf die Größe und Struktur dieser 1. Generalversammlung hin: „83 Delegierte waren gekommen. Ihnen gesellte sich noch die etwa fünfzehnfache Anzahl von Gästen hinzu, darunter eine Reihe von Abgeordneten der Frankfurter Nationalversammlung. Unter den Delegierten waren auch 33 Priester. Ihr hoher Anteil zeigte die Bedeutung, die dem Klerus bei der Gründung und Führung katholischer Vereine zukam. Vertrauensvolles Miteinander von Priestern und Laien wurde zu einem typischen Merkmal katholischer Laienarbeit in Deutschland."
[313] Vgl. dazu Maier, Das Zentralkomitee, 833.
[314] Obwohl die nationalen Bischofskonferenzen bereits im 19. Jahrhundert als Zusammenkünfte der Bischöfe einer Kirchenprovinz oder eines Landes zur gemeinsamen Beratung entstehen, werden sie erst 1965 auf dem II. Vatikanischen Konzil als kirchliche Einrichtungen mit rechtlichen Befugnissen anerkannt. Zur geltenden rechtlichen Normierung vgl. cc. 447–459 CIC/1983.
[315] Maier, Das Zentralkomitee, 835.

versammlung der Katholiken Deutschlands", die 1948 schließlich den auch heute noch geltenden Namen „Deutscher Katholikentag" erhielt. Zur Vorbereitung dieser regelmäßig stattfindenden Generalversammlungen und zur Durchführung ihrer Beschlüsse wurde 1868 ein „Zentralkomitee" gewählt,[316] das als „erster Katholikenrat auf nationaler Ebene" bezeichnet werden kann.[317] Damit war 20 Jahre nach den ersten Vereinsgründungen eine Struktur-Reform vorgenommen worden, durch die der eine große Katholische Verein Deutschlands bzw. der Zusammenschluss der verschiedenen Vereine als Dachverband durch die Einrichtung des sog. Zentralkomitees ergänzt worden ist. Um die Verbindung zu den einzelnen Vereinen zu gewährleisten, sollten in diesem Zentralkomitee von jedem Verein bis zu drei Mitglieder vertreten sein. „Die Aufgabe des Zentralkomitees bestand darin, auf der Grundlage der Geschäftsordnung der Generalversammlung die Beschlüsse der jeweiligen Generalversammlung durchzuführen, die nächste Generalversammlung zusammen mit dem örtlichen Komitee vorzubereiten und das katholische Vereinsleben in Deutschland zu fördern."[318] Da die Vorbereitung und Durchführung der Generalversammlungen bzw. Katholikentage in dieser Phase die Hauptaufgabe des Zentralkomitees war, kann es auch als „Zentralkomitee der Deutschen Katholikentage" charakterisiert werden.[319]

---

[316] Vgl. Großmann, Katholikentage, 1340.
[317] Hallermann, Katholikenrat, 398.
[318] Maier, Das Zentralkomitee, 836.
Anlässlich der 100-Jahrfeier des ZdK hatte der damalige Präsident Karl Fürst zu Löwenstein erläutert: Da während des Kulturkampfes „schon die bloße Zugehörigkeit zu einem über die Grenzen eines deutschen Bundeslandes hinaus wirkenden Zentralkomitees im Konfliktfall eine Handhabe [bildete], gegen dessen Mitglieder polizeilich vorzugehen," wurde 1872 das Zentralkomitee vorübergehend aufgelöst und dessen Geschäfte einer Einzelperson übertragen, so dass auf die Generalversammlung „nur die Gesetze über Versammlungen und nicht die Vereinsgesetze" angewendet werden konnten. „Der bisherige Präsident, Fürst Carl Löwenstein, wurde gebeten, als Kommissar der Katholikentage die Verantwortung für deren Fortbestand nun persönlich zu tragen. Er hat es 26 Jahre lang getan" (Löwenstein, Mitverantwortung für die Kirche, 5f).
[319] Vgl. Kronenberg, Vom Zentralkomitee, 152. Kronenberg war von 1966 bis 1999 Generalsekretär des Zentralkomitees der deutschen Katholiken.

2. Die Katholische Aktion als verfassungsrechtliche Ergänzung und Gegengewicht seit 1922

Aus kirchenrechtlicher Sicht wäre zu erwarten gewesen, dass mit dem Erscheinen des CIC/1917 eine Anpassung des ZdK in Struktur und/oder Nomenklatur an das nun erstmals kirchlich normierte Vereinsrecht vorgenommen wird. Nach den Kategorien dieses kirchlichen Gesetzbuches[320] war das ZdK als ein *nichtkirchlicher, aber katholischer* Verein einzustufen: *nicht-kirchlich*, da seine Vereinsgründung keine förmliche Errichtung oder Billigung der zuständigen kirchlichen Autorität aufweisen kann, *katholisch*, da es kirchliche Ziele verfolgt. Eine Anpassung an die kirchenrechtlichen Vereinsvorgaben blieb aber gänzlich aus.

Zu einer neuen, und zwar grundlegenden Strukturveränderung kam es dagegen im Gefolge des Nationalsozialismus. Da während der Herrschaft des Nationalsozialismus eine öffentliche Wirksamkeit des Zentralkomitees unmöglich war, mussten mehr oder weniger zwangsläufig andere Formen entstehen, für die Anliegen der katholischen Kirche im öffentlichen Leben einzutreten. Die fehlende vereinsmäßige Anbindung für ein solches Engagement von Katholiken und Katholikinnen musste kompensiert werden. Und sie wurde kompensiert durch die neue Anbindung an die Pfarreien und Diözesen als Sammelpunkte der verschiedenen Tätigkeiten.

Gefördert wurde diese Entwicklung durch die sog. „Katholische Aktion".[321] Zunächst als ein loses Gefüge von verschiedenen Initiativen, Einrichtungen und Werken in der Zeit des Kulturkampfes entstanden, wurde die Katholische Aktion von Papst Pius XI. (1922–1939) zu einem Hilfsinstrument für die Bischöfe und Pfarrer „in der Verteidigung der Rechte der Kirche und in der Durchdringung der Gesellschaft mit christlichem Geist"[322] ausgestaltet. Sie ist u.a. auch gezielt als Gegengewicht zu den „unberechenbaren", weil nicht der kirchlichen Autorität unterstehenden „katholischen Vereinen" konzipiert und deshalb auch bewusst in die Verfassungsstruktur der Kirche (Diözese und Pfarrei) eingefügt worden.[323] Vollständige Abhängigkeit von der kirchlichen

---

[320] Vgl. dazu in diesem Buch S.100–105.
[321] Vgl. dazu Steinmaus-Pollak, Das als Katholische Aktion organisierte Laienapostolat; Brighenti, Die Katholische Aktion, 410–420.
[322] Hallermann, Die Vereinigungen, 180.
[323] Zur Unterscheidung zwischen Verfassungs- und Vereinsstruktur vgl. in diesem Buch S.91–100.

Hierarchie und Einordnung in die kirchliche Verfassungsstruktur der Diözese und/oder Pfarrei sind die beiden Charakteristika der Katholischen Aktion, in der sich Priester und Laien engagieren. In der Diözese nahm der Bischof selbst oder ein von ihm beauftragter „kirchlicher Assistent" die Leitung wahr, in der Pfarrei war der jeweilige Pfarrer von Amts wegen kirchlicher Assistent der Katholischen Aktion. Anliegen der Katholischen Aktion war und ist bis heute „ein gemeinsames Bemühen von Laien und Klerikern unter der Leitung der Bischöfe, um das den Bischöfen von Christus übertragene Apostolat zu unterstützen und zu ergänzen."[324] In diesem Sinn will die Katholische Aktion alle Gläubigen – auch oder vielleicht sogar insbesondere die Gläubigen in Vereinigungen – unter der Leitung des Bischofs und/oder Pfarrers vereinen und ihnen auf diese Weise Anteil an dem der kirchlichen Hierarchie übertragenen Apostolat geben. Die Glieder der Katholischen Aktion erhalten eine kirchenamtliche Beauftragung (mandatum), durch die sie im Namen und Auftrag der Kirche handeln, und werden überall dort stellvertretend tätig, wo die kirchliche Hierarchie, aus welchen Gründen auch immer, nicht selbst tätig werden kann. Sofern die Glieder der Katholischen Aktion Laien sind, so sind sie nicht als Laien tätig in Ausübung des Laienapostolats im eigentlichen Sinn, sondern als Organe der Hierarchie in Unterstützung und Ergänzung des der Hierarchie eigenen Apostolats, gleichsam als „verlängerter Arm" der Kleriker.[325]

„Die Einführung der Katholischen Aktion verlief in Deutschland zunächst schleppend, nicht zuletzt aufgrund der bereits in großer Zahl bestehenden katholischen Vereine, die ganz ähnliche Ziele verfolgten wie die Katholische Aktion. Nach dem Willen ihrer Förderer sollte die Katholische Aktion dazu beitragen, die vielfältigen Vereinsstrukturen zu vereinfachen und die Organisation der Vereine an die kirchlichen Organisationsstrukturen, also an die Pfarrei und die Diözese, anzupassen. Gemäß den bischöflichen Richtlinien vom 21. August 1935 sollten sich die katholischen Vereine der Jurisdiktion des jeweiligen Ordinarius unterstellen und sich auf diese Weise korporativ der Katholischen Aktion eingliedern. Die Bedrohung der katholischen Vereine und Organisationen durch den nationalsozialistischen Staat förderte diesen Eingliederungsprozess erheblich."[326] Denn gemäß Art.31

---

[324] Hallermann, Die Vereinigungen, 168.
[325] Vgl. ebd., 170.
[326] Ebd., 180f.

des deutschen Reichskonkordates waren nur jene katholischen Vereine und Organisationen geschützt, die „der kirchlichen Behörde unterstellt sind."[327] Kirchenrechtlich betrachtet war die Katholische Aktion ein von der kirchlichen Autorität errichteter Verein, also ein „kirchlicher Verein", näherhin ein „frommer Verein" (pia unio erecta gemäß cc. 707 §1; 708 CIC/1917).[328] Demzufolge wurden die ehemals „katholischen Vereine" durch die Einordnung in die Katholische Aktion zu „kirchlichen Vereinen" mit der zwangsläufigen Folge, ihre Autonomie gegen die Unterordnung unter den Diözesanbischof auszutauschen. Der Katholischen Aktion gehörten – auch und gerade in Deutschland – mithin sehr viele, aber längst nicht alle katholischen Vereine an.[329]

3. Die Bildung von Diözesankomitees und die Diskussion über ihre Integration seit 1945

Nach dem Ende des Krieges und dem Untergang des Nationalsozialismus musste in Deutschland das gemeinsam ausgeübte Engagement der Katholiken und Katholikinnen neu gestaltet werden, und zwar so, dass sowohl den alten (= ausschließlich vereinsmäßig organisierten) als auch den neuen (= vereinsmäßig, aber zugleich verfassungsmäßig eingebundenen) Formen des katholischen Wirkens adäquat Rechnung getragen wird. Es musste eine Struktur gefunden werden, in der die entstandene Vielgestaltigkeit der katholischen Organisationen und Initiativen zu einer Einheit zusammengeführt wird, die den deutschen Katholizismus in seiner Gesamtheit umfasst und repräsentiert.[330] Dies war kein leichtes Unterfangen; das wird schon daran deutlich, dass die Suche nach einer neuen, allseits akzeptierten Struktur mehrere Jahre in Anspruch genommen hat (1945–1953).

---

[327] Konkordat zwischen dem Heiligen Stuhl und dem Deutschen Reich vom 20.7.1933, in: AAS 25 (1933), 389–408, 406f.
[328] Vgl. dazu in diesem Buch S.101f zusammen mit Anm.196.
[329] Die Katholische Aktion wird auf dem II. Vatikanischen Konzil in AA 20 als eine mögliche Form, das gemeinsame Apostolat auszuüben, bezeichnet; im CIC/1983 wird sie nicht erwähnt, ist aber nach dessen vereinsrechtlichen Kategorien als ein kirchlich kanonisch-öffentlicher Verein zu qualifizieren. „Gegenwärtig besteht die Katholische Aktion vor allem in den romanischen europäischen Ländern, in Österreich und Luxemburg sowie in Lateinamerika. In Polen soll die Katholische Aktion neu belebt werden" (Hallermann, Katholische Aktion, 401; vgl. Becher, Katholische Aktion, 1348).
[330] Vgl. Großmann, Zwischen Kirche und Gesellschaft, 137.

Schließlich musste der „Weg vom Zentralkomitee der Deutschen Katholikentage zum Zentralkomitee der deutschen Katholiken"[331] gegangen werden. Ein erster wichtiger Schritt auf diesem Weg stellt die Gründung von sog. Katholikenausschüssen auf Pfarr-, Dekanats- und Stadtebene sowie deren Einbindung auf Diözesanebene in ein Diözesankomitee dar. Beide Einrichtungen, sowohl die Katholikenausschüsse wie die Diözesankomitees, haben ihren Ursprung in spontanen Zusammenschlüssen von Katholiken und Katholikinnen (Laien und Klerikern) im Erzbistum Köln, die vom damaligen Kölner Kardinal Josef Frings gutgeheißen und gefördert wurden.[332] „So kam es in der Diözese Köln schon unmittelbar nach 1945 zu der Überlegung, ein Diözesankomitee zu bilden, in dem alle freien Initiativen der Laienarbeit in der Diözese zusammengefasst werden sollten. Neben den katholischen Verbänden und Vereinen im Erzbistum Köln sollten auch die bereits 1946 gegründeten Katholikenausschüsse der Städte vertreten sein. ... Die Bischöfe der damaligen britischen Besatzungszone sprachen sich auf ihrer Konferenz im Juni 1947 für die Bildung solcher Diözesankomitees in ihren Diözesen aus."[333] Sehr schnell kam als weiterer, nahe liegender Gedanke hinzu, dass diese Diözesankomitees auch im Zentralkomitee vertreten sein sollten. Tatsächlich wurden zu der ersten Nachkriegssitzung des Zentralkomitees 1947 neben den „üblichen" Mitgliedern aus den katholischen Verbänden und Einzelpersönlichkeiten aus Kirche, Wissenschaft und Gesellschaft[334] auch die Vertreter der – soweit vorhanden – diözesanen Katholikenkomitees eingeladen. Damit war die Idee verbunden, dass das Zentralkomitee neben den Katholikentagen als weitere Aufgabe künftig auch die neue Form der Laienarbeit in den Diözesankomitees oder Katholikenausschüssen auf nationaler Ebene vereinigen und koordinieren sollte, um unnötige Doppelaktionen und eine Aufsplitterung der Kräfte des Laienapostolats zu verhindern. Mit dieser um die Diözesankomitees erweiterten Mitgliedschaft und dem damit verbundenen erweiterten Aufgabenbereich soll(te) das Zentralkomitee „ein optimales

---

[331] Kronenberg, Vom Zentralkomitee, 152.
[332] Vgl. Petermann, B., Mitverantwortung und Mitarbeit der Laien. Seit dreißig Jahren Diözesanrat der Katholiken im Erzbistum Köln, in: Ortskirche im Dienst der Weltkirche. Das Erzbistum Köln seit seiner Wiedererrichtung im Jahre 1825, hrsg. v. Trippen, N., Mogge, W., Köln 1976, 153–162, 153f; Großmann, Zwischen Kirche und Gesellschaft, 42f.
[333] Maier, Das Zentralkomitee, 837.
[334] Einzelpersönlichkeiten aus Kirche, Wissenschaft und Gesellschaft gehören kontinuierlich von Anfang an bis heute als Mitglieder zum Zentralkomitee.

Kräftepotential des deutschen Katholizismus darstellen,"[335] mit der Aufgabe und dem Ziel der „Durchchristlichung des öffentlichen und privaten Lebens."[336] Allerdings entwickelte sich dieser Integrationsakt zu einem langwierigen Prozess von acht Jahren (1945–1953), in dem um das rechte Maß der bischöflichen Einflussnahme auf das Zentralkomitee gerungen wurde.[337] Dass es eine bischöfliche Einflussnahme geben muss, war allseits anerkannt, umstritten war jedoch deren Konkretisierung. Wie maßgeblich musste diese Einflussnahme sein? Was heißt überhaupt „maßgeblich" in diesem Zusammenhang? Konnte sie sich auf die rechtzeitige vorherige Unterrichtung der Verhandlungsgegenstände des ZdK und auf die Bestätigung der gewählten Vereter und Vertreterinnen für die Schlüsselpositionen im ZdK[338] beschränken oder muss(te) sie mehr umfassen wie die explizite Zustimmung zu wichtigen Beschlüssen und öffentlichen Erklärungen[339] sowie die bischöfliche Entsendung der Personen in die Schlüsselpositionen des ZdK oder zumindest die bischöfliche Einflussnahme auf die Liste der Kandidaten und Kandidatinnen der vom ZdK zu wählenden Personen?[340] Von Seiten des ZdK in der Gestalt seines damaligen Präsidenten Karl Fürst zu Löwenstein[341] wurde hierbei versichert, dass nichts Wichtiges ohne die Zustimmung der Bischöfe unternommen werde, ohne dass deshalb das Zentralkomitee zu einem bischöflichen Komitee werden dürfe.[342] Als Devise formuliert:

---

[335] Kronenberg, Vom Zentralkomitee, 159, unter Berufung auf Franz Hengsbach, der damals (1952) Generalsekretär des Zentralkomitees war.
[336] Großmann, Zwischen Kirche und Gesellschaft, 80, der hier aus dem Entwurf der Leitsätze für einen Aufbau des ZdK zitiert.
[337] Vgl. dazu Großmann, Zwischen Kirche und Gesellschaft, 74–107; Raabe, Das Zentralkomitee, 68f.
[338] Vgl. dazu Großmann, Zwischen Kirche und Gesellschaft, 79f.
[339] Vgl. Entwurf der Bischofskommission für Laienfragen zum Statut des ZdK, undatiert, zitiert bei Großmann, Zwischen Kirche und Gesellschaft, 98.
[340] Vgl. dazu die Auffassung von Bischof Keller von Münster, zitiert bei Großmann, Zwischen Kirche und Gesellschaft, 99.
[341] Alois Fürst zu Löwenstein war von 1920 bis 1948 Präsident des Zentralkomitees, ab 1948 bis 1968 sein Sohn Karl Fürst zu Löwenstein. Bereits der Vater von Alois Fürst zu Löwenstein, Carl Fürst zu Löwenstein, gehörte 1868 zu den sieben Gründungsmitgliedern des „geschäftsführenden Zentralkomitees" und wurde dessen erster Präsident sowie nach der Auflösung des Zentralkomitees in der Zeit des Kulturkampfes der „Kommissar der Generalversammlung der Katholiken Deutschlands" (vgl. dazu in diesem Buch S.140, Anm.318); er bekleidete dieses Amt 26 Jahre lang bis 1898, als das Zentralkomitee wiedererrichtet wurde (vgl. Raabe, Zwischen Kirche und Welt, 232; Lütz, Löwenstein-Wertheim-Rosenberg, 1073).
[342] Vgl. Großmann, Zwischen Kirche und Gesellschaft, 79; siehe dazu auch ebd., 95f.

„Selbstständig, aber nie gegen den Willen der Bischöfe."[343] Den deutschen Bischöfen war dagegen wichtig, dass das Zentralkomitee keine „Laienorganisation neben dem Episkopat" werden dürfe.[344] Ihr Schreckgespenst war ein Zentralkomitee, das parallel zur Fuldaer Konferenz die eigentliche Führung der Laien beanspruche und demzufolge keine enge Bindung an die Bischöfe (mehr) habe,[345] ein Zentralkomitee also, das sich als „eine Art Laienparlament" verstehe und sich an „formaldemokratischer Anschauungsweise"[346] orientiere. Ihre Devise war es daher gleichsam, jeder „Entwicklung eines von hierarchischer Kontrolle unabhängigen Laienkatholizismus gegenzusteuern."[347] Kristallisationspunkt dieser unterschiedlichen Auffassungen über das Ausmaß der bischöflichen Einflussnahme auf das ZdK ist die strukturell–rechtliche Charakterisierung des ZdK als „auf Weisung der deutschen Bischöfe gegründet" oder „auf Wunsch" derselben oder lediglich „in Einvernehmen" mit ihnen.[348] Historisch gesehen ist das ZdK jedenfalls „auf Anstoß des alten Zentralkomitees und der Verbände entstanden,"[349] also unabhängig von den deutschen Bischöfen.

4. Die Neugründung als bischöflich getragene Arbeitsgemeinschaft des Laienapostolats 1952/53

Nach langen Diskussionen im Zentralkomitee selbst und mit den deutschen Bischöfen wurde schließlich 1951 von bischöflicher Seite erklärt:

> „Die Bischofskonferenz bejaht die Bildung eines ‚Zentralkomitees der deutschen Katholiken', das in Form einer Arbeitsgemeinschaft die verschiedenen im Apostolat der Kirche tätigen Kräfte, Organisa-

---

[343] Ebd., 94.
[344] Grußwort des Vorsitzenden der Fuldaer Bischofskonferenz, Kardinal Frings, zur konstituierenden Sitzung des ZdK am 30.4.1952, zitiert bei Großmann, Zwischen Kirche und Gesellschaft, 86.
[345] Vgl. Großmann, Zwischen Kirche und Gesellschaft, 97.
[346] So die Befürchtung von Bischof Keller aus Münster im Juni 1952, zitiert bei Großmann, Zwischen Kirche und Gesellschaft, 97.
[347] Ebd., 93.
[348] Vgl. dazu die Diskussion im Geschäftsführenden Ausschuss des ZdK 1952, nachgezeichnet bei Großmann, Zwischen Kirche und Gesellschaft, 100.
[349] So der zutreffende Hinweis im Geschäftsführenden Ausschuss von Anton Roesen, zitiert bei Großmann, Zwischen Kirche und Gesellschaft, 100.

tionen und Werke zusammenfasst. Die Eigenart und Eigenständigkeit der einzelnen Organisationen bleibt bestehen."[350]

So kommt es 1952 – in Anwesenheit des Vorsitzenden der Fuldaer Bischofskonferenz, Kardinal Frings – zu einer Neugründung des Zentralkomitees auf der Basis des folgenden – einstimmig gefassten – Beschlusses:

> „Die zu der Versammlung am 30.4.1952 in Honnef erschienenen Vertreter des Laienapostolates in den Diözesen, in den katholischen Organisationen und Instituten konstituieren das Zentralkomitee der deutschen Katholiken. Sie erfüllen damit den von der Fuldaer Bischofskonferenz 1951 erteilten Auftrag, ein solches Zentralkomitee in Form einer Arbeitsgemeinschaft der im Apostolat der Kirche stehenden Kräfte zu bilden."[351]

Das in der unmittelbaren Folgezeit erarbeitete Statut, das vor der endgültigen Beschlussfassung in der Vollversammlung des Zentralkomitees vom Präsidenten des Zentralkomitees mit dem Vorsitzenden der Fuldaer Bischofskonferenz „Wort für Wort durchgesprochen" worden ist,[352] definiert in §1 als Selbstverständnis des Zentralkomitees:

> „Das Zentralkomitee der deutschen Katholiken ist der *von der Autorität der Bischöfe getragene Zusammenschluss* der im Laienapostolat der katholischen Kirche in Deutschland tätigen Kräfte. Das Zentralkomitee ist tätig im Sinne einer Arbeitsgemeinschaft unter voller Wahrung der Eigenständigkeit der angeschlossenen Organisationen."[353]

Die von den deutschen Bischöfen eingebrachte und geforderte Qualifzierung des ZdK als „Arbeitsgemeinschaft" sollte klarstellen, dass dem ZdK ein Alleinvertretungsanspruch der deutschen Katholiken und Katholikinnen vor dem In- und Ausland

---

[350] Kronenberg, Vom Zentralkomitee, 157.
[351] Ebd., 160f.
Raabe, Das Zentralkomitee, 69, bemerkt hinsichtlich der Versammlung des „Laienapostolats": „Auffallend war der mit einem Drittel der Teilnehmer relativ hohe Anteil von Priestern. Daraus wollten kritische Beobachter auf eine Klerikalisierung des ZdK im Unterschied zum alten Zentralkomitee schließen. Ein Blick in dessen Geschichte zeigt indes, dass es zu keiner Zeit ein reines Laiengremium gewesen war. Priester hatten seit der Gründung katholischer Vereine und Verbände im 19. Jahrhundert und auch auf den Katholikentagen immer wieder eine große, oft sogar die führende Rolle gespielt. Von 1868 bis 1952 waren auch alle Generalsekretäre Priester."
[352] Alle Satzungen des ZdK stehen in digitalisierter Form im Archiv des ZdK in Bonn zur Verfügung. Hervorhebungen von Verf.in.
[353] Kronenberg, Vom Zentralkomitee, 161.

zukommt, ohne dass damit ein Führungsanspruch des ZdK gegenüber seinen Mitgliedern verbunden ist. Die damit verbundene Ausgrenzung jener Gruppierungen und freien Initiativen von Katholiken und Katholikinnen, die nicht im ZdK vertreten sind, wurde durchaus gesehen und auch als Problem formuliert, aber wohl dem Ziel der Vereinheitlichung und organisatorischen Geschlossenheit der katholischen Kräfte untergeordnet.[354] Mit dieser Ausgrenzung waren die freien Initiativen in der Kirche einem schleichenden Bedeutungsverlust anheimgegeben.[355] „Die Statuten des ZdK fixierten somit eine Entwicklung, die nicht ohne paradoxe Züge war: Während nämlich die vom Gedanken der Katholischen Aktion getragenen und einer episkopalen Leitung deutlich zugetanen Initiativen ins innerkatholische Abseits gerieten, wurden die stets nach Autonomie strebenden Verbände um den Preis einer deutlichen Verkirchlichung wieder die eigentlichen Repräsentanten des deutschen Katholizismus. Nicht einmal der statuarisch verankerte Anteil ‚freier' Persönlichkeiten im ZdK, der dem weder in Verbänden noch Katholikenausschüssen repräsentierten Katholizismus vorbehalten sein sollte, fand gebührende Beachtung. Bis 1957 schwankte die Zahl solcher Mitglieder zwischen eins und drei."[356] Diese gleich in doppelter Hinsicht mangelnde bis fehlende Integration der nicht organisierten Katholiken und Katholikinnen wird dem ZdK rund 20 Jahre später den Vorwurf der „kleinbürgerlichen Ghettohaltung", des „Honoratiorenkatholizismus" und der „geschlossenen Gesellschaft" von Kirche und Verbänden mit „integralistischen Tendenzen" einbringen[357] und deshalb im Rahmen der Neufassung der Statuten auch zu einer entsprechenden Reform in der Mitgliederstruktur führen.

Dem neuen Selbstverständnis entsprechend wird in §2 des Statuts von 1953 das Aufgabenfeld wie folgt umrissen:

> „a) die Tätigkeit der in ihm zusammengefassten Kräfte aufeinander abzustimmen,
> b) für die übereinstimmende Erfüllung gemeinsamer Aufgaben Sorge zu tragen,
> c) über Tatsachen zu unterrichten, die für die gemeinsame Arbeit wesentlich sind,

---

[354] Vgl. Großmann, Zwischen Kirche und Gesellschaft, 101.
[355] Vgl. ebd., 105.
[356] Ebd., 106.
[357] Ebd., 167.

d) gemeinsame Tagungen und Unternehmungen der deutschen Katholiken, z.B. Katholikentage, vorzubereiten und durchzuführen,
e) die deutschen Katholiken im In- und Ausland zu vertreten."[358]

Hinsichtlich der Mitgliedschaft war festgelegt, dass sich das ZdK zusammensetzt aus je einem Bistumsvertreter für das Laienapostolat, den Leitern der Bischöflichen Hauptarbeitsstellen, leitenden Persönlichkeiten aus Gruppen der zentralen Organisationen, den Leitern der Sachreferate sowie Einzelpersönlichkeiten (vgl. §3 Statut 1953). Die Mitgliedschaft wurde teils durch Beschluss der Vollversammlung und teils durch Benennung erworben, ohne dass explizit geregelt war, von wem diese Benennung zu erfolgen hatte. Nach der damaligen kirchlichen Verfassungsstruktur kam dafür allerdings nur der jeweilige Diözesanbischof in Frage. So wurden die Vertreter der Diözesen, die Leiter der Bischöflichen Hauptarbeitsstellen und die Leiter der Sachreferate benannt, während die Vertreter der zentralen Organisationen und die Einzelpersönlichkeiten durch Beschluss der Vollversammlung die Mitgliedschaft erwarben.

Für den damaligen (bischöflich entsandten) Generalassistenten des Zentralkomitees, Prälat Dr. Franz Hengsbach, war diese (Neu-)Gründung des Zentralkomitees der erste Versuch, zum einen „die vielfältigen Gruppen der katholischen Bewegung zu einer Aktionsgemeinschaft zusammenzuschließen und zum anderen, diese Aktionsgemeinschaft zugleich zu einer planmäßigen Mitarbeit mit der Hierarchie heranzuziehen."[359] War hier klar die Abhängigkeit des ZdK von den Bischöfen betont, die das ZdK zur „Mitarbeit heranziehen", ist ein Jahr vorher auf der konstituierenden Sitzung des Zentralkomitees von dem damaligen Präsidenten des Zentralkomitees, Fürst zu Löwenstein, die Autonomie des ZdK hervorgehoben worden, als er die Feststellung traf, „dass für den Aufbau des Zentralkomitees wohl nicht zwischen Klerus und Laien im üblichen Sinne zu unterscheiden, sondern der Begriff Laie eher im Gegensatz zur kirchenamtlichen Funktion zu verstehen sei."[360] Diese Feststellung

---

[358] Kronenberg, Vom Zentralkomitee, 161f.
[359] Ebd., 168, wo Auszüge aus dem Vortrag von Franz Hengsbach auf der Vollversammlung des Zentralkomitees vom April 1953 zitiert sind (S.165–168).
[360] Löwenstein, K., Konstituierende Sitzung des Zentralkomitees der deutschen Katholiken, 30.4.1952, zitiert bei Großmann, Zwischen Kirche und Gesellschaft, 88. Großmann weist in diesem Zusammenhang auf die hohe Zahl der Priester unter den

ist in der Tat als „eine gewagte Definition" zu qualifizieren, deren Absicht es ist, „den Anspruch des ZdK, Spitzengremium des deutschen Laienkatholizismus, nicht aber Organ der Amtskirche zu sein," zu untermauern.[361] Mit diesen unterschiedlichen Auffassungen steht die Frage im Raum, wessen Einschätzung zutreffend oder zumindest zutreffender ist: die des Generalassistenten oder die des Präsidenten. Ist das neu gegründete ZdK ein bischöfliches und damit verfassungsrechtliches Gremium oder ein eigenständiges und damit vereinsrechtliches Gremium?

Wirft man zur Beantwortung dieser Frage einen vergleichenden Blick auf die Erklärung der deutschen Bischöfe zur Neugründung des Zentralkomitees, den Neugründungsbeschluss des Zentralkomitees und sein im Statut definiertes Selbstverständnis, so lässt sich auf der Textebene keine eindeutige Verortung des Zentralkomitees in die Koordinaten von Autonomie und Abhängigkeit vornehmen. Die Erklärung der deutschen Bischofskonferenz, dass sie die Bildung eines Zentralkomitees „bejaht", spricht eher für die Interpretation einer Art Anerkennungsakt des sich selbstständig gründenden und daher autonomen Zentralkomitees. Die Formulierung im Neugründungsbeschluss, dass die Konstituierung des Zentralkomitees den von der deutschen Bischofskonferenz „erteilten Auftrag" erfüllt, geht dagegen deutlich in die entgegengesetzte Richtung eines von der Bischofskonferenz eingerichteten bischöflichen und damit von ihr abhängigen Gremiums. In diese Richtung weist auch die Ausdrucksweise im Statut über das Selbstverständnis, ein „von der Autorität der Bischöfe getragener Zusammenschluss" zu sein.

Was in diesen programmatischen Texten (noch) nicht eindeutig war, gewinnt unmissverständliche Klarheit in den konkretisierenden Bestimmungen des Statuts: Hier wird die Idee jeglicher Eigenständigkeit des Laienapostolats durch bischöfliche Abhängigkeit im Keim erstickt. Das fängt schon bei den Mitgliedsbestimmungen an, nach denen die Vertreter der Diözesen zur Gruppe derer zählten, die benannt wurden, und nach denen die durch Beschluss der Vollversammlung ausgewählten Einzelper-

---

Gründungsmitgliedern hin. Von den 48 Gründungsmitgliedern waren nämlich 17 Priester, also 35 %. „Diese Tatsache vergegenwärtigt, dass es sich beim ZdK nicht um ein reines Laiengremium, sondern um eine Einrichtung des Laienapostolats handelte, und hier waren katholische Priester selbstverständlich in führenden Positionen tätig. Die starke Präsenz katholischer Geistlicher entsprach somit der soziologischen Realität in den Führungsgremien katholischer Organisationen" (ebd., 88). Vgl. dazu auch in diesem Buch S.147, Anm.351.
[361] Großmann, Zwischen Kirche und Gesellschaft, 88.

sönlichkeiten auf das Einvernehmen mit dem Episkopat angewiesen waren (§4 Statut 1953). Noch deutlicher kommt die bischöfliche Abhängigkeit in zwei weiteren Rechtstatsachen zum Ausdruck: Zum einen war der Generalassistent des ZdK vom Episkopat entsendet und – neben dem Präsidenten und zwei Vizepräsidenten – Mitglied im Präsidium (§10 Statut 1953). Zum anderen war das ZdK ausdrücklich verpflichtet, „im Einvernehmen mit den Bischöfen der deutschen Diözesen" zu arbeiten und für die „Zusammenarbeit" an folgende Regelung der Fuldaer Bischofskonferenz gebunden:

„a) Der Episkopat wird in der laufenden Arbeit des Zentralkomitees durch den Generalassistenten vertreten ... .
b) Entscheidungen über Fragen von grundsätzlicher Bedeutung sind von dem Präsidenten und dem Generalassistenten der Bischöflichen Kommission zur Koordinierung der Kräfte im Laienapostolat zur Bestätigung vorzulegen.
c) Der Vorsitzende der Fuldaer Bischofskonferenz bestätigt die Wahl des Präsidenten ... .
d) Der Episkopat bestellt auf Grund der Vorschläge des Geschäftsführenden Ausschusses die Leiter und die Geschäftsführer der Sachreferate" (§12 Statut 1953).

Völlig zu Recht ist daher festgestellt worden: Das Statut von 1953 hatte das ZdK „auf das engste an die kirchliche Hierarchie ... [gebunden]. In zwölf Paragraphen dokumentierte sich diese Bindung nicht weniger als zwanzigmal. So hatten die Bischöfe beispielsweise entscheidenden Einfluss auf die Mitglieder der Vollversammlung, indem sie Diözesanvertreter, Leiter der Bischöflichen Hauptstellen und Referatsleiter benannten und Einzelpersönlichkeiten nur mit ihrem Einverständnis berufen werden konnten. Die einzige Mitgliedergruppe, die dem direkten Einfluss der Bischöfe entzogen blieb, bildeten die Vertreter der zentralen Organisationen. Präsidium und Geschäftsführender Ausschuss waren durch die Person des bischöflichen Generalassistenten unmittelbar und durch die episkopale Bestätigung des Präsidenten mittelbar kontrolliert. Die Sachreferate sollten an erster Stelle zur Beratung des Episkopats eingerichtet werden, erst an zweiter Stelle ‚zur Erfüllung der Aufgaben des Zentralkomitees'. Schließlich hatte man daran festgehalten, ‚Entscheidungen von grundsätzlicher Bedeutung' der Bischöflichen Kommission zur Koordinierung der Kräfte im Laienapostolat zur Bestätigung vorzulegen. Koordination, Information, Inspiration und Repräsentation der Laienarbeit waren damit unter den maßgeblichen Einfluss der Bischöfe gestellt worden."[362] Unter dieser Perspektive gewinnt die finanzielle Großzügigkeit der Deutschen Bischofskonferenz gegenüber dem ZdK einen unangenehmen Beigeschmack. An dem von Anfang an bereitwillig zur Verfügung gestellten Finanzrahmen sind nicht die absoluten Zahlen beachtenswert, sondern „vielmehr die Relationen zwischen der vergleichsweise geringen Belastung der Mitglieder des ZdK und dem erstaunlich großen finanziellen Engagement, das die Bischöfe einzugehen gewillt waren. Dass deren Gelder ausdrücklich den drei Referaten des ZdK zukommen sollten, zeigt, wie groß das Interesse auch des Episkopats an einer von Fachkompetenz getragenen Arbeit war. Es ist jedoch offensichtlich, dass damit neben der zweifellos notwendigen Unterstützung der Laienarbeit auch die Möglichkeit ihrer Beeinflussung und Steuerung gegeben war."[363]

Zusammenfassend kann über den achtjährigen Neugründungsprozess des ZdK von 1945 bis 1953 festgehalten werden: In ihm fokussiert sich, „was dem deutschen Katholizismus mehr oder weniger offensichtlich seit 1945 inhärent war: Das Ringen der Laien um ein neues Selbstverständnis und, damit eng verknüpft, um ein neues Verhältnis zwischen dem ihnen eigenen Auftrag in Kirche und Welt und dem Eingebundensein in die hierarchische Verfasstheit der Ekklesia, zwischen actio catholicorum und actio catholica."[364] Das Ergebnis dieses Ringens, der Neubegründungsbeschluss von 1952 und die Statuten von 1953, ist aus der Perspektive der Laien eher ernüchternd ausgefallen. Denn das ZdK war klar unter die Leitung der Bischöfe gestellt. Das, was Bischof Michael Keller von Münster seinerzeit im Zusammenhang mit einem von ihm allein und selbstständig verfassten Statutenentwurf formuliert hatte, wurde Realität: „Zusammenarbeit aller im Apostolat tätigen Kräfte unter der Oberleitung der Bischöfe."[365] Auch wenn diese pointierte Formulierung in die Textebene der endgültigen Statuten keinen Eingang gefunden hatte, so spiegelt sie haargenau die Handlungsebene wider. Oder um es mit einer Bemerkung von Kardinal Frings im Jahre 1951

---

[362] Ebd., 104; vgl. auch ebd., 509, wo der Gedanke der Domestizierung des deutschen Nachkriegskatholizismus durch die kirchliche Autorität und der Verkirchlichung des Laienengagements ausgesprochen wird.
[363] Ebd., 102.
[364] Ebd., 105; vgl. Raabe, Das Zentralkomitee, 70.
[365] Großmann, Zwischen Kirche und Gesellschaft, 98.

auszudrücken: „Wenn jemand das ZdK gründet, dann sind es die Bischöfe."[366] Und man könnte sinngemäß fortführen: Wenn das ZdK etwas Wichtiges zu sagen oder zu tun hat, dann haben die Bischöfe vorher zugestimmt.

5. Die Emanzipation zu einem bischöflich anerkannten Zusammenschluss des Laienapostolats 1967

Hatte das seit 1945 einsetzende Ringen um ein neues Selbstverständnis der Laien in der Kirche als Glieder mit eigener Verantwortung in den für den organisierten Laienkatholizimus wichtigen Jahren 1952 und 1953 in Deutschland noch keinen sichtbaren Erfolg gezeitigt, so konnte es nur gute 10 Jahre später gleich mehrere entscheidende Durchbrüche auf dem II. Vatikanischen Konzil feiern. Denn im Rahmen dieser weltweiten Kirchenversammlung der Bischöfe wurde eine völlig neue Theologie des Laienapostolats entwickelt, die sich vor allem in den beiden Dokumenten der Kirchenkonstitution „Lumen gentium" und des Laiendekrets „Apostolicam actuositatem" niedergeschlagen hat.[367] Dieses neue Verständnis des Laienapostolats konnte nicht ohne Auswirkungen auf das im ZdK organisierte Laienengagement in Deutschland und sein Selbstverständnis bleiben. So führte das II. Vatikanische Konzil zu einer dritten Zäsur in der Geschichte des ZdK, die bis heute von entscheidender Bedeutung ist: Das Selbstverständnis des ZdK ist grundlegend neu bestimmt worden. War es in dem vorkonziliaren Statut von 1953 ein „von der Autorität der Bischöfe getragener Zusammenschluss ..." wird es nun im neuen, nachkonziliaren Statut von 1967 zu dem „von der Deutschen Bischofskonferenz anerkannte[n] Zusammenschluss ...". Damit ist – ganz im Sinne des neuen kirchlichen Selbstverständnisses auf und seit dem II. Vatikanischen Konzil – aus dem bischöflich getragenen und damit auch bischöflich abhängigen Zusammenschluss der selbstständige, eigenverantwortliche Zusammenschluss des Laienapostolats geworden. Insofern ist es durchaus gerechtfertigt, das Jahr des Konzilsabschlusses, 1965, in seiner Bedeutung für das ZdK als „einen

---

[366] Ebd., 78, unter Berufung auf ein Gespräch mit Bischof Hengsbach (1951 noch Generalsekretär des ZdK) im Jahre 1987, dem gegenüber sich Kardinal Frings seiner Zeit so geäußert hat.
[367] Vgl. dazu in diesem Buch S.39–47.

Epochenschnitt" zu bezeichnen.[368] Einige Beispiele belegen besonders augenscheinlich die gewonnene Mündigkeit des ZdK:
- Erstens wurden fortan die Diözesanvertreter und -vertreterinnen nicht mehr durch den jeweiligen Diözesanbischof für das ZdK benannt, sondern von dem jeweiligen Diözesanrat der Katholiken oder von der ihm entsprechenden Einrichtung (§4 Statut 1967).
- Zweitens bedurften ab sofort die von der Vollversammlung berufenen Einzelpersönlichkeiten nicht mehr der bischöflichen Zustimmung (§4 Statut 1967).
- Drittens wechselte die Zuständigkeit und Verantwortung für die Sachreferate von den Bischöfen auf das – neu eingerichtete – Generalsekretariat des ZdK (§11 Statut 1967), dessen Leiter, der Generalsekretär, vom Präsidium mit Zustimmung des Geschäftsführenden Ausschusses und der Deutschen Bischofskonferenz bestellt wurde (§9 Statut 1967).[369]
- Viertens war der von der Bischofskonferenz als ihr Verbindungsmann entsandte Bischöfliche Assistent nicht mehr Mitglied des Präsidiums, sondern hatte nur noch das Recht, an den Sitzungen aller Organe des ZdK teilzunehmen (§10 Statut 1967) und fünftens waren die künftige Arbeit des ZdK nicht mehr an das ausdrückliche „Einvernehmen" mit den Bischöfen gebunden und Entscheidungen von grundsätzlicher Bedeutung nicht mehr an deren „Bestätigung" (§12 Statut 1953, der ersatzlos gestrichen ist im Statut 1967). Dafür war als neue Aufgabe des ZdK die Beratung der Bischöfe in Fragen des gesellschaftlichen und kirchlichen Lebens hinzugekommen (§2b Statut 1967).

In dem neuen den Erkenntnissen des II. Vatikanischen Konzils entsprechenden Statut wurde aber auch der zunehmend heftiger gewordenen Kritik an der unausgewogenen Zusammensetzung des ZdK Rechnung getragen und dementsprechend als neue Orga-

---

[368] Großmann, Zwischen Kirche und Gesellschaft, 511.
[369] Der Generalsekretär leitet das Generalsekretariat. Nach dem Statut von 1967 musste er dies (noch) „im Zusammenwirken mit dem Geistlichen Direktor" tun (§11 Statut 1967). Der Geistliche Direktor wird auf Vorschlag des Präsidiums von der Deutschen Bischofskonferenz bestellt (§9) und ist der „geistliche und theologische Berater des Zentralkomitees" (§11). Die Funktion des „Geistlichen Direktors" wird inzwischen als „Geistlicher Assistent" bezeichnet (§14 (2) Statut 2001) und der Generalsekretär leitet inzwischen das Generalsekretariat ohne Bindung an ein Zusammenwirken mit dem Geistlichen Assistenten oder dem Rektor (§27 der Geschäftsordnung des ZdK von 2001).

nisationsstruktur in §1 des nachkonziliaren Statuts von 1967 festgehalten, dass das ZdK eine „Arbeitsgemeinschaft der Diözesanräte der Katholiken, der zentralen katholischen Organisationen, der im Laienapostolat tätigen Einrichtungen der Deutschen Bischofskonferenz und sonstiger dem Laienapostolat verbundener Personen, Gruppen und Einrichtungen" ist. Mit dieser Änderung verband sich die Hoffnung, dass sich etliche Missstände gleichsam von selbst erledigen, „die die Arbeit des deutschen Laienkatholizismus seit Kriegsende behindert hatten. Der Provinzialismus völlig uneinheitlicher Laienkörperschaften, sofern solche überhaupt existierten, das zusammenhanglose Nebeneinander kirchenamtlicher, verbandlich organisierter und sogenannter freier Initiativen, bis zu einem gewissen Maß auch die Missachtung der Kompetenz der Laien und ihre Abhängigkeit von klerikaler und episkopaler Willkür, all dies sollte der Vergangenheit angehören."[370] Schließlich hatte sich durch die Einbeziehung der freien Initiativen und der nach dem Konzil neu gegründeten Diözesanräte[371] in das ZdK die Repräsentativität des ZdK deutlich erweitert. Vor allem die Diözesanräte als neue Mitgliedssäule im ZdK brachten zwei entscheidende Neuerungen ins ZdK ein: die flächendeckend territoriale Laienvertretung als Ergänzung zur funktionalen Ebene der Verbände sowie die Ablösung des jeweiligen Diözesanbischofs durch den Diözesanrat der Katholiken bzw. durch die ihm entsprechende Einrichtung als die die Diözesanvertreter und -vertreterinnen beauftragende Instanz.[372] „In der damals aktuellen Diskussion um die Reform der ZdK-Statuten waren zu Recht besonders diese Veränderungen in der Mitgliederstruktur hervorgehoben worden, da das Zentralkomitee damit sowohl dem Ruf nach größerer Repräsentativität entsprochen hatte als auch der vom Konzil geforderten Zusammenfassung nicht nur nach funktionalen, sondern auch nach regionalen Gesichtspunkten gegliederter Laienvertretungen. Das neue Statut trug somit auch zu einer beträchtlichen Aufwertung des nichtverbandlich organisierten Katholizismus bei, soweit er sich alternativ zum Verbändeprinzip um die neue Struktur der Laienräte kristallisierte."[373]

---

[370] Großmann, Zwischen Kirche und Gesellschaft, 180.
[371] Vgl. dazu in diesem Buch S.178–186.
[372] Vgl. Großmann, Zwischen Kirche und Gesellschaft, 187f.
[373] Ebd., 188.

6. Die Entwicklung als freier Zusammenschluss des Laienapostolats bis heute

Weitere, nicht die grundsätzliche Struktur betreffende, sondern den Entwicklungen der Zeit entsprechende Anpassungen des Statuts erfolgten im Zuge der Gemeinsamen Synode der Bistümer in der Bundesrepublik Deutschland 1974, der Wiedervereinigung Deutschlands 1990 und schließlich 1995 durch die Einbeziehung der neuen geistlichen Gemeinschaften und Bewegungen.[374]
Nach dem derzeit geltenden Statut von 2001 setzt sich das ZdK aus den drei großen Bereichen der kirchlichen Vereine (Verbände, Organisationen, geistliche Gemeinschaften), der Diözesanräte sowie der Einzelpersönlichkeiten aus Wissenschaft, Kirche und Gesellschaft zusammen. Die Vereine entsenden 97 Delegierte, die Diözesanräte 84 und beide zusammen wählen 45 Einzelpersönlichkeiten. Die Arbeitsorgane des ZdK sind die Vollversammlung, der Hauptausschuss, das Präsidium, der/die Präsident/Präsidentin sowie der/die Generalsekretär/-sekretärin mit dem Generalsekretariat, zu dem zahlreiche Referate mit hauptamtlich tätigem Personal gehören, und verschiedene Sach- und Arbeitsbereiche zu pastoralen, politischen, sozialen u.a. Fragen, deren Mitglieder ehrenamtlich tätig sind, unterstützt durch eine(n) Mitarbeiter/Mitarbeiterin des Generalsekretariats, der/die die Geschäfts- und Protokollführung innehat.

Überblickt man die strukturelle Entwicklung des ZdK seit dem II. Vatikanischen Konzil, so sind zwei Aspekte besonders hervorzuheben:
1. Die im Statut von 1967 neu bzw. erstmals gewonnene Eigenständigkeit als von den Bischöfen „anerkannter" statt von ihnen „getragener" Zusammenschluss des Laienapostolats wird das ZdK nicht mehr verlieren, sondern in den nachfolgenden Statuten nur noch detaillierter ausdrücken, begründen und in seiner grundlegenden Konsequenz benennen. So wird bereits im Statut von 1975 das Selbstverständnis so formuliert, wie es auch heute noch gilt:

> „(1) Das Zentralkomitee der deutschen Katholiken ist der Zusammenschluss von Vertreterinnen und Vertretern der Diözesanräte und der katholischen Verbände sowie von Institutionen des Laien-

---

[374] Vgl. Großmann, Zentralkomitee, 1432.

apostolats und von weiteren Persönlichkeiten aus Kirche und Gesellschaft.

(2) Es ist das von der Deutschen Bischofskonferenz anerkannte Organ im Sinne des Konzilsdekrets über das Apostolat der Laien (Nr.26) zur Koordinierung der Kräfte des Laienapostolats und zur Förderung der apostolischen Tätigkeit der Kirche.

(3) Die Mitglieder des Zentralkomitees fassen ihre Entschlüsse in eigener Verantwortung und sind dabei von Beschlüssen anderer Gremien unabhängig" (§1 Statut 2001; vgl. fast wortgleich bereits §1 Statut 1975).

Aufmerksamkeit verdient hier vor allem der letzte Absatz, in dem die „eigene Verantwortung" und „Unabhängigkeit" des ZdK von anderen Gremien explizit ins Wort gefasst ist. Um sie ekklesiologisch nicht misszuverstehen, ist darauf hinzuweisen, dass Eigenständigkeit und Nicht-Gebunden-Sein keineswegs Beziehungslosigkeit oder (demonstrative) Nichtbeachtung der kirchlichen Autorität bedeutet, sondern durchaus auf Zusammenarbeit mit den Bischöfen angelegt ist. Die Eigenverantwortung des ZdK ist also nicht in einem absoluten Sinn zu verstehen, bei dem die Autonomie zu einer Autarkie wird, sondern in einem relativen Sinn, bei dem die Autonomie die ekklesiologisch bedingte Stellung der kirchlichen Autorität anerkennt und so weit wie möglich mit ihr kooperiert.[375] Diese ekklesial-kooperative Autonomie zeigt sich strukturell vor allem in folgenden Punkten:
- Das von der Vollversammlung beschlossene Statut wie auch alle Änderungen desselben bedürfen der Zustimmung der Deutschen Bischofskonferenz.
- Der von der Vollversammlung gewählte Präsident muss von der Deutschen Bischofskonferenz bestätigt werden.
- Die Deutsche Bischofskonferenz muss dem/der auf Vorschlag des/der Präsidenten/Präsidentin vom Geschäftsführenden Ausschuss bzw. Hauptausschuss bestellten Generalsekretärs/-sekretärin zustimmen.

---

[375] Großmann, Zwischen Kirche und Gesellschaft, 191, spricht in diesem Zusammenhang explizit nicht von einer größeren Autonomie, sondern von einer wechselseitigen Abhängigkeit anstelle der früheren einseitigen Abhängigkeit des ZdK von den Bischöfen: „Die reformierten Statuten waren also keineswegs durch größere Autonomie der Laien vom kirchlichen Leitungsamt gekennzeichnet, wohl aber von dem Bemühen, die Abhängigkeit wechselseitig werden zu lassen. Ob sich daraus eine echte Partnerschaft im Geist des Zweiten Vatikanischen Konzils entwickeln würde, konnte erst die Praxis der Zukunft zeigen." Vgl. dazu auch in diesem Buch S.106–109; S.111f; und S.186.

- Die Deutsche Bischofskonferenz bestellt mit Zustimmung des Geschäftsführenden Ausschusses bzw. Hauptausschusses einen Geistlichen Assistenten, der das ZdK in geistlichen und theologischen Fragen berät und an den Sitzungen der Vollversammlung, des Geschäftsführenden Ausschusses und des Präsidiums mit beratender Stimme teilnimmt.
- Die Deutsche Bischofskonferenz muss die Bestellung eines Priesters zum Rektor bestätigen, den der Geistliche Assistent gemeinsam mit dem Generalsekretär dem Geschäftsführenden Ausschuss vorgeschlagen hat. Der Rektor gehört dem Generalsekretariat an und nimmt dort in besonderer Weise die geistlichen, theologischen und pastoralen Aufgaben wahr. Ferner nimmt er mit beratender Stimme an den Sitzungen der Vollversammlung und des Geschäftsführenden Ausschusses teil.

2. Pikanterweise fällt auch bei der nachkonziliaren Entwicklung auf, dass – wie schon bei Inkrafttreten des CIC/1917 – das neue kirchliche Gesetzbuch von 1983 offensichtlich kein Anlass war und ist, Statut und Selbstverständnis den neuen kirchenrechtlichen Bestimmungen anzupassen. Das ist insofern verwunderlich, als der CIC/1983 ein grundlegend neues und vielgestaltiges Konzept des kirchlichen Vereinsrechtes eingeführt hat.[376] Von seiner Entwicklungsgeschichte her müsste sich das ZdK als freier Zusammenschluss nach c.215 definieren. Für diese Einordnung sprechen vor allem sein Selbstverständnis als „Zusammenschluss" und „Organ" des Laienapostolats, die Eigenständigkeit seiner Beschlussfassung sowie die durch Wahl legitimierten Schlüsselfunktionen im ZdK. Zu klären wäre, wie die bischöfliche Zustimmungsbedürftigkeit des Statuts und seiner Änderungen, die bestätigungsbedürftige Wahl des Präsidenten / der Präsidentin, die Zustimmung zur Bestellung des Generalsekretärs / der Generalsekretärin sowie die Bestellung des Geistlichen Assistenten und die Bestätigung zur Bestellung des Rektors durch die Deutsche Bischofskonferenz zu qualifizieren sind. Sind diese Elemente als freiwillige Selbstbindungen des freien Zusammenschlusses zu verstehen oder weisen sie in die Richtung der Einordnung als kirchlich-

---

[376] Vgl. dazu in diesem Buch S.105–123.

kanonischer Verein?[377] Vor allem die Rolle des „Geistlichen Assistenten" und „Rektors" werfen Fragen auf. Wie ist die Beratungsfunktion des Geistlichen Assistenten für geistliche und theologische Fragen des ZdK (§13 Statut 2001) zu verstehen? Und was beinhaltet die Wahrnehmung der geistlichen, theologischen und pastoralen Aufgaben in der Arbeit des Generalsekretariats durch den Rektor (§15 Statut 2001)? Entspricht somit der „Geistliche Assistent" im ZdK dem „kirchlichen Assistenten" im kanonisch öffentlichen Verein (c.317)? Zumindest stimmen sie darin überein, dass deren Träger (1.) Priester sein und (2.) von der zuständigen kirchlichen Autorität ernannt bzw. bestellt werden müssen sowie (3.) ihr umschriebenes Aufgabenfeld jeweils offen und flexibel ausgestaltet werden kann. Auch für die Funktion des Rektors gibt es Parallelen im kirchlichen Vereinsrecht des CIC. Er könnte die Funktion eines „Geistlichen Beraters" im kanonisch privaten Verein (c.324 §2) innehaben. Denn sowohl der Rektor wie auch der Geistliche Berater werden von einem privaten Verein frei unter den Priestern im Tätigkeitsbereich des Vereins gewählt und müssen durch die zuständige kirchliche Autorität bestätigt werden; ferner finden sich weder im CIC noch im Statut des ZdK konkrete Aussagen über deren Tätigkeitsfeld. Die Tatsache, dass der „Geistliche Assistent" auf den Rechtsstatus eines kanonisch öffentlichen Vereins weist, der „Rektor" dagegen auf den eines kanonisch privaten Vereins, spricht allerdings eher dafür, dass beide eigengeprägte Einrichtungen des ZdK sind, die auf die Eigenständigkeit und Unabhängigkeit des ZdK als eines freien Zusammenschlusses gemäß c.215 zurückzuführen sind. Da Rechtsunklarheiten den Keim zu lähmenden Kompetenzstreitigkeiten in sich tragen, sollte das ZdK eine klare Selbst-Einordnung im System des kirchlichen Vereinsrechts nicht (mehr) auf die lange Bank schieben.

---

[377] Vgl. dazu in diesem Buch S.105–123.

Kapitel IV

Der Diözesanrat als Organ des Laienapostolats zwischen Autonomie und Abhängigkeit vom Diözesanbischof – ein zweites Paradigma

Ist das Zentralkomitee der deutschen Katholiken zeitlich weit vor dem II. Vatikanischen Konzil entstanden und musste sich daher erst die Eigenständigkeit als oberstes Organ des Laienapostolats auf nationaler Ebene erarbeiten, so ist der Diözesanrat von Anfang an als ein eigenständiges Organ des Laienapostolats auf Diözesanebene konzipiert. Der Diözesanrat ist gleichsam eine direkte Frucht des neuen Laienverständnisses, wie es auf dem II. Vatikanischen Konzil entwickelt worden ist; er ist im Anschluss daran in fast allen Diözesen im Bereich der Deutschen Bischofskonferenz gegründet worden und damit nicht nur ein konkreter Ausdruck, sondern sogar ein – zumindest national – flächendeckend sichtbarer Ausdruck der Eigenständigkeit der Laien in der Kirche, wie sie seit dem II. Vatikanischen Konzil gelehrt wird.[378] Dass es dazu kommen konnte, ist ohne eine weitere Voraussetzung, die ebenfalls auf dieses Konzil zurückgeht, nicht denkbar. Die Entstehung des Diözesanrats ist eng verbunden mit einer neuen theologischen Bewertung und rechtlichen Ordnung der Diözese.

---

[378] Nur in der Erzdiözese Hamburg existiert kein Diözesanrat oder ein ihm vergleichbares Gremium wie z.b. ein Diözesankomitee in Münster und Paderborn (vgl. dazu in diesem Buch S.191–193). Eine weitere Ausnahme stellen die Diözesen Limburg und Rottenburg-Stuttgart dar, in denen jeweils Räte existieren, die weder reine Diözesan- noch reine Diözesanpastoralräte sind. In Limburg existiert ein „Diözesansynodalrat" und in Rottenburg-Stuttgart hat der Diözesanrat die Doppelfunktion als Diözesanpastoralrat und als Katholikenrat inne (vgl. Künzel, Apostolatsrat, 125; 187).

1. Die Diözese als Gemeinschaft des Gottesvolkes mit einem Bischof als Vorsteher (c.369)

Seit dem II. Vatikanischen Konzil versteht sich die katholische Kirche wieder verstärkt im Sinne der urchristlichen Erfahrung der ersten Jahrhunderte als eine „*communio*-Einheit von Kirchen". Nach dieser Konzeption ist Kirche „überall, wo das Wort Gottes verkündet, die Sakramente des Glaubens gefeiert und der Dienst der christlichen Brüderlichkeit [bzw. Geschwisterlichkeit] geübt wird. Die eine Kirche realisiert sich also in vielen Kirchen, die freilich nur dann im vollen Sinn Kirche sind, wenn sie die *communio*, die sie in Jesus Christus haben, durch die *communio* untereinander bezeugen."[379] So gesehen ist die *eine* katholische Kirche eine Gemeinschaft von *vielen* Kirchen, die auch als „Teilkirchen", „Ortskirchen" oder „Einzelkirchen" bezeichnet werden. Das II. Vatikanische Konzil wie auch der CIC/1983 fasst dies in die Formel zusammen, dass die eine und einzige katholische Kirche in den und aus den Teilkirchen besteht (LG 23,2; c.368 CIC/1983). Die Teilkirche ist somit nicht nur eine Verwaltungseinheit der Gesamtkirche, sondern hat einen Eigenstand.

Unter Teilkirche wird sowohl in den Dokumenten des II. Vatikanischen Konzils wie auch im kirchlichen Gesetzbuch stets die von einem Bischof geleitete Kirche verstanden (LG 20; c.375 §1). Denn die Bischöfe sind nach der Lehre der katholischen Kirche die Nachfolger der Apostel und damit die Garanten der apostolischen Sukzession. Der Normalfall einer Bischofskirche ist die Diözese (c.368), der Ausnahmefall eine diözesanähnliche Teilkirche wie etwa eine Gebietsprälatur oder eine Apostolische Administratur (cc. 370f).

Die entscheidenden Neuerungen gegenüber dem CIC/1917 liegen darin, dass im Anschluss an das II. Vatikanische Konzil (CD 11) die Diözese nicht mehr rein territorial bestimmt wird, ein Verwaltungsbezirk der Gesamtkirche ist, als solche dem Papst untersteht und das Regierungsgebiet des Diözesanbischofs darstellt (c.329 §1 CIC/1917), sondern personal von der Gemeinschaft des Gottesvolkes her definiert wird, selbst katholische Kirche im vollen Sinn ist, als solche eine Zentrale in der Gemeinschaft vieler Zentralen bildet, und einen Teil des Gottesvolkes unter der Leitung des Diözesanbischofs darstellt. Die Diözese ist also nicht mehr das Synonym für einen Bischof unter der Autorität des

---

[379] Kasper, Dienst an der Einheit, 38.

Papstes und seine Vollmacht, sondern für eine bestimmte Gemeinschaft des Gottesvolkes mit einem Bischof als letztverantwortlichem Leiter. „Bischöfe, Presbyter, Diakone, Laien und Ordensleute bilden eine diözesane Gemeinschaft und wirken mit ihren verschiedenen Diensten zusammen zum Heil der Menschen und zum Wohl der Kirche. Im Codex Iuris Canonici von 1983 ist der Dienst der Bischöfe deshalb nicht monokratisch, sondern kollegial, kooperativ und synodal ausgestaltet."[380] Dieser Neukonzeption entsprechend ist eine Diözese durch vier Elemente charakterisiert: sie ist erstens und grundlegend ein bestimmter Teil des Volkes Gottes,[381] der zweitens von einem Bischof, drittens in Zusammenarbeit mit einer Gemeinschaft von Priestern (= Presbyterium) geleitet wird, und zwar viertens dadurch, dass sie das Volk Gottes durch das Evangelium und die Eucharistie im Heiligen Geist zusammenführen (c.369). Noch ein fünftes Element hätte genannt werden müssen, nämlich dass die Gläubigen Mitträgerinnen und -träger der kirchlichen Heilsendung sind. Das ist leider versäumt worden, so dass hier das Gottesvolk lediglich als Objekt der kirchlichen Heilssendung erscheint. Dieses Defizit des c.369 kann und muss durch die grundlegende Aussage des c.204 §1 ergänzt werden, wonach alle Gläubigen an dem priesterlichen, prophetischen und königlichen Amt Christi teilhaben, also sehr wohl auch Subjekte der kirchlichen Heilssendung sind.[382] Denn „primär ist die Diözese eine Gemeinschaft von Gläubigen, die alle miteinander und jeder Einzelne zur Wahrnehmung der universalen Heilssendung in den Bereichen der Verkündigung, der Heiligung und der Leitung (munus docendi, sanctificandi, regendi) berechtigt und verpflichtet sind und den rechtlichen Zielen allen kirchlichen Handelns, nämlich der ‚salus animarum' und dem ‚bonum commune ecclesiae' zu dienen haben."[383]

---

[380] Riedel-Spangenberger, Vorwort, 11.
[381] Riedel-Spangenberger, Ortskirche oder Teilkirche, 37, macht in diesem Zusammenhang darauf aufmerksam, dass hier im Lateinischen bewusst der Begriff „portio" und nicht „pars" populi Dei gewählt worden ist. „Während ‚pars' abgegrenzt von einem Ganzen ist, stellt der verhältnismäßige Anteil (portio) des Volkes Gottes für sich das Ganze dar (pars pro toto). Eine ‚portio' hat in der Tat alle Qualitäten, die wesentliche charakteristische Merkmale des Ganzen sind, was bei einer ‚pars' nicht der Fall ist."
[382] Vgl. dazu in diesem Buch S.52f.
[383] Riedel-Spangenberger, Ortskirche oder Teilkirche, 37.

a) Der Diözesanpastoralrat als verfassungsrechtliches Gremium für das Zusammenwirken des diözesanen Gottesvolkes (cc. 511–514)

Kirche als Gemeinschaft des Gottesvolkes ist nicht etwas Statisches, das einmal gegründet, erreicht oder eingerichtet wird und dann ein für alle Mal bleibt. Sie ist vielmehr etwas zutiefst Dynamisches, das nur unter der Mitwirkung aller gelingen kann. Damit alle Glieder nicht nur mitwirken, sondern auch zusammenwirken, bedarf es notwendigerweise eines Konsenses, auch wiederum nicht im Sinne eines unveränderbaren Gutes, sondern als Prozess verstanden, der durch die beiden grundlegenden Elemente der wechselseitigen Kommunikation und Konsultation geprägt ist und dadurch immer wieder neu zu Konsens und damit zu Gemeinschaft führt. Deshalb gibt es auf allen Ebenen der Kirche (Gesamtkirche, Diözese, Pfarrei) verschiedene Gremien, in denen die Teilhabe und Mitwirkung aller Glieder der Kirche nach dem Prinzip der Repräsentativität institutionalisiert sind.[384]
Als feste Elemente der kirchlichen Verfassungsstruktur kommt diesen repräsentativ zusammengesetzten Mitwirkungsgremien eine doppelte Funktion zu: Zum einen sind sie konkrete Einrichtungen und Instrument für das Zusammenwirken der Glieder einer Gemeinschaft des Gottesvolkes, das auf Konsens zielt und dadurch zu vertiefter Gemeinschaft führt. Zum anderen sind sie zugleich ein rechtlicher Ausdruck für die *wechselseitige Loyalitätspflicht* zwischen dem Vorsteher und der ihm anvertrauten Gemeinschaft des Gottesvolkes.[385] Wie die jeweilige Gemeinschaft des Gottesvolkes ihrem jeweiligen Vorsteher als Repräsentanten des amtlichen Priestertums, so ist der jeweilige Vorsteher seiner Gemeinschaft des Gottesvolkes als Repräsentanten des gemeinsamen Priestertums zur Loyalität verpflichtet.
Auf der verfassungsrechtlichen Ebene der Diözese ist der Diözesanpastoralrat das Gremium, in dem das Gottesvolk der Diözese repräsentativ vertreten ist und in der kirchlichen Gemeinschaft der Diözese mitwirkt bzw. zusammenwirkt (cc. 511–514). Der Diözesanpastoralrat ist auf Zeit einzusetzen, mindestens ein Mal im Jahr einzuberufen und hört bei Sedisvakanz auf zu bestehen. Hinsichtlich der Mitgliedschaft hat der kirchliche Gesetzgeber zwei wichtige Vorgaben gemacht. Erstens ist bei der Auswahl

---

[384] Vgl. Schmitz, Die Konsultationsorgane, 449.
[385] Vgl. dazu in diesem Buch S.28f und S.75–77.

seiner Mitglieder darauf zu achten, dass sie „in der vollen Gemeinschaft mit der katholischen Kirche stehen" und dass es sich „vor allem" um Laien handelt (c.512 §1). Zweitens ist die Repräsentativität der Mitgliedschaft zu gewährleisten. Denn der Diözesanpastoralrat ist das Organ, in dem es nach den Vorstellungen des II. Vatikanischen Konzils „zu fruchtbarem Dialog und Konsens zwischen den Kirchengliedern einer Diözese über das pastorale Wirken kommen soll."[386] In Umsetzung dieses Gedankens ist im kirchlichen Gesetzbuch von 1983 festgelegt:

> „Die Gläubigen, die für den Pastoralrat bestellt werden, sind so auszuwählen, dass sich in ihnen der ganze Teil des Gottesvolkes, der die Diözese ausmacht, wirklich widerspiegelt; dabei sind die verschiedenen Regionen der Diözese, die sozialen Verhältnisse und die Berufe sowie der Anteil, den die Mitglieder für sich oder mit anderen zusammen am Apostolat haben, zu berücksichtigen" (c.512 §2).

Seiner Funktion entsprechend wird die Aufgabe des Diözesanpastoralrats vom kirchlichen Gesetzgeber darin gesehen,

> „unter der Autorität des Bischofs all das, was sich auf das pastorale Wirken in der Diözese bezieht, zu untersuchen, zu beraten und hierzu praktische Folgerungen vorzuschlagen" (c.511).

Bereits diese vorsichtige Aufgabenumschreibung ist ein Hinweis darauf, dass die theologische Leitidee des repräsentativen Zusammenwirkens im Diözesanpastoralrat nicht konsequent umgesetzt worden ist. Zumindest drei grundlegende Bestimmungen des kirchlichen Rechts laufen dazu quer:
1. Seine Einrichtung ist nicht verbindlich vorgeschrieben, sondern liegt im freien Ermessen des Diözesanbischofs (c.512 §1).[387]
2. Er besitzt keinerlei Mitbestimmungsrecht, sondern lediglich ein Beratungsrecht. Und selbst hierbei kommen ihm keinerlei Anhörungs- oder Zustimmungsrechte im Sinne des Beispruchsrechts (c.127) zu, so dass der Diözesanbischof in keiner Weise an dessen Tätigwerden gebunden ist.

---

[386] Schmitz, Die Konsultationsorgane, 461.

[387] In zehn der 27 (Erz-)Diözesen im Bereich der Deutschen Bischofskonferenz ist bis heute kein Diözesanpastoralrat errichtet worden, nämlich: in Bamberg, Erfurt, Essen, Fulda, Görlitz, Hildesheim, Magdeburg, München-Freising, Passau, Rottenburg-Stuttgart. Deshalb ist nach wie vor die Kritik zutreffend: „Mit der theologischen Neubesinnung des Konzils auf das Volk Gottes mag es erstaunen, dass bis heute in nicht wenigen Diözesen noch kein Pastoralrat existiert" (Stoffel, Pastoralrat, 511/1, Rdn.1).
Siehe in diesem Zusammenhang auch in diesem Buch S.178f zus. mit Anm.414.

3. Er steht ganz unter der Autorität des Bischofs; denn der Bischof allein entscheidet, ob ein Diözesanpastoralrat gebildet wird oder nicht (cc. 511, 513 §1), bestimmt die Art und Weise der Mitgliederbestellung, also auch, wie viele Laien, Kleriker und Ordenschristen in den Diözesanpastoralrat gelangen (c.512 §1), beruft schließlich auch die Sitzungen ein und leitet diese (c.514 §1).

Letztendlich sind die Normen über den Diözesanpastoralrat „zu sehr vom Gedanken der Autonomie der bischöflichen Gewalt geprägt. Es fehlt nach wie vor eine Perspektive, in der die wirkliche Teilhabe aller – Kleriker und Laien – an der verbindlichen Gestaltung des kirchlichen Lebens integrierendes Element des ... [diözesanbischöflichen] Amtes selbst ist."[388] Diese rechtlichen Mängel wiegen umso schwerer, als der Diözesanpastoralrat das einzige diözesane Gremium ist, in dem das Gottesvolk repräsentativ vertreten ist. Dem Glaubenssinn der Gläubigen[389] und damit der Loyalitätspflicht des Bischofs gegenüber der Gemeinschaft wird damit in der rechtlichen Konzeption der Diözese nur unzureichend Rechnung getragen. Wenn nicht nur die Gemeinschaft gegenüber dem Bischof, sondern auch der Bischof der Gemeinschaft gegenüber in Loyalitätspflicht steht, dann bedarf es einer adäquaten Beteiligung aller Glieder an den zentralen Entscheidungen der Gemeinschaft durch *Anhörung, Mitsprache und Mitentscheidung nach dem Prinzip der Delegation durch Wahl.* Eine grundlegende Voraussetzung dafür ist, dass ein repräsentatives Mitwirkungsgremium auf Diözesanebene erstens verpflichtend vorgeschrieben und zweitens so weit mit entsprechenden Kompetenzen rechtlich ausgestattet wäre, dass auch einem Votum dieses Gremiums gegenüber dem Bischof das ihm zustehende ekklesiologische Gewicht erhält.[390]

---

[388] Huber, Das Amt des Diözesan- bzw. Eparchialbischofs, 173, der diese Feststellung allerdings im Hinblick auf die Diözesan- und Eparchialkonvent trifft.
[389] Vgl. dazu in diesem Buch S.31–39.
[390] Zur rechtlich mangelhaften Umsetzung im CIC/1983 vgl. auch in diesem Buch S.70–73 und S.329–331.

b) Der Bischof als Vorsteher des diözesanen Gottesvolkes (cc. 375, 381, 391)

Ein wesentliches Charakteristikum der Diözese ist es, dass das Gottesvolk „dem Bischof in Zusammenarbeit mit dem Presbyterium zu weiden anvertraut wird" (c.369). Das Amt des Bischofs einer Diözese ist somit daran zu messen, ob ihm das „Weiden" des Gottesvolkes gelingt oder nicht. Ganz allgemein besteht die „Weide"-Methode im Lehren, Heiligen und Leiten in der Person Christi des Hauptes, wie aus den grundlegenden Aussagen über das Weihesakrament hervorgeht (c.1008).[391] Was das Besondere des „Weide"-Amtes für das diözesane Gottesvolk ist – im Unterschied für das Gottesvolk auf der Ebene der Pfarrei und der Gesamtkirche –, warum gerade dem Bischof diese Aufgabe zukommt und wie er sie auszuüben hat, wird vor allem in drei Rechtsbestimmungen theologisch und rechtlich näher entfaltet (cc. 375, 381 §1 und 391 §1).

1. In c.375 erfolgt zunächst eine theologische Grundlegung des bischöflichen Amtes und seiner Gewalt bzw. Vollmacht.[392] Dort heißt es:

> „§1. Die Bischöfe, die kraft göttlicher Einsetzung durch den Heiligen Geist, der ihnen geschenkt ist, an die Stelle der Apostel treten, werden in der Kirche zu Hirten bestellt, um auch selbst Lehrer des Glaubens, Priester des heiligen Gottesdienstes und Diener in der Leitung zu sein.
>
> §2. Die Bischöfe empfangen durch die Bischofsweihe selbst mit dem Dienst des Heiligens auch die Dienste des Lehrens und des Leitens, die sie aber ihrer Natur nach nur in der hierarchischen Gemeinschaft mit dem Haupt und den Gliedern des Kollegiums ausüben können."

Hier werden vier zentrale Aussagen über Wesen und Aufgabe der Bischöfe getroffen:

---

[391] Vgl. dazu in diesem Buch S.58–67.

[392] In der im Auftrag der Deutschen Bischofskonferenz erfolgten Übersetzung wird der lateinische Ausdruck „potestas" durchgehend mit „Gewalt" wiedergegeben. Da die „potestas" in der katholischen Kirche nicht wie im weltlichen Bereich nur in der Übertragung durch die Gemeinschaft gründet, sondern auch bzw. zuerst im sakramentalen Ursprung der Weihe, bevorzugt Verf.in den Ausdruck „Vollmacht" in Abhebung zu dem im weltlichen Bereich üblichen Begriff „Gewalt", um das sakramentale Spezifikum von kirchlicher „potestas" zum Ausdruck zu bringen. Im Folgenden wird daher der in der Übersetzung des CIC verwendete Ausdruck „Gewalt" so oft wie möglich durch „Vollmacht" ersetzt.

- Die Bischöfe treten an die Stelle der Apostel, sind also deren Nachfolger und setzen in dieser Funktion die Sendung der Apostel fort: als Hirten der Kirche das Volk Gottes zu weiden (vgl. c.1008).

- Grundlage für die Apostelnachfolge ist der Empfang der Bischofsweihe, die auf göttliche Einsetzung zurückgeht und damit zu den Wesensgrundlagen der katholischen Kirche gehört. Deshalb spricht man auch davon, dass die bischöfliche Verfasstheit für die katholische Kirche wesentlich ist. Streng genommen wird die göttliche Einsetzung nur für die Bischofsweihe ausgesagt, aber nicht für das Bischofsamt. Doch wird die göttliche Einsetzung seit jeher auch auf das Bischofsamt bezogen, ohne dass dies jemals bestritten wurde.[393]

- Durch die Bischofsweihe selbst – nicht erst durch die Übertragung eines bestimmten Bischofsamtes – empfangen die Bischöfe die dreifache und damit umfassende Dienst-(auf)gabe des Heiligens, Lehrens und Leitens. Die Bischofsweihe ist es, die den Bischöfen die Teilhabe an den drei Diensten Christi verleiht.

- Die Bischofsweihe gliedert in das Bischofskollegium ein, verweist also jeden Bischof auf die Gemeinschaft mit dem Bischofskollegium. Diese Gemeinschaft mit dem Bischofskollegium, die auch als Kollegialität umschrieben wird, kommt der Bischofsweihe „ihrer Natur nach" zu – wie der Gesetzestext hervorhebt –, ist also konstitutives Element des Bischofsseins und liegt nicht im freien Ermessen eines Bischofs. Anders gesagt: Bischof-Sein ist seinem Wesen nach kollegial und verträgt sich daher nicht mit einer isolierten und autarken Ausübung des bischöflichen Dienstes. Denn die Verbundenheit mit den Mitbischöfen ist eine Grundlage dafür, dass die bischöflich geleitete Diözese als Ortskirche in der „communio" mit allen anderen lebt.[394] Noch zugespitzter formuliert: „Er, dessen unmittelbare Sendung durch Christus und dessen umfassende Gewalt über seine Teilkirche das Konzil [und in dessen Gefolge der CIC] so eindrucksvoll

---

[393] Vgl. Pree, Das kirchenrechtliche Kernprofil, 64.
[394] Vgl. Bausenhart, Theologischer Kommentar zum Dekret über das Hirtenamt der Bischöfe, 258; Fallert, Mitarbeiter der Bischöfe, 117–119; 127f.

betont, steht mit seiner Teilkirche gleichwohl nicht isoliert in der kirchlichen Wirklichkeit, sondern ist organischer Teil eines Ganzen. Sein Amt kann nicht solistisch ausgeübt werden, so als seien die Belange der anderen Teilkirchen und der Gesamtkirche dafür ohne Belang.

Bei dieser Verpflichtung der Bischöfe auf die Gemeinschaft untereinander und mit dem Papst handelt es sich keineswegs nur um einen moralischen Appell zur entsprechenden Amtsführung. Die Aussage des Konzils über die ‚kollegiale Natur und Beschaffenheit des bischöflichen Standes' (LG 22,1) ist vielmehr eine ontologische. Die kollegiale Natur ist dem Bischofsamt so sehr wesentlich, dass ohne Wahrung der Gemeinschaft eine Ausübung des Bischofsamtes unmöglich ist. ‚Glied der Körperschaft der Bischöfe wird man kraft der sakramentalen Weihe und der hierarchischen Gemeinschaft mit Haupt und Gliedern des Kollegiums' (LG 22,1; vgl. CD 4,1). In der Gemeinschaft des Bischofskollegiums ist das Ineinander von Gesamtkirche und Teilkirche sichtbar personal repräsentiert (vgl. LG 23,1)."[395]

Nach dieser theologischen Grundlegung ist die rechtliche Konkretisierung zu bedenken. Da der Empfang der Bischofsweihe auf das Amt des Vorstehers einer Diözese angelegt ist, wird einem geweihten Bischof in der Regel das Amt des Diözeanbischofs übertragen. Maßgebliche Aussagen zu diesem Amt sind in den beiden cc. 381 §1 und 391 §1 enthalten: c.381 §1 regelt Art und Umfang der diözesanbischöflichen Vollmacht, c.391 die verschiedenen Funktionen dieser Vollmacht.

2. Um als Leiter einer Diözese seinen dreifachen Dienst des Heiligens, Lehrens und Leitens adäquat wahrnehmen zu können, wird dem Diözesanbischof rechtlich folgende Vollmacht bzw. Gewalt übertragen:

> „Dem Diözesanbischof kommt in der ihm anvertrauten Diözese alle ordentliche, eigenberechtigte und unmittelbare Gewalt zu, die zur Ausübung seines Hirtendienstes erforderlich ist; ausgenommen ist, was von Rechts wegen oder aufgrund einer Anordnung des Papstes der höchsten oder einer anderen kirchlichen Autorität vorbehalten ist" (c.381 §1).

---

[395] Huber, Das Amt des Diözesan- bzw. Eparchialbischofs, 151.

- Mit dem kleinen Wörtchen „alle" Gewalt / Vollmacht wird ausgesagt, dass der Diözesanbischof prinzipiell alle für sein Amt erforderlichen Vollmachten insgesamt bzw. in Fülle innehat, also seine Vollmacht grundsätzlich umfassend ist, es sei denn es liegt ein Vorbehalt zugunsten einer anderen kirchlichen Autorität vor. Das stellt eine grundlegende Neuerung gegenüber der Rechtsstellung im früheren kirchlichen Gesetzbuch dar. War der Bischof ehemals darauf angewiesen, dass der Papst ihm alle einzelnen Vollmachten zuteilte, die für die Ausübung seines Hirtendienstes notwendig waren (= Konzessionssystem), so werden dem Bischof nun nicht mehr einzelne Gewalten durch den Papst gewährt, sondern eine einzige, alle Einzel-Vollmachten umfassende, Vollmacht übertragen, und zwar direkt zusammen mit der Bischofsweihe; nur ausnahmsweise kann von Rechts wegen oder auf Anordnung des Papstes eine Einzel-Vollmacht einer anderen kirchlichen Autorität vorbehalten sein (= Reservationssystem).[396] Mit dem Wandel vom Konzessions- zum Reservationssystem ist die rechtliche Stellung des Diözesanbischofs gegenüber der des Papstes klar aufgewertet worden. Dennoch ist kritisch festzustellen: „Zwar haben die Diözesanbischöfe jetzt alle erforderlichen Kompetenzen. Aber was erforderlich ist, legt der Papst fest."[397] Denn der Diözesanbischof kann zwar prinzipiell alles, faktisch aber dann doch nur das alles, was ihm nicht vom Papst – durch das von ihm gesetzte Recht oder durch eine direkte Anordnung – entzogen ist.[398]

- Das Attribut „ordentlich" sagt aus, dass diese alles umfassende Vollmacht von Rechts wegen mit dem Amt selbst und damit auch dauerhaft gegeben und nicht etwa nur vorübergehend delegiert ist.

---

[396] Bier, Bischöfliche Vollmacht, 381/8, Rdn.10, macht zu Recht auf die unpräzise Ausdrucksweise des Gesetzgebers aufmerksam: Alle Gewalt (insgesamt) mit Ausnahme bestimmter Regelungen ist gerade nicht alle Gewalt (insgesamt), sondern nur eine eingeschränkte Gewalt. Vgl. dazu auch Ders., Die Rechtsstellung des Diözesanbischofs, 140–144.
[397] Ebd., 251. Entgegen der vorherrschenden Auffassung in der Kirchenrechtswissenschaft kann für Bier „c.381 §1 nicht als Ausdruck eines Wechsels vom Konzessionssystem zum Reservationssystem angesehen werden" (ebd., 255) bzw. im CIC/1983 von einer rechtlichen Aufwertung des Bischofsamtes durch einen „Systemwechsel insgesamt nicht die Rede sein" (ebd., 260).
[398] Vgl. ebd. 250.

- „Unmittelbar" ist diese Vollmacht insofern, als deren Ausübung an keine Mittler oder Vermittlungsinstanzen gebunden ist, sondern direkt ausgeübt werden kann.
- „Eigenberechtigt" besagt, dass der Bischof in der Ausübung seiner Vollmacht selbstständig bzw. in eigenem Namen, nicht in fremdem Namen, in Auftrag oder nur als Hilfe bzw. Unterstützung, in Abhängigkeit oder gar Stellvertretung eines anderen Amtsträgers, tätig ist. Diese Qualifizierung der Eigenberechtigung ist eine bedeutsame Änderung im Vergleich zum CIC/1917. Denn früher hatte der Bischof seine Amts-Vollmacht gerade nicht eigenberechtigt ausgeübt, sondern *unter der Autorität des Papstes* (c.329 §1 CIC/1917), was als Stellvertretung des Papstes interpretiert wurde. Hatte der Diözesanbischof früher den Papst als Stellvertreter Christi in der Teilkirche vertreten, so ist der Diözesanbischof nun selbst Stellvertreter Christi für die Teilkirche wie der Papst Stellvertreter Christi für die Gesamtkirche ist (vgl. LG 27,1).

3. Eine zentrale Konsequenz dieser umfassenden ordentlichen, unmittelbaren und eigenberechtigten Amts-Vollmacht des Diözesanbischofs wird in c.391 §1 gezogen und explizit festgehalten:

> „Es ist Sache des Diözesanbischofs, die ihm anvertraute Teilkirche nach Maßgabe des Rechts mit gesetzgebender, ausführender und richterlicher Gewalt zu leiten."

Seiner umfassenden Amts-Vollmacht entsprechend kommen dem Diözesanbischof in der ihm anvertrauten Diözese alle Funktionen der Leitungsgewalt bzw. -vollmacht zu: er hat die Vollmacht der Rechtssetzung ebenso wie die Vollmacht der Rechtsanwendung im Bereich der Gerichtsbarkeit und der Verwaltung. Allerdings kann er dabei nicht nach Belieben vorgehen, sondern ist an die „Maßgabe des Rechts" gebunden, wie die Gesetzesnorm mit Nachdruck herausstellt. „Der Bischof wird damit ausdrücklich auf die einschlägigen Rechtsvorschriften verwiesen und zu ihrer Beachtung verpflichtet. Diese Bindung des Bischofs an das geltende Recht versteht sich eigentlich von selbst; der explizite Hinweis auf diesen

Sachverhalt erscheint insofern überflüssig."[399] Offensichtlich lehrt die Erfahrung Gegenteiliges, so dass dieser explizite Hinweis gerade nicht überflüssig, sondern geradezu wichtig ist. Diese Annahme legt sich umso mehr nahe, als der kirchliche Gesetzgeber bereits an anderer Stelle den gleichen Gedanken ausgeführt hat. Im Zusammenhang mit den allgemeinen Bestimmungen des Kirchenrechts ist unmissverständlich festgelegt, dass die gesetzgebende und richterliche Gewalt bzw. Vollmacht „auf die im Recht vorgeschriebene Weise auszuüben" ist und bei der Ausübung der ausführenden Vollmacht „die Vorschriften der folgenden Canones einzuhalten" sind (c.135). Im Hinblick auf die gesetzgebende Vollmacht wird sogar nochmals eigens betont, dass „von einem untergeordneten Gesetzgeber ... ein höherem Recht widersprechendes Gesetz nicht gültig erlassen werden" kann (c.135 §2). Obwohl die Wahrung des geltenden sowie des höherrangigen Rechts eine selbstverständliche Pflicht für jedes Glied einer Rechtsgemeinschaft ist, hat es dennoch der höchste kirchliche Gesetzgeber offensichtlich für notwendig erachtet, gerade diejenigen, die die Leitungsgewalt insgesamt oder eine ihrer Funktionen innehaben, mehrfach daran zu erinnern, dass die Ausübung der Leitungsvollmacht – sei es als gesetzgebende, richterliche oder ausführende Vollmacht – keinesfalls willkürlich erfolgen kann, sondern bestimmte Grenzen zu beachten hat. In diesem Sinn mahnt auch das Direktorium für den Hirtendienst der Bischöfe von 2004:

> „Eingedenk dessen, dass er [sc. der Bischof] nicht nur Vater und Haupt der Teilkirche ist, sondern auch Bruder in Christus und Christgläubiger, soll sich der Bischof nicht so verhalten, als ob er über dem Gesetz stünde, sondern er soll sich an dieselbe Ordnung der Gerechtigkeit halten, die er den anderen auferlegt. Aufgrund der diakonalen Dimension seines Amtes soll der Bischof alle autoritären Verhaltensweisen bei der Ausübung seiner Vollmacht vermeiden und er soll bereit sein, die Gläubigen anzuhören sowie ihre Mitarbeit und ihren Rat zu suchen auf den Wegen und in den Organen, die vom kanonischen Recht dafür vorgesehen sind.
>
> Es besteht nämlich eine Wechselbeziehung wie ein Kreislauf zwischen dem Bischof und allen Gläubigen. Kraft ihrer Taufe sind diese verantwortlich für die Auferbauung des Leibes Christi, das

---

[399] Bier, Funktionen der diözesanbischöflichen Leitungsgewalt, 391/4, Rdn. 5; vgl. Ders., Rechtsstellung, 260f. Zur Bindung des Bischofs an das geltende Recht vgl. in diesem Buch S.188–191.

heißt für das Wohl der Teilkirche, weshalb der Bischof die Eingaben, die aus der ihm anvertrauten Teilgemeinschaft des Volkes Gottes hervorgehen, sammelt und mit seiner Autorität vorschlägt, was beiträgt zur Verwirklichung der Berufung eines jeden einzelnen."[400]

Fast schon wie eine Einschärfung wirkt es, wenn im unmittelbaren Kontext nochmals der gleiche Gedanke aufgegriffen und noch direkter auf den Punkt gebracht formuliert wird:

„... [Es] soll die gesetzgebende Vollmacht [sc. des Bischofs] stets mit Zurückhaltung ausgeübt werden, so dass die Gesetze stets einer wirklichen pastoralen Notwendigkeit entsprechen. ... Der diözesane Hirte weiß sehr wohl, dass seine Vollmacht der höchsten Autorität in der Kirche und den Normen des kanonischen Rechts unterworfen ist. Daher muss er sich beim Festlegen dessen, was dem Wohl der Diözese dient, stets der erforderlichen Übereinstimmung zwischen den örtlichen pastoralen Anweisungen und Orientierungslinien sowie dem universalen und dem von der Bischofskonferenz oder dem Partikularkonzil festgelegten partikularen Kirchenrecht versichern."[401]

Sowohl die drei maßgeblichen Rechtsnormen über Amt und Vollmacht des Diözesanbischofs (cc. 375, 381, 391 CIC) wie auch die jüngsten Ausführungen der Bischofskongregation zum Hirtendienst des Bischofs machen deutlich, dass die bischöfliche Vollmacht nicht als eine Art absolutistische Vollmacht missverstanden werden darf, als ob der Diözesanbischof – gleichsam kraft seines nach göttlichem Recht bestehenden Amtes – die ihm anvertraute Diözese stets nach freiem Ermessen leiten könnte, an nichts und niemanden gebunden außer an seine Verantwortung vor Gott. Einem solchen Missverständnis wehrt eine genaue Lektüre der Rechtsnormen und des Direktoriums über den Hirtendienst der Bischöfe ebenso wie das Einordnen der rechtlichen Aussagen in den größeren Zusammenhang, insbesondere in das Selbstverständnis der katholischen Kirche, das seit dem II. Vatikanischen Konzil vor allem mit den Kategorien des Volkes Gottes und der Communio, des gemeinsamen und amtlichen Priestertums sowie des Glaubenssinns aller Gläubigen umschrieben wird. Wird das

---

[400] Kongregation für die Bischöfe, Apostolorum Successores. Direktorium für den Hirtendienst der Bischöfe, Nr.66, in: Hallermann, Direktorium für den Hirtendienst, 93f.
[401] Apostolorum Successores, Nr.67f, in: Hallermann, Direktorium für den Hirtendienst, 95.

beachtet, so ist klar: Wenn von der bischöflichen Vollmacht die Rede ist, ist zugleich auch die Mitverantwortung des ganzen Volkes Gottes mitgemeint bzw. die Tatsache, dass nicht nur der Bischof kraft seiner Weihe in Fülle an der Vollmacht Christi teilhat, sondern auch alle Gläubigen kraft Taufe und Firmung in abgestufter Form ebenso daran teilhaben (c.204). Rechtlicher Ausdruck dieser sakramental begründeten Teilhabe aller Gläubigen sind die verschiedenen innerdiözesanen Organe mit ihren verschiedenen Rechten der Mitwirkung bei der Ausübung der bischöflichen Vollmacht. Diese Rechte hat der Bischof bei der Ausübung seiner Vollmacht ebenso zu wahren wie alle Bestimmungen des höherrangigen Rechts sowie des Rechts, das von ihm selbst (oder von einem seiner Vorgänger) in seiner Diözese rechtmäßig erlassen oder in Kraft gesetzt worden ist.[402]

c) Das Presbyterium als synodales Leitungsorgan des diözesanen Gottesvolkes (c. 369 i.V.m. cc. 495–502)

Die Bischofsweihe gilt als die Fülle des Weihesakraments. Folglich sind die Priesterweihe und Diakonenweihe auf die Bischofsweihe zu beziehen und zugleich von ihr abzugrenzen. Theologisch sinnvoll scheint hier, das Verhältnis folgendermaßen zu bestimmen: „Das Bischofsamt, die Fülle des sakramentalen Amtes, gibt auf unterschiedliche Weise den beiden anderen Weihestufen Anteil an seiner Sendung und seinem Auftrag. Diakonat und Presbyterat sind sozusagen die beiden Hände des Bischofs, durch die er sein Amt wahrnimmt."[403] Was das speziell für das Verhältnis von Bischof und Priester bedeutet, kommt am markantesten in der theologisch-rechtlichen Umschreibung der Diözese des c.369 zum Ausdruck. Dort wird nämlich explizit festgestellt, dass die Diözese „dem Bischof in Zusammenarbeit mit dem Presbyterium zu weiden anvertraut" ist. Das heißt also: Der Bischof leitet im Sinne von „weidet" die Diözese nicht allein, sondern „in Zusammenarbeit mit dem Presbyterium", wie c.369 explizit feststellt.
Das Presbyterium ist nach dem Verständnis des II. Vatikanischen Konzils die Gemeinschaft der Priester einer Teilkirche, die der Diözesanbischof als deren Haupt leitet (LG 28,2). Folglich

---

[402] Vgl. dazu in diesem Buch S.188–191.
[403] Greshake, Priester sein, 168; vgl. Fallert, Mitarbeiter der Bischöfe, 81.

gehören also der Diözesanbischof und die Priester wesentlich zusammen;[404] denn nur beide zusammen bilden das Presbyterium, weshalb auch der Bischof dem Presbyterium nicht gegenübersteht, sondern als dessen Haupt diesem selbst angehört. Insofern kann das Presbyterium durchaus als das „synodale Leitungsorgan" des diözesanen Gottesvolkes bezeichnet werden, dessen Haupt, dem Bischof als Vorsteher der Diözese, zwar die Letztverantwortung in der Leitung zukommt, keinesfalls aber Allzuständigkeit und erst recht nicht Alleinzuständigkeit.[405] In diesem Sinn der Zusammenarbeit der Priester und des Bischofs im Presbyterium der Diözese vereinigt der Bischof als letztverantwortlicher Leiter der Diözese und Haupt des Presbyteriums in seiner Person die Vollmacht der Gesetzgebung ebenso wie die der Verwaltung und Rechtsprechung (c.391). Dementsprechend kommt ihm auch die rechtliche Vertretung der Diözese zu (c.393), die Leitung der Verkündigung (c.386) und des Heiligungsdienstes (c.387) sowie die moderierende Koordination des Apostolats (c.394)[406] und die Sorge für die kirchliche Disziplin (cc. 384, 396–398). In Abgrenzung und zugleich Bezug dazu pluralisieren die Priester als Gemeinschaft des Presbyteriums und synodales Leitungsorgan der Diözese gleichsam „das Leitungsamt des Bischofs auf eine Vielzahl von Ortsgemeinden und Gemeinschaften hin. In ihnen setzt der Priester den Bischof ‚gegenwärtig' (LG 28; SC 42); in seinem Auftrag leitet er einen Teil des dem Bischof anvertrauten Volkes Gottes, predigt er und spendet er die Sakramente. Indem er durch die Weihe zum Dienst in einer bestimmten Diözese bestellt und in deren Presbyterium aufgenommen ist, deren ‚Einheitsprinzip' der Bischof darstellt, ist die vom Priester geleitete Gemeinde mit dem Bischof und anderen Gemeinden vernetzt."[407]

Allerdings spiegelt sich diese synodal konzipierte Leitung der Diözese in der rechtlichen Konkretisierung zu wenig bis gar nicht. Das lässt sich vor allem an der Konzeption des Priesterrats aufzeigen. Als ein Kreis von Priestern, die das Presbyterium repräsentieren und „gleichsam den Senat des Bischofs" bilden, hat der Priesterrat eigentlich die Aufgabe, den Bischof in der Leitung der Diözese zu unterstützen (c.495 §1). Doch zwei

---

[404] Vgl. dazu auch in diesem Buch S.64–67.
[405] Vgl. dazu ausführlicher Fallert, Mitarbeiter der Bischöfe, 174f; 215–223 und 354f.
[406] Vgl. dazu in diesem Buch S.229–231.
[407] Greshake, Priester sein, 168.

Regelungen veranschaulichen eindrücklich, dass das Beziehungsnetz, die zusammenarbeitende Zuordnung von Bischof und Priestern zu einer einseitigen Hinordnung der Priester auf den Bischof, ja fast schon zu einer einseitigen Abhängigkeit der Priester vom Bischof ausgestaltet worden ist.

- Der Priesterrat als Repräsentanz des Presbyteriums hat nach dem kirchlichen Gesetzbuch von 1983 lediglich das Recht, den Bischof in Fragen der Leitung zu beraten. Nach c.500 §2 hat nämlich der Diözesanbischof den Priesterrat „bei Angelegenheiten von größerer Bedeutung anzuhören, benötigt seine Zustimmung aber nur in den im Recht ausdrücklich genannten Fällen." Allerdings nennt der CIC/1983 faktisch kein einziges Zustimmungsrecht, sondern ausschließlich Anhörungsrechte wie z.b. bei der Errichtung und Aufhebung von Pfarreien (c.515 §2), Einsetzung von pfarrlichen Pastoralräten (c.536 §1), Festlegung von diözesanen Abgaben (c.1263). Wie soll der Priesterrat seine eigentliche Aufgabe: Unterstützung des Bischofs in der Leitung des diözesanen Gottesvolkes (c.495 §1) wahrnehmen, wenn ihm letztlich nur eine beratende Funktion für einige Fragen in der Leitung der Diözese zukommt?[408] Mit dieser schwachen Rechtsstellung hat der Priesterrat kaum die Möglichkeit, die Leitung der Diözese mitzubestimmen. Daher kann mit Fug und Recht gesagt werden, dass die Institution des Priesterrats als Repräsentant des zur Leitung der Diözese zugehörigen Presbyteriums im kirchlichen Gesetzbuch nicht stringent zu Ende gedacht ist. Theoretisch wird ihm nicht nur ein Beratungs-, sondern auch ein Zustimmungsrecht zugesprochen (c.500 §2), praktisch gibt es aber keine Anwendungsfälle eines Zustimmungsrechtes. Das hat für den Diözesanbischof zur Folge, dass er seine Leitungsvollmacht letztendlich völlig frei ausüben kann, da er „lediglich formal durch die Beachtung von Anhörungspflichten, nicht aber materiell eingeschränkt wird. Die Frage ist aber doch, ob es nicht erstrebenswert wäre, den im Presbyterium angelegten synodalen Aspekt des teilkirchlichen bischöf-

---

[408] Müller, Zum Verhältnis, 398, erläutert hierzu: „Diese Einschränkung der Tätigkeit des Presbyter-Rates auf eine lediglich beratende Funktion war zwar in der Konzilsaula gefordert worden, fand sich aber bis zum vorletzten Entwurf in keinem Schema. Sie wurde erst in die letzte Redaktion auf die Eingabe einiger weniger Väter eingefügt, die dadurch der Gefahr begegnen wollten, die Kirche als eine demokratische Gesellschaft aufzufassen."

lichen Leitungsamtes stärker zur Geltung zu bringen,"[409] der in den gegenwärtigen Regelungen „nur ansatzweise zur Geltung"[410] gebracht ist.
- Der Diözesanbischof ist Haupt seines Presbyteriums und steht als solches dem Priesterrat vor (c.500 §1). Deshalb kann der Priesterrat niemals ohne den Diözesanbischof handeln (c.500 §3). Diese Regelung ist nachvollziehbar. „Dass aber der Priesterrat gänzlich aufhört zu existieren, wenn das Amt des Diözesanbischofs vakant wird (c.501 §2), erscheint fragwürdig, da das Presbyterium weiter bestehen bleibt, auch wenn es vorübergehend sein episkopales Haupt verloren hat. Im Falle der Sedisvakanz werden die Aufgaben des Priesterrates vom Konsultorenkollegium wahrgenommen, solange bis der neue Diözesanbischof – innerhalb eines Jahres nach seiner Besitzergreifung – einen neuen Priesterrat gebildet hat (c.501 §2)."[411] Hier kommt noch erschwerend hinzu, dass das Konsultorenkollegium „ausschließlich vom Bischof ernannt wird, die Wahl wenigstens eines Teils der Mitglieder rechtlich nicht vorgesehen ist. Im Extremfall könnte das bedeuten, dass der Bischof das Konsultorenkollegium aus den von ihm frei berufenen (sowie den ‚geborenen') Mitgliedern des Priesterrates rekrutiert und damit ein Gremium hätte, das so gut wie ganz nach dem Zuschnitt des Bischofs gestaltet ist."[412] Angesichts der Tatsache, dass dem Konsultorenkollegium insbesondere bei vakantem oder behindertem Bischofsstuhl wichtige Kompetenzen für die Leitung und das Leben der Diözese zukommen, bedarf diese Regelung dringend einer Korrektur.

---

[409] Huber, Das Amt des Diözesan- bzw. Eparchialbischofs, 170.
[410] Ebd., 175; vgl. dazu Bier, Rechtsstellung, 242, Anm.573: „Denkbar wäre, dass die Priesterratsstatuten (c.496) Zustimmungsrechte vorsehen. Da der Diözesanbischof die Statuten zu genehmigen hat, käme die Approbation solcher Statuten einer Selbstverpflichtung des Diözesanbischofs auf solche Rechte gleich. Im Interesse einer Aufwertung des Priesterrates wäre dies zu begrüßen. Ob eine solche Selbstverpflichtung auch im Sinne des Bischofs sein kann, ist Ansichtssache."
[411] Hartelt, Verbunden in Weihe, 349; vgl. Müller, Zum Verhältnis, 397f.
[412] Hartelt, Verbunden in Weihe, 350.

2. Der Diözesanrat als vereinsrechtliches Gremium des Laienapostolats

War der Begriff „Apostolat" bis ins 19. Jahrhundert ausschließlich den Klerikern reserviert, wird er ab diesem Zeitpunkt auch auf die Laien angewendet. Sie werden dadurch zu aktiven Gliedern in der Kirche, deren apostolische Tätigkeit allerdings noch in unmittelbarer Abhängigkeit von den Klerikern gesehen und daher lediglich als Teilhabe an deren Apostolat gewertet wird. Erst auf dem II. Vatikanischen Konzil wird im Dekret über das Laienapostolat „Apostolicam actuositatem"[413] das Laienapostolat nicht mehr von den Klerikern als den Inhabern des geweihten Amtes, sondern direkt von Christus bzw. von der Vereinigung der Laien „mit Christus, dem Haupt" abgeleitet und als „Teilnahme an der Heilssendung der Kirche selbst" (AA2) bezeichnet. Durch diesen unmittelbaren christologischen Ursprung ist das sog. Laienapostolat inhaltlich deckungsgleich mit dem gemeinsamen Apostolat des ganzen Gottesvolkes bzw. hat keine spezifische Bedeutung mehr. Insofern sind die Begriffe „Laienapostolat" und „Apostolat" synonym zu verwenden. Sie umschreiben alle Bemühungen, die christliche Botschaft in Kirche und Gesellschaft präsent zu machen und sind damit wiederum Synonyme für den Ausdruck „Evangelisierung".

a) Das Selbstverständnis des Diözesanrats

Sinn und Zweck des Diözesanrats ist die Förderung und Vereinheitlichung der Kräfte des (Laien-)Apostolats im Bereich der Diözese, also sozusagen die Bündelung aller katholischen Kräfte der Diözese. Der Diözesanrat versteht sich als *eigenständiges* Gremium zur Koordinierung des Laienapostolats auf Diözesanebene und besteht deshalb auch vor allem (aber nicht ausschließlich) aus Laien. Er setzt sich aus Vertretern und Vertreterinnen zusammen, die aus den Dekanatsräten, den katholischen Verbänden und Organisationen entsandt sowie als Einzelpersönlichkeiten berufen sind. Als synonyme Bezeichnungen sind auch Katholiken-, Gläubigen-, Laienrat wie auch neuerdings Diözesankomitee gebräuchlich.[414]

---

[413] Vgl. dazu in diesem Buch S.39–47.
[414] Die Bezeichnung „Diözesanrat" hat sich als die gängige durchgesetzt. Die Bezeichnung „Katholikenrat" wird in Fulda, Erfurt, Magdeburg, Mainz, Osnabrück, Speyer und Trier verwendet; „Diözesankomitee" heißt er in Münster (Achtung:

Aufgabe dieses Gremiums ist es, *eigenverantwortlich* in gesellschaftliche Bereiche hineinzuwirken und mit *eigener Stimme* am Apostolat in Kirche, Gesellschaft und Welt mitzuwirken. In diesem Sinn wird in der Satzung des Diözesanrats von Regensburg aus dem Jahr 2001[415] betont:

„Die Organe des Diözesanrates fassen ihre Beschlüsse in eigener Verantwortung und sind dabei von Beschlüssen anderer Gremien unabhängig" (Art.IV (1)).

Diese Bestimmung findet sich in den Satzungen der meisten Diözesanräte.[416] Die Formulierung „eigene Verantwortung" bringt zum Ausdruck, „dass die Diözesanräte in keiner Weise an einen Dritten, eine andere Einrichtung oder ein anderes Organ gebunden sind bzw. von ihm ihre Autorität empfangen, Beschlüsse zu fassen. Die Beschlüsse gründen in der Eigenkompetenz der Diözesanräte, die nur für sich selber sprechen können und wollen. Die in vielen Diözesen ausdrücklich festgestellte Unabhängigkeit des Diözesanrates unterstreicht diesen Anspruch."[417]

Der Diözesanrat handelt also als autonomes Organ eigenständig, allerdings innerhalb der kirchlichen Rechtsvorgaben. Zu diesen innerkirchlichen Rechtsvorgaben gehört es auch, die Stellung und Verantwortung des Diözesanbischofs als des letztverantwortlichen Leiters der Diözese zu beachten, der in dieser Eigenschaft für die Einheit und Unversehrtheit des Glaubens in der ihm anvertrauten Diözese zu sorgen hat.

Diözesanrat ist dort die Bezeichnung für den Diözesanpastoralrat!) und Paderborn. Das „Diözesankomitee" in Regensburg ist ein Gremium eigener Art (vgl. dazu in diesem Buch S.191–195).
Künzel, Apostolatsrat, 30, favorisiert dagegen mit gutem Grund die Bezeichnung „Apostolatsrat" im Anschluss an AA 26, wo von „consilia" die Rede ist: „Die Bezeichnung ‚Diözesanrat' gibt nur einen Hinweis auf die Ebene, auf der dieser Rat zu finden ist, weiterhin ist eine Verwechslungsmöglichkeit mit anderen, auch auf der Ebene der Diözese lokalisierten Gremien wie Priesterrat oder Pastoralrat zu befürchten. Der Begriff ‚Apostolatsrat' hingegen bezeichnet die consilia aus AA 26 hinreichend."
[415] abgedruckt in: Abl Regensburg Nr. 16 (2001), 184–190.
[416] Nachweise bei Künzel, Apostolatsrat, 187.
[417] Ebd., 187f; vgl. ebenso Lüdicke, Vereinigungsrecht, 5: Grundlage der Diözesanräte „ist die in AA 26 anerkannte Autonomie des Laienapostolats. … In keinem Falle sind sie [sc. die Diözesanräte] Organe der Diözese, wie sich aus ihrem Selbstverständnis und ihrer Aufgabenstellung ergibt."

b) Die Rechtsgrundlagen des Diözesanrats

Der Diözesanrat wird im kirchlichen Gesetzbuch von 1983 weder vorgeschrieben noch empfohlen, sondern überhaupt nicht erwähnt; er geht vielmehr auf eine Empfehlung des II. Vatikanischen Konzils zurück, die folgenden Wortlaut hat:

> „In den Diözesen soll es, soweit es geschehen kann, Räte[418] geben, die das apostolische Wirken der Kirche sowohl auf dem Feld der Evangelisierung und Heiligung als auch auf karitativem, sozialem und auf anderen Feldern unterstützen sollen, indem Kleriker und Ordensleute in angemessener Weise mit den Laien zusammenarbeiten." (AA 26,1).

Diese Empfehlung hat die „Gemeinsame Synode der Bistümer in der Bundesrepublik Deutschland" (1970–75) aufgegriffen und als „Anordnung"[419] beschlossen, dass in den Diözesen „ein Gremium errichtet [wird], das das vom Diözesanbischof anerkannte Organ im Sinne des Konzilsdekrets über das Apostolat der Laien (Art.26) ist."[420] Ins kirchliche Gesetzbuch von 1983 hat diese Empfehlung dagegen keinen Eingang gefunden, so dass der Diözesanrat dort keine direkte Rechtsgrundlage hat. Daraus ist aber nicht zu schlussfolgern, dass er gar keine Rechtsgrundlage hätte, sondern nur, dass er lediglich eine allgemeine Rechtsgrundlage hat, nämlich die vereinsrechtliche Grundbestimmung des c.215,[421] die folgenden Wortlaut hat:

> „Den Gläubigen ist es unbenommen, Vereinigungen für Zwecke der Caritas oder der Frömmigkeit oder zur Förderung der christlichen

---

[418] Mörsdorf, Die andere Hierarchie, 468, weist hier zu Recht darauf hin, dass der im Konzilstext verwendete Begriff „consilium" nicht eindeutig ist. Als Rechtsbegriff kann er sowohl ein beratendes Organ als auch ein Organ mit Entscheidungsbefugnissen umschreiben. Insofern ist die verbreitete deutsche Wiedergabe von „consilia" als „beratende Gremien" keine Übersetzung, sondern eine Interpretation.
[419] Nach Art. 13f des Statuts dieser Gemeinsamen Synode (vgl. dazu auch in diesem Buch S.82f) ist eine „Anordnung" die höchste Verbindlichkeitsstufe, die ein Synodenbeschluss erlangen kann, weshalb einer „Anordnung" zwingende Rechtskraft zukommt (vgl. GSyn 915). Wörtlich heißt es in Art.14 über die Bekanntgabe und Inkraftsetzung der Beschlüsse: „ (1) Beschlüsse der Synode werden durch den Präsidenten der Synode bekannt gegeben und in den Amtsblättern der Bistümer veröffentlicht. (2) Beschlüsse der Synode, die Anordnungen enthalten, treten in den einzelnen Bistümern mit der Veröffentlichung im Amtsblatt des Bistums als Gesetz der Deutschen Bischofskonferenz oder – je nach Zuständigkeit – als Diözesangesetz in Kraft" (GSyn, 860).
[420] Beschluss: Räte und Verbände 3.4.9, in: GSyn, 672.
[421] Vgl. dazu in diesem Buch S.91–100 und S.111f.

Berufung in der Welt frei zu gründen und zu leiten und Versammlungen abzuhalten, um diese Zwecke gemeinsam zu verfolgen."[422]

Unterstützend kann in diesem Zusammenhang auch auf das Grundrecht und die Grundpflicht der Gläubigen hingewiesen werden, in dem, was das Wohl der Kirche betrifft, den geistlichen Hirten und den anderen Gläubigen ihre Meinung kundzutun (c.212 §3) sowie auf die Grundpflicht speziell der Laien, „als

---

[422] In diesem Sinne auch Schmitz, Die Konsultationsorgane, 463: „Für dieses Gremium [sc. Diözesanrat] sind keine gesamtkirchlichen Ausführungsbestimmungen ergangen. Auch der CIC enthält keine Bestimmungen. Das schließt aber nicht aus, dass zur Koordinierung der Vereinigungen und Aktivitäten der Gläubigen, vor allem der Laien (vgl. cc. 215, 216, 225, 299), auf Diözesanebene ein Gremium gebildet wird; dieses Gremium ist jedoch kein verfassungsrechtliches kirchenamtliches Beratungsorgan des Diözesanbischofs, sondern gehört der verbandsrechtlichen Organisationsstruktur an."
Die Gemeinsame Konferenz des Zentralkomitees der deutschen Katholiken und der Deutschen Bischofskonferenz hat die gleiche vereinsrechtliche Bewertung vorgenommen, allerdings zugleich darauf hingewiesen, dass die prinzipiell vereinsrechtliche Struktur auch einige verfassungsrechtliche Elemente enthält. Im Protokoll vom 15. Oktober 1987 wird dargelegt, dass die Diözesanräte der vereinsrechtlichen Ebene zuzuordnen sind, weil sie freie Zusammenschlüsse unter Anerkennung des kirchlichen (Weihe-)Amtes sind und ihre Satzungen selbst beschließen, die der Bischof in Kraft setzt. Durch die Tatsache, dass ihre Mitglieder nicht nur Delegierte der Verbände, sondern auch der Gremien des Pfarrgemeinde- und Dekanatsrates sind, sind sie zugleich in die verfassungsrechtliche Struktur der Diözese eingebaut, was als verfassungsrechtliches Element verstanden werden kann. Insgesamt gesehen überwiegt aber eindeutig die vereinsrechtliche Ebene (vgl. dazu Lüdicke, Vereinigungsrecht, 7).
Vgl. ähnlich auch Hallermann, Beratung und Beispruch, 316: „Der Katholikenrat, der oft auch als Diözesanrat bezeichnet wird, gehört somit nicht dem verfassungsrechtlichen, sondern dem vereinsrechtlichen Bereich an und ist von daher nicht als ein Gremium der Mitverantwortung an den Hirtenaufgaben des Bischofs zu verstehen, sondern als ein Koordinationsgremium des Laienapostolats … ."
In diesem Kontext kann auch auf die Anordnung der Gemeinsamen Synode zur Bildung der „Gemeinsamen Konferenz" hingewiesen werden, in der das Zentralkomitee der deutschen Katholiken, zu dem u.a. die Diözesanräte und ihnen analoge Gremien im Bereich der Deutschen Bischofskonferenz gehören, als Vertretung „der freien Initiativen" charakterisiert wird: „Kirchliche Aufgaben auf überdiözesaner Ebene in der Bundesrepublik Deutschland, die sich dem Leitungsamt (vertreten durch die Deutsche Bischofskonferenz) und den freien Initiativen (vertreten durch das Zentralkomitee der deutschen Katholiken) gemeinsam stellen, werden durch die ‚Gemeinsame Konferenz' beraten" (Beschluss: Räte und Verbände, Teil IV, Anordnung 3.1, in: GSyn, 673).
Künzel, Apostolatsrat, 230f, betont mit Nachdruck, dass die deutschen Diözesanräte keine Organe der Diözesen sind und „die in der Literatur vielfach vertretene Ansicht [zutreffend ist], dass die deutschen Diözesanräte nicht in die Verfassungsstruktur der Kirche einzuordnen" sind (ebd., 231). Für Künzel können sie aber trotz ihrer Bezüge zum kirchlichen Vereinsrecht nicht vereinsrechtlich eingeordnet werden, sondern sind kirchenrechtlich als „sonstige" bzw. „parakanonische" Gremien zu qualifizieren (ebd., 234). Ähnlich auch Althaus, Die Rezeption des Codex, 546, der von einem „legitimen, parakodikarischen Gremium" spricht.

einzelne oder in Vereinigungen, mitzuhelfen, dass die göttliche Heilsbotschaft von allen Menschen auf der Welt erkannt und angenommen wird" (c.225 §1).

Da der Diözesanrat nicht explizit im kirchlichen Gesetzbuch genannt wird, gibt es auch keine gesamtkirchlichen Bestimmungen über dessen Einberufung und Vorsitz sowie über beratendes und entscheidendes Stimmrecht der Mitglieder; diese Fragen sind daher in der jeweiligen Satzung durch den Diözesanrat selbst zu regeln. Wenn dabei dem zuständigen Diözesanbischof ein Zustimmungs- oder Genehmigungsrecht zukommt, dann bezieht sich dieses nur auf die Prüfung der kirchenrechtlichen Unbedenklichkeit der betreffenden Satzung. Insofern hat der Diözesanrat einen Rechtsanspruch auf die bischöfliche Zustimmung oder Genehmigung seiner Satzung, solange die Satzung kein höherrangiges Recht verletzt.

c) Der Diözesanrat als kirchlicher, aber nicht kirchlich-kanonischer Verein

Sowohl von der theologischen Idee, wie sie auf dem II. Vatikanischen Konzil entwickelt worden ist, als auch von der rechtlichen Umsetzung, wie sie durch die Würzburger Synode vorgenommen worden ist, ist der Diözesanrat eindeutig nicht auf der verfassungsrechtlichen, sondern auf der vereinsrechtlichen Ebene der katholischen Kirche anzusiedeln. Der wesentliche Unterschied zwischen verfassungs- und vereinsrechtlicher Ebene besteht darin, dass vereinsrechtliche Rechtsinstitute zwar genauso wie verfassungsrechtliche Einrichtungen zur Erfüllung der Sendung der Kirche beitragen, aber nicht wie diese zu den Strukturen der Kirchenverfassung gehören, sondern vielmehr Einrichtungen sind, die sein können, aber nicht sein müssen, damit katholische Kirche ihrem Ursprung und ihrer Bestimmung entsprechend existieren kann.[423]

Wendet man die vereinsrechtlichen Kategorien des kirchlichen Gesetzbuches[424] an, so enthalten die Satzungen der Diözesanräte in der Regel etliche Elemente, die auf den ersten Blick für eine Einstufung als kirchlich öffentlich-kanonischen Verein sprechen: die Mitwirkung des Bischofs in Form der Genehmigung und/oder Inkraftsetzung der Satzung, was als Approbation im Sinne des

---

[423] Vgl. dazu auch in diesem Buch S.91–100.
[424] Vgl. dazu in diesem Buch S.105–123.

c.314 verstanden werden kann, die bischöfliche Bestätigung des Vorsitzenden, wie sie in c.317 gefordert ist, und die Bestellung des sog. „Bischöflichen Beauftragten" durch den Bischof im Sinne des kirchlichen Assistenten gemäß c.317 §1. Dagegen spricht aber eindeutig das Selbstverständnis des Diözesanrats, der gerade nicht wie ein öffentlich-kanonischer Verein „im Namen der Kirche" und demzufolge unter der Oberleitung des Bischofs tätig sein will (cc. 313 und 315), sondern gerade unabhängig davon und in eigener Verantwortung. Damit steht in einem nächsten Schritt die Prüfung der Frage an, ob die Diözesanräte als kirchlich privat-kanonische Vereine zu verstehen sind. Auch hier könnten wiederum die Mitwirkungsformen des Bischofs bei der Satzung als Überprüfung im Sinne des c.299 §3 oder Billigung im Sinne des c.322 §2 gedeutet sowie der „Bischöfliche Beauftragte" als „geistlicher Berater" des c.324 §2 betrachtet werden. Für diese Klassifizierung wäre aber in den Satzungen ein Anhaltspunkt dafür notwendig, dass der jeweilige Diözesanrat die bischöfliche Mitwirkung bei der Satzung als Überprüfung zur Gründung oder Einstufung als kirchlicher privat-kanonischer Verein (mit oder ohne Rechtsfähigkeit) versteht.[425] Da in keiner Satzung eines Diözesanrats ein Wille erkennbar ist, den Rechtsstatus eines kirchlich kanonischen Vereins erwerben zu wollen, ist davon auszugehen, dass der Diözesanrat die allgemeinste Form eines kirchlichen Vereins bildet, nämlich den freien Zusammenschluss gemäß c.215, dem im Vergleich zu den anderen kirchlichen Vereinsformen die größte Freiheit hinsichtlich der Gestaltung der Vereinsstruktur und des Vereinslebens zukommt. Dieser vereinsrechtlichen Klassifizierung steht auch nicht der sog. „Bischöfliche Beauftragte" im Wege, der – mit unterschiedlichen Bezeichnungen wie „bischöflicher Berater", „geistlicher Assistent" oder „geistlicher Beirat" – in fast allen Satzungen vorgesehen ist und meist eine relativ starke Stellung innerhalb des Diözesanrats einnimmt: so ist er in der Regel in den Organen des Diözesanrats vertreten, nimmt an den Sitzungen der Vollversammlungen teil und ist Mitglied des Vorstandes;[426] seine Aufgabe ist die Beratung in geistlichen und theologischen Fragen, öfters auch die Anliegen

---

[425] Vgl. Künzel, Apostolatsrat, 232.
[426] Vgl. ebd., 221 mit Nachweisen. Nur Limburg, Mainz und Rottenburg-Stuttgart kennen keinen „bischöflichen Beauftragten" als Mitglied im Diözesanrat, wobei in Limburg der Bischof dem Vorstand des Diözesansynodalrates angehört, und in Rottenburg-Stuttgart der Bischof dem Diözesanrat angehört, der zugleich auch die Funktion des Diözesanpastoralrates innehat.

des Bischofs und der Diözesanleitung im Diözesanrat einzubringen[427] und die Verbindung des Bischofs zum Diözesanrat zu halten.[428] Die Einrichtung des „Bischöflichen Beauftragten" und insbesondere das weit ausgedehnte Feld seiner Tätigkeit mag durchaus befremden, dennoch handelt es sich bei der Existenz dieses Amtes und seiner rechtlichen Ausgestaltung nicht um eine rechtlich verbindliche Vorgabe für das Rechtsinstitut „Diözesanrat", sondern um eine von den einzelnen Diözesanräten über ihre Satzung freiwillig eingeräumte Möglichkeit der bischöflichen Einflussnahme auf ihre Tätigkeit als in eigener Verantwortung wirkendes Organ des Laien-apostolats. Der „Bischöfliche Beauftragte" ist somit als ein Strukturelement des Diözesanrats zu verstehen, das er sich in der Wahrnehmung seiner eigenen Verantwortung freiwillig selbst gegeben hat, und das damit keine Auswirkung auf seine Rechtsstellung als freier Zusammenschluss hat. Das Amt des „Bischöflichen Beauftragten" wie auch die anderen bischöflichen Mitwirkungsrechte bei der Satzung und Bestellung des Vorsitzenden vermitteln den Eindruck, sich auf diese Weise der bischöflichen und damit autoritativen Anerkennung versichern und diese auch organisationsrechtlich sichtbar machen zu wollen,[429] keineswegs aber dadurch die grundsätzlich maximale Autonomie als freier Zusammenschluss gemäß c.215 einschrän-ken bzw. aufgeben zu wollen, indem ein kanonischer Rechts-statuts angestrebt werden würde.

d) Der Diözesanrat in Abhebung zum Diözesanpastoralrat

Der Diözesanrat wird oft verwechselt mit dem Diözesanpastoralrat. So ähnlich die beiden Gremien klingen, so verschieden sind sie. Beide Gremien sind also klar voneinander abzuheben. Während nämlich der Diözesanrat ein vereinsrechtliches Gremium (mit verfassungsrechtlichen Teilelementen) darstellt, ist der Diözesanpastoralrat ein verfassungsrechtliches Gremium. Das hat vor allem Auswirkungen hinsichtlich der Autonomie der beiden Gremien. Denn als verfassungsrechtliches Gremium kommt dem Diözesanpastoralrat keine Autonomie zu (wie einem vereinsrechtlichen Gremium gemäß c.215 CIC), sondern eine strikte Abhängigkeit vom letztverantwortlichen Leiter der Verfas-

---

[427] So in Augsburg, Bamberg, München und Freising, Passau, Regensburg.
[428] So in Hildesheim, Passau, Regensburg; vgl. dazu Künzel, Apostolatsrat, 222f mit Einzelnachweisen in den jeweiligen Satzungen.
[429] Vgl. dazu in diesem Buch S.121.

sungsebene, also vom Diözesanbischof. Der Diözesanpastoralrat ist dementsprechend als ein (verfassungsrechtliches) Beratungsorgan des Diözesanbischofs konzipiert, und zwar – in Abhebung zum Diözesanrat – nicht durch Teilkirchenrecht im Bereich der Deutschen Bischofskonferenz (= Beschluss der Würzburger Synode), sondern durch gesamtkirchliche Vorgaben des kirchlichen Gesetzbuches. Denn der Diözesanpastoralrat ist ebenfalls wie der Diözesanrat vom II. Vatikanischen Konzil empfohlen (CD 27) und – dies aber im Unterschied zum Diözesanrat – auch in das kirchliche Gesetzbuch von 1983 aufgenommen worden. Seine Einrichtung wird im kirchlichen Gesetzbuch zwar nicht verbindlich vorgeschrieben, wohl aber angeraten (cc. 511–514).[430] Diesem strukturellen Unterschied entsprechend ist ausschließliche Aufgabe des Diözesanpastoralrats, den Bischof in allen pastoralen Fragen zu beraten, die die Diözese betreffen, während die Beratung des Bischofs durch den Diözesanrat lediglich eine mögliche Aufgabe des Diözesanrats sein kann. Seine Hauptaufgabe ist es, das apostolische Wirken der Kirche zu unterstützen und die verschiedenen Kräfte des apostolischen Wirkens zu koordinieren. Die Beratung des Bischofs ist also nicht ausdrücklich Aufgabe des Diözesanrats, sondern nur eine mögliche Form der Unterstützung im apostolischen Wirken. Die genuine Aufgabe des Diözesanrats ist vielmehr die Koordinierung, die für den Diözesanpastoralrat nicht vorgesehen ist.[431]

e) Das Zusammenwirken von Diözesanrat und Diözesanbischof

Die Eigenverantwortung des Diözesanrats auf der einen Seite und die Letztverantwortung des Diözesanbischofs[432] auf der anderen Seite erwecken auf den ersten Blick den Eindruck, nicht miteinander vereinbar zu sein. Denn hier scheint nur die Alternative möglich zu sein, dass sich entweder die Autonomie des Diözesanrats zu einer Abhängigkeit vom Bischof wandelt oder sich die Letztverantwortung des Bischofs als eine rein formelle Betätigung für eigenverantwortlich vorgenommene Entscheidungen und Handlungen des Diözesanrats auswirkt. In der Tat stellt die Vereinbarkeit der beiden Aspekte Autonomie und Abhängigkeit

---

[430] Vgl. dazu in diesem Buch S.164–166.
[431] Vgl. Künzel, Apostolatsrat, 31.
[432] Vgl. dazu in diesem Buch S.167–174.

bzw. Eigenverantwortung und Letztverantwortung einen störanfälligen Balanceakt dar, der rechtlich folgendermaßen zu bestimmen ist: Dem Diözesanrat als autonomes Gremium kommt stets die *primäre,* während dem Diözesanbischof als letztverantwortlichem Leiter „nur" die *sekundäre* Zuständigkeit der (rechtlichen) Gestaltung des Lebens und Wirkens des Diözesanrats zukommt. Die primäre Zuständigkeit beinhaltet die Rechtsakte der inhaltlichen Vorgabe, der Entscheidung in Sachfragen und der Auswahl von Personal; die sekundäre Zuständigkeit umfasst dagegen die Rechtsakte der Anerkennung (nicht: Einsetzung), Inkraftsetzung (nicht: inhaltliche Vorgabe) und Bestätigung (nicht: Verordnung) von bestimmten Rechtsakten des Diözesanrats als eines Organs des eigenständigen Laienapostolates im Sinne des II. Vatikanischen Konzils. Dabei stellt die sekundäre Zuständigkeit keineswegs nur eine formelle Mitverantwortung des Bischofs dar, sondern wirkliche Letztverantwortung, da der Bischof diese rechtlich notwendige Anerkennung, Bestätigung und Inkraftsetzung auch verweigern oder wieder entziehen kann. Um hier aber andererseits nicht die Autonomie außer Kraft zu setzen, darf eine Verweigerung oder ein Entzug dieser Rechtsakte nur aus rechtlich relevanten Gründen geschehen, die ausschließlich in einem schweren Verstoß gegen die kirchliche Glaubens- und/oder Rechtsordnung liegen können und in rechtlicher wie tatsächlicher Hinsicht nachweispflichtig sind. Ist ein solcher Verstoß nicht gegeben, kommt dem Diözesanrat gleichsam ein Rechtsanspruch auf die bischöfliche Anerkennung, Bestätigung bzw. Inkraftsetzung zu.

Nur durch dieses Zusammenspiel von primärer und sekundärer Zuständigkeit ist ein Zusammenwirken von Diözesanrat und Diözesanbischof möglich, bei dem einerseits die Eigenverantwortlichkeit des Diözesanrats gewahrt ist und andererseits diese Eigenverantwortlichkeit die Letztverantwortung des Diözesanbischofs nicht aushöhlt, sondern im Gegenteil auf die Zusammenarbeit mit dem Diözesanbischof als letztverantwortlichem Leiter der Diözese angelegt ist.

Exkurs: Die besondere Situation im Bistum Regensburg

1. Aufhebung des Diözesanrats und Einrichtung eines Diözesankomitees durch den Bischof von Regensburg

Die sekundären Rechte des Diözesanbischofs beim Diözesanrat oder dem ihm vergleichbaren Gremium umfassen die Rechte der *Anerkennung* des sich selbst konstituierenden Diözesanrats als Diözesanrat, der *Inkraftsetzung* der vom Diözesanrat beschlossenen Satzung und der *Bestätigung* des vom Diözesanrat gewählten Vorsitzenden, jeweils nach Überprüfung der kirchenrechtlichen Unbedenklichkeit. So lautet z.b. eine zentrale Satzungsbestimmung:

> „Eine Satzungsänderung ist nur möglich, wenn sie „mit zwei Drittel Mehrheit der anwesenden stimmberechtigten Mitglieder des Diözesanrates beschlossen und durch den Diözesanbischof in Kraft gesetzt [wird]."[433]

Das heißt, für eine Satzungsänderung sind zwei Rechtsakte notwendig: Beschlussfassung, die dem Diözesanrat zukommt (= primäre Rechtszuständigkeit), und Inkraftsetzung der beschlossenen Satzung(sänderung), die dem Bischof zukommt (= sekundäre Rechtszuständigkeit).

Diese Unterscheidung zwischen primärer und sekundärer Rechtszuständigkeit hinsichtlich des Diözesanrats bzw. hinsichtlich jeden Organs des eigenständigen Laienapostolats und damit die Balance zwischen Eigenständigkeit des Diözesanrats und Letztverantwortung des Diözesanbischofs ist 2005 im Bistum Regensburg nicht zu erkennen. Der Bischof von Regensburg hat damals den ersten Akt der Beschlussfassung übergangen und trotz Protests von verschiedenen Seiten eigenmächtig den Diözesanrat von Regensburg und dessen Satzung aufgehoben.[434] Denn seiner

---

[433] Vgl. z.B. Art.XIII der „Satzung für den Diözesanrat der Katholiken in der Diözese Regensburg" vom 15.11.2001, abgedruckt, in: Abl Regensburg Nr. 16 (2001), 184–190.

[434] Vgl. „Bischöfliches Dekret betreffend den Diözesanrat der Katholiken in der Diözese Regensburg" vom 15.11.2005, in: Abl Regensburg Nr. 13 (2005), 155: „Kraft meiner bischöflichen Vollmacht [wird] Folgendes verfügt:
Die Einrichtung des ‚Diözesanrates der Katholiken in der Diözese Regensburg' ist mit Wirkung vom 15. November 2005, dem Fest des hl. Albert des Großen, aufgehoben.
Die derzeit gültige Satzung für den ‚Diözesanrat der Katholiken in der Diözese Regensburg' vom 15.11.2001, in Kraft seit dem 31.03.2002 …, ist mit Wirkung vom 15. November 2005 außer Kraft gesetzt und auf Dauer aufgehoben."

Auffassung nach sind zwar die Mitglieder des Diözesanrats an die Bestimmungen der Satzung gebunden, nicht aber er, der er Bischof kraft göttlichen Rechts ist und einziger Gesetzgeber in der Diözese. Mit dem gleichen Anspruch hat der Bischof von Regensburg, ebenfalls ohne jegliche Beteiligung der Betroffenen, an die Stelle des Diözesanrats das neue Gremium „Diözesankomitee im Bistum Regensburg" als Vertretungsorgan der diözesanen Verbände und geistlichen Gemeinschaften gegründet und ein Muster-Statut dazu erlassen.[435]

Mit diesem Vorgehen hat der Bischof zwei Diskussionen ausgelöst, die von grundlegender Tragweite sind: Ist die Handlungsweise des Bischofs von Regensburg rechtens? Genauer gefragt: Ist er wie jede(r) andere Gläubige an die in der Diözese geltenden Regelungen gebunden oder kommt ihm als einziger Gesetzgeber in der Diözese insofern eine Sonderstellung zu, dass er selbst nicht an die in seinem Kompetenzbereich liegenden Regelungen gebunden ist? Und – sieht man einmal von der Art und Weise des Zustandekommens ab – ist das Diözesankomitee eine dem Diözesanrat analoge Einrichtung oder handelt es sich dabei um ein andersgeartetes Gremium?

*a) Die Frage nach der Bindung des Bischofs
an das geltende Recht*

Die Frage, ob der kirchliche Gesetzgeber selbst an die von ihm erlassenen Gesetze gebunden ist, wird im kirchlichen Gesetzbuch von 1983 nicht explizit behandelt. Deshalb werden hier zwei verschiedene Auffassungen vertreten:

- Ausgehend von der Tatsache, dass es im kirchlichen Gesetzbuch keine Bestimmung gibt, die den kirchlichen Gesetzgeber zur Gesetzeserfüllung verpflichtet, wird die Schlussfolgerung gezogen, dass der Gesetzgeber frei gegenüber seinen eigenen Gesetzen, gleichsam „Herr" über seine Gesetze, und lediglich um des Gemeinwohles willen *moralisch* an die von ihm erlassenen Normen gebunden sei. Das gelte sowohl für den Papst

---

[435] Vgl. „Bischöfliches Dekret betreffend den Diözesanrat der Katholiken in der Diözese Regensburg" (siehe dazu Anm. vorher) i.V.m. dem „Muster-Statut für das Diözesankomitee im Bistum Regensburg. Organ zur Koordinierung des Laienapostolates der Katholischen Verbände und geistlichen Gemeinschaften", in: Abl Regensburg Nr.13 (2005), 152–154. Vgl. dazu in diesem Buch S.192–194 und S.201, Anm.466.

als universalkirchlichen Gesetzgeber als auch für den Bischof als diözesanen Gesetzgeber.[436] An dieser Argumentation wird zu Recht kritisiert, dass die fehlende Durchsetzbarkeit einer Rechtsnorm bei einem bestimmten Adressatenkreis etwas anderes ist als die Freiheit dieses Adressatenkreises von der Geltung dieser Rechtsnorm. Die Nichtdurchsetzbarkeit einer Norm führt nicht automatisch zu einer Freiheit von dieser Norm. Insofern ist auch für den Gesetzgeber eine rechtliche und nicht nur eine moralische Bindung an seine Gesetze gegeben.[437] „Ebenso ist der Ansicht zu widersprechen, dass der einzelne Gesetzgeber den Strafsanktionen der eigenen Gesetze nicht unterliege, aber doch der bestimmenden Kraft (vis directiva) der von ihm erlassenen Gesetze. Ein einfaches Beispiel mag dies klarstellen. Ist ein häretischer Papst vielleicht nicht exkommuniziert? Finden die vom Gesetz für Häretiker normierten Strafen bei ihm keine Anwendung? Vertreter der Ansicht, dass der Gesetzgeber den Strafsanktionen nicht unterliege verwechseln an dieser Stelle die Abwesenheit eines Richters mit der Möglichkeit der Strafbarkeit. Wo kein Kläger, da ist kein Richter. Falsch wäre es aber zu folgern, dass, wo aber kein Richter ist, alles rechtens sei. Eine solche Ansicht kann nur als Trugschluss bezeichnet werden."[438]

- Verbleibt man bei der Fragestellung nach der Rechtsbindung des Gesetzgebers zunächst auf der Ebene der gesetzlichen Vorgaben des CIC, so ist auf die Bestimmungen über die Verpflichtungskraft der kirchlichen Gesetze hinzuweisen (cc. 11f). Hiernach gelten die rein kirchlichen Gesetze ausnahmslos für alle Katholiken und Katholikinnen – die normalen Gegebenheiten des hinreichenden Vernunftgebrauchs und der Vollendung des siebten Lebensjahres vorausgesetzt. Eine Ausnahmeregelung für kirchliche Gesetzgeber ist nirgends formuliert. Daraus folgt, dass auch die kirchlichen Gesetzgeber an ihre kirchlichen Gesetze gebunden sind. Freilich erhält die Rechtsbindung des Gesetzgebers an die geltenden Gesetze dadurch eine andere Qualität als bei allen anderen Gläubigen, dass er jederzeit die Möglichkeit hat, in seinem Zuständig-

---

[436] So Aymans, Verpflichtungsbereich, 169.
[437] Vgl. Meier, Verwaltungsgerichte für die Kirche, 421.
[438] Ebd., 421f.

keitsbereich Gesetze zu erlassen, zu verändern und außer Kraft zu setzen."[439]
Begibt man sich auf die Suche nach einer anthropologisch-theologischen Begründung dieser rechtlichen Bindung des Gesetzgebers an seine eigenen Gesetzesvorgaben, so liegt diese in der doppelten Tatsache, dass erstens der Gesetzgeber selbst Glied der Gemeinschaft ist und bleibt, für die er ein Gesetz erlässt, und dass zweitens ein Gesetz der Gemeinschaft und nicht dem Gesetzgeber zu dienen hat. Der Gesetzgeber ist „stets Diener der Communio und zugleich ein dem Gesetz ‚unterworfenes' Glied der Communio. Solange seine Gesetze bestehen und er nicht die Absicht hat, sie aufzuheben oder sie abzuändern, ist auch er diesen unterworfen. Als Gesetzgeber steht er nicht ‚über' den ihm ‚Untergebenen', sondern er hat einen Auftrag zugunsten der ‚Untergebenen' zu erfüllen. Denn es muss davon ausgegangen werden, dass die von ihm erlassenen und in Kraft getretenen Gesetze dem Wohl der kirchlichen Gemeinschaft und der Rechtssicherheit innerhalb der Gemeinschaft dienen sollen, der er selbst angehört."[440] Deshalb entsteht und besteht für jeden Gesetzgeber die „Selbstbindung an eigene Rechtsnormen."[441]
Speziell auf den Diözesanbischof als diözesanen Gesetzgeber angewendet kann somit festgestellt werden: „Weil der Bischof trotz des Empfanges der Weihe gemäß cc. 207 §1 und 1008 CIC (... *inter christifideles* ...) ein Gläubiger (*christifidelis*) bleibt und diesen in der Taufe begründeten Grundstatus aller Gläubigen nicht ablegt, gilt auch für ihn dieselbe Rechtsordnung, die für alle katholischen Gläubigen in Geltung steht. Die Tatsache, dass er für die ihm anvertraute Teilkirche im Rahmen des universalkirchlich geltenden Rechts Gesetzgebungskompetenz besitzt, erhebt ihn nicht über die kirchliche Rechtsordnung, sondern bindet ihn noch intensiver und mit speziellen Funktionen in diese Rechtsordnung ein."[442]

---

[439] Vgl. ebd., 420.
[440] Ebd., 422f.
[441] Ebd., 423.
[442] Hallermann, Direktorium für den Hirtendienst der Bischöfe, 93f.
Vgl. ähnlich auch Wijlens, Gesetzgebung für das Volk Gottes, 272: „Die Frage, ob der Diözesanbischof – wie jeder andere Gesetzgeber in Bezug auf seine eigenen Gesetze – sich durch sein Gesetz verpflichtet, ist eine in der Geschichte der Kirche bereits lange diskutierte Frage. Betrachtet man diese Frage aus einer eher rechtspositivistischen Perspektive, könnte man sagen, dass, obwohl der Gesetzgeber selbstverständlich moralisch an sein Gesetz gebunden wäre, dies noch nichts über die rechtliche Bindungskraft sagen würde und er das Gesetz immer ändern könnte.

Die umfassende Vollmacht der Gesetzgebung, Verwaltung und Rechtsprechung in der ihm anvertrauten Diözese (cc. 381, 391) gibt also dem Bischof in keiner Weise die Vollmacht oder das Recht, gegen geltendes – diözesanes oder überdiözesanes – Recht zu verstoßen, wohl aber die Vollmacht und das Recht, diözesanes Recht zu verändern, abzuschaffen oder einzuführen, allerdings wiederum stets unter Beachtung des höherrangigen Rechts und des Selbstverständnisses der katholischen Kirche.[443]

b) Die Frage nach der Analogie des Diözesankomitees von Regensburg mit dem Diözesanrat

Angesichts der Tatsache, dass es nicht nur in der Diözese Regensburg ein Diözesankomitee gibt, sondern ein gleichnamiges Gremium in der Diözese Münster schon seit 2002 existiert und im Erzbistum Paderborn nur ungefähr ein halbes Jahr früher als in Regensburg im März 2005 eingeführt worden ist, stellt sich die Frage nach der Vergleichbarkeit vom Regensburger Diözesankomitee mit dem Münsteraner und Paderborner Diözesankomitee und der drei Diözesankomitees mit dem Diözesanrat. Bei beiden Vergleichen zeigen sich klare Alleinstellungsmerkmale des Regensburger Diözesankomitees.

Andererseits ist ebenfalls zu betonen, dass ein Gesetz als gerechter betrachtet wird, wenn der Gesetzgeber selbst das Gesetz befolgt. Sieht man die Frage nach der Gesetzesbindung des Diözesanbischofs eher aus einer theologischen Perspektive, so müsste man berücksichtigen, dass der Bischof nicht losgelöst von seiner Gemeinschaft steht, sondern zu diesem Volk, das ihm anvertraut wurde, gehört und für dieses seinen Dienst entsprechend dem Leitsatz des Augustinus ausübt: ‚Mit Euch bin ich Christ, für Euch bin ich Bischof.' Betrachtet man den Diözesanbischof als zugehörig zu seiner Diözese, so wird er ebenfalls an die für die Diözese erlassenen Gesetze gebunden sein."
[443] So auch explizit Krämer, Sensibilität, 3; Lüdicke, Vereinigungsrecht, 6.
Dementsprechend problematisch sind die Ausführungen von dem damaligen Vizeoffizial und derzeitigen Offizial der Diözese Regensburg, die er im Kontext der Entlassung eines Mitgliedes aus dem Diözesanrat durch den Regensburger Bischof angestellt hat: „Das Kirchenrecht ist ... immer im Lichte unverrückbarer und theologischer Vorgaben zu interpretieren und anzuwenden ..., das heißt es kann theologisch und kirchenrechtlich nicht sein, dass ein Bischof in der Wahrnehmung seines Wächteramtes durch das Kirchenrecht selbst gehindert würde" (Leserbrief von Ammer, J., in: Die Tagespost vom 24.4.2003, S.12). Lüdicke, Gläubigkeit und Recht und Freiheit, 44, Anm.70, kommentiert die Aussage von Ammer zutreffend: Damit ist ein wichtiger Grundsatz der katholischen Kirche „in einer hypertrophen Vorstellung vom Diözesanbischofsamt auf das falsche Subjekt bezogen. Der Diözesanbischof steht immer unter dem universalkirchlichen Recht."

1. Vom Diözesanrat unterscheidet sich das Regensburger Diözesankomitee in zwei wesentlichen Punkten:
- *Rechtsgrundlage*: Das Diözesankomitee von Regensburg ist ein vom Bischof eingesetztes Gremium. Die Einsetzung ist durch das bischöflich vorgelegte „Muster-Statut für das Diözesankomitee im Bistum Regensburg"[444] erfolgt. Denn dieses „Muster-Statut" ist nicht nur so etwas wie ein (rechtlich unverbindlicher) „Vorschlag" von Seiten des Bischofs für ein entstehendes Gremium gewesen, wie das Begriffselement „Muster" assoziieren lässt, sondern dem zweiten Begriffselement entsprechend der (rechtsverbindliche) Erlass eines „Statuts", mit dem vom Bischof ein bestimmtes Gremium geschaffen und dessen Struktur und Arbeitsweise festgelegt worden ist. Das geht zum einen aus der Schlussbestimmung dieses „Muster-Statuts" hervor, die unmissverständlich festlegt:

> „Das vorliegende Statut tritt mit Wirkung vom 27. November, dem ersten Adventssonntag im Jahr 2005, in Kraft."[445]

Und zum zweiten aus der Regelung, dass jede Änderung der Zustimmung des Diözesanbischofs bedarf:

> „Die Vollversammlung kann mit einer 3/4 Mehrheit der stimmberechtigten Anwesenden eine Änderung dieses Statuts beschließen. Zu ihrer Wirksamkeit bedarf diese Änderung der Zustimmung des Diözesanbischofs" (Art.VIII Muster-Statut).

Damit kommt dem Diözesankomitee von Regensburg eine andere Rechtsgrundlage zu als einem Diözesanrat. Während nämlich jeder Diözesanrat ein vom Diözesanbischof *anerkanntes* Gremium des Laienapostolats ist, handelt es sich beim Diözesankomitee von Regensburg um ein vom Diözesanbischof *eingesetztes* Gremium des Laienapostolats. Zwischen „Anerkennung" und „Einsetzung" besteht aber ein erheblicher rechtlicher Unterschied: *Anerkennung* setzt eine freie Selbstinitiative der Laien voraus und damit die Selbstkonstituierung des Gremiums, die mit dem bischöflichen Anerkennungsakt eine Art Zertifizierung der rechtlichen Unbedenklichkeit bzw. Korrektheit erhält. Die *Einsetzung* eines Gremiums erfolgt

---

[444] Vgl. dazu in diesem Buch S.188, Anm.435.
[445] Vgl. dazu auch in diesem Buch S.201, Anm.466.

dagegen aufgrund der Verordnung und nach den Vorstellungen der einsetzenden Person. Dementsprechend handelt ein *anerkanntes* Gremium kraft der Taufe in eigenem Namen und eigenverantwortlich, während ein *eingesetztes* Gremium im Auftrag der und in Abhängigkeit von der einsetzenden Person handelt. Da das Diözesankomitee von Regensburg auf eine bischöfliche Anordnung hin und nach einem von ihm erlassenen Muster-Statut eingerichtet worden ist, sind hier die Selbstkonstituierung und die damit verbundene Eigenverantwortung des früheren Diözesanrats von Regensburg durch die Abhängigkeit vom Bischof ersetzt worden. Die *sekundäre* Rechtszuständigkeit des Regensburger Diözesanbischofs beim Diözesanrat ist zu einer *primären* Rechtszuständigkeit beim Diözesankomitee verändert worden, und zwar durch die vom Regensburger Diözesanbischof vorgenommene Rechtshandlung der Aufhebung des Diözesanrats und des gleichzeitig erfolgten Erlasses des Muster-Statuts für das Diözesankomitee. Nach den Vorgaben über die Rechtshandlungen des kirchlichen Gesetzbuches ist diese Rechtshandlung allerdings als nicht gültig zu bewerten. Denn in c.124 §1 CIC wird explizit erklärt:

> „Zur *Gültigkeit* einer Rechtshandlung ist erforderlich, dass sie von einer dazu *befähigten* Person vorgenommen wurde …"

Zu der hier genannten „Befähigung" gehört u.a. die (sachliche) Zuständigkeit der Person.[446] Und genau die ist bei einem Diözesanbischof für die *primäre* Rechtshandlung der Aufhebung und/oder Einsetzung eines diözesanen Gremiums zur Förderung und Koordinierung des Laienapostolats im Sinne des II. Vatikanischen Konzils nicht gegeben. Denn ein Diözesanbischof hat für dieses Gremium lediglich die *sekundäre* Zuständigkeit der Anerkennung, Inkraftsetzung und Bestätigung von bestimmten Rechtsakten dieses Gremiums. Das bedeutet: Sobald ein Diözesanbischof eine *primäre* Rechtshandlung wie die Aufhebung oder Einsetzung eines diözesanen Gremiums zur Koordinierung und Förderung des Laienpaostolats vornimmt, kommt dieser Rechtshandlung aufgrund der

---

[446] Vgl. dazu auch Pree, Rechtsakt: Wesen, 124/9, Rdn.4.

Nichtbefähigung eines Diözesanbischofs *keine Gültigkeit* zu.[447]
- *Zusammensetzung:* Während jeder Diözesanrat oder ihm analoge Gremien in der Mitgliedschaft durchweg aus drei Säulen bestehen: 1. Vertretung aus den Verbänden und geistlichen Gemeinschaften, 2. Vertretung aus der Pfarrei- und Dekanatsebene, 3. Vertretung von Einzelpersönlichkeiten aus Wissenschaft, Kirche und Gesellschaft, ist im Diözesankomitee von Regensburg nur die erste der drei Säulen vertreten: die Verbände und geistlichen Gemeinschaften, und zwar auch nur jene, die vom Diözesanbischof in dem Muster-Statut namentlich aufgezählt sind. Das heißt dem Diözesankomitee von Regensburg fehlen zwei Säulen; denn es gibt hier weder Vertreter und Vertreterinnen aus den kirchlichen Beratungsgremien der Dekanatsebene noch Einzelpersönlichkeiten aus Wissenschaft, Kirche und Gesellschaft.

2. Vergleicht man das Regensburger Diözesankomitee mit dem von Münster[448] und Paderborn,[449] so sind auch hier zwei wesentliche Unterschiede festzustellen:
 - In der Zusammensetzung des Münsteraner und Paderborner Diözesankomitees sind die drei Säulen vertreten, die für die Einrichtung des Diözesanrats kennzeichnend sind.
 - In Münster wie in Paderborn ist nicht wie in Regensburg der Diözesanrat vom Bischof aufgehoben und das Diözesankomitee eingesetzt worden, sondern der Diözesanrat unter Beteiligung der betroffenen Laien zusammen mit dem Bischof in das Diözesankomitee überführt worden.

---

[447] Zur Vermeidung von Missverständnissen ist darauf hinzuweisen, dass die bischöfliche Einsetzung des Regensburger Diözesankomitees dann rechtlich unbedenklich gewesen wäre, wenn es nicht als Ersatz für den Diözesanrat als Gremium für die Förderung und Koordinierung des Laienapostolats geschaffen worden wäre. Denn ein Diözesanbischof hat das Recht, jederzeit und beliebig viele Gremien zu seiner Unterstützung einzurichten. Die rechtliche Unzulässigkeit des Diözesankomitees liegt also darin, dass der Bischof zusammen mit dessen Einrichtung den Diözesanrat aufgehoben und das Diözesankomitee an dessen Stelle gesetzt hat.

[448] Vgl. dazu Satzung für das Diözesankomitee der Katholiken im Bistum Münster von 2002: http://www.dioezesankomitee.de/index.php?mySID=55e9fcac5a9d9163e68d5441c5413bc1&cat_id=1185.

[449] Vgl. dazu die Erklärung der Vorsitzenden des Diözesankomitees im Erzbistum Paderborn zum Diözesankomitee im Bistum Regensburg vom 15.11.05: http://www.dk-paderborn.de/dk-paderborn/index.phtml?berid=302&inh_id=994.

Was das Paderborner und Münsteraner Diözesankomitee vom Regensburger Diözesankomitee unterscheidet, hat es umgekehrt mit der Einrichtung des Diözesanrats gemeinsam, so dass das Münsteraner und Paderborner Diözesankomitee einerseits als ein analoges Gremium zum Diözesanrat verstanden werden kann und andererseits mit dem Diözesankomitee von Regensburg nichts gemeinsam hat außer die Bezeichnung „Diözesankomitee".

Aus den Überlegungen zur Rechtsbindung des Diözesanbischofs und zur Vergleichbarkeit des Regensburger Diözesankomitees mit dem Diözesanrat sind folgende Schlussfolgerungen zu ziehen:

- Dem Bischof kommt das Recht zu, dem Diözesanrat die Anerkennung zu entziehen, nicht aber ihn abzuschaffen.
- Der Bischof hat das Recht, ein Diözesankomitee und/oder beliebig andere bzw. weitere Gremien zu gründen; diese Einrichtungen können aber nicht als Ersatz oder Nachfolgeorgan des Diözesanrats bzw. als Organ des Laienapostolats nach dem Verständnis des II. Vatikanischen Konzils verstanden werden, sondern als andersgeartete Gremien, die direkt der bischöflichen Autorität unterstehen.

2. Das Verfahren der rechtlichen Beschwerde gegen die bischöfliche Aufhebung des Diözesanrats und Einrichtung des Diözesankomitees in der Diözese Regensburg

Die Aufhebung des Diözesanrats und Einrichtung des Diözesankomitees hatte der Bischof von Regensburg im Rahmen einer Rätereform vorgenommen, zu der auch die Abschaffung der Dekanatsräte, neue Statuten für die Pfarrgemeinderäte und die Einrichtung eines Diözesanpastoralrats gehörte.[450] Während die Einrichtung eines Diözesanpastoralrats unumstritten ist und daher von keiner Seite angefochten wurde, sondern im Gegenteil als schon lange Zeit angeregter Akt begrüßt wurde, stießen die anderen Maßnahmen in breiten Kreisen auf Unverständnis. Eine besondere Aufmerksamkeit wurde dabei der Aufhebung des Diözesanrats gewidmet; sie wurde nicht nur mit Unverständnis zur Kenntnis genommen, sondern auch mit dem Vorwurf der rechtli-

---

[450] Vgl. dazu Abl Regensburg Nr.13 (2005), 135–155.

chen Unzulässigkeit kommentiert. Das hatte ein Mitglied des vom Bischof aufgehobenen Diözesanrats, Prof. Dr. Johannes Grabmeier, veranlasst, vor allem gegen die Aufhebung des Diözesanrats und die Einrichtung des Diözesankomitees als dessen Nachfolgegremium zur Koordinierung des Laienapostolates rechtliche Beschwerde, den sog. hierarchischen Rekurs, einzulegen.

a) Der hierarchische Rekurs als einziges Rechtsmittel zur Anfechtung bischöflicher Verwaltungsakte (cc. 1732–1739)

Obwohl im kirchlichen Gesetzbuch von 1983 explizit festgelegt ist, dass die Gläubigen ihre Rechte rechtmäßig geltend machen können (c.221 §1), gibt es bis heute in der katholischen Kirche keine kirchlichen Gerichte, an die sich die Gläubigen bei einer Verletzung ihrer Rechte durch eine kirchliche Verwaltungsmaßnahme wenden könnten. Zwar sind die ordentlichen Gerichte der Kirche neben der Strafverfolgung und der Feststellung rechtserheblicher Tatbestände prinzipiell auch für den Rechtsschutz in der Kirche zuständig (c.1400 §1), eigenartigerweise aber nicht für den Rechtsschutz bei einer Maßnahme der ausführenden Vollmacht bzw. bei einer Verwaltungsmaßnahme, also wenn sich eine Person durch die Entscheidung eines Amtsträgers in ihren Rechten verletzt fühlt (c.1400 §2). Anstelle der ordentlichen Gerichte erklärt der kirchliche Gesetzgeber hierfür den „Oberen"[451] oder ein „Verwaltungsgericht" für zuständig (c.1400 §2), hat aber bisher versäumt, Verwaltungsgerichte zu errichten. Das ist umso verwunderlicher, als schon seit Jahrzehnten dieser Mangel beklagt wird und deshalb auch schon mehrere Entwürfe über besondere Verwaltungsgerichtsverfahren von Fachleuten erarbeitet worden sind.[452] Angesichts der Tatsache, dass gerade Verwaltungsmaßnahmen den Hauptgrund für Streitigkeiten in der Kirche darstellen, ist die Untätigkeit der kirchlichen Autorität bei der

---

[451] Der „Obere" bzw. „Superior hierarchicus" ist „verwaltungstechnisch zu verstehen als die jeweils übergeordnete Behörde mit der Befugnis, Entscheidungen der untergeordneten Behörde zu kontrollieren und gegebenenfalls zu ändern (c.1739). Mit Hierarchie ist Verwaltungshierarchie gemeint" (Pötter, Die Beschwerde, 115). Das heißt konkret: „Oberer" gegenüber „Entscheidungen des Pfarrers [ist] i.d.R. der Generalvikar, gegenüber Entscheidungen des Bischofs diejenige Kongregation, der der betroffene Problembereich durch die Apostolische Konstitution Pastor Bonus sachlich zugewiesen ist, sofern nicht etwas anderes ausdrücklich bestimmt ist (vgl. Art. 14, 19 §1 PastBon)" (ebd., 117).

[452] Vgl. dazu Althaus, Die Rezeption des Codex, 406–419.

Errichtung von Verwaltungsgerichten unverständlich und verletzt das in c.221 zugesicherte Grundrecht auf Rechtsschutz.[453] Diesen schwerwiegenden Vorwurf vermag auch nicht der Hinweis zu entkräften, „dass eine kirchliche Verwaltungsgerichtsbarkeit mit dem hierarchischen Prinzip der Kirche nicht zu vereinbaren sei. Diese Rechtsauffassung beachtet nicht, dass die Überprüfung von Handlungen der Exekutive sich nicht gegen die Hierarchie selbst und schon gar nicht gegen die Kirchenverfassung, sondern nur gegen etwaige Gesetzesverstöße, durch Handlungen, Unterlassungen oder Ermessensfehlgebrauch seiner Organe richtet."[454]

Da die ordentlichen Gerichte nicht zuständig sind und besondere Verwaltungsgerichte fehlen, bleibt den Gläubigen als einzige Möglichkeit, sich bei Rechtsstreitigkeiten an den jeweils zuständigen, nächst höheren „Oberen" zu wenden (c.1400 §2; c.1739). Dazu müssen sie allerdings ein bestimmtes und umständliches Verfahren einhalten, das in den cc. 1732–1739 geregelt ist und als hierarchischer Rekurs (Beschwerde) bezeichnet wird.[455] „Es handelt sich hier also nicht um eine formalisierte gerichtliche Vorgehensweise, sondern um eine individuelle auf dem Verwaltungsweg einzulegende und weiter nicht formalisierte Beschwerde. Vergleichsweise ausführlich bemüht sich c.1733 CIC, das Problem möglicher Streitigkeiten aus Verwaltungsmaßnahmen zu reduzieren und zu pastoralisieren. Sodann entfaltet der Gesetzgeber dennoch eine normreiche Vorgehensweise, nach der eine Beschwerdeführung abzuwickeln ist."[456]

Ausgangspunkt dieses Beschwerdeweges ist ein schriftliches Dekret, in dem ein kirchlicher Amtsträger eine Maßnahme darlegt und zumindest summarisch begründet (vgl. cc. 48–52), durch die sich ein(e) Gläubige(r) in seinen/ihren Rechten verletzt fühlt. Die möglichen Stationen eines solchen hierarchischen Rekurses laufen vom Bischof über eine der Kongregationen der Römischen Kurie (richtet sich nach dem Sachgegenstand) zur Apostolischen Signatur, dem höchsten Gericht der katholischen Kirche (c.1445 §2).[457] Als ersten Schritt dieses Rekursweges schreibt c.1734 vor:

---

[453] Vgl. dazu auch in diesem Buch S.56f.
[454] Pulte, Die Schaffung einer kirchlichen Verwaltungsgerichtsbarkeit, 781; vgl. ebd., 787.
[455] Synonyme Bezeichnungen dafür sind auch: Verwaltungsrekurs, Verwaltungsbeschwerde, Beschwerdeverfahren (vgl. Pötter, Die Beschwerde, 54, Anm.214).
[456] Hülskamp, Rechtsprechung, 292f.
[457] Zur Apostolischen Signatur vgl. in diesem Buch S.205–207.

> „Bevor jemand Beschwerde einlegt, muss er die Rücknahme oder Abänderung des Dekrets schriftlich bei dem beantragen, der es erlassen hat; durch die Einreichung des Antrages gilt ohne weiteres auch die Aussetzung des Vollzugs als beantragt."

In diesem ersten Verfahrensschritt fehlt jegliche Trennung der Zuständigkeiten; dieselbe Behörde, die den Verwaltungsakt erlassen hat, entscheidet über den Widerspruch.[458] Damit entsteht die durch nichts zu rechtfertigende Situation, „dass der Christgläubige, der sich durch ein Verwaltungshandeln der Hierarchie beschwert sieht, lediglich auf die Einsichtsfähigkeit derselben hierarchischen Instanz angewiesen ist, die den Verwaltungsakt erlassen hat."[459]

Der in c.1734 genannte Antrag auf Rücknahme des Dekrets muss innerhalb von zehn Tagen nach Bekanntgabe des Dekrets erfolgen und der Adressat innerhalb von 30 Tagen auf den Antrag reagieren, indem er ihn akzeptiert oder ablehnt. Erst wenn dieser Antrag abgelehnt oder die Beantwortungsfrist nicht eingehalten wird, kann innerhalb der folgenden 15 Tage der hierarchische Beschwerdeweg eingeschlagen werden, wie ihn c.1737 §1 festgelegt hat:

> „Wer sich durch ein Dekret beschwert fühlt, kann aus jedem gerechten Grund Beschwerde beim hierarchischen Oberen dessen einlegen, der das Dekret erlassen hat. Die Beschwerde kann eingereicht werden bei jenem, der das Dekret erlassen hat; dieser muss sie sofort an den hierarchischen Oberen weiterleiten."

Für diesen Beschwerdeweg kann der/die Gläubige einen Anwalt bzw. Bevollmächtigten hinzuziehen; allerdings kann der Obere auch jederzeit anordnen, dass der/die BeschwerdeführerIn „persönlich zur Befragung erscheint"(c.1738). Der Obere schließlich kann das Dekret ganz oder teilweise bestätigen, verbessern, ersetzen oder gänzlich aufheben (c.1739). Fühlt sich danach der/die Gläubige weiterhin ungerecht behandelt, gibt es als letzte Möglichkeit nur noch die Appellation an das oberste Gericht der katholischen Kirche, die Apostolische Signatur.

Mit Recht wird an dem Verfahren des hierarchischen Rekurses kritisiert: „Dazu sind die Mühen zu groß, ist der Abstand zu den Autoritäten zu hoch"[460] und sind wichtige Verfahrensgrundsätze

---

[458] Vgl. Pulte, Die Schaffung einer kirchlichen Verwaltungsgerichtsbarkeit, 781.
[459] Ebd., 787.
[460] Provost, Chancen für eine „demokratischere" Kirche, 446; vgl. Pulte, Die Schaffung einer kirchlichen Verwaltungsgerichtsbarkeit, 785.

wie rechtliches Gehör, Angabe der Entscheidungsgründe, Akteneinsicht oder Verteidigungsrechte nicht garantiert.[461]

b) Die Feststellung der Rechtmäßigkeit des bischöflichen Vorgehens durch die Kleruskongregation

Der Beschwerdeführer hat den kirchenrechtlichen Vorgaben entsprechend zunächst beim Bischof von Regensburg beantragt, dass er seine – bereits vollzogene – Entscheidung, den Diözesanrat aufzuheben und stattdessen ein Diözesankomitee einzusetzen, zurücknimmt.[462] Da diesem Antrag nicht stattgegeben wurde, hat er sich an die nächst höhere Instanz gewendet: an eine der Kongregationen der Römischen Kurie.[463] Offensichtlich wurde dort die Kleruskongregation für zuständig erklärt.[464] Jedenfalls ist die Kleruskongregation binnen weniger Wochen der Überprüfung im März 2006 zu dem Ergebnis gekommen, dass der Bischof von Regensburg sowohl in der Sache wie auch im Vorgehen rechtlich zulässig gehandelt hat. Wörtlich heißt es dazu im Dekret der Kleruskongregation:

„IN ANBETRACHT DER TATSACHE, DASS

der Bischof von Regensburg in voller Übereinstimmung mit der Universalgesetzgebung sowie mit den in letzter Zeit hinsichtlich der angesprochenen Materie vom Apostolischen Stuhl erlassenen Instruktionen gehandelt hat;

beschließt diese Kongregation in Ausübung ihrer Zuständigkeit

die Zurückweisung des hierarchischen Rekurses von Herrn Prof. Dr. Johannes Grabmeier wegen mangelnder Rechtsgrundlage.

die Bestätigung der vom Bischof von Regensburg am 15. November 2005 erlassenen Dekrete, dass sie *in decernendo* und *in procedendo* den kirchenrechtlichen Bestimmungen entsprechen."[465]

---

[461] Vgl. Puza, Der Rechtsschutz, 187; Pötter, Die Beschwerde, 100f; 121f; 126.
[462] Siehe dazu http://www.wallner-schierling.de/canon215-regensburg/download/einspruch-jg-dekrete-2005-11-15.pdf.
[463] Siehe dazu http://www.wallner-schierling.de/canon215-regensburg/download/beschwerde-kongregation-bischoefe-k.pdf.
[464] Für Erläuterungen zur Kleruskongregation vgl. Art. 93 –98 PastBon.
[465] http://www.bistum-regensburg.de/download/bormedia0308705.pdf.

Wer nur diese Schlussfolgerung der Kleruskongregation liest, geht sicherlich davon aus, dass ihr eine detaillierte Auseinandersetzung mit den Einwänden der rechtlichen Beschwerde und eine ausführliche Begründung ihrer Entscheidung vorausgeht. Das ist allerdings nicht der Fall. Stattdessen werden in dem Dekret zunächst der Verlauf der Beschwerde und sämtliche Dokumente der Neuordnung der Räte durch den Bischof von Regensburg aufgezählt, also auch jene, die gar nicht Gegenstand der Beschwerde waren, um im Anschluss daran mehr oder weniger relevante Ausführungen zur allgemeinen Rechtslage einiger Gremien in einer Diözese anzufügen, bei denen dann aber bemerkenswerter Weise der Hauptgegenstand der Beschwerde, nämlich die Einrichtung des Diözesanrats und die diesbezüglich geltenden Regelungen, fehlen. Die Struktur und Formulierung des Dekrets hat folgende Gestalt:

„CONGREGATIO PRO CLERICIS

DEKRET

Prot.Nr. 20060224

Mit Schreiben vom 05. Januar 2006 hat Herr Prof. Dr. Johannes Grabmeier bei der Kongregation für die Bischöfe hierarchischen Rekurs gegen die Dekrete vom 15. November 2005 eingelegt, mit denen der Bischof von Regensburg, Seine Exzellenz, Msgr. Dr. Gerhard L. Müller, die Satzungen der in seiner Diözese tätigen Organe der Mitarbeit geändert hat. Der Rekurs wurde aus Kompetenzgründen an diese Kongregation weitergeleitet und ist hier am 23. Januar 2006 eingegangen.

DIE ÜBERPRÜFUNG DER DOKUMENTATION HAT ERGEBEN:

- Am 15. November 2005 hat der Bischof von Regensburg für seine Diözese folgende Verfügungen erlassen:

a) Neue Satzungen für die Pfarrgemeinderäte samt der entsprechenden Wahlordnung. Zum gleichen Zeitpunkt wurden die Satzungen und die Ordnung vom 15. November 2001 (in der geänderten Fassung vom 01. Mai 2005) aufgehoben.

b) Eine neue Ordnung für die Dekanate und, mit dieser verbunden, die Aufhebung der bisher vorhandenen Dekanatsräte, wobei sowohl die

,Ordnung für die Dekanate im Bistum Regensburg' vom 08. Mai 2001 und die ‚Satzung für die Dekanatsräte in der Diözese Regens-burg' vom 15. November 2001 außer Kraft gesetzt wurden.

c) Ein neues Statut für den Diözesanpastoralrat nach Maßgabe der cann. 511–514 CIC. Zum gleichen Zeitpunkt wurde der Diözesanrat der Katholiken in der Diözese Regensburg aufgelöst und die entsprechenden Satzungen vom 15. November 2001 außer Kraft gesetzt.

d) Ein Muster-Statut für das Diözesankomitee, dem Organ zur Koordinierung des Laienapostolats der Katholischen Verbände und Geistlichen Gemeinschaften.

- Die vorgenannten Verfügungen sind am 27. November 2005 für einen Zeitraum von vier Jahren *ad experimentum* in Kraft getreten.

- Mit Schreiben vom 24. November 2005 hat Herr Prof. Dr. Grabmeier sich an den Bischof gewandt und um Rücknahme der genannten Maßnahmen gebeten.

- Als daraufhin keine Entscheidung erfolgte, hat sich der Beschwerdeführer mit Schreiben vom 5. Januar 2006 an den hierarchischen Oberen gewandt, Rekurs gegen die besagten Maßnahmen eingelegt und die Aussetzung des Vollzugs der Dekrete beantragt.

IN RECHTLICHER HINSICHT IST FESTZUSTELLEN:

- Diözesanpastoralrat: „Der Pastoralrat wird ... gebildet, gemäß den Vorschriften der Statuten, die vom Bischof gegeben werden" (can.513 §1 CIC).

- Pfarrgemeinderat: „Der Pastoralrat ... wird durch die vom Diözesanbischof festgesetzten Normen geregelt" (can.536 §2 CIC).

- Dekanatsräte: Es handelt sich um Organe der Mitarbeit, die nicht im kirchlichen Universalgesetz vorgesehen sind. Diese können niemals einer freien Ausübung der Leitungsgewalt Abbruch tun, welche gemäß can.391 CIC allein dem Diözesanbischof in der ihm anvertrauten Teilkirche, die dieser ‚mit gesetzgebender, ausführender und richterlicher Gewalt' leitet, zusteht.

- Diözesankomitee: Der Bischof hat lediglich ein Muster-Statut für dieses Organ vorgeschlagen.[466] Das Recht der Gläubigen, Vereini-

---

[466] Dieser Einschätzung widerspricht die Feststellung am Ende des Muster-Statuts, dass es zu einem bestimmten Zeitpunkt in Kraft tritt und nur – nach einem Mehrheitsbeschluss der Vollversammlung des Diözesankomitees –mit der Zustimmung des Diözesanbischofs geändert werden kann (Art.VIII des Muster-Statuts; vgl. dazu auch in diesem Buch S.192–194). Dementsprechend wird auch im Dekret des Kongresses der Apostolischen Signatur festgestellt: „Diese Statuten [sc. des vom Bischof erlassenen Muster-Statuts] traten am 27. November 2005 für vier Jahre probehalber in Kraft" (vgl. dazu in diesem Buch S.209).

> gungen für Zwecke der Caritas oder der Frömmigkeit oder zur Förderung der christlichen Berufung in der Welt frei zu gründen und zu leiten und Versammlungen abzuhalten, um diesen Zweck gemeinsam zu verfolgen, wurde gewahrt (can.215 CIC).
>
> - Da die Beschlüsse der Gemeinsamen Synode der Promulgation des Codex des kanonischen Rechts von 1983 zeitlich vorausgehen, sind diese aufgehoben (can.5 §1 CIC).
>
> - Der Bischof von Regensburg hat den Bestimmungen der Interdikasterialen Instruktion Ecclesiae de mysterio (Praktische Verfügungen, Art.5 §5) Folge geleistet, wo es in Bezug auf die Organe, die ‚in der Vergangenheit auf der Basis örtlicher Gewohnheiten oder besonderer Umstände entstanden sind', heißt, dass die nötigen Mittel anzuwenden sind, ‚um sie mit dem geltenden Recht der Kirche in Einklang zu bringen', denn diese können keine ‚Parallelorgane darstellen' oder den vom Recht vorgesehenen Organen ‚die ihnen eigene Verantwortung entziehen'. Die genannte Instruktion, die seinerzeit ‚in forma specifica' vom Papst approbiert wurde, erklärt darüber hinaus, dass ‚Partikulargesetze und geltendes Gewohnheitsrecht, die diesen Normen entgegenstehen, sowie etwaige Befugnisse, die der Heilige Stuhl oder irgendeine andere ihm untergebene Autorität ad experimentum gewährt hat,' widerrufen sind.
>
> - Schließlich steht es dem Diözesanbischof zu, die verschiedenen Weisen des Apostolates in seiner Diözese zu fördern und dafür zu sorgen, dass alle Werke des Apostolates unter seiner Leitung koordiniert werden (can.394 CIC). Dies tut niemals dem Vereinigungsrecht der Gläubigen Abbruch (can.215 CIC). Es besteht nur die Beschränkung, dass solche Vereinigungen sich nicht ohne die Zustimmung der zuständigen kirchlichen Autorität als ‚katholisch' bezeichnen dürfen (vgl. cann. 300 und 312 CIC)."[467]

Das sind die Grundlagen, aus denen für die Kleruskongregation die schon eingangs zitierte Schlussfolgerung der Rechtmäßigkeit des bischöflichen Handelns zu ziehen ist. Die Klagepunkte, die der Beschwerdeführer gegen die Rechtmäßigkeit der bischöflichen Entscheidung ins Feld geführt hat, werden an keiner Stelle erwähnt. Sie sind offensichtlich nicht in die Entscheidungsfindung einbezogen worden, sei es, dass sie insgesamt oder zum Teil als unzutreffend widerlegt, oder sei es, dass sie in bestimmten Aspekten als zutreffend bestätigt worden wären. Die rechtlichen Belege und kursorischen Erläuterungen der Kleruskongregation erfüllen jedenfalls nicht den Anspruch eines rechts-

---

[467] http://www.bistum-regensburg.de/download/bormedia0308705.pdf.

relevanten Nachweises dessen, was die Kleruskongregation als Ergebnis formuliert und damit als ihren Beschluss gefasst hat. Mehr noch, in zwei Punkten sind der Kleruskongregation rechtliche Fehler unterlaufen

- Der Verweis auf die Instruktion *Ecclesiae de mysterio,* der sog. Laieninstruktion von 1997,[468] ist hier Fehl am Platz. Denn erstens hat die angegebene Stelle den Diözesanpastoralrat und Priesterrat im Blick. Und zweitens geht es dabei nicht um diese beiden Gremien an sich, sondern um deren diözesane Ausgestaltung, durch die parallele Strukturen im Priesterrat und Diözesanpastoralrat entstanden sind, die nicht im Einklang mit den Rechtsvorgaben des CIC stehen. Der Diözesanrat wird dagegen in diesem Zusammenhang mit keiner Silbe erwähnt.
- Die Feststellung: „Da die Beschlüsse der *Gemeinsamen Synode* der Promulgation des Codex des kanonischen Rechts von 1983 zeitlich vorausgehen, sind diese aufgehoben (can.5 §1 CIC)" ist in mehrfacher Hinsicht rechtlich unzulänglich. Mit dieser Aussage hat erstens eine unzuständige Behörde zweitens in einer unzutreffenden Rechtsform drittens mit einer materialrechtlich völlig unsachgemäßen Argumentation sämtliche Beschlüsse der sog. Würzburger Synode[469] aufzuheben versucht. Denn erstens hat die Kleruskongregation nicht die Kompetenz und Zuständigkeit, über den rechtlichen Stellenwert der Würzburger Synode zu befinden; dafür ist allenfalls der Rat zur authentischen Interpretation der kirchli-

---

[468] Sie ist von der Kongregation für den Klerus zusammen mit anderen Kongregationen und Päpstlichen Räten als eine „Instruktion ... zu einigen Fragen über die Mitarbeit von Laien am Dienst der Priester" erlassen worden (= VAS 129). Wie schon bei ihrer Veröffentlichung so wird sie auch heute noch überwiegend negativ konnotiert. Eine wesentliche Ursache dafür dürfte der überwiegend verbietende Stil sein, in dem das Dokument verfasst ist und durch den der Eindruck eines Rückfalls in die Theologie vor dem II. Vatikanischen Konzil erweckt wird. Denn die ganze Gedankenführung dieser Laieninstruktion läuft darauf hinaus, nach dem prinzipiellen Bekenntnis zu der konziliaren Sichtweise der Kirche als Volk Gottes und als Gemeinschaft des gemeinsamen und besonderen Priestertums im ersten allgemeinen Teil (S.10–16) im Anschluss daran im zweiten Teil (S.17–34) bei den konkreten Ausführungen bzw. „praktischen Verfügungen" doch wieder die vorkonziliare Theologie des Weiheamtes und damit die All- und Alleinzuständigkeit des Priesters in Erinnerung zu rufen. Denn die Möglichkeiten der Mitarbeit von Laien am Dienst des Priesters werden durchgehend als Ersatzdienst und gegenwärtige Not- und Ausnahmesituation dargestellt.

[469] Vgl. dazu in diesem Buch S.82f.

203

chen Gesetzestexte (= PCI)[470] oder der Papst selbst zuständig. Zweitens hatte die Kleruskongregation über eine eingereichte Beschwerde zu befinden und damit eine sog. Einzelfallentscheidung zu treffen;[471] in einem solchen Antwortschreiben für den Einzelfall sind keine grundlegenden Entscheidungen zu treffen, die über den Einzelfall hinausgehen. Drittens hatte die Kleruskongregation die Beschlüsse der Würzburger Synode durch den Verweis auf c.5 §1[472] als diesem Codex vorausgehendes gesetzwidriges Gewohnheitsrecht bewertet und daraus die Schlussfolgerung gezogen, dass sie deshalb aufgehoben seien. Doch die Beschlüsse der Würzburger Synode sind kein *Gewohnheits*recht, erst recht kein gesetzwidriges Gewohnheitsrecht, sondern beschlossenes und förmlich erlassenes *Gesetzes*recht.[473] Insofern ist der Verweis auf c.5 unzutreffend. Ferner sind Regelungen, die der Promulgation des CIC/1983 zeitlich vorausgehen, nicht einfach aufgehoben, sondern nur solche, die den Regelungen des CIC/1983 zuwider laufen. So gelten z.B. heute nach wie vor noch folgende Regelungen aus der Zeit vor dem Inkrafttreten des CIC/1983: Rahmenrichtlinien der Deutschen Bischofskonferenz zur Erteilung der kirchlichen Unterrichtserlaubnis und der Missio canonica für den Religionsunterricht von 1973,[474] Richtlinien der Deutschen Bischofskonferenz zur Messfeier kleiner Gruppen von 1970,[475] Direktorium für Kindergottesdienste von 1973,[476] Lehrbeanstandungsverfahren der Deutschen Bischofskonferenz von 1981.[477]

Mag man über den ersten Fehler der falschen Angabe bzw. Bezugnahme noch als Flüchtigkeitsmissgeschick hinwegsehen,

---

[470] Vgl. dazu Art. 154–158 PastBon.
[471] Zur Unterscheidung zwischen „Allgemeine Dekrete" und Dekrete für den Einzelfall vgl. cc. 29–58 CIC.
[472] Can.5: „§1. Bis jetzt gegen die Vorschriften dieser Canones geltendes allgemeines oder partikulares Gewohnheitsrecht, das durch die Canones dieses Codex verworfen wird, ist gänzlich aufgehoben und kann in Zukunft nicht wiederaufleben; auch das übrige gilt als aufgehoben, es sei denn, dass im Codex ausdrücklich etwas anderes vorgesehen ist, oder dass es hundertjährig oder unvordenklich ist; dieses darf nämlich geduldet werden, wenn es nach dem Urteil des Ordinarius den örtlichen und persönlichen Umständen entsprechend nicht beseitigt werden kann.
§2. Bis jetzt geltendes allgemeines oder partikulares außergesetzliches Gewohnheitsrecht bleibt bestehen."
[473] Vgl. dazu in diesem Buch S.180.
[474] AKathKR 142 (1973), 491–493.
[475] NKD 31, Trier 1972, 54–64.
[476] NKD 46, Trier 1976, 9–49.
[477] AKathKR 150 (1981), 174–182.

der offensichtlich auch bei so hochrangigen Behörden mit entsprechendem Personalstab vorkommt, so lässt der zweite Fehler, die Beschlüsse eines anderen Organs aufzuheben, ernsthafte Zweifel an der kirchenrechtlichen Kompetenz wie auch am Stellenwert von Recht und Rechtskultur in der Kleruskongregation aufkommen. Angesichts dieser Mängel erscheint das Versäumnis der Kleruskongregation, zum Rechtsschutz des Beschwerdeführers eine Rechtsmittelbelehrung anzufügen, fast schon nebensächlich.[478]

c) Die Feststellung der Nichtzuständigkeit für die rechtliche Bewertung des bischöflichen Vorgehens durch die Apostolische Signatur

Da die Kleruskongregation die erste Instanz des hierarchischen Rekurses war, ist der Beschwerdeführer weiter an die zweite Instanz gegangen und hat sich an das oberste Verwaltungsgericht der katholischen Kirche, die Apostolische Signatur (c.1445 §2) gewandt.

1. Die Arbeitsweise der Apostolischen Signatur

Als oberster Gerichtshof der Kirche ist die Apostolische Signatur gemäß c.1445 Berufungsgericht, Gerichtsverwaltungsbehörde und Schiedsgerichtshof, nicht aber Verfassungsgericht, das es in der Kirche (noch) nicht gibt. Für die Wahrnehmung dieser Aufgaben ist die Apostolische Signatur in zwei Hauptabteilungen (= Sektionen) gegliedert; die erste ist Berufungsgericht gegenüber der Rota Romana, dem ordentlichen Gericht des Apostolischen

---

[478] Das Fehlen einer Rechtsmittelbelehrung ist zwar formalrechtlich nicht zu beanstanden, weil im CIC keine diesbezügliche Pflicht normiert ist; doch vom Gedanken des Rechtsschutzes her ist es nicht nachzuvollziehen, dass die Apostolische Signatur nicht schon längst durch eine freiwillig gewählte Gewohnheit diese Gesetzeslücke durch entsprechendes Handeln geschlossen hat. Zumindest ist schon ein diesbezügliches Problembewusstsein vorhanden, wenn ein führender Kirchenrechtler und langjähriger Mitarbeiter an der Apostolischen Signatur bekennt: „Jedenfalls tut es mir leid, dass sich hinsichtlich aller dieser anfechtbaren Verwaltungsakte im Codex keine allgemeine Norm über die Rechtsmittelbelehrung findet – ähnlich wie des can.700 über die Entlassung von Ordensangehörigen und des can.1614 über das gerichtliche Urteil – gemäß der nämlich zusammen mit der Zustellung des Dekretes der Betreffende über die Möglichkeit, eine Beschwerde einzulegen, belehrt werden muss und über die Ausschlussfrist innerhalb der diese vorzubringen ist" (Grocholewski, Die Verwaltungsgerichtsbarkeit der Apostolischen Signatur, 21, der von 1972 bis 1998 als Notar, Kanzler und Sekretär an der Apostolischen Signatur arbeitete und von 1998 bis 1999 als deren Präfekt tätig war).

Stuhles und Berufungsgericht der lateinischen Kirche (cc. 1443f; Art. 126–130 PastBon), und höchste Gerichtsverwaltungsbehörde; die zweite ist Verwaltungsgerichtshof für den Bereich der römischen Kurie sowie Schiedsgerichtshof bei kurialen Kompetenzstreitigkeiten.[479] Beide Sektionen treffen ihre Entscheidungen in den zwei Phasen des Vorverfahrens und Hauptverfahrens, die in beiden Sektionen ähnlich ausgestaltet sind und nur im Detail Unterschiede aufweisen. Als Vorverfahren wird der Mehrheitsbeschluss des Kongresses, als Hauptverfahren der Mehrheitsbeschluss der Plenaria bezeichnet. Die dafür maßgebliche Verfahrensordnung „Normae speciales in Supremo Tribunali Signaturae Apostolicae ad experimentum servandae" stammt aus dem Jahr 1968 und ist bis heute nicht amtlich veröffentlicht, sondern seinerzeit nur den Ortsordinarien zur Kenntnisnahme zugestellt worden.[480] Als Richter an der Apostolischen Signatur fungieren 12 Kardinäle, die der Papst dazu ernannt hat und von denen er einen zum Präfekten des Gerichtshofes bestimmt. Direkte Mitarbeiter des Kardinal-Präfekten sind der Sekretär (= geschäftsführender Beamte des Gerichtshofes), der Promotor iustitiae (= Kirchenanwalt, der von Amts wegen zur Wahrung des öffentlichen Wohls verpflichtet ist und deshalb für Gerechtigkeit und Wahrheit einzutreten hat), der Defensor vinculi (= Bandverteidiger, der immer mitzuwirken hat, wenn es um Angelegenheiten des Ehe- oder Weihebandes geht) und ein Subsekretär (= Helfer des Sekretärs). Auch sie werden vom Papst ernannt, ebenso der Kanzler der Apostolischen Signatur; alle sonstigen Mitarbeiter (wie Notar, Archivar, Protokollführer, Kassenwart, Schreibkräfte) werden vom Präfekten ernannt mit Ausnahme der Votanten (= beratende Richter, die Urteilsgutachten erstellen) und Referenten (= richterliche Hilfskräfte), die wiederum auf Vorschlag des Präfekten vom Papst ernannt werden. Für Laien sind nur die beiden Dienste des Gerichtsboten und Hausverwalters vorgesehen.

---

[479] Vgl. dazu auch Art. 121–125 PastBon. Dort wird in Art.123 §1 betont, dass die Apostolische Signatur bei Beschwerden darüber entscheidet, ob der beanstandete Akt „irgendein Gesetz verletzt hat." Zu Recht wird an dieser Festlegung kritisiert: „Aus dieser Normierung geht hervor, dass die Apostolische Signatur nunmehr nicht mehr über die sachliche Berechtigung inhaltlicher Art der Beschwerdeführung zu urteilen hat, sondern nur noch über deren gesetzliche Unbedenklichkeit. Insofern wandelt sich das Beschwerderecht von einem inhaltlich materiellen in ein formal gesetzeskonformes" (Hülskamp, Rechtsprechung, 294).

[480] Vgl. Strigl, Kritische Analyse, 82. Ein Abdruck ist publiziert in: AKathKR 137 (1968), 177–202.

Der hier zu behandelnde Rekurs fällt in die Zuständigkeit der zweiten Sektion. Besonderheiten der zweiten Sektion sind die Pflicht der Geheimhaltung des Verfahrens gegenüber Außenstehenden, die Anwaltspflicht für beide Parteien sowie die bei Verfahrensbeginn zu hinterlegende Kaution für anfallende Gerichtskosten und Anwaltshonorare (ca. 1.550 Euro). In der zweiten Sektion endet das Vorverfahren mit der Entscheidung des Kardinal-Präfekten, die er unter Mitwirkung des Sekretärs, Promotors, des Subsekretärs und des Kanzlers trifft, ob die Angelegenheit zum Hauptverfahren zuzulassen oder wegen offenkundiger Unbegründetheit abzulehnen ist. Gegen ein Ablehnungsdekret kann Einspruch zum Richterkollegium erhoben werden, dessen Entscheidung dann endgültig, d.h. durch kein Rechtsmittel mehr anfechtbar ist. Wird auf Zulassung zum Hauptverfahren entschieden, legt der Präfekt den weiteren Verfahrensweg fest, setzt ein Kollegialgericht von fünf Richtern ein und legt fest, wer davon Ponens (= Vorsitzender) oder Relator (= Berichterstatter) wird. Die Entscheidungen der Kardinal-Richter werden in der Regel durch ein Fünfer-Kollegium getroffen, der Kardinal-Präfekt kann aber auch die Entscheidung der Vollversammlung übertragen. Das im Hauptverfahren getroffene Urteil behandelt in der Regel alle vorgebrachten Klagepunkte und Gegenklagepunkte, kann aber unter bestimmten Umständen auch nur ein Teilurteil sein. Das Urteil ist auch dann rechtswirksam, wenn es keine Begründung in rechtlicher und tatsächlicher Hinsicht enthält; in diesem Fall kann der Präfekt oder das Richterkollegium verfügen, dass die Urteilsgründe vom Kirchenanwalt oder einem der beratenden Richter innerhalb von 30 Tagen schriftlich ausgefertigt werden. Von einem diesbezüglichen Antragsrecht der Parteien ist nicht die Rede.[481] So „muss der betrübliche Eindruck entstehen, dass hier – im Gegensatz zur Regelung für die erste Sektion der Apostolischen Signatur – eine Freigabe der Urteilsbegründung allein von dem Gutdünken amtlicher Gerichtspersonen abhängig sei."[482]

---

[481] Vgl. Strigl, Kritische Analyse, 81–88, 98–110.
[482] Ebd., 109f.

2. Die Entscheidung des Kongresses auf Nichtzulassen der Beschwerde zum Hauptverfahren

Im Februar 2007 hat die Apostolische Signatur durch den Kongress eine Entscheidung über die eingereichte Beschwerde gegen die Rätereform des Bischofs von Regensburg vorgelegt. Obwohl nach der Verfahrensordnung der Apostolischen Signatur die Vorschrift der Geheimhaltung gegenüber Außenstehenden gilt (Normae speciales Art. 97f),[483] ist der gesamte Wortlaut der Entscheidung auf der Homepage des Bistums Regensburg in deutscher Übersetzung zur Verfügung gestellt worden.[484]
Inhaltlich betrachtet wirft dieses Dokument des Kongresses für das hier zu behandelnde Thema des Diözesanrats und des Diözesankomitees von Regensburg mehr Fragen auf als es beantwortet.
Im Mittelpunkt dieser Entscheidung steht die Unterscheidung zwischen kirchlicher Verwaltungsmaßnahme und kirchlichem Gesetzgebungsakt. Deshalb ist vorweg darauf hinzuweisen, dass es an der Römischen Kurie zwei Gerichtshöfe gibt, die neben anderen Funktionen auch die Funktion von obersten Gerichtshöfen haben: die Apostolische Signatur und die Rota Romana.
- Die Apostolische Signatur ist für die Überprüfung von Verwaltungsakten zuständig;
- die Rota Romana ist für die Überprüfung von gerichtlichen Akten, also der Rechtsprechung zuständig.

Für die Überprüfung von *Gesetzgebung*sakten gibt es hingegen *keinen* Gerichtshof. Eine Überprüfung kann hier allenfalls durch den Rat zur authentischen Interpretation der Gesetzestexte (= PCI) erfolgen (vgl. Art.158 PastBon), der aber keinen Gerichtshof darstellt.

Das Dekret hat in deutscher Übersetzung folgenden Wortlaut:[485]

„DEKRET

Mit Dekreten vom 15. November 2005 hat der Hwst. Herr Diözesanbischof von Regensburg a) mit sofortiger Wirkung die Dekanatsräte im Bistum Regensburg und den Rat namens Diözesanrat der Katholiken,

---

[483] Vgl. dazu in diesem Buch S.206f.
[484] In deutscher Übersetzung zugänglich auf der Homepage des Bistums Regensburg: http://www.bistum-regensburg.de/default.asp?op=show&id=2554.
[485] http://www.bistum-regensburg.de/default.asp?op=show&id=2554.

aufgehoben, b) den Diözesanpastoralrat und das diözesane Komitee zur Koordinierung des Laienapostolates namens Diözesankomitee neu errichtet und c) neue Statuten für die Pfarrgemeinderäte, für die Dekanate, für den Diözesanpastoralrat gemäß cann. 511–514 und für das Komitee zur Koordinierung des Laienapostolates („Musterstatut für das Diözesankomitee im Bistum Regensburg') promulgiert. Diese Statuten traten am 27. November 2005 für vier Jahre probehalber in Kraft.[486]

Der geehrte Herr Grabmeier, Mitglied des Pfarrgemeinderates St. Martin in Deggendorf und bis zur Aufhebung der Räte auch Mitglied des Rates namens Diözesanrat sowie Vorsitzender des Dekanatesrates im Dekanat Deggendorf-Plattling, erbat am 24. November 2005 vom Hwst. Herrn Bischof nach Maßgabe von can.1734 die Rücknahme aller oben genannten Entscheidungen.

Nachdem er keine Antwort erhalten hatte, legte Herr Grabmeier am 5. Januar 2006 gegen das Schweigen des Hwst. Herrn Bischofs Beschwerde bei der Bischofskongregation ein und forderte die Aufhebung aller Dekrete. Diese Kongregation aber leitete die Beschwerde am 23. Januar 2006 zuständigkeitshalber an die Kleruskongregation weiter, die sie ohne Gewährung einer aufschiebenden Wirkung am 10. März 2006 zurückwies und damit alle vom Hwst. Herrn Bischof am 15. November 2005 erlassenen Dekrete bestätigte: ‚... da sie in decernendo und in procedendo den kirchenrechtlichen Bestimmungen entsprechen'.

Nach Erhalt dieses Dekrets am 18. März 2006 legte Herr Grabmeier am 1. April 2006 Beschwerde bei diesem Obersten Gericht ein.

Nach rechtmäßiger Aussprache zur Sache unter den geehrten Anwälten der Parteien und dem bestellten Hwst. Herrn Promotor Iustitiae hat

DAS OBERSTE GERICHT DER APOSTOLISCHEN SIGNATUR

a) unter der Voraussetzung, dass es Aufgabe der Apostolischen Signatur in diesem Falle lediglich ist, über die behauptete Unrechtmäßigkeit eines von einem zuständigen Dikasterium der Römischen Kurie gesetzten oder gebilligten einzelnen Verwaltungsaktes zu entscheiden (vgl. Art.123 §1 Apost. Konst. Pastor bonus), und angesichts der Tatsache, dass

- Statuten kein Einzelverwaltungsakt sind;

- Promulgationsdekrete auch nicht von den Statuten getrennt werden und einzeln angefochten werden können; denn gemäß can.94 §3 sind für deren Promulgation die Vorschriften über die Gesetze, nicht aber jene für einzelne Verwaltungsakte anzuwenden;

---

[486] Das probehalber Inkrafttreten gilt nicht für alle Statuten, sondern nur für das Statut für die Pfarrgemeinderäte, wie aus den jeweiligen Schlussbestimmungen der Statuten hervorgeht (vgl. Abl Regensburg Nr. 13 (2005), 139; 150; 151; 154; 155).

- weshalb es nicht Aufgabe dieses Obersten Gerichtes ist, über die neuen vom Hwst. Herrn Bischof von Regensburg erlassenen Statuten oder über deren Promulgation zu entscheiden;

b) nach entsprechender Überlegung, was das behauptete Fehlen einer Begründung für die Aufhebung der Dekanatsräte und des Rates namens Diözesanrat der Katholiken angeht, dass nämlich

- die Instruktion „Ecclesiae de mysterio" vom 15. August 1997 über einige Fragen zur Mitarbeit der Laien am Dienst der Priester in Artikel 5 einige bereits durch die Gesetze des Kodex geregelten Prinzipien in Erinnerung rief und diese Instruktion vom Papst ausdrücklich in forma specifica approbiert worden ist;

- die Konferenz der Bischöfe Bayerns selbst am 2. März 2005 sich den in einigen Diözesen vorgeschlagenen Statutenverbesserungen nicht widersetzte, sondern allen nur eine gemeinsame Lösung empfahl: ‚Die derzeit in einzelnen Diözesen anstehenden Satzungsänderungen können genehmigt werden. Gegebenenfalls sollten bis zu einer einheitlichen Lösung der Frage die bestehenden Satzungen verlängert werden';

- von daher der Hwst. Herr Bischof mitnichten ohne vernünftigen Grund gehandelt hat;

c) unter Beachtung, hinsichtlich der Aufhebung des Rates namens Diözesanrat der Katholiken, dass

- von einer Verletzung des can.50 keine Rede sein kann, da die vorgesehene Aufhebung schon vor Promulgation des Dekretes mithilfe von Zeitungen verbreitet worden war und Anlass gegeben hatte zu einem Briefwechsel zwischen dem Vorsitzenden des Zentralkomitees der Katholiken in Deutschland und einigen Mitgliedern dieses Rates und dem Hwst. Herrn Bischof;

- der Diözesanrat auch Zuständigkeiten des Diözesanpastoralrates wahrnahm, obwohl er keineswegs nach Maßgabe der cann. 511–514 zusammengesetzt war und nach diesen handelte;

d) unter Beachtung, was die behaupteten Rechtsverletzungen in procedendo und in decernendo (im Vorgehen und bei der Entscheidung) bei der Errichtung des Diözesanpastoralrates und des Diözesankomitees angeht, dass

- der geehrte Beschwerdeführer, früher Vorsitzender und Mitglied, schlussendlich der Aktivlegitimation (Klageberechtigung) zur Anfechtung der Errichtung des Diözesanpastoralrates sowie des Diözesankomitees entbehrt, denen er selbst nicht angehört;

- im Übrigen die Vorlage der Frage einer Rechtmäßigkeit der Errichtung des Diözesankomitees im Grunde eine Vorlage der Frage der Rechtmäßigkeit von Statuten ist, welche jedoch außerhalb der festgelegten Kompetenz des Obersten Gerichts liegt (vgl. oben);
- es sich gleichermaßen um eine Vorlage der Frage nach der Rechtmäßigkeit von Statuten handelt, indem er nämlich die neuen Statuten für die Dekanate deshalb anfechten möchte, weil diese gewisse Räte derselben als nicht mehr nötig vorsehen;

e) unter Auslassung anderer Fragen, die man zur Sache vielleicht noch anmerken könnte;

f) unter Rücksicht auf Art.116 der Spezialnormen dieses Obersten Gerichts

g) und nachdem die Sache einer aufmerksamen Überprüfung in einer am 9. Februar 2007 vor dem unterzeichneten Präfekten abgehaltenen Sitzung unterzogen wurde,

entschieden:

Die Beschwerde ist nicht zuzulassen und wird auch nicht zur Verhandlung vor den Eminenzen und Exzellenzen Richtern dieses Obersten Gerichts zugelassen, da sie offensichtlich jeglicher Grundlage entbehrt.

Für die Auslagen wird die bei der Kasse dieses Obersten Gerichts hinterlegte Kaution einbehalten. Die Parteien mögen ihren jeweiligen Anwälten das entsprechende Honorar bezahlen.

Auch wird diese Entscheidung allen davon Betroffenen mitgeteilt, mit allen sich daraus ergebenden Rechtsfolgen.

Gegeben zu Rom, am Sitz des Obersten Gerichts der Apostolischen Signatur, am 9. Februar 2007

gez. Agostino Kard. Vallini, Präfekt

gez. + Velasio De Paolis, CS, Sekretär."

Der Kongress der Apostolischen Signatur nimmt in seiner Entscheidung nicht nur auf die Aufhebung des Diözesanrats von Regensburg Bezug, sondern auch auf die Einrichtung des Diözesankomitees und des Diözesanpastoralrats sowie auf die Abschaffung des Dekanatsrats und die neuen Satzungen des Pfarrgemeinderats. Im Folgenden wird auf die Aufhebung des Diözesanrats und die Einrichtung des Diözesankomitees als dessen Nachfolge-

gremium eingegangen, weil diese am meisten umstritten sind. Zu dieser Frage hat die Apostolische Signatur durch ihren Kongress letztendlich zwei wesentliche Aussagen getroffen:
1. Sie hat entschieden, dass sie für die Frage, wie die Aufhebung des Diözesanrats von Regensburg und die Einrichtung des Diözesankomitees als dessen Nachfolgegremium rechtlich zu bewerten ist, nicht zuständig ist und daher kein Urteil trifft. Sie hat also entschieden, dass sie wegen Nichtzuständigkeit diese Sachfrage nicht entscheidet.
2. Die Entscheidung der Apostolischen Signatur, sich nicht für zuständig zu erklären, beruht auf drei verschiedenen Gesichtspunkten:
   - allgemein für alle bischöflich erlassenen Statuten darauf, dass explizit c.94 §3 geltend gemacht wird. Hiernach unterliegen Vorschriften von Statuten, die kraft gesetzgebender Vollmacht/Gewalt erlassen und promulgiert worden sind, den Vorschriften der Canones über die Gesetze.
   - speziell im Hinblick auf die Aufhebung des Diözesanrats per Dekret darauf, dass kein expliziter Grund für die Nichtzuständigkeit genannt wird. Offensichtlich ergibt sich dieser Grund für den Kongress von selbst bzw. aus den Ausführungen über die Nichtzuständigkeit der Apostolischen Signatur für die Überprüfung von bischöflichen Statuten. Die Aufhebung eines Gremiums wird damit offensichtlich dem Erlass von Statuten gleichgesetzt.
   - speziell für die Einrichtung des Diözesankomitees darauf, dass das Muster-Statut für das Diözesankomitee wie alle anderen Statuten bewertet wird, also gemäß c.94 §3. Das ergibt sich aus der Feststellung des Kongresses, dass „die Vorlage der Frage einer Rechtmäßigkeit der *Errichtung* (sic! Hervorhebung von Verf.in) des Diözesankomitees im Grunde eine Vorlage der Frage der Rechtmäßigkeit von Statuten ist, welche jedoch außerhalb der festgelegten Kompetenz des Obersten Gerichts liegt" (Dekret des Kongresses Buchstabe d, 3. Spiegelstrich). Das Substantiv „Muster" hat demnach rechtlich keine Auswirkungen, so dass dem „Muster-Statut" innerhalb der Rechtsfigur „Statut" keine Sonderrolle zukommt.[487] Damit korrigiert der Kongress die rechtliche Beurteilung, die die Klerus-

---

[487] Vgl. dazu auch in diesem Buch S.192.

kongregation vorgenommen hat: „Der Bischof hat lediglich ein Muster-Statut für dieses Organ vorgeschlagen. Das Recht der Gläubigen, Vereinigungen für Zwecke der Caritas oder der Frömmigkeit oder zur Förderung der christlichen Berufung in der Welt frei zu gründen und zu leiten und Versammlungen abzuhalten, um diesen Zweck gemeinsam zu verfolgen, wurde gewahrt (can.215 CIC)."[488]

Obwohl sich der Kongress der Apostolischen Signatur für eine Entscheidung für nicht zuständig erklärt, nimmt er dennoch zu einigen Aspekten Stellung:
- So hebt er im Blick auf die Aufhebung der Dekanatsräte und des Diözesanrats durch den Bischof von Regensburg zwei sehr unterschiedliche Punkte hervor: Erstens verweist er auf die sog. Laieninstruktion „Ecclesiae de mysterio" von 1997, die einige bereits durch die Gesetze des Kodex geregelten Prinzipien in Erinnerung gerufen habe, führt aber nicht aus, welche davon für die zur Diskussion stehende Frage relevant sind.[489] Zweitens macht er darauf aufmerksam, dass die Bayerische Bischofskonferenz im März 2005 die Empfehlung ausgesprochen hat, anstehende Satzungsänderungen in den Diözesen zu genehmigen. Aus beiden Gesichtspunkten zieht der Kongress die sehr allgemeine Schlussfolgerung, dass der Bischof von Regensburg keineswegs unbegründet gehandelt habe, auf welches Handeln des Bischofs sich auch immer diese Bewertung bezieht.
- Speziell zur Aufhebung des Diözesanrats betont der Kongress zwei Gesichtspunkte. Zum einen sei hierbei das Anhörungsrecht gemäß c.50 CIC nicht verletzt worden, weil die Aufhebung bereits vorher in der Presse bekannt gegeben worden war, so dass es zu Briefwechseln zwischen dem Präsidenten sowie mit anderen Mitgliedern des Zentralkomitees der deutschen Katholiken mit dem Bischof von Regensburg kam. Zum anderen habe der Diözesanrat Zuständigkeiten eines Diözesanpastoralrats wahrgenommen, ohne den diesbezüglichen Vorgaben des CIC hinsichtlich Mitgliedschaft und Funktion zu entsprechen.

---

[488] In diesem Buch S.201.
[489] Vgl. dazu auch in diesem Buch S.203.

- Zur Vorgehensweise und Entscheidung des Bischofs von Regensburg, einen Diözesanpastoralrat und ein Diözesankomitee einzurichten, spricht der Kongress in einem ersten Punkt dem Beschwerdeführer das Klagerecht ab mit der Begründung, dass er keinem der beiden Gremien als Mitglied angehört, um dann in einem zweiten und dritten Punkt wieder – wie bereits zu Beginn des Dekrets – darauf zu verweisen, dass der Kongress für die Frage der Beurteilung der Rechtmäßigkeit der Errichtung des Diözesankomitees wie auch der Aufhebung der Dekanatsräte nicht zuständig ist.

Unterzieht man die Ausführungen des Kongresses einer kritischen Würdigung, so sind folgende Gesichtspunkte hervorzuheben:

1. Das vorliegende Dekret ist der Mehrheitsbeschluss des Kongresses der Apostolischen Signatur, die Beschwerde nicht zum Hauptverfahren, also zur Behandlung durch die Richter in der Plenaria, zuzulassen. Gegen diese Entscheidung kann der Beschwerdeführer innerhalb von 15 Tagen nach Bekanntgabe bei dem Richterkollegium Widerspruch einlegen. Dieses Widerspruchsrecht wird allerdings im Dekret nicht explizit erwähnt, sondern nur implizit angedeutet in der Aussage, dass Art.116 der Spezialnormen der Apostolischen Signatur zu beachten ist, in dem eben dieses Widerspruchsrecht geregelt ist. Damit wird dem Eindruck Vorschub geleistet, dass die getroffene Entscheidung bereits endgültig sei. Jedenfalls ist damit keinesfalls der Rechtsmittelbelehrung Genüge getan. Zusammen mit der Tatsache, dass die genannten Spezialnormen in der Regel nicht zur Hausbibliothek von Katholiken und Katholikinnen gehören und im Bereich der Deutschen Bischofskonferenz nur in einer kirchenrechtlichen Fachzeitschrift publiziert sind,[490] ist diese Vorgehensweise als Verletzung des Rechts auf Rechtsschutz (c.221 CIC) zu bewerten.[491]
2. Auf welcher Rechtstatsache die Nichtzuständigkeit der Apostolischen Signatur für die Überprüfung der bischöflichen Aufhebung des Regensburger Diözesanrats per Dekret beruht, wird vom Kongress nicht erläutert. Das müssen sich die Leser und Leserinnen offensichtlich selbst erschließen. Zwei Möglichkeiten kommen als Grundlage für die Nichtzuständigkeit

---

[490] Vgl. dazu in diesem Buch S.206, Anm.480.
[491] Vgl. dazu auch in diesem Buch S.205, Anm.478.

in Frage, die allerdings beide rechtlich problematisch sind: Entweder hat der Kongress das bischöfliche Dekret zur Aufhebung des Regensburger Diözesanrats als ein *allgemeines Dekret* gemäß c.29[492] qualifiziert, dem *Gesetzes*charakter zukommt und für das es deshalb keine gerichtliche Überprüfungsinstanz gibt; eine solche rechtliche Einordnung wäre insofern problematisch, als es nahe liegender ist, das Aufhebungsdekret als ein *Dekret für den Einzelfall* gemäß c.48 einzustufen,[493] das den Charakter eines *Verwaltung*sakts hat, für deren Überprüfung die Apostolische Signatur zuständig ist. Oder der Kongress hat übersehen, dass das Aufhebungsdekret nicht wie die anderen Erlasse des Bischofs im Rahmen der Rätereform ein Statut darstellt, dementsprechend auch weder im Titel den Begriff „Statut" führt noch irgendeine statutenähnliche Vorschrift enthält. Für diese Schlussfolgerung spricht die vom Kongress – allgemein und ohne jegliche Erläuterung – getroffene Feststellung, „dass Statuten kein Einzelverwaltungsakt sind" (Dekret des Kongresses, Buchstabe a, erster Spiegelstrich).
3. Inhaltlich betrachtet stellen die Ausführungen des Kongresses keinen zusammenhängenden Argumentationsgang dar, sondern wirken wie die Aneinanderreihung mehr oder weniger rechtlich relevanter Sachverhalte, die zudem alle auf der formalrechtlichen äußeren Ebene verbleiben. Sie enthalten etliche Punkte, die kirchenrechtlich zu kritisieren sind:
4. Die Nichtzuständigkeitserklärung des Kongresses wirft bereits auf den ersten Blick die Frage auf: Warum wurde die Nichtzuständigkeit der Apostolischen Signatur nicht schon bei Eingang der Beschwerde festgestellt? Denn die Signatur hatte ursprünglich die Beschwerde angenommen, indem sie vom Beschwerdeführer eine Kaution für ihr Tätigwerden verlangt und ihm eine Anwaltsliste geschickt hat. Durch diese Unstimmigkeit im Umgang mit der eingereichten Beschwerde kommt die Vermutung auf, dass sich vielleicht der Kongress

---

[492] C.29: „Allgemeine Dekrete, durch die von dem zuständigen Gesetzgeber für eine passiv gesetzesfähige Gemeinschaft gemeinsame Vorschriften erlassen werden, sind im eigentlichen Sinn Gesetze und unterliegen den Vorschriften der Canones über die Gesetze."
[493] C.48: „Unter einem Dekret für Einzelfälle versteht man einen von der zuständigen ausführenden Autorität erlassenen Verwaltungsakt, durch den nach Maßgabe des Rechts eine Entscheidung für einen Einzelfall getroffen wird oder eine Verleihung erfolgt, die ihrer Natur nach nicht voraussetzen, dass von jemandem ein Antrag gestellt wurde."

der Apostolischen Signatur in die Nichtzuständigkeitserklärung geflüchtet hat, um nicht feststellen zu müssen, dass der Bischof von Regensburg mit der Aufhebung des Diözesanrats und dessen Ersetzen durch das Diözesankomitee rechtswidrig gehandelt hat.
5. Dieser Eindruck einer Flucht in die Nichtzuständigkeitserklärung erhärtet sich, wenn der maßgebliche Rechtsgrund für die Nichtzuständigkeit betrachtet wird. Denn die Nichtzuständigkeitserklärung wird mit dem Verweis auf c.94 §3 CIC begründet, wodurch der Kongress insinuiert, dass die Aufhebung des Diözesanrats ebenso wie die Einrichtung des Diözesankomitees als ein gesetzgebender Akt zu verstehen ist, für dessen Überprüfung die Apostolische Signatur nicht zuständig ist, ja für dessen Überprüfung überhaupt keine gerichtliche Instanz vorgesehen ist. Genau diese Bezugnahme auf c.94 §3 ist aber aus mehreren Gründen fragwürdig:
- Im Normalfall werden die Vorschriften von Statuten und damit die Statuten als Ganzes nicht kraft gesetzgebender Vollmacht / Gewalt erlassen, wie aus §1 und §2 des c.94 hervorgeht.[494] Denn hier ist einfach von Statuten die Rede, von denen in §3 der Spezialfall abgehoben wird, nämlich (Einzel-)Vorschriften von Statuten, die kraft gesetzgebender Vollmacht erlassen worden sind. Wenn alle Vorschriften von Statuten bzw. die Statuten als Ganzes kraft gesetzgebender Vollmacht erlassen werden würden, dann hätte das bereits in §1 festgelegt werden müssen und dürfte nicht erst und eigens in §3 des Canons erwähnt werden.[495]

---

[494] C.94 lautet: „§1. Statuten im eigentlichen Sinn sind Anordnungen, die in Gesamtheiten von Personen oder Sachen nach Maßgabe des Rechtes erlassen werden und durch die deren Zielsetzung, Verfassung, Leitung und Vorgehensweisen bestimmt werden.
§2. Durch die Statuten einer Gesamtheit von Personen werden allein jene Personen verpflichtet, die rechtmäßig deren Mitglieder sind, durch die Statuten einer Gesamtheit von Sachen jene, die für deren Leitung Sorge tragen.
§3. Vorschriften von Statuten, die kraft gesetzgebender Gewalt erlassen und promulgiert wurden, unterliegen den Vorschriften der Canones über die Gesetze."
[495] Vgl. dazu auch den Hinweis von Wächter, Gesetz im kanonischen Recht: „Im CIC/1983 finden sich nur wenige Stellen, in denen mit dem Begriff ‚statutum' Gesetze bezeichnet sind. In den meisten Fällen wird der Begriff zur Bezeichnung der Satzungen von Personen- oder Sachgesamtheiten gebraucht" (ebd.,17, mit Belegen). Auch in der teilkirchlichen Gesetzgebung im Bereich der Deutschen Bischofskonferenz kann „Statut" Normen sowohl mit dem Rechtscharakter eines Gesetzes als auch ohne diesen Rechtscharakter bezeichnen (ebd., 76–79, mit Belegen).

- Bei der Erarbeitung des c.94 war es strittig, wie Statuten rechtlich zu bewerten sind: als Gesetze oder als Verwaltungsakte. Und diese Frage ist bis heute in der kanonistischen Literatur strittig. So wird z.b. in einem Standardkommentar zum CIC ausgeführt: Statuten heben sich sowohl von der primären Rechtsordnung (Gesetz und Gewohnheit) ab wie auch von der verwaltungsmäßigen Rechtssetzung.[496] Vielleicht hat deshalb auch der Gesetzgeber die Regelungen über die Statuten weder dem Abschnitt über die kirchlichen Gesetze zugeordnet, noch den Bestimmungen über die kirchlichen Verwaltungsakte, sondern in einem eigenen Abschnitt zusammengefasst.
- C.94 §3 ist zusammen mit c.18 bzw. c.14 zu lesen. C.18 verlangt, dass Gesetze, die die freie Ausübung von Rechten einschränken, enger Auslegung unterliegen; c.14 legt fest, dass Gesetze bei einem Rechtszweifel nicht verpflichten. Daraus ergibt sich die Schlussfolgerung: Wenn Bischof Müller sich in den Dekreten nicht explizit auf seine gesetzgebende Vollmacht beruft, ist davon auszugehen, dass er einen reinen Verwaltungsakt gesetzt hat. Das ist insbesondere im Hinblick auf die beiden bischöflichen Akte der Aufhebung des Diözesanrats und der Einrichtung des Diözesankomitees zu beachten.
- Selbst wenn die Auffassung vertreten wird, dass das Aufstellen von Statuten einen Gesetzgebungsakt darstellt, so kann die Aufhebung eines Gremiums auf keinen Fall (mehr) als ein Gesetzgebungsakt, sondern muss als ein Verwaltungsakt, und zwar als ein Verwaltungsakt für den Einzelfall, verstanden werden.

Die genannten Kritikpunkte legen die Schlussfolgerung nahe: Mit einer fragwürdigen Argumentation der Nichtzuständigkeit hat der Kongress vermieden, die dringende Sachfrage anzugehen und zu klären, die da lautet: Ist der Diözesanrat von Regensburg durch den dortigen Bischof rechtswidrig aufgehoben worden oder nicht? Und im Anschluss daran: Ist

---

[496] Socha, Statuten, 94/3, Rdn. 5; vgl. auch Wächter, Gesetz im kanonischen Recht, 204: „Eine nähere positive und damit eine nähere Abgrenzung zum Gesetz bleibt der kanonistischen Doktrin überlassen. Hierbei wird auch eine tiefere rechtstheoretische Klärung von Sinn und Umfang des Selbstbestimmungsrechtes erfolgen müssen." Wächter schließt seine diesbezüglichen Überlegungen mit dem Resümee ab: C.94 CIC/1983 wird „der Forderung nach klarer Begrifflichkeit nicht gerecht und trägt so zur Rechtsunsicherheit bei" (ebd., 205).

das vom Bischof eingerichtete Diözesankomitee das rechtmäßige Nachfolgegremium des Diözesanrats oder nicht?
6. Um diese Sachfrage beantworten zu können, hätte vom Kongress als Erstes der Rechtscharakter des Diözesanrats geklärt werden müssen, näherhin die rechtliche Frage, ob der Diözesanrat ein vereinsrechtliches oder verfassungsrechtliches Gremium ist oder ein Gremium, das sowohl vereinsrechtliche als auch verfassungsrechtliche Strukturen aufweist.[497] Diese Frage ist insofern entscheidend, als dem Bischof nur für ein verfassungsrechtliches Gremium die Kompetenz der Aufhebung zukommt, und zwar unabhängig davon, ob diese Aufhebung durch eine Verwaltungsmaßnahme geschieht oder durch einen Gesetzgebungsakt.
7. Nur wenn der Kongress bei der Klärung des Rechtscharakters des Diözesanrats zum Ergebnis gekommen wäre, dass der Diözesanrat ein verfassungsrechtliches Gremium ist, hätte er als nächstes die Frage angehen müssen, wie das bischöfliche Dekret zur Aufhebung des Diözesanrats rechtlich zu bewerten ist, näherhin, ob es ein Verwaltungsakt oder ein Gesetzgebungsakt ist. Wäre der Kongress dagegen zu dem Ergebnis gelangt, dass der Diözesanrat ein vereinsrechtliches Gremium darstellt, hätte sich die zweite Frage erübrigt, da dem Bischof für vereinsrechtliche Gremien keine Gesetzgebungsvollmacht zukommt. Und hätte der Kongress den Diözesanrat als ein Mischgremium aus vereins- und verfassungsrechtlichen Elementen eingestuft, hätte er differenzieren müssen, in welchen Bereichen dem Diözesanrat die vereinsrechtliche Autonomie zukommt und in welchen dem Bischof die Gesetzgebungsvollmacht. Mit anderen Worten: Der Kongress der Apostolischen Signatur vertritt die Auffassung, dass sowohl die Aufhebung wie auch die Einrichtung eines Gremiums nicht ein Verwaltungsakt ist, sondern ein Gesetzgebungsakt, wofür sich der Bischof als oberster Gesetzgeber in seiner Diözese auch nicht an die Satzungsbestimmungen dieses Gremiums halten muss. Allerdings ist hier zu beachten: Diese Gesetzgebungsvollmacht hat der Bischof nur über verfassungsrecht-liche Gremien, nicht aber über vereinsrechtliche Gremien. Denn bei vereinsrechtlichen Gremien kommt dem Bischof keine Gesetzgebungsvollmacht zu. Und bei Mischgremien, die sowohl vereinsrechtliche wie verfassungs-

---

[497] Vgl. dazu in diesem Buch S.178–186.

rechtliche Strukturen haben, kann der Bischof demzufolge diese Gesetzgebungsvollmacht zumindest nicht unumschränkt haben.
8. Nach der rechtlichen Bewertung des Diözesanrats und seiner Aufhebung durch den Bischof wäre schließlich die rechtliche Einordnung des vom Bischof eingerichteten Diözesankomitees notwendig gewesen: Ist es als das rechtmäßige Nachfolgegremium des Diözesanrats zu betrachten oder nicht?
9. Insgesamt gesehen ist das Dekret des Kongresses in mehrfacher Hinsicht in sich widersprüchlich.
- Der größte Widerspruch besteht darin, dass sich der Kongress nicht für zuständig erklärt, die Sachfrage zu entscheiden, d.h. eine rechtliche Bewertung der Rätereform des Bischofs von Regensburg vorzunehmen, dann aber im Folgenden dennoch einige Ausführungen zur Sachfrage vornimmt.
- Der Verweis auf einige Prinzipien der sog. Laieninstruktion ist im Zusammenhang mit der Aufhebung der Dekanatsräte und des Diözesanrats irrelevant, da in dieser Instruktion gerade diese beiden teilkirchlichen Räte nicht behandelt werden, sondern dazu aufgerufen wird, Doppelstrukturen bei den universalkirchlichen Räten des Diözesanpastoralrats und des Priesterrats zu vermeiden.
- Das Zitat aus dem (unveröffentlichten) Protokoll der Bayerischen Bischofskonferenz widerspricht der Grundthese des Kongresses, wonach der Bischof nicht kraft einer Verwaltungsmaßnahme, sondern kraft seiner Gesetzgebungsvollmacht die Dekanatsräte und den Diözesanrat aufgehoben habe. Denn in diesem Zitat ist davon die Rede, dass „Satzungsänderungen ... [sc. der Diözesanräte von den Bischöfen] *genehmigt* werden [können]." Die Terminologie „genehmigen" setzt voraus, dass die Satzungsänderungen nicht vom Bischof selbst vorzunehmen sind, sondern von dem entsprechenden Gremium, während der Bischof diese „nur" zu genehmigen hat. Und die „Genehmigung" ist kein Gesetzgebungsakt, sondern ein Verwaltungsakt.[498]
- Ebenso unlogisch ist die Feststellung, dass das Anhörungsrecht gemäß c.50 nicht verletzt worden sei. Denn erstens ist in diesem Canon von einem Anhörungsrecht

---

[498] Vgl. dazu in diesem Buch S.186.

vor dem Erlassen eines *Dekrets* die Rede und zweitens gehört dieser c.50 zu den rechtlichen Bestimmungen über Verwaltungsmaßnahmen, denn er steht innerhalb des Titels „Verwaltungsakte für Einzelfälle" (cc. 35–93). Wenn der Kongress davon ausgeht, dass ein Handeln kraft Gesetzgebungsvollmacht vorliegt, hätte er wissen müssen, dass demzufolge eine Bezugnahme auf Rechtsbestimmungen über Verwaltungsmaßnahmen im Einzelfall ausgeschlossen ist. Schließlich ist auch inhaltlich festzuhalten, dass ein Anhörungsrecht nicht schon dadurch gewährleistet ist, dass die Maßnahme vorher angekündigt und ein Briefwechsel mit unbeteiligten Dritten stattgefunden hat, sondern nur dadurch, dass den direkt Betroffenen, also im Fall der Aufhebung des Diözesanrats von Regensburg den Mitgliedern dieses Diözesanrats, die Möglichkeit eröffnet wird, ihre Auffassung zu Gehör zu bringen. Offensichtlich ist dem Kongress unbekannt, was unlängst selbst die Bischofskongregation unter Bezugnahme auf die cc. 50, 51 und 222 CIC zur Beachtung eingefordert hat:

> „Wenn es darum geht, in Einzelfällen außerordentliche Maßnahmen der Leitung zu ergreifen, soll der Bischof vor allem anderen die erforderlichen Erkundigungen und Beweismittel einholen, und innerhalb der Grenzen des Möglichen soll er auch die durch den Vorgang Betroffenen anhören. Sofern dem nicht ein äußerst schwerwiegender Grund entgegensteht, muss die Entscheidung des Bischofs schriftlich abgefasst und dem Betroffenen zugestellt werden. Ohne dass der gute Ruf von Personen geschädigt wird, müssen aus dem Verwaltungsakt alle Begründungen genau hervorgehen, sei es, um die Entscheidung zu rechtfertigen, sei es, um jeden Anschein von Willkür zu vermeiden, und um dem Betroffenen einen Rekurs gegen die Entscheidung zu ermöglichen."[499]

- Fragwürdig ist die Behauptung, dass der Diözesanrat auch Zuständigkeiten des Diözesanpastoralrats wahrgenommen hätte. Dies hat er zumindest nach seiner Satzung in keiner Weise in Anspruch genommen,[500] weil

---

[499] Apostolorum Successores, Nr.69 g, in: Hallermann, Direktorium für den Hirtendienst, 98f.
[500] Vgl. dazu „Satzung für den Diözesanrat der Katholiken in der Diözese Regensburg" vom 15.11.2001, abgedruckt, in: Abl Regensburg Nr. 16 (2001), 184–190.

ihm das ja auch von seinem Selbstverständnis her gar nicht zukommt. Insofern kann hier nur gemeint sein, dass der Bischof dem Diözesanrat faktisch auch Funktionen eines Diözesanpastoralrats zugewiesen hat. Diese Tatsache wiederum berechtigt den Bischof nur, die zugewiesenen Funktionen wieder zurückzunehmen, nicht aber dazu, den Diözesanrat aufzulösen.

- Ähnlich befremdlich wirkt der Hinweis, dass der Beschwerdeführer kein Klagerecht hinsichtlich der Errichtung des Diözesanpastoralrats und des Diözesankomitees hat, weil er in keinem der beiden Gremien Mitglied ist. Erstens hatte der Beschwerdeführer in keiner Weise die Einrichtung des Diözesanpastoralrats als ein ausschließlich dem Bischof zustehendes Recht in Frage gestellt; zweitens ist die Einrichtung des Diözesankomitees engstens mit der Aufhebung des Diözesanrats verknüpft, dessen Mitglied der Beschwerdeführer sehr wohl war. Wäre der Diözesanrat nicht aufgelöst worden, wäre das Diözesankomitee nicht eingerichtet worden. Insofern ist es absurd, dem Beschwerdeführer die Legitimation für die Anfechtung der Einrichtung des Diözesankomitees als Nachfolgegremium des Diözesanrats abzusprechen.

Aus den angestellten Überlegungen ist folgendes Fazit zu ziehen: Wegen angeblicher Nichtzuständigkeit hat der Kongress die eingereichte Beschwerde abgelehnt, ohne sich mit der Beschwerde inhaltlich auseinanderzusetzen. Somit hat der Kongress in seinem Dekret vom 28.2.2007 die entscheidende Frage unbeantwortet gelassen, ob das Vorgehen der Aufhebung des Diözesanrats von Regensburg rechtswidrig war – wie der Beschwerdeführer Prof. Dr. J. Grabmeier mit rechtlichen Argumenten dargelegt hat – oder nicht. Demzufolge hat noch keine höhere Instanz die Rechtswidrigkeit des bischöflichen Vorgehens bestätigt, aber auch mitnichten dessen Rechtmäßigkeit festgestellt, wie in einer auf der Homepage des Bistums veröffentlichten Pressemeldung zu dieser Entscheidung des Kongresses fälschlich behauptet worden ist.[501]

---

[501] Vgl. dazu http://www.bistum-regensburg.de/default.asp?op=show&id=2555.

3. Die Bestätigung der Entscheidung des Kongresses durch das Richterkollegium

Die Entscheidung des Kongresses, die von Johannes Grabmeier eingelegte Beschwerde weder ganz noch in einzelnen Aspekten zum Hauptverfahren, also zur Verhandlung vor den Richtern der Plenaria zuzulassen, war der vorletzte Schritt des hierarchischen Rekurses. Ihm konnte noch als letzte Etappe der Einspruch zum Richterkollegium gegen die Entscheidung der Nichtzulassung zum Hauptverfahren folgen. Offensichtlich ist der Beschwerdeführer den Rechtsweg des hierarchischen Rekurses bis zu diesem Endpunkt gegangen. Denn im Februar 2008 ist auf der Homepage des Bistums Regensburg gemeldet worden:

> „Mit Beschluss vom 14. November 2007, der als ‚abschließendes Dekret' am 26. Januar 2008 ausgefertigt wurde, hat das Oberste Gericht der Kirche, die Apostolische Signatur, im Beschwerdeverfahren von Johannes Grabmeier gegen die Regensburger Rätereform eine *endgültige Entscheidung* getroffen und dessen *Beschwerde erneut zurückgewiesen.* ..."[502]

Mit dieser Pressemitteilung verbunden ist die Möglichkeit, sich das „abschließende Dekret" im Original und in deutscher Übersetzung von der Homepage des Bistums herunterzuladen – angesichts der bestehenden Geheimhaltungspflicht solcher Verfahren gegenüber am Verfahren Nichtbeteiligter überrascht dies ebenso wie schon bei der Veröffentlichung der Entscheidung des Kongresses.[503] Die für die Aufhebung des Diözesanrats und die Einrichtung des Diözesankomitees maßgeblichen Passagen dieses Dekrets haben in deutscher Übersetzung folgenden Wortlaut:[504]

„ABSCHLIESSENDES DEKRET

IM NAMEN DES HERRN. AMEN

In der Amtszeit Papst Benedikts XVI., im dritten Jahre seines Pontifikates, am 14. November 2007 hat das Oberste Gericht der Apostolischen Signatur ... in der oben genannten Rechtssache folgende endgültige Entscheidung getroffen.

---

[502] http://ww.bistum-regensburg.de/borPage002761.asp (Hervorhebung von Verf.in).
[503] Vgl. dazu in diesem Buch S.206f.
[504] Abl Regensburg Nr.3 (2008), 29-33; ebenso: http://www.bistum-regensburg.de/download/borMedia0596205.pdf.

I. TATBESTAND

1. Mit Dekreten vom 15. November 2005 hat der Hwst. Herr Diözesanbischof von Regensburg a) mit sofortiger Wirkung die Dekanatsräte im Bistum Regensburg und den Rat namens Diözesanrat der Katholiken, aufgehoben, b) den Diözesanpastoralrat und das diözesane Komitee zur Koordinierung des Laienapostolates namens Diözesankomitee neu errichtet und c) neue Statuten für die Pfarrgemeinderäte, für die Dekanate, für den Diözesanpastoralrat gemäß cann. 511–514 und für das Komitee zur Koordinierung des Laienapostolates („Musterstatut für das Diözesankomitee im Bistum Regensburg") promulgiert. Diese Statuten traten am 27. November 2005 für vier Jahre probehalber in Kraft. ...

2. Nach Erhalt dieses Dekrets [sc. der Kleruskongregation] am 18. März 2006 legte Herr Grabmeier am 1. April 2006 Beschwerde bei diesem Obersten Gericht ein. Nach rechtmäßiger Aussprache zur Sache beschloss der Kongress dieses Obersten Gerichts am 9. Februar 2007, dass die Beschwerde nicht zuzulassen sei und auch nicht zur Verhandlung vor den Eminenzen und Exzellenzen Richtern zugelassen wird, da sie offensichtlich jeglicher Grundlage entbehrt. Gegen diese Entscheidung legten am 22. März 2007 die geehrte Anwältin des Beschwerdeführers und am 25. März 2007 der Beschwerdeführer selbst Beschwerde beim Kollegium der Eminenzen und Exzellenzen Richter des Obersten Gerichtes ein. Nach Darlegung der Gründe für die Beschwerde und nach Ausarbeitung des Votums des bestellten H.H. Promotors iustitiae zur Wahrheitsfindung in der Rechtssache liegt es nun an uns zu entscheiden: Ist die am 9. Februar 2007 getroffene Entscheidung des Kongresses zu revidieren?

II. RECHTS- UND SACHLAGE

3. Das Oberste Gericht entscheidet in diesen Fällen gemäß Art.123 §1 der Apost. Konst. Pastor Bonus nur ‚in Beschwerdeangelegenheiten gegen einzelne Verwaltungsakte, seien diese von Dikasterien der Römischen Kurie erlassen oder auch nur von ihnen bestätigt, und zwar immer dann, wenn umstritten ist, ob der bekämpfte Verwaltungsakt irgendein Gesetz in decernendo und in procedendo verletzt hat.' Deshalb ist es Aufgabe der Apostolischen Signatur, in diesem Falle nur über die behauptete Unrechtmäßigkeit des einzelnen Verwaltungsaktes zu befinden. Sie befindet weder über Akte der gesetzgebenden Gewalt noch über allgemeine Verwaltungsakte, noch über Akte, die von Organen der kirchlichen vollziehenden Gewalt erlassen wurden. Sie urteilt außerdem nicht über Nützlichkeit oder Angebrachtheit des bekämpften Verwaltungsaktes. Seine Zuständigkeit ist also im vorliegenden Falle weniger offensichtlich als jene der Kleruskongregation.

Vorauszuschicken ist auch, dass es keinesfalls erforderlich ist, dass das Oberste Gericht bei der Prüfung der Beschwerde über alle und jedes einzelne der von der Kongregation angeführten Motive zu befinden hat; vielmehr genügt es, über die behauptete Unrechtmäßigkeit seiner Entscheidung zu befinden.

4. Diese Kongregation hat am 10. März 2006 die hierarchische Beschwerde zurückgewiesen und alle vom Hwst. Herrn Bischof von Regensburg am 15. November 2005 getroffenen Entscheidungen bestätigt. Herr Grabmeier ... hat nun bei der Beschwerde gegen die Entscheidung des Kongresses vom 9. Februar 2007 ausdrücklich festgestellt, dass er seine Beschwerde nicht gegen die Einrichtung des Diözesanpastoralrates und auch nicht gegen die Einrichtung des so genannten „Diözesankomitees" gerichtet habe.

5. [Das vom Kongress] erlassene Dekret [erinnerte] vor allem daran, dass Satzungen keine Verwaltungsakte für den Einzelfall seien. Dieser Grundsatz gilt an sich sowohl für Satzungen, die mit gesetzgebender Gewalt erlassen werden, als auch für Satzungen ohne eine solche Vollmacht. Da aber der Hwst. Herr Bischof die neuen Normen für die Pfarrgemeinderäte und die Dekanate ohne Zweifel kraft gesetzgebender Gewalt erlassen hat und da deren Promulgation sich nach den Vorschriften über Gesetze richtet (vgl. can.94 §3 CIC), nicht aber nach denen über Verwaltungsakte im Einzelfall, hat das angefochtene Dekret des Kongresses zu Recht festgestellt, es gehöre nicht zu den Aufgaben dieses Obersten Gerichts, über neue Satzungen zu befinden, die vom Hwst. Herrn Bischof von Regensburg kraft gesetzgebender Gewalt erlassen wurden, und auch nicht über deren Promulgation. ...

6. Bezüglich des so genannten „Diözesankomitees" aber hat der Hwst. Herr Bischof lediglich ein so genanntes „Musterstatut" vorgeschlagen, das gemäß dem geehrten Herrn Beschwerdeführer selbst dann von diesem als „Diözesankomitee" konstituierten Gremium geändert ‚und dann von diesem selbst in der neuen Form selbst beschlossen' und schließlich erneut in gewohnter Weise im Amtsblatt der Diözese veröffentlicht wurde.

7. ...

8. ...

In diesem Text [sc. des II. Vatikanischen Konzils AA 26] ist unbestritten die Rede vom je eigenen Charakter und der Autonomie der verschiedenen Vereinigungen und Werke der Laien, wobei jene Beratungskörper (Räte) deren gegenseitiger Koordinierung dienen können. Dazu kann auf can.215 verwiesen werden: ‚Den Gläubigen ist es unbenommen, Vereinigungen für Zwecke der Caritas oder der Frömmigkeit oder zur Förderung der christlichen Berufung in der Welt frei zu gründen und zu leiten und Versammlungen abzuhalten, um diese Zwecke gemeinsam zu verfolgen.' Allerdings kommt deren Anerkennung in der Kirche der zuständigen kirchlichen Autorität zu, dies ist auf Diözesanebene der Diözesanbischof (vgl. can.299 §3). ... Vereinigungen, die Gläubige nach Maßgabe von can.299 §1 unter Wahrung der Vorschrift von can.301 §1 aufgrund miteinander getroffener Privatvereinbarung errichten und leiten können, dürfen aber nicht mit jenen Räten verwechselt werden, in denen Gläubige mit beratendem Stimmrecht Anteil haben an der Leitung der Diözese selbst oder ihrer Teile (vgl. cann. 511–514; 536), und solche Vereinigungen können auch nicht die ureigene Kompetenz dieser Räte für sich in Anspruch nehmen. ...

9. In Deutschland hat die Würzburger Synode („Gemeinsame Synode der Bistümer der Bundesrepublik Deutschland in Würzburg 1971–1975") im ‚Beschluss: Verantwortung des ganzen Gottesvolkes für die Sendung der Kirche' vom 11. Mai 1975 alle diözesanen, überpfarrlichen und pfarrlichen Räte geordnet und per ‚Anordnung' allen Diözesen auferlegt, nach Maßgabe des Art.14.2 der Synodenordnungen (‚Das Statut der Gemeinsamen Synode der Bistümer in der Bundesrepublik Deutschland') partikulare Gesetze vorzubereiten, so dass diese ‚Anordnungen' nach Veröffentlichung in den diözesanen Amtsblättern die Kraft eines Gesetzes der Deutschen Bischofskonferenz oder die Kraft eines Diözesangesetzes erhalten sollten. Papst Paul VI. gewährte am 13. Dezember 1975 die Anerkennung der Würzburger Synode, die gemäß Schreiben der Bischofskongregation vom 18. Dezember 1975 im Amtsblatt der Diözesen Deutschlands veröffentlicht wurde. Die Errichtung dieser Räte wurde also auf Anordnung der Bischofskonferenz Deutschlands vorgeschrieben.

10. Der neue, im Jahre 1983 promulgierte Codex Iuris Canonici aber gab einige Normen bezüglich der Räte. Sowohl das ‚Zentralkomitee der Katholiken' wie auch die Deutsche Bischofskonferenz waren im Jahre 1987 der Meinung, dass die gemäß der Würzburger Synode in Deutschland errichteten Räte den Normen des CIC nicht angepasst werden müssten. Gesetze aber, auch die der Würzburger Synode, sind jedoch nicht auf ewig unabänderlich, freilich immer bei Wahrung göttlichen Rechts. Nachdem bereits mehr als 30 Jahre seit Abschluss der Synode vergangen sind, können Verbesserungen den Hwst. Herren Bischöfen in den einzelnen Diözesen immer notwendig erscheinen.

11. Die Instruktio Ecclesiae de mysterio vom 15. August 1997 (AAS 89 [1997] 852–877) hat nun im Art.5 ausdrücklich Einrichtungen verworfen, die als ‚Parallelorgane ... den diözesanen Priester- und Pastoralräten oder auch den Räten auf pfarrlicher Ebene die ihnen eigene Verantwortung entziehen, die vom allgemeinen kirchlichen Recht in den cann. 536, §1 und 537 geregelt sind', und hat deshalb in der Sache angeordnet: ‚Wenn solche Organe in der Vergangenheit auf der Basis örtlicher Gewohnheiten oder besonderer Umstände entstan-

den sind, sind die nötigen Mittel anzuwenden, um sie mit dem geltenden Recht der Kirche in Einklang zu bringen.' ... Deshalb erfreut sich jene Schlussklausel voller Rechtskraft, wonach ‚Partikulargesetze und geltende Verordnungen, die diesen Normen entgegenstehen, sowie etwaige Befugnisse, die der Heilige Stuhl oder irgendeine andere ihm untergebene Autorität »ad experimentum« gewährt hat, widerrufen sind' (Hervorhebung hinzugefügt). Zu solchen Partikulargesetzen zählen, sofern sie die Autorität sowohl der diözesanen wie auch der pfarrlichen Pastoralräte beeinträchtigen, die Partikulargesetze, durch welche die Anordnungen der Würzburger Synode ausgeführt wurden, während unter Verordnungen ebenso Satzungen zu verstehen sind.

12. In der Diözese Regensburg existierte neben dem Priesterrat auf diözesaner Ebene nur ein Rat, nämlich der so genannte ‚Diözesanrat', der Kompetenzen des Pastoralrates beanspruchte, obwohl er keineswegs nach Maßgabe der in jener Instruktion dargelegten Prinzipien zusammen gesetzt war und tagte (vgl. auch cann. 511–514). Jener Rat nämlich a) erfüllte die in can.511 dem Pastoralrat zugewiesenen Zielsetzungen (vgl. Art.I der Satzung vom 15. November 2001); b) war nicht nach Maßgabe von can.512 §1 zusammen gesetzt, weil Mitglieder von Instituten des geweihten Lebens nicht vorgesehen waren (vgl. Art.II); c) eine Laie oder eine Laiin den Vorsitz führte (vgl. Art.VIII), obwohl es nach Maßgabe des can.511 Sache des Diözesanbischofs ist, den Vorsitz des Diözesanpastoralrats inne zu haben; d) sich in einigen Fragen sogar beschließenden Stimmrechts erfreute (vgl. Art.IV), während im Diözsanpastoralrat der Bischof die Entscheidungen trifft und die Mitglieder sich nur beratenden Stimmrechts erfreuen.

Angesichts der Instruktion Ecclesiae de mysterio war der Hwst. Herr Bischof von Regensburg zu Recht der Meinung, es sei nötig, dass es zwei Räte entsprechend der Verschiedenheit der Aufgaben gebe. Diese Lösung verlangte die Auflösung des einzigen existierenden Rates (‚Diözesanrat'). Der Hwst. Herr Bischof errichtete kraft seiner Autorität den Diözesanpastoralrat und legte eine Mustersatzung (‚Musterstatut') für den diözesanen Katholikenrat vor, was ihm auch zustand. Dabei wurde keine Norm durch den Hwst. Herrn Bischof verletzt. Im Übrigen gibt es in einigen Diözesen Deutschlands zwei Räte.

13. ...

14. ...

15. ...

16. Nach Vorschrift des can.50 waren vom Hwst. Herrn Bischof soweit möglich jene zu hören, deren Rechte verletzt werden könnten. Ein vorgängiges Votum des ‚Zentralkomitees der Katholiken' und der aufgehobenen Räte selbst wurde aber vom Bischof nicht einge-

holt, doch wussten diese gut um das Reformvorhaben, und in den Medien hatte sich das Zentralkomitee der Katholiken öffentlich widersetzt. Can.50 schreibt diese Anhörung im Übrigen auch nur vor, ‚soweit dies geschehen kann', und auch nur in Bezug auf die, ‚deren Rechte verletzt werden könnten'. Nun ergibt sich aber im vorliegenden Fall nicht, welchen Rechts sich die hier betroffenen Räte erfreuten, so dass sie nicht aufgehoben werden konnten, besonders wenn man die Instruktion Ecclesiae de mysterio bedenkt, von der oben bereits hinreichend die Rede war.

17. Von daher ist zum Schluss zu kommen, dass, soweit es dem Obersten Gericht zusteht darüber zu befinden, eine Gesetzesverletzung im vorliegenden Falle nicht erwiesen ist, sei es in decernendo wie auch in procedendo (bei der Entscheidung selbst wie auch im Vorgehen).

III. SCHLUSSFOLGERUNG:

18. Nachdem alle Gesichtspunkte sowohl in der Rechtslage wie in der Sachlage wohl abgewogen sind, haben die unterzeichneten Richter, die zu Gericht sitzen und nur Gott vor Augen haben, nach Anrufung des Namens Christi beschlossen, dass auf die vorgelegte Streitfrage zu antworten ist und antworten wie folgt:

NEGATIV, d.h. das am 9. Februar 2007 erlassene Dekret des Kongresses ist nicht abzuändern.

...

Gegeben zu Rom, am Sitz des Obersten Gerichts der Apostolischen Signatur, am 14. November 2007

gez. Agostino Kard. VALLINI, Präfekt Jean-Louis Kard. TAURAN
+ Lluis MARTINEZ SISTACH

+ Heinrich MUSSINGHOFF, Ponens

+ Javierre ECHEVARRIA RODRIGUEZ

Entscheidung ist mitzuteilen.

Am 28. Januar 2008

gez + Velasio DE PAOLIS, CS, Sekretär

Pawel MALECHA, I.V. des Kanzleichefs"

Die Argumentationsführung dieses „abschließenden" Dekrets ist nicht einfach nachzuvollziehen. Das liegt zum einen an der Länge dieses Dekrets, zum anderen an der Verquickung der Zusammenhänge. Die Kernaussage lautet: Die Entscheidung des Kongresses ist rechtmäßig und bedarf keiner Revision. Der Mehrheitsbeschluss des Kongresses, die eingelegte Beschwerde hinsichtlich der Rätereform im Bistum Regensburg weder als Ganzes noch in Teilen nicht zum Hauptverfahren in der Apostolischen Signatur zuzulassen, wird also vom Richterkollegium der Apostolischen Signatur bestätigt. Das bedeutet, dass eine Auseinandersetzung mit der Beschwerde in der Plenaria der Apostolischen Signatur definitiv nicht stattfinden wird. Als entscheidender Grund für das Nichtzulassen der Beschwerde zum Hauptverfahren wird die Nichtzuständigkeit der Apostolischen Signatur geltend gemacht. Und diese Nichtzuständigkeit wird wiederum damit begründet, dass es sich bei der Rätereform im Bistum Regensburg um bischöfliche Akte gehandelt hat, die wie Gesetzgebungsakte[505] zu bewerten sind und daher der Beurteilung der Apostolischen Signatur wegen Nichtzuständigkeit entzogen sind.

Dieser Beschluss, das Dekret des Kongresses über die Nichtzuständigkeit der Apostolischen Signatur zu bestätigen, wird in den Nr.1–5 des „abschließenden Dekrets" dargelegt. Somit hätte das „abschließende Dekret" bereits hier nach der Hälfte der Gesamtlänge des Schreibens enden können. Doch wie bereits der Kongress im Vorverfahren, so fügt auch das Richterkollegium im Anschluss an diese Erklärung der Nichtzuständigkeit etliche mehr oder weniger relevante Erläuterungen inhaltlicher Art an. Die maßgebliche Aussage im Hinblick auf den Diözesanrat und das Diözesankomitee von Regensburg ist die Feststellung, dass der Diözesanrat von Regensburg Kompetenzen des Diözesanpastoralrats innehatte, weshalb es – der Instruktion „Ecclesiae de mysterio" entsprechend – notwendig war, dass der Bischof von Regensburg den Diözesanrat aufgehoben und an dessen Stelle zwei getrennte Gremien: das Diözesankomitee und den Diözesanpastoralrat eingerichtet hat. Das hatte bereits in ähnlicher Form der Kongress dargelegt.[506] Überhaupt werden viele Ausführungen des Kongresses nochmals aufgegriffen und breiter dargelegt, ohne wesentlich neue Aspekte zu thematisieren. Um Wie-

---

[505] Vgl. dazu in diesem Buch S.208; S.212; 215f; 217f; 221.
[506] Vgl. dazu in diesem Buch S.213.

derholungen zu vermeiden, wird daher auf eine detaillierte Kommentierung des „abschließenden Dekrets" verzichtet; die Kritikpunkte am Dekret des Kongresses[507] sind im Wesentlichen auch auf das Dekret des Richterkollegiums zu übertragen. In drei Aspekten weicht das Richterkollegium allerdings von den Ausführungen des Kongresses ab:
- Hatte der Kongress die Frage der rechtlichen Zuordnung des Diözesanrats zur vereins- und/oder verfassungsrechtlichen Ebene gänzlich offen gelassen, so ordnet das Richterkollegium den Diözesanrat ausschließlich der kirchlichen Vereinsebene zu und grenzt ihn klar von den Räten der Verfassungsebene ab (Dekret des Richterkollegiums, Nr.8, 2. Absatz). In diesem Zusammenhang wird zu Recht auf das Grundrecht der Vereinsfreiheit gemäß c.215 verwiesen. Das Element des bischöflichen Anerkennungsakts wird allerdings rechtlich überbewertet; er wird nämlich zu unvermittelt und daher auch unzutreffend als rechtlicher Überführungsakt des freien Zusammenschlusses „Diözesanrat" gemäß c.215 in den Rechtsstatus des privat kanonischen Vereins „Diözesanrat" gemäß c.299 §3 ausgelegt. Doch nicht jede Form eines bischöflichen Anerkennungsakts, auf den sich ein kirchlicher Verein freiwillig festlegt, kann einfach mit der für den Rechtsstatus eines privat kanonischen Vereins notwendigen Anerkennung des Bischofs als zuständige kirchliche Autorität gleichgesetzt werden. Dazu bedarf es zumindest einer expliziten Willensäußerung des Vereins, zusammen mit der bischöflichen Anerkennung den Rechtsstatus eines privat kanonischen Vereins erwerben zu wollen bzw. einer entsprechenden Festlegung in der Vereinssatzung.[508]
- Es wird eine neue Gesetzesbestimmung in die Argumentation eingefügt. Ausdrücklich wird auf die in c.394 normierte Pflicht des Bischofs zur moderierenden Koordination aller Werke des Apostolats in der Diözese hingewiesen, indem der zweite Satzteil des §1 des c.394 zitiert wird, der in der deutschen Übersetzung wie folgt wiedergegeben wird:

„Ihm [sc. dem Diözesanbischof] kommt es auch zu, die verschiedenen Weisen des Apostolates in der Diözese zu fördern und dafür Sorge zu tragen, ‚dass in der ganzen Diözese, bzw. in ihren einzel-

---

[507] Vgl. dazu in diesem Buch S.212f.
[508] Vgl. dazu die „Kriterien für die kirchenamtliche Genehmigung und Satzungsänderungen von katholischen Vereinigungen" der Deutschen Bischofskonferenz aus dem Jahr 1993 in diesem Buch S.108f; S.111f; und S.182–184.

nen Bezirken, *alle* Werke des Apostolates unter Beachtung ihres je eigenen Charakters *unter seiner Leitung* koordiniert werden' (can.394 §1)" (Dekret des Richterkollegiums, Nr.8, 2. Absatz, Hervorhebung von Verf.in).

Der Ausdruck „unter seiner *Leitung*" kann leicht missverstanden werden. Denn der hierfür im lateinischen Text des Canons verwendete Begriff „*moderamen*" (nicht „regimen", wie ursprünglich vorgesehen) meint nicht *Leitung* im engen Sinn von bischöflichen *Anordnungen*, sondern im weiteren Sinn von *moderierendem Handeln* des Bischofs „als desjenigen, der aufgrund seiner Verantwortung für die gesamte Diözese und auch aufgrund seines Überblicks über die diözesane Situation dafür zuständig ist, die Werke des Apostolats ordnend (coordinare!) miteinander zu vernetzen."[509] In die gleiche Richtung weist auch der Einschub „*unter Beachtung ihres je eigenen Charakters* [sc. der verschiedenen Werke des Apostolats]." Wie die Entstehungsgeschichte des c.394 belegt, soll diese Betonung der Eigenständigkeit der einzelnen Werke des Apostolats sicherstellen, „dass durch das koordinierende Handeln des Bischofs die Rechte der betroffenen Personen nicht beschnitten werden... . Insbesondere wird durch den Einschub klargestellt, dass die Befugnisse des Bischofs durch den Auftrag zur Koordination der Werke des Apostolats nicht über die an anderen Stellen vorgesehenen Rechte hinaus ausgedehnt werden."[510] Doch der Kontext, in dem das Richterkollegium die Bezugnahme auf c.394 gestellt hat, bildet einen Nährboden dafür, die bischöfliche „Leitung" der Werke des Apostolats fehl zu interpretieren. Denn sowohl unmittelbar vorher als auch direkt im Anschluss daran ist von bischöflichen Rechten der direkten Einflussnahme bei kanonischen Vereinen die Rede. Dadurch wird der Eindruck vermittelt, dass der Diözesanrat auf jeden Fall als ein kanonischer Vereinstyp einzustufen sei, nämlich entweder gemäß c.299 §3 als ein privat kanonischer oder gemäß c.301 §1 als ein öffentlich kanonischer Verein, weshalb es auch dem Bischof aufgrund seiner Pflicht zur „Leitung" gemäß c.394 selbstverständlich zukomme, Anordnungen hinsichtlich des Diözesanrats zu verfügen. Tatsache ist aber, dass es keinen einzigen Diözesanrat gibt, der nach Ausweis seiner Satzung entweder als

---

[509] Bier, Förderung des Apostolats, 394/4, Rdn.5; vgl. Hallermann, Eigenes Charisma, 451.
[510] Bier, Förderung des Apostolats, 394/4, Rdn.5.

privat kanonischer oder gar als öffentlich kanonischer Verein einzuordnen ist, so dass jeder Diözesanbischof die „*Leitung*" der Werke des Apostolats gemäß c.394 so wahrnehmen muss, dass die – gemäß des gleichen Canons geforderte – Beachtung des „*eigenen Charakters*" des Diözesanrats als freier Zusammenschluss nach c.215 gewährleistet ist.
- Das Muster-Statut für das Diözesankomitee wird nicht wie ein „normales" Statut gemäß c.94 bewertet, sondern rechtlich zu einem Dokument mit Vorschlagscharakter abgewertet (Nr.12, 2. Absatz – widersprüchlich dazu ist allerdings die Ausdrucksweise des Richterkollegiums an anderer Stelle, wonach der „Hwst. Herr Diözesanbischof von Regensburg … [das] Diözesankomitee neu *errichtet* [hat; Hervorhebung von Verf.in]" (Nr.1, 1. Absatz). Mit dieser Akzentsetzung auf das Substantiv „Muster" schließt sich das Richterkollegium nicht der diesbezüglich vorgenommenen Korrektur des Kongresses an der Kleruskongregation an, sondern übergeht diese Korrektur und nimmt die gleiche rechtliche Bewertung des Muster-Statuts vor wie die Kleruskongregation.[511]
- Während der Kongress die Würzburger Synode gänzlich unerwähnt lässt, geht das Richterkollegium relativ ausführlich auf den Rechtscharakter der Beschlüsse der Würzburger Synode ein (Nr.9f). Das kann als Korrektur der diesbezüglichen Feststellungen im Dekret der Kleruskongregation[512] verstanden werden. Auf jeden Fall sind mit den Ausführungen des Richterkollegiums zur Würzburger Synode die unzutreffenden Behauptungen über die Würzburger Synode, wie sie von der Kleruskongregation vorgelegt worden sind, überholt.

Die rechtliche Bewertung des „abschließenden Dekrets" des Richterkollegiums der Apostolischen Signatur kann in der Feststellung zusammengefasst werden: Wie schon der Kongress so hat auch das Richterkollegium hinsichtlich der Aufhebung des Diözesanrats eine Entscheidung getroffen, die rechtlich problematisch ist. Denn erstens ist zumindest die Aufhebung des satzungsgemäß gebildeten, also des konkret bestehenden Diözesanrats von Regensburg, kein Gesetzgebungsakt, sondern ein Verwaltungsakt für den Einzelfall gewesen, so dass für dessen rechtliche Bewertung hinsichtlich der Rechtmäßigkeit oder

---

[511] Vgl. dazu in diesem Buch S.212f.
[512] Vgl. dazu in diesem Buch S.203f.

Rechtswidrigkeit die Apostolische Signatur sehr wohl zuständig gewesen wäre. Und zweitens hat sich der Diözesanrat von Regensburg weder als gänzlicher noch als teilweiser Ersatz für den Diözesanpastoralrat verstanden. Dafür gibt es in der Satzung von 2001 keinerlei Anhaltspunkte. Vielmehr weist die Aufgabenumschreibung in Art I (1) b der Satzung von 2001 „Anregungen an den Priesterrat und, falls dieser eingerichtet ist, den Diözesanpastoralrat in diesen Fragen zu geben, sowie den Bischof, die Diözesanverwaltung und ggf. den Diözesanpastoralrat zu beraten" in die entgegen gesetzte Richtung einer klaren Grenzziehung zu den Kompetenzen des Diözesanpastoralrats. Selbst wenn der Diözesanrat von Regensburg entgegen seiner Satzung faktisch Kompetenzen des Diözesanpastoralrats wahrgenommen haben sollte, so rechtfertigt das nicht die Aufhebung des gesamten Gremiums, sondern lediglich den Entzug der ihm nicht zustehenden Kompetenzen. Darüber hinaus hat das Richterkollegium der Apostolischen Signatur hinsichtlich des Diözesankomitees eine widersprüchliche Auffassung vertreten. Ist zunächst die Rede davon, dass der Regensburger Bischof „das diözesane Komitee zur Koordinierung des Laienapostolates namens Diözesankomitee neu *errichtet* [hat]" (Dekret des Richterkollegiums, Nr.1), so wird an späterer Stelle darauf hingewiesen, dass der Bischof „lediglich ein so genanntes ‚Musterstatut' vorgeschlagen [hat], das ... dann von diesem [sc. Diözesankomitee] *selbst beschlossen* [wurde]" (ebd., Nr.6; Hervorhebung von Verf.in).[513]

Ein Gesamtfazit über den letzten Schritt dieses hierarchischen Rekurses, der bis vor den Kongress und das Richterkollegium des obersten Verwaltungsgerichtes der katholischen Kirche geführt hat, fällt sehr ernüchternd aus: Nachdem die Apostolische Signatur definitiv entschieden hat, dass die Behandlung der Beschwerde nicht in ihren Zuständigkeitsbereich fällt, (Dekret des Richterkollegiums, Nr.3 und Nr.5), hat sie das Urteil getroffen, dass innerhalb des Bereiches, der in ihre Zuständigkeit fällt, keine Gesetzesverletzung von Seiten des Bischofs erwiesen ist (ebd., Nr.17). Anders gesagt: Da die Apostolische Signatur nur für Verwaltungsakte im Einzelfall zuständig ist, die Apostolische Signatur im Rahmen der Rätereform des Bischofs aber keinen einzigen Verwaltungsakt im Einzelfall als gegeben sieht, stellt sie

---

[513] Vgl. zur Thematik des Musterstatuts in diesem Buch S.192–194 und S.201, Anm.466.

fest, dass der Bischof keinen Verwaltungsakt im Einzelfall gesetzt hat, mit dem er ein Gesetz verletzt hat. Alles andere steht ihr zur rechtlichen Bewertung nicht zu. Im Wortlaut der Apostolischen Signatur formuliert:

> „Von daher ist zum Schluss zu kommen, dass, soweit es dem O-bersten Gericht zusteht, darüber zu befinden, eine Gesetzesverletzung im vorliegenden Falle nicht erwiesen ist, sei es in decernendo wie auch in procedendo (bei der Entscheidung selbst wie auch im Vorgehen)" (ebd., Nr.17).

Bei einer so verklausulierten Sprache sind Missverständnisse und fragwürdige Schlussfolgerungen die nahe liegende Konsequenz. So heißt es z.B. auf der Homepage des Regensburger Bistums:

> „Das abschließende Dekret der Apostolischen Signatur macht allen Gegnern der Regensburger Rätereform deutlich, dass die Neuordnung der Pastoral- und Laiengremien im Bistum Regensburg ‚bei der Entscheidung selbst wie auch im Vorgehen' rechtmäßig war und damit voll und ganz mit den Anforderungen der Ekklesiologie des II. Vatikanischen Konzils und den Bestimmungen des Kirchenrechts (Codex Iuris Canonici von 1983) übereinstimmt."[514]

Tatsache ist, zu der rechtlichen Bewertung, dass die Aufhebung des Diözesanrats von Regensburg eine rechtswidrige Verwaltungsmaßnahme für den Einzelfall gewesen ist, ist bisher von keiner übergeordneten Instanz Stellung bezogen worden; sie ist also weiterhin weder widerlegt noch bestätigt worden, sondern überhaupt nicht betrachtet worden. Denn sowohl die Kleruskongregation als auch der Kongress und das Richterkollegium der Apostolischen Signatur haben es offensichtlich versäumt, die Sonderstellung des Aufhebungsdekrets innerhalb der bischöflichen Rätereform bei ihrer rechtlichen Würdigung zu beachten. Alle drei Instanzen konzentrieren sich fast ausschließlich auf die vom Bischof erlassenen Statuten, deren Rechtsgrundlagen, Rechtsauswirkungen und Rechtscharakter ausführlich dargelegt werden. Doch das bischöfliche Dekret zur Aufhebung des Diözesanrats von Regensburg enthält keine einzige Statutenregelung und kann somit auch nicht als Erlass eines Statuts eingestuft werden. Deshalb kann auf dieses Aufhebungsdekret auch nicht die allgemein getroffene Feststellung der Apostolischen Signatur zutreffen, für die rechtliche Überprüfung von Statuten als gesetzgebungsgleiche Akte nicht zuständig zu sein. Das Aufhebungs-

---

[514] http://www.bistum-regensburg.de/borPage002761.asp.

dekret ist kein Statut, sondern eine Verwaltungsmaßnahme für den Einzelfall,[515] für deren rechtliche Überprüfung im Vorgehen und bei der Entscheidung (in procedendo et in decernendo) die Apostolische Signatur sehr wohl zuständig gewesen wäre. Mit dem „abschließenden Dekret" ist allerdings diese gerichtliche Überprüfung endgültig unmöglich gemacht worden.

Mit der eben dargelegten Unentschiedenheit in der rechtlichen Bewertung der Aufhebung des Diözesanrats von Regensburg steht auch die Rechtsauffassung von der Ungültigkeit des Muster-Statuts für das Regensburger Diözesankomitee gemäß c.124 CIC nach wie vor offen im Raum der Kirche.[516] Die Kleruskongregation hat diesem Muster-Statut lediglich den Rechtscharakter eines Vorschlags zugesprochen, der Kongress hat es dagegen als ein Statut eingestuft, während das Richterkollegium wiederum den Vorschlagscharakter hervorgehoben hat.[517] Diese unterschiedliche Bewertung hängt mit der isolierten Betrachtung des Muster-Statuts zusammen, was wiederum eine Auswirkung dessen ist, dass die rechtliche Bedeutung des Dekrets zur Aufhebung des Regensburger Diözesanrats bei der Überprüfung von den genannten Instanzen übergangen worden ist. Das Muster-Statut für das Diözesankomitee im Bistum Regensburg kann nur im Kontext der Aufhebung des Regensburger Diözesanrats beurteilt werden, da ja das Regensburger Diözesankomitee als Ersatz bzw. Nachfolgegremium des Diözesanrats im Bistum Regensburg konzipiert ist. Solange jedoch der Rechtsakt der Aufhebung des Diözesanrats in seiner Eigenart als Verwaltungsmaßnahme für den Einzelfall gerichtlich nicht überprüft ist, kann auch der Rechtscharakter des bischöflichen Erlasses eines Muster-Statuts für das Diözesankomitee gerichtlich nicht überprüft werden. Denn Aufhebung des Diözesanrats von Regensburg und Erlassen des Muster-Statuts für das Regensburger Diözesankomitee können rechtlich nicht voneinander getrennt werden.[518] Doch auch hier sind weitere Schritte einer rechtlichen Klarstellung oder Korrektur durch das „abschließende Dekret" ausgeschlossen.

Schade, dass die Apostolische Signatur weder durch den Kongress noch durch das Richterkollegium die Gelegenheit genutzt

---

[515] Vgl. dazu in diesem Buch S.215 und S.217.
[516] Vgl. dazu in diesem Buch S.190f.
[517] Vgl. dazu in diesem Buch S.231.
[518] Vgl. dazu in diesem Buch S.218f.

hat, in einer entscheidenden Frage für die Laien im Bereich der deutschen Bischofskonferenz Rechtsklarheit und Rechtssicherheit zu schaffen! Das Vertrauen, dass auch und gerade der katholischen Kirche an einer guten Rechtskultur gelegen ist, wird damit jedenfalls nicht gestärkt – im Gegenteil, eher dem Vorurteil Nahrung gegeben, dass in der katholischen Kirche offensichtlich doch das als Recht ausgelegt wird, was ein Bischof will.

Kapitel V

Donum Vitae e.V. als ein von Laien getragenes Beratungsangebot für den Schwangerschaftskonflikt zwischen christlicher Verantwortung und kirchenamtlicher Nichtanerkennung – ein drittes Paradigma

„Abtreibungen dürfen nicht als Mord bezeichnet werden und Ärzte, die Schwangerschaftsabbrüche vornehmen, auch nicht indirekt als Mörder" – so wurde ein Urteil des Karlsruher Oberlandesgerichts in der E-Mail-Newsletterausgabe des Radio Vatikans vom 13.7.2007 zusammengefasst und dazu erläutert: „Der Lebensschützer Klaus Günter Annen hatte auf seiner Internetseite www.babycaust.de zum regelmäßigen Gebet für Mediziner aufgerufen, die ‚den Mord der Abtreibungstötung selbst vornehmen', und eine nach Orten geordnete Liste mit Abtreibungsärzten angefügt." Nur einen Tag später wurde von dem gleichen Presseorgan gemeldet: „In Portugal tritt morgen das neue Abtreibungsgesetz in Kraft. Es stellt Schwangerschaftsabbrüche in den ersten zehn Wochen straffrei."[519] Und die Diskussionen darüber, dass eine Menschenrechtsorganisation wie „amnesty international" unter bestimmten Bestimmungen ein Recht auf Abtreibung befürwortet, hat die Öffentlichkeit im Sommer 2007 monatelang beschäftigt. Die Katholische Nachrichtenagentur hatte dazu ausgeführt: „Der Kurswechsel ist Teil einer amnesty-Kampagne zum Thema Gewalt gegen Frauen. Dabei will die Menschenrechtsorganisation künftig weltweit dafür eintreten, dass Frauen, die abtreiben, von Strafe freigestellt werden. Zudem sollen Schwangere nach Vergewaltigung, Inzest und bei Lebensgefahr ein Recht auf Abtreibung haben. ... Ein generelles Recht auf Abtreibung werde nicht gefordert ... . Bislang hat sich die Menschenrechtsorganisation dem Thema

---

[519] Radio Vatikan, E-Mail-Newsletter vom 14.7.2007.

gegenüber neutral verhalten. Allerdings forderten in den vergangenen Jahren einzelne nationale Sektionen wie die kanadische ein Recht auf Abtreibung. Auch bei der Internationalen Ratstagung 2005 brachten Delegierte aus Entwicklungsländern unter Hinweis auf die massenhafte Vergewaltigung von Frauen in Kriegen und Bürgerkriegen einen Antrag für ein Recht auf Abtreibung ein. Zu einer so radikalen Position ist amnesty dann doch nicht bereit."[520] Auf dem Hintergrund dieses Vorstoßes von amnesty ließ die Meldung zum Jahresende 2007 besonders aufhorchen: „Jede fünfte Schwangerschaft endet mit einer Abtreibung, in Europa jede dritte. Das geht aus einer am 11. Oktober veröffentlichten Studie hervor, die das New Yorker Guttmacher-Institut in Zusammenarbeit mit der Weltgesundheitsorganisation (WHO) in Genf angefertigt hat."[521] Fast wie eine Initiative gegen diese Entwicklung kann der Bericht aus Italien zu Beginn das Jahres 2008 gelesen werden, wonach in einem Dokument von Gynäkologen „Wiederbelebungsversuche bei toten Frühgeborenen auch im Fall therapeutischer Abtreibungen gefordert [werden] – notfalls gegen den Willen der Mutter. Vertreter der Linksparteien lehnten dagegen eine Änderung des bestehenden Abtreibungsparagrafen 194 ab. Es wäre ‚unsinnig und grausam', einen Fötus gegen den Willen der Mutter wiederbeleben zu wollen, sagte Gesundheitsministerin Livia Turco der Zeitung ‚La Repubblica' ... . Gynäkologen von vier römischen Kliniken hatten in einer gemeinsamen Erklärung vom Wochenende betont, vom Moment der Geburt an verlange das Gesetz volles Recht auf Leben und damit auf medizinische Unterstützung. Das gelte auch für Spätabtreibungen aus therapeutischen Gründen, die in Italien bei Gefahr für das Leben der Mutter auch nach der 22. Schwangerschaftswoche straffrei sind."[522] Doch nur zwei Monate später lenkte der Europarat die Diskussion über die Abtreibung in eine ganz andere Richtung. Mit der Resolution vom 16. April 2008 forderte er seine 49 Mitgliedsstaaten auf, „das Recht auf sicheren und legalen Zugang zur Abtreibung" zu gewährleisten.[523] Radio Vatikan meldete daraufhin: „Der Heilige Stuhl hat die Europarats-Resolution zur Abtreibung kritisiert. Der Beschluss stehe im

---

[520] KNA-Basisdienst vom 9.08.2007, Dokument 671332.
[521] Radio Vatikan, E-Mail-Newsletter vom 13.10.2007.
[522] Radio Vatikan, E-Mail-Newsletter vom 4.2.2008.
[523] Siehe dazu: http://assembly.coe.int/main.asp?Link=/documents/adoptedtext/ta08-eres1607.htm und http://assembly.coe.int/main.asp?Link=/documents/workingdocs/-doc08/edoc11576.htm#P142_11680.

Widerspruch zu den Menschenrechten, schreibt der für Bioethik zuständige Kurienbischof Elio Sgreccia in der Vatikan-Zeitung ‚L`Osservatore Romano' (Sonntag). Ein freiwilliger Schwangerschaftsabbruch beinhalte die Entscheidung, das Leben des ungeborenen Kindes zu vernichten, ‚dessen Wert grundsätzlich dem der Mutter gleich ist', so der Chef der Päpstlichen Akademie für das Leben. Mit der Forderung nach risikofreien und legalen Schwangerschaftsabbrüchen sei erstmals in einem offiziellen Dokument des Europarats von einem ‚Recht' auf Abtreibungen die Rede, bemerkte Sgreccia. Es sei eine Sache, ‚den unter bestimmten Bedingungen vollzogenen Schwangerschaftsabbruch zu erlauben oder straffrei zu stellen, aber eine andere, ihn als ‚Recht' zu definieren'. Die Parlamentarische Versammlung des Europarates hatte sich am 16. April für ein Recht von Frauen auf Abtreibung ausgesprochen. Wo dies in den 47 Mitgliedsländern des Staatenbundes noch nicht der Fall sei, sollen nach der Forderung der Straßburger Parlamentarier Schwangerschaftsabbrüche straffrei gestellt werden."[524]

Das Thema „Abtreibung" ist also hochaktuell – nicht nur, aber auch in Deutschland. Und was macht die Abtreibung zu so einem aktuellen Dauerbrenner? Wahrscheinlich ist es die Tatsache, dass man sich in Kirche und Gesellschaft bzw. Staat zwar einig ist, alles zu tun, um Abtreibungen zu vermeiden, in der Frage des Wie aber die Meinungen stark auseinander gehen. Die Ursache dieser Streitfrage hat die Kongregation für die Glaubenslehre bereits in einer Erklärung von 1975 knapp und präzise folgendermaßen umschrieben:

> „Wenn ... die vorgebrachten Gründe, um einen Schwangerschaftsabbruch zu rechtfertigen, immer offenkundig schlecht und wertlos wären, wäre das Problem nicht so heftig umstritten. Es wird jedoch dadurch so sehr erschwert, dass in einigen, vielleicht sogar recht zahlreichen Fällen die Verweigerung des Schwangerschaftsabbruchs wichtige Güter verletzt, die man normalerweise schützt und die selbst zuweilen vorrangig erscheinen können."[525]

Aus dieser Erklärung ist auf jeden Fall die Schlussfolgerung zu ziehen, dass gerade das Phänomen der Abtreibung einen verantwortungsbewussten Umgang mit allen Beteiligten verlangt. Und das kann nur ein Umgang sein, der darum bemüht ist, zwischen

---
[524] Radio Vatikan, E-Mail-Newsletter vom 27.4.2007.
[525] Kongregation für die Glaubenslehre, Erklärung über den Schwangerschaftsabbruch, 43–45.

gnadenloser Verurteilung und verharmlosendem Freispruch auszubalancieren. Wie weit stellen dafür Kirche und Gesellschaft die entsprechenden Rahmenbedingungen zur Verfügung? Welche Rahmenbedingungen müssen das überhaupt sein? Können hier Kirche und Staat an einem Strang ziehen oder müssen sie jeweils um ihres Selbstverständnisses und ihrer Glaubwürdigkeit willen eigene Wege gehen? Welche Auswirkungen hat das für den einzelnen Katholiken und die einzelne Katholikin, der/die Glied der Gesellschaft und der Kirche zugleich ist? Muss er/sie sich innerlich aufspalten und staatsbürgerlich völlig anders argumentieren wie als Kirchenglied? Wahrscheinlich ist Deutschland das Land, das sich sowohl zeitlich wie auch inhaltlich bisher am intensivsten mit diesen Fragen auseinandergesetzt hat und bis heute auseinandersetzt. Zwei Schlaglichter seien an dieser Stelle als Beleg genannt, für die es im europäischen Raum keine Parallelen gibt: Das ist zum einen die äußerst diffizile strafrechtliche Regelung des § 218 StGB von 1995, die erst nach jahrzehntelangen und heftigen Auseinandersetzungen in Kirche und Staat verabschiedet worden ist; zum zweiten ist es die aktuelle innerkirchliche Diskussion um den Verein „Donum Vitae zur Förderung des Schutzes des menschlichen Lebens e.V.", der 1999 von katholischen Laien aus ihrer christlichen Verantwortung heraus gegründet und 2006 von den deutschen Bischöfen als ein Verein „außerhalb der Kirche" bezeichnet worden ist. In diesem zweiten Schlaglicht spitzt sich die Frage nach der eigenen Verantwortung der Laien wie zu einem Gipfel zu. Denn „bei der Gründung dieses Vereins handelt es sich um einen Vorgang mit historischen Dimensionen."[526] Erstmals schaffen katholische Laien auf Initiative des Zentralkomitees der Katholiken in Deutschland[527], des obersten katholischen Laiengremiums, Strukturen, die ersetzen, was die Bischöfe auf eine „dringende Bitte" des Papstes hin nicht mehr (mit)tragen: das katholisch geprägte Beratungsangebot im staatlichen System der Schwangerschafts-Konfliktberatung. Wie jeder Gipfel ohne das dazugehörige Gebirge nicht erreichbar ist, so auch der Gipfel des zweiten Schlaglichtes nicht ohne das Gebirge des ersten Schlaglichtes. Da Gebirge und Gipfel in besonderer Weise von der Kategorie der Schwangerschafts-Konfliktberatung geprägt sind, ist dieser in der nun folgenden Bergtour der Gedanken intensive Aufmerksamkeit zu widmen.

---

[526] Beckmann, Der Streit, 169.
[527] Vgl. dazu in diesem Buch S.137–159.

1. Der Schwangerschaftsabbruch im weltlichen Strafrecht der Bundesrepublik Deutschland (§§ 218f StGB)

Es ist der vielleicht größte Konflikt, den eine Frau erleben kann: Sie ist ungewollt schwanger – und weiß nicht, ob sie die Schwangerschaft austragen soll oder nicht. Sie muss die schwerste Entscheidung treffen, die es im Leben gibt. Das werden Menschen, die schon einmal in irgendeiner Weise in die Situation eines Schwangerschaftskonflikts involviert waren, bestätigen. Die Abtreibungstat – im weltlichen Strafrecht stets Schwangerschaftsabbruch genannt – wird in der Regel nicht aus niederen Motiven heraus verübt, sondern ist in den meisten Fällen das Resultat einer Konfliktsituation, die infolge einer Schwangerschaft entstanden ist und auf keine andere Weise als durch einen Schwangerschaftsabbruch behebbar zu sein scheint. Durch diesen Tathintergrund steht der Gesetzgeber vor einer doppelten Aufgabe:
„Auf der einen Seite gilt es das *ungeborene Leben* zu schützen, und zwar als ein höchstpersönliches und vom Leben und Schutzwillen der Mutter unabhängiges Rechtsgut. ...
Auf der anderen Seite sind die *Interessen der Frau* zu berücksichtigen, die durch die Schwangerschaft sowohl gesundheitlichen Gefahren wie auch psychischen, sozialen und materiellen Konflikten ausgesetzt sein kann."[528] Um diese *doppelte* Aufgabe erfüllen zu können, muss gesetzestechnisch der Weg gewählt werden, einerseits zum Schutz des ungeborenen Menschen[529] die Abtreibung prinzipiell unter Strafe zu stellen und andererseits aus Rücksicht auf die berechtigten Ansprüche der Mutter die grundsätzliche Strafandrohung für bestimmte Situationen zurückzunehmen. Allerdings dürfen bei dieser Vorgehensweise zwei Aspekte nicht aus den Augen verloren gehen:
1. Weil im Fall eines Schwangerschaftskonflikts die Rechte von Mutter und Kind nicht miteinander vereinbar sind, kann es hier „eine ideale, allseits befriedigende Lösung ... prinzipiell nicht geben. Man sollte das auch aussprechen und zugeben, dass Gegenstand der Diskussion und Auseinandersetzung ei-

---
[528] Eser, Schwangerschaftsabbruch, 107.
[529] Zur Diskussion über den Beginn des Person- und damit Menschseins vgl. Demel, Abtreibung, 29–45. Da für Verf.in mit dem Zusammentreffen von Ei- und Samenzelle der Mensch bereits als leib-seelische und geistige Einheit vorhanden ist, werden die Ausdrücke „ungeborener Mensch", „ungeborenes Kind" „vorgeburtliches Leben", „ungeborenes Leben" als synonym verstanden (vgl. dazu auch in diesem Buch S.256f).

gentlich ist, eine Lösung zu finden, die die am wenigsten unbefriedigende ist."[530]
2. Der unabdingbare und generelle Schutz des ungeborenen Kindes durch das Strafrecht büßt dann einen großen Anteil seiner Wirksamkeit ein, wenn er nicht von gesellschaftspolitischen Maßnahmen begleitet und umgriffen wird. Denn die Strafandrohung beseitigt nicht die Konfliktlage der Schwangeren; das kann vielmehr nur eine umfassende Sozial-, Schwangeren- und Familienpolitik, die zum einen die gesellschaftlichen Bedingungen beseitigt, die maßgebend den Entschluss zu einer Abtreibung verursachen, und zum anderen Auswege aus materieller, sozialer, familiärer und psychischer Not aufgrund einer Schwangerschaft aufzeigt. Ein wirksamer Schutz des ungeborenen Kindes stellt also eine „komplexe Aufgabe"[531] dar, bei der dem Strafrecht nur ein „subsidiärer Charakter"[532] zukommt.

a) Der Streit um das Indikations- und Fristenmodell

In der konkreten Umsetzung des Regel-Ausnahmeprinzips von prinzipieller Strafandrohung und deren Zurücknahme in bestimmten Situationen stehen sich bis heute das sog. *Fristen-* und *Indikationsmodell* gegenüber. Beiden Konzeptionen gemeinsam ist, dass sie eine *Beratungspflicht* integriert haben, um mit deren Hilfe nicht nur negativ mit Strafe zu drohen, sondern auch positiv Mittel und Wege zur Fortsetzung der Schwangerschaft aufzuzeigen. Der entscheidende Unterschied zwischen beiden Konzeptionen besteht in den Rechtsfolgen, die ein nach bzw. trotz der Beratung verübter Schwangerschaftsabbruch nach sich ziehen soll.
- So will das Indikationsmodell nur in *Notsituationen* bzw. indizierten Fällen, deren Vorliegen von einem *Dritten* nach

---

[530] Böckenförde, Abschaffung des § 218, 158. Vgl. ähnlich für die geltende Regelung des § 218 StGB von 1995: Lackner, Vor § 218, Rdn.11; Eser, Vorbem. §§ 218ff, Rdn.1; Tröndle, Fischer, Strafgesetzbuch, Vor § 218, Rdn.10: „Eine allein auf das Lebensrecht abstellende Schutzkonzeption könnte nur um den Preis totalitärer Kontrolle und Inpflichtnahme ‚optimal' verwirklicht werden; eine gänzliche Freistellung der Abtreibung würde zu einer nicht vertretbaren Preisgabe des Rechtsguts führen, insbesondere auch zu Gunsten von Vermögensinteressen. Eine realistische Lösung kann daher nur ein Kompromiss zwischen diesen Extremen sein. Vieles spricht nach den Erfahrungen der Reformgeschichte dafür, dass die Einwirkungsmöglichkeiten des Strafrechts hier sehr beschränkt sind."
[531] Eser, Schwangerschaftsabbruch in der strafrechtlichen Diskussion, 249.
[532] Böckenförde, Abschaffung des § 218, 163.

verbindlich vorgeschriebenen Kriterien festgestellt wird, den an sich strafbaren Schwangerschaftsabbruch nicht bestrafen.
- In der Fristenlösung soll dagegen nicht ein Außenstehender, sondern die *Schwangere selbst* entscheiden, ob ein Schwangerschaftsabbruch notwendig ist; demzufolge soll hier jeder aus welchen Gründen auch immer vorgenommene Schwangerschaftsabbruch in den ersten drei Monaten der Schwangerschaft für nicht strafbar erklärt werden.

Das *Indikationsmodell* beruht auf folgendem Gedankengang: „Indikation" meint im Kontext des Schwangerschaftsabbruchs, dass aufgrund der einzigartigen Verbindung zwischen Mutter und ungeborenem Kind ein so schwerer Konflikt entstanden ist, dass *ausnahmsweise* die grundsätzliche Strafdrohung für die Abtreibungstat zurückgenommen wird. Denn in dieser Ausnahmesituation kann es der Schwangeren nicht *zugemutet* werden, unter Strafandrohung zur Fortsetzung der Schwangerschaft gezwungen zu werden. „Die Indikationenlehre ist, so gesehen, der Versuch einer Konkretisierung und verbindlichen Festlegung der ‚Zumutbarkeit'."[533] Im Indikationenmodell sollen demzufolge keineswegs etwa die Rechte von Mutter und ungeborenem Kind gegeneinander abgewogen werden, sondern lediglich „die Schutzpflicht des Staates und die grundrechtlichen Auswirkungen des strafrechtlichen Eingriffs gegenüber der Mutter."[534] Ausgangs- und Zielpunkt ist die Frage der Angemessenheit und Zulässigkeit von Bestrafung in besonders schweren Konfliktsituationen, nicht aber die rechtliche Bewertung der Abtreibungshandlung. Anliegen des Indikationenmodells ist es, das grundsätzliche Bekenntnis des Staates zum Schutz des ungeborenen Kindes dadurch deutlich zum Ausdruck zu bringen, dass die Bestrafung wirklich nur in begründeten Ausnahmefällen zurückgenommen wird, deren Vorliegen durch klar geregelte Kriterien nachgewiesen werden müssen, und zwar nicht nur subjektiv von der Schwangeren, sondern auch objektiv durch eine unbeteiligte Drittperson. Deshalb sind für das Indikationenmodell die beiden Kriterien (1.) der gesetzlich klar geregelten und damit objektiv definierten Ausnahmefälle als Indikationen und (2.) der Überprüfung ihres Vorliegens in jedem Einzelfall durch eine unbeteiligte Drittperson unabdingbar. Straflosigkeit für die Tötung eines ungeborenen

---

[533] Schlund, Du sollst mich erinnern, 158.
[534] Kluth, Zur Rechtsnatur, 442.

Kindes kann nur möglich sein, wenn „die Voraussetzungen der Straflosigkeit in allen Fällen des Schwangerschaftsabbruchs nach der Tat gerichtlich überprüft werden können ... Der Gesetzgeber kann nicht für einzelne Straftatbestände die Geltung der *allgemeinen* Regeln des Straf- und Strafprozessrechts nach Belieben dispensieren. Denn auch überall sonst, ... wo wegen Notsituationen oder bei Interessenkonflikten Strafbefreiungsgründe gegeben sind, ist deren Vorliegen stets überprüfbar. Es ist nicht einsehbar, dass für notlagenbedingte Schwangerschaftskonflikte etwas anderes gelten könnte. ... Die Überprüfbarkeit, ob bei einem Schwangerschaftsabbruch die Gründe für eine Straffreiheit vorliegen, ist die Nagelprobe dafür, ob das Gesetz die entscheidenden Bedingungen für den verfassungsrechtlich gebotenen Lebensschutz erfüllt und den Vorrang des Lebensrechts sowie die Forderung nach einem besseren Lebensschutz ernst nimmt."[535] Durch die klar geregelten Indikationen und die Drittperson sollen die der Straffreistellung zugrunde liegende Konfliktsituation und deren Güterabwägung für jeden und jede nachvollziehbar sein und ihnen deutlich machen, dass es sich bei den Indikationen nicht um einen Normalfall, sondern lediglich um begründete Ausnahmen von der Regel der Unantastbarkeit des Lebensrechtes des ungeborenen Menschen handelt. Dadurch wiederum soll in der Gesellschaft das Unrechtsbewusstsein für die Tötung des ungeborenen Lebens wach gehalten werden.

Das Hauptargument gegen die Indikationenregelung und für ein *Fristenmodell* lautet: Wenn das Kriterium des Strafverzichts die Unzumutbarkeit ist, dann kann und darf diese nicht von einem Dritten festgelegt werden, schon allein deshalb nicht, weil eine solche Festlegung durch eine unbeteiligte Drittperson notwendigerweise nach allgemeingültigen und damit relativ niedrigen Maßstäben erfolgen muss. In dem Erfordernis der Objektivität sehen die Anhänger eines Fristenmodells den entscheidenden Punkt für die prinzipielle Unbrauchbarkeit der Indikationenregelung. Sie heben demgegenüber auf die Gewissensentscheidung der schwangeren Frau ab und führen dementsprechend gegen das im Indikationenmodell unerlässliche Kriterium der Allgemeingültigkeit ins Feld, dass die Entscheidung, jemand trotz Tötung eines Menschen nicht zu bestrafen, doch nicht von allgemeingültigen, sondern nur von höchst individuellen Kriterien

---

[535] Tröndle, Das Menschenbild, 625.

des Täters/der Täterin abhängen sollte. Diese wiederum kann nur die handelnde Person selbst feststellen, und zwar durch ihr eigenes Gewissensurteil. Was also für den/die einzelne(n) zumutbar ist, kann nach den Vertretern und Vertreterinnen einer Fristenregelung letztendlich nur eine Gewissensentscheidung sein, entzieht sich also einer allgemeingültigen Regelung. Unter dieser Voraussetzung kann und muss dann in der Tat allein die Schwangere über die Frage der (Un-)Zumutbarkeit entscheiden; ein unbeteiligter Dritter kann lediglich überprüfen, ob eine kritische Auseinandersetzung des objektiven Mindestmaßes mit den persönlichen Umständen stattgefunden hat, nicht aber deren Ergebnis festlegen. Daher ist der Grundüberlegung der Vertreter und Vertreterinnen einer Fristenregelung hinsichtlich der Straffreiheit einer Abtreibungstat aufgrund von Unzumutbarkeit zuzustimmen: Wenn das Kriterium der Unzumutbarkeit der maßgebliche Grund für die Straffreiheit einer Abtreibung ist, dann gibt es tatsächlich in der Beurteilung der Straffreiheit sozusagen einen Freiraum, der zwar vom Recht umgrenzt werden kann, sich aber einem umfassenden Zugriff des Rechts entzieht. Denn was objektiv nicht zumutbar ist, kann für den einen tatsächlich unzumutbar sein, für die andere aber durchaus noch zumutbar. Aufgabe des Gesetzgebers kann daher nicht sein, einen Kriterienkatalog aufzustellen, wann es (un-)zumutbar ist, eine Schwangerschaft fortzusetzen. Wohl aber muss es Aufgabe und Pflicht des Gesetzgebers sein, Sorge dafür zu tragen, dass diese Gewissensentscheidung über die Tötung eines Menschen nicht allzu leichtfertig, sondern möglichst verantwortungsvoll getroffen wird. Um das zu gewährleisten, muss er die Gewissensentscheidung der Schwangeren an eine *Pflichtberatung* zugunsten des ungeborenen Kindes binden.

In (West-) Deutschland hatte sich zunächst 1976 die Indikationenregelung durchgesetzt. Sie wurde allerdings 1993 durch eine Übergangsregelung für Gesamtdeutschland und 1995 durch die Neufassung des § 218 StGB als Fristenmodell mit Beratungspflicht abgelöst. Der Inhalt der 1976 formulierten Indikationen ist bis heute maßgeblich, teils als eigenständige Indikationen, teils als Unter-, Spezial- bzw. Anwendungsfälle von (übergeordneten) Indikationen:[536]

---

[536] Vgl. zum Folgenden ausführlich Demel, Abtreibung, 112–114; 121–131; 179–189; siehe dazu auch in diesem Buch S.256f.

- Die *medizinische Indikation* hat im Laufe der Zeit einen bemerkenswerten Wandel ihres Inhalts erfahren. War sie zu Beginn des 20. Jahrhunderts durch die deutsche Rechtsprechung ursprünglich nur im Sinne der *doppelt-vitalen* Indikation anerkannt (= Lebensgefahr für Mutter und Kind), wurde diese Indikation in zwei Etappen ausgeweitet, und zwar zunächst zur *einfach-vitalen* Indikation (= schwere Gefahr für Leben oder körperliche Gesundheit der Mutter) und in einem zweiten Schritt zur *medizinisch-sozialen* Indikation (= schwere Gefahr für die seelische Gesundheit der Mutter). Die *medizinisch-soziale* Indikation ist dann gegeben, wenn für die Schwangere eine Gefahr ihres Leben oder einer schwerwiegenden Beeinträchtigung ihres körperlichen oder seelischen Gesundheitszustands gegeben oder künftig zu befürchten ist und diese auf keine andere zumutbare Weise behoben werden kann. Im Grunde genommen entspricht die medizinische Indikation in der Gestalt der medizinisch-sozialen Indikation der sog. Notlagenindikation. Während aber die Notlagenindikation nur in den ersten drei Schwangerschaftsmonaten geltend gemacht werden kann, ist die medizinisch-soziale Indikation an keine Frist gebunden und kann demzufolge bis zum Beginn des Geburtsvorgangs in Anspruch genommen werden.
- Die *eugenische* Indikation verlangt dringende Gründe dafür, dass das ungeborene Kind an einer nicht behebbaren und so schwerwiegenden Gesundheitsschädigung leidet, dass die Fortsetzung der Schwangerschaft für die Schwangere unzumutbar ist. 1976 war diese Indikation als eine eigenständige Indikation geregelt gewesen. Der Schwangerschaftsabbruch musste hierbei innerhalb der ersten 22 Wochen nach der Empfängnis erfolgt sein. Die relativ lange Frist von 22 Wochen trägt den Diagnoseverfahren Rechnung, die in der Regel erst nach dem dritten Monat angewendet werden können. Um übereilte Abtreibungen zu vermeiden, musste der Gesetzgeber gerade im Interesse des ungeborenen Kindes bzw. zugunsten einer eventuellen Fortsetzung der Schwangerschaft bei negativem Befund genügend Zeit für eine möglichst sichere Diagnose einräumen.[537] Die eugenische Indikation ist in der Strafregelung des § 218 StGB von 1995 nicht mehr als eigenständige Indikation enthalten, sondern stellt einen Unterfall bzw.

---

[537] Vgl. Wilkitzki, Lauritzen, Schwangerschaftsabbruch, 53.

Spezialfall der medizinischen Indikation dar. Das hat zur Folge, dass die eugenische Indikation nicht mehr nur innerhalb der Frist von 22 Wochen gilt, sondern als medizinische Indikation bis zum Beginn des Geburtsvorgangs.

- Die *kriminologische* Indikation besagt, dass die Schwangerschaft straffrei abgebrochen werden kann, wenn dringende Gründe für die Annahme sprechen, dass diese auf der rechtswidrigen Tat des sexuellen Missbrauchs von Kindern unter 14 Jahren, der (nichtehelichen) Vergewaltigung, der sexuellen Nötigung oder des sexuellen Missbrauchs Widerstandsunfähiger beruht. Für die Inanspruchnahme dieser Indikation hat der Gesetzgeber eine Zeitbegrenzung von 12 Wochen seit der Empfängnis festgesetzt.
- Die *Notlagenindikation*, die in der Neuregelung von 1995 gänzlich gestrichen worden ist, konnte dann geltend gemacht werden, wenn für die Schwangere die Gefahr einer schwerwiegenden und auf keine andere zumutbare Weise abwendbaren Notlage bestand; auch diese Notlagenindikation war auf die ersten drei Monate nach der Empfängnis begrenzt.

b) Die Funktion der Pflichtberatung als partieller Strafersatz

In den 1990er Jahren hat in der deutschen Strafregelung des Schwangerschaftsabbruchs ein Paradigmenwechsel stattgefunden. Erstmals wurde die Pflichtberatung nicht mehr subsidiär in die Strafregelung ein- bzw. angefügt, sondern zu einem partiellen Strafersatz erhoben.[538] „Es hatte sich gezeigt, dass das Drohen mit der Strafe kaum noch etwas bewirkte. Darum vollzog der Gesetzgeber einen Paradigmenwechsel: helfen statt strafen! Wer die Mutter (und den Vater) nicht gewinnt, verliert auch das Kind; alles kommt darauf an sie zu motivieren, Ja zu ihrem Kind zu sagen. Darum führte man die Pflichtberatung der Schwangeren ein als Weg des Lebensschutzes für das Kind."[539] Für einen

---

[538] Vgl. dazu in diesem Buch S.257–261.
[539] Kamphaus, Retten, was zu retten ist, 85; vgl. auch Maier, Zur Arbeit der katholischen Schwangerschafts- und Schwangerschaftskonfliktberatungsstellen, 150–152; Eser, § 218a, Rdn.3.
Skeptisch dagegen Lackner, Vor § 218, Rdn.12: „Für den Anhänger eines wirksamen Lebensschutzes ist allerdings der Ausgangspunkt des Urteils [sc. des BVerfG von 1993] problematisch. Nach ihm soll die Einschätzung des Gesetzgebers, das Beratungskonzept biete eine reelle Chance für die Verbesserung des Lebensschutzes der Ungeborenen, vertretbar und deshalb verfassungsrechtlich hinnehmbar sein."
Anders allerdings ebd., § 219, Rdn.3: „Wer selbst vom Vorrang des Lebensrechts vor

solchen Paradigmenwechsel hatte bereits 1975 das im Streit um das Fristen- und Indikationsmodell angerufene Bundesverfassungsgericht unmissverständlich festgestellt, dass eine (gesetzliche) Abtreibungsregelung nur dann auf eine Strafdrohung vezichten kann und darf, wenn durch andere Maßnahmen ein Schutzausgleich gegeben ist. So wird z.b. ausgeführt:

> „Indes kann Strafe niemals Selbstzweck sein. Ihr Einsatz unterliegt grundsätzlich der Entscheidung des Gesetzgebers. Er ist nicht gehindert, unter Beachtung der oben angegebenen Gesichtspunkte die grundgesetzlich gebotene rechtliche Missbilligung des Schwangerschaftsabbruchs auch auf andere Weise zum Ausdruck zu bringen als mit dem Mittel der Strafdrohung. Entscheidend ist, ob die Gesamtheit der dem Schutz des ungeborenen Lebens dienenden Maßnahmen, seien sie bürgerlich-rechtlicher, öffentlich-rechtlicher, insbesondere sozialrechtlicher oder strafrechtlicher Natur, einen der Bedeutung des zu sichernden Rechtsgutes entsprechenden tatsächlichen Schutz gewährleistet."[540]

Da in der 1995 vorgelegten Neuregelung der §§ 218f StGB die Schwangerschafts-Konfliktberatung an die Stelle einer Strafdrohung getreten ist, muss sie diesen erforderlichen Schutzausgleich gewährleisten, wie ihn das Bundesverfassungsgericht 1975 als Bedingung umschrieben hat. Das kann ihr nur unter zwei Bedingungen gelingen:

Zum einen muss die Beratung verpflichtend vorgeschrieben sein, auch wenn die Koppelung der Beratung an eine Pflicht nicht die Idealbedingung für eine Beratung darstellt. Andernfalls würde der Gesetzgeber den Lebensschutz des Kindes zugunsten der Interessenvertretung der Frau verletzen. Daher ist die Beratungs*pflicht* der notwendige Kompromiss, beiden Hauptbeteiligten soweit wie möglich gerecht zu werden. Denn die Tatsache, dass die Beratung unter bestimmten Bedingungen Straffreiheit gewährt, trägt der Konfliktsituation der schwangeren Frau Rechnung; die Tatsache, dass diese Beratung nicht in die Freiwilligkeit der Schwangeren gestellt ist, sondern verpflichtend vorgeschrieben ist, trägt dem Schutzanspruch des Kindes Rechnung, der bei einer Freiwilligkeit

---

dem Selbstbestimmungsrecht der Frau überzeugt ist, kann bei der Beratung in der Regel den richtigen Weg finden. Die jetzt vorgeschriebene Zielorientierung entspricht einer festen Praxis der christlichen Beratungsstellen und hat bei Frauen, die noch nicht endgültig festgelegt waren, nicht nur in Ausnahmefällen zu positiven Ergebnissen geführt."

[540] Entscheidungen des Bundesverfassungsgerichts (= BVerfGE) 39, hrsg. v. den Mitgliedern des Bundesverfassungsgerichts, Tübingen 1975, 46; vgl. dazu auch ebd., 37, 42–44, 48.

der Beratung nicht gewahrt wäre, da er vom Belieben der Schwangeren abhinge. Dieser gesetzliche Zwang *zur* Beratung darf aber nicht als Zwang *in* der Beratung missverstanden oder gar missbraucht werden.

Zum anderen muss die Beratung das gleiche Ziel verfolgen wie die Strafdrohung, also den Schutz des ungeborenen Kindes. „Andersherum formuliert: Überhaupt erst die Beratung zugunsten des ungeborenen Lebens schafft eine Voraussetzung dafür, dass Schwangerschaftsabbrüche ... straffrei gestellt" werden können.[541] Deshalb ist es Aufgabe dieser Beratung, für das Lebensrecht des ungeborenen Kindes einzutreten und Hilfen für die Fortsetzung der Schwangerschaft aufzuzeigen.

Umgekehrt gilt, dass das Festlegen des Beratungsinhaltes bzw. Beratungszieles noch nichts über das Ergebnis der Beratung aussagt und auch nicht aussagen kann; denn jede Beratung ist definitionsgemäß ergebnisoffen. Insofern bilden Beratungs*ziel* einerseits und Ergebnis*offenheit* der Beratung andererseits eine Spannungseinheit, die das Wesen jeder Beratung ausmacht. Diesen Doppelaspekt jeder Beratung hat das Bundesverfassungsgericht 1993 für die Schwangerschafts-Konfliktberatung treffend mit folgenden Worten umschrieben:

> „Die Beratung im Schwangerschaftskonflikt bedarf der Zielorientierung auf den Schutz des ungeborenen Lebens hin. Eine bloß informierende Beratung, die den konkreten Schwangerschaftskonflikt nicht aufnimmt und zum Thema eines persönlich geführten Gesprächs zu machen sucht, sich auch nicht um konkrete Hilfen im Blick auf diesen Konflikt bemüht, ließe die Frau im Stich und verfehlte ihren Auftrag. Die Beraterinnen und Berater müssen sich von dem Bemühen leiten lassen, die Frau zur Fortsetzung ihrer Schwangerschaft zu ermutigen und ihr Perspektiven für ein Leben mit dem Kind zu eröffnen.
>
> Eine solche Ermutigung steht so lange nicht im Widerspruch zu den Wirkungsbedingungen einer Beratung, wie sie von der personalen Freiheit der Ratsuchenden ausgeht, ihre Verantwortung respektiert und dementsprechend als ergebnisoffene Beratung geführt wird. Als ein Vorgang personaler Kommunikation schließt die ergebnisoffene Beratung keineswegs aus, dass vom Berater vermittelte normative Vorstellungen und Werthaltungen in sie einfließen ... Beratung kann nach alledem nicht nur durch Manipulation und Indoktrination missglücken, sondern ebenso durch ein unbeteiligtes Anheimstellen, das die Frau mit ihrem Konflikt allein lässt und ihr damit letztlich anteilnehmenden Rat verweigert. Auch eine Beratung,

---

[541] Tröndle, Preisgabe eines Reformziels, 200.

die sich lediglich an der im Beratungsgespräch vorgetragenen Interessenlage der schwangeren Frau orientiert, ohne den vorhandenen Zwiespalt aufzugreifen, wird dem Auftrag der Beratung nicht gerecht. Andererseits würde eine auf die Erzeugung von Schuldgefühlen zielende und in dieser Weise belehrende Einflussnahme die Bereitschaft der Frau, sich der Beratung zu öffnen und sich ihren Zwiespalt bewusst zu machen, behindern. Die Beratung soll ermutigen, nicht einschüchtern; Verständnis wecken, nicht belehren; die Verantwortung der Frau stärken, nicht sie bevormunden."[542]

c) Die Verbindung von befristetem Strafverzicht und Beratungspflicht in §§ 218f StGB

Galt in Ostdeutschland seit Ende der 1960er Jahre eine sog. reine Fristenregelung ohne jegliche Beratungspflicht und mit einem Rechtsanspruch auf Abtreibung innerhalb der festgelegten Frist, so hatte sich in Westdeutschland in den 1970er Jahren zunächst das Fristenmodell mit Beratungspflicht und Strafverzicht durchgesetzt, trat aber nicht in Kraft, da unmittelbar nach dessen Verabschiedung eine Verfassungsklage erfolgte mit der Konsequenz, dass die Fristenregelung durch ein Indikationenregelung ersetzt wurde, die bis 1993 Geltung hatte. Ihr Außerkrafttreten war durch die deutsch-deutsche Wiedervereinigung von 1990 ausgelöst. Denn nun musste die unterschiedliche Strafregelung des Schwangerschaftsabbruchs in beiden Teilen Deutschlands (Fristenmodell in Ostdeutschland, Indikationenkonzept in Westdeutschland) vereinheitlicht werden.[543] Das Ergebnis ist die bis heute geltende gesamtdeutsche Regelung der §§ 218 und 219 StGB von 1995, in der der Straftatbestand folgendermaßen geregelt ist:

„*§ 218 Schwangerschaftsabbruch*

(1) Wer eine Schwangerschaft abbricht, wird mit Freiheitsstrafe bis zu drei Jahren oder mit Geldstrafe bestraft. Handlungen, deren Wirkung vor Abschluss der Einnistung des befruchteten Eies in der Gebärmutter eintritt, gelten nicht als Schwangerschaftsabbruch im Sinne dieses Gesetzes.

---

[542] BVerfGE 88 (1993), 282f. Vgl. dazu auch in diesem Buch S.258–261.
[543] Vgl. dazu Demel, Abtreibung, 117–134.

(2) In besonders schweren Fällen ist die Strafe Freiheitsstrafe von sechs Monaten bis zu fünf Jahren. Ein besonders schwerer Fall liegt in der Regel vor, wenn der Täter

1. gegen den Willen der Schwangeren handelt oder
2. leichtfertig die Gefahr des Todes oder einer schweren Gesundheitsschädigung der Schwangeren verursacht.

(3) Begeht die Schwangere die Tat, so ist die Strafe Freiheitsstrafe bis zu einem Jahr oder Geldstrafe.

(4) Der Versuch ist strafbar. Die Schwangere wird nicht wegen Versuchs bestraft.

§ 218a Straflosigkeit des Schwangerschaftsabbruchs

(1) Der Tatbestand des § 218 ist nicht verwirklicht, wenn

1. die Schwangere den Schwangerschaftsabbruch verlangt und dem Arzt durch eine Bescheinigung nach § 219 Abs.2 Satz 2 nachgewiesen hat, dass sie sich mindestens drei Tage vor dem Eingriff hat beraten lassen,
2. der Schwangerschaftsabbruch von einem Arzt vorgenommen wird und
3. seit der Empfängnis nicht mehr als zwölf Wochen vergangen sind.

(2) Der mit Einwilligung der Schwangeren von einem Arzt vorgenommene Schwangerschaftsabbruch ist nicht rechtswidrig, wenn der Abbruch der Schwangerschaft unter Berücksichtigung der gegenwärtigen und zukünftigen Lebensverhältnisse der Schwangeren nach ärztlicher Erkenntnis angezeigt ist, um eine Gefahr für das Leben oder die Gefahr einer schwerwiegenden Beeinträchtigung des körperlichen oder seelischen Gesundheitszustandes der Schwangeren abzuwenden, und die Gefahr nicht auf eine andere für sie zumutbare Weise abgewendet werden kann.

(3) Die Voraussetzungen des Absatzes 2 gelten bei einem Schwangerschaftsabbruch, der mit Einwilligung der Schwangeren von einem Arzt vorgenommen wird, auch als erfüllt, wenn nach ärztlicher Erkenntnis an der Schwangeren eine rechtswidrige Tat nach den §§ 176 bis 179 des Strafgesetzbuches begangen worden ist, dringende Gründe für die Annahme sprechen, dass die Schwangerschaft auf der Tat beruht, und seit der Empfängnis nicht mehr als zwölf Wochen vergangen sind.

(4) Die Schwangere ist nicht nach § 218 strafbar, wenn der Schwangerschaftsabbruch nach Beratung (§ 219) von einem Arzt

vorgenommen worden ist und seit der Empfängnis nicht mehr als zweiundzwanzig Wochen verstrichen sind. Das Gericht kann von Strafe nach § 218 absehen, wenn die Schwangere sich zur Zeit des Eingriffs in besonderer Bedrängnis befunden hat.

§ 218b Schwangerschaftsabbruch ohne ärztliche Feststellung, unrichtige ärztliche Feststellung

...

§ 218c Ärztliche Pflichtverletzung bei einem Schwangerschaftsabbruch

..."

In einem ersten Gedankenschritt wird die in § 218 für einen Schwangerschaftsabbruch normierte Freiheitsstrafe bis zu fünf Jahren, an deren Stelle auch eine Geldstrafe treten kann, in § 218a Abs.1 StGB für den Fall zurückgenommen, dass (1.) vorher eine Schwangerschafts-Konfliktberatung gemäß § 219 stattgefunden hat, (2.) der Schwangerschaftsabbruch innerhalb der ersten zwölf Schwangerschaftswochen (3.) durch einen Arzt bzw. eine Ärztin erfolgt; sind diese drei Bedingungen erfüllt, ist der Schwangerschaftsabbruch deshalb straffrei, weil er den *Tatbestand des § 218 nicht verwirklicht*.
In einem zweiten Gedankenschritt werden weitere Bedingungen für eine Straffreiheit normiert: Liegt eine medizinische Indikation vor, und zwar im Sinne einer doppelt-vitalen (= Lebensgefahr für Mutter *und* Kind), einfach-vitalen (= schwere Gefahr für Leben oder körperliche Gesundheit der Mutter) oder medizinisch-sozialen Indikation (= schwere Gefahr für die körperliche oder seelische Gesundheit der Mutter), wird der Schwangerschaftsabbruch gemäß § 218a Abs.2 ebenfalls nicht bestraft; auch bei einer kriminologischen Indikation (= infolge einer Vergewaltigung) wird gemäß § 218a Abs.3 Straffreiheit gewährt. Ein solcher indizierter Schwangerschaftsabbruch wird nicht wie in Abs.1 als „Nichtverwirklichung des Tatbestandes", sondern als *nicht rechtswidrig* eingestuft.
In einem dritten Gedankenschritt wird schließlich die Pflicht zur Schwangerschafts-Konfliktberatung ausgesprochen. Sie besteht nur für einen befristeten, aber nicht (mehr wie noch in der westdeutschen Regelung von 1976) für einen indizierten Schwangerschaftsabbruch.[544]

---

[544] Eser, § 219, Rdn.1, kritisiert hier zu Recht, dass „der Gesetzgeber durch den Verzicht auf Beratung in den indizierbaren Fällen des § 218a II, III die Chancen zu besserer Ermunterung und Hilfe vergeben [hat], die von einer – im Vergleich zu der

Versucht man diese nun seit 1995 in Deutschland geltende gesetzliche Regelung des Schwangerschaftsabbruchs zusammenzufassen, so kann diese auf die Formel gebracht werden: *befristeter Strafverzicht mit Beratungspflicht* bzw. *Beratungsregel mit befristetem Strafverzicht*. Um die Bedeutung des Ausdrucks „befristeter Strafverzicht" zu erfassen, ist es notwendig, sich in der gebotenen Kürze die so genannte „Strafrechtsdogmatik" vor Augen zu führen. Sie ist auch die Voraussetzung dafür, den rechtlichen Unterschied zu erfassen, der zwischen den Bewertungen, „den Tatbestand nicht verwirklichen" und „nicht rechtswidrig sein", besteht, durch den der befristete vom indizierten Schwangerschaftsabbruch abgehoben wird (§ 218a Abs.1 und Abs.2).

d) Die qualitativen Unterschiede in der Straffreiheit nach § 218 StGB

Ziel der „Strafrechtsdogmatik" ist es, für die verschiedenen Gründe zu sensibilisieren, die einer Straffreiheit zugrunde liegen können. Man kann zwar der Ansicht sein, Straffreiheit ist gleich Straffreiheit bzw. „Freispruch ist gleich Freispruch. Jedenfalls für den Angeklagten ist diese Äquivalenz nicht immer akzeptabel. Für ihn macht es einen Unterschied, ob der Freispruch deshalb erfolgt, weil der Angeklagte nicht die Person war, welche das Opfer getötet hat, weil er das Opfer mit Recht in Notwehr getötet hat oder weil er das Opfer im Zustand schwerer seelischer Abartigkeit oder im Blutrausch getötet hat. Auch in einem Freispruch kann eine – partielle – Verurteilung liegen."[545] Ebenso kann umgekehrt in einer Verurteilung ein – partieller – Freispruch liegen, nämlich durch den Grundsatz der Verhältnismäßigkeit des Strafmaßes zur Zurechenbarkeit der Straftat. Um hier differenzieren zu können, werden vier Rechtsbegriffe verwendet: der Tatbestandsausschluss, Rechtfertigungs-, Entschuldigungs- und Strafausschließungsgrund.

---

von oben herab urteilenden Indikationsfeststellung – gleichrangigen Beratung zu erhoffen wären."
[545] Hassemer, Rechtfertigung und Entschuldigung, 189.
Um so befremdlicher ist die Ansicht von Beckmann, Der Streit, 83: „Die formale Umetikettierung beratener Abtreibungen von ‚rechtmäßig' in ‚rechtswidrig' hat für die Rechtspraxis – und insbesondere die ungeborenen Kinder – keine Bedeutung."

Allen vier Begriffen gemeinsam ist, dass sie Straffreiheit nach sich ziehen; sie unterscheiden sich jedoch darin, ob mit der Straffreiheit zugleich auch die *Schuld und das Unrechtsurteil* aufgehoben werden oder nicht. Das heißt, in dem jeweiligen Grund der gewährten Straffreiheit ist der Grad der Zurechenbarkeit bzw. Schuld für die Tat enthalten.

- So wird beim *Tatbestandsausschluss* überhaupt nicht die Frage nach der strafrechtlichen Zurechnung gestellt, weil hier die typische Tathandlung gar nicht als verwirklicht gilt und somit die Ebene des Strafrechts gar nicht betroffen ist. Das ist bei den übrigen Straffreistellungsgründen anders; sie gehören eindeutig in den Bereich des Strafrechts.
- Allerdings wird im Falle eines *Rechtfertigungsgrundes* dem Straftäter weder eine Schuld noch die Unrechtstat angelastet und seine Straftat als nicht rechtswidrig bewertet. Ein Rechtfertigungsgrund ist nur in zwei Fällen möglich, nämlich wenn der Täter die Straftat deswegen begeht, weil er einen ungerechten Angreifer abwehren muss (§32 StGB: Notwehr) oder weil ein überwiegendes Interesse zu wahren ist (§34 StGB: rechtfertigender Notstand).
- Liegt ein *Entschuldigungsgrund* vor, wird der Straftäter zwar von der Schuld freigesprochen, nicht aber davon, dass er dennoch eine Unrechtstat begangen hat; denn der Täter hat mit seiner Straftat in einer unverschuldeten und auf keine andere Weise zu beseitigenden Notlage eine Gefahr für Leben, Leib oder Freiheit seiner eigenen Person oder eines seiner Angehörigen abgewendet (§35 StGB). In einer solchen Notlage ist dem Täter ein normgemäßes Verhalten nicht zumutbar und daher ein an sich rechtswidriges Verhalten entschuldigt, und zwar so, dass der Täter nicht nur vor Strafe geschützt, sondern auch von eigenen und fremden Vorwürfen wegen seines Verhaltens freigestellt ist.[546]
- Bei einem *Strafausschließungsgrund* bleibt schließlich der Vorwurf sowohl der Schuld wie auch der Unrechtstat bestehen und ein Strafverzicht erfolgt nur, weil eine Bestrafung unerwünscht oder zwecklos zu sein scheint,[547] und zwar aus Gründen jenseits von Unrecht und Schuld.[548]

---

[546] Vgl. Geiger, Rechtliche Beurteilung des Schwangerschaftsabbruchs, 46.
[547] Vgl. Gropp, Der straflose Schwangerschaftsabbruch, 133.
[548] Vgl. Jescheck, Lehrbuch des Strafrechts, 497.

Werden diese strafrechtlichen Grundsätze ernst genommen, so ist als Erstes festzuhalten, dass die Einordnung einer – aus welchen Gründen auch immer – straffrei gestellten Abtreibung als Tatbestandsausschluss von vornherein ausgeschlossen ist. Denn ein Tatbestandsausschluss ist nur dann gegeben, wenn keine typische Tathandlung vorliegt wie etwa bei einem Unfall mit tödlicher Folgewirkung für ein Opfer. Doch die typische Tathandlung des Schwangerschaftsabbruchs – die Tötung eines ungeborenen Menschen – ist auch nach einer Schwangerschafts-Konfliktberatung sowohl in der Fristen- wie auch Indikationsregelung ausnahmslos verwirklicht.[549] Umso unverständlicher ist es, dass in der Neufassung des § 218 StGB von 1995 der innerhalb einer Frist nach einer Schwangerschafts-Konfliktberatung erfolgte Schwangerschaftsabbruch als Tatbestandsausschluss eingestuft wird.[550]

---

[549] Vgl. Belling, Ist die Rechtfertigungsthese, 149; Rauschen, Das Beratungskonzept, 139.
[550] Vgl. dazu auch Lackner, Vor § 218, Rdn.16, für den die „Annahme eines Tatbestandsausschlusses schon im Rahmen des § 218a zu inneren Widersprüchen [führt], für die es keine überzeugende Auflösung gibt. ... Jedenfalls ist dogmatisch nicht erklärbar, warum allein die Verletzung der Beratungspflicht Strafbarkeit nach § 218 ... zur Folge hat, obwohl sich doch das dadurch begangene Unrecht qualitativ nicht vom Tötungsunrecht des beratenen Abbruchs unterscheidet."
Ähnlich Tröndle, Fischer, Strafgesetzbuch, § 218a, Rdn.1 und 4, wo von „der (etwas rätselhaften) Form eines Tatbestandsausschlusses" und der damit verbundenen „Annahme einer ‚gespaltenen' Rechtswidrigkeit" die Rede ist.
Ebenso Eser, § 218a, Rdn.17, der von einem „Tatbestandsausschluss mit rechtlicher Ambivalenz" und „Tatbestandsausschluss eigener Art" spricht, der „mit fragwürdigen strafrechtsdogmatischen Friktionen erkauft [ist], ganz zu schweigen davon, dass eine solche rechtlich ambivalente ‚Gemengelage' die rechtsstaatlich gebotene Klarstellung von Recht und Unrecht vermissen lässt." Insoweit präsentiert sich für Eser „die vom BVerfG vorgegebene Neuregelung nicht als Gesetzgebung für Bürgerinnen und Bürger, sondern für Juristen und selbst bei diesen nur für Spezialisten."
In dieser Konstruktion des Tatbestandsausschlusses ist sicherlich eine wesentliche Ursache für das schwindende Bewusstsein zu sehen, dass eine Abtreibungstat nach erfolgter Beratung – und innerhalb der Dreimonatsfrist sowie durch eine ärztliche Person durchgeführt – zwar straffrei, aber keineswegs gerechtfertigt ist. Insofern ist der Feststellung der Deutschen Bischofkonferenz von 1998 zuzustimmen: „Dieses Bewusstsein der Unrechtmäßigkeit hat sich in unserer Gesellschaft allerdings zu wenig durchsetzen können, so dass nicht zuletzt dadurch der ‚Schein' in ein gewisses Zwielicht gekommen ist. ... Wir müssen mit Enttäuschung zur Kenntnis nehmen, dass der Beratungsschein in einem solchen ‚Klima' seine vom Gesetz intendierte Wirkung nur bedingt kann. kaum entfalten kann und vor der zweideutigen Annahme, es könnte ein ‚Recht auf Abtreibung' geben, nicht genügend geschützt werden kann" (Erklärung des Ständigen Rates der Deutschen Bischofkonferenz zur Diskussion um die kirchlichen Schwangerschaftskonfliktberatungsstellen im Zusammenhang des Schreibens von Papst Johannes Paul II. vom 11. Januar 1998, abgedruckt in: Der Schein des Anstoßes, 48–51, 49f).

Geht man in einem zweiten Schritt der Frage nach, wie die einzelnen Indikationen als Straffreistellungsgründe zu bewerten sind, so ergibt sich eine sachgerechte Antwort auf diese Frage nur, wenn man § 218a StGB auf dem Hintergrund des Grundrechts auf Leben betrachtet, wie es in den Art.1 Abs.1 und Art.2 Abs.2 des deutschen Grundgesetzes verankert ist. Hiernach wird verfassungsrechtlich zugesichert, dass der Wesensgehalt dieses Rechts auf Leben erstens jedem Menschen, dem geborenen wie ungeborenen, gleichermaßen zukommt, und zweitens unantastbar ist. Demzufolge kann ein Rechtfertigungsgrund bzw. die Nicht-Rechtswidrigkeit der Tötung des ungeborenen Kindes einzig und allein bei einer medizinischen Indikation im Sinne einer doppelt-vitalen Indikation gegeben sein, d.h. nur dann, wenn ohne den abtreibenden Eingriff sowohl die Mutter wie auch das Kind sterben würden. Entscheidend für diese Bewertung ist der Gesichtspunkt, dass nur in dem Fall der doppelt-vitalen Indikation kein Widerspruch zu der verfassungsrechtlich verankerten Gleichwertigkeit von geborenem und ungeborenem Menschen besteht. Denn die hier für die doppelt-vitale Indikation vertretene Auffassung gilt in vergleichbaren Situationen genauso für die Tötung geborenen Lebens.[551] Dagegen kann die medizinische Indikation als einfach-vitale Indikation schon nicht mehr als Rechtfertigungsgrund geltend gemacht werden, und zwar aus dem einfachen, aber allein maßgeblichen Grund heraus, dass bei der einfach-vitalen Indikation nicht von der Gleichwertigkeit, sondern vielmehr von der Höherwertigkeit des mütterlichen Lebens ausgegangen wird. Daher kommt für die einfach-vitale Indikation als strafrechtsdogmatische Begründung der Straffreiheit der Entschuldigungsgrund in Betracht.

Als logische Konsequenz der bisherigen Argumentation ergibt sich dann, dass für alle anderen Indikationen lediglich ein Straf-

---

Ebenso Lehmann, Einführung in den Papstbrief, 66: „Dabei war uns immer bewusst, dass zwischen der gelehrten, fachlichen Interpretation und dem faktischen gesellschaftlichen Bewusstsein ein Unterschied, ja manchmal eine Kluft besteht. Hier wurde der Schein faktisch immer wieder als eine Art Berechtigung zur straffreien Abtreibung verstanden. Der gesellschaftliche Trend hat die Spannung, die im Schein liegt, und das Dilemma eher nach der negativen Dimension hin verrückt. Die Erklärung der Straffreiheit der Frau hat das entsprechende Gegengewicht, dass die Abtreibung nämlich in den meisten Fällen unrechtmäßig (‚rechtswidrig') bleibt, weitgehend unwirksam gelassen oder gemacht. Die Unrechtmäßigkeit ist im gesellschaftlichen Bewusstsein einfach nicht genügend wach und offenbar sehr schwer zu wecken. Die Gewissen vieler schlafen."
Vgl. dazu aber auch in diesem Buch S.320, Anm.696.
[551] Belling, Ist die Rechtfertigungsthese, 138f.

ausschließungsgrund geltend gemacht werden kann.[552] Wer aus einer medizinisch-sozialen, eugenischen (= wegen einer schweren Schädigung des ungeborenen Kindes) oder kriminologischen Indikation abtreibt, bleibt deshalb straffrei, weil hier Umstände gegeben sind, bei denen eine Bestrafung unerwünscht und/oder zwecklos ist. Ebenso kann natürlich auch die Straffreiheit einer Abtreibung innerhalb einer festgelegten Frist ohne Vorliegen einer Indikation lediglich auf einem Strafausschließungsgrund beruhen.

e) Die Pflichtberatung des § 219 StGB im Kreuzfeuer der Kritik

Die Erfahrung hat gezeigt, dass eine Abtreibung in der Regel nur als letzter Ausweg aus einer Konfliktsituation vorgenommen wird. Um der schwangeren Frau in einer solchen Lage konkret aufzeigen zu können, dass es noch andere Hilfen und Wege aus diesem Konflikt gibt, wurde Ende der 1960er Jahre in Deutschland die Idee geboren, eine Pflichtberatung für die abtreibungswillige Frau einzuführen. Dieser Grundgedanke der so genannten „Pflichtberatung" ist seitdem nicht mehr aufgegeben worden. Demzufolge ist man sich in Deutschland über die Notwendigkeit der Pflichtberatung völlig einig, über die Rechtsfolgen, den Inhalt und das Ziel dieser Pflichtberatung dagegen sehr uneinig, und zwar aus ganz unterschiedlichen Gründen heraus, so dass die Bestimmungen der Beratungsregelung zum Sammelbecken für Kritiker und Kritikerinnen unterschiedlichster Couleur geworden ist.

1. Funktion und Inhalt

In der Neufassung des § 218 StGB von 1995 hat sich der Stellenwert der Beratung in strafrechtlicher Hinsicht grundlegend geändert. War sie im Strafgesetzbuch von 1976 nur eine so genannte flankierende Maßnahme zur Strafandrohung, also nur eine subsidiäre Schutz- und Kontrollmaßnahme (§ 218b StGB i.d.F. 1976) zur Regelung der Straffreiheit des Schwangerschaftsabbruchs (§ 218a StGB i.d.F 1976), ist sie seit der Neufassung der §§ 218 und 219 StGB Bestandteil dieser Strafregelung selbst, indem sie zu einer von drei Bedingungen (Beratung, ärztliche

---

[552] Vgl. ebd., 150f.

Durchführung und Dreimonatsfrist) geworden ist, um trotz vorgenommenen Schwangerschaftsabbruchs straffrei zu bleiben. Damit ist die Beratungspflicht in die Gesamtregelung integriert und erhält insofern ein wesentlich größeres Gewicht. Das hat konkret zur Folge, dass eine unter Umgehung der Beratung erfolgte Abtreibung nicht mehr nur die Übertretung einer sekundären Vorschrift ist, sondern den Schwangerschaftsabbruch für alle Beteiligten strafbar macht.

Diesen neuen strafrechtlichen Rang konnte die Konfliktberatung aber nur deshalb erhalten, weil auch ihr Inhalt völlig neu gefasst worden ist. Diese Tatsache wird in der Kritik an der neuen Rechtsstellung der Konfliktberatung oft außer Acht gelassen, ist aber von entscheidender Bedeutung. War nämlich die Beratung im Strafgesetzbuch von 1976 lediglich als Information über Hilfsmittel zur Fortsetzung der Schwangerschaft konzipiert (§ 219 StGB i.d.F. 1976), ist sie nun umgestaltet worden zu einer Beratung zu Gunsten des ungeborenen Kindes (§ 219 StGB i.d.F. 1995). Die zwei maßgeblichen Stichworte dieser neuen Beratungskonzeption lauten: *zielgerichtet* (auf das Lebensrecht des ungeborenen Kindes) und zugleich *ergebnisoffen* (da das Festlegen des Beratungsinhaltes bzw. -zieles definitionsgemäß noch nichts über das Ergebnis der Beratung aussagt und auch nicht aussagen kann). Angesichts der vielfach geäußerten und bis heute anhaltenden Kritik an dieser neuartigen und bisher vergleichslosen Konzeption der Beratungsregelung ist es nicht nur sinnvoll, sondern sogar notwendig, sich den Wortlaut in seinen entscheidenden Passagen vor Augen zu führen:

„*§ 219 [sc. StGB] Beratung der Schwangeren in einer Not- und Konfliktlage.*

(1) Die Beratung dient dem Schutz des ungeborenen Lebens. Sie hat sich von dem Bemühen leiten zu lassen, die Frau zur Fortsetzung der Schwangerschaft zu ermutigen und ihr Perspektiven für ein Leben mit dem Kind zu eröffnen; sie soll ihr helfen, eine verantwortliche und gewissenhafte Entscheidung zu treffen. Dabei muss der Frau bewusst sein, dass das Ungeborene in jedem Stadium der Schwangerschaft auch ihr gegenüber ein eigenes Recht auf Leben hat und dass deshalb nach der Rechtsordnung ein Schwangerschaftsabbruch nur in Ausnahmesituationen in Betracht kommen kann, wenn der Frau durch das Austragen des Kindes eine Belastung erwächst, die so schwer und außergewöhnlich ist, dass sie die zumutbare Opfergrenze übersteigt. Die Beratung soll durch Rat und Hilfe dazu beitragen, die in Zusammenhang mit der Schwanger-

schaft bestehende Konfliktlage zu bewältigen und einer Notlage abzuhelfen. Das Nähere regelt das Schwangerschaftskonfliktgesetz."[553]

Und in dem am Schluss genannten Schwangerschaftskonfliktgesetz heißt es in „§ 5: Inhalt der Schwangerschaftskonfliktberatung":

„(1) Die nach § 219 des Strafgesetzbuches notwendige Beratung ist ergebnisoffen zu führen. Sie geht von der Verantwortung der Frau aus. Die Beratung soll ermutigen und Verständnis wecken, nicht belehren oder bevormunden. Die Schwangerschaftskonfliktberatung dient dem Schutz des ungeborenen Lebens.

(2) Die Beratung umfasst: 1. das Eintreten in eine Konfliktberatung; dazu wird erwartet, dass die schwangere Frau der sie beratenden Person die Gründe mitteilt, derentwegen sie einen Abbruch der Schwangerschaft erwägt; der Beratungscharakter schließt aus, dass die Gesprächs- und Mitwirkungsbereitschaft der schwangeren Frau erzwungen wird; 2. jede nach Sachlage erforderliche medizinische, soziale und juristische Information, die Darlegung der Rechtsansprüche von Mutter und Kind und der möglichen praktischen Hilfen, insbesondere solcher, die die Fortsetzung der Schwangerschaft und die Lage von Mutter und Kind erleichtern."

Der in diesem Schwangerschaftskonfliktgesetz enthaltene Hinweis: „der Beratungscharakter schließt aus, dass die Gesprächs- und Mitwirkungsbereitschaft der schwangeren Frau erzwungen wird" (§5 Abs.2 SchKG) hat in der Folgezeit für Missverständnisse und teilweise erhitzte Debatten geführt, welche Voraussetzungen von Seiten der schwangeren Frau erfüllt sein müssen, die sie berechtigen, den Beratungsnachweis zu erhalten. Im Mittelpunkt stand dabei die Frage, ob dazu die Mitteilung der Gründe gehört, weshalb sie den Schwangerschaftsabbruch vornehmen lassen will. Eine Richtschnur zur Beantwortung dieser Frage ist aus den Ausführungen zu entnehmen, die das Bundes-

---

[553] Tröndle, Fischer, Strafgesetzbuch § 219, Rdn.1, kritisieren hier zu Recht die Formulierung „Not- und Konfliktlagen" sowohl in der Überschrift zu § 219 als auch im Text des Gesetzes (Abs.1, Satz 4) als „missverständlich", weil sie „das Vorliegen von ‚Not- und Konfliktlagen' als tatsächliche Voraussetzung der Beratung behaupten. Der Abbruch nach § 218a I, für den die Beratung geleistet wird, setzt aber weder das eine noch das andere voraus; in den Indikationsfällen des § 218a II und III, in denen tatsächlich Konfliktlagen bestehen, ist dagegen eine Beratung gar nicht vorgesehen." Nicht nachvollziehbar ist allerdings die hier ebenfalls geäußerte Kritik, dass die Regelung des § 219 StGB „weithin unverbindliche und strafrechts-irrelevante Programmsätze" enthalte, die „weniger die herausragende Bedeutung des Rechtsgutschutzes als vielmehr das Bemühen des Gesetzgebers [verdeutlicht], die faktisch geringe Schutzwirkung der Fristenregelung zu verbergen."

verfassungsgericht 1993, also bereits zwei Jahre vorher, im Rahmen seiner Entscheidung zur Gesetzgebung des Schwangerschaftsabbruchs insgesamt[554] gegeben hat. Das Bundesverfassungsgericht hat in diesem Zusammenhang hinsichtlich der Beratung erklärt:

> „Jede Beratung muss daher darauf angelegt sein, ein Gespräch zu führen und dabei die Methode einer Konfliktberatung anzuwenden. Dies setzt zum einen voraus, dass die Beratenden über entsprechende Fähigkeiten verfügen und jeder einzelnen Frau hinreichend Zeit widmen können. Zum anderen ist die Aufnahme einer Konfliktberatung von vornherein nur möglich, wenn die Schwangere der beratenden Person die wesentlichen Gründe mitteilt, die sie dazu bewegen, einen Abbruch der Schwangerschaft in Erwägung zu ziehen.
>
> Wenn es auch der Charakter einer Beratung ausschließt, eine Gesprächs- und Mitwirkungsbereitschaft der schwangeren Frau zu erzwingen, ist doch für eine Konfliktberatung, die zugleich die Aufgabe des Lebensschutzes erfüllen soll, die Mitteilung der Gründe unerlässlich, die dazu führen, einen Schwangerschaftsabbruch zu erwägen.
>
> Dies von der Frau zu verlangen, beeinträchtigt weder die Ergebnisoffenheit des Beratungsverfahrens, noch wertet sie die der Frau zukommende Verantwortung ab. Entscheidend ist in diesem Zusammenhang, dass das Konzept, Lebensschutz durch Beratung zu gewähren, darauf verzichtet, die Gründe der Frau für den Abbruch einer Nachprüfung und Bewertung durch Dritte anhand von Indikationstatbeständen zu unterziehen und die nach der Beratung getroffene Entscheidung der Frau gegen das Kind mit Sanktionen zu belegen."[555]

Im Gegensatz zum Bundesgesetzgeber haben also die Richter des Bundesverfassungsgerichts klarer zu verstehen gegeben, dass die Mitteilung der Gründe für einen Schwangerschaftsabbruch eine unerlässliche Voraussetzung für das Erteilen eines Beratungsscheins darstellt.[556] In die gleiche Richtung weist auch die Anord-

---

[554] Vgl. dazu Demel, Abtreibung, 134–142.
[555] BVerfGE 88 (1993), 284ff.
[556] Nicht haltbar ist der Vorwurf von Beckmann, Der Streit, 25, „dass das Gesetz in Wahrheit nur eine Anwesenheitspflicht, aber keine echte Beratungspflicht enthält. Das passive Zurkenntnisnehmen von gewissen Hinweisen auf Rechtsansprüche von Mutter und Kind reicht letztlich aus, um eine Beratungsbescheinigung zu erhalten. Die Beratungsstellen sind nicht verpflichtet, die Gründe für das Abtreibungsverlangen aufzuklären." Beckmann beruft sich für seinen Vorwurf auf eine Aussage des Bundesverfassungsgerichts vom 27.10.1998, in der es heißt: „Die Schwangere soll wissen, dass sie nach Bundesrecht die Beratungsbescheinigung nach §7 SchKG

nung der Verfassungsrichter, dass das Ausstellen der Beratungsbescheinigung nicht notwendig schon nach dem ersten Beratungsgespräch erfolgen muss:

„Vorzusehen ist, dass die schwangere Frau nicht schon nach dem ersten Beratungsgespräch die Ausstellung der Beratungsbescheinigung verlangen kann. Wenn auch ein im Beratungsverfahren ausgeübter Druck der Wirksamkeit einer Beratung im Grundsatz eher abträglich ist, muss doch vorgesehen werden, dass die Beratungsstelle die Bescheinigung erst ausstellt, wenn sie die Beratung als abgeschlossen ansieht. Der besonderen psychischen Situation der Frau kann auch bei einer solchen Regelung hinreichend Rechnung getragen werden. Deshalb werden die Beratungsstellen gehalten sein, etwa erforderliche Beratungstermine unverzüglich zur Verfügung zu stellen. Allerdings darf ein Vorenthalten der Beratungsbescheinigung nicht dazu dienen, die zur Abtreibung entschlossene Frau zu veranlassen, den Abbruch bis zum Ende der Zwölf-Wochen-Frist hinauszuschieben."[557]

---

erhalten kann, obwohl sie die Gründe, die sie zum Schwangerschaftsabbruch bewegen, nicht genannt hat" (BVerfGE 98, S.325). Diese Auskunft von Beckmann ist insofern unsachgemäß, als er den Kontext dieser Entscheidung verschweigt bzw. einen falschen Kontext herstellt. Wie schon aus dem Titel des Urteils „Verfassungswidrigkeit zentraler Regelungen des BaySchwHEG – Verletzung der Berufsfreiheit – mangelnde Gesetzgebungskompetenz des Freistaates Bayern (Art.12 Abs.1 GG, Art.30 GG, Art.70 GG, Art.74 Abs.1 Nr.1 GG, Bundeskompetenz kraft Sachzusammenhangs" (zugänglich auf: http://www.jura.uni-passau.de/fakultaet/lehrstuehle/ Bethge/OeRimWWW/BVerfG1998.html) hervorgeht, aus dem Beckmann zitiert, geht es in dieser Entscheidung des Bundesverfassungsgerichts gar nicht um die Schwangerschaftskonfliktberatung, sondern um das Beratungsgespräch beim Arzt, der gemäß § 218c StGB der Schwangeren Gelegenheit geben muss, „ihm die Gründe für ihr Verlangen nach Abbruch der Schwangerschaft darzulegen." Im Mittelpunkt der Verfassungsklage und damit auch der Entscheidung steht also die Frage, ob bestimmte Regelungen des BaySchwHEG eine Verletzung der ärztlichen Berufsfreiheit darstellen. Hintergrund dieser Entscheidung ist die spezielle Regelung in Bayern, wonach auf dem (bayerischen) Beratungsschein „nicht nur ausdrücklich festgehalten [wird], dass eine Beratung zum Schutz des Ungeborenen erfolgt ist, sondern dass Ärzte zusätzlich eine ihnen eigene, dem Lebensschutz dienende Aufklärungs- und Beratungspflicht haben. Diese kann nicht durch eine vorangehende staatlich anerkannte Beratung ersetzt werden. Dadurch unterscheidet sich die in Bayern ausgestellte Beratungsbescheinigung in einer wesentlichen Frage von den in anderen Bundesländern ausgestellten Bescheinigungen" (Wetter, Stellungnahme des Erzbischofs, 79; vgl. dazu auch Rauschen, Das Beratungskonzept, 142f; Lackner, Vor § 218, Rdn.23; Eser, § 218c, Rdn.4; Tröndle, Fischer, Strafgesetzbuch, § 218c, Rdn.3f.).

[557] BVerfGE 88,1993, 286.

2. Die Kritik an der strafbefreienden Wirkung

Wer nur den Funktionswechsel der Schwangerschafts-Konfliktberatung von einer flankierenden Maßnahme zu einem Element der Strafregelung selbst in den Blick nimmt, die inhaltliche Veränderung der Beratung von einer reinen Information zu einem zielgerichteten und ergebnisoffenen Gespräch dagegen außer Acht lässt, kann die Beratungsregelung als ideale Angriffsfläche nutzen, um für eine Abtreibungsregelung mit strengen Strafandrohungen zu plädieren. Dementsprechend wird von dieser Seite die Straffreiheit als Folge der Beratung scharf kritisiert. Konkret werden dazu zwei Vorwürfe vorgebracht:
- Diese Regelung mache die Frau innerhalb der ersten drei Schwangerschaftsmonate zur Herrin über Leben und Tod,[558] gebe einen „Gutschein" für strafloses Töten[559] bzw. eine „Tötungslizenz."[560] Ja, es ist sogar von einem „staatlichen Tötungssystem"[561] die Rede und davon, dass das Ausstellen des Beratungsnachweises vergleichbar sei mit dem Aushändigen einer „Pistole" an jemanden, der einen Mord plant, in der Hoffnung, „ihn bei Gelegenheit der Übergabe noch umstimmen zu können".[562] Als Hauptargument gegen die Regelung der Beratungspflicht mit befristetem Strafverzicht gilt wie

---

[558] Vgl. Beckmann, Der Streit, 24; 26; 87.
[559] Ebd., 31, in Übernahme von Sala, Die Lehre von der Schadensbegrenzung, 534, 537f.
[560] Beckmann, Der Streit, 32, in Übernahme einer Interview-Aussage von Erzbischof Johannes Dyba von 1995.
[561] Ebd., 39.
[562] Ebd., 37 i.V.m. 61; vgl. ähnlich Sala, Die Lehre von der Schadensbegrenzung, 535. „Es ist nicht erlaubt, das Mittel der Beihilfe zur Tötung zu verwenden, um das Ziel der Umstimmung zu erreichen."
Bischof Kamphaus wendet gegen solche Behauptungen zu Recht ein: „Die Behauptung, der Beratungsschein werde weithin als Freibrief für die Abtreibung missverstanden, ist zunächst nicht mehr als eine Vermutung. Ihre Tragfähigkeit müsste – wie bei anderen Tatsachenfragen – mit sozialwissenschaftlichen Daten belegt werden. Man kann Probleme auch herbeireden" (Kamphaus, Retten, was zu retten ist, 88f).
Maier, Zur Arbeit, 162, macht anhand einer Statistik in den Schwangerschaftskonfliktberatungsstellen des Deutschen Caritasverbandes von 1997 auf folgenden Sachverhalt aufmerksam: „Für Frauen, die die gesetzliche Konfliktberatung in Anspruch genommen haben, ist der Anteil mit ausgestelltem Beratungsnachweis entsprechend hoch. 1997 betrug der Anteil 76%. Interessant ist, dass für 24% der Frauen in der Konfliktberatung kein Beratungsnachweis ausgestellt worden ist. Dies kann bedeuten, dass eine nicht geringe Anzahl von Frauen schon während der Beratung ihren Blick auf eine Zukunft mit dem Kind geöffnet hat. Es kann ferner bedeuten, dass die Beraterin aufgrund des Gesprächsverlaufs zu dem Ergebnis kommt, dass sie den Nachweis nicht ausstellen kann, da die Beratung nicht zustandegekommen ist oder weil die Ratsuchende die Beratung abgebrochen hat."

schon in den 1970er Jahren der Grundsatz: „Die besondere biologische und existentielle Verbindung des werdenden menschlichen Lebens mit dem Leben der Mutter, durch die spezifische und für Außenstehende schwer nachvollziehbare Konfliktsituationen entstehen können, rechtfertigt und erfordert zwar besondere Regelungen (z.b. anderes Strafmaß, Zulassung bestimmter Indikationen, Anerkennung besonderer Schuld- oder Strafausschließungsgründe), aber sie kann nicht die Entscheidungsfreiheit der Mutter über den Fortbestand des noch ungeborenen menschlichen Lebens rechtfertigen."[563] Dieser Vorwurf übersieht den feinen, aber entscheidenden Unterschied zwischen Entscheidungsfreiheit und Letztentscheidung. In der Beratungsregelung mit befristetem Strafverzicht wird nämlich nicht ein „Entscheidungsrecht der Frau postuliert, sondern ‚nur' die Letztentscheidung und damit die persönliche Verantwortung der schwangeren Frau im Interesse eines effektiveren Lebensschutzes respektiert. Nicht die Entscheidungsfreiheit steht im Mittelpunkt, sondern die mit der Letztentscheidung verbundenen bzw. erhofften positiven Wirkungen einer offenen Beratungssituation."[564]

- Die Beratungsregelung von 1995 stehe im Wertungswiderspruch zum Embryonenschutzgesetz von 1990 und gewähre keine Gleichwertigkeit von natürlich und künstlich gezeugten Kindern.[565] Denn die einen würden bereits von Anfang an strafrechtlich geschützt, die anderen erst ab dem vierten Monat nach ihrer Zeugung.[566] Dieser Wertungswiderspruch könne nur vermieden werden, wenn die durch die einzigartige Symbiose von Mutter und ungeborenem Kind möglicherweise entstehenden Konfliktsituationen lediglich zu einer gewissen Abstufung im Bestrafungssystem führen, nicht jedoch zu einer beliebigen Verschiebung der Schutzgrenzen des ungeborenen Kindes.

Der hier ins Feld geführte Wertungswiderspruch kann nicht geltend gemacht werden, da Schwangerschaftsabbruch und Embryonenforschung zwei nicht miteinander vergleichbare

---

[563] Böckenförde, Abschaffung des § 218, 161; Reiter, Das Lebensrecht des Ungeborenen, 76; Büchner, Kein Rechtsschutz für ungeborene Kinder, 432.
[564] Männle, § 218, 337. Vgl. dazu auch in diesem Buch S.269–272 und S.268f.
[565] Embryonenschutzgesetz (ESchG) in: BGBl 1990/1, 2746f.; Demel, Abtreibung, 201.
[566] Keller, Der Schutz des ungeborenen menschlichen Lebens, 133; Dreher, Tröndle, Strafgesetzbuch, vor § 218, Rdn. 6h; Kriele, Die nicht-therapeutische Abtreibung, 37–39, 101; Losch, Lebensschutz am Lebensbeginn, 2929 Sp.2.

Regelungsbereiche darstellen. Denn beim Schwangerschaftsabbruch muss der Gesetzgeber den höchstpersönlichen Konfliktsituationen und Interessenkollisionen Rechnung tragen, die durch die Symbiose der zwei Rechtsträger, Mutter und ungeborenes Kind, entstehen, und die es bei dem im Reagenzglas gezeugten Kind bis zur Einpflanzung in die weibliche Gebärmutter nicht gibt.[567] Bei der künstlichen Zeugung von Embryonen muss der Gesetzgeber dagegen das ungeborene Kind vor der Möglichkeit einer totalen Instrumentalisierung zu Forschungszwecken schützen, die bei einem natürlichen Zeugungsvorgang gar nicht denkbar ist.[568]

- Das Embryonenschutzgesetz hat somit einen ganz anderen Zielpunkt als das Gesetz über den Schwangerschaftskonflikt, so dass schon „mangels vergleichbarer Regelungsgegenstände... ein Wertungswiderspruch von vornherein" ausscheidet.[569] Und selbst wenn ein solcher Wertungswiderspruch bestünde, dann wäre er nicht nur oder erst bei einer Fristenregelung gegeben, sondern bei jeder strafrechtlichen Gesetzgebung des Schwangerschaftsabbruchs, da die Existenz des künstlich gezeugten Menschen bereits mit der erfolgreich herbeigeführten Befruchtung im Reagenzglas sicher nachweisbar ist, die des natürlich gezeugten Menschen aber erst mit dem Abschluss der Einnistung, also ca. vier Wochen nach der letzten Menstruation der Frau. Forschungsmissbrauch und Schwangerschaftskonfliktsituationen können nicht einfach auf eine Stufe gestellt werden bzw. bedürfen unterschiedlicher Regelungen, die nicht gegeneinander ausgespielt werden können.

3. Die Ablehnung der Zielorientierung

Wird umgekehrt nicht die veränderte strafrechtliche Bedeutung der Schwangerschafts-Konfliktberatung zur Kenntnis genommen, sondern nur die neuen inhaltlichen Vorgaben, wird die Beratungsregelung dazu herangezogen, um eine gänzliche Streichung der §§ 218ff aus dem Strafgesetzbuch und die grundsätzliche Straffreigabe der Abtreibung zu fordern. Im Dienste dieses Anliegens wird folglich die inhaltliche Vorgabe, dass die Beratung zielorientiert zugunsten des ungeborenen Kindes zu erfolgen hat, zum

---
[567] Keller, Der Schutz des ungeborenen menschlichen Lebens, 133.
[568] Eser, Neuregelung des Schwangerschaftsabbruchs, 157.
[569] Ebd. 158.

Ausgangspunkt der Kritik genommen. Der Beratungsregelung wird hier vorgeworfen, dass mit der Pflicht der Beraterinnen und Berater, für das Lebensrecht des ungeborenen Kindes einzutreten, die Beratungsstellen zu Abratungsstellen umfunktioniert, Beratung durch Bedrängung und Bevormundung ersetzt und das Recht der Frau auf Selbstbestimmung und freie Persönlichkeitsentfaltung missachtet würden.[570] Diesen Behauptungen stehen folgende psychologische, ethische und rechtliche Gesichtspunkte gegenüber:

a) Aus *psychologischer* Sicht ist diesen Vorwürfen entgegenzuhalten, dass jede beratende Person in ihrer Ausbildung zur Beratungstätigkeit lernt, die so genannten drei Therapeutenvariablen der *Einfühlung, Wertschätzung* und *Echtheit* einzuüben und zu verwirklichen. Einfühlung besagt, dass sich die beratende Person in die Welt und Problemlage der Klientin und des Klienten hineinversetzt, aber nicht darin aufgeht. Wertschätzung heißt, dass die Beraterin die Klientin als Person akzeptiert, frei von jeder Beurteilung oder Bewertung ihres Tuns. Echtheit bedeutet schließlich, dass die beratende Person authentisch ist, ihren eigenen Standpunkt nicht einfach verschweigt, sondern das Gespür hat, diesen an geeigneter Stelle mitzuteilen. Somit kann Beratung nie nur ein Monolog sein, sei es, dass nur die Klientin bzw. der Klient redet, die Beraterin bzw. der Berater dagegen lediglich zuhört und zu dem Gesagten keine Stellung nimmt, oder sei es umgekehrt, dass die Beraterin bzw. der Berater nur Informationen oder Belehrungen gibt, die die Klientin bzw. der Klient kommentarlos zur Kenntnis nimmt. Beratung ist ein Dialog zwischen dem Klienten und der wohlwollenden und speziell ausgebildeten Beraterin, bei dem die Beraterin die Meinungen und Einstellungen, Wünsche und Ängste, Probleme und Konflikte des Klienten ernst nimmt und sie mit ihm zusammen besser zu verstehen sucht, indem sie verdeutlicht, hinweist, stützt und begleitet, aber auch konfrontiert. Ziel des besseren Verstehens der eigenen Person und Situation ist, dem Klienten zu helfen, mehr Freiraum im Erleben und Spielraum im Verhalten zu erlangen, keineswegs aber, ihn in eine bestimmte Richtung drängen zu wollen.

---

[570] Knapp, U., Das Recht als Preisfrage, in: FR 29.5.1993, 3; Prantl H., § 218: Das Strafrecht ist abgeschafft, in: SZ 29./30./31.5.1993, 4; Hanewinckel, Ch., Ausgegrenzt, in: Die Zeit 4. 6.1993, 4.

Für die Schwangerschafts-Konfliktberatung folgt daraus: Zwang, Manipulation und Entmündigung der Frau ist nicht schon dadurch gegeben, dass die Beraterin oder der Berater den Standpunkt des Lebensrechts des ungeborenen Kindes vertritt, sondern nur dann, wenn die schwangere Frau nicht „erlebt, dass ihr in der Beratung Respekt vor ihrer persönlichen Verantwortung, Verstehen ihrer Konfliktlage und Schutz ihrer psychischen Stabilität gewährt werden."[571] Nicht eine Schein-Neutralität der Beraterin oder des Beraters bewahrt die Beratung davor, zum Zwang oder zur Manipulation zu werden, sondern allein die Fähigkeit der beratenden Person, so für den Gegenstand ihrer Beratung einzutreten, dass ihr zugleich genügend Nähe zu den Problemen der Ratsuchenden wie auch genügend Distanz zu deren persönlicher Verantwortung gelingt.[572] Nur so kann die Beratung ihrem Auftrag wie auch der Würde der Ratsuchenden gerecht werden.

Wie wenig dieses Verständnis von Beratung dem Selbstbestimmungsrecht der beratenen Person widerspricht, sondern im Gegenteil zu ihrer eigenverantwortlichen Entscheidungsfähigkeit beitragen kann, wird auch von einer ganz anderen Seite her noch einmal deutlich: Eine schwangere Frau ist oft in ihrem personalen Entscheidungsbereich psychisch beeinträchtigt. Das gilt erst recht für eine aufgrund eines Konflikts abtreibungswillige Frau. In der psychisch belastenden Situation der Schwangerschaft muss die abtreibungswillige Frau eine Entscheidung über Leben und Tod ihres ungeborenen Kindes treffen. Diese psychische Belastung kann von Seiten der Umgebung oder/und auch durch eigene innere Unsicherheit gesteigert werden, zum Beispiel aufgrund von Beziehungsschwierigkeiten, Trennungsängsten, Ablösungsproblemen etwa bei jungen Frauen oder Alterskonflikten bei Frauen in den Wechseljahren. Tatsächlich ist erfahrungsgemäß der Schwangerschaftskonflikt in nicht wenigen Fällen sozusagen der Schlusspunkt einer langen Kette von Konflikten in der Sexualität, der Partnerschaft, der Familie oder im Beruf. „Soziologische und medizinische Untersuchungen haben ergeben, dass zahlreiche Frauen, die sich zu einer Abtreibung entschließen, dies nicht aus eigenem Antrieb tun, sondern von ihrem Umfeld, nämlich dem Vater des Kindes oder ihren El-

---

[571] Mackscheidt, Mitmachen oder aussteigen, 261.
[572] Mieth, Schwangerschaftsabbruch, 105.

tern, zur Abtreibung gedrängt werden."[573] Damit eine Frau in dieser psychisch angespannten Situation alle zur Verfügung stehenden Hilfsmöglichkeiten wirklich genügend überblicken und in ihrer Bedeutung abwägen kann, ist es um so wichtiger, dass sie über alle, auch und gerade über die schwierigen Aspekte des Schwangerschaftskonflikts und dessen Lösung durch eine Abtreibung aufgeklärt und beraten wird. „Wer die belastenden Aspekte des Schwangerschaftsabbruchs aus der Beratung ausklammert, um die Schwangere zu ‚schonen', verhilft ihr weder zu einer kompetenten Entscheidung vor dem Abbruch noch erleichtert er seine nachträgliche Verarbeitung im emotionalen Erleben der Tat."[574]

b) Vom Selbstverständnis der Beratungstätigkeit abgesehen, ist auch der Gedanke, dass sich die schwangere Frau bei einer beabsichtigten Abtreibung ihres ungeborenen Kindes auf ihr Selbstbestimmungsrecht und ihren Anspruch auf freie Persönlichkeitsentfaltung berufen könne, sowohl ethisch wie auch rechtlich nicht haltbar.

Vom *ethischen* Standpunkt aus ist darauf aufmerksam zu machen, „dass das Selbstbestimmungsrecht der Frau [außer im Fall der Vergewaltigung] nicht erst mit dem Eintritt der Schwangerschaft beginnt. Es gehört in allen Lebensbereichen zum Ethos der Freiheit, dass ich zu den Konsequenzen meines Verhaltens für andere auch dann stehen muss, wenn ich dies nicht gewollt oder vorausgesehen habe."[575] Der in der gegenwärtigen Diskussion oft erweckte Eindruck, als ob die Schwangerschaft „von der Frau nur als ‚Nötigung' und als unzulässiger Eingriff in ihr Selbstbestimmungsrecht erlebt werden kann, ... trifft jedoch nur für den Fall der Vergewaltigung zu, der nicht zum Ausgangspunkt einer generellen Beurteilung des in einer Schwangerschaftssituation bestehenden Interessenkonflikts von Mutter und Kind gemacht werden kann. Geht man dagegen von einem umfassenden Begriff der Selbstbestimmung aus, der auch die Verantwortung für das eigene Sexualverhalten und die Bereitschaft zur Folgenübernahme mit einschließt, dann lässt sich das Lebensrecht des Kindes nicht mehr als eine ungerechtfertigte Einschränkung

---

[573] Gante, Der Schutz ungeborener Kinder, 167.
[574] Schockenhoff, Der Schutz des menschlichen Lebens, 658.
[575] Ebd., 656f.

des mütterlichen Selbstbestimmungsrechts verstehen."[576] Denn „Selbstbestimmung und Selbstverantwortung" gehören nun einmal zusammen.[577]

c) Aus *rechtlicher* Sicht ist schließlich festzuhalten, dass das durch eine ungewollte Schwangerschaft eingeschränkte Recht der Frau auf Selbstbestimmung und freie Persönlichkeitsentfaltung niemals die Tötung eines ungeborenen Menschen rechtfertigen kann. Denn das Recht auf Persönlichkeitsentfaltung hat als natürliche Grenze die „Rechte anderer" (Art.2 Abs. 1 GG). Diese grundgesetzlich garantierte Schranke ist bei einem Schwangerschaftskonflikt in einem besonderen Maß gegeben, da hier dem Recht auf Persönlichkeitsentfaltung nicht nur die Einschränkung eines Rechts gegenübersteht, sondern sogar der grundsätzliche Anspruch eines Rechts und dann noch eines fundamentaleren Rechts. Bei der ungewollten Schwangerschaft bzw. dem Schwangerschaftskonflikt steht der Einschränkung das Verweigern eines Rechts und dem Wert der Selbstbestimmung der fundamentalere Wert des Lebens gegenüber.[578] Wägt man diese beiden Rechte und die darin enthaltenen Werte ab, dann kann das Ergebnis nur folgendermaßen lauten: „Die grundrechtlichen Positionen, die in der Frage des Schwangerschaftsabbruchs in Widerstreit liegen, sind ... nicht schlechthin gleichgewichtig. Sie vermögen einander nicht zu neutralisieren. Das Selbstbestimmungsrecht der Mutter gibt nicht die Verfügung über Leben und Tod des Kindes, das grundrechtlich gesehen nicht integraler Teil ihres Selbst, sondern eigenständiges Subjekt ist. Es gibt keine Selbstbestimmung über Recht und Existenz eines anderen."[579] Kurz zusammengefasst kann man auch sagen: „Leben dürfen ist ja wohl die erste Form der Persönlichkeitsentfaltung und Bedingung aller anderen."[580]

Vor allem die ethischen und rechtlichen Gesichtspunkte müssen von der Beraterin, dem Berater in einer der Klientin und der Situation entsprechenden Weise in die Schwangerschafts-Kon-

---

[576] Ebd., 657.
[577] Hippel, Der Schwangerschaftsabbruch, 81.
[578] Lang-Hinrichsen, Zur Frage der Verfassungsmäßigkeit der „Fristenlösung", 502; Beckmann, Abtreibung in der Diskussion, 45; BVerfGE 39 (1975) 41–43; 88 (1993) 255f.
[579] Isensee, Der Staat tötet, 177.
[580] Spaemann, Kein Recht auf Leben, 132.

fliktberatung eingebracht werden, damit die Pflichtberatung tatsächlich einen adäquaten Schutzausgleich für den befristeten Strafverzicht verwirklichen kann. Im Beratungsgespräch muss klar zum Ausdruck kommen, dass das Austragen oder Abtreiben des ungeborenen Kindes keineswegs zwei gleichrangig abzuwägende Möglichkeiten sind, sondern dass jeder Schwangerschaftsabbruch – von der Situation der Lebensgefahr für Mutter und Kind (= doppeltvitale Indikation) abgesehen – die rechtswidrige Tötung eines ungeborenen Kindes ist, bei der zwar unter bestimmten Bedingungen auf eine Bestrafung verzichtet wird, der Vorwurf der Rechtswidrigkeit aber bleibt.[581]

f) Beratungspflicht mit befristetem Strafverzicht als Schutzregelung für Mutter und Kind

Als Fazit kann festgehalten werden: Die Neuregelung des Straftatbestands „Schwangerschaftsabbruch" in den §§ 218f StGB stellt *eine* Form der Fristenregelung dar, die als *Beratungsregelung mit befristetem Strafverzicht* oder *befristeter Strafverzicht mit Beratungspflicht* bezeichnet werden kann. Denn die Beratung ist neben der Dreimonatsfrist und der ärztlichen Durchführung des Schwangerschaftsabbruchs die dritte Bedingung für die Gewährung von Straffreiheit. Unter der Voraussetzung, dass die Beratung erstens für das Lebensrecht des ungeborenen Kindes eintritt und zweitens der Schwangerschaftsabbruch trotz der gewährten Straffreiheit weiterhin als Unrechtstat bewertet wird, kann das deutsche Abtreibungsgesetz von 1995 durchaus als sinnvolle und sogar bessere Alternative zur früheren Indikationenregelung von 1975 betrachtet werden. Ausschlaggebend dafür ist vor allem die Tatsache, dass die Straffreiheit nicht mehr wie in der Indikationenregelung von dem Urteil einer Drittperson über die Zumutbarkeit oder Unzumutbarkeit der Schwangerschaft abhängt, sondern die Frau selbst entscheiden muss, ob ihr die Schwangerschaft unzumutbar ist. In diesem Sinn hat auch das Bundesverfassungsgericht 1993 betont:

> „Die im Überlassen einer Letztverantwortung zum Ausdruck kommende Achtung vor dem Verantwortungsbewusstsein der Frauen kann Appellfunktion haben und geeignet sein, allgemein die Verantwortung von Frauen gegenüber dem ungeborenen Leben zu stärken, sofern dies vor dem Hintergrund einer wach gehaltenen Orien-

---

[581] Vgl. dazu in diesem Buch S.254–257.

tierung über die verfassungsrechtlichen Grenzen von Recht und Unrecht geschehe. Der Gesetzgeber darf berücksichtigen, dass Frauen, an die diese Erwartungen gestellt werden, ihre Verantwortung unmittelbar und stärker empfinden und daher eher Anlass zu ihrer gewissenhaften Ausübung haben können, als wenn ein Dritter einen ihm genannten Grund – mehr oder weniger eingehend – überprüft und bewertet und mit der Feststellung, der Abbruch sei aufgrund eines Indikationstatbestandes erlaubt, der Frau ein Stück Verantwortung abnimmt."[582]

Damit steht abschließend die Frage nach der Bewertung der §§ 218f StGB unter dem Aspekt des verantwortungsvollen Umgangs mit den vom Schwangerschaftskonflikt Betroffenen aus. Als verantwortungsvoller Umgang wird dabei die Balance zwischen gnadenloser Verurteilung und verharmlosendem Freispruch verstanden.[583]
Markenzeichen der Neuregelung der §§ 218f StGB ist der befristete Strafverzicht mit Beratungspflicht zugunsten des ungeborenen Kindes. Die dazu ausgearbeitete Kombination von Strafandrohung und Strafersatz, von Schutz durch Strafe und Beratung als Schutzausgleich für die Strafe, von Beratungspflicht und Strafverzicht, ist in ganz Europa einzigartig,[584] und zwar im Grundansatz wie auch in der konkreten Umsetzung, auf der Textebene genauso wie auf der Prozess- und Handlungsebene. Sie ist von Anfang bis Ende von dem Anliegen getragen, nicht entweder dem ungeborenen Kind oder der schwangeren Frau, sondern beiden Hauptbetroffenen gleichermaßen so weit wie möglich gerecht zu werden. So wird beiden eine Stimme gegeben,

---

[582] BVerfGE 88 (1993), 268.
[583] Vgl. dazu in diesem Buch S.239f.
[584] So auch Reiter, Schwangerschaftskonfliktberatung, 15: „Der rechtliche Rahmen, in dem diese Beratung in Deutschland stattfindet, ist ... im Vergleich zu anderen Ländern einzigartig, wie auch der Papst feststellt [sc. in seinem Brief an die deutschen Bischöfe vom 11.1.1998, Nr.5]; vgl. dazu in diesem Buch S.294–296. Die deutsche Regelung und Gesetzgebung in der Abtreibungsfrage ist, so schlecht sie auch sein mag, immer noch besser als die vergleichbaren Regelungen anderswo auf der Welt."
Ähnlich Kamphaus, Retten, was zu retten ist, 87: „Zweifellos sind 1995 in die Neugestaltung der Gesetze wichtige Anliegen der Kirche eingegangen, die sich auch im Urteil des Bundesverfassungsgerichtes aus dem Jahr 1993 wiederfinden. So ist es in Deutschland zu einer Regelung gekommen, die den Lebensschutz immer noch besser wahrt als in den allermeisten Ländern der Welt. Das kann nicht über schwere Mängel im Gesetzestext hinwegtäuschen, die die Deutsche Bischofskonferenz wiederholt offen benannt hat (Kompromisstext mit Unklarheiten in zentralen Fragen, Verantwortung des Staates für den Lebensschutz wird ausgehöhlt, erweiterte medizinische Indikation inakzeptabel)."
Zur Kritik an der Neuregelung des § 218 StGB vgl. auch in diesem Buch S.253.

die Interessen beider werden ernst genommen, der Mutter ebenso wenig die Letztverantwortung abgesprochen wie dem ungeborenen Kind das Grundrecht auf Leben. Das kommt auf der Textebene durch die Verbindung von grundsätzlicher Strafandrohung und konkretem Strafverzicht bei Beratung zum Ausdruck, auf der Prozessebene durch die Pflicht und inhaltliche Zielgerichtetheit der Beratung bei gleichzeitiger Ergebnisoffenheit der Beratung sowie auf der Handlungsebene durch ein in der Beratung vermitteltes vielfältiges Unterstützungsangebot zur Fortsetzung der Schwangerschaft bei gleichzeitigem Festhalten an der grundsätzlichen Strafandrohung als letzte Möglichkeit zum Schutz des Lebensrechts des Kindes. Bedauerlich ist allerdings, dass bei der Abfassung des Gesetzestextes zwei Konstruktionsfehler unterlaufen sind: die Einordnung des befristeten Schwangerschaftsabbruchs als Tatbestandsausschluss statt als Rechtswidrigkeit und die Freistellung des indizierten Schwangerschaftsabbruchs von der Beratungspflicht. Beide Fehler ließen sich aber leicht beheben, da sie keine Grundsatzfragen berühren, sondern Inkonsequenzen im Gesamtduktus der Regelung darstellen, vielleicht sogar Versäumnisse sind, die der Flüchtigkeit geschuldet sind. Auch wenn diese Kritikpunkte an der geltenden Regelung der §§ 218f StGB keineswegs verharmlost werden dürfen, so dürfen sie auch umgekehrt nicht verabsolutiert werden und zu einer Diskreditierung der Gesamtkonzeption der §§ 218f StGB führen. Dass die berechtigten Interessen von Mutter und Kind nicht nur in der Theorie der Beratungspflicht mit Strafverzicht in effektiver Weise – vielleicht sogar in der effektivsten Weise, die einer (Straf-)Gesetzgebung zur Verfügung steht – geschützt werden, sondern auch in der Praxis, zeigt ein Blick in die Statistik der Schwangerschaftsabbrüche in Deutschland. Sie sind seit Jahren kontinuierlich und deutlich rückläufig.[585] Weil es bisher zu allen

---

[585] Vgl. dazu die Angaben über die Schwangerschaftsabbrüche in den Jahren 2001 bis 2007 des Statistischen Bundesamtes Deutschland, die eine klar rückläufige Entwicklung belegen: http://www.destatis.de/jetspeed/portal/cms/Sites/destatis/Internet/ DE/Content/Statistiken/Gesundheit/Schwangerschaftsabbrueche/Tabellen/Content75/ Alter.psml.
Diese Entwicklung kann tabellarisch wie folgt ausgewertet werden:

Zeiten und bei fast allen Völkern das Phänomen des Schwangerschaftsabbruchs gegeben hat, wird dieses Phänomen realistischer Weise wohl auch künftig zu keiner Zeit und bei keinem Volk gänzlich auszulöschen sein. Umso wichtiger ist es, so viele Schwangerschaftsabbrüche wie möglich verhindern zu helfen, und zwar zusammen mit und nicht ohne oder gegen die Mutter. Deshalb sollten diesbezügliche Erfolgsmeldungen der Tagespresse mit Freude und als Bestätigung für die geltende Rechtslage zur Kenntnis genommen werden, insbesondere dann, wenn sie Folgendes zu berichten wissen:

> „Als besonderen Erfolg verbuchen die Beratungsstellen, dass bereits seit Jahren die Zahl der Schwangerschaftsabbrüche bei Minderjährigen stark rückläufig ist. Am deutlichsten zeigt sich das in Bayern, wo im vergangenen Jahr [sc. 2006] 647 Mädchen eine Abtreibung vornehmen ließen – 20 Prozent weniger als noch im Jahr 2005. Auch dies liegt nach Ansicht von Fachleuten vor allem an einer effektiven Beratung. An Gesprächen also, die nicht nur eine Pflichtübung sind, sondern den jungen Frauen realistisch aufzeigen, dass es statt einer Abtreibung für sie durchaus Perspektiven für ein Leben mit Kind gibt."[586]

2. Die Abtreibung im Strafrecht der katholischen Kirche

Dass eine Glaubensgemeinschaft wie die katholische Kirche gegen Schwangerschaftsabbruch ist, ist wohl jedem und jeder von vornherein einsichtig und klar. Unklar dürfte dagegen vielen – katholischen wie nichtkatholischen Christen und Christinnen – sein, wo die Grundlagen und Grenzen einer Zusammenarbeit mit dem Staat im Kampf gegen den Schwangerschaftsabbruch

Jahr	Schwangerschaftsabbrüche	prozentualer Rückgang pro Jahr	prozentualer Rückgang bezogen auf das Jahr 2001	Rückgang in Zahlen pro Jahr	Rückgang in Zahlen bezogen auf das Jahr 2001
2001	134.964	–	–	–	–
2002	130.387	3,4 %	3,4 %	4.577	4.577
2003	128.030	1,7 %	5,1 %	2.377	6.934
2004	129.650	-1,2 %	3,9 %	-1.620	5.314
2005	124.023	4,4 %	8,1 %	5.627	10.941
2006	119.710	3,5 %	11,3 %	4.313	15.254
2007	116.871	2,4 %	13,4 %	2.839	18.093

---

[586] Im Zweifel für das Kind, in: SZ vom 13. Juni 2007, S.1.

verlaufen. Speziell in Deutschland stellt sich die Frage, ob sich die katholische Kirche als Institution und/oder einzelne Glieder von ihr an der im weltlichen Strafrecht vorgesehenen Beratungstätigkeit beteiligen können, eventuell sogar müssen, oder umgekehrt nicht dürfen, um ihre Glaubwürdigkeit nicht aufs Spiel zu setzen. Die hier schon seit nahezu 20 Jahren virulente Diskussion kann auf die Formel gebracht werden: „kirchliche Beteiligung an der Schwangerschafts-Konfliktberatung im staatlichen System: ja oder nein?". Zur rechten Einordnung dieser Auseinandersetzung muss zuerst die Haltung der katholischen Kirche zum Schwangerschaftsabbruch detaillierter in den Blick genommen werden.

a) Die Strafandrohung (c.1398 CIC/1983)

Für die katholische Kirche ist der Schwangerschaftsabbruch, der durchgehend als „Abtreibung" bezeichnet wird, eines der „abscheulichsten Verbrechen", wie es das II. Vatikanische Konzil formuliert hat (GS 51,2). Denn Abtreibung ist die Tötung eines ungeborenen Kindes, also eines wehrlosen Menschen. Deshalb belegt die katholische Kirche dieses Vergehen mit der höchsten Kirchenstrafe der Exkommunikation und hat unmissverständlich festgelegt:

> „Wer eine Abtreibung vornimmt, zieht sich mit erfolgter Ausführung die Tatstrafe der Exkommunikation zu" (c.1398).[587]

Kurz und bündig, wie diese Strafbestimmung formuliert ist, wirkt sie auf viele rigoros und hartherzig. Vor allem wenn man sie mit der langen und komplizierten Regelung im weltlichen Recht der

---

[587] Vgl. dazu die PCI-Entscheidung von 1988:
„Z.– Ist unter der Abtreibung, von der c.1398 handelt, nur das Ausstoßen der unreifen Leibesfrucht zu verstehen oder auch die Tötung der Leibesfrucht, die auf irgendeine Weise und zu irgendeinem Zeitpunkt nach der Empfängnis herbeigeführt wird?
A.– Verneinend zum ersten Teil; zustimmend zum zweiten." (AKathKR 157 (1988), 190).
Mit dieser vorgelegten Frage und deren Beantwortung gilt nun seit 1988 in der katholischen Kirche, dass unter Abtreibung gemäß c.1398 jede Tötung der unreifen Leibesfrucht zu verstehen ist, unabhängig davon, auf welche Art und zu welchem Zeitpunkt nach der Empfängnis diese vorgenommen wird. Ferner ist zu beachten, dass es keine Rolle spielt, ob die Tötung innerhalb oder außerhalb des Mutterleibes erfolgt. Denn eine Einschränkung auf die Tötung im Mutterleib ist weder bei der Anfrage noch bei ihrer Beantwortung vorgenommen worden. Deshalb ist fortan auch das so genannte verbrauchende Experiment mit einem künstlich gezeugten menschlichen Embryo kirchenrechtlich als Straftatbestand der Abtreibung des c.1398 zu bewerten. Vgl. zur PCI-Entscheidung ausführlich Demel, Abtreibung, 272–279.

§§ 218f StGB[588] vergleicht, kann man sich dieses Eindruckes kaum erwehren. Deshalb löst sie auch in der – nicht nur kirchlichen – Öffentlichkeit öfters verständnislose bis fassungslose Anfragen aus wie z.b.: Werden in der Kirche tatsächlich nur die Personen bestraft, die die Abtreibungstat direkt ausüben, während alle anderen, die zwar die Tat nicht selbst ausführen, wohl aber zur Tat raten oder gar drängen, unbestraft bleiben? Werden also in der Regel nur die schwangere Frau und der abtreibende Arzt, die zusammen die Abtreibungstat begehen, bestraft, der im Hintergrund maßgeblich agierende Vater des ungeborenen Kindes dagegen nicht? Und: Spielen die persönlichen Umstände, eine Konfliktlage der Schwangeren, überhaupt keine Rolle? Ist es egal, ob ein 14-jähriges Mädchen in Panik abtreibt oder ob das eine 30-jährige Frau nach reiflicher Überlegung tut? Ist somit die kirchliche Strafbestimmung zur Abtreibung letztendlich frauenfeindlich?

So einfach, wie es die Anfragen vermuten lassen, macht es sich aber die katholische Kirche keineswegs und so rigoros wie es auf den ersten Blick erscheint, ist die katholische Kirche auch nicht. Denn die Strafbestimmung zur Abtreibungstat in c.1398 darf nicht isoliert betrachtet werden, sondern muss zusammen mit den allgemeinen Grundsätzen des kirchlichen Strafrechts gesehen werden, wie dem Grundsatz über den Vorsatz (c.1321), der Tatbeteiligung (c.1329) und vor allem den Strafausschließungs- und Strafmilderungsgründen (cc. 1323f).

b) Die Strafbarkeit (c.1321 i.V.m. cc. 1323f)

Die Abtreibung als Straftatbestand gemäß c.1398 ist nur bzw. erst relevant, wenn sie erstens vorsätzlich verübt und zweitens erfolgreich ausgeführt worden ist. Das ergibt sich aus c.1321, in dem explizit festgelegt ist, dass niemand bestraft wird, der nicht mit Vorsatz oder aus Fahrlässigkeit gehandelt hat, wobei Fahrlässigkeit nur bestraft wird, wenn dies explizit in der Strafnorm gesagt wird.[589] Da in c.1398 die Fahrlässigkeit nicht erwähnt ist, spielt sie für die Strafbarkeit der Abtreibung keine Rolle.

---

[588] Vgl. dazu in diesem Buch S.250–253.
[589] „Can.1321 – §1. Niemand wird bestraft, es sei denn, die von ihm begangene äußere Verletzung von Gesetz oder Verwaltungsbefehl ist wegen Vorsatz oder Fahrlässigkeit schwerwiegend zurechenbar.

Vorsätzlich meint, dass die betreffende Person wissentlich und willentlich die Abtreibung begangen hat, also im vollen Wissen und völlig freiwillig gehandelt hat – eine fahrlässige Abtreibungstat bleibt dagegen unbestraft. Zugleich muss die vorsätzlich verübte Abtreibungstat auch *vollendet* sein, um strafbar zu sein; eine versuchte, aber nicht zum Ziel geführte Abtreibung bleibt also ebenfalls straffrei.

Und selbst wenn eine vorsätzlich verübte und tatsächlich vollendete Abtreibungstat vorliegt, straft die Kirche nicht einfach ohne Wenn und Aber, sondern versucht sehr wohl die persönlichen Beweggründe und die Umstände, die zur Straftat geführt haben, zu berücksichtigen. Das tut sie mit Hilfe der sog. Straffreistellungsgründe (cc. 1323f).[590] Wie der Begriff schon sagt, umschreibt die katholische Kirche damit Gründe/Umstände, wo sie trotz vorsätzlich ausgeübter und vollendeter Straftat auf eine Strafe verzichtet. Bei der Straftat der Abtreibung sind das – gemäß cc. 1323 und 1324[591] – vor allem folgende Gründe:

---

§2. Von einer durch Gesetz oder Verwaltungsbefehl festgesetzten Strafe wird betroffen, wer das Gesetz oder den Verwaltungsbefehl überlegt verletzt hat; wer dies aber aus Unterlassung der gebotenen Sorgfalt getan hat, wird nicht bestraft, es sei denn, das Gesetz oder der Verwaltungsbefehl sehen anderes vor.
§3. Ist die äußere Verletzung des Gesetzes oder des Verwaltungsbefehls erfolgt, so wird die Zurechenbarkeit vermutet, es sei denn, anderes ist offenkundig."
[590] Das Strafrecht der katholischen Kirche unterscheidet hier zwischen Strafausschließungs- (c.1323) und Strafmilderungsgründen (c.1324). Im Falle einer Tatstrafe wirken allerdings die Strafmilderungsgründe wie Strafausschließungsgründe (c.1324 §3). Das trifft auf den Straftatbestand der Abtreibung zu, der mit der Tatstrafe der Exkommunikation belegt ist, so dass bei der Abtreibungstat die Strafmildeungsgründe die gleiche strafbefreiende Wirkung haben wie die Strafausschließungsgründe.
[591] „Can.1323 – Straffrei bleibt, wer bei Übertretung eines Gesetzes oder eines Verwaltungsbefehls:
1° das sechzehnte Lebensjahr noch nicht vollendet hat;
2° schuldlos nicht gewusst hat, ein Gesetz oder einen Verwaltungsbefehl zu übertreten; der Unkenntnis werden Unachtsamkeit und Irrtum gleichgestellt;
3° gehandelt hat aufgrund physischer Gewalt oder aufgrund eines Zufalls, den er nicht voraussehen oder, soweit vorhergesehen, nicht verhindern konnte;
4° aus schwerer Furcht, wenngleich nur relativ schwer, gezwungen oder aufgrund einer Notlage oder erheblicher Beschwernis gehandelt hat, sofern jedoch die Tat nicht in sich schlecht ist oder zum Schaden der Seelen gereicht;
5° aus Notwehr einen gegen sich oder einen anderen handelnden ungerechten Angreifer unter Beachtung der gebotenen Verhältnismäßigkeit abgewehrt hat;
6° des Vernunftgebrauchs entbehrte, unter Beachtung der Vorschriften der cann. 1324, §1 n.2 und 1325;
7° ohne Schuld geglaubt hat, einer der in den nn. 4 oder 5 aufgeführten Umstände liege vor.
Can.1324 – §1. Der Straftäter bleibt nicht straffrei, aber die im Gesetz oder Verwaltungsbefehl festgesetzte Strafe muss gemildert werden oder an ihre Stelle muss eine Buße treten, wenn die Straftat begangen worden ist:

- Die für das Vergehen der Abtreibung festgesetzte Tatstrafe der Exkommunikation tritt bei minderjährigen Tätern bzw. Täterinnen und Tatbeteiligten nicht ein (c.1324 §1 n.4); mit anderen Worten: erst wenn Täter und wesentliche Tatbeteiligte das 18. Lebensjahr vollendet haben, können sie als katholische Christen und Christinnen von der Tatstrafe der Exkommunikation getroffen werden, während sie bei Minderjährigkeit immer straffrei bleiben.
- Wer aus schwerer Furcht oder aus Zwang eine Abtreibungstat (mit) durchführt, zieht sich nicht die Tatstrafe der Exkommunikation zu, sondern bleibt straffrei (c.1324 §1 n.5). Folglich kann durchaus der Fall eintreten, dass eine Frau, die unter Druck abtreiben lässt, straffrei bleibt, während sich die Person, die den Druck ausübt, aber nicht selbst die Abtreibung vornimmt, sehr wohl die angedrohte Tatstrafe des c.1398 zuzieht.
- Ferner ist auf die Notlage gemäß c.1324 §1 n.5 als möglichen Strafausschließungsgrund hinzuweisen; sie ist nach dem Verständnis des kirchlichen Strafrechts dann gegeben, wenn „eine irgendwie, aber ohne eigenes Verschulden entstandene äußere Zwangslage [vorliegt], die den Bedrängten physisch oder moralisch zwingt, zur Abwendung der Gefahr dem Gesetz zuwider zu handeln."[592]

1° von jemandem, der einen nur geminderten Vernunftgebrauch hatte;
2° von jemandem, der schuldhaft wegen Trunkenheit oder ähnlich gearteter Geistestrübung ohne Vernunftgebrauch war;
3° aus schwerer Leidenschaft, die jedoch die Verstandesüberlegung und die willentliche Zustimmung nicht gänzlich ausschaltete und behinderte, und nur wenn die Leidenschaft selbst nicht willentlich hervorgerufen oder genährt wurde;
4° von einem Minderjährigen, der das sechzehnte Lebensjahr vollendet hat;
5° von jemandem, der durch schwere Furcht, wenngleich nur relativ schwer, gezwungen oder aufgrund einer Notlage oder erheblicher Beschwernis gehandelt hat, wenn die Straftat in sich schlecht ist oder zum Schaden der Seelen gereicht;
6° von jemandem, der aus gerechter Notwehr einen gegen sich oder einen anderen handelnden ungerechten Angreifer abgewehrt und dabei nicht die gebotene Verhältnismäßigkeit beachtet hat;
7° gegen einen, der schwer und ungerecht provoziert hat;
8° von jemandem, der irrtümlich, wenngleich schuldhaft, geglaubt hat, es läge einer der in can.1323, nn. 4 oder 5 genannten Umstände vor;
9° von jemandem, der ohne Schuld nicht gewusst hat, dass dem Gesetz oder dem Verwaltungsbefehl eine Strafandrohung beigefügt ist;
10° von jemandem, der ohne volle Zurechenbarkeit eine Handlung vorgenommen hat, sofern nur die Zurechenbarkeit schwerwiegend bleibt.
§2. ...
§3. Unter den in §1 aufgeführten Umständen trifft den Täter keine Tatstrafe."
[592] Mörsdorf, Lehrbuch des Kirchenrechts III, 323.

Mit Blick auf die weltliche Strafregelung stellt sich hier die Frage, ob sich dieses kirchliche Verständnis von Notlage mit den Notlagen deckt, die der weltliche Gesetzgeber in § 218 StGB als Indikationen für einen straffreien und gerechtfertigten Schwangerschaftsabbruch normiert hat.[593] Ein Vergleich führt hier zu folgendem Ergebnis: Eine Notlage im Sinne des kirchlichen Strafrechts wird bei einer Abtreibung für den Fall der doppelt-vitalen (= Lebensgefahr für Mutter und Kind) und einfach-vitalen Indikation (= schwere Gefahr für Leben oder körperliche Gesundheit der Mutter) geltend gemacht werden können, nicht aber bei einer Abtreibung aus medizinisch-sozialer (schwere Gefahr für die seelische Gesundheit der Mutter), kriminologischer (= infolge einer Vergewaltigung), eugenischer (= wegen einer schweren Schädigung des ungeborenen Kindes) oder innerhalb einer bestimmten Frist; denn in diesen Fällen dürfte das Kriterium eines physischen oder moralischen Zwanges zur Abtreibung wohl kaum erfüllt sein.

- Nicht in Betracht kommt dagegen der unmittelbar im Anschluss an die Notlage genannte Strafausschließungsgrund des schweren Nachteils (c.1324 §1 n.5 CIC). Denn die Abtreibung aus doppelt-vitaler und einfach-vitaler Indikation wird bereits vom Strafausschließungsgrund der Notlage erfasst; und bei der medizinisch-sozialen, eugenischen und kriminologischen Indikation sowie bei dem Einhalten der Beratungspflicht mit einer bestimmten Frist kommt er deshalb nicht in Frage, da hier die Schwere des Nachteils aufgrund der Schwangerschaft und das Beseitigen dieses Nachteils durch Tötung des ungeborenen Kindes in keinem Verhältnis stehen bzw. der Nachteil der Schwangerschaft nicht so schwer wiegen kann, als dass er eine Abtreibungstat straffrei stellen könnte.[594]
- Bedeutsam ist aber wieder der Strafausschließungsgrund der mangelnden Zurechenbarkeit der Tat in dem Sinne, dass zwar die Zurechenbarkeit nicht gänzlich ausgeschlossen, sondern durchaus noch schwerwiegend, aber eben nicht mehr im *vollem* Masse gegeben ist (c.1324 §1 n.10). Dieser Strafausschließungsgrund wird wohl in vielen Fällen einer Abtreibungstat infolge einer Vergewaltigung, also bei der so ge-

---

[593] Vgl. dazu in diesem Buch S.245–247 und S.250–253.
[594] Vgl. dazu auch in diesem Buch S.253–257.

nannten kriminologischen Indikation, greifen; denn eine Verge-waltigung führt erfahrungsgemäß zu lang andauernden und tiefgreifenden seelischen Erschütterungen des Opfers, die es in einem bestimmten Bereich, zu dem zweifelsohne die Abtreibungstat gehört, nur *gemindert* bzw. nicht im vollen Maß zurechnungsfähig handeln lassen. Eine geminderte Zurechenbarkeit kann natürlich auch bei den übrigen Indikationen auftreten, was allerdings nur in extremen Ausnahmefällen und keineswegs in der Regel vorkommen dürfte.

c) Der Täter- und Täterinnenkreis (cc. 11, 1329)

Nach der Bestimmung des c.11 CIC/1983 gilt, dass nur katholische Christen den rein kirchlichen Gesetzen unterworfen sind, so dass auch die Strafgesetze der katholischen Kirche nur für katholische Christen gelten. Blickt man unter dieser Voraussetzung auf c.1398 CIC, dann könnte man sich vom Wortlaut her: *„wer ... vornimmt"* zu der Auffassung verleiten lassen, dass offensichtlich nur zwei Personengruppen unter die angedrohte Strafnorm fallen können, nämlich die katholische schwangere Frau und die katholische ärztliche Person; schließlich wird ja in der Regel von einer dieser beiden Personen oder von beiden zusammen eine Abtreibungshandlung ausgeführt. Doch wie bei allen kirchlichen Straftatbeständen, so sind auch bei der Abtreibungstat die strafrechtlichen Bestimmungen über die Tatbeteiligung zu beachten, wie sie in c.1329 festgelegt sind.[595] Hiernach sind zwei Arten der strafbaren Tatbeteiligung zu unterscheiden, nämlich nach §1 die Tatbeteiligung durch *gemeinsame Planung* der Straftat und nach §2 die Tatbeteiligung als *Mittäterschaft* im Sinne eines Komplizen.[596] Beide Formen der Tatbeteiligung können durch physische oder moralische Tatbeteiligung ge-

---

[595] „Can.1329 – §1. Diejenigen, die durch gemeinsame Planung einer Straftat an einer Straftat mitwirken und im Gesetz oder im Verwaltungsbefehl nicht ausdrücklich genannt sind, werden, wenn gegen den Haupttäter Spruchstrafen festgesetzt sind, den gleichen oder anderen Strafen derselben oder geringerer Schwere unterworfen. §2. Die Mittäter, die im Gesetz oder im Verwaltungsbefehl nicht genannt werden, ziehen sich die für eine Straftat angedrohte Tatstrafe zu, wenn ohne ihr Handeln die Straftat nicht begangen worden wäre und die Strafe derart ist, dass sie sie selbst treffen kann; andernfalls können sie mit Spruchstrafen belegt werden."
[596] Unter rechtssprachlichem Aspekt müsste die in §2 genannte Mittäterschaft genau genommen unterschieden werden als Mittäterschaft im strengen Sinn, bei der der Tatbeitrag des Mittäters dem des Täters gleichwertig ist, und in einem weiteren Sinn, worunter die Mittäterschaft mit einem wichtigen, aber dem Täterbeitrag untergeordneten Tatbeitrag zu verstehen ist.

schehen. Physische Teilnahme an der Tat heißt Mitwirkung an der Tat selbst, moralische Teilnahme meint dagegen Beauftragung, Anstiftung, (maßgebliche) Ausübung von Zwang zur Tat u.ä. Werden diese allgemeinen Bestimmungen über die Mitwirkung an einer Straftat auf den Straftatbestand der Abtreibung angewendet, so ist zunächst festzuhalten, dass Tatbeteiligung im Sinne von Mitplanung (c.1329 §1) unbestraft bleibt, und zwar aus dem folgenden rein formalen Grund: Diese Form der Tatbeteiligung kann gemäß c.1329 §1 nur mit einer Spruchstrafe belegt werden, eine solche ist aber im Zusammenhang mit der Straftat der Abtreibung (c.1398) nicht vorgesehen. Ist diese Mitplanung allerdings *wesentlich* für das Zustandekommen der Straftat, dann dürfte sie wohl in die Definition der notwendigen Mittäterschaft des c.1329 §2 übergegangen sein, die mit der gleichen Strafandrohung belegt ist wie die (Haupt-)Täterschaft. Daher ist es letztlich nicht entscheidend, ob jemand die Kriterien der Mitplanung oder die der Mittäterschaft erfüllt, sondern ausschlaggebend ist, ob die Mitwirkung an der Straftat *wesentlich für deren Zustandekommen* ist oder nicht. Denn nur die wesentliche Mitwirkung ist mit der gleichen Strafe belegt wie die Straftat selbst.

Auf die Abtreibung bezogen kommen daher als wesentliche Tatbeteiligte zwei verschiedene Personenkreise in Frage. Zum einen sind das alle diejenigen, die *physische* Tatbeteiligte sind, wie die an der Operation beteiligten Ärzte/Ärztinnen und Krankenschwestern. Zum zweiten sind hier diejenigen zu nennen, die als *moralische* Tatbeteiligte durch ihren wesentlichen Einfluss die schwangere Frau zur Abtreibung veranlasst haben. Hier sind erfahrungsgemäß vor allem der biologische Vater des ungeborenen Kindes und die Eltern der schwangeren Frau in Betracht zu ziehen, aber auch andere Angehörige, Freunde und Freundinnen. So kann sich z.B. der Kindsvater, der die schwangere Frau zur Abtreibung drängt, die Strafe der Exkommunikation zuziehen, während die schwangere Frau, die nur aus dieser Drohung heraus abgetrieben hat, als eigentliche Haupttäterin straffrei bleiben kann, weil auf sie der Straffreistellungsgrund des Handelns aus schwerer Angst und Furcht (c.1324 §1 n.5) zutrifft. In Deutschland wird in der Liste der möglichen Tatbeteiligten am meisten über die Funktion der beratenden Person nachgedacht, die im Zusammenhang mit der vom weltlichen Strafrecht vorgeschriebenen Schwangerschafts-Konfliktberatung tätig ist. Wann wird ihre Tätigkeit zu einer wesentlichen Tatbeteiligung? Reicht hierfür bereits die Tatsache aus, einen Beratungsschein ausgestellt zu haben, wenn im Anschluss an die Beratung eine Abtreibung vorgenommen wird?[597]

d) Die Tatstrafe der Exkommunikation (cc. 1314 , 1331)

Die vorsätzlich und erfolgreich (mit-)verübte Abtreibungstat wird mit der höchsten Strafe, der Exkommunikation, und mit der strengsten Form des Strafeintritts, der Tatstrafe, geahndet. Die Strafform der *Tat*strafe ist in Abhebung zur so genannten *Urteils-* bzw. *Spruch*strafe zu sehen (c.1314).[598] Inhaltlich liegt der Hauptunterschied zwischen beiden Strafarten darin, dass die Urteilsstrafe von der zuständigen kirchlichen Autorität verhängt werden muss, während die Tatstrafe bereits mit Begehen der Straftat, genauer gesagt: mit Vollendung der Straftat, von selbst, d.h. ohne Eingreifen einer kirchlichen Autorität, eintritt. Ein weiteres Kennzeichen der Tatstrafe ist „ihre zweistufige Wirkweise: Wird die mit dieser Strafe bedrohte Tat begangen, tritt mit Vollendung der Tat die Strafe ein, die der Täter an sich selbst vollziehen muss; wird darüber hinaus die Tat öffentlich bekannt, kommt es zu einer Strafverschärfung durch die Feststellung der eingetretenen Strafe durch einen Dritten bzw. den kirchlichen Richter,"[599] sofern „die übergeordneten Interessen des kirchlichen Gemeinwohles die Herbeiführung der vollen Publizität des Strafeintrittes erforderlich erscheinen lassen."[600] Daher muss bei der Tatstrafe zwischen der nur *eingetretenen* bzw. nicht festgestellten und der *festgestellten* (nicht: verhängten) Tatstrafe unterschieden werden. Erstere gilt vorwiegend im inneren Rechtsbereich (= forum internum), letztere im äußeren (= forum externum) und bringt zugleich mehr Rechtseinschränkungen mit sich als die nur eingetretene, also (noch) nicht festgestellte Tatstrafe.

Eine solche Strafform wie die Tatstrafe ist nur möglich in einer Rechtsordnung bzw. in einem Rechtssystem, das die Glaubensentscheidung mit ihren moralischen Forderungen im Blick hat, haben kann und haben muss, das also in die Tiefe des Gewissens ihrer Glieder vordringen möchte, die Eigenverantwortung und das

---

[597] Vgl. dazu in diesem Buch S.313–316.
[598] „Can.1314 – Die Strafe ist meistens eine Spruchstrafe, so dass sie den Schuldigen erst dann trifft, wenn sie verhängt ist; sie ist jedoch, wenn das Strafgesetz oder das Strafgebot dies ausdrücklich festlegt, eine Tatstrafe, so dass sie von selbst durch Begehen der Straftat eintritt."
[599] Löbmann, Die Reform der Struktur des kirchlichen Strafrechtes, 715.
[600] Strigl, Das Funktionsverhältnis, 197; vgl. Rees, Die Strafgewalt, 103.

mündige Christsein betont. Denn das Tatstrafensystem stellt hohe moralische Forderungen an die Rechtsuntergebenen. Es verlangt nämlich von ihnen, dass sie sich selbst anklagen, sich selbst richten und an sich selbst die Strafe vollziehen. Oder anders gesagt: Im Tatstrafensystem führt das eigene Gewissen die Anklage, das Urteil und den Vollzug der Strafe durch. Die Einrichtung der Tatstrafe wird oft als eine unsichere und unbestimmte Strafart missverstanden, weil „der spezifische Charakter der kirchlichen Tatstrafe übersehen [wird], der darin liegt, dass sittliche Schuld zugleich rechtliche Wirkungen erzeugt. Es „gilt der Grundsatz: Die Tatstrafe bindet einen Täter sowohl im inneren wie im äußeren Bereich in dem Augenblick, da er sich seines begangenen Deliktes bewusst geworden ist. Die Strafe tritt mit dem Bewusstwerden der eigenen Schuld und sittlichen Verantwortung ein."[601]

Die Strafform der Tatstrafe wird in der Regel mit dem Strafinhalt der *Exkommunikation* verbunden. Wörtlich übersetzt bedeutet Exkommunikation soviel wie Ausgemeinschaftung, gemeint ist die Ausgemeinschaftung aus der katholischen Kirche. Diese Ausgemeinschaftung darf aber nicht als ein *vollkommener* Ausschluss aus der katholischen Kirche missverstanden werden; denn ein gänzlicher Ausschluss würde in Widerspruch zu dem unverlierbaren Taufcharakter bzw. zu der mit der Taufe unverlierbar erfolgten Eingliederung in die Kirche stehen. Die Exkommunikation ist daher nicht eine gänzliche *Aus-* sondern lediglich eine vorübergehende *Absonderung* von der kirchlichen Gemeinschaft, die dadurch zum Ausdruck kommt, dass bestimmte Rechte und Pflichten nicht in Anspruch genommen werden können. So schließt die Exkommunikation von der Spendung und den Empfang aller Sakramente aus sowie von der Ausübung und Wahrnehmung liturgischer und kirchlicher Ämter, Dienste und Aufgaben (c.1331 CIC).[602]

---

[601] Strigl, Das Funktionsverhältnis, 195f.
[602] „Can.1331 – §1. Dem Exkommunizierten ist untersagt:
1° jeglicher Dienst bei der Feier des eucharistischen Opfers oder bei irgendwelchen anderen gottesdienstlichen Feiern;
2° Sakramente oder Sakramentalien zu spenden und Sakramente zu empfangen;
3° jedwede kirchlichen Ämter, Dienste oder Aufgaben auszuüben oder Akte der Leitungsgewalt zu setzen.

Die nur eingetretene Tatstrafe der Exkommunikation bewirkt insofern noch nicht die vollen Strafwirkungen, als dem Exkommunizierten lediglich *untersagt*, aber bei Nichtbeachtung dieses Verbots *nicht unmöglich* ist, Sakramente zu spenden oder zu empfangen wie auch kirchliche Ämter, Dienste oder Aufgaben wahrzunehmen; erst bei der *festgestellten* Tatstrafe wird das, was untersagt ist, auch *unmöglich*. Denn die festgestellte Tatstrafe, die die gleichen Wirkungen hat wie die Urteils- bzw. Spruchstrafe der Exkommunikation, führt dazu, dass der Exkommunizierte von den Sakramenten wie auch von der Wahrnehmung kirchlicher Ämter, Dienste und Aufgaben ferngehalten werden muss (c.1331 CIC). Im Falle des Abtreibungsvergehens wird eine solche Feststellung der Tatstrafe im äußeren Rechtsbereich dann erfolgen, wenn eine Person eine oder mehrere Abtreibungen vorgenommen hat und dies öffentlich bekennt oder gar damit wirbt.

e) Der Strafnachlass (c.1347 §2 i.V.m. cc. 1355–1358)

Eine Tatstrafe wird als so genannte „Besserungsstrafe" bezeichnet. Denn sie wird nur solange aufrechterhalten, bis der Betreffende seine Tat bereut sowie den angerichteten Schaden und das hervorgerufene Ärgernis beseitigt hat bzw. ernsthaft versprochen hat, beides zu tun (c.1347 §2 i.V.m. 1358 §1).[603]

Der Strafnachlass bzw. die Lossprechung von der Strafe geschieht dabei normalerweise im *äußeren* Bereich (cc. 1355f), kann aber auch im *inneren* Bereich des Bußsakraments erfolgen.

---

§2. Wenn aber die Exkommunikation verhängt oder festgestellt worden ist:
1° muss der Täter ferngehalten oder muss von der liturgischen Handlung abgesehen werden, wenn er der Vorschrift von §1, n.1 zuwiderhandeln will, es sei denn, es steht ein schwerwiegender Grund dagegen;
2° setzt der Täter ungültig Akte der Leitungsgewalt, die gemäß §1, n.3 unerlaubt sind;
3° ist dem Täter der Gebrauch vorher gewährter Privilegien untersagt;
4° kann der Täter gültig keine Würde, kein Amt und keinen anderen Dienst in der Kirche erlangen;
5° erwirbt der Täter die Erträge einer Würde, eines Amtes, jedweden Dienstes, einer Pension, die er etwa in der Kirche hat, nicht zu eigen."

[603] „Es ist davon auszugehen, dass ein Täter von der Widersetzlichkeit abgelassen hat, wenn er die Straftat wirklich bereut hat und er außerdem eine angemessene Wiedergutmachung der Schäden und eine Behebung des Ärgernisses geleistet oder zumindest ernsthaft versprochen hat" (c.1347 §2).
„Eine Beugestrafe kann nur einem Täter erlassen werden, der gemäß can.1347, §2 die Widersetzlichkeit aufgegeben hat; einem solchen aber kann der Nachlass nicht verweigert werden" (c.1358 §1).

Für einen Strafnachlass im äußeren Bereich ist wie bei den meisten anderen Vergehen auch der Ordinarius, also in der Regel der Diözesanbischof, zuständig; nur bei ganz wenigen und selten vorkommenden Straftatbeständen ist der Strafnachlass dem Papst vorbehalten (c.1355). Im inneren sakramentalen Bereich können von der *eingetretenen* Tatstrafe der Exkommunikation der Papst und Bischof bei entsprechender Disposition des/der Beichtenden immer lossprechen, der einfache Beichtvater bzw. Priester mit Beichtbefugnis im so genannten Dringlichkeitsfall (c.1357) und innerhalb seines Amtsbereiches der Bußkanoniker (c.508) und der mit besonderen Seelsorgsaufgaben betraute Priester (c.566); in Todesgefahr kann schließlich jeder Priester, auch wenn er keine Beichtbefugnis hat, von der Exkommunikation lossprechen (c.976). Im Kontext der Abtreibungstat ist von den eben genannten Möglichkeiten besonders der Strafnachlass im Dringlichkeitsfall von Bedeutung (c.1357). Eine Dringlichkeitssituation für einen Strafnachlass im Bußsakrament durch den Beichtvater ist dann gegeben, wenn es dem/der mit einer Tatstrafe behafteten Beichtwilligen unzumutbar ist, solange im Stand der schweren Sünde verharren zu müssen, bis die zuständige kirchliche Autorität um den Strafnachlass angegangen werden kann. Diese Form der Lossprechung von der Strafe im inneren Bereich ist allerdings an die Auflage gebunden, dass innerhalb des folgenden Monats ein so genannter Rekurs an den zuständigen Oberen zu erfolgen und der Täter bzw. die Täterin die Weisungen des Oberen zu befolgen hat; wird die Rekurspflicht nicht erfüllt, tritt die Strafe von selbst wieder ein (c.1357).[604]
Diese universalkirchliche Bestimmung über die Rekurspflicht hat aber die Deutsche Bischofskonferenz im Hinblick auf das Verge-

---

[604] „Can.1357 – §1. Vorbehaltlich der Vorschriften der cann. 508 und 976 kann der Beichtvater die nicht festgestellte Beugestrafe der Exkommunikation oder des Interdiktes, insofern sie Tatstrafe ist, im inneren sakramentalen Bereich nachlassen, wenn es für den Pönitenten hart ist, im Stande schwerer Sünde für den Zeitraum zu verbleiben, der notwendig ist, damit der zuständige Obere Vorsorge treffen kann.
§2. Bei der Gewährung des Nachlasses hat der Beichtvater dem Pönitenten die Pflicht aufzuerlegen, unter Androhung des Wiedereintritts der Strafe, sich innerhalb eines Monats an den zuständigen Oberen oder an einen mit der Befugnis ausgestatteten Priester zu wenden und dessen Auflagen nachzukommen; inzwischen hat er eine angemessene Buße und, wenn es dringend ist, die Wiedergutmachung des Ärgernisses und des Schadens aufzuerlegen; der Rekurs aber kann ohne Namensnennung auch durch den Beichtvater erfolgen.
§3. Dieselbe Rekurspflicht trifft nach ihrer Genesung jene, denen gemäß can.976 eine verhängte oder festgestellte oder dem Apostolischen Stuhl vorbehaltene Beugestrafe nachgelassen worden ist."

hen der Abtreibung in folgender Weise für ihren Bereich abgeschwächt. Sie hat nämlich bereits im Jahre 1983 die *Empfehlung* ausgesprochen, dass beim Vergehen der Abtreibung für den Strafnachlass im Dringlichkeitsfall einhellig in folgender Weise verfahren wird:

> „Wenn ein Priester im Dringlichkeitsfall des c.1357 §1 von der Exkommunikation des c.1398 wegen Abtreibung absolviert hat, wird auf den gemäß c.1357 §2 erforderlichen Rekurs an den Diözesanbischof verzichtet mit der Weisung, dass der Beichtvater selbst dem Pönitenten eine angemessene Buße und die Wiedergutmachung des etwa entstandenen Ärgernisses auferlegt."[605]

Diese Empfehlung, auf den nach universalkirchlichem Recht geforderten Rekurs zu verzichten, entsprach der in vielen Diözesen bereits geübten Praxis. Bei der Veröffentlichung dieser Empfehlung der Deutschen Bischofskonferenz in den verschiedenen Amtsblättern der deutschen Diözesen wurden sowohl das Dringlichkeitskriterium als auch der Verzicht auf die Rekurspflicht näher erläutert. So wurde hinsichtlich des Dringlichkeitskriteriums ausgeführt:

> „Bei einer jungen Frau nach einer Abtreibung, die sich nach schweren Gewissenskämpfen zu einer Beichte aufrafft, wird solcher Dringlichkeitsfall durchweg festzustellen sein."[606]

Hatte man hier den Eindruck, dass zu einer großzügigen Auslegung des Dringlichkeitskriteriums ermuntert wurde, scheint die Begründung für den Verzicht auf die Rekurspflicht vor einem leichtfertigen Umgang bzw. vor einer oberflächlichen Bewertung des Abtreibungsvergehens warnen zu wollen:

> „Wohl ist der absolvierende Beichtvater dann gehalten, seinerseits dem Pönitenten eine der Schwere der Strafe angemessene Buße und die Wiedergutmachung des etwa entstandenen Ärgernisses aufzuerlegen. Für den dargelegten Verzicht auf den Rekurs sind allein *seelsorgliche* Gründe maßgebend. Pastorale Erfahrung lehrt, dass

---

[605] So z.B. im „Erlass des Erzbischofs von Bamberg vom 3. November 1983 zur Absolution von der Exkommunikation wegen Abtreibung", in: AKathKR 152 (1983), 545–547, 545.
Auch die österreichische Bischofskonferenz hat die schon vor dem CIC/1983 geltenden „Vollmachten für Beichtväter zur Absolution von der Exkommunikation des c.1398" nach Inkrafttreten des CIC/1983 per Dekret erneuert: „Die bisher in den einzelnen Diözesen gegebene Vollmacht zur Absolution von der Exkommunikation wegen Abtreibung wird unter den gleichen Bedingungen den Beichtvätern ab 27. November 1983 wieder gegeben" (ÖAKR 34 (1983), 402).
[606] AKathKR 152 (1983), 545–547, 546.

gerade beim Delikt der Abtreibung, das der Pönitent im besonderen Maß von völliger Verschwiegenheit umgeben wissen will, die Pflicht eines weiteren Rekurses blockierende Hemmungen auslöst, die selbst den Bußwilligen allzu leicht zurückschrecken lassen. Der Seelsorger wird oft genug dankbar sein, wenn er, ohne den Ernst des Delikts im Mindesten abschwächen zu wollen, von sich aus dem Pönitenten abschließend die Aussöhnung gewähren kann.

Keineswegs soll mit dem erwähnten Verzicht auf den Rekurs das Delikt der Abtreibung irgendwie verharmlost werden. ... Wenn man ... trotzdem für die Abtreibung an dieser schwersten Kirchenstrafe festhält, zeigt dies zur Genüge, wie ernst die Kirche diesen ungeheuerlichen Angriff gegen das ungeborene Leben im Mutterschosse nimmt. Mit solcher Strafnorm, die als eine der ganz wenigen aufrechterhalten blieb, dokumentiert die Kirche vor aller Welt, wie sie über die Tötung des ungeborenen Kindes denkt und urteilt. ..."[607]

Dieser Erlass mit seinen Erläuterungen macht eindrucksvoll deutlich: Im Mittelpunkt des Interesses der kirchlichen Strafregelung zur Abtreibung steht keineswegs die Bestrafung der schwangeren Frau, sondern der Lebensschutz des ungeborenen Kindes. Die massive Strafandrohung der von selbst eintretenden kirchlichen Höchststrafe steht im Dienst dieses unbedingten, aber höchsten Gefahren ausgesetzten Lebensschutzes. Sie soll den entschiedenen Einsatz der Kirche für das Leben des ungeborenen Kindes dokumentieren, zumal „die Haltung der staatlichen Rechtsordnungen in der Abtreibungsfrage vom Wechselspiel der gesellschaftlichen Strömungen und politischen Kräfteverhältnisse beeinflusst wird."[608] Keinesfalls soll es um eine einseitige Bestrafung der schwangeren Frau als Hauptbeteiligte der Abtreibung gehen, wie schon aus der Tatsache hervorgeht, dass z.B. eine minderjährige Frau ebenso wenig unter die Strafdrohung der Exkommunikation fällt wie eine Frau, die nur auf Drängen anderer die Abtreibungstat begeht, und dass umgekehrt sich auch der zur Abtreibung drängende Kindsvater die Exkommunikation zuziehen kann.[609] Weil sich auch und gerade die Kirche bewusst ist, in welche Konfliktlage eine schwangere Frau geraten kann, weiß sich die Kirche bei allem konsequenten Eintreten für das Lebensrecht des ungeborenen Kindes gleichermaßen verpflichtet, schwangeren Frauen nicht nur mit der Exkommunikation für

---

[607] Ebd., 546f.
[608] Pahud de Mortanges, Zwischen Vergebung und Vergeltung, 179.
[609] Vgl. dazu in diesem Buch S.279.

Abtreibung zu drohen, sondern ihr alle erdenklichen Hilfestellungen anzubieten, angefangen von der Beratung über längerfristige Begleitung bis hin zur konkreten finanziellen Unterstützung.

3. Die Diskussion um eine kirchliche Beteiligung am staatlichen System der Schwangerschafts-Konfliktberatung in Deutschland

Die Schwangerschafts-Konfliktberatung ist im deutschen Strafrecht seit 1976 fest verankert. Sie wurde aus der Erkenntnis heraus eingeführt, dass die Strafdrohung allein kein wirksames Mittel zum Schutz des ungeborenen Kindes darstellt und deshalb um eine so genannte Pflichtberatung zu ergänzen ist, in der positive Hilfen zur Fortsetzung der Schwangerschaft aufgezeigt werden sollen.[610] Da diese vom weltlichen Gesetzgeber vorgeschriebene Pflichtberatung einen wichtigen Dienst sowohl für die in Not geratene schwangere Frau wie auch für das ungeborene Kind darstellt, haben auch die evangelische und katholische Kirche von Anfang an eigene, sog. konfessionell geprägte Beratungsstellen eingerichtet, in denen diese Pflichtberatung von jeder Frau wahrgenommen werden kann. Im Bereich der Deutschen Bischofskonferenz sind im Laufe der Zeit ca. 270 so genannte „kirchliche"[611] Beratungsstellen – im Rahmen der „Caritas" und des „Sozialdienst[es] katholischer Frauen" (= SkF)[612] – aufgebaut worden, in denen dieser Beratungsdienst angeboten wird.

Doch im Zusammenhang mit der Neufassung der Abtreibungsregelung in den 1990er Jahren sind immer wieder Stimmen laut geworden, die einen Rückzug der so genannten „kirchlichen" Beratungsstellen aus dem staatlichen System der Schwanger-

---

[610] Vgl. dazu in diesem Buch S.242–250.
[611] Vgl. zu dieser Begrifflichkeit in diesem Buch S.287f.
[612] Nach Auskunft ihrer Satzung aus dem Jahr 2005 (http://www.caritas.de/8833.html) ist die „Caritas" nach weltlichem Recht als „e.V" organisiert, nach kirchlichem Recht als ein kirchlicher, privat kanonischer Verein, wobei offen gelassen ist, ob er auch die Rechtsfähigkeit besitzt oder nicht. Nach Auskunft der Homepage des SkF-Ortsvereins Wiesbaden ist der SkF als Gesamtverein nach weltlichem Recht ein nicht eingetragener Verein, nach kirchlichem Recht ein kirchlicher, privat kanonischer Verein ohne Rechtsfähigkeit (http://www.skf-wiesbaden.de/31SKF_Satzung.html). Zum weltlichen Vereinsrecht vgl. in diesem Buch S.105; zum kirchlichen, privat kanonischen Verein vgl. in diesem Buch S.113–116.

schafts-Konfliktberatung gefordert haben, um nicht in irgendeiner Form mit der nach § 218a StGB straffreien Tötung ungeborener Kinder in Verbindung zu stehen.

a) Strafrechtlicher und ekklesiologischer Ausgangspunkt

Mit der Rückzugsforderung der „kirchlichen" Beratungsstellen ist eine Diskussion ausgelöst worden, die bis heute anhält und dabei teilweise einen ziemlich verschlungenen Verlauf aufweist. Daher ist es umso wichtiger, den strafrechtlichen und ekklesiologischen Ausgangspunkt dieser Debatte nicht aus den Augen zu verlieren.

- Die Schwangerschafts-Konfliktberatung des weltlichen Strafrechts ist nicht mehr wie in der Regelung von 1976 als eine flankierende Maßnahme konzipiert, sondern in die Strafregelung selbst integriert und so zu einer von drei Bedingungen geworden, einen Schwangerschaftsabbruch ohne Strafverfolgung vornehmen lassen zu können.[613] Die damit gleichzeitig einhergehende inhaltliche Neuausrichtung der Beratung als *zielorientiertes* – wenn auch definitionsgemäß *ergebnisoffenes* – Gespräch, in dem die Beraterin, der Berater verpflichtet ist, *für das Lebensrecht des Kindes* einzutreten, wurde von den jenigen, die vor dieser Neuregelung warnten, offensichtlich nicht als hinreichender Schutzausgleich für die strafbefreiende Wirkung der Pflichtberatung – vorausgesetzt die zwei weiteren Bedingungen für einen Strafverzicht sind ebenfalls erfüllt – gesehen.
- Mit „*kirchlichen*" Beratungsstellen sind hier die Beratungsstellen der Caritas und des SkF gemeint, die *im Namen und Auftrag der katholischen Kirche* tätig sind und deshalb auch als Beratungsstellen (in der Trägerschaft) der „*Institution Kirche*" gelten. Im Namen und Auftrag der katholischen Kirche kann nur tätig sein, wer dazu von der zuständigen kirchlichen Autorität eine förmlich erteilte kirchliche Sendung hat.[614] Die für die Beratungsstellen der Caritas und des SkF zuständige kirchliche Autorität ist bei einem Diözesanverband der jeweilige Diözesanbischof,[615] bei einem Bundesverband die Deutsche Bischofskonferenz. Deshalb werden diese Beratungsstellen auch oft als „*bischöflich getragene*" bzw. kurz: „*bischöfli-*

---

[613] Vgl. dazu in diesem Buch S.257–261.
[614] Vgl. dazu in diesem Buch S.68; S.307f und S.333.
[615] Vgl. dazu in diesem Buch S.167–174.

che" Beratungsstellen tituliert. Die Bezeichnungen „kirchliche" und „bischöfliche" Beratungsstellen sind allerdings nicht korrekt. Genau genommen handelt es sich bei den Beratungsstellen der Caritas und des SkF nicht um „kirchliche", sondern um *„der Kirche zugeordnete"* Beratungsstellen. Denn die kirchliche Sendung, die notwendig ist, um im Namen und Auftrag der katholischen Kirche tätig zu sein, kann auf zwei Weisen erteilt werden: unmittelbar und mittelbar. Wird sie unmittelbar erteilt, handelt es sich um eine „kirchliche" Beratungsstelle; wird sie mittelbar erteilt, lediglich um eine „der Kirche zugeordnete" Beratungsstelle. Unmittelbar wird sie erteilt, wenn die Beratungsstelle eine Einrichtung der Institution Kirche ist (= kirchliche Beratungsstelle), mittelbar, wenn die Beratungsstelle seitens der kirchlichen Autorität kirchenamtlich anerkannt wird (= der Kirche zugeordnete Beratungsstelle). Im Bereich der Deutschen Bischofskonferenz gibt es bislang keine „kirchlichen", sondern nur „der Kirche zugeordnete" Beratungsstellen wie Caritas und SkF.[616]

---

[616] Vgl. hierzu ausführlich Schmitz, Mitwirkung der Kirche, 83–108: „Die Beratungsstellen werden mit der differenzierenden Formel unterschieden einerseits in ‚kirchliche Beratungsstellen', also solche, die der verfassten Kirche angehören, wenn es denn solche geben sollte, z.B. Beratungsstellen in Trägerschaft einer Kirchengemeinde als eines organisatorischen Teils der verfassten Kirche, und andererseits in ‚der Kirche zugeordnete Beratungsstellen', also solche, die der verfassten Kirche nicht unmittelbar zugehören, sondern in der Trägerschaft von rechtlich selbstständigen Einrichtungen stehen …[und] nur mittelbare kirchliche Einrichtungen sind," insofern sie von der kirchlichen Autorität förmlich anerkannt und beauftragt sind, „im Namen und Auftrag der Kirche" tätig zu sein (ebd., 88f).
Die Formulierung „in den kirchlichen oder der Kirche zugeordneten Beratungsstellen" ist vom Papst in seinem Brief an die deutschen Bischöfe vom 11.1.1998 (vgl. dazu in diesem Buch S.294–296) eingeführt worden und stammt aus dem deutschen Staatskirchenrecht, wo sie im Kontext des verfassungsrechtlich gewährten Rechts auf Selbstbestimmung der Kirche und ihrer unmittelbaren und mittelbaren Institutionen verwendet wird (vgl. ebd., 86). „Der Papst versucht mit der Formulierung ‚in den kirchlichen oder der Kirche zugeordneten Beratungsstellen' die nicht hinreichend eindeutige Bezeichnung der Beratungsstellen als ‚kirchlich' oder ‚katholisch' klarzustellen" (ebd., 88).

b) Die „Vorläufige[n] Bischöflichen Richtlinien für katholische Schwangerschaftskonfliktberatungsstellen" (1995)

Zu Beginn der Kontroverse über die Beteiligung der „kirchlichen" Beratungsstellen am staatlichen System der Schwangerschafts-Konfliktberatung hat der damalige Vorsitzende der Deutschen Bischofskonferenz, Karl Kardinal Lehmann, wiederholt zwei Gesichtspunkte herausgestellt, die für einen Verbleib und damit gegen den geforderten Rückzug der „kirchlichen" Beratungsstellen sprechen: Zunächst soll und darf der Beratungsschein nicht überbewertet werden, etwa im Sinn einer „kirchlichen" – gemeint ist hier: kirchlich-institutionellen bzw. bischöflichen – Zustimmung zur Abtreibung; der Beratungsschein besagt nur, dass ein Beratungsgespräch stattgefunden hat, und zwar ein Beratungsgespräch zugunsten des Lebensrechts des Kindes. Aus dieser Tatsache folgt dann als zweites Argument, dass sich die katholische Kirche nicht durch das Verbleiben in dem staatlichen Beratungssystem, sondern durch einen Ausstieg aus ihm mitschuldig an der Tötung ungeborener Kinder machen würde, weil sie sich dadurch einem auf Lebensschutz orientierten Beratungsauftrag entzöge. Wörtlich hat der Vorsitzende dazu ausgeführt:

> „Zunächst darf man auch hier nicht über den Beratungsschein in einer völlig isolierten und abstrakten Weise sprechen. Erst müssen immer wieder der Beratungsprozess und das Beratungskonzept mit allen Implikationen gegenwärtig sein. Dann sieht man, wie begrenzt die Funktion des Scheins ist. Im Rahmen der Pflichtberatung hat die Bestätigung der Beratung einen gut erkennbaren Sinn: der Schein stellt den Nachweis dar, dass die in einer Konfliktlage stehende schwangere Frau sich einer beratenden Person gestellt hat, deren Absicht es war, sie vom Austragen des Kindes zu überzeugen und ihr die entsprechenden Hilfen anzubieten. Es ist eine Nachweisurkunde, die mit dem Sinn der Beratung zusammenhängt, den Lebensschutz zu gewährleisten. Diese Bestätigung ist das Primäre. Der Schein hat nichts zu tun mit der Indikationsfeststellung. Die auszustellende Bescheinigung ist zwar die Voraussetzung für einen Abbruch ohne Strafdrohung. Aber dies ist nicht ihre erste und eigentliche Funktion. Der Nachweis dokumentiert die lebensorientierte Beratung. Sie trägt im Falle des Scheiterns zur Straffreiheit, nicht jedoch zur Rechtfertigung einer im Anschluss eventuell stattfindenden Abtreibung bei.
>
> Mehr sagt der Schein – gerade in dieser neuen Konzeption – nicht. *Der Schein hängt in diesem Sinne eng mit der kaum überschätzbaren Rolle der Beratung und der Hilfen in diesem Konzept zusam-*

men. ... Die Bestätigung der Tatsache eines Beratungsgespräches darf nicht in einem formellen oder konstitutiven Zusammenhang gebracht werden mit einem eventuell später erfolgenden Schwangerschaftsabbruch. Alles andere scheint mir eine unangemessene Überfrachtung der Bedeutung des Scheins zu sein. ... Die Arbeit der katholischen Beratungsstellen in unserer Kirche ist indirekt durch das Urteil [sc. des Bundesverfassungsgerichts von 1993] in einem hohen Maß anerkannt und gerechtfertigt worden. Wir sind dankbar für die grundlegenden positiven Entscheidungen, die dem Lebensschutz des ungeborenen Kindes dienen. Aufgrund der Differenz zwischen säkularer Rechtsordnung und christlichem Ethos, Gesellschaft und Kirche, versteht es sich, dass wir mit unseren eigenen Überzeugungen an einigen Stellen eigene Wege gehen. Aber dies verbietet nicht, *dass die Beratungsstellen in dem neugeschaffenen Rahmen ihre Tätigkeit ungehindert und mit voller Kraft fortsetzen.*"[617]

Diese Position war die Grundlage dafür, dass die deutsche Bischofskonferenz nach der 1995 erfolgten Neufassung des

---

[617] Lehmann, Mut zu einem neuen Modell, 247–249 (Hervorhebungen von Verf.in). Auch 1998 führt Lehmann, Einführung in den Papstbrief, 64f, aus: „Nach meinem Urteil ist der Schein in ‚Brief' [sc. des Papstes an die deutschen Bischöfe vom 11.1.1998; vgl. dazu in diesem Buch S.294–296] und ‚Kommentar' zu sehr aus dem Beratungsprozess, seiner eng damit zusammenhängenden Funktion und der dazugehörenden Zielvorgabe im Ganzen herausgelöst, zu sehr in seiner vorgeblich ‚objektiven rechtlichen Bedeutung' (Nr.5) isoliert und in einer vermeintlichen ‚Schlüsselfunktion' (Nr.7) überschätzt. Die gegenteilige Versicherung (vgl. Nr.5) entfaltet keine Wirkung. Dies sind mehr als bloße Nuancen."
Im gleichen Sinn Bischof Kamphaus: „Wenn nur der Beratungsschein nicht wäre! Der Teufel sitzt bekanntlich im Detail. Sitzt er in diesem Schein? Ist der das kleinere Übel oder der große Sündenfall? Rechtlich ist die Sache klar: Mit dem Schein ist die Abtreibung nicht vorentschieden oder gar erlaubt, sie bleibt Unrecht und hängt allein von der Entscheidung der Mutter ab. Der Schein belegt lediglich, dass eine Beratung zum Schutz des gefährdeten Kindes stattgefunden hat; in der Logik des Beratungskonzeptes bleibt eine mögliche Abtreibung daher straffrei. Bedingung der Straffreiheit ist keineswegs der bloße Schein, sondern eine Beratung, die zum Austragen des Kindes ermutigen und eine Abtreibung gerade verhindern soll. Ist letztlich für die Gegner des Verbleibs in der Konfliktberatung nicht der Beratungsschein, sondern das ganze an die Stelle der Strafandrohung getretene Beratungsschutzkonzept der Stein des Anstoßes?" (Kamphaus, Retten, was zu retten ist, 86f).
Vgl. ähnlich Reiter, Schwangerschaftskonfliktberatung, 16f: „Die Bescheinigung bestätigt weder eine Notlage noch eine von der Schwangeren getroffene Entscheidung. Ein eventuell später erfolgender Schwangerschaftsabbruch wird weder gerechtfertigt noch gebilligt." Ebenso Knauer, Schwangerschaftskonfliktberatung, 122f: „Die Bischofskonferenz sollte deutlich zum Ausdruck bringen lassen, dass die Ausstellung eines Scheins keine Mitwirkung an der Abtreibung ist, sondern am Verzicht auf Strafverfolgung. Dieser Verzicht hat darin seinen ‚entsprechenden Grund', dass man durch Beratung viele Abtreibungen verhindern kann. Frauen, die über eine Abtreibung nachdenken, sind gewöhnlich in einer Zwangslage und brauchen jeden erdenklichen Beistand, ohne dass ihnen jedoch irgend jemand ihre eigene Verantwortung abnehmen kann."

§ 218 StGB „vorläufige" bischöfliche Richtlinien für die so genannten „kirchlichen" (= der katholischen Kirche zugeordneten)[618] Schwangerschafts-Konfliktberatungsstellen im staatlichen Beratungssystem erarbeitet hatte, die jeder Diözesanbischof in seinem Bistum erlassen konnte, sofern er mit den „seiner" Diözese zugeordneten Beratungsstellen im staatlichen Beratungssystem verblieb.[619] Hierbei handelte es sich ausdrücklich um *vorläufige* Richtlinien, da die Deutsche Bischofskonferenz eine endgültige Entscheidung über ihre Beratungstätigkeit im Schwangerschaftskonflikt erst nach einer geraumen Zeit der Erfahrungen mit dem neuen weltlichen Strafrecht treffen wollte. In diesen „Vorläufigen Bischöflichen Richtlinien für katholische Schwangerschaftskonfliktberatungsstellen nach § 219 StGB in Verbindung mit den §§ 5–7 des Schwangerschaftskonfliktgesetzes (SchKG)"[620] hat sich zunächst die katholische Kirche in einer Art Prolog klar und eindeutig von der Neuregelung des § 218 StGB distanziert:

> „Mit großer Sorge haben die deutschen Bischöfe zur Kenntnis genommen und immer wieder deutlich erklärt, dass durch die 1976 erfolgte Änderung des § 218 StGB der uneingeschränkte Schutz des ungeborenen Kindes staatlicherseits nicht mehr gewährleistet ist. Das am 25. August 1995 verkündete Schwangeren- und Familienhilfeänderungsgesetz (SFHÄndG) bedeutet trotz einiger Verbesserungen eine weitere Verschlechterung des Lebensschutzes.[621] Deshalb wird sich die katholische Kirche mit diesem Gesetz nicht abfinden.
>
> Das Bemühen der Kirche, ihre Beratungstätigkeit auch unter den veränderten Bedingungen des neuen Gesetzes auszuüben, geschieht aus ihrem Selbstverständnis und ihrem eigenen Auftrag sowie in Verantwortung gegenüber dem ungeborenen Kind und der in Not geratenen Frau und ihrer Familie. Eine Zustimmung zum vorliegenden Gesetz ist damit nicht verbunden. Auch die endgültige Entscheidung der Deutschen Bischofskonferenz über eine Fortsetzung der Beratung innerhalb des gesetzlichen Rahmens wird damit nicht vorweggenommen. Katholische Schwangeschaftskonfliktbera-

---

[618] Vgl. dazu in diesem Buch S.287f.
[619] Außer im Bistum Fulda wurden sie in allen Bistümern der Deutschen Bischofskonferenz in Kraft gesetzt.
[620] Abl Regensburg Nr.1 (1996), 4–6.
Der Ausdruck „katholische Schwangerschaftskonfliktberatungsstellen" ist kirchenrechtlich unpräzise. Er kann nur verstanden werden als „der katholischen Kirche zugeordnete Schwangerschaftskonfliktberatungsstellen" (vgl. dazu in diesem Buch S.287f).
[621] Vgl. dazu in diesem Buch S.255–257.

tungsstellen werden – unbeschadet einer staatlichen Anerkennung – vom zuständigen Diözesanbischof anerkannt."[622]

Nach dieser Grundsatzerklärung folgen die eigentlichen Richtlinien für die „kirchlichen" im Sinne „von der Kirche zugeordneten" Schwangerschafts-Konfliktberatungsstellen. Hier sind die Bestimmungen des weltlichen Strafrechts über die Beratung zugunsten des Lebensrechts des ungeborenen Kindes teilweise wörtlich aufgegriffen und in christlicher Hinsicht ausgedeutet bzw. präzisiert worden, so dass jede Zweideutigkeit über Inhalt und Ziel der Beratung ausgeschlossen ist. Die wichtigsten Passagen lauten folgendermaßen:

> „§1: Ziel der Beratung ist der Schutz des ungeborenen Kindes. Die Beratung hat sich von dem Bemühen leiten zu lassen, die Frau zur Fortsetzung der Schwangerschaft und zur Annahme ihres Kindes zu ermutigen, ihr Perspektiven für ein Leben mit dem Kind zu eröffnen durch Überwindung der Not- und Konfliktlage, in der sich die Schwangere befindet. Dabei ist der Frau bewusstzumachen, dass das ungeborene Kind in jedem Stadium der Schwangerschaft auch ihr gegenüber ein eigenes Recht auf Leben hat ..."

So schreibt es auch der weltliche Gesetzgeber vor. Die Deutsche Bischofskonferenz hat diese Aussage aber noch aus christlicher Sicht konkretisiert und fuhr fort:

> „... und dass das menschliche Leben von Anfang an unverfügbar ist. Zugleich soll deutlich gemacht werden, dass aus der Sicht des christlichen Glaubens niemand über das Leben des ungeborenen Kindes verfügen darf."

Ebenso ist in §2 zunächst der weltliche Gesetzestext übernommen:

> „(1) Die Beratung erfolgt ganzheitlich und umfassend. Das Leben des ungeborenen Kindes kann nur mit der Mutter und durch sie geschützt werden."

Auch hier ist wieder von der Deutschen Bischofskonferenz eine Ergänzung vorgenommen worden, die gelegentlich in einem Punkt als unzulässige Ausgestaltung interpretiert worden ist. Während nämlich im Bundesgesetz zwar

> „erwartet [wird], dass die schwangere Frau der sie beratenden Person die Gründe mitteilt, derentwegen sie einen Abbruch der Schwangerschaft erwägt" (§5 Abs.2 SchKG);

---

[622] Abl Regensburg Nr.1 (1996), 4f.

im unmittelbaren Anschluss daran aber explizit ausgeschlossen wird,

> „dass die Gesprächs- und Mitwirkungsbereitschaft der schwangeren Frau erzwungen wird" (§5 Abs.2 SchKG),

ist nach den bischöflichen Richtlinien eine Beratung

> „nur möglich, wenn sich die Ratsuchende ihrerseits auf das gemeinsame Bemühen um Konflikterhellung und Konfliktüberwindung einlässt."

Genau an dieser Bestimmung hatte seinerzeit das Land Brandenburg wie auch Sachsen-Anhalt Anstoß genommen und eine Angleichung der bischöflichen Forderung „an das geltende Recht" gefordert,[623] da diese bischöfliche Richtlinie als typisch kirchliche Verschärfung interpretiert und als Ausübung von Zwang gedeutet wurde. Dieser Vorwurf übersieht bzw. ignoriert jedoch die Tatsache, dass jede Beraterin und jeder Berater eine Ausbildung durchlaufen hat, in der er bzw. sie gelernt hat, bei Klientinnen und Klienten eine Mitwirkung am Gespräch zu erreichen, ohne Druck oder Zwang auszuüben.[624] Denn Beratung und Ausübung von Druck ist ein Widerspruch in sich; das wird auch deutlich, wenn man die von Brandenburg kritisierte Formulierung der Deutschen Bischofskonferenz in ihrem Kontext betrachtet. Dort heißt es nämlich:

> „Die Beratung soll der Frau helfen, ihrer Verpflichtung gegenüber dem ungeborenen Kind gerecht zu werden. In einfühlsamem Gespräch und durch fachliche Klärung der Konfliktsituation will die Beratung die Bereitschaft wecken, die Probleme zu erkennen und sich damit auseinanderzusetzen. Gemeinsam mit der Frau sollen Wege aus der Konfliktlage gesucht und das Vertrauen in eine gemeinsame Zukunft mit dem Kind gestärkt werden.
>
> (2) Die Beratung muss auf die Situation der ratsuchenden Frau eingehen unter Berücksichtigung ihrer gesamten Lebensverhältnisse in persönlicher, familiärer, beruflicher, wirtschaftlicher und sozialer Hinsicht. Sie muss auch auf die physischen und psychischen Folgen einer Abtreibung aufmerksam machen. Eine Beratung ist nur möglich, wenn sich die Ratsuchende ihrerseits auf das gemeinsame Bemühen um Konflikterhellung und Konfliktüberwindung im Beratungsgespräch einlässt ...
>
> §5 (3) Ein Nachweis wird nicht ausgestellt, wenn die ratsuchende Frau sich nicht auf eine Beratung im Sinn dieser Richtlinien einge-

---

[623] KNA-Informationsdienst vom 11.7.1996, Dokument 237546.
[624] Vgl. dazu in diesem Buch S.265–268.

lassen hat, die ratsuchende Frau der Beratungsstelle gegenüber anonym geblieben ist, die beratende Person die Beratung als noch nicht abgeschlossen ansieht."

Der geltend gemachte Unterschied zwischen der Formulierung des Bundesgesetzgebers, wonach erwartet wird, dass die Frau die Gründe des beabsichtigten Schwangerschaftsabbruchs mitteilt, und der Ausdrucksweise der bischöflichen Richtlinien, derzufolge die Frau diese Gründe mitzuteilen hat, ist also mehr sophistischer als realistischer Natur. Daher war die Behauptung unhaltbar, dass die deutschen Bischöfe in diesem Punkt höhere Bedingungen für einen Beratungsschein festgelegt hätten als der Bundesgesetzgeber. Denn es entspricht sowohl dem Geist des Bundesgesetzes von 1995 wie auch dem Gesamtduktus des Bundesverfassungsgerichtsurteils von 1993 und erst recht der Definition von Beratung, dass erst einmal der Punkt genannt sein muss, wo Beratung gewünscht bzw. notwendig ist, bevor die Beratung sinnvollerweise erfolgen kann. So hat auch die Deutsche Bischofskonferenz in einer Pressemitteilung seinerzeit zu dem Problemkreis der Schwangerschafts-Konfliktberatung betont:

> „Ohne Kenntnis der Konfliktlage ist weder eine persönliche Beratung noch eine Hilfe möglich. Eine Beratung findet nicht durch gegenseitiges ‚Anschweigen' oder eine rein einseitige Information statt, sondern nur dadurch, dass sich die schwangere Frau auf ein Gespräch einlässt, aus dem unter anderem die Gründe für ihre Konfliktlage hervorgehen."[625]

c) Die Bitte von Papst Johannes Paul II. an die deutschen Bischöfe, keine Beratungsscheine mehr ausstellen zu lassen (1998)

Eine Schlüsselstellung in der Diskussion um die (Nicht-)Beteiligung der Kirche an der staatlichen Pflichtberatung zu Gunsten des ungeborenen Kindes nimmt bis heute ein Brief von Papst Johannes Paul II. aus dem Jahr 1998 ein. Er ist betitelt und adressiert mit:

> „Den verehrten Brüdern im Bischofsamt in Deutschland Gruß und Apostolischen Segen".

---

[625] Pressemitteilung der DBK vom 28.9.1996, S.2, in: http://dbk.de/stichwoerter/informationen/00207/print_de.html. Vgl. dazu auch in diesem Buch S.260f.

Die zentralen Aussagen des Briefes lauten:

„In meinem Auftrag, die Brüder zu stärken (vgl. Lk 22,32), richte ich mich nun wiederum an Euch, liebe Mitbrüder. Es geht nämlich um eine *pastorale Frage mit offenkundigen lehrmäßigen Implikationen*, die für die Kirche und für die Gesellschaft in Deutschland und weit darüber hinaus von Bedeutung ist. ... Was nun die Frage der Beratungsbescheinigungen betrifft, möchte ich wiederholen, was ich Euch schon im Brief vom 21. September 1995 geschrieben habe: ‚Sie bestätigt, dass eine Beratung stattgefunden hat, ist aber zugleich ein notwendiges Dokument für die straffreie Abtreibung in den ersten 12 Wochen der Schwangerschaft.' ... Nach gründlicher Abwägung aller Argumente kann ich mich der Auffassung nicht entziehen, dass hier eine *Zweideutigkeit* besteht, welche die Klarheit und Entschiedenheit des Zeugnisses der Kirche und ihrer Beratungsstellen verdunkelt. Deshalb möchte ich Euch, liebe Brüder, *eindringlich bitten, Wege zu finden, dass ein Schein solcher Art in den kirchlichen oder der Kirche zugeordneten Beratungsstellen nicht mehr ausgestellt wird*. Ich ersuche Euch aber, dies auf jeden Fall so zu tun, dass die Kirche auf wirksame Weise in der Beratung der hilfesuchenden Frauen präsent bleibt."[626]

Dieser Brief ist an die deutschen Bischöfe gerichtet und enthält die „eindringliche Bitte" des Papstes, die deutschen Bischöfe mögen dafür sorgen, dass in den „kirchlichen oder der Kirche zugeordneten" Beratungsstellen[627] künftig keine Beratungsscheine mehr ausgestellt werden. Denn diesen Beratungsscheinen

---

[626] Dieser Brief vom 11. Januar 1998 ist abgedruckt in: ORdt 28 (1998), Nr.5, S.1 i.V.m. S.11 (Hervorhebungen von Verf.in). Zeitgleich mit diesem Brief ist vom päpstlichen Staatssekretariat ein „Kommentar zum Schreiben des Papstes an die deutschen Bischöfe" erschienen (ebd., S.12).
In einem weiteren Brief vom 3. Juni 1999, betitelt mit „Den verehrten Mitbrüdern im Bischofsamt in Deutschland" heißt es: „... Gleichzeitig habe ich Euch um der Klarheit unseres Zeugnisses für die Unantastbarkeit jedes menschlichen Lebens willen *eingeladen, in den kirchlichen oder der Kirche zugeordneten Beratungsstellen keine Bescheinigungen mehr ausstellen zu lassen*, die nach dem Gesetz die notwendige Voraussetzung für die straffreie Durchführung der Abtreibung darstellt. ..." (AKathKR 168 (1999), 141–143, 141; Hervorhebungen von Verf.in).
Schließlich führt der Papst in einem Brief an Bischof Karl Lehmann vom 20. November 1999 aus: „ ... Was die Bitte betrifft, die Sie im Schlussteil Ihres Briefes dargelegt haben, bitte ich – nachdem ich darüber gebetet habe – Sie und über Sie alle anderen Diözesanbischöfe Deutschlands, sich für eine *einheitliche Lösung* einzusetzen, weil ich es in einem hohen Maß *für schädlich halte, in einer so kennzeichnenden Angelegenheit zwei verschiedene Vorgehensweisen innerhalb des Episkopats zu akzeptieren*. Ich vertraue also darauf, dass man bei der nächsten Sitzung des Ständigen Rates der Deutschen Bischofskonferenz einmütig und einträchtig zu einer endgültigen Entscheidung kommt, um die Weisung zügig zu verwirklichen" (AKathKR 1688 (1999), 114–115, 114; Hervorhebungen von Verf.in).
[627] Vgl. dazu in diesem Buch S.287f.

haftet eine Zweideutigkeit an, insofern sie einerseits eine Beratung zu Gunsten des Lebensrechtes des ungeborenen Kindes dokumentieren, andererseits aber zugleich neben zwei weiteren Bedingungen zur Straffreiheit einer Abtreibungstat führen. Diese Bitte an die deutschen Bischöfe, in ihrem Namen und Auftrag keine Beratungsnachweise mehr ausstellen zu lassen, ist gleich bedeutend mit einem Rückzug der Institution Kirche aus dem staatlichen System der Schwangerschafts-Konfliktberatung in Deutschland. Für den Papst wird dadurch das „kirchliche" – im Sinne von „kirchlich-institutionelle" – Zeugnis für den Schutz des ungeborenen Kindes glaubwürdiger, weil entschiedener und von keiner Zweideutigkeit verdunkelt.

d) Die „Bischöfliche[n] Richtlinien für katholische Schwangerschaftsberatungsstellen" (2000)

Die deutschen Bischöfe kamen der „eindringlichen Bitte" des Papstes hinsichtlich der Beratungsbescheinigungen nach,[628] wenn auch teilweise mit etlicher Verzögerung. Jedenfalls gibt es seit dem Frühjahr 2002[629] keine „kirchliche" – bzw. genau gesprochen: „der Kirche zugeordnete" – Beratungsstelle mehr, die die besagten Beratungsscheine ausstellt. Dementsprechend wurden auch die „Vorläufigen Bischöflichen Richtlinien für katholische Schwangerschaftskonfliktberatungsstellen" von 1995 durch die neuen „Bischöflichen Richtlinien für katholische Schwangerschaftsberatungsstellen" von 2001 ersetzt.[630]

---

[628] Vgl. dazu Pressemitteilung des Ständigen Rates der Deutschen Bischofskonferenz (22. November 1999), in: AKathKR 168 (1999), 115, die als Beschluss bekannt gibt: „Wir Bischöfe sind uns einig im Ziel, das Leben ungeborener Kinder zu retten und Frauen in Schwangerschaftskonflikten zu helfen. Wir haben gerungen und ringen um den besten Weg des Lebensschutzes. Der Papst hat uns ermutigt, eine intensive Beratung fortzusetzen, allerdings mit der Weisung verbunden, keinen Beratungsnachweis ausstellen zu lassen, der den Weg zu einer straffreien Abtreibung ermöglicht. Im Lauf des Jahres 2000 werden wir deshalb eine Neuordnung der katholischen Beratung im Sinn der Weisung des Papstes durchführen. ..."

[629] Nach einem Schreiben von Papst Johannes Paul II. an Diözesanbischof Franz Kamphaus vom 7. März 2002 ist Limburg als letzte Diözese im Bereich der Deutschen Bischofskonferenz der eindringlichen Bitte des Papstes von 1998 nachgekommen und lässt in ihren „kirchlichen" Beratungsstellen keine Beratungsscheine mehr ausstellen.

[630] Abgedruckt in: Abl Regensburg Nr.9 (2000), 87–89. Diese Richtlinien sind zum 1.1.2001 in Kraft gesetzt worden mit dem expliziten Hinweis: „Sie [sc. diese Bischöflichen Richtlinien] treten an die Stelle der ‚Vorläufigen Bischöflichen Richtlinien für katholische Schwangerschaftskonfliktberatungsstellen nach § 219 StGB in Verbindung mit den §§ 5–7 des Schwangerschaftskonfliktgesetzes (SchKG)'

Schon der Titel dieser Richtlinien weist auf die zwei entscheidenden Neuerungen im Vergleich zu den „Vorläufige[n] Bischöflichen Richtlinien für katholische Schwangerschaftskonfliktberatungsstellen" hin: Erstens handelt es sich nicht mehr nur um „vorläufige" Richtlinien und zweitens sind die „Schwangerschaft*konflikt*beratungsstellen" zu Schwangerschaftsberatungsstellen umbenannt worden. Der Grund für diese Umbenennung liegt auf der Hand und wird zu Beginn der Richtlinien durch die Erklärung verdeutlicht:

> „Nach einem jahrelangen Prozess des Ringens um den kirchlichen Beratungsdienst im Rahmen der staatlichen Gesetze haben die deutschen Bischöfe, nicht zuletzt auf Weisung von Papst Johannes Paul II., entschieden, die Schwangerschaftsberatung weiter intensiv fortzusetzen, Beratungsbescheinigungen, die eine der Voraussetzungen für eine straffreie Abtreibung sind, jedoch nicht mehr auszustellen."[631]

Um jeden auch nur möglichen Anschein auszuschließen, die katholische Kirche als Institution könnte (weiterhin) mit dem Ausstellen der umstrittenen Beratungsbescheinigungen in Verbindung gebracht werden, sind in den bischöflichen Richtlinien von 2001 zwei explizite Verbote ausgesprochen:

- „*§4 Grenzen der Beratung*
  Es ist mit dem Schutzkonzept der Beratung nicht vereinbar,
  - Ratsuchende auf Einrichtungen hinzuweisen, die Beratungsbescheinigungen ausstellen, die eine der Voraussetzungen für eine straffreie Abtreibung sind, ..."[632]

- „*§12 Kirchliche Anerkennung der Beratungsstellen*
  (3) Der Träger einer [sc. durch den Diözesanbischof kirchlich anerkannten] Beratungsstelle darf nicht gleichzeitig Einrichtungen betreiben, mittragen noch ideell oder finanziell fördern, die Beratungsbescheinigungen ausstellen, die eine der Voraussetzungen für eine straffreie Abtreibung sind. Ebenfalls darf er kein eigenes Personal für diese Einrichtungen freistellen oder beurlauben."[633]

---

vom 21.11.1995" (ebd., 89). Zum Ausdruck „katholische Schwangerschaftsberatungsstellen" vgl. in diesem Buch S.291, Anm.620.
[631] Bischöfliche Richtlinien von 2001, 87.
[632] Ebd., 88.
[633] Ebd., 89.

Die Einhaltung dieser Verbote wie der Richtlinien insgesamt wird durch die zwei Maßnahmen der Androhung arbeitsrechtlicher Maßnahmen bei Nichtbeachtung für die einzelnen Mitarbeiter und Mitarbeiterinnen und des Widerrufs der kirchlichen Anerkennung für die Beratungsstelle sichergestellt:

- „*§13 Verpflichtung der Mitarbeiterinnen und Mitarbeiter*
  Alle in den katholischen Beratungsstellen tätigen Mitarbeiterinnen und Mitarbeiter verpflichten sich schriftlich auf die Einhaltung dieser Richtlinien.
  Diese Erklärung (Anlage 1) ist zu den Personalakten zu nehmen.
  Die Nichteinhaltung dieser Richtlinien hat arbeitsrechtliche Konsequenzen.

- *§14 Überprüfung*
  (1) Der Diözesanbischof veranlasst im Abstand von drei Jahren eine Überprüfung der Beratungsstelle im Hinblick auf die Qualität der Arbeit und die Einhaltung dieser Richtlinien.

  (2) Die kirchliche Anerkennung wird widerrufen, wenn gegen die Zielsetzung der Beratung und gegen diese Richtlinien verstoßen wird."[634]

Noch bevor die neuen „Bischöflichen Richtlinien für katholische Schwangerschaftsberatungsstellen" überhaupt in Kraft getreten waren, wurde bereits eine Modifikation angebracht. Nur knapp zwei Monate nach dem Beschluss der Richtlinien durch die Deutsche Bischofskonferenz (26.9.2000) legte der Ständige Rat der Deutschen Bischofskonferenz am 21.11.2000 eine „Authentische Interpretation" speziell zu §4, 1. Spiegelstrich der Richtlinien vor,[635] also zu dem Verbot, „Ratsuchende auf Einrichtungen hinzuweisen, die Beratungsbescheinigungen ausstellen." Demnach ist diese Richtlinie wie folgt zu verstehen und anzuwenden:

- „Am Beginn jeder Beratung muss der hilfesuchenden Frau ein klarer Hinweis auf die Freiwilligkeit der Inanspruchnahme des Beratungsangebots und auf die Tatsache gegeben werden, dass die katholische Schwangerschaftsberatungsstelle keine Bescheinigung nach §7 SchKG ausstellt. In diesem Zusammenhang ist eine Information über andere Beratungsstellen, die Schwangerschaftskonfliktberatung im Sinn von §§ 5–7 SchKG durchführen, nicht ausgeschlossen.

---

[634] Ebd., 89.
[635] Abgedruckt in: Abl Augsburg 111 (2001), 24.

- Innerhalb der Beratung ist eine Weiterleitung der Frau an Einrichtungen, die Beratungsbescheinigungen ausstellen, die eine der Voraussetzungen für eine straffreie Abtreibung sind, nicht zulässig."

Die Kernaussage lautet also: Was innerhalb des Beratungsgesprächs verboten ist, nämlich ein Verweis auf Beratungsstellen, die einen Beratungsnachweis ausstellen, ist zu Beginn des Beratungsgesprächs statthaft. Ursache und Motiv dieser „authentischen Interpretation" werden nicht genannt. Das ist angesichts der Tatsache, dass mit der „authentischen Interpretation" das besagte Verbot indirekt außer Kraft gesetzt wird, zumindest bemerkenswert. Zu vermuten ist, dass sie aufgrund entsprechender Hinweise aus der Praxis der Beratungstätigkeit entstanden ist. Ansonsten scheinen aber Praktiker und Praktikerinnen kaum Einfluss auf die Abfassung und Auslegung der neuen bischöflichen Richtlinien ausgeübt zu haben. Sie hätten sicherlich zu verhindern gewusst, dass die Umsetzung der dringenden Bitte des Papstes durch die deutschen Bischöfe zu dem gänzlichen Verzicht auf jegliche Art von schriftlichem Nachweis der erfolgten Beratung führt. Mit Recht ist dieses Ergebnis, keine Beratungsscheine mehr ausstellen zu lassen, als ein „Pyrrhussieg" bezeichnet worden. Denn „es scheint ausschließlich Verlierer zu geben: Die Frauen im akuten Schwangerschaftskonflikt dürften durch *katholische* Beratungsstellen[636] kaum mehr erreicht werden; in der Schwangerschafts-Konfliktberatung geht katholische Fachlichkeit und ein eindeutig auf den Schutz des ungeborenen Lebens ausgerichtetes Engagement verloren: Katholikinnen und Katholiken dürften sich gezwungen sehen, wichtige apostolische Anliegen entgegen der Intention des geltenden Rechts ausschließlich *außerhalb des kirchlichen Rechtsbereichs*[637] zu verwirklichen. Viele Beraterinnen und engagierte Verbandsmitglieder, die in der Regel in der Mitte der Kirche stehen, sehen sich einem Loyalitätskonflikt ausgesetzt, den sie niemals intendiert haben. Das Verhältnis zwischen den Caritasverbänden und den ihnen zugeordneten Fachverbänden dürfte nachhaltig belastet sein. Die Autorität der Bischofskonferenz und einzelner Bischöfe hat Schaden genommen; der gemeinsame Einsatz der christlichen Kirchen zugunsten des Lebens und eine daraus resultierende

---

[636] Vgl. zu dieser Ausdrucksweise in diesem Buch S.291, Anm.620.
[637] Vgl. zu der Thematik des „außerhalb" der katholischen Kirche in diesem Buch S.310–312 und S.316–322.

ökumenische Praxis ist möglicherweise in Frage gestellt."[638] Nicht zu vergessen ist schließlich auch das Verhältnis zwischen Kirche und Staat, das durch den bischöflichen Ausstieg aus dem staatlichen System der Schwangerschafts-Konfliktberatung einer Belastungsprobe ausgesetzt ist, die sicherlich nicht nur vorübergehend sein wird.[639]

e) Die Gründung des Vereins Donum Vitae e.V. als Ersatz für den Rückzug der „bischöflichen" Beratungsstellen (1999)

Durch den Rückzug der so genannten „bischöflichen" – also der von den deutschen Bischöfen anerkannten – Beratungsstellen[640] aus dem staatlichen Schwangerschaftskonfliktsystem drohte eine Lücke zu entstehen, nämlich der Verlust eines vom katholischen Glauben geprägten Beratungsangebotes auch und gerade für den Schwangerschaftskonflikt. Um diesen Verlust zu verhindern, hat sich eine Reihe von Katholiken und Katholikinnen zusammengeschlossen und setzt sich seitdem dafür ein, dass es dennoch weiterhin ein konfessionell katholisch geprägtes Beratungsangebot mit der entsprechenden schriftlichen Bestätigung im staatlichen Konfliktberatungssystem gibt. Denn so sehr sie mit dem Papst im Grundsätzlichen übereinstimmen, nämlich dass gegen die Abtreibung vorgegangen werden muss, weil Abtreibung Tötung eines ungeborenen Kindes und deshalb eine Straftat ist, so sind sie ebenso fest davon überzeugt – aber das nun anders als der Papst –, dass nur mit der Aussicht auf einen Beratungsschein auch noch viele der bereits abtreibungswilligen oder gar zur Abtreibung entschlossenen Frauen in die Beratung kommen.[641] Und das

---

[638] Hallermann, Ein Pyrrhussieg, 210f, der diese Bewertung allerdings im Blick auf das Drängen der Bischöfe gegenüber dem SkF, aus der gesetzlichen Schwangerschaftskonfliktberatung auszusteigen, vornimmt. Die neuen „Bischöfliche[n] Richtlinien für katholische Schwangerenberatungsstellen" waren zu diesem Zeitpunkt noch nicht beschlossen.
[639] Vgl. Hallermann, Ein Pyrrhussieg, 212.
[640] Vgl. dazu in diesem Buch S.287f.
[641] Beckmann, Der Streit, 47, Anm. 86, macht darauf aufmerksam: „Insgesamt betrachtet, dürfte die Gruppe der ,vorentschiedenen' Frauen wesentlich größer sein, als die Gruppe der noch unentschiedenen, nach verschiedenen Untersuchungen ca. 75 bis 90 Prozent."
Reiter, Schwangerschaftskonfliktberatung, 25, betont, dass sich „selbst bei der Gruppe von Frauen, die angeblich zu einem Abbruch entschlossen sind, ... erfahrungsgemäß und statistisch nachgewiesen nicht wenige Frauen nach einem Beratungsgespräch für die Fortsetzung der Schwangerschaft [entscheiden]." Gegenteiliger

wiederum ist eine zentrale Gelegenheit, mit diesen Frauen persönlich in Kontakt zu kommen und sich mit ihnen zusammen um eine bessere Lösung als die Abtreibung zu bemühen. Diese Gelegenheit wahrzunehmen ist für diese Katholiken und Katholikinnen ein wichtiger Einsatz für das Lebensrecht des ungeborenen Menschen, den sie sicherstellen möchten. Deshalb haben sie zur wirksameren Umsetzung ihrer gemeinsamen Bemühung 1999 den nach weltlichem Recht verfassten Verein „Donum Vitae zur Förderung des Schutzes des menschlichen Lebens e.V."[642] gegründet. Maßgeblicher Motor dieser Vereinsgründung ist das Zentralkomitee der deutschen Katholiken.[643] Hier wird die Idee geboren, werden die Vereinssatzungen entworfen, die Delegierten der Vereine und Diözesanräte sowie die Einzelpersönlichkeiten als Multiplikatoren für das Vorhaben gewonnen. So ist eine konzertierte Aktion von Laien herangereift, die kirchengeschichtlich ihresgleichen sucht. Inzwischen ist der Verein an über 180 Orten in Deutschland vertreten; neben dem Bundesverband gibt es 12 Landesverbände und über 60 Regional- bzw. Ortsvereine.[644] Damit ist Donum Vitae alles andere als eine Randerscheinung geblieben; es wird sogar davon gesprochen, dass durch Donum Vitae „die Diözesanbischöfe und mit ihnen der Papst ... faktisch einen Teil ihrer symbolischen und realen Macht über das ‚Katholische' verloren [haben]."[645]

Auffassung ist Lackner, Vor § 218, Rdn. 12: „ Die Möglichkeiten und Wirkungen der schon im früheren Recht vorgeschriebenen Pflichtberatung sind bekannt. Danach kann eine zum Abbruch entschlossene Frau nur in seltenen Ausnahmefällen zur Fortsetzung der Schwangerschaft bewegt werden."
[642] Dinges-Krol, Vereinsrecht, 769, weist darauf hin: „Die Vereinsbezeichnung e.V. ist nicht Namensbestandteil, sondern Rechtsformzusatz. Daher gehört e.V. nicht zum Namen in der Satzung, sondern ergibt sich aus der Eintragung in das Vereinsregister. Dass der Verein eingetragen werden soll, muss sich direkt aus der Satzung ergeben." Für Beckmann, Der Streit, 170, ist der Name des Vereins „Donum Vitae" (= Geschenk des Lebens) „in doppelter Hinsicht gewagt. Einerseits, weil er den Namen einer Instruktion der Kongregation für die Glaubenslehre [über die Achtung vor dem beginnenden menschlichen Leben und die Würde der Fortpflanzung von 1987] verwendet und sich an den Namen einer weiteren Enzyklika anlehnt, [nämlich „Evangelium Vitae" von 1995], obwohl das ganze Unternehmen als einziges Ziel verfolgt, eine päpstliche Weisung auszuhebeln.
[643] Vgl. dazu in diesem Buch S.137–159.
Aus dem Umfeld der sog. Kirchenvolksbewegung „Wir sind Kirche" wurde 1998 ebenfalls ein Verein mit dem gleichen Anliegen gegründet namens „Frauenwürde", ein „Verein zur Förderung von Schwangerschaftskonfliktberatung in Trägerschaft katholischer Frauen und Männer" (vgl. dazu http://www.frauenwuerde.de/).
[644] Vgl. dazu http://www.donumvitae.de/content/section/4/28/.
[645] Schüller, Zwischen Freiheit und Bindung, 256f.

Die Beratung in der Trägerschaft dieses Vereins Donum Vitae, die mit dem nach weltlichem Strafrecht vorgesehenen Beratungsnachweis bestätigt wird, erfolgt aus christlicher Verantwortung und versteht sich als (1.) konfessionell katholisch, (2.) zielgerichtet auf das Lebensrecht des ungeborenen Kindes und (3.) im Beratungsprozess ergebnisoffen.[646] Auf den Punkt gebracht unterscheidet sich die Auffassung des von Laien gegründeten Vereins „Donum Vitae" von der des Papstes lediglich in der Beurteilung, wodurch die Kirche glaubwürdiger ist: mit oder ohne Ausstellen des Beratungsscheines und damit mit oder ohne dem Eintreten für eine Differenzierung in den Rechtsfolgen bei erfolgter Beratung. Während für den Papst die Kirche nur dann glaubwürdig ist, wenn sie dafür eintritt, dass die Abtreibungstat nach einer Beratung genauso bestraft wird wie die Abtreibungstat ohne vorherige Beratung, wendet „Donum Vitae" dagegen ein, dass dann viele Frauen erst gar nicht in die Beratung kommen, sondern gleich abtreiben; wird aber den Frauen im Schwangerschaftskonflikt für ihre Bereitschaft zu einer vorherigen auf das Lebensrecht des ungeborenen Kindes zielgerichtete Beratung ein Strafverzicht[647] zugesagt – gleichsam als mildernder Umstand –, dann kommen deutlich mehr Frauen in die Beratung und ermöglichen damit der Beraterin oder dem Berater, für das ungeborene Kind die Stimme seines Lebensrechtes zu ergreifen und dadurch diese Frauen doch für eine Fortsetzung der Schwangerschaft zu gewinnen. Für Donum Vitae ist die Kirche glaubwürdig, wenn sie sich in dieser konkreten Weise für den Lebensschutz einsetzt.

Die Reaktionen auf diese Vereinsgründung sind von Anfang an zwiespältig ausgefallen. Auf der einen Seite werden die katholischen Grundsätze von der Einheit (im Glauben) und der Vielfalt (in der Umsetzung des Glaubens), von der Übereinstimmung im Grundsätzlichen und der Freiheit in der Konkretisierung oder – wie es das II. Vatikanische Konzil im Anschluss an Augustinus formuliert hat – „im Notwendigen Einheit, im Zweifel Freiheit, in allem aber die Liebe" (GS 92,)[648] in Erinnerung gerufen und deshalb gefordert, dass es zumindest ein Nebeneinander, ja

---

[646] Vgl. dazu http://www.donumvitae.de/download/pdf/Argumentationspapier.pdf. und http://www.donumvitae.de/download/pdf/Mustersatzung.pdf.
[647] Vgl. dazu in diesem Buch S.250–253.
[648] Vgl. auch Direktorium zur Ausführung der Prinzipien und Normen über den Ökumenismus, hrsg. vom Päpstlichen Rat zur Förderung der Einheit der Christen, 25.03.1993, Nr.4, in: VAS 110, sowie „Beschluss: Ökumene" 5.2.7, in: GSyn 787.

eigentlich auch ein differenziertes Miteinander der beiden Formen eines konfessionell katholisch geprägten Beratungsangebotes in der katholischen Kirche geben müsste.[649] Auf der anderen Seite werden gegen den Verein zwei gravierende Vorwürfe erhoben: er verweigere in strafrechtlich relevanter Weise den Gehorsam gegenüber dem Papst und verstoße mit der Ausstellung des Beratungsscheines gegen die katholische Sittenlehre, und zwar vor allem gegen das Tötungsverbot. Die Grundsätzlichkeit dieser Vorwürfe gebietet eine sorgfältige Auseinandersetzung mit ihnen.

1. Die Frage des Ungehorsams und der Verletzung der Gemeinschaftspflicht

Einige Kirchenrechtler vertreten die Ansicht, dass der Verein „Donum Vitae" mehrere Gesetze der katholischen Kirche missachtet und daher in mehrfacher Hinsicht rechtlich unzulässig bzw. unrechtmäßig ist. Die teils in ausführlichen Abhandlungen, teils in kurzen Statements vorgelegte Argumentation lautet im Kern wie folgt: Alle, die den Verein Donum Vitae unterstützen, verletzen die im kirchlichen Gesetzbuch von 1983 normierte Gemeinschaftspflicht mit der Kirche (c.209[650]) ebenso wie die Pflicht zum christlichen Gehorsam (c.212 §1[651]), weshalb sie mit einer gerechten Bestrafung für den Ungehorsam (c.1371 n.2[652]) rechnen müssen.[653] Denn schließlich widersetzen sich diese Katholiken und Katholikinnen dem „päpstlichen Ausstiegsbefehl".[654] Gegen diese Argumentation erheben sich folgende Einwände:

---

[649] Vgl. dazu auch in diesem Buch S.319f, Anm.695.
[650] C.209 §1: „Die Gläubigen sind verpflichtet, auch in ihrem eigenen Verhalten, immer die Gemeinschaft mit der Kirche zu wahren."
[651] C.212 §1: „Was die geistlichen Hirten in Stellvertretung Christi als Lehrer des Glaubens erklären oder als Leiter der Kirche bestimmen, haben die Gläubigen im Bewusstsein ihrer eigenen Verantwortung in christlichem Gehorsam zu befolgen."
[652] C.1371 n.2: „Mit einer gerechten Strafe soll belegt werden: ... wer sonst dem Apostolischen Stuhl, dem Ordinarius oder dem Oberen, der rechtmäßig gebietet oder verbietet, nicht gehorcht und nach Verwarnung im Ungehorsam verharrt."
[653] So Lüdecke, Der schönste Pluralismus, 42 bzw. 127–133; Pree, Schwangerschaftskonfliktberatung, 134–139; Schüller, Zwischen Freiheit und Bindung, 247–257; Muckel, Die Schwangerschaftskonfliktberatung, 231–237.
[654] Lüdecke, Der schönste Pluralismus, 42 bzw. 128 und 131; vgl. Ders., ähnlich nochmals 2007, wenn er betont, dass das Verbot des Papstes, den besagten Beraungsnachweis auszustellen, „ungestuft" für jeden Katholiken gelte und die Weisung des Papstes von 1998, aus der gesetzlichen Schwangerenkonfliktberatung auszusteigen, für alle Laien gelte und damit auch für den Verein Donum Vitae (KNA-Basisdienst vom 19.3.2007, Dokument 656308).

- Erstens ist zu fragen: Warum sollte ein Verein von katholischen Christen und Christinnen, der sich wie der Papst und die Bischöfe für das unbedingte Lebensrecht des ungeborenen Kindes einsetzt, nicht die Gemeinschaft mit der katholischen Kirche gemäß c.209 wahren? Nur weil er in der Frage des pastoral-praktischen Vorgehens zur Umsetzung dieses Zieles eine andere Auffassung vertritt als die kirchliche Autorität des Papstes? „Der immer wieder erhobene Vorwurf, solcherart werde die Pflicht zur Wahrung der Gemeinschaft mit der Kirche verletzt, die jedem Gläubigen obliegt, operiert mit einem formalen und undifferenzierten Begriff von Gemeinschaft. Denn im vorliegenden Falle geht es nicht um Fragen der gemeinsamen Glaubensbasis oder fundamentaler Rechtsprinzipien, sondern darum, wie ein von allen anerkanntes sittliches Prinzip geschichtlich-praktisch umgesetzt werden soll. Wenn es darüber unterschiedliche Auffassungen gibt, sollte dies nicht als Abfall von der wahren Einheit, sondern als Ausdruck gelebter Pluralität gesehen und bewertet werden, die es nicht zuletzt um der Achtung vor dem Gewissen der handelnden Menschen willen zu bewahren gilt."[655] Zusätzliches Gewicht erhält dieser Aspekt durch die Tatsache, dass diese „andere" Auffassung des Vereins über das pastoralpraktische Vorgehen auch die Mehrzahl der Bischöfe in der Deutschen Bischofskonferenz vertreten hat und sie wohl auch noch vertreten würde, wenn sie nicht der Papst eindringlich gebeten hätte, davon Abstand zu nehmen. Es handelt sich also um eine „andere" Auffassung, die innerkirchlich und innertheologisch keineswegs mehr umstritten ist als die der kirchlichen Autorität. Fast ist man geneigt zu fragen, ob hier entscheidend ist, wer die Auffassung vertritt? Solange sie (auch) von der kirchlichen Autorität der Bischöfe vertreten wird, wird die Gemeinschaft mit der Kirche gewahrt, sobald sie (nur noch) von den „übrigen" Gläubigen der Laien, Priester und Diakone vertreten wird, wahrt sie nicht mehr die Gemeinschaft?[656] Welche Kriterien werden hier für die Gemeinschaft überhaupt geltend gemacht? Kann wirklich das, was Bischöfe über Jahre hinweg selbst praktiziert und gut gehei-

---

[655] Luf, Potz, Zur rechtlichen Diskussion der Schwangerschaftskonfliktberatung, 222.
[656] Vgl. ähnlich auch Maier, Kirche in der Demokratie: „Im Übrigen meine ich: etwas, was alle deutschen Bischöfe (mit einer Ausnahme) fünf Jahre lang praktiziert haben, wird nicht dadurch falsch, dass Laien es fortführen!"

ßen haben, von einem auf den anderen Tag deshalb gemeinschaftsschädigend sein, weil es von nichtbischöflichen Gliedern der Kirche weitergeführt wird? Wo bleibt hier die Lehre vom Glaubenssinn aller Gläubigen, von der Hierarchie der Wahrheiten und von der Vielfalt in der Einheit? Sie werden außer Acht gelassen; stattdessen wird Einheit als Einheitlichkeit gedeutet und die päpstliche Autorität in Lehre und Gesetzgebung mit päpstlichem Totalitarismus gleichgesetzt.[657] So trifft auch hier zu, was schon seit längerem im Umgang mit dem Recht in der Kirche generell beklagt wird: „Gerade in jüngster Zeit wird die Tendenz manifest, die Rechtspraxis auf die Grundlage eines äußerst engen Rechtsquellenverständnisses zu stellen, welches das Recht auf formalreduktionistische Weise auf die abstrakte Positivität vorliegender Regeln reduziert und den Bezug auf fundamentale Rechtsprinzipien abschneidet. ... Zu den Quellen des Kirchenrechts gehören nicht nur ausformulierte Rechtssätze, sondern, wie ja immer wieder betont wird, auch Rechtsprinzipien wie z.B.: Primat, Kollegialität der Bischöfe, Eigenständigkeit der Ortskirche u.a.m., die man als ekklesiologische Strukturprinzipien dem ius divinum zuordnet. Diese Prinzipien sind allgemein gehalten und verstehen sich als Konkretisierungsgebote bzw. zentrale Interpretationskriterien. ... Diese *juristische Verbindlichkeit* der Prinzipien wird – wie gesagt – zwar im generellen anerkannt, bleibt aber gerade dann, wenn man sie am konkreten Rechtsfall bewähren sollte, nur zu oft unberücksichtigt. Im Rahmen eines zentralistischen, einseitig um bestimmte hierarchische Prärogative besorgten Entscheidungsstils werden sie dann *entgegen ihrem normativen Anspruch eher als moralische Appelle denn als gültiges Recht behandelt*, die ... selektiv und je nach kirchenpolitischer Opportunität entweder herangezogen oder übergangen werden."[658]

---

[657] Vgl. auch Demel, Ungleiche Rechte – ungleiche Pflichten, 14 bzw. 121–123, 121f; siehe dazu auch Kirchenrechtlerin beruhigt Donum-Vitae-Förderer, in: KNA-Bayern vom 1.12.1999, Dokument 327221; Jurisdiktionsprimat des Papstes ist nicht unbegrenzt, in: KNA-Basisdienst vom 16.12.1999, Dokument 328693.
[658] Luf, Überlegungen zu Grund und Grenzen des Rechtsgehorsams, 197f; Hervorhebungen von Verf.in.

- Zweitens ist darauf hinzuweisen, dass die in c.212 §1 normierte christliche Gehorsamspflicht verbunden ist mit dem Hinweis, diesen „*im Bewusstsein der eigenen Verantwortung*" zu leisten. Damit ist der christlichen Gehorsamspflicht eine erste klare Grenze gezogen, der in der dazugehörenden Strafbestimmung des c.1371 n.2 als weitere Grenze die „*Rechtmäßigkeit*" einer erfolgten Weisung und Anordnung folgt. Die christliche Gehorsamspflicht „im Bewusstsein der eigenen Verantwortung" (c.212 §1) entsteht also nur dann, wenn die entsprechende kirchliche Autorität „*rechtmäßig* gebietet oder verbietet" (c.1371 n.2). Damit ist der christliche Gehorsam klar von einem blinden und erzwungenen Gehorsam, von einem Kadavergehorsam, abgegrenzt und als ein reifer bzw. mündiger und vernünftiger Gehorsam charakterisiert, der in Freiheit angenommen und verantwortet wird.[659] Reife, Mündigkeit und Vernünftigkeit verlangen ein erhebliches Maß an Urteilsvermögen wie auch an christlicher Courage. Denn die Wahrnehmung der Verantwortung, d.h. die gewissenhafte Prüfung ohne subjektive Überheblichkeit und voreilige Besserwisserei, kann unter Umständen nicht zu dem gewünschten Gehorsam, sondern im Gegenteil zu einem Ungehorsam und Widerstand führen.[660] Ist Letztgenanntes der

---

[659] Vgl. dazu auch in diesem Buch S.339–341.
[660] Vgl. Hilpert, Gehorsam, 362.
Zu dem gleichen Ergebnis, aber auf ganz anderem, auf den ersten Blick den oben dargelegten Ausführungen widersprechendem Weg, kommt Pree, Schwangerschaftskonfliktberatung, 137–139: „Die Wahrnehmung der ‚eigenen Verantwortung' ist in dieser Norm [sc. c.212 §1] auf die Erfüllung der Gehorsamspflicht bezogen, und kann daher nicht zur Rechtfertigung von Ungehorsam herangezogen werden, solange die zuständige Autorität innerhalb der Grenzen ihrer Kompetenz rechtmäßig gebietet oder verbietet. ... Eine legitime Eigeninitiative, etwa gestützt auf cc. 215 oder 216 CIC, kann es daher, solange das päpstliche Verbot in Kraft ist, nicht geben. Eine etwaige Berufung auf ein in der Verantwortung als Christ begründetes eigenverantwortliches Handeln in eigenem Namen geht daher in diesem Falle ins Leere"(S.137). Im Folgenden fährt er dann aber dort: Für den Betroffenen endet „die Gehorsamspflicht gegenüber Anordnungen der kirchlichen Autorität jedenfalls dann, wenn er die Befolgung mit dem eigenen Gewissen nicht vereinbaren kann. Keine Anordnung der Kirche, auch nicht eine solche des Papstes, vermag daran etwas zu ändern, dass der Einzelne seinem Gewissen zu folgen hat (auch wenn er dadurch Nachteile, wie z.B. eine Kirchenstrafe, in Kauf nehmen müsste). ... Wenn man davon ausgehen kann, dass jene Katholiken, die die Beratungstätigkeit (mit Ausstellung der Beratungsbestätigung) entgegen der päpstlichen Weisung fortsetzen wollen, aus einem bewusst in christlicher Verantwortung gebildeten, auf gültige moralische Argumente gestützten Gewissen handeln, so offenbart sich hier das wahre Dilemma, das tiefer reicht, als dass es mit den Mitteln des Kirchenrechts allein aufgelöst werden könnte. Es ist ein Ernstfall nicht nur in Fragen des Lebensschutzes Ungeborener, sondern auch in Fragen des Schutzes bzw. des Stellenwertes des korrekt gebildeten Gewis-

Fall, ist für ein sinnvolles Zusammenspiel von kirchlicher Autorität und einzelnem/einzelner Gläubigen ein Aufeinanderzugehen und -hören, ein wechselseitiges Befragen und miteinander Reden entscheidend, zumal beide, die kirchliche Autorität wie der bzw. die einzelne Gläubige, die Zusage des Geistes haben.[661]

- Drittens wird im kirchlichen Gesetzbuch dem/der Einzelnen nicht nur die Pflicht zur Gemeinschaft (c.209) und der Gehorsam im Bewusstsein der eigenen Verantwortung" (c.212 §1) auferlegt, sondern auch das Recht zugesprochen, die in der Taufe gründende Sendung gemäß der je eigenen Stellung in der Kirche auszuüben (cc. 204 und 208) sowie eigene Unternehmungen in Gang zu setzen (c.216) und Vereine zu gründen (c.215). Dabei wird im kirchlichen Recht immer wieder hervorgehoben, dass die *„je eigene Stellung"* eines Gläubigen zu beachten ist (cc. 204, 208, 210, 212 §3, 225 §2 u.a.). Sie ist Ausdruck der theologischen und rechtlichen Tatsache, dass in der Gemeinschaft der katholischen Kirche eine *gestufte* Verantwortung für die Sendung der Kirche besteht. Demnach ist es ein Unterschied, ob jemand kraft Taufe und Firmung in der Kirche handelt oder im Namen und Auftrag der Kirche, weil er/sie zusätzlich zu Taufe und Firmung eine kirchliche Sendung erhalten hat oder schließlich kraft der Weihe in Stellvertretung Jesu Christi.[662] Mit anderen Worten: Was in jeder Gemeinschaft aus praktisch-funktionalen Gründen gilt, ist in der katholischen Kirche sakramental-ontologisch grundgelegt: Nicht jede(r) hat die gleichen Rechte, aber auch umgekehrt gilt: nicht jede(r) hat die gleichen Pflichten. So kann z.B. keinen Religionsunterricht geben, wer keine kirchliche

---

sensurteils im kanonischen Recht. Nicht nur das Eintreten für ersteren, sondern auch jenes für letzteren ist um der Glaubwürdigkeit des christlichen Zeugnisses willen geboten" (S.138, Hervorhebungen von Verf.in). „Dies [sc. die Respektierung der Gewissensfreiheit] kann freilich nicht bedeuten, dass die Kirche alle denkbaren Verletzungen ihrer Ordnung sanktionslos hinnehmen müsste, sobald sich der zuwiderhandelnde auf sein abweichendes Gewissen beruft. Die Kirche darf nicht nur, sondern muss ihre Identität schützen. Es bleibt aber die Frage, wie die Kirche solche Mitglieder zu behandeln hat, deren Ungehorsam nicht auf einem an den kirchlichen Maßstäben gemessen irrenden, sondern auf einem an denselben Maßstäben gemessen recht gebildeten Gewissens beruht! Daher ist, sollte die kirchliche Autorität in der vorliegenden Dilemma-Situation überhaupt an irgendwelche Sanktionen denken, größte Zurückhaltung geboten" (S.139).
[661] Vgl. Weber, Konkurrenten oder Weggenossen, 97. Vgl. dazu auch in diesem Buch S.323–341 und S.356–358.
[662] Vgl. dazu in diesem Buch S.333–335.

Sendung hat (c.805), und wer nicht geweiht ist, kann der Eucharistie nicht vorstehen (c.900). Andererseits haben nur „Laien ... das Recht, dass ihnen in den Angelegenheiten des irdischen Gemeinwesens jene Freiheit zuerkannt wird, die allen Bürgern zukommt" (c.227) Und umgekehrt muss zölibatär leben, wer zum Priester und Bischof geweiht ist (c.277), nicht aber, wer „nur" getauft und gefirmt ist oder „nur" im Namen und Auftrag der Kirche haupt- oder nebenamtlich tätig ist. Ebenso ist nur Klerikern die Pflicht auferlegt, „ein einfaches Leben zu führen und sich aller Dinge zu enthalten, die nach Eitelkeit aussehen (c.282), oder Gewerbe und Handel ohne Erlaubnis der rechtmäßigen kirchlichen Autorität auszuüben (c.286). Auf die Schwangerschafts-Konfliktberatung übertragen folgt aus der gestuften Verantwortung für die Sendung der Kirche, dass erstens die eindringliche Bitte des Papstes an die deutschen Bischöfe[663] nicht automatisch auch für jeden Laien gilt, und zweitens dass das, was in den der Kirche zugeordneten Beratungsstellen[664] verboten ist, in Beratungsstellen, die in der Trägerschaft von Laien sind, durchaus erlaubt sein kann, weil die einen im Namen und Auftrag der Institution Kirche tätig sind, die anderen „nur" in eigenem Namen kraft Taufe und Firmung. Diese Unterscheidung wird auch durch das folgende Argument bestätigt.

- Viertens ist auf den genauen Wortlaut der päpstlichen Äußerung zu achten. Der Papst hat darin nicht „befohlen", sondern „gebeten" und eine „Weisung" ausgesprochen. Durch diese Wortwahl hat er nicht als oberster Gesetzgeber gesprochen und somit – bei aller Eindeutigkeit seines päpstlichen Willens – keine rechtliche Anordnung gegeben. Mit Recht wird demzufolge hervorgehoben, dass „zwischen rechtlichen und adhortativen beziehungsweise pastoralen Äußerungen des Papstes" unterschieden werden muss.[665] Darüber hinaus richtet

---

[663] Vgl. dazu in diesem Buch S.394–296.
[664] Vgl. dazu in diesem Buch S.287f.
[665] Leserbrief von Lüdicke, K., in: Rheinischer Merkur vom 17.12.1999, S.30; vgl. dazu auch Kirchenrechtler: Bei Nicht-Ausstieg können Sanktionen drohen, in: KNA-Basisdienst vom 22.9.1999, Dokument 320912.
Ähnlich Bischof Spital: „Es handelt sich also nicht um ein Dekret und auch nicht um ein Lehrschreiben oder eine Anordnung; es handelt sich vielmehr um ein menschlich sehr sensibles, mit den Schwierigkeiten der Sachlage vertrautes, verstehendes Dokument, das in echter Mitsorge geschrieben ist" (Spital, Stellungnahme zum Schreiben des Papstes, 93).

sich der Papst in seinem Brief an die deutschen Bischöfe, nicht an die einzelnen katholischen Christen und Christinnen,[666] und – das ist entscheidend und erklärt auch, warum der Papst sich explizit „nur" an die Bischöfe und nicht an die einzelnen Gläubigen gewandt hat – er problematisiert das Mitwirken der Kirche als *Institution*, nicht das Mitwirken der einzelnen Glieder der Kirche.

Die Beachtung des genauen Wortlautes ist vor allem deshalb wichtig, weil es im kirchlichen Recht den Grundsatz gibt, dass Gesetze, die eine Strafe festsetzen oder die freie Ausübung von Rechten einschränken, enger Auslegung unter-

---

Anders dagegen das Päpstliche Staatssekretariat in seinem zeitgleich mit dem Papstbrief herausgegebenen „Kommentar zum Schreiben des Papstes an die deutschen Bischöfe": „Der Papst in seiner obersten Verantwortung legt seine Richtlinien, soweit sie sich auf die konkrete Umsetzung beziehen, in Form einer nachdrücklichen Bitte vor" (ORdt 28 (1998), S.12).
Ebenso Lehmann, Einführung in den Papstbrief, 60: „Der Papst wendet sich an die Bischöfe mit einer ‚eindringlichen Bitte' (Nr.7). Das Wort ‚Bitte' taucht gegen Ende des Briefes noch zweimal auf (Nr.8). Der Verbindlichkeitscharakter dieser Bitte darf deswegen nicht heruntergespielt werden. Diese moderate Ausdrucksweise ist nicht nur kurialer Stil, der jedoch zugleich deutlich einfordert, sondern er ist auch damit verbunden, dass der Brief immerhin von ‚Richtlinien für das künftige Verhalten in den umstrittenen Punkten' (Nr.1), von ‚erzielten Ergebnissen' am Ende des Konsultationsprozesses (ebd.) und auch von einem ‚Entscheid' (Nr.8) spricht, den er auch ohne formelle Kennzeichnungen der Verbindlichkeit in seiner ‚Verantwortung als oberster Hirte der Kirche' (Nr.1; vgl. auch K 3) zur Sprache bringt. Eine ‚Bitte' ist zwar kein Befehl, aber wenn sie eindringlich vom Papst in seiner obersten Verantwortung an die Adresse von Bischöfen gesprochen wird, hat sie gerade in der bescheidenen Form eine unübersehbare Verbindlichkeit, die nicht weniger gegeben ist, wenn sie nicht mit betonter formaler Autorität ergeht. Dies ist eine Frage ekklesialer Sensibilität. Die Ausdrucksweise des Papstes ist jedoch nicht nur eine höfliche Floskel, sondern der Versuch, gemeinsames Verstehen und Einvernehmen zu erzielen."
Ähnlich Pree, Schwangerschaftskonfliktberatung, 135: „Man könnte die Frage stellen, ob es sich hier nicht lediglich um einen Wunsch, eine Bitte oder eine Meinung des Papstes handelt, also um eine Äußerung, der keine rechtliche Verbindlichkeit zukommt. Die rechtliche Verbindlichkeit eines päpstlichen Aktes gründet konstitutiv in der päpstlichen Willenserklärung. Sie hängt nicht davon ab, welcher Äußerungsform (z.B. Gesetz) oder welcher stilistischen Gattung (z.B. Ansprache, Brief) sich der Papst bedient. Er ist als Träger der potestas suprema in der Kirche bei seinen Anordnungen nicht an eine bestimmte Form gebunden. Er kann außerdem seine Kompetenz als oberster Lehrer und Leiter in ein und demselben Akt miteinander verbinden. Außerdem kann er diese volle, unmittelbare und universale ordentliche Gewalt immer frei ausüben (c.331 CIC)." Vgl. dazu auch in diesem Buch S.188–191.
[666] So auch Lüdicke, K., Weisung des Papstes gilt nicht den Laien. Interview mit der Kirchenzeitung des Bistums Münster, in: Kirche und Leben vom 23. Januar 2000, S.3; vgl. auch Kirchenrechtler Lüdicke: Papst-Weisung gilt nicht den Laien, in: KNA-Basisdienst vom 19.1.2000, Dokument 331920.

liegen (c.18⁶⁶⁷), d.h. eine strikte Bindung an den genauen Wortlaut verlangen und nicht im übertragenen Sinn angewendet werden dürfen. Diesen Grundsatz beachtend wird treffend hervorgehoben: „Die päpstlichen Weisungen zur Beratung von Frauen in Not untersagen nur eine ‚*institutionelle Mitwirkung*', durch welche die Kirche selbst, und zwar als Institution belastet wird."[668] Nicht davon betroffen sind Beratungsstellen, die weder kirchlich verfasst noch kirchenamtlich anerkannt sind. Denn in der Kirche kann es auch Einrichtungen geben, die ohne kirchenamtlichen Auftrag tätig sind wie z.B. Organisationen von katholischen Christen und Christinnen, die *nur* nach weltlichem Recht verfasst sind „und damit außerhalb der *gesatzten* kirchlichen Rechtsordnung existieren."[669] Die hier durchgeführte Beratung erfolgt nur in eigenem Namen und ist daher nicht anders zu beurteilen, „als wenn andere katholische Christen in nichtkirchlichen Beratungsstellen beraten, z.B. in einem staatlichen Gesundheitsamt oder in Beratungsstellen eines nichtkatholischen Trägers."[670] Rechtliche Grundlage für ein solches Handeln in der Kirche ausschließlich in eigenem Namen, also ohne (förmliche bzw. amtlich erfolgte) innerkirchliche Anerkennung, bilden die beiden Canones 215 und 216. „Gemäß c.216 CIC können Kirchenglieder Initiativen und Unternehmungen als einzelne oder gemeinsam und gemäß c.215 CIC auch korporativ *in freien Zusammenschlüssen ohne kirchenamtliche Mitwirkung* durchführen und damit zur Verwirklichung kirch-

---

[667] C.18 CIC: „Gesetze, die eine Strafe festsetzen oder die freie Ausübung von Rechten einschränken oder eine Ausnahme vom Gesetz enthalten, unterliegen enger Auslegung."
[668] Schmitz, Mitwirkung der Kirche, 108 (Hervorhebungen von Verf.in).
[669] Ebd., 99 (Hervorhebungen von Verf.in).
In diesem Sinn wird auch vom Päpstlichen Staatssekretariat im „Kommentar zum Schreiben des Papstes an die deutschen Bischöfe" hervorgehoben: „Der Papst geht nicht auf die moraltheologische Frage ein, welche Art der Mitwirkung an der Abtreibung hier genau vorliegt. Es scheint auch nicht leicht, die entsprechenden traditionellen Kriterien unverändert auf die Problematik des Beratungsscheins anzuwenden, zumal die Sachlage überaus komplex ist und es um eine institutionelle Mitwirkung der Kirche geht, in deren Auftrag die Beraterinnen in vielen Fällen handeln" (ORdt 28 (1998), S.12).
Anders dagegen Lehmann, Einführung in den Papstbrief, 61: „Es geht nicht nur um die Beratungsstellen, für die die Kirche Trägerin ist, sei es mittelbar oder unmittelbar (z.B. durch Verbände). Auch die Beratungsstellen ‚die der Kirche zugeordnet sind', d.h. doch wohl, dass sie das Prädikat kirchlich oder katholisch beanspruchen, unterliegen denselben Anforderungen." Siehe dazu aber in diesem Buch S.287f.
[670] Schmitz, Mitwirkung der Kirche, 105.

lich-kanonischer Zielsetzungen *auch innerhalb der kirchlichen Rechtsordnung in eigenem Namen* eine apostolische Tätigkeit in Gang setzen oder unterhalten. Nur wenn derartige Initiativen oder Unternehmungen als solche die Bezeichnung ‚katholisch' führen sollen, bedürfen sie der kirchenamtlichen Zustimmung (c.216, 2. Halbsatz)."[671] Demzufolge kann der Verein Donum Vitae keineswegs als kirchenrechtlich unzulässig eingestuft werden. Er ist innerkirchlich vielmehr als ein *kirchlicher, aber nicht kirchlich-kanonischer Verein* einzustufen.[672] Schließlich werden im kirchlichen Gesetzbuch nicht

---

[671] Ebd., 103. (Hervorhebungen von Verf.in).
Zur Vermeidung von Missverständnissen ist hier darauf hinzuweisen, dass zwischen der beschreibenden und namentlichen Verwendung von „katholisch" zu unterscheiden ist. Bei einer beschreibenden Bezeichnung ist das Adjektiv „katholisch" Attribut von Personen, bei einer namentlichen Bezeichnung Attribut der Unternehmung. In diesem Sinn liegt z.b. eine beschreibende Verwendung von „katholisch" vor bei: „Sozialdienst katholischer Frauen" (SkF) oder bei „Bund der katholischen Jugend" (BDKJ), eine namentliche Verwendung dagegen bei: „Katholischer Deutscher Frauenbund" (KDFB) oder „katholische frauengemeinschaft deutschland" (kfd). Nur die namentliche Verwendung bedarf der Zustimmung der zuständigen kirchlichen Autorität, nicht aber die beschreibende. „Diese Unterscheidung ist auch darin gerechtfertigt, dass eine kirchliche Vereinigung von ihrer kanonisch anerkannten Zielsetzung her, nicht aber von der bloßen katholischen Konfession der Mitglieder her definiert wird. Es besteht kein Rechtsanspruch auf die Qualifizierung als ‚katholischer' Verein ... . Ein Verein, der die Bezeichnung ‚katholisch' führt, bringt damit öffentlich in besonderem Maße sowohl seinen kirchlichen Charakter wie auch den damit verbundenen Anspruch zum Ausdruck. Dadurch wird aber zugleich die Kirche als solche in der Öffentlichkeit mit dem ‚katholischen Verein' verstärkt in Verbindung gebracht. Der CIC nennt die Gründe nicht, die dem Zustimmungsvorbehalt zugrunde liegen; ... Dieser Zustimmungsvorbehalt ist aber nicht nur formaler Art, sondern in der öffentlich zum Ausdruck gebrachten Verbindung mit der Kirche als solcher sachlich begründet. Deshalb besteht ein berechtigtes öffentliches Interesse daran, dass nur solche Vereine sich ‚katholisch' nennen dürfen, deren Kirchlichkeit sich in der Praxis bewährt hat oder durch entsprechende Satzungsvorkehrungen hinreichend gesichert ist" (Aymans, Vereinigungsrecht, 529).
[672] Vgl. ähnlich, zwar nicht auf Donum Vitae bezogen, sondern im allgemeinen Sinn, Reinhardt, Vereinigungs- und Versammlungsfreiheit, 215/1, Rdn.2: „Insbesondere die in Wahrnehmung dieser Rechte [sc. des c.215] gegründeten Vereinigungen (das gilt analog für die abgehaltenen Versammlungen) haben ihren Platz in der Kirche, sie stehen ihr nicht gegenüber. Aus dieser Stellung ergeben sich in Anwendung des genannten Subsidiaritätsprinzips Gestaltungsfreiheiten, aber auch die Verpflichtung, und zwar mit Rücksicht auf das bonum commune der Kirche, sich in den gesamtkirchlichen Auftrag einzuordnen."
In diesem allgemeinen Sinn ebenso Aymans, Vereinigungsrecht, 496: „Die kirchlichen Vereine verfügen über ein weites Maß an Autonomie. Diese bezieht sich vor allem auf die Gründungsinitiative und die Ausgestaltung ihrer inneren Ordnung. Sie existieren jedoch nicht abseits der Kirche oder gleichsam nebenher; vielmehr sind sie Ausdruck genuin kirchlichen Lebens, zu dem sie beitragen und an dem sie teilnehmen" (Hervorhebungen von Verf.in).
In gleicher Weise, Sobanski, Verbandsgewalt, 238: „Das Fehlen der Anerkennung ist aber keineswegs gleichbedeutend mit einer kirchlichen Nichtexistenz. Das Bemühen

ohne Grund vier verschiedene kirchliche Vereinstypen angeboten, deren Unterscheidungsmerkmal der Grad der Autonomie gegenüber der kirchlichen Autorität ist.[673] So steht ein kirchlicher kanonisch öffentlicher Verein klar unter der Weisungsbefugnis der kirchlichen Autorität, ein kirchlicher Zusammenschluss aber muss „nur" grundsätzlich die Gemeinschaft mit der kirchlichen Autorität wahren. Und diese Gemeinschaft im Grundsatz ist zweifelsohne bei Donum Vitae gegeben. Der Verein vertritt ja die gleiche Auffassung wie Papst und Bischöfe: Gegen die Abtreibung muss vorgegangen werden, weil Abtreibung Tötung und deshalb eine Straftat ist.[674]

---

um eine rechtliche Typologie, die einerseits die Vereine im kirchlichen Ordnungsgefüge situieren und andererseits die Vereinigungsfreiheit ernst nehmen soll, darf nämlich diese Freiheit nicht aushöhlen." Offen in der kirchenrechtlichen Bewertung, ob Donum Vitae als zulässig im Sinne des c.215 ist oder nicht, ist Krämer, Die Frage ist noch nicht entschieden. Allerdings räumt er zugleich ein: „Dabei ist in der Kernfrage Übereinstimmung gegeben, dass die Lehre über die Unverfügbarkeit menschlichen Lebens und die Bewertung des Schwangerschaftsabbruchs als Verbrechen, als Tötung ungeborenen Lebens nicht zur Disposition steht. Gleichwohl kann in der pastoralen Vorgehensweise eine unterschiedliche Auffassung gegeben sein. Solange der Papst eine private beziehungsweise vereinsmäßige Mitwirkung der Laien in der staatlich geregelten Schwangerschaftskonfliktberatung nicht ausdrücklich untersagt, ist Canon 18 zu beachten" (ebd.).
Für Schüller, Zwischen Freiheit und Bindung, 253, ist Donum Vitae nach Ausweis seiner Satzung kein freier Zusammenschluss gemäß c.215, sondern ein „kirchenunabhängiger Verein", der zwar eindeutig ein kirchliches Ziel verfolgt, aber „mit der Ausstellung des Beratungsnachweises als Teilbereich seiner Aktivitäten eindeutig gegen eine päpstliche Weisung, die lehrmäßiger Natur ist, verstößt. Von daher handelt es sich eher in seinem Tun um einen ‚kirchenfernen' Verein." Zur Frage der Lehrmäßigkeit der Weisung vgl. in diesem Buch S.310, Anm.669; S.313–315.
Zu der Frage der „Kirchlichkeit", „Kirchenunabhängigkeit" und Kirchenferne eines freien Zusammenschlusses gemäß c.215 vgl. auch in diesem Buch S.107f, Anm.211 und S.316–322.
[673] Vgl. dazu in diesem Buch S.105–123.
[674] So richtig die Feststellung ist, dass sich kein kirchlicher Verein ohne Zustimmung der zuständigen kirchlichen Autorität „katholisch" nennen darf (vgl. cc. 216; 300), so unzutreffend sind weiter gehende Schlussfolgerungen dergestalt, dass sich ein solcher Verein gemäß c.215 auch nicht als „kirchlich" bezeichnen dürfe, „da die Bezeichnung ‚kirchlich' die Bezeichnung ‚katholisch' übergreift und zugleich auf eine Zuordnung zur Kirche hinweist" (Schmitz, Kirchenunabhängige Unternehmung, 470), oder dass er seine Tätigkeit nicht als „katholisch" oder „katholisch geprägt" bezeichnen dürfe (vgl. ebd., 473). Für solche Schlussfolgerungen fehlen nicht nur entsprechende Rechtsgrundlagen, sie widersprechen auch dem Rechtsgrundsatz der engen Auslegung von Gesetzesbestimmungen, die die freie Ausübung von Rechten einschränken (c.18).

2. Der Einwand vom Verstoß gegen das Verbot der Tötung unschuldiger Menschen und einer in sich schlechten Tat

Von moraltheologischer Sicht wird ebenfalls gelegentlich die Unzulässigkeit des Vereins „Donum Vitae" behauptet. Die Hauptargumente dafür werden aus den Briefen des Apostolischen Stuhles gewonnen. So wird z.b. folgende Auffassung vertreten:[675] Die Frage der Schwangerschafts-Konfliktberatung mit oder ohne schriftlichem Nachweis ist nicht nur eine „*pastorale Frage mit offenkundigen lehrmäßigen Implikationen*", wie es der Papst selbst in seinem Brief an die deutschen Bischöfe vom 11.01.1998 formuliert hatte, sondern vielmehr eine „*Feststellung lehrmäßiger Natur*", wie der Staatssekretär Angelo Kardinal Sodano im Auftrag des Papstes in seinem Brief an die deutschen Bischöfe vom 20.10.1999[676] den Wortlaut präzisiert hat. Demzufolge wird hervorgehoben: „Der Brief [sc. von Sodano] begnügt sich also nicht mit einem vagen Hinweis auf Implikationen, die in jeder pastoralen Umsetzung einer Lehre enthalten sind, sondern sagt, dass sie moralischer Natur sind."[677] Konkret gesprochen bedeutet das nach dieser Auffassung, dass die Schwangerschafts-Konfliktberatung *mit* Scheinausstellung die beiden moralischen Normen des Verbots der Tötung unschuldiger Menschen und des Verbots einer in sich schlechten Handlung verletzt. Damit ist für diese Position durch die von Sodano erfolgte Präzisierung erwiesen, dass die Schwangerschafts-Konfliktberatung mit schriftlichem Nachweis gegen die katholische Sittenlehre verstößt.[678]
Konsequent zu Ende gedacht wird in diesem Gedankengebäude jede katholische Beraterin zu einer wesentlichen Tatbeteiligten an einer Abtreibungstat und unterliegt damit der Strafandrohung der Tatstrafe der Exkommunikation wegen Abtreibung,[679] wenn sie einen Beratungsschein ausgestellt hat, der für eine straffreie Abtreibungstat herangezogen worden ist. Diese moralische Beurteilung der Schwangerschafts-Konfliktberatung mit Beratungsbestätigung und die damit einhergehenden strafrechtlichen Konsequenzen, wie sie aus den Briefen des Apostolischen Stuhles herausgelesen werden, sind aus mehreren Gründen nicht haltbar:

---

[675] Sala, Die Schwangerschaftskonfliktberatung, 1773f.
[676] Abgedruckt in: AKathKR 168 (1999), 116–120.
[677] Sala, Die Schwangerschaftskonfliktberatung, 1773.
[678] Ebd., 1773.
[679] Vgl. dazu in diesem Buch S.278–280.

1. In Angelegenheiten des Glaubens und der Sitten gilt in der katholischen Kirche der Grundsatz: Jede Verletzung einer diesbezüglichen Lehre muss postwendend behoben werden! Daraus folgt: Wenn die Schwangerschafts-Konfliktberatung mit dem schriftlichen Nachweis eine Verletzung der katholischen Sittenlehre wäre, hätten die deutschen Bischöfe sofort nach der Präzisierung der Bitte des Papstes durch Sodano das kirchliche Beratungssystem umstellen müssen und nicht noch bis zum 1. Januar 2001 warten dürfen. Die deutschen Bischöfe hätten also in diesem Fall die Bitte des Papstes, künftig in den von ihnen kirchenamtlich anerkannten Beratungsstellen[680] keine Beratungsbescheinigungen mehr auszustellen, unverzüglich in die Tat umsetzen müssen und nicht erst nahezu zwei Jahre später! Ganz zu schweigen davon, dass bei der Auslegung der Bitte als „Feststellung lehrmäßiger Natur" Papst Johannes Paul II. niemals Bischof Kamphaus noch einmal ein Jahr zur weiteren Erprobung der kirchlichen Beratung mit schriftlicher Bestätigung hätte gewähren dürfen, was er aber bekannter Weise getan hat.

2. In keinem Schreiben des Apostolischen Stuhles, sei es von Papst Johannes Paul II. oder Kardinal Staatssekretär Sodano, wird die Ausstellung der Beratungsbescheinigung als „Verletzung der katholischen Sittenlehre" bewertet. Die Frage, ob es sich bei der Schwangerschafts-Konfliktberatung mit oder ohne Scheinausstellung um eine (materielle oder formelle) Mitwirkung der einzelnen Gläubigen an der Abtreibung handelt, wird überhaupt nicht angesprochen.[681] Es wird nur die Frage nach der Mitwirkung der Kirche als Institution, also nach der *institutionellen* Mitwirkung der Kirche gestellt.[682] Nicht wie das Handeln der einzelnen katholischen Christen

---

[680] Vgl. dazu in diesem Buch S.287f.
[681] Vgl. auch Beckmann, Der Streit, 55f und 95, für den aber „vieles für die Einordnung der kirchlichen Schwangerschaftskonfliktberatung als formelle Mitwirkung spricht (vgl. dazu ebd., 53–57).
Spital, Stellungnahme zum Schreiben, 93, hebt hervor: „Er [sc. der Papst] hat nicht gesagt, dass die in der Schwangerschaftskonfliktberatung tätigen Beraterinnen und Berater Beihilfe zur Tötung unschuldigen Lebens leisten, statt dessen hat er den Einsatz der katholischen Beraterinnen der Caritas und des Sozialdienstes katholischer Frauen sowie einiger anderer Beratungsstellen ausdrücklich positiv hervorgehoben."
Und ebd., 94: „Schon gar nicht hat er den Beratungsschein als ‚Tötungslizenz' bezeichnet; wenn er den Beratungsschein als eine solche verstehen würde, hätte er die Ausstellung mit Sicherheit sofort verboten und verbieten müssen."
[682] Vgl. dazu in diesem Buch S.310, Anm.669.

und Christinnen beim Ausstellen des Beratungsscheines (sittlich) zu beurteilen ist, wird als Problem gesehen, sondern ob und wie das Handeln der Kirche als Institution glaubwürdig ist und nicht durch die Zweideutigkeit des Beratungsscheines verdunkelt wird, der einerseits Nachweis einer dem Leben dienenden Beratung ist, aber zugleich auch als Hilfsmittel zu einer straffreien Abtreibung herangezogen werden kann.

3. Die in der Schwangerschafts-Konfliktberatung tätige Person ist nach weltlichem Recht (§ 219 StGB)[683] gesetzlich dazu verpflichtet, für das Leben des ungeborenen Kindes einzutreten, also mit allen Mitteln der Beratung zu versuchen, die Abtreibungstat zu verhindern. Das ist genau das Gegenteil von einer (materiellen oder formellen) Mitwirkung an der Tötung eines unschuldigen Menschen bzw. an einer in sich schlechten Handlung. Eine solche (moralisch verbotene und (kirchen)rechtlich mit Strafe bedrohte) Mitwirkung wäre nur dann gegeben, wenn die Beraterin oder der Berater die Abtreibungstat empfiehlt oder dazu anstiftet. Genau das aber ist durch das weltliche Beratungsgesetz untersagt. Die Tatsache, dass die Beratung ergebnisoffen geschieht, dass also die Entscheidung der schwangeren Frau gegen das ungeborene Kind und für die Abtreibung von der Beraterin bzw. dem Berater in Kauf genommen wird, ist schon rein sprachlich und erst recht sachlich etwas vollkommen anderes als an einer Abtreibungstat mitzuwirken, geschweige denn willentlich und vorsätzlich daran mitzuwirken. „In Kauf nehmen" heißt, dass eine an sich schlechte Folge einer Handlung akzeptiert wird, wenn die Handlung selbst eine gute und notwendige ist.[684]

Die kritische Analyse der erhobenen Vorwürfe gegen „Donum Vitae", sowohl kirchenrechtlich als auch moraltheologisch unzulässig zu sein, kann in dem Fazit zusammengefasst werden: Die Behauptung, dass durch den Brief des Papstes an die deutschen Bischöfe vom 11.1.1998 für alle Gläubigen die Gehorsamspflicht des c.212 bestehe und bei Ungehorsam eine Strafe drohe (c.1371 n.2), entbehrt solange jeglicher Rechtsgrundlage, wie der Papst erstens keine rechtliche „Anordnung" erlassen und diese

---

[683] Vgl. dazu in diesem Buch S.257–269.
[684] Vgl. ähnlich Pree, Schwangerschaftskonfliktberatung, 135: „Die Scheinausstellung verhilft, streng genommen, überhaupt nicht zur Vornahme der Abtreibung, sondern lediglich zu deren Straffreiheit."

zweitens nicht an alle Gläubigen gerichtet hat. Ihr fehlt auch die inhaltliche Grundlage, da in keinem kirchlichen Dokument das Ausstellen des Beratungsnachweises einer moraltheologischen Bewertung unterzogen worden ist.

f) Die rechtliche Qualifizierung von Donum Vitae als Verein „außerhalb der Kirche" durch die deutschen Bischöfe (2006) und die Glaubenskongregation (2007)

Die Beratung in der Trägerschaft des Vereins „Donum Vitae", die mit dem nach weltlichem Strafrecht vorgesehenen Beratungsnachweis bestätigt wird, versteht sich als Fortsetzung der Tätigkeit, die bis zur eindringlichen Bitte des Papstes von 1998 die deutschen Bischöfe in den der Kirche zugeordneten Beratungsstellen der Caritas und des SkF[685] (mit)getragen haben: im staatlichen System der Schwangerschafts-Konfliktberatung eine konfessionell katholisch geprägte Beratung anzubieten. Für diese Fortsetzung berufen sich die Vereinsmitglieder auf ihre Sendung, zu der sie durch Taufe und Firmung bestellt sind. Sie beanspruchen daher zu Recht, dass sie aus christlicher Verantwortung kraft Taufe und Firmung in eigenem Namen handeln, und betonen, nicht im Namen und Auftrag der Kirche tätig zu sein, wohl aber mitten *in* der Kirche.

Kirchenrechtlich und damit innerkirchlich ist daher der Verein „Donum Vitae" gemäß c.215 als ein freier Zusammenschluss „für Zwecke der Caritas" und „zur Förderung der christlichen Berufung" (c.215 CIC)[686] im Bereich des vorgeburtlichen Lebens zu qualifizieren. Entweder ungeachtet dieses Selbstverständnisses oder bewusst dagegen haben jedoch die deutschen Bischöfe im Juni 2006 die Erklärung abgegeben:

> „Bei dem *privaten Verein* Donum Vitae handelt es sich um eine Vereinigung *außerhalb der katholischen Kirche*. ... Personen, die im kirchlichen Dienst stehen, ist *eine Mitwirkung* bei Donum Vitae e.V. *untersagt*. ... Der Ständige Rat [der Deutschen Bischofskonferenz] *ersucht* die Gläubigen, die in den kirchlichen Räten und Mitwirkungsgremien sowie den kirchlichen Verbänden und Organisationen *Verantwortung* übernehmen, zum Zweck der größeren Klarheit des kirchlichen Zeugnisses auf eine *leitende Mitarbeit in Donum Vitae e.V.* zu *verzichten* und so die *Unterschiede* zwischen

---

[685] Vgl. dazu in diesem Buch S.287f.
[686] Vgl. dazu in diesem Buch S.111f.

Donum Vitae e.V. und *Positionen der Kirche* besser zur Geltung zu bringen und zu respektieren."[687]

Bei näherer Betrachtung erweist sich diese Erklärung sehr schnell als ein Schreiben mit vielen Unklarheiten und einigen gravierenden Fehlern:
- Zunächst ist zu fragen, welcher Rechtscharakter dieser Erklärung zukommen soll. Ist es eine Art pastorales Mahnschreiben oder eine bischöfliche Verordnung mit innerkirchlichen Rechtsfolgen? Und damit zusammenhängend:
- Wie ist der Ausdruck *„untersagt" Gläubigen im kirchlichen Dienst eine „Mitwirkung"* zu verstehen? Ist das damit ausgesprochene Verbot eher alltagssprachlich im Sinne einer Bitte oder Aufforderung gemeint oder als Verbot im arbeitsrechtlichen Sinn, also so, dass ein Zuwiderhandeln als ein Verstoß gegen eine so genannte Loyalitätspflicht zu werten und demzufolge zu einer Kündigung eines/einer kirchlichen Dienstnehmers/-nehmerin führen kann? Und was heißt in diesem Kontext „Mitwirkung"? Wird damit die Beratungstätigkeit umschrieben oder gehört dazu auch schon das Spenden, Spendensammeln, die Mitgliederwerbung oder gar die bloße Mitgliedschaft?
- Ähnliche Fragen stellen sich auch bei der Formulierung *„ersucht"* die Gläubigen mit *„Verantwortung"* in kirchlichen

---

[687] Erklärung der deutschen Bischöfe zu Donum Vitae e.V. vom 20. Juni 2006, in: Abl Regensburg Nr.6 vom 21.08.06, 59 (Hervorhebungen von Verf.in).
Diese Erklärung ist gemäß Art.8 Abs.2 i.V.m. Art.14 Abs.2 Statut DBK von 1998 als Beschluss nicht rechtsverbindlicher Art über gemeinsame Erklärungen einzustufen. Sie ist also lediglich eine Empfehlung zur Förderung eines gemeinsamen oder gleichmäßigen Vorgehens in den Diözesen im Bereich der DBK. Wenn einer der Vorsteher der Diözesen glaubt, einer solchen Empfehlung „nicht folgen zu können, wird er das dem Vorsitzenden mitteilen" (Art.14 Abs.2 Satz 2 Statut DBK/1998).
Im Amtsblatt der Diözese Trier hat der damalige Generalvikar Werner Rössel schon 2001 darauf hingewiesen: „Zu dem Verhältnis zwischen der künftigen kirchlichen Schwangerschaftsberatung und der von Donum Vitae angebotenen Beratung wird vom Ständigen Rat [sc. der Deutschen Bischofskonferenz], wie bisher schon durch den Vorsitzenden und einzelne Bischöfe erklärt worden ist, Folgendes festgestellt: ‚ ... Das Beratungsangebot der von Donum Vitae getragenen Einrichtungen steht außerhalb des kirchlichen Bereichs und kann nicht den Anspruch erheben, in dem gesetzlichen Rahmen als katholische Beratung an die bisherige Stelle der kirchlichen Einrichtungen zu treten oder als zweite innerkirchliche Beratungsweise zu erscheinen. Diese Unterscheidung soll sowohl innerkirchlich als auch gegenüber der staatlichen Seite in den Bundesländern deutlich artikuliert werden.' Dies bedeutet auch, dass eine Unterstützung der von Donum Vitae angebotenen Beratung und Werbung für den Verein durch Pfarreien oder sonstige kirchliche Stellen nicht möglich ist" (Abl Trier 145 (2001), 18f; Hervorhebungen von Verf.in). Zur Ausdrucksweise „katholische Beratung" vgl. in diesem Buch S.291, Anm.620.

Räten und Vereinen auf eine "leitende Mitarbeit" bei Donum Vitae zu "verzichten". Wird mit der „Bitte um Verzicht" die Unvereinbarkeit dieser beiden ehrenamtlichen Engagements ausgesprochen? Ab wann ist von einer „Verantwortungs"-position in kirchlichen Räten und Vereinen zu sprechen? Ist sie schon bei der Funktion der Kassenführerin, des Schriftführers, des Vorstandsmitglieds gegeben oder erst bei der Vorsitzenden, dem (Vize-)Präsidenten, der Generalsekretärin? Und analog dazu: was ist eine „leitende Mitarbeit" bei Donum Vitae?
- Schließlich bleibt auch unklar, auf welche *„Unterschiede zwischen Donum Vitae e.V. und Positionen der Kirche"* hier angespielt wird? Donum Vitae unterscheidet sich von keiner Position der Kirche, sondern vertritt den gleichen Grundsatz (= Abtreibung ist Tötung) und versucht das gleiche Ziel (= unbedingter Lebensschutz des ungeborenen Kindes) zu erreichen, allerdings auf eine andere praktische Vorgehensweise als der Papst und die deutschen Bischöfe, die hier offensichtlich mit „Kirche" gleichgesetzt sind.
- Kirchenrechtlich falsch ist die Bezeichnung von Donum Vitae als *„privater Verein"*. Donum Vitae ist weder nach weltlichem noch nach kirchlichem Vereinsrecht privat. Denn nach weltlichem Recht ist er als ein eingetragener Verein organisiert[688] und nach kirchlichem Recht gibt es nur den Vereinsstatus „privat-kanonisch", der aber eine Überprüfung der Vereinssatzung durch die zuständige kirchliche Autorität zur Voraussetzung hat.[689] Das aber ist (bisher) nicht geschehen. Wer das frühere kirchliche Vereinsrecht[690] kennt, kann sich des Eindrucks nicht erwehren, dass die Bischöfe mit der Bezeichnung „privater Verein" offensichtlich noch die Vereinskategorien des CIC/1917 statt die grundlegend neuen Vereinskategorien des CIC/1983 zu Grunde zu legen.[691]
- Ebenso kirchenrechtlich unzutreffend ist die Aussage, dass Donum Vitae ein Verein *„außerhalb der Kirche"* ist. Donum Vitae ist zwar ein Verein außerhalb der gesatzten Rechtsordnung, weil er ein „kirchlicher", aber nicht ein „kirchlich-kanonischer" Verein ist, aber keineswegs ein Verein „außer-

---

[688] Vgl. dazu in diesem Buch S.105.
[689] Vgl. dazu in diesem Buch S.113–116.
[690] Vgl. dazu in diesem Buch S.100–105.
[691] Vgl. dazu auch in diesem Buch S.108, Anm.212; S.127, Anm.276, und S.131, Anm.296.

halb der Kirche".[692] Auch wenn er nicht „im Namen und Auftrag" der Kirche handelt, sondern „nur" in eigenem Namen kraft Taufe und Firmung, ist er nicht außerhalb der Kirche oder „nicht-kirchlich", sondern lediglich „nicht-kirchenamtlich" bzw. nicht mit kirchenamtlicher Beauftragung bzw. Anerkennung tätig. Von „nicht kirchlich" bzw. „außerhalb der Kirche" kann im Hinblick auf Donum Vitae also nur gesprochen werden, wenn „kirchlich" mit „kirchenamtlich" und „Kirche" mit „kirchlicher Autorität" gleichgesetzt wird; das aber ist spätestens seit dem II. Vatikanischen Konzil theologisch und rechtlich nicht (mehr) statthaft.[693]

Über diese offensichtlichen Mängel hinaus ist das Schreiben der Bischöfe von der Einstellung einer einseitig vorhandenen Loyalitätspflicht der Gläubigen gegenüber der kirchlichen Autorität der Bischöfe und des Papstes geprägt, die ebenfalls gegebene Loyalitätspflicht der Bischöfe und des Papstes gegenüber den Gläubigen kommt dagegen nicht zum Tragen.[694] Damit ist die inhaltliche Ausrichtung verbunden, erneut zu polarisieren statt die vorhandenen Gemeinsamkeiten herauszuarbeiten. So scheint in dieser Erklärung der deutschen Bischöfe zu wenig bedacht worden zu sein, dass die Glaubwürdigkeit des christlichen Zeugnisses auch davon abhängt, dass und wie in der katholischen Kirche Gemeinschaft und christliche Freiheit sich nicht ausschließen, sondern unlösbar zusammen gehören und deshalb ermöglichen, angesichts der Einigkeit im Grundsätzlichen, die unterschiedlichen Wege der Umsetzung zu respektieren.[695] Stattdessen wird Katholiken und

---

[692] Vgl. dazu in diesem Buch S.105–124 und S.311f, Anm.672.
[693] Vgl. dazu auch in diesem Buch S.333–335.
[694] Vgl. dazu in diesem Buch S.28f und S.75–77.
[695] In diesem Sinn hatte der Bischof von Trier, Hermann Josef Spital, im Januar 1998 aufgerufen: „Und eine zweite Bitte möchte ich ebenso eindringlich wiederholen: gehen wir jetzt gemeinsam und in gegenseitiger Achtung an die uns gestellte Aufgabe. Hören wir endlich auf, andere wegen ihrer anderen Auffassung in diesem ‚Dilemma' anzugreifen und zu diffamieren: Das sollte unter Christen, die ihren Glauben ernst nehmen, unmöglich sein" (Spital, Stellungnahme zum Schreiben, 97). Ähnlich der Bischof von Münster, Reinhard Lettmann, in einem Brief an die Gläubigen im Bistum Münster vom 24.11.1999: „... dass es bei gleicher Gläubigkeit, gleicher Kirchlichkeit und gleicher Gewissenhaftigkeit zu unterschiedlichen Wegen kommen kann. Es könnte eine Lösung geben, die die grundsätzliche Einheit untereinander und mit dem Papst wahrt, die darin besteht, dass jeder seine positiven Gründe für seine Entscheidung offen legt und sich zugleich bemüht, Verständnis für eine andere Sicht aufzubringen. So könnte bei unterschiedlichen Verfahrensweisen in den Bistümern die Einheit im Grundlegenden gewahrt werden, untereinander und mit dem Papst" („Beratung intensivieren". Dokumentation des Briefes von Bischof

Katholikinnen, die sich aus christlicher Verantwortung heraus für den Lebensschutz von ungeborenen Kindern einsetzen, in ihrer eigenen Kirche abgesprochen, kirchlich zu handeln, bzw. in der Kirche tätig zu sein. Mit solchen Verletzungsmanövern droht sich die katholische Kirche selbst immer weiter an den gesellschaftspolitischen Rand zu manövrieren und arbeitet damit jenen Kräften in die Hände, die den christlich-katholischen Einsatz für das Leben sowieso nur als lästigen Störenfried für die Gesellschaft empfinden. Wenn ein Wert in diesem Schreiben gesehen werden kann, dann ist es der, dass an keiner Stelle behauptet wird, Donum Vitae würde eine kirchliche Lehre oder eine kirchenrechtliche Norm verletzen. Umgekehrt ist aber an diese Erklärung die Rückfrage zu stellen, ob ein kirchliches Zeugnis wirklich dadurch klarer und glaubwürdiger werden kann, indem es gerade in einem Brennpunkt der höchsten Not einer schwangeren Frau und der damit verbundenen größten Lebensgefährdung für das ungeborene Kind ausbleibt. Wiegt hier wirklich die Gefahr eines möglichen Missverständnisses schwerer als die Gefahr der Tötung und des Todes?[696]

Reinhard Lettmann an die Gläubigen im Bistum Münster, in: Kirche und Leben vom 5.12.1999, S.3).
[696] In diesem Sinn hatte auch Bischof Kamphaus bereits 1998 im Kontext des Papstbriefes an die deutschen Bischöfe vom 11.1.1998 (vgl. dazu in diesem Buch S.294–296) zu bedenken gegeben: Bei einem Ausstieg der katholischen Kirche aus dem staatlichen System der Schwangerschaftskonfliktberatung „bliebe bei den allermeisten Zeitgenossen die große Enttäuschung darüber [übrig], dass die Kirche die Rettung konkreter Menschen abstrakten Prinzipien opfere. Es bliebe vor allem die tiefe Enttäuschung vieler Frauen, die sich in einer verzweifelten Situation im Stich gelassen fühlten. Es bestünde die große Gefahr, dass die Kirche ihr Zeugnis gerade dadurch verdunkelt, dass sie ihren Platz an der Seite dieser Frauen und ihrer Kinder aufgibt. Demgegenüber wirkt die beständige, mühsame Arbeit der Beraterinnen in den kirchlichen Beratungsstellen nachhaltig. Sie erreichen zumeist Frauen, die in ihrer Entscheidung schwanken. Gerade die einfühlsame und mühsame Kleinarbeit zählt viel – auch für die Glaubwürdigkeit kirchlicher Wegweisung. Und erst recht zählt jedes Kind, dem so das Leben geschenkt wird. Indem die Öffentlichkeit beständig über diese Arbeit informiert wird, kann sich das allgemeine Bewusstsein verändern. ... Wer im Schlamassel verwickelter Lebenssituationen den Finger rührt, macht sich die Hände dreckig. Er muss mit Missdeutungen rechnen. Damit ist er noch lange nicht moralisch diskreditiert. Wer in der Wegweisung klar ist, wer aus seinen Prinzipien keinen Hehl macht, kann Menschen nachgehen, die vom Weg abgekommen sind. ... Solchen Konflikten haben sich Seelsorger immer wieder ausgesetzt, sei es in der Betreuung von Sklaven, sei es in der Militärseelsorge, gleich ob in Vietnam, am Golf oder in Hitlers Wehrmacht. Das hat sie stets angreifbar gemacht und ihnen massive Kritik eingebracht. Ist der Papst dadurch moralisch desavouiert, dass er nach Kuba reist und sich auf das menschenverachtende System einlässt, um zu retten, was zu retten ist? Offenkundig nicht!" (Kamphaus, Retten, was zu retten ist, 88f).

Insgesamt gesehen ist diese Erklärung der deutschen Bischöfe weder theologisch noch rechtlich schlüssig. Deshalb ist in diesem Zusammenhang hinsichtlich der Verpflichtungskraft dieser Erklärung an die zwei Rechtsgrundsätze zu erinnern, dass „Gesetze ... bei einem Rechtszweifel nicht [verpflichten]" (c.14) und dass Gesetze, die „die freie Ausübung von Rechten einschränken ... enger Auslegung [unterliegen]" (c.18), also nicht im analogen Sinn angewendet werden können, wozu insbesondere eine unklare Ausdrucksweise verleiten kann.

Den (vorläufigen) Abschluss in der Auseinandersetzung um die Beteiligung der katholischen Kirche als Institution und/oder als einzelne Glieder am staatlichen System der Schwangerschafts-Konfliktberatung bilden Presseberichte Anfang des Jahres 2007, denen zufolge der Präfekt der Kongregation für die Glaubenslehre, William Kardinal Levada, noch einen Schritt weiter als die deutschen Bischöfe in ihrer Erklärung von 2006 gegangen ist. Er soll nämlich in einem – bisher nicht veröffentlichten – Brief an einige deutsche Bischöfe im Herbst 2006 und nochmals an den damaligen Vorsitzenden der Freisinger Bischofskonferenz, Friedrich Kardinal Wetter, im Februar 2007 die deutschen Bischöfe aufgefordert haben, sich noch klarer [sc. als in ihrer Erklärung vom Juni 2006] von dem Verein abzugrenzen, als sie das bisher getan haben. Dazu sei es notwendig, „klug und entschieden" darauf hinzuwirken, dass nicht nur die kirchlichen Angestellten von einer leitenden Mitarbeit bei dem Verein absehen, sondern alle aktiven Gläubigen „auf jegliche Form der Unterstützung verzichten", beispielsweise auch auf Spenden. Denn, so die Begründung von Levada: „Die Entscheidung von Papst Johannes Paul II., den zweideutigen Beratungsschein nicht mehr auszustellen, gilt nämlich für alle Glieder der Kirche."[697] Hier ist man geneigt, den Aufruf zu wiederholen, der in anderem Zusammenhang geäußert wurde: „Wann endlich setzen sich die Bischöfe (und wer sonst sollte es in den Strukturen der katholischen Kirche tun) nicht nur für das ein, was vom Vatikan her für die Diözesen

---

[697] Vgl. Rom: Katholiken dürfen „Donum Vitae" nicht unterstützen, in: Die Tagespost vom 17.3.2007, S.4; Joseph Ratzingers endloser Kampf, in: SZ vom 21.3.2007, S.4; Klare Linie gegen Donum Vitae, in: SZ vom 21.3.2007, S.37; Der Verein „Donum Vitae" bleibt ein Streitthema in der katholischen Kirche, in: FAZ vom 21.3.2007, S.10.
Zur gegenteiligen Auffassung zu Levada vgl. in diesem Buch S.308–312.

bedeutsam ist, sondern auch für das, was von den Diözesen her für das päpstliche Amt bedeutsam sein muss?"

Kapitel VI

Die eigenständige Verantwortung aller Glieder der Gemeinschaft und die Grenzen des Gehorsams – eine Auswertung

Laien gehören nicht nur zur Kirche, sondern sie bilden die Kirche, und zwar kraft ihrer Geistbegabung in der Taufe und zusammen mit den Klerikern. Das ist seit dem II. Vatikanischen Konzil allgemein anerkannte Glaubensüberzeugung. Keine(r) wird ihr ernsthaft widersprechen. Doch was heißt *„zusammen mit den Klerikern"* konkret? Gerade in Krisenzeiten und Konfliktsituationen drängt sich diese Frage immer wieder in den Vordergrund. Was ist der Maßstab für das *„Zusammen"* von Laien und Klerikern, von gemeinsamem und amtlichem Priestertum? Die gemeinsame Sendung aller oder der besondere Dienst der Kleriker? Das Wirken des Heiligen Geistes oder die Auffassung des geweihten Amtes? Damit steht die uralte und doch stets aktuelle Grundfrage im Raum: Sind Heiliger Geist und geweihtes Amt ein Gegensatzpaar oder eine zusammengehörende Einheit?
Nicht wenige vertreten hier die Auffassung: Heiliger Geist steht für Freiheit und Dynamik, Amt dagegen für Vorschriften und Zwang. Und deshalb plädieren auch viele dafür, dass die katholische Kirche endlich wieder von einer Amtskirche zu einer Geistkirche werden muss. Es geht nicht an, dass das Wirken des Geistes an die Zustimmung des geweihten Amtes gebunden wird. Das widerspricht ganz klar der Botschaft des Neuen Testamentes, das eindeutig der Freiheit des Geistes das Wort redet. Man denke nur an Aussagen wie: „Der Herr aber ist der Geist, und wo der Geist des Herrn wirkt, da ist Freiheit" (2 Kor 3,17).[698]

---

[698] Weitere Belege in dieser Richtung sind: „Gott hat den Geist seines Sohnes in unser Herz gesandt" (Gal 4,6). –„Ihr seid zur Freiheit berufen, Brüder ... Wenn ihr euch vom Geist führen lasst, steht ihr nicht unter dem Gesetz" (Gal 5,13.18). – „Denn das Gesetz des Geistes und des Lebens in Christus Jesus hat dich frei gemacht vom Gesetz der Sünde und des Todes ... Alle, die sich vom Geist leiten lassen, sind Söhne Gottes" (Röm 8,2.14). –„Wir sind tot für das Gesetz und dienen in der neuen Wirklichkeit des Geistes, nicht mehr in der alten des Buchstabens" (Röm 7,6) u.a..

Natürlich gibt es ebenfalls nicht wenige, die dieser Argumentation widersprechen. Für sie sind Geist und Amt gerade kein Gegensatz, sondern gehören zusammen. Sie weisen darauf hin, dass Amt und Institutionen gerade nicht das Gegenteil von Freiheit sind, sondern erst der Ermöglichungsgrund von echter Freiheit und wirklichem Wehen des Geistes. Denn wie könnte sonst, nach welchen Kriterien, von wem, die wichtige Unterscheidung getroffen werden zwischen dem Wehen des Gottesgeistes und dem des Zeitgeistes oder des menschlichen Eigensinnes? Zwar ist der Hinweis völlig richtig, dass die Vertreter des geweihten Amtes auch keinen anderen Geist empfangen als die anderen Gläubigen und dass auch der besondere Beistand des Heiligen Geistes nicht die inhaltliche Argumentation auf der Grundlage der Erkenntnisquellen, die allen Gläubigen zugänglich sind (Schrift und Tradition), ersetzen kann. Aber um (über)-lebensfähig zu sein, braucht jede komplexe Gemeinschaft, also auch die Kirche, ein Amt, das „die handlungsfähige Identität und Einheit" dieser Gemeinschaft gewährleistet.[699] Diese Aufgabe, die handlungsfähige Identität und Einheit der Gemeinschaft zu erhalten, kann jedoch nur gelingen, wenn diesem Amt in dem Sinn eine *relative* Unabhängigkeit von den unterschiedlichsten Meinungen der einzelnen Glieder dieser Gemeinschaft zukommt, dass es in einem bestimmten Ausmaß Entscheidungen treffen kann, ohne abwarten zu müssen, „bis alle ausdrücklich einverstanden sind (was normalerweise sowieso nie zutrifft)."[700] Speziell in der (katholischen) Kirche gilt dabei als Maß und Grenze der relativen

---

[699] Kehl, Die Kirche, 396, der in diesem Zusammenhang auch darauf hinweist: „Die Kirche gibt sich gerade im Gehorsam dem Geist gegenüber und in der Antwort auf die Herausforderungen der jeweiligen Situation schon sehr früh solche institutionalisierten Formen, um mit ihrer Hilfe die Botschaft vom Heil unverfälscht in den verschiedenen Zeiten und Räumen der Geschichte zu verkünden. Um der inhaltlichen Identität des ‚Wortes vom Kreuz' im Wechsel der Geschichte willen vollzieht sich die Sendung der Kirche in bestimmten, objektiven und formalisierten Weisen; denn dadurch wird das Wort der Verkündigung weitgehend der subjektiven Verfügungsmacht sowohl des Verkündigers selbst wie auch der hörenden Gemeinde entzogen. In der bleibenden Identität des Wortes Gottes gründet aber die Identität der Gemeinde, die sich im gemeinsamen Glauben an dieses Wort versammelt und erst so sich selbst findet. Dieser geschichtlich immer neu aufgegebenen Identitätsfindung der Gemeinde durch ihre Identifizierung mit der vorgegebenen Botschaft vom Heil zu dienen, gehört entscheidend zum theologischen Sinn alles kirchlich Institutionellen" (ebd., 395).
Vgl. auch Koch, Kirche im Dialog, 16: „Genauso erweist sich der Geist ohne Institution als nicht lebensfähig. Vielmehr ist die Institutionalität als Ausdruck des Willens zur Beständigkeit des Geistes zu verstehen, wie der Leib des Menschen die wohl elementarste Institution seines geistigen und auch geistlichen Lebens ist."
[700] Kehl, Die Kirche, 396.

Unabhängigkeit des geweihten Amtes in der Kirche das urkirchliche Prinzip der Einmütigkeit bzw. der Übereinstimmung der Gläubigen (consensus fidelium).[701] Deshalb ist festzuhalten: Biblische Hinweise wie das beliebte johanneische Wort, dass der Geist Gottes weht, wo er will (Joh 3,8), sind so zu verstehen, dass das Wirken des Geistes durch die Aufsicht der geweihten Amtsträger in die richtigen Bahnen gelenkt werden darf und sogar muss. Schließlich ist das die Grundaufgabe und -pflicht des Dienstes an der Einheit, den die geweihten Amtsträger auszuüben haben: auf die evangeliumsgemäße Ausrichtung der geistgewirkten Freiheit der Glieder in der Kirche zu achten. Jede Kirchenkonzeption, die sich auf das Wirken des Geistes Gottes beruft, kann und darf nicht wirklich amtsfeindlich sein, wohl aber jede Form der Amtszentrierung oder gar -fixierung ablehnen. Denn der Geist ist „die befreiende Gabe Gottes, dank derer *Ordnung* Aufbauprinzip, nicht atemabschnürendes Korsett ist (vgl. 1 Röm 7,6; 8,2.10; 2 Kor 3,17). Er ist verbindende Norm und verwandelnde Kraft zugleich."[702]

Eigentlich kann man nicht umhin, der letztgenannten Position grundsätzlich zuzustimmen. Sie entspricht der Lehre der katholischen Kirche, wie sie sich aus deren Ursprung ableiten lässt und wie sie zuletzt auf dem II. Vatikanischen Konzil dargestellt bzw. entfaltet worden ist. Doch wie so oft treten auch hier Probleme auf, wenn der grundsätzliche Blick auch die konkrete Wirklichkeit mit in Augenschein nimmt. Da entsteht bisweilen der Ein-

---

[701] Vgl. ebd., 396f. Kehl macht in diesem Zusammenhang darauf aufmerksam: In der Gemeinschaft der Kirche ist dies „keineswegs nur ein soziologischer, sondern primär ein theologischer Dienst: Geht es doch darum, die vom Geist gewirkte Einheit des Leibes Christi auch gesellschaftlich greifbar darzustellen. Dass sich der Geist dazu besonders der institutionellen Strukturen in der Kirche bedient, liegt darin begründet, dass diese durch ihre objektive und formalisierte Gestalt wenigstens grundsätzlich die Gewähr bieten, einer auf sich selbst bezogenen, in sich kreisenden und die größere Einheit missachtenden ‚charismatischen' Selbstgenügsamkeit (einzelner oder ganzer Gemeinden und Kirchen) zu wehren" (ebd., 399).
[702] Beinert, Amt – Tradition – Gehorsam, 47–49. Vgl. auch Kehl, Die Kirche, 394: „Denn jede Selbstmitteilung des Geistes Gottes bleibt angewiesen auf die menschliche ‚Mitwirkung', in der sich die Gabe Gottes geschichtlich verleiblicht, in der sie ‚ankommt' und weitergegeben wird. Wo dann die Gefahr der hybriden Selbstverfügung des Menschen über den Hl. Geist größer ist, ob in der Vielfalt und Spontaneität der Charismatiker oder in der institutionellen Verfasstheit der Kirche, das lässt sich nicht von vornherein ausmachen. Denn der Dienst der Institutionen, so ist auch der Dienst des Charismatikers ein menschliches Tun, das zum eigenmächtigen ‚Werk' verkommen kann. Beide Seiten brauchen sich darum notwendig als gegenseitiges innerkirchliches Korrektiv, um sich immer neu zum Gehorsam gegenüber dem Hl. Geist zu bekehren."

druck, als ob das geweihte Amt seine Aufsichts- und Integrationsfunktion überzieht, so dass es nicht mehr als Garant für das Wehen des Geistes in der Kirche insgesamt empfunden wird, sondern als Hort, der für sich beansprucht, dass nur er allein für das Wehen des Geistes auserkoren ist. Statt die Echtheit und den geordneten Gebrauch geistgewirkten Handelns zu prüfen und zu beurteilen, scheinen Vertreter des geweihten Amtes gleichsam die Taube des Geistes in einen Käfig einsperren[703] zu wollen und dadurch den Geist auszulöschen. Zumindest können die Beispiele über die Aufhebung des Diözesanrats im Bistum Regensburg und die Bewertung von Donum Vitae als Verein außerhalb der Kirche skeptisch stimmen. Denn sie werfen grundsätzliche Fragen in mehrere Richtungen auf:

1. Was ist kirchlich? Ist kirchlich bereits alles, was ein Gläubiger kraft seiner Taufbegabung tut, sei es als einzelner oder in (organisierter) Gemeinschaft mit mehreren? Oder nur das, was die kirchlichen Vorsteher einer Gemeinschaft kraft ihrer Weihe tun bzw. was in deren Auftrag geschieht? Noch zugespitzter gefragt: Kann auch kirchlich sein, was gegen den Willen der Bischöfe ist? Oder ist alles, was ohne die – explizite oder zumindest implizite – Zustimmung der Bischöfe geschieht, nicht mehr kirchlich, sondern außerhalb der Kirche zu verorten? Kurzum: Welchen Stellenwert hat die eigene Verantwortung der Laien in der Kirche bzw. hat das Tun der Laien überhaupt einen eigenen Stellenwert in der Kirche? Können Sie selbstständig in der Kirche handeln und sich dafür auf das Wirken des Heiligen Geistes berufen, ganz losgelöst von einer weiheamtlichen Bestätigung? Und in die umgekehrte Richtung gefragt:
2. Kann ein Diözesanbischof jederzeit die Tätigkeit von Laien unterbinden, indem er entweder deren Tun als „außerkirchlich" bezeichnet oder von Laien initiierte Gremien einfach auflöst oder bestimmte Mitglieder aus diesen Gremien entfernt? Wann ist hier die Kirchlichkeit noch oder nicht mehr gewahrt? Und können sich Laien gegen solche bischöflichen Maßnahmen wehren? Können sie sich dafür auf das Wirken des Heiligen Geistes berufen? Und stehen ihnen dazu auch kirchenrechtliche Mittel zur Verfügung?

---

[703] Kasper, Die Kirche als Sakrament, 50.

1. Anspruch und Wirklichkeit der Kirche als Communio und Volk Gottes

Kirche als Gemeinschaft und Volk Gottes im Sinne des II. Vatikanischen Konzils beinhaltet ein vielschichtiges Beziehungsgeflecht zwischen allen Gliedern der Kirche, das nicht nur von oben nach unten, sondern auch von unten nach oben verläuft, und natürlich auch alle horizontalen Ebenen umfasst. Wer sich zu Gemeinschaft und Volk Gottes bekennt, muss sich zugleich zu vielfältigen Mitwirkungsformen und gestuften Mitentscheidungsprozessen ebenso bekennen wie zum gegenseitigen Respekt der jeweiligen Eigenverantwortlichkeiten.[704] Um das zu gewährleisten ist jede Verfassungsebene der katholischen Kirche so gestaltet, dass sie aus zwei konstitutiven Elementen besteht: ein Teil des Gottesvolkes und ein geweihter Amtsträger als Vorsteher bzw. letztverantwortlicher Leiter dieser Gemeinschaft des Gottesvolkes. Das gilt für die Pfarrei genauso wie für die Diözese und für die Gesamtkirche. So gehört zum Volk Gottes der Pfarrei der Pfarrer, zum Volk Gottes der Diözese der Bischof und zum Volk Gottes der Gesamtkirche der Papst wesentlich dazu.[705] Auftrag und Berufung des Pfarrers, Bischofs und Papstes ist es, in besonderer Weise für die Einheit der (Gesamt-)Kirche, der Diözese und der Pfarrei zu sorgen. Ihre Aufgabe ist es, „die vielen Charismen miteinander in ein sinnvolles Zusammenwirken zu bringen, sie zu integrieren, sie zum Teil erst zu entdecken und sie zu einer Einheit zusammenzuführen."[706] Das meint Leitung im Sinne der Hirtensorge.[707] Sie kann in der Pfarrei, ebenso wie in der Diözese und in der Gesamtkirche „nie autokratisch verstanden werden; sie ist ein Dienst unter anderen Diensten, sie ist ein Dienst für die anderen Dienste. Sie kann nur kollegial im Zusammenwirken mit allen anderen Charismen ausgeübt werden."[708] Deshalb kann die Wahrnehmung dieser zentralen Aufgabe und Berufung nur gelingen, wenn der Vorsteher und das jeweilige Volk Gottes in einem ständigen Kommunikationsprozess miteinander stehen und eine wechselseitige Dialogbereitschaft aller Glieder des Volkes

---

[704] Vgl. Werbick, Kirche, 351.
[705] Vgl. dazu in diesem Buch S.28f.
[706] Kasper, Glaube und Geschichte, 363.
[707] Vgl. dazu in diesem Buch S.67–70.
[708] Kasper, Glaube und Geschichte, 363.

Gottes besteht.[709] „Natürlich lässt sich dieses komplizierte Geflecht schwer zu juristisch fixierten Verfahren formalisieren und institutionalisieren; es verlangt von allen Beteiligten ein Höchstmaß an Rücksichtnahme."[710] Doch wenn diese Rücksichtnahme nicht nur davon abhängen soll, ob der/die einzelne, und hier insbesondere der Vorsteher, sich auf sein „kommuniales Gewissen"[711] ansprechen lässt, dann müssen rechtliche Eckdaten vorhanden sein, durch die die *gesamte* Gemeinschaft berechtigt, aber auch verpflichtet ist, sich an den zentralen Entscheidungen ihrer kirchlichen Gemeinschaft in adäquater Form zu beteiligen. Die zentralen Stichpunkte heißen hier: Beteiligung aller nach dem Prinzip der Delegation durch Wahl und je nach Rechtsbereich in der Form der Anhörung und Mitentscheidung.[712] Doch genau diese Form der rechtlich abgesicherten Beteiligung der jeweiligen Gemeinschaft des Gottesvolkes ist bis in die Gegenwart hinein nicht gegeben. Das Rechtssystem der katholischen Kirche ist nach wie vor zu klerikal konzipiert.[713] Denn während die Zuständigkei-

---

[709] Kasper spricht in diesem Kontext von einer „Spiritualität der Konfliktbewältigung und des ekklesialen Wandels". Sie beinhalten für ihn „neben Gesprächsbereitschaft und Kooperationsfähigkeit, die mit Offenheit für Selbstkritik verbundene Anerkennung von anderen Erfahrungswelten, Realitätssinn als Sinn für das hier und heute unter breitem Konsens Mögliche und zugleich Spürsinn für neue Möglichkeiten, Ausdauer, Geduld, aber auch Leidenschaft im Vertreten des als wahr und gut Erkannten. Dies alles könnten Ausdrucksformen sein für jene Verfügbarkeit für den jeweiligen Anruf des Geistes im Unterschied zu bornierter konservativer oder progressiver Rechthaberei und Unbeweglichkeit" (Kasper, Die Kirche als Sakrament, 53f).
Siehe dazu auch das klar formulierte Plädoyer von Müller, Was ist kirchlicher Gehorsam, 48: „Auf allen Ebenen kirchlichen Lebens und in allen Bereichen des Glaubenslebens bedürfte es einer dialogisch-kommunikativ wahrgenommenen Autorität. Gerade in einer stärker synodal realisierten Leitung der Kirche würde es nicht einfach nach dem Mehrheitsprinzip gehen. Der Sinn müsste gerade der sein, dass alle entsprechend ihrer je eigenen Aufgabe und Fähigkeit sich in einen Prozess der Entscheidung in Fragen des Glaubens und der Sittlichkeit einbringen und zu einem gemeinsam verantworteten Ergebnis kommen. Dann könnte die Autorität auch aus dem Zwielicht von Unmündigkeit und Fremdbestimmung heraustreten und im Licht des Gehorsams Christi zum Vater als das Prinzip der Freiheit einleuchten."
Ähnlich betont Bettazzi, Das Zweite Vatikanum, 59: „Auch sollte der Wert der disziplinierenden Funktion der Hierarchie nicht so sehr an der Festigkeit des kirchlichen Blocks gemessen werden – als vielmehr an der Fähigkeit des [Weihe-]Amtes, in der Kirche einen geschwisterlichen Geist der gegenseitigen Annahme, der Zusammenarbeit und des wirklichen Dialogs aufleben zu lassen."
[710] Werbick, Kirche, 351.
[711] Ebd., 352.
[712] Vgl. dazu in diesem Buch S. 80–83.
[713] Vgl. Werbick, Kirche, 351f.
Vgl. dazu auch Kehl, Die Kirche, 397: „Ohne die Letztverantwortungskompetenz des Leitungsamtes in den grundlegenden Fragen des Glaubens, der Sitten und der kirchlichen Praxis zu bestreiten, könnte die gemeinsame Verantwortung für die

ten der Kleriker und speziell der jeweiligen Vorsteherämter klar geregelt und dadurch einklagbar sind, sind jene des jeweiligen „übrigen" Gottesvolkes und speziell der Laien nur sehr allgemein genannt und kaum in einklagbarer Weise formuliert. So sind z.B. bei der Pfarrei (cc. 515–552) die Rechte und Pflichten des Pfarrers als Vorsteher der Pfarrei so detailliert und breit dargestellt, dass man sehr schnell den Eindruck gewinnen kann, Pfarrer-Sein ist gleichbedeutend mit Allzuständigkeit des Pfarrers. Über die Pfarrei als Subjekt, nämlich als aktive Gemeinschaft *aller* Gläubigen, ist dagegen kaum die Rede, und wenn, dann meist nur in kurzen Andeutungen oder Nebensätzen. Ein Beleg dafür ist die eingehende Aufgabenumschreibung des Pfarrers in drei aufeinander folgenden Rechtsbestimmungen (cc. 528–530), während die Mitwirkung der anderen Gläubigen in der Pfarrseelsorge in mehreren Canones verstreut und nur kurz genannt wird (cc. 519, 529 §2). Demgemäß heißt es über die Aufgaben des Pfarrers in einem für ein Gesetzbuch ungewöhnlich ausladendem Stil, dass er für die Homilie an Sonntagen und gebotenen Feiertagen ebenso zu sorgen hat wie für die katechetische Unterweisung, und dabei nicht nur die Gläubigen im Blick zu haben hat, sondern auch die Abständigen und sogar die Nichtchristen. Selbstverständlich wird auch die Sorge für die Feier der Eucharistie und der anderen Sakramente ins Bewusstsein gehoben wie auch die Sorge für die Einübung der Gläubigen in deren würdigen Mitvollzug und für das Gebet in den Familien. Schließlich wird der Pfarrer in die Pflicht genommen, die Gläubigen seiner Pfarrei zu kennen, insbesondere die Armen und Notleidenden, um ihnen beizustehen und sie aufzurichten (cc. 528f). Und im Anschluss daran wird nochmals betont, welche Amtshandlungen dem Pfarrer in besonderer Weise aufgetragen sind: die Spendung der Taufe, der Firmung bei Todesgefahr, der Wegzehrung und Krankensalbung, die Assistenz bei der Eheschließung, Begräbnis, Segnung des Taufwassers, Prozessionen, Eucharistiefeier an Sonn- und gebotenen Feiertagen (c.530). Die Teilhabe der anderen Glieder des Gottesvolkes an den Aufgaben der Pfarrseelsorge wird dagegen nur kurz und an verschiedenen Stellen erwähnt, wie z.B. in c.519 am Ende in der Formulierung,

---

Identität des Glaubens noch viel deutlicher in den synodalen Gremien zum Ausdruck gebracht werden; z.B. durch eine größere Transparenz von Beratungs- und Entscheidungsverfahren; durch eine Ausweitung des Raumes der Mitentscheidung in kirchlich relevanten Fragen; durch ein aufmerksames Zuhören und Eingehen auf den ‚sensus fidelium' usw."

dass an der Ausübung der Hirtensorge „nach Maßgabe des Rechts auch andere Priester oder Diakone mitwirken sowie Laien mithelfen". Zu beachten ist hier der Unterschied zwischen Laien und Klerikern. Während Priester und Diakone bei der Hirtensorge des Pfarrers „mitwirken", ist das Mittun der Laien davon abgehoben als „mithelfen" bei der Hirtensorge. Und nach c.529 §2 wird der Pfarrer lediglich dazu verpflichtet, „den eigenen Anteil der Laien an der Sendung der Kirche anzuerkennen und zu fördern," sowie sich darum zu bemühen, „dass die Gläubigen für die pfarrliche Gemeinschaft Sorge tragen." Der Befund für die Rechtsbestimmungen über die Diözese (cc. 368–430 und cc. 460–572) und über die Gesamtkirche (cc. 330–367) fällt ähnlich aus,[714] so dass festzuhalten ist: Auf allen Verfassungsebenen steht die Rechtsstellung des jeweiligen Vorsteheramtes so sehr im Mittelpunkt, dass die Pfarrei wie auch die Diözese und Gesamtkirche als das ausschließliche Betätigungsfeld des jeweiligen Vorstehers erscheinen, während die anderen Gläubigen lediglich als Empfänger und Empfängerinnen der priesterlichen und bischöflichen Hirtensorge wirken. Jedenfalls ist von ihrer Rechtsstellung nur wenig die Rede, und wenn, dann nur in recht allgemeinen Redewendungen wie, dass deren „eigener Anteil an der Sendung der Kirche anzuerkennen und zu fördern" ist (c.529 §2), dass sie „(mit)helfen" (cc. 519, 536 §1, 537) bzw. hilfreiche Unterstützung gewähren" (c.460) können, dass sie „beraten" (cc. 536 §2, 511, 514; 466) können u.ä. So trifft auch hier zu, was in anderem Zusammenhang als Resümee formuliert worden ist: Die Aussagen „haben den eigenartigen Klang des Gönnerischen und verorten die ... so betonte sakramentale Gemeinsamkeit im Volk Gottes nicht eigentlich in den praktischen Ausführungen. Denn hier fehlt der Gedanke, dass das Volk Gottes Grundsakrament der Kirche ist und dass das amtliche Priestertum nur in einer Relation dazu es selbst sein kann. Um die theologische Bedeutsamkeit des gemeinsamen Priestertums nicht der gönnerhaften Fähigkeit der Personen zu überlassen, ist es praktisch genauso abzusichern, wie dies die theologische Reflexion behauptet. Was am Schluss wie ein Zugeständnis aussieht, müsste zum Ausgangspunkt der ganzen Beziehung erhoben werden, nämlich die

---

[714] Vgl. dazu Demel, Mitmachen, 102–106; 112f.

Eigeninitiative der Gläubigen in allen Sendungsämtern der Kirche."[715]

Solange diese kopernikanische Wende in den einzelnen Rechtsbereichen der Kirche nicht vollzogen wird, verschärft sich zunehmend der Eindruck, dass die katholische Kirche, und hier vor allem ihre Gesetzgeber, immer noch „ein weithin klerikalautoritäres Amtsverständnis und das mit ihm gegebene Verständnis kirchlichamtlicher ‚Voll-Macht' haben. Diese Vollmacht ist – so scheint es – das den Amtsträgern nun einmal exklusiv Vorbehaltene, nicht mit den Laien Teilbare. Findet die Kirche als Communio – als Gemeinschaft des Anteilhabens und wechselseitigen Anteilgewährens, der ‚Kommunion', Kommunikation und Partizipation – eben doch ihre Grenze an einer Wirklichkeit, an der nur [geweihte] Amtsträger teilhaben, um sie gerade nicht in ‚reziproker Wechselseitigkeit', sondern einseitig den Nicht- [geweihten]-Amtsträgern gegenüber geltend zu machen?"[716]

2. Die Umsetzung des Anspruchs in die Wirklichkeit der Kirche als Communio und Volk Gottes

Wird die Lehre des II. Vatikanischen Konzils, dass die Gemeinschaft aller in der Taufe Geistbegabten grundlegender ist als jeder Unterschied, wirklich ernst genommen, so bildet die Gemeinschaft der Getauften als Gottesvolk die Grundlage für die Hierarchie des geweihten Amtes und nicht umgekehrt die Hierarchie die Grundlage für die Gemeinschaft. Demzufolge steht die Hierarchie des geweihten Amtes im Dienst der Gemeinschaft des ganzen Gottesvolkes und nicht umgekehrt die Gemeinschaft im Dienst der Hierarchie, weshalb auch die Hierarchie nicht über allem steht, sondern einen Teil des Ganzen bildet. Die Hierarchie ist also Teil der Gemeinschaft und leistet in ihr ihren Dienst.[717] Unter

---

[715] Fuchs, Hünermann, Theologischer Kommentar zum Dekret über den Dienst und das Leben der Presbyter, 473, in Bezug auf PO 9,2. Vgl. dazu auch in diesem Buch S.70–73.
Vgl. dazu auch Bettazzi, Das Zweite Vatikanum, 68: „Die Gläubigen sind ja durch Taufe und Firmung dazu berufen, in der Kirche selbstständig und eigenverantwortlich zu handeln. Das Priesteramt besitzt nicht die Gesamtheit der Charismen, sondern das Charisma der Gesamtheit!"
[716] Werbick, Kirche, 353.
[717] Vgl. Klinger, Die dogmatische Konstitution über die Kirche, 89, der diese Aussage im Hinblick auf die Kirchenkonstitution trifft, die aber auch für das Grundanliegen des Konzils insgesamt zutrifft.

dieser Prämisse ergibt sich für die gestellten Fragen nach den Kriterien, wann ein Handeln als kirchlich und wann als nicht (mehr) kirchlich zu qualifizieren ist, folgendes Antwortbild, das im Sinne einer Stufenleiter vom Allgemeinen zum Konkreten hin zu verstehen ist:

1. Kirchliches Handeln ist immer geistgewirktes Handeln. Denn die Kirche ist aus dem Geist geboren und lebt aus ihm und durch ihn. Deshalb kann die Kirche auch als „Sakrament des Geistes"[718] oder auch als „Improvisation des Geistes"[719] bezeichnet werden. Als Sakrament und Improvisation ist Kirche aber nicht einfach identisch mit dem Geist, sondern stets nur eine Dimension des Geistes. Der Geist ist größer als die Kirche und übersteigt das Wesen der Kirche. Diese Tatsache gelangt in der katholischen Kirche bisweilen aus dem Blick, so dass der Geist als eine Funktion der Kirche missverstanden wird, statt umgekehrt, die Kirche als eine Funktion des Geistes zu verstehen. Die Kirche ist „der konkrete Ort, wo das Heilswerk Gottes in Jesus Christus durch den Hl. Geist gegenwärtig wird. Die Ekklesiologie ist eine Funktion der Pneumatologie."[720]
2. Der Heilige Geist wirkt in allen Gliedern der Kirche und schenkt ihnen den gemeinsamen Glaubenssinn aller Gläubigen. Aufgabe des geweihten Amtes ist es, aus der gleichen Kraft des Geistes heraus diesem gemeinsamen Glaubenssinn aller „zu dienen, ihn lebendig zu halten, ihn vor modischen Abirrungen und Einseitigkeiten zu bewahren, ja, ihm letztverbindliche Wegweiser und Grenzsteine zu setzen ... Sein Dienst kann darum nur dann gut gelingen, wenn es [sc. das geweihte Amt] allgemeinkirchlich integriert und akzeptiert ist; wenn also seine inhaltlichen Argumente auf weithin ‚einmütiges' Verstehen treffen; wenn es der Gegenwart des Geistes nicht nur in den Glaubenszeugnissen der Überlieferung, sondern auch im Glaubenssinn der gegenwärtigen

---

Ähnlich auch schon Kasper, Glaube und Geschichte, 358–361, der angesichts der Tatsache, dass auch das geweihte Amt ein wesentliches Charisma der Kirche ist, zugespitzt formuliert: „Die Grundstruktur der Kirche ist deshalb nicht als hierarchisch, sondern als charismatisch zu bezeichnen. Die charismatische Grundstruktur schließt ein hierarchisches Element nicht aus, sondern ein; sie übergreift es" (ebd., 360f).

[718] Kasper, Die Kirche als Sakrament, 14–55.
[719] Rahner, Chancen des Glaubens, 52–57.
[720] Kasper, Einführung in den Glauben, 121.

Gläubigen und in den Zeichen der Zeit aufmerksam nachspürt. Dann verkehrt sich der Dienst einer formalen Struktur nicht in ein formalistisches Herrschaftsinstrument."[721]
3. Kirchlich im Sinne der katholischen Kirche ist nicht nur ein Handeln, das kirchenamtlich gesetzt oder anerkannt ist, sondern auch jedes Handeln von Katholiken und Katholikinnen, das „nur" aus der christlich-katholischen Verantwortung kraft Taufe und Firmung heraus erfolgt. Die Grundlage dafür ist die Tatsache, dass nicht nur die geweihten Amtsträger kraft ihrer Weihe an der Vollmacht Christi teilhaben, sondern auch alle Gläubigen kraft Taufe und Firmung in abgestufter Form ebenso daran teilhaben. Diese gestufte Teilhabe aller Gläubigen an der Vollmacht Christi ist aber rechtlich kaum oder zumindest in höchstem Maße unbefriedigend konkretisiert.[722] Es wird zu wenig bzw. gar nicht herausgearbeitet, dass kirchliches Handeln nicht nur das Handeln der geweihten Amtsträger ist, sei es, dass sie selbst handeln oder dass in deren Auftrag gehandelt wird, sondern auch jenes Handeln, das aus der Verantwortung kraft Taufe und Firmung geschieht. Kirchliches Handeln umfasst drei verschiedene Formen:[723]
 a. Kirchliches Handeln im Allgemeinen: kraft Taufe und Firmung (Allgemeine Teilhabe an der Vollmacht Christi).
 b. Kirchliches Handeln im Namen und Auftrag der Kirche: kraft Taufe, Firmung und kirchenamtlicher Sendung (autoritative Teilhabe an der Vollmacht Christi).
 c. Kirchliches Handeln in der Person Jesu Christi, des Hauptes der Kirche: kraft Taufe, Firmung und Weihe zusammen mit einer kirchenamtlichen Sendung (Fülle der Teilhabe an der Vollmacht Christi).
Damit wird (nochmals) deutlich, wie problematisch die von den deutschen Bischöfen getroffene Aussage ist, dass der von Katholiken und Katholikinnen gegründete und getragene Verein Donum Vitae e.V. „außerhalb der Kirche" anzusiedeln sei.[724] Dies gilt umso mehr, wenn auch noch die kirchliche Lehre vom Prägemal der Taufe in die Überlegungen einbezogen wird. Hiernach verleiht die Taufe ein Prägemal, das unverlierbar ist, also weder aufgegeben noch rückgängig gemacht werden kann. Diese theologische Tatsache ist seit al-

---
[721] Kehl, Die Kirche, 396.
[722] Vgl. dazu in diesem Buch S.70–73 und S.329–331.
[723] Vgl. dazu auch in diesem Buch S.307f.
[724] Vgl. in diesem Buch S.316f.

ters her in der katholischen Kirche in den Grundsatz gekleidet worden: *Einmal katholisch – immer katholisch*. Oder negativ ausgedrückt: Wer einmal kraft der Taufe in die katholische Kirche aufgenommen ist, kann weder aus ihr entfernt werden noch sich selbst aus ihr entfernen. Dieser Grundsatz wird auch nicht durch die Strafe der Exkommunikation[725] oder durch den staatlich erklärten Kirchenaustritt aufgehoben. Denn sowohl Exkommunikation wie Kirchenaustritt bewirken nicht die Aus-Gemeinschaftung eines Kirchengliedes, sondern lediglich die Einschränkung seiner Rechtsstellung innerhalb der Gemeinschaft der Kirche. Daraus folgt: Wer – willentlich oder unwillentlich – nicht aus der Gemeinschaft der Kirche herausfallen kann, der/die kann auch nicht seine/ihre Berufung kraft der Taufe – willentlich oder unwillentlich – außerhalb der Kirche wahrnehmen, sondern immer nur innerhalb der Kirche – ganz gleich, ob er/sie diese Berufung kraft Taufe als Einzelne/r oder ob in einer Vereinigung versammelt wahrnimmt. Deshalb ist festzuhalten: Eine Vereinigung, die von Katholiken und Katholikinnen unter Berufung auf ihre Taufsendung und Taufverantwortung zum caritativen Zweck des Schutzes des ungeborenen Lebens und „zur Förderung der christlichen Berufung in der Welt" (c.215 CIC) in diesem Bereich des vorgeburtlichen Lebens gegründet worden ist, kann daher von niemandem außerhalb der Kirche angesiedelt werden.[726] Daran ändert auch die Tatsache nichts, dass die Vereinigungsstrukturen nach weltlichem Recht als ein „eingetragener Verein (= e.V.)" gestaltet sind.[727]

Katholiken und Katholikinnen können also (als Einzelne wie auch als freier Zusammenschluss von mehreren Gliedern) ihre Taufsendung – ob sie das wollen oder nicht – gar nicht *außerhalb* der Kirche ausüben, sondern nur *in* der Kirche. Jedes Handeln, das unter Berufung auf die eigene Taufverantwortung geschieht, kann nur als ein Handeln in der Kirche und damit als ein kirchliches Handeln qualifiziert werden.[728]

---

[725] Vgl. dazu in diesem Buch S.280–282.
[726] Vgl. dazu in diesem Buch S.311f, Anm.672.
[727] Vgl. dazu in diesem Buch S.105.
[728] In diesem Sinn hat bereits 1967 Klostermann, Kommentar zum Dekret über das Apostolat der Laien, 610, ausgeführt: „Damit [sc. mit AA 2] bahnt sich offenbar durch das Konzil eine Ausweitung des Begriffes der Kirchlichkeit und damit des Apostolates an, so dass man nach dem Konzil vielleicht ein dreifaches Tun der Glieder der Kirche unterscheiden muss: das offiziell-kirchliche Tun, das die Gläubigen ‚im Namen der Kirche zusammen mit ihren Oberhirten tun'; das in-

Allerdings kann dieses kirchliche Handeln kraft Taufe – wie jede andere Form kirchlichen Handelns auch – rechtlich unterschiedlich qualifiziert werden: als rechtlich relevant oder rechtlich irrelevant, rechtmäßig oder rechtswidrig, erlaubt oder unerlaubt, strafbar oder nicht strafbar, gültig oder ungültig. Es ist und bleibt aber immer ein Handeln *in* der Kirche. In diesem Sinn hat schon Karl Rahner 1958 dargelegt: „Es gibt in der Kirche nicht nur Regungen, die von der [weihe]amtlich höheren Instanz veranlasst sein müssten, um legitim zu sein. Das [Weihe-]Amt darf sich nicht wundern oder darüber unwillig sein, wenn sich ein Leben des Geistes regt, bevor es in den Ministerien der Kirche geplant worden ist. Und die Untergebenen dürfen nicht meinen, sie hätten bestimmt nichts zu tun, bevor von oben ein Befehl heruntergereicht wird. Es gibt Taten, die Gott will, auch bevor das Startzeichen vom [Weihe-]Amt gegeben ist, und in Richtungen, die nicht schon [weihe-]amtlich positiv gebilligt und festgelegt worden sind."[729] Rahner denkt dieses Grundgesetz der Kirche vom Wirken des Geistes in allen Gliedern der Kirche konsequent zu Ende und ruft deshalb mit Nachdruck dazu auf, „dass jeder in der Kirche seinem Geist folgen dürfe, solange es nicht feststeht, dass er einem Ungeist nachgibt, dass also die Rechtgläubigkeit, die Freiheit, der gute Wille vorauszusetzen seien und nicht das Gegenteil. ... Geduld, Toleranz, Gewähren lassen des andern, solange das Verkehrte seines Handelns nicht sicher nachgewiesen ist (nicht umgekehrt: Verbot aller Eigenregung, bis deren Rechtmäßigkeit formell nachgewiesen ist, wobei der Untergebene die Beweislast hätte), sind also spezifisch kirchliche Tugenden aus dem Wesen der Kirche heraus."[730]

---

offiziell-kirchliche Tun, das die Gläubigen als Glieder der Kirche, aber auch ‚als Bürger der Welt, die aber von ihrem christlichen Gewissen geleitet werden', tun, also wohl auf eigene Verantwortung, aber doch in bewusster Verbindung mit der Kirche Christi und im Lichte der von dieser sichtbaren Kirche vermittelten Grundsätze der Offenbarung; endlich das ohne jeglichen subjektiven oder objektiven Bezug zur Sendung der sichtbaren Kirche sich vollziehende Tun, also ein rein weltliches und zur Sendung der sichtbaren Kirche völlig neutrales Tun – ich gehe spazieren zu meiner ganz persönlichen Erholung. ... In der Sprache des Konzils kann, ja muss man wohl nicht nur das erste, sondern die ersten beiden Tätigkeiten der Christen Apostolat nennen."
[729] Rahner, Das Charismatische, 62.
[730] Ebd., 66; siehe dazu auch den handschriftlichen Entwurf zum Laienschema von Rahner zu Beginn des Jahres 1964, abgedruckt in: Sauer, Die Kirche der Laien, 308–310; vgl. ähnlich Kasper, Die Kirche als Sakrament, 51f;

4. Der Diözesanbischof ist zwar nach katholischem Verständnis der letztverantwortliche Leiter der ihm anvertrauten Diözese und hat daher die umfassende Leitungsvollmacht der Gesetzgebung, Rechtssprechung und Verwaltung in der Diözese inne (c.391). Doch ist er in der Ausübung dieser Leitungsvollmacht keineswegs unabhängig, sondern vielmehr verpflichtet, „nach Maßgabe des Rechts" (c.391) vorzugehen.[731] Das heißt also: Trotz seiner umfassenden Vollmacht steht auch der Bischof nicht *über* dem Recht, sondern ist wie jeder Gläubige an das geltende Recht gebunden.[732] Seine bischöfliche Vollmacht beinhaltet nicht das Recht, gegen geltendes – diözesanes oder überdiözesanes – Recht zu verstoßen. Insofern kommt dem Diözesanbischof weder das Recht zu, einen rechtmäßig zustande gekommenen Diözesanrat ohne Vorliegen eines rechtmäßigen Grundes aufzuheben, noch das Recht, völlig autark und gegen den Willen des Diözesanrats eine Neuordnung des Laienapostolats auf Diözesanebene vorzunehmen.
5. Das für das (kirchliche) Leben notwendige wechselseitige Zusammenspiel von jeweiligem Vorsteher und Gemeinschaft der Gläubigen ist im kirchlichen Gesetzbuch kaum rechtlich abgesichert, sondern allein vom guten Willen des jeweiligen Vorstehers abhängig. Überhaupt sind so gut wie keinerlei Rechte gegen mögliches Fehlverhalten der geweihten Amtsträger normiert, auf die sich die Gemeinschaft oder der/die Einzelne berufen könnte. Zwar gibt es im CIC/1983 einen Katalog von grundlegenden Pflichten und Rechten für alle Gläubigen (cc. 208–223),[733] der auch eine eigene Normierung zum Rechtsschutz für die Gläubigen in der Kirche enthält (c.221 §1), doch fehlen bis heute entsprechende kirchliche Gerichte zur praktischen Umsetzung dieses zugesagten Rechtsschutzes. Das einzige Rechtsmittel, das den Gläubigen bei Rechtsstreitigkeiten offen steht, ist die Verwaltungsbeschwerde in der Form des hierarchischen Rekurses (cc. 1732–1739).[734] Somit bietet die derzeitige rechtliche Ausgestaltung der katholischen Kirche nur adäquate rechtliche Mittel der Korrekturmöglichkeit für die Hand des geweihten Amtes, nicht aber für die Hand der/des Einzelne(n)

---

[731] Vgl. dazu in diesem Buch S.167–174.
[732] Vgl. dazu in diesem Buch S.188–191.
[733] Vgl. dazu in diesem Buch S.54.
[734] Vgl. dazu in diesem Buch S.196–199.

und die Gemeinschaft. Diese Einseitigkeit ist nicht nur rechtlich, sondern auch theologisch grob fahrlässig. Denn wenn es der gleiche Geist ist, der in den einzelnen Gläubigen und in den Vertretern des geweihten Amtes wirkt, dann ist dieses Wirken des Heiligen Geistes nicht nur auf die einseitige, sondern auf die *gegenseitige* Korrekturmöglichkeit zwischen geweihtem Amt und Gemeinschaft angelegt und angewiesen: Wie das geweihte Amt auf wirksame und daher rechtlich einklagbare Weise den/die Einzelne(n) und die Gemeinschaft vor einer die größere Einheit missachtenden charismatischen Selbstgenügsamkeit bewahren muss, so der/die Einzelne und die Gemeinschaft ebenfalls auf wirksame und daher auch rechtlich einklagbare Weise das geweihte Amt vor einem jedes geistliche Ereignis erstickenden institutionellen Selbsterhaltungsstreben mit geistlosen Uniformierungstendenzen.[735]

6. Wie jede(r) Gläubige können sich auch die Träger des Lehramts „auf den Beistand des Hl. Geistes nur dann berufen, wenn sie ernst nehmen, dass dieser Geist in der ganzen Kirche am Werke ist, in den anderen Amtsträgern und in allen verantwortungsbewusst lebenden Christen, und wenn sie bereit sind, von deren Einsichten, Fragen und Einwänden auch zu lernen."[736] Wo und wenn Vertreter des geweihten Amtes nicht geistfördernd, sondern geisthemmend, ja im Extremfall sogar geistauslöschend tätig sind, weil sie nur ihr eigenes Tun für geistgewirkt halten, kann es auch vorkommen, dass der Geist an der Zustimmung des geweihten Amtes vorbeiwirkt.[737]

7. Die Nagelproben zum Zentralkomitee der deutschen Katholiken, dem Diözesanrat und der kirchlichen Schwangerschafts-Konfliktberatung lassen die Frage aufkommen, „ob wir an den Geist nur in der Theorie glauben oder ob wir als einzelne wie als Kirche auch aus ihm leben."[738] Diese Frage ist selbst-

---

[735] Vgl. Kehl, Die Kirche, 399.
[736] Schmied, Schleichende Infallibilisierung, 272; vgl. Bausenhart, Theologischer Kommentar zu AA, 102.
[737] Vgl. dazu auch Koch, Kirche im Dialog, 23f: Institutionelle Vermittlungsgestalten, erst recht personale Vermittlungsgestalten wie das geweihte Amt, verlieren „überall dort, wo sie zum Selbstzweck degenerieren und den einzelnen Glaubenden nicht mehr in die Unmittelbarkeit zu Jesus Christus hinein vermitteln, von selbst ihre christliche Authentizität und Legitimität. ... Dies aber bedeutet für den [geweihten] Amtsträger wie für die Kirche als Institution überhaupt vor allem, dass sie überall dort ihren Dienst verraten, wo sie sich selbst in den Vordergrund schieben und nicht mehr transparent sind für das Handeln Christi in seiner Kirche."
[738] Kasper, Die Kirche als Sakrament, 50.

verständlich auch an die Vertreter des Weiheamtes zu richten. Jedenfalls lassen einige ihrer Vorgehensweisen Zweifel aufkommen, ob sie wirklich darauf vertrauen, dass wir als Kirche aus dem Geist lebens- und überlebensfähig sind. Warum sonst neigen sie in den genannten Fällen dazu, das, was katholische Kirche ausmacht und lebendig erhält, die Spannung von Ordnung und Freiheit, von Bindung und Selbstbestimmung, von Einheit und Vielfalt nicht auszuhalten, sondern einseitig aufzulösen zu Ordnung, Bindung und Einheit? Dadurch wird aus dem geistlichen Dienst des Identifizierens und Integrierens ein geistloser Dienst des Konservierens und Uniformierens.[739] „Denn die identifizierende Kraft des Hl. Geistes erweist sich auch in den kirchlichen Institutionen darin, dass diese sich im Dienst des Evangeliums *angstfrei* den neuen geschichtlichen Institutionen stellen und in ihnen die jeweils angemessene Identität im gemeinsamen Glauben finden. Eine bloß konservierende Mentalität innerhalb der kirchlichen Institutionen verharrt demgegenüber unbeweglich auf dem Immer-schon-Gewesenen und lässt dadurch das Evangelium gerade nicht in der veränderten geschichtlichen Situation seine heilende, eben *diese* Situation betreffende Wirkung entfalten."[740] An die Stelle der Offenheit für das Wirken des Geistes tritt das Streben nach institutioneller Selbsterhaltung; die Einheit soll durch eine perfekte Organisation hergestellt werden statt sich die Einheit – „in aller werkzeuglichen Mitwirkung – demütig und gelassen vom Geist Gottes schenken" zu lassen.[741]

---

[739] Vgl. Kehl, Die Kirche, 398f; ähnlich Koch, Kirche im Dialog, 19: Die große Gefahr von Institutionen liegt „aber darin, dass sie, statt Ereignisse zu tradieren, um sie zu neuem Leben zu erwecken, diese ersticken und selbst zum Selbstzweck degenerieren, so dass aus der notwendigen Institutionalisierung von Ereignissen ereignislose Institutionen werden."
[740] Kehl, Die Kirche, 398.
[741] Ebd., 399.

3. Die Verantwortung aller für eine Rechtsordnung der christlichen Freiheit für alle

Der Empfang des Heiligen Geistes in der Taufe ist Gabe und Aufgabe. Er berechtigt, verpflichtet aber auch, aus dem Heiligen Geist heraus zu leben. Paulus charakterisiert daher Christen und Christinnen als Menschen, die sich vom Geist umtreiben lassen (Röm 8,14). Christsein heißt demnach wesentlich ein geistlicher Mensch zu sein. Und das wiederum beinhaltet, sich nicht nur an Vorgegebenes zu halten, sondern auch den Mut zu haben, sich auf das Unabsehbare, das Neue, nicht Planbare und nicht Machbare einzulassen.[742]
Im Hinblick auf das Recht in der Kirche folgt aus diesem Sich-Umtreiben-Lassen vom Geist Gottes, als Einzelne(r) wie als Gemeinschaft nie nur beim geltenden Recht stehen zu bleiben, sondern immer auch zugleich nach einem besseren Recht Ausschau zu halten, also „dafür zu sorgen, dass das Recht in der Kirche rechtes Recht, d.h. Recht der christlichen Freiheit im Geist"[743] ist und wird. Deshalb haben alle Gläubigen kraft ihrer Geistbegabung in der Taufe mehr denn je nicht nur das Recht, sondern insbesondere auch die Pflicht, die Anweisungen und (Rechts-)Vorschriften nicht einfach passiv hinzunehmen, sondern diese kritisch unter dem Aspekt der Gerechtigkeit Gottes und seines Geistes, der in allen Getauften wirkt, zu prüfen. Denn das öffentliche Recht und das Gesetz der Canones bedürfen der ständigen Kritik des persönlichen Rechtes und des Gesetzes des Geistes. Das hat bereits Papst Urban II. im 12. Jahrhundert festgehalten, indem er erklärt hat:

> „Das persönliche Gesetz geht über das öffentliche Gesetz. ... Der Geist Gottes ist es, der als Gesetz gilt, und wer sich vom Geist Gottes leiten lässt, wird vom Gesetz Gottes geleitet. ..."[744]

Dementsprechend ist auch im geltenden kirchlichen Gesetzbuch von 1983 nicht einfach nur von der Pflicht zum christlichen Gehorsam die Rede, sondern vielmehr davon, dass dieser christliche Gehorsam *„im Bewusstsein der eigenen Verantwortung"* zu leisten (c.212 §1) und auf „rechtmäßige" Anordnungen be-

---

[742] Kasper, Die Kirche als Sakrament, 50.
[743] Ebd., 38.
[744] Mansi 20, 714; durch Zitation weitertradiert durch das Decretum Gratiani (C.XIX q.2 c.2).

schränkt (c.1371 n.2) ist.[745] Mit diesen beiden klar formulierten Grenzen der christlichen Gehorsamspflicht können zwei grundlegende und miteinander zusammenhängende Aspekte ins Bewusstsein gehoben werden:
- Erstens ist die entscheidende Trennlinie nicht zwischen Freiheit und Gehorsam zu ziehen, sondern zwischen der Freiheit, die der eigenen Verantwortung gehorcht, und der Freiheit, die anderen Autoritäten gehorcht. „Es gibt also gar nicht zunächst eine Alternative zwischen Freiheit und Gehorsam, sondern genauer zwischen einer Freiheit, die der eigenen Einsicht und dem Gewissensanspruch gehorsam ist, und einer Freiheit, die sich dem bloßen Formalismus von Autoritäten kirchlicher, staatlicher, wissenschaftlicher und charismatischer Herkunft unterwirft."[746]
- Zweitens sind Rechtsnormen so abzufassen, dass sie so weit wie möglich inhaltlich nachvollziehbar sind. Dies kann nur gelingen, wenn die Rechtsnormen nicht einseitig von oben nach unten, von der kirchlichen Autorität zum Volk Gottes hin erlassen, sondern in Rückbindung an die Gemeinschaft des Gottes Volkes und mit ihm zusammen gestaltet werden.

Beide Aspekte können in den Appell an die kirchlichen Autoritäten zusammengefasst werden, „dass eine autoritäre und entmündigende Ausübung von Autorität in der Kirche nicht nur einem gegenwärtigen demokratischen common sense der westlichen Gesellschaften widerspricht, sondern das Wesen von Kirche von innen her bedroht. Bischöfe und Papst sind nicht in einem exklusiven Besitz der Glaubenswahrheiten und der sittlichen [und rechtlichen] Normen. Sie können sich nicht einfach auf eine formale Autorität berufen, die ihnen von Christus wie von einem Religionsstifter übertragen worden ist und von der sie nur einen dekretierenden Gebrauch machen müssten."[747] Um es noch deutlicher zu formulieren: In der Kirche muss in allen Lebensbereichen, in denen des Glaubens ebenso wie in denen der Moral und des Rechts gewährleistet sein, dass „der Mensch selbst in die personale Begegnung mit Gott und dem Anspruch seiner Liebe eintreten kann, ohne dass er entmündigt und fremdbestimmt wird und damit einfach nur noch der willenlose Erfüller eines vorgegebenen Normensystems wäre. Hier dürfen diejenigen, die in der

---

[745] Vgl. dazu auch in diesem Buch S.306f und S.356f.
[746] Müller, Was ist kirchlicher Gehorsam, 28.
[747] Ebd., 46.

Kirche mit vollem Recht die Autorität des apostolischen Zeugen ausüben, den Widerstand und die Kritik am Selbstmissverständnis von Autorität oder gar am Amtsmissbrauch nicht schon als Ungehorsam gegenüber der Offenbarung und als Zerstörung der Grundlagen des kirchlichen Lebens diskreditieren."[748] Zusammen mit diesem Appell an die kirchlichen Autoritäten ist der Weckruf an die Glaubensgemeinschaft zu richten, ebenfalls ihre Verantwortung als mit Gottes Geist begabte Glieder des Gottesvolkes zu erkennen, anzuerkennen und wahrzunehmen. Denn nur wenn die Verantwortung vor der und für die Kirche, und hier vor allem auch die Verantwortung vor der und für die Rechtskultur in der Kirche von *allen* Gliedern *gemeinsam* wahrgenommen wird, und zwar als Gabe wie auch als Aufgabe, besteht die Chance, dass eine (Rechts-)Ordnung und eine (Rechts-)Kultur entsteht, in der die hierarchischen Elemente nicht über, sondern innerhalb der umfassenden communialen Grundstruktur der Kirche verankert werden,[749] so dass „die bestehenden Strukturen eben nicht ‚ideologisch' verfestigt, sondern aus der Souveränität und Freiheit des Geistes heraus auch gesprengt und dynamisiert [werden können]."[750]

---

[748] Ebd., 47.
[749] Vgl. Kasper, Glaube und Geschichte, 360f; 401.
[750] Ebd., 414; vgl. Kehl, Die Kirche, 399.

Kapitel VII

Vom Hindernis zur Hilfe für ein Leben aus dem Glauben – ein abschließendes Plädoyer zum Umgang mit dem Recht in der Kirche

Liebes- oder Rechtskirche? Gesetz oder Barmherzigkeit? Innere Überzeugung oder verordneter Gehorsam? Worauf kommt es in der Kirche an? Solche spitzen Fragen sind innerhalb und außerhalb der katholischen Kirche sehr verbreitet. Erfahrungen wie die betrachteten Nagelproben des Laienapostolats tragen dazu bei. Nur selten wird dabei aber (hinreichend) bedacht, dass die eigentliche Ursache für solche Erfahrungen und Fragen in der Regel nicht im (Kirchen-)Recht an sich begründet liegt, sondern in einem bestimmten Verständnis des (Kirchen-)Rechts und / oder in einer bestimmten Art, mit ihm umzugehen. Das gilt es ebenso immer wieder neu ins Bewusstsein zu heben, wie das rechte Verstehen und Anwenden des Kirchenrechts zu erläutern und zum Wohle der Gemeinschaft dafür zu werben. In diesem Ansinnen sollen die Überlegungen zu den Nagelproben des Laienapostolats abgerundet werden mit einigen grundlegenden Gedanken über die Notwendigkeit von Recht (in der Kirche), dessen Chancen, aber auch dessen Gefahren.

1. Aufgabe und Funktion von Recht

Gäbe es den Menschen nicht, gäbe es weder Recht noch Moral; denn Recht und Moral gibt es nur, weil sie dem Menschen mit Hilfe von Normen den Rahmen abstecken wollen, innerhalb dessen er sich als Person bzw. in seiner personalen Natur als Freiheitswesen selbst verwirklichen kann und soll. Der Mensch ist also Ursprung wie auch Zielpunkt von beiden. Betrachtet man nun die spezielle Funktion von Recht, so besteht diese darin, die zwischenmenschlichen Beziehungen zu regeln, näherhin die hier auftretenden Schuld- und Konfliktsituationen soweit einzudämmen, dass das für den Menschen als Gemeinschaftswesen notwendige Miteinander nicht unmöglich wird. „Gleich welche anthropologischen Prämissen zugrunde liegen, Recht ist immer Konfliktrecht, es muss seine Fähigkeit der Konfliktbewältigung unter Beweis stellen. Es steht im Dienst an der Errichtung einer öffentlichen Ordnung friedlichen Zusammenlebens. Es muss imstande sein, kontrastierende Interessen auf einen lebbaren Ausgleich hin zu vermitteln, wie asymptotisch und bruchstückhaft dies gelingen mag."[751] Deshalb gibt es überall dort, wo Menschen in einer Gemeinschaft leben, eine Rechtsordnung, die das Mindestmaß an Miteinander festlegt, damit die Gemeinschaft als ganze wie auch in ihrer Eigenart bestehen und funktionieren kann. Dementsprechend hat Recht die Aufgabe, den für jedes Gemeinschaftsglied geltenden Rahmen abzustecken, innerhalb dessen es sich so in Freiheit selbst verwirklichen kann und soll, ohne den gleichen Anspruch einer anderen Person bzw. der Gemeinschaft zu verletzen. „Recht sichert die Freiheit, begrenzt aber auch diese Freiheit am Recht des anderen und am Anspruch der Gemeinschaft."[752] So wird durch Recht jeder Anspruch auf eine sittenwidrige und gewaltsame Ausübung von Freiheit unterbunden.[753] Wegen dieser grundlegenden Aufgabe und Funktion wird Recht als eine Uridee der Menschheit und als eines der grundlegendsten Kulturgüter hochgeschätzt. Denn erst das Recht ermöglicht ein wirklich menschliches Zusammenleben, das frei ist von Willkür und Gewalt und von einem einseitigen Recht des/der Stärkeren. Nur das Recht will und kann sowohl die Freiheit des/der Einzelnen schützen wie auch den Frieden und die Eigenart einer Gemeinschaft von Menschen wahren. Das heißt, durch Recht soll eine Friedens- und Freiheitsordnung der Gemeinschaft und für die Gemeinschaft geschaffen werden, weil erst auf der Grundlage von Frieden und Freiheit die Ausrichtung auf ein Ideal erfolgen und so etwas wie eine Tugend- und Wahrheitsordnung entstehen kann. Aufgabe jeden Rechts als Friedens- und Freiheitsordnung ist es also, „typische Konflikte zu vermeiden und, wo dies nicht gelingt, wenigstens durch ein festgelegtes Verfahren so zu bearbeiten, dass punktuelle Streitigkeiten nicht aus sich heraus ganze Konfliktketten generieren; in dem Maße, wie das gelingt, ist Recht eine präventive und strukturelle Umset-

---

[751] Demmer, Christliche Existenz unter dem Anspruch des Rechts, 113.
[752] Scheuermann, Die Rechtsgestalt der Kirche, 71.
[753] Vgl. Henkel, Einführung in die Rechtsphilosophie, 171, der in diesem Zusammenhang nicht von „Freiheit", sondern von „Macht" spricht.

zung des biblischen Versöhnungsauftrags"[754] und damit ein wesentlicher Beitrag zum Frieden.

2. Die Eigenart des kirchlichen Rechts

Wer die Rechtsordnung einer Gemeinschaft verstehen will, muss Ursprung, Sinn und Zweck der betreffenden Gemeinschaft kennen. Denn durch das Recht soll ja gerade das Zusammenleben der Menschen so geregelt werden, dass die Eigenart der jeweiligen Gemeinschaft zum Ausdruck gebracht und bewahrt wird. Folglich ist es Aufgabe des Rechts der katholischen Kirche, das Zusammenleben der Kirchenglieder so zu ermöglichen und zu garantieren, dass es dem Wesen der katholischen Kirche entspricht. Was heißt das genauerhin? Wesen der katholischen Kirche ist es, nicht nur eine rein menschliche oder rein göttliche Gemeinschaft zu sein, sondern beides zusammen, sowohl eine innerweltliche Gemeinschaft von Menschen wie auch die von Gott gegründete Heilsgemeinschaft, also die Gemeinschaft von Gott und den Menschen. So wie Jesus Christus zugleich Gott und Mensch war, so ist auch seine Kirche zugleich göttlich und menschlich, hat auch sie eine göttliche und menschliche Natur zugleich. Und wie die göttliche und menschliche Natur Jesu Christi nicht nebeneinander existieren, sondern eine *einzige* Wirklichkeit bilden, so auch die göttliche und menschliche Natur der Kirche. Das II. Vatikanische Konzil hat diesen schwierigen Sachverhalt in folgende Worte gekleidet:

> „Der einzige Mittler Christus hat seine heilige Kirche, die Gemeinschaft des Glaubens, der Hoffnung und der Liebe, hier auf Erden als sichtbares Gefüge verfasst und erhält sie als solches unablässig; durch sie gießt Er Wahrheit und Gnade auf alle aus. Die mit hierarchischen Organen ausgestattete Gesellschaft aber und der mystische Leib Christi, die sichtbare Versammlung und die geistliche Gemeinschaft, die irdische Kirche und die mit himmlischen Gaben beschenkte Kirche sind nicht als zwei Dinge zu betrachten, sondern bilden eine einzige komplexe Wirklichkeit, die aus menschlichem und göttlichem Element zusammenwächst. Deshalb wird sie in einer nicht unbedeutenden Analogie mit dem Mysterium des fleischgewordenen Wortes verglichen. Wie nämlich die angenommene Natur dem göttlichen Wort als lebendiges, Ihm unauflöslich geeintes Heilsorgan dient, so dient auf eine nicht unähnliche Weise das

---

[754] Hilpert, Recht, 875.

gesellschaftliche Gefüge der Kirche dem Geist Christi, der es belebt, zum Wachstum seines Leibes (vgl. Eph 4,16)" (LG 8,1).

Aus dieser Wesensbestimmung der katholischen Kirche folgt für ihre Rechtsordnung: Sie muss einerseits die typischen Kennzeichen jeder Rechtsordnung haben, um der menschlichen Wirklichkeit der Kirche gerecht zu werden; sie muss aber andererseits zugleich auch mehr haben als das, was jede Rechtsordnung ausmacht, um auch der göttlichen Wirklichkeit der Kirche Rechnung zu tragen. Daher muss kirchliches Recht der kirchlichen Gemeinschaft eine Friedens- und Freiheitsordnung geben, die so gestaltet ist, dass sie dem Heilsereignis in, seit und durch Jesus Christus gerecht wird. Kirchenrecht muss somit eine Ordnung sein, die – wie es Papst Johannes Paul II. formuliert hat – „der Liebe, der Gnade und dem Charisma Vorrang einräumt und gleichzeitig deren geordneten Fortschritt im Leben der kirchlichen Gemeinschaft wie auch der einzelnen Menschen, die ihr angehören, erleichtert."[755] Anders ausgedrückt: Kirchenrecht ist das Recht „einer die irdische Wirklichkeit zwar erfassenden, sie aber zugleich transzendierenden und von daher in ihrer Wesensart bestimmten Gemeinschaft."[756] Kirchliches Recht verdankt sich dem geschichtlichen Heilsereignis Jesu Christi und steht daher in dessen Dienst der Heilsvermittlung. Sicherlich kann Kirchenrecht „das Heil nicht selbst vermitteln – dieses ist ungeschuldetes Gnadengeschenk Gottes –, doch kann und muss es dazu beitragen, dass die Kirche ihre Identität wahrt, ihrem Ursprung in Jesus Christus treu bleibt und sich dem Wirken des Heiligen Geistes nicht verschließt."[757] Daher hat das Kirchenrecht wie jedes Recht das Nahziel, Frieden, Freiheit und Gerechtigkeit im Zusammenleben der Kirchenglieder zu gewährleisten. Allerdings ist dieses Nahziel kein Selbstzweck, sondern stets Mittel zum Zweck bzw. immer auf das letzte Ziel hingeordnet, nämlich dem Heil der Seelen zu dienen.[758] In diesem Sinn kann das Kirchenrecht durchaus als „Instrument des Geistes Christi"[759] bezeichnet werden; denn es soll „ein Hinweis auf den Geist der Kirche sein, aber ihn nicht selbst aussagen; es soll die christliche Sittlichkeit und das Gewissen des einzelnen fördern, aber nicht bis in das

---

[755] Johannes Paul II, Apostolische Konstitution „Sacrae disciplinae leges" vom 25. Januar 1983, lat.-dt., in: CIC/1983, IX - XXVII, XIX.
[756] Primetshofer, Recht, 640.
[757] Krämer, Kirchenrecht, 440.
[758] Vgl. Müller, Der Rechtsbegriff, 328.
[759] Gradauer, Das Kirchenrecht, 57.

letzte Detail regeln."[760] Gesetze in christlichen Gemeinschaften nehmen also primär die sozialen Beziehungen der Gläubigen in Blick, gelegentlich aber auch deren Verhältnis zu Gott, da beide Dimensionen in einer christlichen Gemeinschaft nicht getrennt werden können; sie regeln das (äußere) Verhalten, aber unter Berücksichtigung der sich dahinter verbergenden (inneren) Einstellung, weil der christliche Heilsauftrag den ganzen Menschen umfasst.[761] Kirchliche Gesetze sind daher nicht nur Anordnungen der Vernunft, wie Thomas von Aquin Gesetze definiert hat,[762] sondern Anordnungen der am Glauben an die Offenbarung ausgerichteten Vernunft,[763] für die das Heil der Seelen das oberste Gesetz sein muss, wie es das Gesetzbuch der katholischen Kirche im Sinne eines Schlussakkordes in seiner letzten Rechtsbestimmung c.1752 CIC/1983 formuliert hat.

---

[760] Ebd., 57.
[761] Vgl. Socha, Kirchliche Gesetze, Einführung vor 7/8, Rdn.12, der als Beispiele für Gesetze in der katholischen Kirche mit Blick auf das Gottesverhältnis der Gläubigen auf die cc. 916, 987, 1065 §2 CIC/1983 verweist, für die Berücksichtigung der inneren Gesinnung auf die cc. 915, 1101, 1321 §1 CIC/1983. So nimmt z.B. c.987 CIC auf das Gottesverhältnis der Gläubigen wie folgt Bezug: „Damit ein Gläubiger die heilbringende Hilfe des Bußsakraments empfängt, muss er so disponiert sein, daß er sich unter Reue über seine begangenen Sünden und mit dem Vorsatz zur Besserung Gott zuwendet." Die innere Gesinnung wird z.B. in c.1101 folgendermaßen thematisiert: „§1. Es wird vermutet, dass der innere Ehekonsens mit den bei der Eheschließung gebrauchten Worten und Zeichen übereinstimmt. §2. Wenn aber ein oder beide Partner durch positiven Willensakt die Ehe selbst oder ein Wesenselement der Ehe oder eine Wesenseigenschaft der Ehe ausschließen, ist ihre Eheschließung ungültig."
Natürlich zielen auch christlich-kirchliche Gesetze wie alle Gesetze darauf, nicht aus Angst vor Strafe, sondern aus Einsicht in das Geforderte und daher aus Überzeugung befolgt zu werden.
[762] Vgl. Thomas von Aquin, S.th. I–II q.90 a.4, wonach ein Gesetz eine Anordnung der Vernunft ist, die zum Gemeinwohl von demjenigen promulgiert ist, der die Sorge für eine Gemeinschaft trägt.
[763] Socha, Kirchliche Gesetze, Einführung vor 7/3, Rdn.4, definiert ein kirchliches Gesetz in der katholischen Kirche als „eine aus der Offenbarung abgeleitete, vernünftig auf die Förderung der Kirche ausgerichtete, allgemeine rechtsverbindliche Weisung, die von der zuständigen Autorität für einen geeigneten Personenkreis ergangen und hinreichend promulgiert ist."

3. Moral und Zwang als notwendige Begleiter des (kirchlichen) Rechts

Recht ist dazu da, um Frieden und Freiheit zu gewährleisten. Das gilt in der Gesellschaft ebenso wie in der Kirche. So nachvollziehbar der Gedankengang bisher war, spätestens jetzt muss die Nachfrage gestellt werden, ob es auch so etwas wie ein ungerechtes Recht geben kann. Ist es möglich, dass Recht auch Unrecht sein und deshalb gerade nicht zu Frieden und Freiheit, sondern im Gegenteil zu Unfrieden und Unfreiheit führen kann? Und wenn ja: wie ist dann mit ihm umzugehen? Ein Beispiel aus der Vergangenheit kann die Problematik verdeutlichen: Im kirchlichen Gesetzbuch von 1917 war festgelegt: „Eine weibliche Person darf nicht als Messdiener herangezogen werden, außer in Ermangelung einer männlichen Person und aus einem gerechten Grund sowie unter der Bedingung, dass sie nur von ferne die Antworten gibt und in keiner Weise an den Altar herantritt" (c.813 §2 CIC/1917). Dieses Beispiel führt zu den Fragen: Muss auch Recht, das Unrecht ist, eingehalten und befolgt werden? Und: Wodurch unterscheidet sich rechtes Recht von unrechtem Recht?

Um diese beiden zentralen Fragen beantworten zu können, ist als Erstes die grundsätzliche Feststellung zu treffen: Um in einer Gemeinschaft tatsächlich Frieden und Freiheit zu schaffen und nicht nur einen Scheinfrieden und eine Scheinfreiheit hervorzurufen, reichen Rechtsvorschriften allein nicht aus. Sie müssen vielmehr noch ergänzt, manchmal sogar ersetzt werden durch das, was die personale Tugend der Gerechtigkeit genannt wird.[764] Damit wird das Handeln aus Überzeugung umschrieben bzw. die innere Haltung und Einstellung eines Menschen, „nicht bloß das Gerechte zu tun, sondern es aus einer bestimmten Gesinnung heraus, nämlich deshalb zu tun, weil es gerecht ist, und nicht etwa deshalb, weil man andernfalls bestraft oder sozial gemieden würde."[765] Das, was die Tugend der Gerechtigkeit meint, kommt – sozusagen aus einer anderen Perspektive betrachtet – auch in der so genannten „Goldenen Regel" zum Ausdruck, die folgendermaßen lautet: „Tue dem anderen nicht, was Du nicht willst, dass man dir tut!" Oder positiv ausgedrückt: „Tue dem anderen,

---

[764] Vgl. dazu die bezeichnende Bildrede in Ps 85,11: „Gerechtigkeit und Frieden küssen sich."
[765] Höffe, Moral und Recht, 120; vgl. Horn, Einführung in die Rechtswissenschaft, 238.

was du willst, dass man dir tut!"⁷⁶⁶ Und schließlich biblisch gesprochen: „Alles, was ihr von anderen erwartet, das tut auch ihnen" (Mt 7,12). Ansonsten lässt sich „Gerechtigkeit" ebenso wenig definieren wie die Begriffe der Wahrheit, des Guten oder des Schönen. Anders gesagt: „Gerechtigkeit" ist ein dem Menschen eingegebener Bewusstseinsinhalt, dessen Ursprung rational nicht zu erklären ist und den der Mensch „im Anruf seines Gewissens erlebt, und zwar als dahingehend verpflichtend, ihn in den menschlichen Lebensverhältnissen zu verwirklichen."⁷⁶⁷ Wäre man nicht allgemein von dieser Grundfähigkeit jedes Menschen zur Tugend der Gerechtigkeit überzeugt, hätte es z.b. wenig Sinn, weiterhin an der Formulierung von Menschenrechten festzuhalten. Denn deren „Missachtung kann vom Völkerrecht nur in seltenen Fällen mit Sanktionen belegt werden. Die Durchsetzungsmöglichkeit der Menschenrechte hat mit ihrer inhaltlichen Normierung und der Plausibilität ihrer Notwendigkeit nicht Schritt halten können."⁷⁶⁸ Dennoch fühlt sich die Mehrheit der Menschen, Völker und Staaten an die Beachtung der Menschenrechte gebunden. Diese Tatsache ist ein eindrucksvoller Beleg dafür, dass das Recht „in den entscheidenden Stunden nur vom sittlichen Impuls getragen [wird]. Vom Sittlichen her erhält es die drängende und überzeugende Kraft." ⁷⁶⁹

Und warum gehört dann der Zwang zum Recht? Und wie sehr bestimmt er das Wesen von Recht? Hier gilt als allgemeine Überzeugung: Eine Rechtsordnung, die als reine Zwangsordnung verwirklicht wird, hat keinen dauerhaften Bestand. Denn sie hätte nur solange Geltungskraft, wie die jeweilige Autorität an der Macht ist und wäre bei neuen Machtverhältnissen beliebig austauschbar. Allerdings gilt auch umgekehrt: Eine Rechtsord-

---

⁷⁶⁶ Vgl. Henkel, Einführung in die Rechtsphilosophie, 393.
⁷⁶⁷ Ebd., 395. Für Henkel gilt deshalb auch: Die Gerechtigkeit der Menschen zueinander stellt „ein universales Prinzip humaner Sittlichkeit" dar. Dieses „beruht auf einem Grundbedürfnis allen menschlichen Soziallebens. Jeder Mensch fordert für sich vom Mitmenschen Gerechtigkeit, und er ist sich im allgemeinen auch bewusst, diesem wiederum selbst Gerechtigkeit zu schulden" (ebd., 393).
Vgl. ähnlich auch Horn, Einführung in die Rechtswissenschaft, 225: „Wir müssen davon ausgehen, dass die Gerechtigkeitsfrage zum sittlichen Bewusstsein des Menschen gehört und damit zu den Konstanten des menschlichen Denkens und Handelns." Ebd., 233, wird festgestellt: „Gerechtigkeit ist die in jeder Rechtsfrage mitgedachte Sinnfrage des Rechts." Und ebd., 236, wird resümiert: „Die Annäherung an die Gerechtigkeit ist ein unendlicher Erkenntnisprozess."
⁷⁶⁸ Wolfinger, Die Religionen und die Menschenrechte, 11.
⁷⁶⁹ Peters, Recht und Sittlichkeit, 346.

nung ohne jegliche Zwangsmittel kann ebenso wenig langfristig bestehen. Denn die grundlegenden Werte und Güter einer Gemeinschaft können nur dann durch das Recht geschützt werden, wenn die Rechtsgemeinschaft fähig ist, gegen deren Missachtung wirkungsvoll vorzugehen.[770] Zwar muss es Ziel jeder Rechtsgemeinschaft sein, dass ihre Rechtsvorschriften nicht nur aus Angst vor Strafe eingehalten werden, sondern auch aus freier Einsicht in deren Sinnhaftigkeit. Doch darf umgekehrt die Verbindlichkeit der Rechtsvorschriften nicht von der individuellen Einsicht in deren Sinnhaftigkeit abhängig gemacht werden, sondern muss durch die Androhung von Zwangsmaßnahmen gesichert werden. Der Rechtszwang ist ein unerlässliches Instrument, die Ernsthaftigkeit des Willens zum wirksamen Schutz der existentiellen Güter und Werte der Gemeinschaft zum Ausdruck zu bringen.

Wie eine gerechte Rechtsordnung nicht ohne Moral auskommt, so kann sie auch nicht auf den Zwang verzichten. Sinnbildlich ausgedrückt: Die Waage als Symbol der Gerechtigkeit und das Schwert als Zeichen des geregelten Zwanges gehören zusammen.[771]

Das Zusammenspiel von Moral und Zwang kann aber wiederum nur dann und so gelingen, dass zwar die Rechtsordnung als ganze von einem Zwangscharakter geprägt ist, nicht aber jede einzelne Norm. Eine Norm erhält also nicht erst dadurch Rechtscharakter, dass sie zwangsbewehrt ist, sondern dadurch, dass sie Teil eines Normgefüges ist, das als Ganzes zwangsbewehrt ist.[772] Nicht ob in jedem Einzelfall Zwangsmaßnahmen zur Einhaltung der Rechtsnorm vorgesehen sind und / oder verhängt werden, ist entscheidend, sondern dass die Rechtsordnung als Ganze so mit Zwangsmaßnahmen ausgestattet ist, dass sie im Großen und Ganzen eingehalten wird, d.h., dass sie im Notfall mit Hilfe der Zwangsmaßnahmen durchgesetzt werden kann.[773] Deshalb geht es

---

[770] Henkel, Einführung in die Rechtsphilosophie, 120–124, weist zu Recht darauf hin, „dass das Recht erst den Zwang legitimiert" (S.120) und das „Bereitstehen eines organisierten Zwangsapparates zwecks Durchführung des Rechtszwanges in einem rechtlich geordneten Verfahren" (S.124) voraussetzt.
[771] Vgl. Zippelius, Einführung in das Recht, 16.
[772] Vgl. Müller, Der Rechtsbegriff, 317.
[773] Vgl. ebd., 332; Henkel, Einführung in die Rechtsphilosophie, 125, erläutert: „Ein übertriebenes Maß erzwingbarer Verhaltensanforderungen, das den Spielraum frei gewählten Sozialverhaltens zu stark einengt und dadurch die Möglichkeiten und die Anlässe zur Aktualisierung rechtlichen Zwanges allzu sehr häuft, bedroht den Charakter und den Wertgehalt dieses Rechts als eines ‚richtigen' Rechts und bringt die Rechtsordnung in die bedenkliche Nähe einer Zwangsordnung. Ein zu geringes

in den meisten Fällen nur darum, dass derjenige, der gegen ein rechtliches Gebot oder Verbot verstößt, damit rechnen muss, dass ihn möglicherweise eine eventuell vorgesehene Zwangsmaßnahme trifft.[774] Mit dem Rechtszwang werden somit zwei Ziele verfolgt. Vordergründig und unmittelbar soll vor der Tat abgeschreckt werden; mittelbares und langfristiges Ziel ist es, auf die Motivation des Täters und der Täterin einzuwirken und dadurch nicht nur seine bzw. ihre momentan geplanten, sondern auch seine bzw. ihre künftigen Handlungen zu beeinflussen. Beim Rechtszwang wird also vor allem auf seine Signalwirkung und auf seine vorbeugende Ausstrahlungskraft gebaut.

Das für eine gerechte Rechtsordnung notwendige Zusammenspiel von Moral und Erzwingbarkeit macht die beliebte Frage hinfällig, wer von beiden mehr zu bewirken vermag: der Verpflichtungscharakter ethischer Forderungen oder der Zwangscharakter rechtlicher Normen. Eine realistische Einschätzung weiß, dass beides notwendig ist.[775] Denn nur mit beiden zusammen kann das Dilemma vermieden werden, das jeder Gemeinschaft droht: Wenn die Rechtsvorschriften keine Beständigkeit haben, kann man ihnen kein Vertrauen schenken; die Beständigkeit kann aber nur durch ein gewisses Maß an Zwang gewährleistet werden. Wenn die Rechtsvorschriften jedoch keine Veränderung ermöglichen, dann schließen sie die Menschen gewissermaßen wie in einem Gefängnis ein; um Veränderung zu ermöglichen, müssen die Rechtsvorschriften hinreichend Raum für Freiheit und Moral lassen.[776]

4. Die Dauerkrise des Kirchenrechts als Hindernis für den Glauben

Angesichts der wichtigen Aufgabe und Funktion von Recht an sich und von Kirchenrecht im Besonderen stellt sich in verstärktem Maße die Rückfrage: Warum sind dem Phänomen Kirchenrecht nur wenige Augen, Ohren und Herzen zugeneigt? Warum

---

Maß an Erzwingbarkeit von Verhaltensnormen bedroht dagegen das Recht in seiner Geltungskraft und nähert es dem ‚Nullpunkt seiner Positivität' an."
[774] Vgl. Müller, Der Rechtsbegriff, 318.
[775] Vgl. Wolfinger, Die Religionen und die Menschenrechte, 13f.
[776] Vgl. Örsy, Das Spannungsverhältnis zwischen Beständigkeit und Entwicklung, 300f.

wird Recht in der Kirche immer wieder als Gegensatz zu Freiheit, Liebe und Barmherzigkeit verbrämt? Warum werden kirchenrechtliche Vorschriften und pastorales Handeln einander gegenübergestellt? Mehrere, ganz unterschiedliche und voneinander unabhängige Gründe sind hierfür ausschlaggebend:

Ein erster Grund ist die grundsätzliche Ablehnung von Recht insgesamt. Oftmals wird in der Kirche jede Form von Recht abgelehnt mit dem Hinweis auf das biblische Wort, dass der Geist Gottes weht, wo er will (Joh 3,8) und in seiner Entfaltung nicht durch rechtliche Vorschriften behindert werden dürfe.[777] Wie wenig tragfähig diese Grundhaltung ist, wird deutlich, wenn an sie einige Rückfragen gestellt werden, für die es keine plausiblen Antworten gibt, nämlich: Nach welchen Kriterien ist der Geist Gottes vom Zeitgeist oder von menschlichem Eigensinn zu unterscheiden? Wie ist der Gefahr entgegenzuwirken, dass unter Berufung auf den Heiligen Geist jede logische und sachlich begründete Argumentation abgelehnt wird, wo doch der Mensch auch und gerade dann zum Denken und Urteilen aufgerufen ist, wenn Gott zu ihm spricht?[778] Und wie sind jene biblischen Zeugnisse zu bewerten, in denen Jesus Christus den Grundstock des Rechts in der Kirche legt, indem er die Lehre und Leitung in menschliche Hände übergibt (Mt 16,18f; 18,18)? Demzufolge kann dieser prinzipiell rechtsfeindlichen Haltung entgegengehalten werden: „Das Wesen der Kirche ist nicht nur gefährdet durch Paragraphen, sondern auch durch eine Schutzlosigkeit, die sie der Willkür und dem Belieben der Parteien aussetzt. Daher darf die Betonung der Spiritualität auch nicht dazu missbraucht werden, anstehende Fragen des Rechtes bzw. der Strukturen als theologisch unangemessen zu bezeichnen. In einer Kirche, die sich als sakramentales Miteinander von göttlichem und menschlichem Element versteht, hat sowohl der geistlich-theologische Blick wie auch der soziologisch-juridische Blick sein Recht. Und das Recht muss allen Seiten gerecht werden."[779]

Ein zweiter Grund liegt in der Verschiebung der Sachprobleme auf die rechtliche Ebene. Kirchenrechtliche Vorschriften werden oft als Sündenbock und Prügelknabe für das dahinter stehende

---

[777] Vgl. Potz, Die Geltung kirchenrechtlicher Normen, 160.
[778] Vgl. Heinzmann, Widerspruch als Loyalität, 103.
[779] Körner, Das Papsttum aus römisch-katholischer Perspektive, 165. (Die Formulierungen sind hier im Hinblick auf das Papsttum getroffen.)

Glaubens- und Lehrgebäude der katholischen Kirche hergenommen. „Vieles, was am Erscheinungsbild der Kirche Anstoß erregt, [wird] nicht der Dogmatik und dem darauf gründenden hierarchischen System [angelastet], sondern dem Kirchenrecht .... An der konkreten Rechtsgestalt der Kirche glaubt man sich stoßen zu dürfen, nicht jedoch an der Ideologie, welche sie hervorbringt."[780] So gesehen sind kirchenrechtliche Vorschriften viel öfter als vermutet Opfer und nicht Täter.[781] Klassische Beispiele hierfür sind die beiden Glaubenssätze von der Unfehlbarkeit des Papstes im Lehren und der Unauflöslichkeit der Ehe, die immer wieder Unmut hervorrufen, der sich an der kirchenrechtlichen Konkretisierung dieser Glaubenssätze abreagiert statt deren theologisch-dogmatischen Grundlagen in Angriff zu nehmen. Müsste Kirchenrecht nicht so oft als „Bauernopfer" der Theologie herhalten, könnte auch seine eigentliche Funktion deutlicher erkannt werden.

Ein dritter Grund stellt die Tatsache dar, dass Recht in der Kirche vielfach in einem verkürzten Sinn verstanden, interpretiert und angewendet wird. Und genau darin liegt die Hauptgefahr für jedes Recht und insbesondere für das Recht in der Kirche. Ausmaß und Auswirkungen solcher Verkürzungen werden vielfach unterschätzt. Im Grunde genommen sind sie nämlich die Hauptursache für die Skepsis, Ablehnung und Gleichgültigkeit, die jedem Recht und vor allem dem Recht in der Kirche entgegengebracht werden. Zumindest zwei Verkürzungen treten immer wieder auf:
- Eine maßgebliche Verkürzung von Recht stellt die mangelnde Unterscheidung zwischen Recht und Gesetz dar. Recht wird oft einfach mit Gesetz gleichgesetzt. Doch zum Recht gehört mehr als nur das Gesetz; „Gesetze [sind] nicht das Recht schlechthin ..., sondern seine vornehmliche Erkenntnisquelle."[782] Demzufolge kann und darf rechtliches Handeln auch nicht nur auf eine Buchstabengerechtigkeit und einen Gesetzesgehorsam reduziert werden; rechtliches Handeln verlangt vielmehr, nicht nur auf den Wortlaut eines Gesetzes zu achten, sondern mit Hilfe von übergeordneten Rechtsprinzipien wie Gerechtigkeit, Rechtssicherheit und Zweckmäßigkeit den Sinn des Gesetzes auf die konkrete Situation

---
[780] Neumann, Vorwort zu seinem Lehrbuch: Grundriss des katholischen Kirchenrechts.
[781] Vgl. Potz, Die Geltung kirchenrechtlicher Normen, 163.
[782] Müller, Der Rechtsbegriff, 306.

anzuwenden. Nur unter Beachtung von übergeordneten Rechtsprinzipien kann vermieden werden, was bereits im frühen römischen Recht in den Grundsatz gekleidet worden ist: *Summum ius est summa iniuria* – höchstes Recht ist höchste Ungerechtigkeit.[783]
- Eine weitere rechtliche Verkürzung ist die Handhabung des Kirchenrechts als eine rein innerweltliche Rechtsordnung. Doch Kirchenrecht ist mehr als eine nur innerweltliche Gemeinschaftsordnung; es steht auch und vor allem im Dienst der kirchlichen Heilssendung.
- Dieser Doppelcharakter von Kirche wird aber bei der Interpretation und Anwendung der kirchlichen Gesetze oft ausgeblendet; Kirchenrecht wird wie jede andere Rechtsordnung verstanden, ausgelegt und angewendet, während die notwendige Überprüfung der kirchlichen Rechtsnormen auf ihre theologische Legitimität unterlassen wird, d.h., es werden weder die theologischen Grundlagen noch die theologischen Grenzen der kirchlichen Rechtsnormen aufgezeigt. Doch die Eigenart des Kirchenrechts kann nur dann zum Tragen kommen, wenn stets danach gefragt wird, welches theologische Anliegen hinter den Rechtsbestimmungen steht und ob dieses theologische Anliegen durch die konkreten Rechtsnormen hinreichend zum Tragen kommt oder ob diese oder jene Rechtsnorm im Interesse der Theologie verändert werden muss. Natürlich müssen solche Überlegungen nicht bei jedem kirchlichen Lebensbereich im gleichen Ausmaß angewendet werden und auch nicht bei jeder Einzelnorm erfolgen. Hier gibt es eindeutig ein qualitatives Gefälle. Das zeigen folgende Beispiele. So ist etwa das kirchliche Verfassungs-, Verkündigungs- und Sakramentenrecht wesentlich mehr auf seine theologischen Grundlagen und Grenzen zu befragen als etwa das kirchliche Vermögens- und Prozessrecht. Andererseits ist z.B. die vermögensrechtliche Grundnorm, dass alle Gläubigen „verpflichtet sind, für die Erfordernisse der Kirche Beiträge zu leisten, damit ihr die Mittel zur Verfügung stehen, die für den Gottesdienst, die Werke des Apostolats und der Caritas sowie für einen angemessenen Unterhalt der in ihrem Dienst Stehenden notwendig sind" (c.222 §1 i.V.m. c.1261 §2 CIC) theologisch wichtiger als manche Einzelnorm aus dem Verkündigungsrecht wie etwa die des c.765 CIC, dass „zur Pre-

---

[783] Vgl. Cicero, De officiis I, 33.

digt vor Ordensleuten in ihren Kirchen oder Kapellen ... die Erlaubnis des nach Maßgabe der Konstitutionen zuständigen Oberen erforderlich [ist]." Generell ist aber festzuhalten: Nur wenn die kirchlichen Gesetze kontinuierlich im größeren Zusammenhang der Sendung der Kirche gestellt und auf ihre theologische Sinnhaftigkeit hin überprüft werden, ist Recht nicht primär ein rekonstruierendes, sondern auch ein gestaltendes Element,[784] hinkt Recht nicht nur der Wirklichkeit hinterher, sondern kann auch den Lebensprozess der Kirche aktiv mitvollziehen und Entwicklungen in der Kirche aktiv mittragen.[785] Nur durch die theologische Überprüfung kann sichergestellt werden, dass alle kirchlichen Gesetze wenigstens mittelbar im Dienst an der Sendung der Kirche stehen und nicht zu einer unsachgemäßen Verrechtlichung des kirchlichen Lebens beitragen.[786]

5. Rahmenbedingungen für ein Kirchenrecht als Hilfe für den Glauben

Wo eine Dauerkrise gegeben ist, besteht gleichzeitig auch die Chance, Kriterien zu entwickeln und Voraussetzungen zu schaffen, um diese zu überwinden. Wenn Recht in der Kirche – wie Papst Paul VI. formuliert hat – nicht Hindernis, sondern pastorale Hilfe sein soll, nicht unterdrücken, hemmen oder gar töten, sondern anregen, fördern, lebendig machen und den echten Freiheitsraum schützen soll,[787] dann sind mehrere Faktoren notwendig, die alle miteinander in Verbindung stehen:

In einem ersten Schritt müssen die beliebten Alternativen überwunden werden, wonach es entweder eine Liebes- oder Rechtskirche gibt, wonach entweder aus Barmherzigkeit oder nach dem Gesetz, entweder aus Überzeugung oder aus Gehorsam gehandelt wird. Denn das Gegenteil von Rechtskirche ist nicht die Liebes-, sondern die Unrechtskirche, das Gegenteil von Gesetz nicht die Barmherzigkeit, sondern die Willkür. Dass Liebe und Recht,

---
[784] Vgl. Potz, Die Geltung kirchenrechtlicher Normen, 268.
[785] Vgl. Müller, Das Gesetz in der Kirche, 4f.
[786] Vgl. Müller, Der Rechtsbegriff, 330.
[787] Vgl. Ansprache Papst Paul VI. am 19.02.1977 an den Internationalen Kongress für Kirchenrecht anlässlich der 100-Jahr-Feier der Kanonistischen Fakultät der Gregoriana, in: ORdt vom 18. März 1977, 4f.

Gesetz und Barmherzigkeit keine Gegensätze sind, sondern vielmehr zusammengehören, hat schon Thomas von Aquin in der treffenden Sentenz zum Ausdruck gebracht: *„Recht und Gerechtigkeit ohne Barmherzigkeit ist Grausamkeit!"* Allerdings bleibt Thomas von Aquin bei dieser Aussage nicht stehen, sondern fährt fort: *„Aber Barmherzigkeit ohne Recht ist Anarchie und Willkür."*[788] D.h. also: Recht und Barmherzigkeit bzw. Liebe gehören zusammen, weder das eine noch das andere für sich allein genommen kann dem Menschen gerecht werden. Diese positive Grundhaltung zum Phänomen des Rechts ist die Voraussetzung für alle weiteren Rahmenbedingungen.

In einem zweiten Schritt ist sowohl von den kirchlichen Amtsträgern wie auch von allen Gläubigen viel stärker als bisher die katholische Lehre vom Glaubenssinn des ganzen Gottesvolkes (LG 12) auch im Rechtsleben der Kirche anzuwenden. Denn die Tatsache, dass keineswegs nur die kirchliche Autorität mit dem Geist der Wahrheitsfindung begabt ist, sondern alle Glieder der Kirche unter der Verheißung dieses Geistes stehen, muss für das Rechtsleben in der katholischen Kirche zumindest zwei Konsequenzen haben:
Zum einen können und dürfen kirchliche Gesetze nicht im Alleingang von oben nach unten erlassen werden, sondern nur in Rückbindung an die Überzeugung und das gelebte Recht der kirchlichen Gemeinschaft. Zum anderen ist daran zu erinnern, dass eine gerechte Rechtsordnung auf den Beitrag aller Glieder der Kirche angewiesen ist. „Eine Rechtsordnung, und sei sie noch so perfekt konzipiert, nimmt die Last eigenverantworteter Entscheidung nicht ab, dennoch leistet sie einen unschätzbaren Dienst, indem sie dafür sorgt, dass der einzelne Rechtsgenosse von dieser Last nicht erdrückt wird. Sie schenkt Luft zum Atmen, Wissen und Erfahrung der Rechtsgemeinschaft stehen jedermann zur Verfügung."[789] Noch schärfer formuliert: „Es darf nicht dazu kommen, dass der Mensch auf der Ebene des Rechts zum reinen Rollenträger abfällt. Recht muss, in Begründung wie Anwendung, sittlich verantwortbar bleiben."[790] Deshalb haben die Gläubigen das Recht und die Pflicht, sich nicht einfach fraglos den von der kirchlichen Autorität angeordneten Gesetzen zu unterwerfen, sondern diese in einem aktiven Akt der Einsicht in das Gebotene

---

[788] Thomas von Aquin in seinem Kommentar zum Matthäusevangelium 5,7.
[789] Demmer, Christliche Existenz unter dem Anspruch des Rechts, 213.
[790] Ebd., 214.

anzuerkennen und in verantwortetem Gehorsam zu befolgen oder nach kritischer Prüfung aus Überzeugung bzw. verantwortetem Ungehorsam abzulehnen. Verantworteter Ungehorsam ist also etwas anderes als Ungehorsam aus Egoismus oder subjektiver Erhabenheit. Ein verantworteter Ungehorsam beruht immer auf einer gründlichen Abwägung und einer daraus resultierenden tiefen Überzeugung sowie auf der Absicht, die Gemeinschaft auf verfehlte Einzelregelungen aufmerksam machen und sie so vor möglichen Fehlentwicklungen schützen zu wollen. Im Unterschied dazu ist der gängige bzw. willkürliche Ungehorsam auf einen individuellen Vorteil aus und geschieht in der Regel aus Bequemlichkeit oder Überheblichkeit. Deshalb gehört zum verantworteten Ungehorsam auch die Bereitschaft, die rechtlichen Konsequenzen des praktizierten Rechtsbruches in Kauf zu nehmen und zu tragen. Denn gerade die Bereitschaft dazu dient als Beweis dafür, dass die grundsätzliche Geltung der Grundlagen und damit der Rechtsordnung anerkannt wird.[791] Verantworteter Ungehorsam ist für jede Gemeinschaft ein wichtiges Korrektiv oder wie Papst Johannes Paul II. seinerzeit als Erzbischof von Krakau formuliert hat: „Jede große Organisation braucht eine loyale Opposition."

Werden demzufolge Gesetze nicht nur vereinzelt, sondern von der Mehrheit der Gemeinschaft befolgt oder abgelehnt, ist das als eine Art gelebter Rechtsakt zu verstehen, der im Wesen der Kirche als Gemeinschaft der Getauften mit ureigenen Geistesgaben gründet.[792] Oder anders gesagt: Die Rezeption eines Gesetzes bringt „wirksam die gemeinsame Überzeugung der kirchlichen Gemeinschaft zum Ausdruck, dass die erlassene Vorschrift ihrer Zielsetzung entspricht. Umgekehrt ist aber auch die Ablehnung eines Gesetzes als Ausdruck der geistlichen Kompetenz des vom Charisma belebten Zeugnisses der kirchlichen Gemeinschaft zu werten, als Ausdruck dafür, dass die disziplinäre Weisung, die ergangen ist, nicht mit den Lebensgewohnheiten und Vorstellungen des christlichen Volkes übereinstimmt, dass sie nicht eine Hilfe zur Verwirklichung der kirchlichen Zielsetzung darstellt. In der Zurückweisung eines Gesetzes liegt die öffentliche Erklärung, dass das Gesetz nicht jene Quali-

---

[791] Vgl. Guggenberger, Ein sozialethischer Gedanke zur Frauenpriesterweihe, 3. Vgl. dazu auch in diesem Buch S.306f und S.339–341.
[792] Vgl. Müller, Das Gesetz in der Kirche, 9f.

täten besitzt, die es nach der in der Kirche geltenden Rechtstheorie auszeichnen soll."[793]

In einem dritten Schritt ist daran zu erinnern, dass Recht in der Kirche als diakonisches Recht zu verstehen ist. Das heißt konkret: „Es kommt nicht auf die Realisation des Gesetzes, seine buchstäbliche Anwendung an, sondern es muss jeweils eine Entscheidung im Einzelfall getroffen werden. Das Kirchenrecht muss zwar immer auch das bonum commune im Auge haben, die Entscheidung im Einzelfall muss aber auch die salus animarum berücksichtigen."[794]

Das wiederum kann nur gelingen, wenn die drei typisch kirchlichen Rechtsprinzipien der Dispens, der kanonischen Billigkeit und der Epikie zur Kenntnis genommen und konsequent zur Anwendung gebracht werden. Sie sind elastische bzw. dynamische Rechtsprinzipien für jene Situationen, in denen die notwendigerweise abstrakt und allgemein gültigen Rechtsvorschriften mehr schaden als nützen bzw. mehr Ungerechtigkeiten als Gerechtigkeit nach sich ziehen. Mit ihrer Hilfe soll jedem einzelnen Menschen in seiner konkreten Lebenssituation des Alltags nicht Buchstabengerechtigkeit, sondern höhere Gerechtigkeit gewährt werden. Ihr jeweils spezifischer Charakter ergibt sich vor allem durch die unterschiedliche Adressatenrichtung: Die *Dispens* bezieht sich auf das Zusammenwirken von Amtsträger und einzelnen Gläubigen, während sich die *kanonische Billigkeit* an den Amtsträger wendet, der in der Rechtsfindung das für die Einzelne bzw. den Einzelnen Angemessene finden muss. Die *Epikie* richtet sich schließlich an die einzelnen Gläubigen, eigenständig die Entscheidung zu treffen, inwieweit das konkrete Gesetz für sie oder ihn gilt. Näherhin sind diese drei Rechtsprinzipien wie folgt zu charakterisieren:

---

[793] Ebd., 10; vgl. Panhofer, Hören, Was der Geist, 121, der erläutert: „Eine Nicht-Rezeption bedeutet nicht, dass der Inhalt einer kirchlichen Anordnung falsch wäre, wohl aber, dass die Anweisung keinen ekklesialen Lebenswert besitzt. Denn das Leben der Kirche ändert sich nicht durch Dekrete, sondern in der Rezeption durch die Gläubigen. Dies unterstreicht Kardinal Ratzinger: ‚Was nicht rezipiert wird, wird nicht wirksam, sondern bleibt wirkungslos und somit unwirklich. Erst durch die Rezeption geschieht Aneignung, Einverleibung, Umwandlung'[Ratzinger, J., Das neue Volk Gottes. Entwürfe zur Ekklesiologie, Düsseldorf ²1970, 150]."

[794] Puza, Recht, 260.

a) Die Dispens (cc. 85–93)

Vom lateinischen Verb „pendere" abgeleitet, gründet das Rechtsinstitut der Dispens auf der Vorstellung einer Waage, wohl der Waage der Göttin Iustitia (= Gerechtigkeit), die für den Menschen das Schicksal abwägt. Im geltenden Recht gibt es einen eigenen Abschnitt über die Dispens, der die cc. 85–93 umfasst. Demzufolge beinhaltet das Prinzip der Dispens, dass die zuständige kirchliche Autorität (= in der Regel der Diözesanbischof, in Ausnahmefällen der Papst bzw. der Apostolische Stuhl) für eine Einzelperson die Verpflichtungskraft eines kirchlichen Gesetzes aufheben kann. Damit aber die Dispens nicht zu willkürlichen Bevorzugungen führt, darf sie nur erteilt werden, wenn sie für das geistliche Wohl der betroffenen Person notwendig oder förderlich erscheint bzw. das Einhalten eines bestimmten Gesetzes dieser Person Unrecht, Schaden oder einen schweren Nachteil zufügen würde. Am häufigsten kommt die Dispens im Bereich des Eherechts vor: z.B. die Dispens vom Ehehindernis des fehlenden Mindestalters für eine kirchliche Eheschließung (c.1083), der Religionsverschiedenheit (c.1086) oder der Blutsverwandtschaft ab dem dritten Grad der Seitenlinie (c.1090).

b) Die kanonische Billigkeit

Im Gegensatz zur Dispens gibt es im CIC keinen eigenen Abschnitt über die kanonische Billigkeit (= aequitas canonica). Sie wird darin nur an verschiedenen Stellen eingefordert, aber nicht erläutert (cc. 19, 122, 221 §2, 271 §3, 686 §3, 702 §2, 1148 §3, 1446 §2, 1752). Kanonische Billigkeit ist dann gegeben, wenn bei der Rechtsfindung und Rechtsanwendung die örtlichen, zeitlichen und persönlichen Umstände der und des Einzelnen berücksichtigt werden, um dadurch gegenüber dem Buchstaben des Gesetzes eine höhere Gerechtigkeit zu verwirklichen.
Bemerkenswerterweise wird in c.221 §2 CIC als Grundrecht jedes Gläubigen festgehalten, dass alle Gerichtsurteile in der katholischen Kirche nicht nur nach Recht, sondern auch nach Billigkeit gefällt werden müssen.

c) Die Epikie

Streng genommen ist Epikie kein rechtliches, sondern ein moralisches Prinzip. Denn Epikie ist die Tugend der Gewissensselbstständigkeit. Daher ist es auch nicht verwunderlich, dass der Begriff der Epikie im CIC nicht vorkommt. Dennoch spielt die Epikie seit jeher auch in der Rechtsanwendung eine große Rolle. Hier meint sie nämlich die Anforderung an die und den Einzelnen, situations- und sachgerecht zu entscheiden, eventuell auch gegen das gesetzte Recht. Der Gedankengang, der bei der Anwendung der Epikie gilt, lautet: Wenn der Gesetzgeber all die Umstände des konkreten Falles gekannt hätte, hätte er ihn von der konkreten Gesetzesverpflichtung ausgenommen. Insofern kann die Epikie auch als die „Korrektur eines Gesetzes" verstanden werden. Allerdings darf diese Korrektur nicht nach irgendwelchen Kriterien, sondern muss nach denen des Gesetzgebers erfolgen, d.h. das Gesetz wird in der konkreten Situation so verbessert, wie es der Gesetzgeber getan hätte, wenn er selbst da gewesen wäre. Zielpunkt der Epikie ist also nicht ein Handeln gegen Recht und Gesetz, sondern ein Handeln nach bestem Wissen und Gewissen, unabhängig von Recht und Gesetz bzw. über die konkrete Rechtsvorschrift hinaus.[795]

Wo und wenn die elastischen bzw. dynamischen Rechtsprinzipien eine Rolle spielen, ist bereits ein Teilaspekt der nächsten und letzten Rahmenbedingung verwirklicht.

In einem vierten Schritt ist den verschiedenen Ebenen des Rechts hinreichend Rechnung zu tragen. Das beinhaltet, dass „Recht" nicht einfach nur auf die beiden Rechtsebenen der Rechtsvorschrift (= Gesetz) und der Rechtsanwendung reduziert werden darf. Zum Recht gehört vielmehr eine weitere Ebene wesentlich dazu, nämlich die Metaebene des Rechts. Denn auf der Metaebene des Rechts werden die entscheidenden Fragen nach Sinn und Zweck wie auch nach den Auswirkungen einer konkreten Rechtsvorschrift gestellt. Demzufolge kann und darf eine Rechtsvorschrift nicht einfach nur befolgt und angewendet werden; andernfalls ist der Vorwurf einer *rein positivistischen Rechtsanwendung* zu erheben, die nur und direkt den Buchstaben des Gesetzes beachtet und nur einen reinen Gesetzesgehorsam leistet, ohne dessen Voraussetzungen, Zielrichtung und Konsequenzen zu

---

[795] Vgl. dazu Virt, Die vergessene Tugend der Epikie, 267–283; Ders., Epikie – verantwortlicher Umgang mit Normen, passim.

bedenken. Wer nicht nur nach der Rechtsvorschrift bzw. nach dem Gesetz handeln will, sondern auch gerecht sein will, ist verpflichtet, vor der Anwendung des Gesetzes die Metaebene des Rechts zu beachten und zu befragen. Hier auf der Metaebene des Rechts wird die Frage nach dem *geltenden* Recht durch die Frage nach dem *rechten bzw. gerechten* Recht ergänzt. Diese Rückbindung an die Metaebene des Rechts kann als *präpositive Rechtsanwendung* bezeichnet werden. Denn sie prüft, ob die konkrete Rechtsvorschrift dem Frieden und der Freiheit, aber auch der Rechtssicherheit und Zweckmäßigkeit sowie dem Wohl der Gemeinschaft und des/der Einzelnen dient. Je nach dem Ergebnis der Prüfung wird dann ein verantworteter Gehorsam bzw. Ungehorsam gegenüber der Rechtsvorschrift und ihrer Anwendung geleistet.

Speziell im Kirchenrecht muss aber vor der präpositiven Rechtsanwendung noch eine weitere Metaebene bedacht werden, nämlich die der theologischen Grundlagen der konkreten Rechtsvorschrift. Gerechtigkeit in der Kirche verlangt, eine kirchliche Rechtsvorschrift an den zentralen Glaubensüberzeugungen und Lehren der katholischen Kirche zu spiegeln und zu überprüfen, wie z.B. an den Glaubenslehren von der Kirche als Heilsgemeinschaft Gottes und der Menschen, vom Glaubenssinn aller Gläubigen, vom gemeinsamen und besonderen Priestertum. Deshalb kann hier gleichsam von einer *theologisch rückgebundenen präpositiven Rechtsanwendung* gesprochen werden. Ihre Kennzeichen sind die beiden Fragestellungen: 1) Welches theologische Anliegen steht hinter den Rechtsbestimmungen? 2) Kommt dieses theologische Anliegen durch die konkrete Rechtsvorschrift hinreichend zum Tragen? Werden hier theologische Fragwürdigkeiten oder Widersprüche festgestellt, werden diese im Sinne der Theologie zu lösen versucht. Natürlich müssen solche theologisch rückgebundenen Überlegungen nicht bei jedem kirchlichen Lebensbereich im gleichen Ausmaß angewendet werden. So ist etwa das kirchliche Verfassungs-, Verkündigungs- und Sakramentenrecht wesentlich mehr auf seine theologischen Grundlagen und Grenzen zu befragen als etwa das kirchliche Vermögens- und Prozessrecht. Doch prinzipiell gilt, dass erst die theologisch rückgebundene Gesetzesvorschrift mit den übergeordneten Rechtsprinzipien, also der Metaebene des Rechts, konfrontiert wird. Gegebenenfalls werden im Anschluss daran für die konkrete Situation die theologischen Rechtsprinzipien der Dispens, kanonischen Billigkeit oder Epikie angewendet.

Langfristig werden gesetzliche Verbesserungsmöglichkeiten und Reformmodelle entwickelt, indem z.B. bestehende Gesetze geändert, gestrichen oder auch neue hinzugefügt werden.

Nur wo und wenn diese verschiedenen Ebenen des Rechts beachtet werden, kann Recht (in der Kirche) den Anforderungen des Lebens entsprechend angewendet sowie fortentwickelt werden und so eine gerechte Ordnung bleiben, die im Dienst (Gottes und) des Menschen steht und nicht umgekehrt (Gott und) den Mensch zu ihrem Diener macht.

6. Recht in der Kirche als unerlässliche, aber nicht wichtigste Dimension der Kirche

Soll und will eine christliche Gemeinschaft wie die katholische Kirche eine lebendige und einladende Wirklichkeit im Dienst des Heils der Menschen sein, braucht sie rechtliche Normen, darf diese aber nicht zum Allheilmittel oder alleingültigen Maßstab erheben. Die rechtlichen Strukturen müssen vielmehr so gestaltet sein und werden, dass sie für das Wirken des Heiligen Geistes und die Antwort des Menschen offen sind und bleiben. „Recht [hat] die tragende, stützende Aufgabe eines Skeletts, ohne das Lebewesen nicht sein können. Das Skelett soll ja nicht sichtbar, aber es muss da sein. So hat das Recht zu stützen, Formen zu bieten, zu dienen, zu helfen, anzuspornen, Lebensart zu beeinflussen, Ordnung zu sichern, jedem Glied des Volkes Gottes das Seine zuzuteilen, auf dass das christliche Leben verwirklicht, das Heil gefunden, die Kirche als Stadt auf dem Berge sichtbar und die Jüngerschaft Christi zum durchwirkenden Sauerteig dieser Welt werde."[796] Entscheidend ist, dass auf der Grundlage von Recht die vielfältigen Dimensionen der Kirche so zum Tragen kommen, dass eine Kirche entsteht, die nach dem Willen Gottes ist und den Bedürfnissen der Menschen in ihrer Zeit und Kultur entspricht. Das wiederum kann aber nur gelingen, wenn die Rechtsnormen nicht nur von der kirchlichen Autorität im Alleingang, sondern von der Kirche als dem gesamten Volk Gottes gemeinsam hervorgebracht und den Zeichen der Zeit entsprechend verändert werden. Wo und wenn das Wirklichkeit wird, spricht vieles dafür, dass Rechtsforderungen weder nach Belieben und Willkür eingesetzt noch als Zwangsjacke zur Durchsetzung

---

[796] Scheuermann, Die Rechtsgestalt der Kirche, 77.

der Macht verwendet oder empfunden werden. Vielmehr werden dann die treffenden Worte von Papst Paul VI. nicht mehr nur Zielvorgabe sein, sondern auch erfahrbare Realität werden: „Recht in der Kirche ist nicht Hindernis, sondern pastorale Hilfe; es tötet nicht, sondern macht lebendig. Seine Hauptaufgabe ist es nicht, zu unterdrücken, zu hemmen oder gegen etwas anzugehen, sondern es soll anregen, fördern, behüten und den echten Freiheitsraum schützen."[797]

---

[797] Ansprache Papst Paul VI. am 19.02.1977 an den Internationalen Kongress für Kirchenrecht anlässlich der 100-Jahr-Feier der Kanonistischen Fakultät der Gregoriana, in: ORdt vom 18. März 1977, 4f.

Auch die anderen ringen um das Evangelium – ein Epilog zu Meinungsverschiedenheiten in der Kirche (Gal 2,11–16; Apg 15)

„Als Kephas aber nach Antiochia gekommen war, *bin ich ihm offen entgegengetreten*, weil er sich ins Unrecht gesetzt hatte. Bevor nämlich Leute aus dem Kreis um Jakobus eintrafen, pflegte er zusammen mit den Heiden zu essen. Nach ihrer Ankunft aber zog er sich von den Heiden zurück und trennte sich von ihnen, weil er die Beschnittenen fürchtete. Ebenso unaufrichtig wie er verhielten sich die anderen Juden, so dass auch Barnabas durch ihre Heuchelei verführt wurde. Als ich aber sah, dass sie *von der Wahrheit des Evangeliums abwichen*, sagte ich zu Kephas in Gegenwart aller: Wenn du als Jude nach Art der Heiden und nicht nach Art der Juden lebst, wie kannst du dann die Heiden zwingen, wie Juden zu leben? Wir sind zwar von Geburt Juden und nicht Sünder wie die Heiden.

Weil wir aber erkannt haben, *dass der Mensch nicht durch Werke des Gesetzes gerecht wird, sondern durch den Glauben an Jesus Christus*, sind auch wir dazu gekommen, an Christus Jesus zu glauben, damit wir gerecht werden durch den Glauben an Christus und nicht durch Werke des Gesetzes; denn durch Werke des Gesetzes wird niemand gerecht" (Gal, 2,11–16).

„Es kamen einige Leute von Judäa herab und lehrten die Brüder: Wenn ihr euch nicht *nach dem Brauch des Mose beschneiden* lasst, könnt ihr nicht gerettet werden.

Nach großer Aufregung und heftigen Auseinandersetzungen zwischen ihnen und Paulus und Barnabas beschloss man, Paulus und Barnabas und einige andere von ihnen sollten wegen dieser *Streitfrage* zu den Aposteln und den Ältesten nach Jerusalem hinaufgehen. ...

Da erhoben sich einige aus dem Kreis der Pharisäer, die gläubig geworden waren, und sagten: Man muss sie beschneiden und von ihnen fordern, am Gesetz des Mose fest zu halten. Die Apostel und die Ältesten *traten zusammen, um die Frage zu prüfen*. Als ein heftiger Streit entstand, erhob sich Petrus und sagte zu ihnen: Brüder, wie ihr wisst, *hat Gott schon längst hier bei euch die Entscheidung* getroffen, dass die Heiden durch meinen Mund das Wort des Evangeliums hören und zum Glauben gelangen sollen.

Und Gott, der die Herzen kennt, bestätigte dies, indem er *ihnen ebenso wie uns den Heiligen Geist* gab. Er machte keinerlei Unterschied zwischen uns und ihnen; denn er hat ihre Herzen durch den Glauben gereinigt. Warum stellt ihr also jetzt Gott auf die Probe und legt den Jüngern ein Joch auf den Nacken, das weder unsere Väter noch wir tragen konnten? Wir glauben im Gegenteil, durch die Gnade Jesu, des Herrn, gerettet zu werden, auf die gleiche Weise wie jene. Da schwieg die ganze Versammlung. Und sie hörten Barnabas und Paulus zu, wie sie erzählten, welch große Zeichen und Wunder Gott durch sie unter den Heiden getan hatte. Als sie geendet hatten, nahm Jakobus das Wort und sagte: Brüder, hört mich an! ... Darum halte ich es für richtig, den Heiden, die sich zu Gott bekehren, keine Lasten aufzubürden; man weise sie nur an, Verunreinigung durch Götzen(opferfleisch) und Unzucht zu meiden und weder Ersticktes noch Blut zu essen" (Apg 15,1f. 5–13.19f.).

Eine Gemeinschaft, die sich als Volk Gottes im biblischen Sinn versteht, sieht sich vor die Aufgabe gestellt, Zeugin und Hüterin der Sendung zu sein, die Jesus an die Apostel weitergegeben hat, nämlich an seiner Stelle und in seinem Namen in der Kraft des Heiligen Geistes allen Völkern das Evangelium zu verkünden (Mt 28,18–20; Joh 20,21; Lk 10,16). Das war und ist keine leichte Aufgabe. Denn das Evangelium muss stets in das Leben und dessen neue Verstehenshorizonte übersetzt und dadurch auch vor Fehlinterpretationen geschützt werden. Dadurch kommen zu allen Zeiten immer wieder Zweifel und Differenzen auf, was genau dazu gehört und was nicht (mehr). Dass bei der Beantwortung dieser zentralen Frage Streit und Uneinigkeit entsteht, ist menschlich und daher nicht nur eine uralte, sondern auch eine urkirchliche Erfahrung. Seit es die Kirche gibt, gibt es daher auch den Streit, das Ringen darum, wie die Wahrheit des Glaubens in das konkrete Leben zu übersetzen ist. So gerieten bereits bei der Kirchengründung die beiden Apostel Petrus und Paulus in Streit über die Art und Weise der Heidenmission. Aber, und das ist das Entscheidende: Ihre Auseinandersetzungen, ihre Spannungen miteinander führten nicht zur Spaltung, sondern zu einem Kompromiss, der gemeinsam auf dem so genannten Jerusalemer Apostelkonzil erarbeitet worden ist, wie in der Apostelgeschichte berichtet wird (vgl. Apg 15; Gal 2,11–16). Viele wissen es, manchmal wird es allerdings vergessen: Im Mittelpunkt des Streites stand damals nicht nur irgendeine Randfrage, nicht nur irgendeine Äußerlichkeit des Glaubens, sondern die für den Glauben und die Kirche zentrale Frage, wie jemand Christ werden kann: nur mit oder auch ohne Beschneidung? Angesichts der Tatsache, dass die Beschneidung das seit Abraham geltende Erkennungszeichen des Glaubens war, ist die Lösung der Streitfrage beachtenswert: Für Juden bleibt die Beschneidung weiterhin unabdingbar, sie wird es aber nicht für Heiden, d.h. also: für die

einen mit Beschneidung, für die anderen ohne Beschneidung. Was für eine souveräne Klärung von Streitigkeiten – auf der Ebene des Umgangs miteinander ebenso wie auf der Sachebene, und das bei so unterschiedlichen Charakteren, wie Petrus und Paulus es sind und bei so entgegensetzten Auffassungen, wie sie Petrus und Paulus vertreten!
Petrus und Paulus leben damit in den Anfängen der Kirche beispielhaft vor, dass und wie „Anerkennung der Pluralität und Bereitschaft zur Solidarität [geht]. Dies wird nicht durch das Diktat eines über den andern, sondern in gegenseitiger Respektierung erreicht. Die Jerusalemer Vereinbarung stellt nichts weniger als die bewusste Bejahung solcher Pluralität dar: In Anerkennung des Wirkens Gottes einigt man sich auf zwei eigenständige Missionsbereiche unter der Zuständigkeit Antiochiens und Jerusalems, offenbar mit Unterschieden in der Theologie (z.b. in der Gesetzesfrage), eigenen Organisationsformen usw."[798]

Für mich enthält der biblische Bericht über den Streit und die Streitlösung der beiden Führungsgestalten der Urkirche die Botschaft an uns und alle nachfolgenden Generationen: die Gemeinschaft des Volkes Gottes braucht für ihr Leben und Wachsen auch von Zeit zu Zeit und gerade in markanten Fragen und Situationen den Streit und die Streitlösung dieser beiden Typen von Christen. Um lebendig zu bleiben, braucht die Kirche als Gemeinschaft des Volkes Gottes die Spannung von Petrus und Paulus, von klaren und geordneten Vorgaben auf der einen Seite und von geistbewegter Freiheit auf der anderen Seite. Denn eine Kirche der reinen Petrusnachfolge wäre in Gefahr, eine verfestigte Kirche zu werden, in der es umfangreiche Gesetzbücher gibt, aber wenig Leben. Umgekehrt wäre eine Kirche der reinen Paulusnachfolge in der Gefahr, ständig mit dem Chaos der Charismen zu kämpfen. Die Kirche braucht beides: Petrus und Paulus, Ordnung und Freiheit – und den spannungsreichen, aber respektvollen Umgang mit beiden. Auch deshalb feiern wir Peter und Paul nicht an zwei verschiedenen Tagen, sondern verehren diese beiden Männer der Urkirche zusammen an einem Tag.
Vielleicht können wir den Gedenktag von Peter und Paul künftig verstärkt mit der Mahnung an uns alle verstehen und begehen, dass der Kirche nichts mehr schadet als eine mangelnde oder gar gänzlich fehlende Streitkultur miteinander. Denn in keiner

---

[798] Hoffmann, Paulus als Zeuge des Widerspruchs, 27f.

Gemeinschaft lässt sich Streiten verhindern, auch wenn es eine Zeit lang vermeintlich erfolgreich unterdrückt werden kann. In diesem Sinn lautet eine Grundregel der Beratung von zwei streitenden Parteien: *„Was nicht ausgetragen wird, wird ewig nachgetragen!"* Was sich aber verhindern lässt, ist ein unkultiviertes Streiten, das schadet, verletzt und Gemeinschaft zerstören kann. Streit ist also nicht gleich Streit, sondern kultiviertes Streiten will gelernt sein, weil dann Streiten nicht trennt, sondern im Gegenteil verbindet und Kennzeichen einer lebendigen Beziehung ist. Grundlegende Stichworte für kultiviertes Streiten sind: nicht Harmonie vortäuschen und schweigen oder stumme Vorwürfe machen, sondern offen die Meinungsverschiedenheit ansprechen, ohne die Gesprächspartnerin oder den Gesprächspartner herabzusetzen oder zu demütigen. Die mahnende Konsequenz daraus lautet: „Nichts aber schadet der Kirche heute mehr – nicht irrige Lehren, nicht kühne pastorale Versuche, nicht unfrisierte Gedankengänge – als der Eindruck einer Einengung des Raums für das offene Gespräch. Dies ist nicht unbedingt bloß die Konsequenz einer rigiden Amtsführung der zuständigen Autoritäten. Gefährlicher als herrschaftliche Anmaßung von oben – die ja naturgemäß Widerstand produziert – ist die Autoritätssüchtigkeit von unten, von den Zeloten der Einheitlichkeit und den Ayatollahs des lieben Gottes, von denen, die sich der Anstrengung des Begriffs und der eigenen Gewissensentscheidung entledigen. Die Kirche darf nicht zu einem Gärtchen geistiger Harmlosigkeit werden, ein brackiger Tümpel ohne Zu- und ohne Abfluss. Es braucht die frische Luft der öffentlichen Meinung in der Kirche, die nicht mehr zum Verstummen gebracht werden darf."[799] Deshalb brauchen auch und gerade Christen und Christinnen immer wieder den Mut und die gegenseitige Unterstützung, sich nicht nur mit einem Mitläufertum in der Kirche zu begnügen, sondern auch selbstständig aufzubrechen und sich kritischselbstkritisch auf die Suche nach der Wahrheit zu machen. Christsein und Kirche lebt vom Zeugnis des Ich-Sagens, ob es gelegen oder ungelegen kommt. Denn wer sich zu diesem Ich-Sagen durchringt, nimmt die Geistbegabung in der Taufe als Gabe an, die zur Aufgabe verpflichtet, nicht müde zu werden, selbst über den (künftigen) Weg mit seinen (möglichen) Gabelungen nachzudenken, für die dabei gewonnenen Erkenntnisse und Einsichten mit Nachdruck und in einem fairen Dialog einzutreten. „In einer

---

[799] Hofer, Widerstand zwecklos, 139.

Gemeinschaft, die jeden Tag den Jesus bezeugt, der sich mitgeteilt hat im Streitgespräch, wehrlos gehend, ohne stützendes System hinter sich, unverwechselbar und durchaus ausgesetzt, oft bis zum Äußersten, darf der Mut zum Ich-Sagen, der Mut zur eigenen Position nicht die Ausnahme, sondern die Regel sein. Nicht das Herausreden auf andere, nicht das Versteckspiel, nein, der betroffene Mensch ist gefragt. Jesus ist der irdische Beweis ... ."[800] Wenn nicht nur einzelne, sondern möglichst viele – ja alle – Gläubigen in der Kirche verstärkt lernen, kontinuierlich und in einer auf Dialog orientierten Weise *Ich* zu sagen, wird es früher oder später für jede (kirchliche) Autorität unmöglich, ständig wegzuhören, sich für nicht zuständig zu erklären oder sich auf die weltkirchliche Einheit zurückzuziehen. Ein solches permanentes und loyales Dialogangebot in der Gemeinschaft und im Dienst für die Gemeinschaft wird die kirchliche Autorität mehr und mehr dazu führen, sich (neu) auf ihre vornehmste Aufgabe zu besinnen: in der Kirche „einen Raum für das freie Gespräch offenzuhalten, eine Atmosphäre des Vertrauens wachzuhalten und für einen christlichen Stil der innerkirchlichen Auseinandersetzungen zu sorgen."[801]

---

[800] Ebd., 137.
[801] Ebd., 139.

Hinweise und Abkürzungen

Die biblischen Texte sind zitiert nach: Die Bibel. Einheitsübersetzung der Heiligen Schrift. Gesamtausgabe, Stuttgart 2006.

Die Texte des II. Vatikanischen Konzils sind entnommen aus: Die Dokumente des Zweiten Vatikanischen Konzils. Konstitutionen, Dekrete, Erklärungen. Lateinisch-deutsche Studienausgabe (= Herders Theologischer Kommentar zum Zweiten Vatikanischen Konzil, Bd.1: Dokumente), hrsg. v. Hünermann P., Freiburg i.Br. 2004.

Die weiteren Primärquellen sind mit ihren Angaben im Abkürzungsverzeichnis aufgenommen.

Die Literatur ist in den Anmerkungen in der Regel nur mit einem Kurztitel genannt; die vollständigen Angaben sind in der Bibliographie enthalten. Literatur, die nur einmal zitiert wird, ist in den Anmerkungen bibliographisch vollständig angegeben und nicht in die Bibliographie aufgenommen.

Abkürzungsverzeichnis

AA	Apostolicam actuositatem. Dekret über das Laienapostolat (II. Vatikanisches Konzil)
AAS	Acta Apostolicae Sedis, Rom 1909ff.
Abl.	Amtsblatt
Abs.	Absatz
AKathKR	Archiv für Katholisches Kirchenrecht, (Innsbruck) Mainz 1857ff.
AnzSS	Anzeiger für die Seelsorge, Freiburg i.Br. 1982ff.
Art.	Artikel
ASCOV	Acta synodalia Sacrosancti Concilii Oecumenici Vaticani secundi, 25 Bde, Città del Vaticano 1970–78.
ASS	Acta Sanctae Sedis, Rom 1865-1908.
BaySchwHEG	Bayerisches Schwangerenhilfeergänzungsgesetz
Bd.	Band

Bde	Bände
BGB	Bürgerliches Gesetzbuch
BGBl	Bundesgesetzblatt
BVerfGE	Entscheidungen des Bundesverfassungsgerichts
c.	canon
can.	canon
Cath (M)	Catholica, Vierteljahresschrift für Ökumenische Theologie, Münster 1968ff.
cc. / cann.	canones
CCEO	Codex Canonum Ecclesiarum Orientalium – Gesetzbuch der katholischen Ostkirchen, hrsg. v. Gerosa, L., Krämer, P., Paderborn 2000.
CD	Christus Dominus. Dekret über die Hirtenaufgabe der Bischöfe in der Kirche (II. Vatikanisches Konzil)
CIC/1917	Codex Iuris Canonici, Rom 1917.
CIC/1983	Codex Iuris Canonici. Codex des kanonischen Rechtes. Lateinisch-deutsche Ausgabe mit Sachverzeichnis, Kevelaer ^{5}2001.
Conc(D)	Concilium. Internationale Zeitschrift für Theologie, Einsiedeln-Mainz 1965ff.
DBK	Deutsche Bischofskonferenz
Decretum Gratiani	abgedruckt in: Corpus Iuris Canonici, hrsg. v. Friedberg, A., 2 Bde, Leipzig 1879/1881 [Nachdruck: Graz 1959] Bd.1.
Diak	Diakonia, Internationale Zeitschrift für die Praxis der Kirche, Mainz-Wien 1970ff.
Die deutschen Bischöfe	Die deutschen Bischöfe, hrsg. v. Sekretariat der Deutschen Bischofskonferenz, Bonn 1967ff.
DPM	De processibus matrimonialibus. Fachzeitschrift zu Fragen des kanonischen Ehe- und Prozessrechtes, Leipzig 1994ff.
ESchG	Embryonenschutzgesetz
FamRZ	Zeitschrift für das gesamte Familienrecht, Bielefeld 1954ff.
FAZ	Frankfurter Allgemeine Zeitung
FR	Frankfurter Rundschau
GG	Grundgesetz für die Bundesrepublik Deutschland vom 23. Mai 1949

GSyn	Gemeinsame Synode der Bistümer in der Bundesrepublik Deutschland. Offizielle Gesamtausgabe, Bd. 1: Beschlüsse der Vollversammlung, Freiburg i.Br.1976.
GuL	Geist und Leben. Zeitschrift für Aszese und Mystik, Würzburg 1947ff.
HdbkathKR²	Handbuch des katholischen Kirchenrechts, hrsg. v. Listl, H. u.a., Regensburg 1999.
HK	Herder Korrespondenz, Freiburg i.Br. 1946ff.
HThK.VatII	Herders Theologischer Kommentar zum Zweiten Vatikanischen Konzil, 5 Bde, hrsg. v. Hünermann, P., Hilberath, B.J., Freiburg i.Br. 2004–2006.
i.d.F.	in der Fassung
IkaZ	Internationale katholische Zeitschrift Communio, Frankfurt a.M. 1972ff.
i.V.m.	in Verbindung mit
KABl	Kirchliches Amtsblatt
KanR	Kanonisches Recht. Lehrbuch aufgrund des Codex Iuris Canonici, begründet von Eichmann, E., fortgeführt v. Mörsdorf, K., neu bearbeitet v. Aymans, W., Bd.I (Paderborn 1991), Bd.II (Paderborn 1997), Bd.III (Paderborn 2007).
KlBl	Klerusblatt, München 1925ff.
KNA	Katholische Nachrichten-Agentur
LEF	Lex Ecclesiae Fundamentalis
LG	Lumen gentium. Dogmatische Konstitution über die Kirche (II. Vatikanisches Konzil)
LKStKR	Lexikon für Kirchen- und Staatskirchenrecht, hrsg. v. Campenhausen, Frhr. von A., u.a., Bd.1 (Paderborn 2000), Bd.2 (Paderborn 2002), Bd.3 (Paderborn 2004).
LS	Lebendige Seelsorge, Freiburg i.Br. 1950ff.
LThK	Lexikon für Theologie und Kirche, 11 Bde, hrsg. v. Kasper, W., u.a., Freiburg i.Br. ³1993–2001.
LThK.E	Das Zweite Vatikanische Konzil. Dokumente und Kommentare, hrsg v. Brechter, H.S., u.a., 3 Bde, Freiburg i.Br.1966–1968.
Mansi	Mansi, J.D., Sacrorum conciliorum nova et amplissima collectio, Florenz-Venedig

MKCIC	1759–1827; Neudruck und Fortsetzung, Paris 1899–1927. Münsterischer Kommentar zum Codex Iuris Canonici unter besonderer Berücksichtigung der Rechtslage in Deutschland, Österreich und der Schweiz, hrsg. v. Lüdicke, K., Loseblattwerk, Essen 1985ff.
MySal	Mysterium salutis. Grundriß heilsgeschichtlicher Dogmatik, hrsg. v. Feiner, J., Löhrer, M., 5 Bde, Einsiedeln 1965–1976.
NJW	Neue Juristische Wochenschrift, München 1947/48ff.
NKD	Nachkonziliare Dokumentation 1–58, Trier 1967–77.
ÖAKR	Österreichisches Archiv für Kirchenrecht, Wien 1950–1998.
ÖARR	Österreiches Archiv für Recht und Religion, Wien 1999ff.
ORdt	L´Osservatore Romano. Wochenausgabe in deutscher Sprache, Vatikanstadt 1968ff.
PastBon	Pastor Bonus: Konstitution über die Römische Kurie „Pastor bonus" von 1988. Der vollständige Text dieser Konstitution ist in lateinisch-deutscher Fassung abgedruckt, in: CIC/1983, 771–833.
Pastoralblatt	Pastoralblatt für die Diözesen Aachen, Berlin, Essen, Hildesheim, Köln, Osnabrück, Köln 1948ff.
PCI	Pontificia Commissio ad Codicis Canones Authentice Interpretandos/Pontificium Consilium de Legum Textibus Interpretandis = Kommission/Rat zur authentischen Interpretation von (kirchlichen) Gesetzestexten
PO	Presbyterorum ordinis. Dekret über Dienst und Leben der Priester (II. Vatikanisches Konzil)
PThI	Pastoraltheologische Informationen, hrsg. v. Beirat der deutschsprachigen Pastoraltheologen, Frankfurt a.M. 1970ff.
sc.	scilicet
Rdn.	Randnummer
SchKG	Schwangerschaftskonfliktgesetz

SFHÄndG	Schwangeren- und Familienhilfeänderungsgesetz
SkF	Sozialdienst katholischer Frauen
StGB	Strafgesetzbuch
S.th.	Summa theologica (theologiae), hrsg. v. Caramello, P., S. Thomae Aquinatis Doctoris Angelici Summa theologiae cum textu et recensione Leonina. Pars Prima et Prima Secundae, Bd.I, Turin – Rom 1952, Pars II^a – II^{ae}, Bd.II, Turin – Rom 1962 und Tertia Pars et Supplementum, Bd.III, Turin – Rom 1956.
StL	Staatslexikon. Recht – Wirtschaft – Gesellschaft, hrsg. v. Görres-Gesellschaft, 7 Bde, Freiburg i.Br. ^{7}1985–1993.
StZ	Stimmen der Zeit, Freiburg i.Br. 1871ff.
SZ	Süddeutsche Zeitung
ThGl	Theologie und Glaube, Paderborn 1909ff.
ThPQ	Theologisch-praktische Quartalschrift, Linz 1848ff.
ThQ	Theologische Quartalschrift, München 1969ff.
TRE	Theologische Realenzyklopädie, 36 Bde, hrsg. v. Krause, G., Müller, G., Berlin–New York 1976–2004.
VAS	Verlautbarungen des Apostolischen Stuhls, hrsg. v. Sekretariat der Deutschen Bischofskonferenz, Bonn 1975ff.
ZdK	Zentralkomitee der deutschen Katholikentage bzw. der Katholiken
ZevKR	Zeitschrift für evangelisches Kirchenrecht, Tübingen 1951ff.
ZRP	Zeitschrift für Rechtspolitik, München u.a. 1968/69ff.

Bibliographie

Althaus, R., Die Rezeption des Codex Iuris Canonici von 1983 in der Bundesrepublik Deutschland unter besonderer Berücksichtigung der Voten der Gemeinsamen Synode der Bistümer in der Bundesrepublik Deutschland, Paderborn 2000.

Auf Leben und Tod. Abtreibung in der Diskussion, hrsg. v. Hoffacker, P., u.a., Bergisch Gladbach [5]1991.

Aymans, W., Kirchliches Verfassungsrecht und Vereinigungsrecht in der Kirche. Anmerkungen zu den revidierten Gesetzentwürfen des kanonischen Rechts unter besonderer Berücksichtigung des Konzeptes der personalen Teilkirchen, in: ÖAKR 32 (1981), 79–100.

Aymans, W., Lex canonica. Erwägungen zum kanonischen Gesetzesbegriff, in: AKathKR 153 (1984), 337–353.

Aymans, W., Begriff, Aufgabe und Träger des Lehramts, in: HdbkathKR[2], 659–669.

Aymans, W., Kirchliche Vereinigungen im Gebiet der Deutschen Bischofskonferenz, in: AKathKR 158 (1989), 369–386.

Aymans, W., Das konsoziative Element in der Kirche. Gesamtwürdigung, in: Das konsoziative Element in der Kirche, 1029–1057.

Aymans, W., Verpflichtungsbereich der Kirchengesetze (cc.11–13), in: KanR I, 168–171.

Aymans, W., Vereinigungsrecht, in: KanR II, 453–539.

Bausenhart, G., Das Amt in der Kirche. Eine not-wendende Neubestimmung, Freiburg i.Br. 1999.

Bausenhart, G., Theologischer Kommentar zum Dekret über das Hirtenamt der Bischöfe in der Kirche *Christus dominus*, in: HThK.VatII 3, 225–313.

Bausenhart, G., Theologischer Kommentar zum Dekret über das Apostolat der Laien *Apostolicam actuositatem*, in: HThK.VatII 4, 1–123.

Becher, P., Katholische Aktion, in: LThK 5, 1347f.

Beckmann, R., Abtreibung in der Diskussion. Fünfzig Behauptungen und ihre Widerlegung, Krefeld 1991.

Beckmann, R., Der Streit um den Beratungsschein, Würzburg 2000.

Beinert, W., Der Glaubenssinn der Gläubigen in der systematischen Theologie, in: Mitsprache im Glauben, 50–78.

Beinert, W., Der Glaubenssinn der Gläubigen in Theologie und Dogmengeschichte. Ein Überblick, in: Der Glaubenssinn des Gottesvolkes, 66–131.

Beinert, W., Amt – Tradition – Gehorsam. Spannungsfelder kirchlichen Lebens; Hören, was der Geist den Gemeinden sagt, Regensburg 1998.

Belling, C., Ist die Rechtfertigungsthese zu § 218 StGB haltbar? Zur Rechtsnatur der sogenannten Abtreibung, Berlin 1987.

Bertolino, R., Sensus fidei, Charismen und Recht im Volk Gottes, in: AKathKR 163 (1994), 28–73.

Bettazzi, L., Das Zweite Vatikanum. Pfingsten unserer Zeit, Würzburg 2002.

Bier, G., Bischöfliche Vollmacht, in: MKCIC 381 (30. Erg.-Lfg., Dezember 1998).

Bier, G., Funktionen der diözesanbischöflichen Leitungsgewalt, in: MKCIC 391 (30. Erg.-Lfg., Dezember 1998).

Bier, G., Förderung des Apostolats, in: MKCIC 394 (30. Erg.-Lfg., Dezember 1998).

Bier, G., Die Rechtsstellung des Diözesanbischofs nach dem Codex Iuris Canonici von 1983, Würzburg 2001.

Böckenförde, E.W., Abschaffung des § 218 StGB? Überlegungen zur gegenwärtigen Diskussion um das strafrechtliche Abtreibungsverbot, in: StZ 188 (1971), 147–167.

Braunbeck, E., Der Weltcharakter des Laien. Eine theologisch-rechtliche Untersuchung im Licht des II. Vatikanischen Konzils, Regensburg 1993.

Brighenti, A., Die Katholische Aktion und der neue Ort der Kirche in der Gesellschaft, in: Conc(D) 43 (2007), 410–420.

Büchner, B., Kein Rechtsschutz für ungeborene Kinder?, in: ZRP 24 (1991), 431–434.

Burghardt, D., Institution Glaubenssinn. Die Bedeutung des sensus fidei im kirchlichen Verfassungsrecht und für die Interpretation kanonischer Gesetze, Paderborn 2002.

Chancen für das ungeborene Leben, hrsg. v. Voss, H., u.a., Köln 1988.

Communio Sanctorum. Die Kirche als Gemeinschaft der Heiligen, hrsg. v. Bilaterale Arbeitsgruppe der Deutschen Bischofskonferenz und der Kirchenleitung der Vereinigten Evangelisch-Lutherischen Kirche Deutschlands, Paderborn 2000.

Congar, Y., Herbstgespräche. Erinnerungen und Anstöße, München 1988.

Corecco, E., Taufe, in: Ecclesia a sacramentis. Theologische Erwägungen zum Sakramentenrecht, hrsg. v. Ahlers, R., u.a., Paderborn 1992, 27–36.

Corecco, E., Ordinatio Fidei. Schriften zum kanonischen Recht, hrsg. v. Gerosa, L., Müller, L., Paderborn 1994.

Corecco, E., Die kulturellen und ekklesiologischen Voraussetzungen des neuen CIC, in: Corecco, E., Ordinatio Fidei, 85–108.

Corecco, E., Aspekte der Rezeption des Vaticanum II im CIC, in: Corecco, E., Ordinatio Fidei, 109–157.

Das konsoziative Element in der Kirche. Akten des VI. Internationalen Kongresses für Kanonisches Recht, hrsg. v. Aymans, W., u.a., St. Ottilien 1989.

Demel, S., Abtreibung zwischen Straffreiheit und Exkommunikation. Weltliches und kirchliches Strafrecht auf dem Prüfstein, Stuttgart 1995.

Demel, S., Ungleiche Rechte – ungleiche Pflichten. Es gibt keine kirchenrechtlichen Einwände gegen eine katholische Schwangeren-Konfliktberatung durch „Donum Vitae", in: SZ vom 21. Januar 2000, S.14; ebenso abgedruckt in: AKathKR 168 (1999), 121–123.

Demel, S., Mitmachen – Mitreden – Mitbestimmen. Grundlagen, Möglichkeiten und Grenzen in der katholischen Kirche, Regensburg 2001.

Demel, S., Frauen und kirchliches Amt. Vom Ende eines Tabus in der katholischen Kirche, Freiburg i.Br. 2004.

Demmer, K., Christliche Existenz unter dem Anspruch des Rechts. Ethische Bausteine der Rechtstheologie, Freiburg (Schweiz) 1995.

Der Glaubenssinn des Gottesvolkes – Konkurrent oder Partner des Lehramtes?, hrsg. v. Wiederkehr, D., Freiburg i.Br. 1994.

Dinges-Krol, M., Vereinsrecht, II. Staatl., in: LKStKR 3, 768–771.

Dreher, E., Tröndle, H., Strafgesetzbuch und Nebengesetze, München [45]1991.

Eser, A., Schwangerschaftsabbruch in der strafrechtlichen Diskussion, in: ThQ 151 (1971), 238–250.

Eser, A., Schwangerschaftsabbruch: der rechtliche Rahmen, in: Sterilisation und Schwangerschaftsabbruch. Eine Orientierungshilfe zu medizinischen, psychologischen und rechtlichen Fragen, hrsg., v. Ders., Hirsch, H.A, Stuttgart 1980, 105–126.

Eser, A., Neuregelung des Schwangerschaftsabbruchs vor dem Hintergrund des Embryonenschutzgesetzes. Gedanken zur Vermeidung von Wertungswidersprüchen, in: Schwangerschaftsabbruch. Auf dem Weg zu einer Neuregelung. Gesammelte Studien und Vorschläge, hrsg. v. Ders., Koch, H.-G., Baden-Baden 1992, 147–162.

Eser, A., Vorbem. §§ 218ff, in: Schönke, A., Schröder, H., Strafgesetzbuch. Kommentar, München [27]2006.

Eser, A., §§ 218ff, in: Schönke, A., Schröder, H., Strafgesetzbuch. Kommentar, München [27]2006.

Fallert, M., Mitarbeiter der Bischöfe. Das Zueinander des bischöflichen und priesterlichen Amtes auf und nach dem Zweiten Vatikanischen Konzil, Würzburg 2007.

Fuchs, O., Hünermann, P., Theologischer Kommentar zum Dekret über den Dienst und das Leben der Presbyter *Presbyterorum ordinis*, in: HThK.VatII 4, 337–580.

Fuchs, O., Glosse: Wie lange zögert Ihr noch, Ihr Bischöfe? Aufruf zum Jahr der Berufung in der Diözese Rottenburg-Stuttgart, in: ThQ 187 (2007), 77–79.

Gante, M., Der Schutz ungeborener Kinder in Deutschland vom Beginn der Neuzeit bis zur Gegenwart, in: Herausforderung Schwangerschaftsabbruch, 146–169.

Geiger, W., Rechtliche Beurteilung des Schwangerschaftsabbruchs, in: Chancen für das ungeborene Leben, 44–55.

Gerosa, L., Das Recht der Kirche, Paderborn 1995.

Gerosa, L., Die kirchlichen Bewegungen, in: HdbkathKR^2, 586–590.

Gott und den Menschen nahe. Pastoralplan der Diözese Passau, hrsg. v. Der Bischof von Passau, Passau 2000.

Gradauer, P., Das Kirchenrecht im Dienst der Seelsorge, in: ThPQ 125 (1977), 55–65.

Greshake, G., Der theologische Ort des Pastoralreferenten und sein Dienst, in: LS 29 (1978), 18–27.

Greshake, G., Als Priester geistlich leben, in: Pastoralblatt 39 (1987), 204–211 und 235–244.

Greshake, G., Priester sein in dieser Zeit. Theologie – Pastorale Praxis – Spiritualität, Freiburg i.Br. 2000.

Grillmeier, A., Kommentar zum II. Kapitel der Dogmatischen Konstitution über die Kirche *Lumen gentium*, in: LThK.E 1, 176–209.

Grocholewski, Z., Die Verwaltungsgerichtsbarkeit der Apostolischen Signatur, in: ÖAKR 40 (1991), 3–22.

Grootaers, J., Zwischen den Sitzungsperioden. Die „zweite Vorbereitung" des Konzils und ihre Gegner, in: Geschichte des Zweiten Vatikanischen Konzils (1959–1965), Bd.II, hrsg. v. Alberigo, G., Mainz 2000, 421–617.

Gropp, W., Der straflose Schwangerschaftsabbruch, Tübingen 1981.

Großmann, Th., Zwischen Kirche und Gesellschaft. Das Zentralkomitee der deutschen Katholiken 1945–1970, Mainz 1991.

Großmann, Th., Katholikentage, in: LThK 5, 1339–1345.

Großmann, Th., Zentralkomitee der deutschen Katholiken, in: LThK 10, 1431f.

Guggenberger, W., Ein sozialethischer Gedanke zur Frauenpriesterweihe, in: http://theol.uibk.ac.at/leseraum/texte/268.html, 1–9.
Hallermann, H., Seelsorger – Priester – Pfarrer. Anmerkungen zum Amt des Pfarrers aus kirchenrechtlicher Sicht, in: KlBl 77 (1997), 151–153.
Hallermann, H., Die Vereinigungen im Verfassungsgefüge der lateinischen Kirche, Paderborn 1999.
Hallermann, H., Ein Pyrrhussieg. Fragen nach dem Ausstieg der katholischen Beratungsstellen, in: HK 54 (2000), 209–213.
Hallermann, H., Katholikenrat, in: LKStKR 2, 398–400.
Hallermann, H., Katholische Aktion, in: LKStKR 2, 400–402.
Hallermann, H., Katholischer Verein, in: LKStKR 2, 406-408.
Hallermann, H., Präses, II. Kath., in: LKStKR 3, 267f.
Hallermann, H., Vereinsrecht, I. Kath., in: LKStKR 3, 766–768.
Hallermann, H., Direktorium für den Hirtendienst der Bischöfe, Übersetzung und Kommentar, Paderborn 2006.
Hallermann, H., Beratung und Beispruch. Formen der Mitverantwortung in der Diözese, in: Rechtskultur in der Diözese, 300–321.
Hallermann, H., Eigenes Charisma und Dienst in der Diözese. Ordensgemeinschaften, Vereine und geistliche Bewegungen, in: Rechtskultur in der Diözese, 436–462.
Hartelt, K., Verbunden in Weihe und Sendung. Diözesanbischof und Presbyterium, in: Rechtskultur in der Diözese, 343–363.
Hassemer, W., Rechtfertigung und Entschuldigung im Strafrecht – Thesen und Kommentare, in: Rechtfertigung und Entschuldigung. Rechtsvergleichende Perspektiven, hrsg. v. Eser, A., Fletcher, G.P., Bd.1, Freiburg i.Br. 1987, 175–227.
Haunerland, W., Erben des Klerus? Die neuen pastoralen Berufe und die Reform der Niederen Weihen, in: ThPQ 147 (1999), 381–391.
Heinemann, H., Die Mitgliedschaft nichtkatholischer Christen in kirchlichen Vereinen, in: AKathKR 153 (1984), 416–426.
Heinzmann, R., Widerspruch als Loyalität. Gegen die Resignation in der Kirche, in: Zwischen Loyalität und Widerspruch. Christsein mit der Kirche, hrsg. v. Gründel, J., u.a., Regensburg 1993, 97–116.
Henkel, H., Einführung in die Rechtsphilosophie, München 1977.
Herausforderung Schwangerschaftsabbruch. Fakten, Argumente, Orientierungen, hrsg. v. Reiter, J., Keller, R., Freiburg i.Br. 1992.
Hernoga, J., Zum Profil des priesterlichen Dienstamtes. Auf der Suche nach Konstituanten der priesterlichen Identität, in: KlBl 79 (1999), 201–204.
Hierold, A., Inhaltliche Perspektiven des Verfassungsrechtes des revidierten kirchlichen Gesetzbuches, in: AKathKR 152 (1983), 349–368.

Hilberath, B.J., PastoralreferentInnen – wohin? Zum ekklesiologischen Ort der „Laien im pastoralen Dienst", in: Horizonte überschreiten. 25 Jahre Pastoralreferentinnen und -referenten im Bistum Mainz, hrsg. v. Nichtweiß, B., Mainz 1998, 155–175.

Hilberath, B.J., Hat Priesterliches im Christentum Platz? Fünf theologische Stellungnahmen, in: Diak 34 (2003), 159–170.

Hilberath, B.J., Thesen zum Verhältnis von Gemeinsamem Priestertum und dem durch Ordination übertragenen priesterlichen Dienst, in: Kircheneinheit und Weltverantwortung. FS P. Neuner, hrsg. v. Böttigheimer, Ch., u.a., Regensburg 2006, 181–194.

Hilpert, K., Gehorsam. II. Theologisch-ethisch, in: LThK 4, 360–362.

Hilpert, K., Recht. VI. Theologisch, in: LThK 8, 873–876.

Hippel, E. von, Der Schwangerschaftsabbruch in rechtsvergleichender Sicht, in: Chancen für das ungeborene Leben, 69–94.

Hoebel, Th., Laity and Participation. A Theology of Being the Church, Bern 2006.

Hofer, P., Widerstand zwecklos?, in: ThPQ 155 (2007), 131–140.

Höffe, O., Moral und Recht. Eine philosophische Perspektive, in: StZ 198 (1980), 111–121.

Hoffmann, P., Paulus als Zeuge des Widerspruchs, in: Wider das Verdrängen und Verschweigen. Für eine offene Streitkultur in Theologie und Kirche, hrsg. v. Kraus, G., Schmitt, H., Frankfurt a.M. 1998, 25–31.

Horn, N., Einführung in die Rechtswissenschaft und Rechtsphilosophie, Heidelberg 2001.

Huber, Ch., Das Amt des Diözesan- bzw. Eparchialbischofs zwischen Autonomie und Bindung, in: Krönung oder Entwertung des Konzils? Das Verfassungsrecht der katholischen Kirche im Spiegel der Ekklesiologie des Zweiten Vatikanischen Konzils, hrsg. v. Demel, S., Müller, L., Trier 2007, 147–176.

Hülskamp, M., Rechtsprechung und Rechtschutz. Die Gerichtsbarkeit des Bischofs in der Diözese, in: Rechtskultur in der Diözese, 275–299.

Hünermann, P., Theologischer Kommentar zur dogmatischen Konstitution über die Kirche *Lumen gentium*, in: HThK.VatII 2, 263–582.

Isensee, J., Der Staat tötet. Abtreibung als Leistungstatbestand der Sozialversicherung in: Auf Leben und Tod, 175–190.

Jescheck, H.-H., Lehrbuch des Strafrechts. Allgemeiner Teil, Berlin ⁴1988.

Kamphaus, F., Retten, was zu retten ist. Wegweisung und Wegbegleitung, in: Schein des Anstoßes, 84–92.

Kasper, W., Glaube und Geschichte, Mainz 1970.

Kasper, W., Einführung in den Glauben, Mainz ³1973.
Kasper, W., Die Kirche als Sakrament des Geistes, in: Ders., Sauter, G., Kirche – Ort des Geistes, Freiburg i.Br. 1976, 14–55.
Kasper, W., Dienst an der Einheit und Freiheit der Kirche. Zur gegenwärtigen Diskussion um das Petrusamt in der Kirche, in: Wozu noch einen Papst? Vier Plädoyers für das Petrusamt, hrsg. v. Fischer, H.-J., u.a., Köln 1993, 21–56.
Kehl, M., Die Kirche. Eine katholische Ekklesiologie, Würzburg ⁴2001.
Kehl, M., Reizwort Gemeindezusammenlegung. Theologische Überlegungen, in: StZ 225 (2007), 316–329.
Keller, M., Theologie des Laientums, in: MySal IV,2, 393–421.
Keller, R., Der Schutz des ungeborenen menschlichen Lebens durch das Strafrecht, in: Herausforderung Schwangerschaftsabbruch, 129–144.
Klinger, E., Die dogmatische Konstitution über die Kirche „Lumen gentium", in: Vierzig Jahre II. Vatikanum. Zur Wirkungsgeschichte der Konzilstexte, hrsg. v. Bischof, F.X., Leimgruber, St., Würzburg 2004, 74–97.
Klostermann, F., Kommentar zum IV. Kapitel der Dogmatischen Konstitution über die Kirche *Lumen gentium*, in: LThK.E 1, 260–283.
Klostermann, F., Kommentar zum Dekret über das Apostolat der Laien *Apostolicam actuositatem*, in: LThK. E 2, 587–701.
Kluth, W., Zur Rechtsnatur der indizierten Abtreibung. Analyse und Auslegung des § 218a StGB, in: FamRZ 32 (1985), 440–444.
Knauer, P., Schwangerschaftskonfliktberatung und Beratungsschein. Ethische Analyse des kirchlichen Dilemmas und ein Lösungsvorschlag, in: Schein des Anstoßes, 113–123.
Koch, G., Glaubenssinn – Wahrheitsfindung im Miteinander. Theologische Grundlagen – pastorale Konsequenzen, in: Mitsprache im Glauben, 99–114.
Koch, K., Kirche im Dialog. Zwischen Realität und Vision, Graz 1995.
Kongregation für die Glaubenslehre, Erklärung über den Schwangerschaftsabbruch, lat.-dt., Trier 1975, in: NKD 48, 22–63.
Körner, B., Das Papstamt aus römisch-katholischer Perspektive. Grundentscheide – Spielräume – Chancen, in: Papstamt. Hoffnung, Chance, Ärgernis, hrsg. v. Hell, S., Lies, L., Innsbruck 2000, 147–166.
Krämer, P., Kirchenrecht, in: StL 3, 435–440.
Krämer, P., Kirchenrecht I. Wort – Sakrament – Charisma, Stuttgart 1992.
Krämer, P., Kirchenrecht II. Ortskirche – Gesamtkirche, Stuttgart 1993.

Krämer, P., Die Frage ist noch nicht entschieden. Der Trierer Kirchenrechtler Peter Krämer zur Debatte um Donum Vitae, in: KNA-Basisdienst vom 15.12.1999, Dokument 328822; ebenso abgedruckt in: AKathKR 168 (1999), 124–26.

Krämer, P., Religionsfreiheit und christlicher Wahrheitsanspruch, in: 40 Jahre danach, Das Zweite Vatikanische Konzil und seine Folgen, hrsg. v. Euler, W.A., Trier 2005, 91–114.

Krämer, P., Sensibilität für die Rechtskultur. Kirchenrechtliche Anmerkungen zum „Fall Grabmeier", in: Sonderdruck: Die Kirchenrechtler Peter Krämer und Klaus Lüdicke zum „Fall Grabmeier" und zur rechtlichen Stellung der Laienräte in Deutschland, in: HK 57 (2008), 1–4.

Kriele, M., Die nicht-therapeutische Abtreibung vor dem Grundgesetz, Berlin 1992.

Kronenberg, F., Die katholischen Verbände im Wandel von Kirche und Gesellschaft, in: Gemeinde des Herrn. 83. Deutscher Katholikentag vom 9. September bis 13. September 1970 in Trier, hrsg. v. Zentralkomitee der deutschen Katholiken, Paderborn 1970, 52–67.

Kronenberg, F., Vom Zentralkomitee zum Zentralkomitee, in: Zeugnis und Dienst. Zum 70. Geburtstag von Bischof Dr. Franz Hengsbach, hrsg. v. Domkapitel zu Essen, Bochum 1980, 152–169.

Künzel, H., Apostolatsrat und Diözesanpastoralrat. Geschichte, kodikarische Vorgaben und Ausgestaltung in Deutschland, Essen 2002.

Lackner, K., Vor § 218, in: Ders., Kühl, K., Strafgesetzbuch mit Erläuterungen, München ^{24}2001.

Lang-Hinrichsen, D., Zur Frage der Verfassungsmäßigkeit der „Fristenlösung" beim Schwangerschaftsabbruch, in: FamRZ 21 (1974) 497–508.

Lehmann, K., Chancen und Grenzen der neuen Gemeindetheologie, in: IkaZ 6 (1977), 111–127.

Lehmann, K., Mut zu einem neuen Modell. Anmerkungen zur Entscheidung des Bundesverfassungsgerichtes zur Regelung des Schwangerschaftsabbruches vom 28. Mai 1993, in: Paragraph 218, 236–250.

Lehmann, K., Einführung in den Papstbrief, in: Schein des Anstoßes, 54–76.

Löbmann, B., Die Reform der Struktur des kirchlichen Strafrechtes, in: Ecclesia et Ius. FS für A. Scheuermann, hrsg. v. Siepen, K., Paderborn 1968, 707–725.

Loretan, A., Das Grundrecht der Vereinsfreiheit in der Kirche, in: Flexibilitas Iuris Canonici. FS R. Puza, hrsg. v. Weiß, A., Ihli, St., Frankfurt a.M. 2003, 165–178.

Löwenstein, K. von, Mitverantwortung für die Kirche. Die Deutschen Katholikentage von 1848-1932, in: 100 Jahre Zentralkomitee der Deutschen Katholiken. Material- und Artikeldienst, hrsg. v. KNA – Katholische Nachrichten-Agentur in Verbindung mit dem Zentralkomitee der deutschen Katholiken, Sonderdienst vom 15.2.1968, 4–10.

Losch, B., Lebensschutz am Lebensbeginn. Verfassungsrechtliche Probleme des Embryonenschutzes, in: NJW 45 (1992), 2926–2932.

Lüdecke, N., Der schönste Pluralismus deckt keinen Ungehorsam. Das Kirchenrecht gibt „Donum Vitae" keinen Spielraum: Ob man das im deutschen Verbandskatholizismus genügend bedacht hat?, in: FAZ vom 30. Dezember 1999, S.42; ebenso abgedruckt in: AKathKR 168 (1999), 127–133.

Lüdecke, N., Gläubigkeit und Recht und Freiheit, Kanonistische Thesen zum Pontifikat Johannes Paul II. in ökumenischer Absicht, in: Gläubigkeit und Recht und Freiheit. Ökumenische Perspektiven des katholischen Kirchenrechts, hrsg. v. Bock, W., Göttingen 2006, 25–52.

Lüdicke, K., Vereinigungsrecht und Verfassungsrecht. Zur Stellung der Laienräte in der deutschen Kirche, in: Sonderdruck: Die Kirchenrechtler Peter Krämer und Klaus Lüdicke zum „Fall Grabmeier" und zur rechtlichen Stellung der Laienräte in Deutschland, in: HK 57 (2008), 4–8.

Lütz, I., Löwenstein-Wertheim-Rosenberg, in: LThK 6, 1073.

Luf, G., Überlegungen zu Grund und Grenzen des Rechtsgehorsams in Staat und Kirche, in: Scientia Canonum. FS F. Pototschnik, hrsg. v. Paarhammer, H., München 1991, 183–200.

Luf, G., Potz, R., Zur rechtlichen Diskussion der Schwangerschaftskonfliktberatung durch den Verein „Donum Vitae" in Deutschland, in: ÖARR 48 (2001), 220–222.

Mackscheidt, E., Mitmachen oder aussteigen? Zur Pflichtberatung in katholischer Trägerschaft, in: Herausforderung Schwangerschaftsabbruch, 255–263.

Maier, A., Zur Arbeit der katholischen Schwangerschafts- und Schwangerschaftskonfliktberatungsstellen. Zahlen – Fakten – Hilfen, in: Schein des Anstoßes, 150-165.

Maier, H., Das Zentralkomitee der deutschen Katholiken, in: Das konsoziative Element in der Kirche, 831–845.

Maier, H., Kirche in der Demokratie. Vortrag auf der Vollversammlung des ZdK am 23./24. Mai 2006 in Saarbrücken, in: http://www.zdk.de/reden/reden.php?id=142&page=3.

Männle, U., § 218. Bonn-Karlsruhe und zurück, in: Paragraph 218, 322–343.

Meier, D. M., Verwaltungsgerichte für die Kirche in Deutschland? Von der gemeinsamen Synode 1975 zum Codex Iuris Canonici 1983, Wingen 2001.

Mehr als nur Nichtkleriker: Die Laien in der katholischen Kirche, hrsg. v. Demel, S., Regensburg, 2001.

Meyer, H.B., Liturgischer Leitungsdienst durch Laien. Eine liturgiewissenschaftliche Grundlegung, in: Wie weit trägt das gemeinsame Priestertum? Liturgischer Leitungsdienst zwischen Ordination und Beauftragung, hrsg. v. Klöckener, M., Richter, K., Freiburg i.Br. 1998, 107–144.

Meyer, H.J., Die Eigenverantwortlichkeit der Laien im politischen und gesellschaftlichen Handeln, in: Mehr als nur Nichtkleriker, 137–158.

Mieth, D. u. I., Schwangerschaftsabbruch. Die Herausforderung und die Alternative, Freiburg, Basel, Wien 1991.

Mitsprache im Glauben? Vom Glaubenssinn der Gläubigen, hrsg. v. Koch, G., Würzburg 1993.

Mörsdorf, K., Lehrbuch des Kirchenrechts auf Grund des Codex Iuris Canonici, Bd.I, München [11]1964.

Mörsdorf, K., Die Rechtssprache des Codex Iuris Canonici. Eine kritische Untersuchung, Paderborn 1967.

Mörsdorf, K., Die andere Hierarchie. Eine kritische Untersuchung zur Einsetzung von Laienräten in den Diözesen der Bundesrepublik Deutschland, in: AKathKR 138 (1969), 461–509.

Mörsdorf, K., Lehrbuch des Kirchenrechts auf Grund des Codex Iuris Canonici, Bd.III, Paderborn [11]1979.

Muckel, St., Die Schwangerschaftskonfliktberatung durch den Verein „Donum Vitae" als kirchenrechtliches Problem, in: ÖARR 48 (2001), 223–238.

Müller, G.L., Was ist kirchlicher Gehorsam? Zur Ausübung von Autorität in der Kirche, in: Cath 44 (1990), 26–48.

Müller, H., Zum Verhältnis zwischen Episkopat und Presbyterat im Zweiten Vatikanischen Konzil. Eine rechtstheologische Untersuchung, Wien 1971.

Müller, H., Das Gesetz in der Kirche ‚zwischen' amtlichem Anspruch und konkretem Vollzug – Annahme und Ablehnung universalkirchlicher Gesetze als Anfrage an die Kirchenrechtswissenschaft, München 1978.

Müller, H., Zur Rechtsstellung der Laien in der römisch-katholischen Kirche, in: ZevKR 32 (1987), 467–479.
Müller, H., Das konsoziative Element in seiner Bedeutung für die Ökumene, in: Das konsoziative Element in der Kirche, 243–266.
Müller, L., Der Rechtsbegriff im Kirchenrecht. Zur Abgrenzung von Recht und Moral in der deutschsprachigen Kirchenrechtswissenschaft des 19. und 20. Jahrhunderts, St. Ottilien 1999.
Neumann, J., Grundriss des katholischen Kirchenrechts, Darmstadt 1981.
Neuner, P., Der Laie und das Gottesvolk, Frankfurt a. Main 1988.
Neuner, P., Das kirchliche Amt. Identität und Wandel, in: Amt und Dienst – Umbruch als Chance, hrsg. v. Krieger, W., Schwarz, A., Würzburg 1996, 9–33.
Neuner, P., Das Problem des Amtes, in: Kleines Handbuch der Ökumene, hrsg. v. Neuner, P., Kleinschwärzer-Meister, B., Düsseldorf 2002, 158–174.
Neuner, P., Die Lehre vom Amt und der Vorschlag von Leutepriestern, in: Zulehner, P.M., Lobinger, F., Neuner, P., Leutepriester in lebendigen Gemeinden. Ein Plädoyer für gemeindliche Presbyterien, Ostfildern 2003, 178–219.
Ohly, Ch., Sensus fidei fidelium. Zur Einordnung des Glaubenssinnes aller Gläubigen in die Communio-Struktur der Kirche im geschichtlichen Spiegel dogmatisch-kanonistischer Erkenntnisse und der Aussagen des II. Vaticanum, München 1999.
Ohly, Ch., Der Glaubenssinn der Gläubigen. Ekklesiologische Anmerkungen zum Verständnis eines oft missverstandenen Phänomens im Beziehungsverhältnis von Dogmatik und Kanonistik, in: AkathKR 168 (1999), 51–82.
Örsy, L., Das Spannungsverhältnis zwischen Beständigkeit und Entwicklung im kanonischen Recht, in: DPM 8/1 (2001), 299–313.
Panhofer, J., Hören, was der Geist den Gemeinden sagt. Gemeindeleitung durch Nichtpriester als Anstoß zur Gemeindeentwicklung. Eine empirisch-theologische Studie zu can. 517 §2, Würzburg, 2003.
Pahud de Mortanges, R., Zwischen Vergebung und Vergeltung. Eine Analyse des kirchlichen Straf- und Disziplinarrechts, Baden-Baden 1992.
Paragraph 218. Urteil und Urteilsfindung, hrsg. v. Reiter, J., Keller, R., Freiburg i.Br. 1993.
Partner in Kirche und Gesellschaft – das Zentralkomitee der deutschen Katholiken (ZdK), hrsg. v. Zentralkomitee der deutschen Katholiken, Bonn 2000.
Pemsel-Maier, S., Grundbegriffe der Dogmatik, München 2003.

Peters, K., Recht und Sittlichkeit, in: IkaZ 1 (1972) 341–354.
Pötter, M., Die Beschwerde im kirchlichen Prozessrecht, Essen 2007.
Pottmeyer, H.J., Die Mitsprache der Gläubigen in Glaubenssachen, in: IkaZ 25 (1996), 134–147.
Potz, R., Die Geltung kirchenrechtlicher Normen, Wien 1978.
Pree, H., Kirchengliedschaft. I. Systematisch-theologisch, in: LThK 6, 11–13.
Pree, H., Rechtsakt: Wesen, in: MKCIC 124 (29. Erg-Lfg., Mai 1998).
Pree, H., Schwangerschaftskonfliktberatung – kirchenrechtliche Gesichtspunkte, in: AKathKR 168 (1999), 134–139.
Pree, H., Das kirchenrechtliche Kernprofil des hierarchischen Amtes, in: Mehr als nur Nichtkleriker, 57–91.
Primetshofer, B., Recht, in: Neues Lexikon der christlichen Moral, hrsg. v. Rotter, H., Virt, G., Innsbruck–Wien 1990, 634–641.
Provost, J., Chancen für eine „demokratischere" Kirche, in: Conc(D) 28 (1992), 440–448.
Pulte, M., Die Schaffung einer kirchlichen Verwaltungsgerichtsbarkeit für die deutschen Diözesen. Ein bleibendes Desiderat aus der Kodifikationsgeschichte zum CIC/1983, in: Im Dienst von Kirche und Wissenschaft. FS A.E. Hierold, hrsg. v. Rees, W., u.a., Berlin 2007, 771–788.
Puza, R., Der Rechtsschutz im Kirchenrecht zwischen Hierarchie und Grundrechten, in: ThQ 179 (1999), 179–194.
Puza, R., Recht, Kanonisches I. Römisch-katholische Kirche, in: TRE 28, 256–277.
Raabe, F., Zwischen Kirche und Welt. 150 Jahre Deutsche Katholikentage, in: HK 52 (1998), 230–235.
Raabe, F., Das Zentralkomitee der deutschen Katholiken 1952–1964. Katholische Laienarbeit in Kirche und Gesellschaft, in: Katholiken und Protestanten in den Aufbaujahren der Bundesrepublik, hrsg. v. Sauer, Th., Stuttgart 2000, 65–88.
Rahner, K., Das Charismatische in der Kirche, in: Ders., Das Dynamische in der Kirche, Freiburg i.Br. 1958, 38–73.
Rahner, K., Chancen des Glaubens. Fragmente einer modernen Spiritualität, Freiburg i.Br. 1971.
Ratzinger, J., Zur Frage nach dem Sinn des priesterlichen Dienstes, in: GuL 41 (1968), 347–376.
Ratzinger, J., Benedikt XVI., Jesus von Nazareth. Von der Taufe im Jordan bis zur Verklärung, Freiburg. i.Br. 2007.
Rauschen, H.-T., Das Beratungskonzept nach dem Schwangeren- und Familienhilfeänderungsgesetz, in: Der Schein des Anstoßes, 136–149.

Rechtskultur in der Diözese. Grundlagen und Perspektiven, hrsg. v. Riedel-Spangenberger, I., Freiburg i.Br. 2006.
Rees, W., Die Strafgewalt der Kirche. Das geltende kirchliche Strafrecht – dargestellt auf der Grundlage seiner Entwicklungsgeschichte, Berlin 1993.
Reinhardt, H.J.F., Vereinigungs- und Versammlungsfreiheit, in: MKCIC 215 (6. Erg.-Lfg., Oktober 1987).
Reiter, J., Das Lebensrecht des Ungeborenen und die Grundrechte der Schwangeren, in: Herausforderung Schwangerschaftsabbruch, 70–95.
Reiter, J., Schwangerschaftskonfliktberatung nach dem Papstbrief. Analyse – Reaktionen – Perspektiven, in: Der Schein des Anstoßes, 12–31.
Riedel-Spangenberger, I., Der Verkündigungsdienst (munus docendi) der Kirche und der Glaubenssinn des Volkes Gottes (sensus fidelium), in: Wege der Evangelisierung. FS H. Feilzer, hrsg. v. Heinz, A., u.a., Trier 1993, 193–206.
Riedel-Spangenberger, I., Gesandt und beauftragt. Kirchenrechtliche Möglichkeiten der Seelsorge von Frauen, in: Zwischen Alltag und Ausnahme: Seelsorgerinnen. Geschichte, Theologie und gegenwärtige Praxis, hrsg. v. Pemsel-Maier, S., Ostfildern 2001, 106–117.
Riedel-Spangenberger, I., Vorwort, in: Rechtskultur in der Diözese, 7–13.
Riedel-Spangenberger, I., Ortskirche oder Teilkirche? Das vom Bischof geleitete Volk Gottes der Diözese, in: Rechtskultur in der Diözese, 14–49.
Sala, G.B., Die Lehre von der „Schadensbegrenzung" eines ungerechten Gesetzes nach der Enzyklika „Evangelium vitae". Ein Versuch, die Bedenken gegen die Textstelle zu lösen, in: Theologisches 29 (1999), 523–544.
Sala, G.B., Die Schwangerschaftskonfliktberatung durch den Verein „Donum vitae" – kirchenrechtlich zulässig?, in: NJW 2001, 1773f.
Sartori, L., Was ist das Kriterium für den „sensus fidelium"?, in: Conc(D) 17 (1981), 658–662.
Sauer, H., Die Kirche der Laien – eine Entdeckung des Konzils, in: Geschichte des Zweiten Vatikanischen Konzils (1959–1965), Bd.IV: Die Kirche als Gemeinschaft. September 1964 – September 1965, hrsg. v. Wassilowsky, G., Mainz 2006, 273–311.
Schein des Anstoßes. Fakten – Dokumente – Perspektiven, hrsg. v. Reiter, J., Freiburg i.Br.1999.

Scheuermann, A., Die Rechtsgestalt der Kirche, in: Die Kirche. Fünfzehn Betrachtungen, hrsg. v. Sandfuchs, W., Würzburg 1978, 69–82.

Schlund, R., „Du sollst mich erinnern". Anmerkungen zur Sache des § 218 StGB, in: Erzbistum Freiburg: Informationen. Berichte, Kommentare, Anregungen 10/12 (1985), 150–186.

Schmied, A., „Schleichende Infallibilisierung". Zur Diskussion um das kirchliche Lehramt, in: In Christus zum Leben befreit. FS B. Häring, hrsg. v. Römelt, H., Hidber, B., Freiburg i.Br. 1992, 250–274.

Schmitz, H., Die Konsultationsorgane des Diözesanbischofs, in: HdbkathKR², 447–463.

Schmitz, H., Mitwirkung der Kirche im System der deutschen gesetzlichen Schwangerschaftskonfliktberatung, in: AKathKR 168 (1999), 83–108.

Schmitz, H., Kirchenunabhängige Unternehmung oder Vereinigung von katholischen Christen. Eckwerte aus kirchenrechtlicher Sicht, in: ThGl 93 (2003), 465–474.

Schnizer, H., Allgemeine Fragen des kirchlichen Vereinsrechts, in: HdbkathKR², 563–578.

Schnizer, H., Die privaten und öffentlichen kirchlichen Vereine, in: HdbkathKR², 578–586.

Schockenhoff, E., Der Schutz des menschlichen Lebens aus theologisch-ethischer Sicht, in: StZ 209 (1991), 651–662.

Schüller, Th., „Geistliche Leitung in kirchlichen Vereinigungen". Neuere partikularrechtliche Entwicklungen im Bereich der Deutschen Bischofskonferenz und in einzelnen deutschen Bistümern, in: Aktuelle Beiträge zum Kirchenrecht. FS H.J.F. Reinhardt, hrsg. v. Althaus, R., u.a., Frankfurt a.M. 2002, 269–295.

Schüller, Th., Zwischen Freiheit und Bindung. Kirchliche bzw. kirchenunabhängige Vereinigungen als Orte (er)neu(t)er karitativer Aktivitäten, dargestellt am Beispiel Donum Vitae e.V., in: Die Kirche von morgen. Kirchlicher Strukturwandel aus kanonisti-scher Perspektive, hrsg. v. Ahlers, R., u.a., Essen 2003, 243–257.

Schulz, W., Die vereinsrechtlichen Kategorien des neuen Codex Iuris Canonici, in: Recht im Dienste des Menschen. FS H. Schwendenwein, hrsg. v. Lüdicke, K., u.a., Graz 1986, 517–531.

Schulz, W., Das Vereinsrecht des Codex Iuris Canonici von 1917 und seine Anwendung bis zum Zweiten Vatikanischen Konzil, in: Das konsoziative Element in der Kirche, 373–395.

Schulz, W., Volk Gottes: Vereinigungen von Christgläubigen, in: MKCIC 298–328 (10. Erg.-Lfg, Mai 1989).

Sobanski, R., Verbandsgewalt und Jursidiktionsgewalt, in: Das konsoziative Element in der Kirche, 223–241.

Sobanski, R., Kulturelle Faktoren im kirchlichen Verfassungsrecht, in: AKathKR 160 (1991), 464–475.

Socha, H., Kirchliche Gesetze, in: MKCIC Einführung vor 7 (13. Erg.-Lfg., November 1990).

Socha, H., Statuten: Begriff, Geltungsbezug, Arten, in: MKCIC 94 (21. Erg.-Lfg., Juli 1993).

Spaemann, R., Kein Recht auf Leben? Zur Auseinandersetzung um den Schutz des ungeborenen Kindes, in: Auf Leben und Tod, 114–138.

Spital, H.J., Stellungnahme zum Schreiben des Papstes zu den kirchlichen Schwangerschaftskonfliktberatungsstellen, in: Schein des Anstoßes, 93–97.

Steinmaus-Pollak, A., Das als Katholische Aktion organisierte Laienapostolat. Geschichte seiner Theorie und seiner kirchenrechtlichen Praxis in Deutschland, Würzburg 1988.

Stoffel, O., Pastoralrat, in: MKCIC 511–514 (27. Erg.-Lfg., April 1997).

Strigl, R.A., Das Funktionsverhältnis zwischen kirchlicher Strafgewalt und Öffentlichkeit. Grundlagen, Wandlungen, Aufgaben, München 1965.

Strigl, R.A., Kritische Analyse der im Jahre 1968 zur Erprobung ergangenen Verfahrensordnung für die Apostolische Signatur, in: Ius Populi dei (in honorem R. Bidagor), III, Rom 1972, 80–111.

Tillmanns, R., Die Mitgliedschaft von Nichtkatholiken in katholischen Vereinigungen, in: Recht in Kirche und Staat, hrsg. v. Rees, W., Berlin 2004, 479–510.

Tröndle, H., Preisgabe eines Reformziels. Zur Schwangerschaftskonfliktberatung, in: Auf Leben und Tod, 191–207.

Tröndle, H., Das Menschenbild des Grundgesetzes und die Neuregelung des Abtreibungsrechts im geeinten Deutschland, in: FS für G. Spendel, hrsg. v. Seebode, M., Berlin 1992, 611–628.

Tröndle, H., Fischer, Th., Strafgesetzbuch und Nebengesetze, München ^{54}2007.

Vilanova, E., Die Intersessio (1963–1964), in: Geschichte des Zweiten Vatikanischen Konzils (1959–1965), Bd.III: Das mündige Konzil. Zweite Sitzungsperiode und Intersessio. September 1963 – September 1964, hrsg. v. Wittstadt, K., Mainz 2002, 401–572.

Virt, G., Epikie – verantwortlicher Umgang mit Normen. Eine historisch-systematische Untersuchung zu Aristoteles, Thomas von Aquin und Franz Suarez, Mainz 1983.

Virt, G., Die vergessene Tugend der Epikie, in: Geschieden – wiederverheiratet – abgewiesen? Antworten der Theologie, hrsg. v. Schneider, Th., Freiburg i.Br. 1995, 267–283.

Vorgrimler, H., Vom „senus fidei" zum „consensus fidelium", in: Conc(D) 21 (1985), 237–242.

Wächter, L., Gesetz im kanonischen Recht. Eine rechtssprachliche und systematisch-normative Untersuchung zu Grundproblemen der Erfassung des Gesetzes im katholischen Kirchenrecht, München 1989.

Wanke, J., Anforderungsprofil. Überlegungen zum Priestertum in einer evangelisierenden Kirche, in: AnzSS 112 (2003), 16–21.

Weber, H., Konkurrenten oder Weggenossen? Das Verhältnis von Gewissen und kirchlichem Lehramt, in: Das Gewissen. Subjektive Willkür oder oberste Norm?, hrsg. v. Gründel, J., Düsseldorf 1990, 85–98.

Wenzel, K., Kleine Geschichte des Zweiten Vatikanischen Konzils, Freiburg i.Br. 2005.

Werbick, J., Kirche. Ein ekklesiologischer Entwurf für Studium und Praxis, Freiburg i.Br. 1994.

Werbick, J., Laie, in: LThK 6, 592f.

Wetter, F., Stellungnahme des Erzbischofs von München und Freising, in: Schein des Anstoßes, 77–81.

Wijlens, M., Gesetzgebung für das Volk Gottes. Vollmacht und Auftrag des Diözesanbischofs, in: Rechtskultur in der Diözese, 249–274.

Wilkitzki P., Lauritzen, Ch., Schwangerschaftsabbruch in der Bundesrepublik Deutschland, Heidelberg 1981.

Wohlmuth, J., Sensus fidei (fidelium), in: PThI 22 (2002), 17–35.

Wolfinger, F., Die Religionen und die Menschenrechte. Eine noch unentdeckte Allianz, München 2000.

Zippelius, R., Einführung in das Recht, Heidelberg 2000.

Zulehner, P.M., Priester im Modernisierungsstress. Forschungsbericht der Studie Priester 2000, Ostfildern 2001.

Zulehner, P.M., Abschied von der Beteiligungskirche? Eine pastorale Fehlentwicklung, in: StZ 221 (2003), 435–448.

Quellenregister

Verzeichnis der Dokumente des II. Vatikanischen Konzils

Sacrosanctum Concilium (SC)
Art. 42   145

Lumen Gentium (LG)
Art. 1   48, 92
Art. 8   47, 93, 346
Art. 9   25, 48
Art. 9–17   26
Art. 10   26f, 30
Art. 12   5, 26, 31, 33–35, 39, 77, 356
Art. 14–16   94
Art. 18–29   26
Art. 20   162
Art. 22   169
Art. 23   95, 162, 169
Art. 27   171
Art. 28   64, 174f
Art. 30   39
Art. 30–38   26, 39–41
Art. 31   45f
Art. 32   29, 40
Art. 37   22, 40, 43
Art. 38   46
Art. 48   48
Art. 59   48

Christus Dominus (CD)
Art. 4   169
Art. 11   162
Art. 27   185

Apostolicam Actuositatem (AA)
Art. 1   42
Art. 2   42, 45f, 178, 334
Art. 3   42
Art. 4   45
Art. 7   45
Art. 9   46
Art. 18   87
Art. 19   88, 124
Art. 20   143
Art. 23–25   45
Art. 24   45
Art. 26   179f, 224
Art. 29   45

Gaudium et Spes (GS)
Art. 51   273
Art. 92   302

Presbyterorum Ordinis (PO)
Art. 2   64
Art. 9   330
Art. 17   46

391

Verzeichnis kirchlicher Gesetze

CIC/1917

c.87	51	c.686	101
c.108	51	c.686 §1	101
c.329 §1	162, 171	c.698	103
c.684	101	c.700	101f
cc. 684–686	101	c.707 §1	143
cc. 684–725	88, 101	c.708	143
		c.813 §2	348

CIC/1983

c.5	204	c.114 §3	116
c.5 §1	90, 202–204	c.115 §2	91, 109
c.9	110	c.116	116
c.11	278–280	c.116 §1	123
c.14	217, 321	c.117	115
c.18	107f, 118, 217, 310, 312, 321	c.118	116
		c.120	116
		c.122	359
c.19	359	c.124	234
c.29	215	c.124 §1	193
cc. 29–58	204	c.127	80, 165
cc. 35–93	220	c.127 §2	81
c.46 §3	117	c.135	172
c.48	215	c.135 §2	172
cc. 48–52	197	c.145	129f
c.50	210, 213, 219f, 226f	c.145 §1	129
		c.146	129
c.51	220	c.150	51, 67–70
cc. 85–93	359	c.204	51f, 174, 307
c.89	66	c.204 §1	52, 54, 75
c.94	106, 113, 216f, 231	cc. 204–208	52f
		cc. 204–223	50
c.94 §1	216	c.207	53
c.94 §2	216	c.207 §1	53, 75, 163, 190
c.94 §3	209, 212, 216f, 224	c.207 §2	96
c.113 §2	116	c.208	52f, 307
c.114	115	cc. 208–223	54, 75, 88f, 111, 336
c.114 §1	115		

c.209	54, 303f, 307	c.227	55, 308
c.209 §1	303	c.228	55f
c.210	54, 307	c.228 §1	129
c.211	54, 119	c.228 §2	55
c.212	119, 315	c.229	55
c.212 §1	54, 78, 303, 306f, 339	c.229 §3	55
		c.230	56, 71
c.212 §2	54	c.230 §3	55
c.212 §3	54, 181, 307	c.271 §3	359
c.213	54	cc. 273–289	48, 55, 62
c.214	54	c.275 §2	49
c.215	54, 88f, 91, 104, 107f, 111, 113, 158f, 180f, 183f, 202, 213, 224, 229, 231, 306f, 310–312, 316, 334	c.276	62
		c.277	62, 308
		c.282	62, 308
		c.286	308
		c.298	89, 91, 123
		c.298 §1	90, 118, 122
		c.298 §2	110
		cc. 298–329	91, 105–107, 109, 112–123
cc. 215f	107	c.299	123, 181
c.216	54, 108, 181, 306f, 310–312	c.299 §1	114, 225
		c.299 §2	110
		c.299 §3	109, 113, 115, 183, 225, 229f
c.217	54		
c.218	54		
c.219	54	c.300	110, 202, 312
c.220	54	c.301	116
c.221	54, 197, 214	c.301 §1	225, 230
c.221 §1	196, 336	c.302	119
c.221 §2	359	c.304 §1	106
c.222	54, 220	c.305 §1	113
c.222 §1	354	c.305 §2	113
c.223 §1	54, 119	c.307 §4	117
c.224	76	c.309	113, 119
cc. 224–231	49, 55–70, 76, 129	c.310	113, 116
		c.312	116, 202
c.225	49, 181	c.312 §1	108
c.225 §1	23, 48, 55, 182	cc. 312f	116
		cc. 312–314	123
c.225 §2	55, 307	c.313	109, 117, 183
c.226	55	c.314	109, 119, 183

393

c.315	120, 183	c.391	167–175, 191, 201, 335f
c.316	90, 117f		
c.316 §1	118		
c.317	125, 159, 183	c.391 §1	167, 169, 171
c.317 §1	119f, 183	c.391 §2	66
c.317 §3	119f, 125	c.393	175
c.318	120	c.394	49, 175, 202, 229–231
c.319	120		
c.320	120	c.394 §1	99, 230
c.321	113f	cc. 396–398	175
cc. 321–323	123	cc. 439–446	83
c.322	115f	c.443 §4	56
c.322 §2	109, 183	c.446	82
c.323 §1	113	cc. 447–459	83, 139
c.324	114	c.455	82
c.324 §1	126	c.460	330
c.324 §2	114f, 125, 159, 183	cc. 460–468	72, 83
		cc. 460–572	330
c.325	114f, 120	c.461	80
c.326	115	c.463 §2	53, 56
c.327	90	c.466	82, 330
cc. 327–329	119	c.485	81
cc. 330–367	330	c.492	56
c.331	309	cc. 492–494	72
cc. 337–341	83	c.494	56
c.339 §2	56	c.494 §1	80
c.341	82	c.495 §1	175f
cc. 342–348	83	cc. 495–502	174
c.343	82	c.496	177
c.368	162	c.500 §1	177
cc. 368–430	330	c.500 §2	176
c.369	162–177	c.500 §3	177
cc. 370f	162	c.501 §2	177
c.375	167–174	c.508	283
c.375 §1	162	c.511	165f, 226, 330
c.377 §3	56		
c.381	167–174, 191	cc. 511–514	72, 81, 164–166, 185, 201, 209f, 223, 225f
c.381 §1	167, 169f		
c.384	175		
c.386	175		
c.387	175	c.512 §1	165f, 226

c.512 §2	56, 165	c.900	308
c.513 §1	166, 201	c.903	58
c.514	330	c.910 §2	71
c.514 §1	82, 166	c.915	347
cc. 515–552	329	c.916	347
c.515 §2	81, 176	c.976	58, 283
c.517 §2	56, 130	c.987	347
c.519	56, 329f	c.1003 §3	58
cc. 528f	329	c.1008	58–60, 167f, 190
cc. 528–530	329		
c.529 §2	49, 100, 329f	cc. 1008f	51, 58
c.530	329	c.1009	58f
c.536	71, 80f, 225	c.1012	66
c.536 §1	56, 176, 225, 330	c.1064	56
		c.1065 §2	347
c.536 §2	82, 201, 330	c.1083	359
c.537	56, 72, 81, 225, 330	c.1086	359
		c.1090	359
cc. 564–572	125	c.1101	347
c.566	283	c.1112	55
cc. 573–746	91	c.1148 §3	359
c.686 §3	359	c.1168	55
c.700	205	c.1169	66
c.702 §2	359	c.1255	116
c.747	77	c.1257 §1	120
c.747 §1	78	c.1257 §2	116
c.749 §1	37	c.1261 §2	354
c.749 § 3	37	c.1263	176
cc. 749–754	67	c.1277	81
c.750	71	c.1279 §2	56
c.750 §1	50, 78	c.1292 §1	81
c.759	71	c.1292 §4	81
c.765	354	c.1314	280–282
c.766	55	c.1321	274–278
c.776	55	c.1321 §1	347
c.803 §2	55	c.1323	275f
c.805	55, 308	cc. 1323f	274–278
c.810	55	c.1324	275f
c.835	71	c.1324 §1	275–277, 279
c.836	49, 71	c.1324 §3	275
c.849	94	c.1325	275
c.884	66	c.1329	274, 278–280

c.1329 §1	279	c.1400 §2	196f
c.1329 §2	279	c.1421 §2	55
c.1331	280–282	c.1424	56
c.1347 §2	282–286	c.1428 §2	56
c.1355	283	c.1435	56
cc. 1355f	282	cc. 1443f	206
cc. 1355–1358	282–286	c.1445	205
c.1357	283	c.1445 §2	197, 205
c.1357 §1	284	c.1446 §2	359
c.1357 §2	284	c.1614	205
c.1358 §1	282	cc. 1732–1739	196–199, 336
c.1371	303, 306, 315, 339	c.1733	197
		c.1734	197f, 209
c.1374	112	c.1737 §1	198
c.1398	273f, 276, 278f, 284	c.1738	198
		c.1739	196–198
c.1400 §1	196	c.1752	347, 359

Pastor Bonus (PastBon)

Art. 14	196	Art. 123 §1	209, 223
Art. 19 §1	196	Art. 126–130	206
Art. 93–98	199	Art. 154–158	204
Art. 121–125	206	Art. 158	208

CCEO/1990

c.399	46

*„Das Recht ströme wie Wasser,
die Gerechtigkeit wie ein nie versiegender Bach" (Amos, 5,24).*

*„Wenn die Gesetze
keine Beständigkeit haben,
kann man ihnen kein Vertrauen schenken.
Wenn sie jedoch
keine Veränderung ermöglichen,
dann schließen sie die Menschen
gewissermaßen wie in einem Gefängnis ein."* [803]

Auch Strukturen predigen!

---

[803] Örsy, Das Spannungsverhältnis zwischen Beständigkeit und Entwicklung, 300f.